T0316757

RÉSEAUX ÉCONOMIQUES ET CONSTRUCTION EUROPÉENNE

ECONOMIC NETWORKS AND EUROPEAN INTEGRATION

P.I.E.-Peter Lang

Bruxelles · Bern · Berlin · Frankfurt am Main · New York · Oxford · Wien

Actes du colloque de Bruxelles organisé par l'Institut d'études européennes de l'Université catholique de Louvain et la Fundación Academia Europea de Yuste dans le cadre du projet SEGEI, 16-18 octobre 2002

Proceedings of the Brussels Conference organised by the Institute for European Studies of the Université catholique de Louvain and the Fundación Academia Europea de Yuste in the SEGEI project, 16-18 October 2002.

FUNDACIÓN
ACADEMIA
EUROPEA
DE YUSTE

RÉSEAUX ÉCONOMIQUES ET CONSTRUCTION EUROPÉENNE

ECONOMIC NETWORKS AND EUROPEAN INTEGRATION

Michel Dumoulin (ed.)

Euroclio n° 29

Avec la collaboration de Pascal Deloge, Étienne Deschamps, Marine Moguen-Toursel, Arthe Van Laer et Jérôme Wilson – *With the co-operation of Pascal Deloge, Étienne Deschamps, Marine Moguen-Toursel, Arthe Van Laer and Jérôme Wilson.*

Publié avec le concours de la Fondation Universitaire de Belgique – *Published with the assistance of the Belgian University Foundation*

© P.I.E.-Peter Lang S.A.
PRESSES INTERUNIVERSITAIRES EUROPÉENNES
Bruxelles / Brussels, 2004
1 avenue Maurice, 1050 Brussels, Belgium
info@peterlang.com ; www.peterlang.net

ISSN 0944-2294
ISBN 90-5201-234-2
US ISBN 0-8204-6623-9
D / 2004 / 5678 / 24
Imprimé en Allemagne / Printed in Germany

Information bibliographique publiée par « Die Deutsche Bibliothek »

« Die Deutsche Bibliothek » répertorie cette publication dans la « Deutsche Nationalbibliografie » ; les données bibliographiques détaillées sont disponibles sur le site http://dnb.ddb.de.

Bibliographic information published by "Die Deutsche Bibliothek"

"Die Deutsche Bibliothek" lists this publication in the "Deutsche Nationalbibliografie"; detailed bibliographic data is available in the Internet at <http://dnb.ddb.de>.

Table des matières
Table of Contents

SESSION V

Milieux économiques institutionnels
Institutional Economic Milieux

SESSION VI

Robert Triffin et les milieux monétaires
Robert Triffin and Monetary Milieux

Sigles / Abbreviations

ACUE	American Committee on United Europe
AELE	Association européenne de libre-échange
AVI	Arbeitsgemeinschaft der Eisen Verarbeitenden Industrie
BDI	Bundesverband der deutschen Industrie
BIAC	Business and Industry Advisory Committee
BIS	Bank for International Settlements
BIT	Bureau international du travail
BPICA	Bureau permanent international des constructeurs automobiles
BRI	Banque des règlements internationaux
CAD	Conseil administratif des douanes
CAEUE	Comité d'action pour les États-Unis d'Europe
CBI	Confederation of British Industry
CBK	Centraal Brouwerij Kantoor
CCILM	Comité de liaison inter-nations Mars et Mercure
CCMC	Comité des constructeurs du Marché commun
CDEIF	Council of the Directors of European Industrial Federations
CECA	Communauté européenne du charbon et de l'acier
CED	Communauté européenne de défense
CEIF	Council of European Industrial Federations
CEE	Communauté économique européenne
CEEC	Committee for European Economic Cooperation
CERN	Centre européen pour la recherche nucléaire
CEW	Conseil économique wallon
CFDT	Confédération française démocratique du travail
CFF	Comité des forges de France
CFTC	Confédération française des travailleurs chrétiens
CGPF	Confédération générale de la production française
CGT	Confédération générale du travail
CHEFF	Comité pour l'histoire économique et financière de la France
CIA	Central Intelligence Agency

CIFEFTA	Council of Industrial Federations of the European Free Trade Association
CISL	Confédération internationale des syndicats libres
CLCA	Comité de liaison des constructeurs automobiles
CLN	Comitato di liberazione nazionale
CNPF	Conseil national du patronat français
CNRI	Centre national des Républicains indépendants
CNTP	Committee for a National Trade Policy
COREPER	Comité des représentants permanents
CPE	Communauté politique européenne
CSI	Conseil syndical interrégional Saar-Lor-Lux
DC	Démocratie chrétienne
DGB	Deutscher Gewerkschaftsbund
EC	European Community
ECIUS	European Community Institute for University Studies
ECSC	European Coal and Steel Community
ECA	Economic Co-operation Administration
EDA	Economic Development Administration
EEC	European Economic Community
EFTA	European Free Trade Association
EIA	Entente internationale de l'acier
EIASM	European Institute for the Advanced Studies in Management
EMA	European Monetary Agreement
EMS	European Monetary System
EMU	European Monetary Union
ENA	École nationale d'administration
EPA	European Productivity Agency
EPU	European Payments Union
ERT	European Round Table of Industrialists
EU	European Union
FIB	Fédération des industries de Belgique
FBI	Federation of British Industries
FEDER	Fonds européen de développement régional
FEDIL	Fédération des Industriels luxembourgeois
FGTB	Fédération générale du travail de Belgique

FMI	Fonds monétaire international
FO	Force ouvrière
FSE	Fonds social européen
FSI	Fédération syndicale internationale
IMF	International Monetary Fund
IRMA	International Rail Manufacturers Association
ISE	Institut pour les études d'économie
JTUAC	Joint Trade Union Advisory Council
LECE	Ligue européenne de coopération économique
LSE	London School of Economics
MFE	Mouvement fédéraliste européen
MIT	Massachusetts Institute of Technology
M&M	Mars et Mercure
MPW	Mouvement populaire wallon
NBER	National Bureau of Economic Research
NPC	National Productivity Centers
OCDE	Organisation de coopération et de développement économiques
OECD	Organisation for Economic cooperation and development
OECE	Organisation européenne de coopération économique
OEEC	Organisation for European Economic Co-operation
OIT	Organisation internationale du travail
ONU	Organisation des Nations Unies
OTAN	Organisation du traité de l'Atlantique Nord
PAC	Politique agricole commune
PdA	Parti d'Action
PSC	Parti social-chrétien
PSB	Parti socialiste belge
RDA	République démocratique d'Allemagne
RDI	Reichsverband der deutschen Industrie
RFA	République fédérale d'Allemagne
RSG	Rohstahlgemeinschaft
SGB	Société générale de Belgique
SDN	Société des Nations
SGCI	Secrétariat général du Comité interministériel pour les questions de coopération économique européenne

SNCF	Société nationale des chemins de fer français
SPD	Sozialdemokratische Partei Deutschlands
UCL	Université catholique de Louvain
UEBL	Union économique belgo-luxembourgeoise
UEM	Union économique et monétaire
UEP	Union européenne des paiements
UIL	Unione italiana del lavoro
UK	United Kingdom
ULB	Université libre de Bruxelles
UNESCO	United Nations Educational, Scientific and Cultural Organizations
UNICE	Union des industries de la Communauté européenne
URSS	Union des Républiques socialistes soviétiques
US(A)	United States (of America)
USSR	Union of Soviet Socialist Republics
VDA	Verband der Automobilindustrie
VESI	Verein deutscher Eisen und Stahl Industrieller
WESI	Wirtschaftsgruppe Eisen schaffende Industrie
ZFO	Zone française d'occupation

INTRODUCTION

Avant-propos

Michel DUMOULIN

Université catholique de Louvain

Si les réseaux ont beaucoup retenu l'attention des historiens, c'est essentiellement en tant qu'organisations clandestines durant les deux guerres mondiales[1]. Dans le domaine de l'action, du renseignement, des filières d'évasion, et autres formes de résistance, la littérature est désormais conséquente.

De même, l'historiographie de l'Église catholique, notamment, a livré, à travers les recherches d'Émile Poulat, Emiel Lamberts et quelques autres, des travaux de fort grande qualité au sujet de réseaux tels que celui de l'Internationale noire ou celui de la Sapinière d'Umberto Benigni.

Une observation de la même nature peut être formulée à propos des réseaux anarchistes du XIXe siècle ou communistes au XXe.

Et la liste des exemples est encore longue.

En s'interrogeant sur le rôle des réseaux dans les constructions européennes, le colloque de Bruxelles dont ce volume publie les actes entendait faire le point dans un domaine relativement neuf et ouvrir de nouveaux chantiers.

Certes, si l'on se tourne vers l'histoire de l'idée européenne et des projets qu'elle a suscités, on connaît mieux, aujourd'hui, le réseau construit par Richard Coudenhove-Kalergi ou encore celui du comité franco-allemand porté par Émile Mayrisch.

De même, pour ne citer que ces exemples, il est permis de rappeler le rôle du réseau Monnet ou encore de celui constitué par Altiero Spinelli.

Ceci étant, la notion de réseaux n'a guère été beaucoup mise en relation, par les historiens, avec celle de gouvernance. En d'autres termes, pourquoi, comment et avec quels résultats, des réseaux se sont-ils créés d'une manière éphémère ou durable autour d'un homme, d'une idée ou dans un esprit de résistance dans le contexte de l'Europe rêvée puis de

---

[1] Ce texte est la transcription revue de l'avant-propos de M. Dumoulin.

l'Europe en action, c'est-à-dire avant et après la charnière des années 1949-1950 ?

En d'autres termes, qui sont les acteurs, et quels sont leurs objectifs, de l'action politique, économique, sociale ou culturelle visant, en dehors des instances publiques, à porter ou combattre les projets européens ?

Le questionnement n'implique donc plus, comme l'a fait et continue de le faire une certaine historiographie, les gouvernements, les diplomaties, les parlements, les partis politiques, les fédérations patronales ou les syndicats mais bien des ensembles de relations plus complexes, de maillages des espaces sociaux, idéologiques ou culturels entendant influencer une décision, une attitude, une orientation concernant la gestion de la Cité européenne.

Mais avant de passer à l'examen des nombreux cas qui ont été retenus afin de nourrir la réflexion au cours de trois journées de colloque, il a paru utile de mettre la question des réseaux en perspective, notamment au point typologique et méthodologique. De même, il a paru souhaitable d'entendre des témoins et des acteurs, qu'il s'agisse du Commissaire européen chargé du portefeuille de la recherche, d'anciens banquiers centraux ou encore de personnalités situées au cœur même de certains réseaux actifs.

Le dialogue et non la confrontation entre acteurs, témoins et historiens, sans oublier les sociologues, juristes et économistes qui ont participé aux travaux, a livré une moisson riche de résultats, non sans indiquer combien la thématique était d'actualité, attendu le questionnement généralisé auquel donne lieu la gouvernance.

Né au sein du Groupe d'étude de l'histoire de l'Europe contemporaine (GEHEC) actif au sein de l'Institut d'études européennes et du département d'histoire de l'Université catholique de Louvain, le projet de colloque y a fait l'objet d'une longue préparation, due à Pascal Deloge, Étienne Deschamps, Marine Moguen-Toursel, Arthe Van Laer et Jérôme Wilson, tout en bénéficiant de l'apport intellectuel des membres du réseau SEGEI (Socio-Economic Governance and European Identity).

Par ailleurs, cette importante manifestation n'aurait pas pu être organisée sans l'appui décisif de plusieurs instances.

L'Institut d'études européennes et la Fundación Academia Europea de Yuste tiennent donc à remercier chaleureusement M. Herman De Croo, président de la Chambre des représentants de Belgique, la direction générale Éducation et Culture de la Commission européenne, le Centre virtuel de la Connaissance sur l'Europe (CVCE), le Fonds national de la recherche scientifique (FNRS), la Direction de la Recherche scientifique du Ministère de la Communauté française, la Fondation internationale Robert Triffin (FIT) et la Fondation universitaire.

The European Academy
of Yuste Foundation

Antonio VENTURA DÍAZ DÍAZ

Director of the European Academy of Yuste Foundation

The Foundation European Academy of Yuste was established as a permanent cultural foundation on 9 April 1992. It was established with the objective of reviving the close historical relationship between the Monastery of Yuste and the Emperor Charles V. From a historical perspective, the European Academy of Yuste aims to emphasise the commonality of European culture born from the plural and heterogeneous contributions of the each and every one of the countries and regions of the old Continent. The cultural aspect of the activities promoted by the Foundation thus works in parallel with its particular interest in European society: The Foundation upholds that any initiative designed to improve and encourage an understanding of the historical-cultural roots of the towns and nations that shape today's European reality encourage the development of an *open and tolerant* Europe within the framework of *national and cultural diversity.*

The cultural and social interests of the Foundation aim at the knowledge and dissemination of the historical and cultural roots of the regions and countries of Europe. The activities of the Foundation, such as, Charles V prize, seminars, congresses, publications, annual concerts, the Virtual Documentation Centres, and the European Uni-di-versity of Yuste, as well as the members of its board – *the Patronage and the Academics of the European Academy of Yuste* – {The President of the Extremadura Council (President of the Foundation European Academy of Yuste), the Minister of External Relations of Spain (Vice-president of the Foundation), the Ministers of External Relations of Italy, Germany, Austria, Luxembourg, Belgium and Portugal, the Minister of Culture of The Netherlands, Mr. Jacques Delors (Ex-President of the European Commission), and the Minister of Culture of the Extremadura Council (Vocal of the Management of the Foundation)} show and strengthen the main priorities of the Foundation:

- European Cultural Heritage
- Unity in the Diversity
- European Identity
- Integrating Cultural Dimension
- The Social Europe

The profile of those individuals awarded with the "Charles V" Prize and the contributions that have been made to the world of Sciences and Humanities of the *Academics of Yuste* correspond identically to the aspirations of the Foundation European Academy of Yuste and their Management, that of the *dissemination of European cultural heritage from a plural focus.* The Foundation European Academy of Yuste awards the "Charles V" Prize to individuals who have contributed to the general knowledge and aggrandisement of the cultural and historical values and European identity (Jacques Delors in 1995; Wilfried Martens in 1998; Felipe González in 2000; Mikhail Gorbachev in 2002).

The European Academy of Yuste is the honorary and advisory body of the Foundation for the development and fulfilment of its constituent aims. The Academy will be made up of a maximum of one hundred symbolic chairs, each one of which will take the name of a *notable European* who has already deceased. These symbolic chairs will be occupied in an honorary nature for European personalities of recognised intellectual or cultural prestige. With these nominations, the Foundation European Academy of Yuste wishes to distinguish, by merit and personal circumstances those people that have stood out through their creative or research work, stimulated an increased knowledge in our cultural common heritage, and contributed to the progression and development of the sciences in general. The current Academics chairs are (*Chair Rembrant*) José Saramago; (*Chair Shakespeare*) Reinhard Selten; (*Chair Dante*) *Alighieri* Mstislav Rostropovich; (*Chair Marie Curie*) Ursula Lehr; (*Chair Molière*) Edoardo Vesentini; (*Chair Lorenzo el Magnífico*) Gaston Thorn; (*Chair Arias Montano*) Gilbert Traush; (*Chair Erasmo*) Gustav Jannsens; (*Chair Paul-Henri Spaak*) Manuel Fernández Álvarez; (*Chair San Benito*) Marcelino Oreja; (*Chair Freud*) Abram de Swaan; (*Chair Kant*) Joaquim Verissimo Serrao; (*Chair Marco Tulio Cicerón*) Antonio López García; (*Chair J.S. Bach*) Ilya Prigogine; (*Chair Damio de Góis*) Cardenal Franz König[1].

---

[1] For more information about the Foundation European Academy of Yuste, please visit our web site: www.fundacionyuste.org

Europe:
A Culture for Solidarity

Gilbert TRAUSCH

Scientific Board of the European Academy of Yuste

Our Academy wishes, through its cultural programme, to make its contribution to the European endeavour, to strengthen our common cultural identity and to defend the importance of the multiplicity of European values. Our Europe integrates a wide diversity of perspectives and numerous contributions made throughout our history. It is precisely that rich diversity which has helped to define our continent as a cradle of civilisations. A continent which should invite us to build a space for tolerance and for peaceful coexistence among its peoples.

In so doing, we intend to achieve a space where respect for and promotion of human rights and diversity would be the key elements of a set of common values from all European cultures, based upon human dignity and solidarity. This space would be a meeting point which, building upon diversity, would be capable of reaching new horizons. In this context, we should not forget that the legacy of such values to future generations is as important as our duty to pass on to them an environmentally sound world which is free of fear and threats.

Solidarity, like Europe itself, is not just one but manifold. Solidarity works separately or simultaneously at different levels: political, economic, social, legal or cultural. More than any other international organization, the European Communities and the Council of Europe have been built on the principles of solidarity.

Robert Schuman's declaration of 9 May 1950 grants the culture of solidarity a special status. It invites the European countries to begin by creating "une solidarité de fait", thus suggesting a pragmatic approach and advocating "solidarity in production" as a way to make any war between Europeans "not merely unthinkable, but materially impossible".

The declaration also insists on social solidarity between countries and classes. At the beginning of the 21st century, this applies to all the working people in Europe, without distinction of country or social condition. It also appeals to the solidarity of all the European countries by referring to "an organization open to the participation of the other countries of Europe". This is extremely relevant at a time when the European Union is about to accept twelve new Member countries, and when other European countries are applying for membership.

The appeal of 9 May 1950 also considers the development of the African continent, thus reminding Europe of its responsibilities towards non-European countries, especially its former colonies. Today this solidarity is universal, although with different modalities of cooperation.

Although based on economic solidarity, Schuman's declaration is also a plea for political and cultural solidarity, embodied in the institutions of a full-scale Community.

Politically, Europe can only survive as a whole. Each attack on one country is *ipso facto* an attack on the whole of Europe. European leaders can no longer look away, when people are oppressed somewhere in Europe, and public opinion would not allow it.

Socially, increased solidarity becomes necessary at all levels: between regions, between European nations and also between all the inhabitants of Europe, without distinction.

Solidarity should be especially aimed at disadvantaged groups through a broader social harmonization. In the face of the uncertainties of current globalization, Europeans feel their cherished social model, painstakingly developed during the 20th century, may be threatened. This model, often called the Rhenish model, is based on solidarity between social classes. It guarantees the cohesion of our societies. It is European in its origin but should be universally applicable.

Legally speaking, solidarity implies the observance of human rights, another European concept (1789) which has become universal in its application. One of the Council of Europe's great merits is to remind European States of their obligation to observe human rights, if necessary by imposing sanctions. This is solidarity in tolerance and justice, the only ground on which a pluralistic democracy can survive.

The Council of Europe has set the rule of law as the framework which guarantees the observance of individual human rights and fundamental freedoms. This framework proved invaluable when the Central and Eastern European States regained their national sovereignty. With their accession to the Council they have made precise and binding commitments on their road to democratization. A Europe showing more solidarity will be more efficient in its fight against racism, xenophobia and anti-Semitism.

During the last fifty years Europe has become more aware of collective rights, whether owed to minorities or simply to future generations who should inherit a sound environment, thanks to nature preservation, and whose lives should not be mortgaged by a legacy of an excessive financial burden. Because of current demographic trends, solidarity between generations will be a major challenge for Europe in the coming years.

European identity is mainly to be found at *the cultural level*. Europe is an idea more than a geographical or economic reality. It is the cultural dimension that makes Europe be simultaneously one and manifold, single and pluralist. The resulting tensions are a source of wealth and creativity. Any measure which reduces cultural diversity of Europe will only be harmful. In general, national identities are clearly defined and firmly established. As such, they do not necessarily imply more solidarity. All shared manifestations of a European culture should be encouraged. It is essential to have a good knowledge of one's mother tongue, but it is also important to stimulate the understanding of other languages. Only if we have a good command of another language can we understand other mentalities. In this context, minority languages should be protected, because they are an integral part of the European cultural diversity.

There is no civilization without a *historical dimension*. The identity of Europe is impregnated with history. A rich, diversified and contrasting past casts its shadow on the present. A basic, even rudimentary, knowledge of this past is a prerequisite of a European collective memory. This past should be approached according to the critical historical methods, as opposed to propaganda work. European history is full of a long series of wars, fanaticisms and cruelties, also in Charles V's times. Political, religious, national and ideological confrontations have marked it more than surges of solidarity that nevertheless were not lacking. Future solidarities can only be built on the basis of historical truth.

Historical research has listed what the European civilization owes to Antiquity – according to a famous expression (Athens, Rome and Jerusalem) – thus at a pre-European age. Europe owes much to other civilizations, particularly to Islam, with which relations were not always strained.

Following considerable migration movements, Europe over the centuries exported its culture and thus enriched – sometimes also endangered – other civilizations. From the second half of the 20th century, it has absorbed numerous non-Europeans and has thus progressively become an ever more multicultural society. This evolution will only take place in a climate of social peace when we will be able to show a minimum of solidarity with each other.

Quelques aspects d'une analyse sociologique des réseaux

Felice DASSETTO

Université catholique de Louvain

L'utilisation de la notion de réseau pour s'interroger au sujet du rôle d'acteurs économiques ayant un certain degré de connexion entre eux dans la construction européenne peut être spontanément associée à deux questions au moins.

L'une, relevant plutôt d'une analyse politique, consiste à dire que les processus institutionnels qui bâtissent l'Europe ne sont pas les seuls. D'autres processus sociaux y contribuent. Sont-ils sous-jacents, en marge, en avant-garde, en appui par rapport aux processus institution-nels ? Les analyses devront le montrer. L'autre question, plus sociolo-gique, consiste me semble-t-il à affirmer que ces actions humaines coordonnées, appelées « réseau », ne sont pas toujours clairement défi-nissables et identifiables (c'est pourquoi on n'utilise pas les termes d'association ou d'organisation). Ou bien elles ne sont pas toujours clai-rement délimitées par le nombre de personnes ou instances qui entrent en jeu et par les liens qui les réunissent (c'est pourquoi ils ne parlent pas de groupes). Ou pour les deux raisons ensemble.

I. Sur le concept de réseau

En somme la porte est ainsi ouverte à l'étude des formes sociales qui résultent des relations entre acteurs sociaux – individuels ou collectifs – qui mobilisent et transmettent des ressources entre eux, en vue d'une action quelconque, qui ne sont pas tout à fait une association, ni une organisation, ni un groupe tout en pouvant être quelque chose qui s'en approche. Pour reprendre l'image de H. Atlan[1], il s'agit de cerner ce pal-lier du fonctionnement social qui se situe « entre le cristal et la fumée », entre les formes extrêmes de mise en forme institutionnelle et les formes proches de la dissipation.

---

[1]   H. Atlan, *Entre le cristal et la fumée. Essai sur l'organisation du vivant*, Paris, Seuil, 1979.

La porte est ainsi ouverte, mais la boîte de Pandore sociologique aussi, dans la mesure où on est confronté à l'étude d'un objet relativement flou à travers un ensemble de travaux empiriques et théoriques qui n'ont pas encore trouvé une complète stabilisation et corpus conceptuel. Ces travaux ont été relancés aujourd'hui par les recherches sur la sociologie des réseaux de télécommunication et sur l'Internet et plus en général sur l'appréhension des espaces urbains et les phénomènes de mobilité[2].

Si l'on suit l'historique du concept tracé par P. Musso, le concept de réseau est dès le XVIIe siècle utilisé comme image empruntée au textile, pouvant décrire le fonctionnement interne du corps. On parle alors de réseau sanguin et du réseau des fibres du corps. C'est à la fin du XVIIIe et au début du XIXe siècle que la catégorie de réseaux sort du corps et de sa naturalité et devient une catégorie externe et construite. Le terme est ainsi emprunté par les ingénieurs pour parler de réseau de fortifications, de réseaux de canaux, de réseau routier, de réseaux électriques, etc.

En même temps, selon P. Musso grâce à la pensée de H. de Saint Simon, on passe progressivement de la pensée technique à la vision du social. La catégorie de réseau est utilisée pour penser l'organisation sociale en dehors d'une vision exclusivement hiérarchisée de celle-ci.

La découverte et la sensibilité des scientifiques sociaux – anthropologues et sociologues – au sujet des réseaux datent toutefois des années 1950-1960. Elle est liée à la découverte que la société moderne, en particulier urbaine, est tramée non seulement par les institutions (juridiques, familiales, politiques, religieuses, etc.), mais aussi par des groupes dits « primaires » (qu'on avait découverts dans les années 1920) caractérisés par de fortes relations interpersonnelles. Dans cette société se tissent aussi des relations de nature diverse, mi-distancées, mi-rapprochées, finalisées à des objectifs, donc qui n'imprègnent pas la personnalité de l'individu, mais qui permettent à celui-ci de jouer un des multiples rôles que les sociétés modernes et complexes sollicitent à leurs membres.

Une des premières recherches anthropologiques sur quelque chose qui ressemble à une étude des réseaux a été réalisée par John Barnes sur un village norvégien de pêcheurs et agriculteurs[3]. John Barnes étudie les

---

2   Voir par exemple P. Musso, *Télécommunication et philosophie des réseaux. La postérité paradoxale de Saint-Simon*, Paris, PUF, 1997 ; M. Castells, *The Rise of Network Society*, Oxford, Blackwell, 1996 (traduction française : *La société en réseau*, Paris, Fayard, 1998). Sur la vision du territoire comme réseau, voir G. Dupuis, *L'urbanisme des réseaux. Théories et méthodes*, Paris, A. Colin, 1991.

3   J. Barnes, « Class and Politics in a Norwegian Island Parish », in *Human Relations*, 1954, n° 7, pp. 39-58. J. Barnes a ensuite publié un ouvrage sur les réseaux : *Social Networks*, Addison-Wesley, 1972. Un autre ouvrage des mêmes années : J. Clyde Mitchell (ed.), *Social Networks in Urban Situations*, Manchester, Manchester Univ.

mobilités sur le territoire de la paroisse, l'organisation de l'industrie de la pêche du hareng, mais aussi – et en cela il nous intéresse ici – les liens de connaissance, de proximité, voire d'amitié qui se nouent entre les habitants de village. Ces liens ne sont pas stables, se modifient et ne sont pas coordonnés mais, par leur existence, tissent la trame de la vie villageoise.

Une autre recherche classique est celle d'Elisabeth Bott[4] sur les réseaux que des familles nouent autour d'elles et le lien entre la structure familiale et l'ampleur et la forme de ces réseaux externes. Ici l'attention porte donc sur le rapport entre un groupe et son environnement externe pour voir comment un certain type d'unité sociale se relie avec d'autres unités. D'autres travaux, à titre d'exemple, portent sur les réseaux mobilisés dans les campagnes électorales ou, plus proche du sujet de ce volume, celles de Domhoff ou de J. Scott sur les réseaux de pouvoir[5]. Rhodes et Marsh ont travaillé sur les réseaux des politiques publiques[6]. Il faut noter que les analyses des réseaux s'inscrivent aisément dans les approches politiques en terme de gouvernance.

A. Les finalités des réseaux

Un critère de différenciation des réseaux a été proposé par V. Lemieux (p. 14), qui suggère de les distinguer d'après leur finalité.

Des réseaux peuvent se constituer dans le but de favoriser la création de contacts et de liens entre les membres à travers des processus de communication et d'échange. Tel peut être le cas par exemple de réseaux constitués à partir de clubs de loisir.

Un deuxième type de réseau vise la réalisation de transactions entre les membres. Bien entendu, les transactions créent des liens, mais ce qui spécifie ce type de réseau est le fait que les relations entre les membres soient entretenues par les intérêts réciproques (sous différentes formes) obtenus par les transactions. Des réseaux commerciaux sont l'exemple type de recherche d'un avantage à travers la chaîne de relations ; mais

---

Press, 1969. On parle d'école de Manchester (cf. U. Hannerz, *Explorer la ville*, traduction française, Paris, Minuit, 1983, p. 225) comme d'un lieu majeur en anthropologie pour fonder l'analyse en termes de réseaux. Deux ouvrages théoriques ont été publiés en français : A. Degenne et M. Forsé, *Les réseaux sociaux*, Paris, A. Colin, 1994 ; V. Lemieux, *Les réseaux d'acteurs sociaux*, Paris, PUF, 1999.

[4] E. Bott, *Family and Social Networks*, London, Tavistock, 1957.

[5] G. William Domhoff, *The Higher Circle*, New York, Random House, 1970; J. Scott, « Networks of Corporate Power : A Comparative Assessment », in *Annual Review of Sociology*, 1991, n° 17, pp. 181-203.

[6] R.AW. Rhodes et D. Marsh, « Les réseaux d'action publique en Grande-Bretagne », in P. Le Galès et M. Tatcher (dir.), *Les réseaux de politique publique*, Paris, L'Harmattan, 1995, pp. 31-68.

d'autres réseaux peuvent être envisagés où l'avantage n'est pas en argent, mais en relations, en statut, etc.

Un troisième type de réseau vise la création de formes de contrôle idéologique, normatif ou autre, soit à l'égard des membres du réseau, soit à l'égard de l'extérieur du réseau. Tel est le cas de réseaux qui se constituent comme des groupes de pression à l'égard de telle ou telle activité.

Ces trois types de réseaux, fondés sur l'échange, les transactions, le contrôle, sont en quelque sorte des types idéaux qui existent seulement rarement à l'état pur. Tout réseau est un cocktail de ces trois formes de base qui peuvent dès lors servir comme instruments analytiques pour caractériser tel ou tel type de réseau.

Ayant circonscrit ainsi la finalité, la question est de savoir si l'étude d'un réseau a pour objectif l'analyse du fonctionnement interne, éventuellement son utilité pour les membres, ou bien s'il a pour but d'étudier ses relations avec l'environnement et éventuellement son efficacité. Le premier aspect reviendrait à étudier l'intégration sociale du réseau, le deuxième à étudier l'intégration du réseau à la société. Les deux aspects peuvent être intéressants et dans ce cas il s'agit de s'interroger sur le lien entre les deux, comme Elizabeth Bott s'est interrogée sur les rapports entre des types de famille et leurs liens avec l'environnement externe.

B. Un problème méthodologique : la limite du réseau et les appartenances

La volonté de l'analyse qui consiste à rechercher les liens relativement peu formalisés qui relient des personnes ou des instances, amène un premier problème méthodologique sérieux à la recherche empirique : celui des limites. Où est-il pertinent d'arrêter la recherche des liens ? Jusqu'où importe-t-il de pousser la recherche ? Cette question est entre autres liée à celle des appartenances.

Tout d'abord, il s'agit de se demander s'il importe d'inventorier l'ensemble des relations autour d'une personne X, celles qu'en sociologie des réseaux on appelle une « étoile de premier ordre » (A) autour d'ego. Ou bien s'il faut étudier une « zone de premier ordre » (B), à savoir l'ensemble des liens qui relient entre elles les personnes liées à ego.

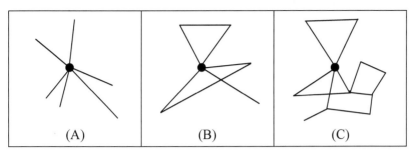

(A)   (B)   (C)

Ou bien encore s'il faut pousser plus loin la recherche jusqu'aux « zones de deuxième ordre » (C), en regardant les liens qu'établissent à leur tour les personnes en relation avec ego.

Ces questions posent aussi celle des membres du réseau, dans la mesure où cette réalité sociale particulière suppose une définition explicite des critères et des conditions d'appartenance. Pourtant ces conditions existent, de manière souvent implicite, tout comme existent les conditions d'acceptation et de recrutement. Ceci rend difficile l'analyse concrète qui s'arrête souvent – notamment pour des raisons inhérentes à la difficulté même de pousser plus loin la recherche – aux acteurs visibles au sein du réseau. En effet, des réseaux peuvent avoir des degrés divers de visibilité sociale jusqu'à prendre des fortes caractéristiques de secret.

La définition des appartenances est encore complexifiée par le fait qu'un membre d'un réseau ou un ensemble de membres peut appartenir en même temps à un autre ou à d'autres réseaux.

C. L'émergence d'un réseau et sa composition sociale

La question de l'émergence d'un réseau peut être pensée par le biais de l'articulation entre individus, évènements et structures. En effet une analyse de l'histoire apparente, la restitution de la mémoire de membres d'un réseau pourrait faire apparaître le rôle-clé de tel ou tel individu (« C'est untel qui est à l'origine... »), ou bien de tel ou tel évènement (« C'est dans telle circonstance de crise que nous nous sommes mobilisés... »). De là l'affirmation du rôle du contingent, de la crise, de l'événementiel, des grandes figures dans la naissance de réseaux. Ce fait est vraisemblablement constatable. Mais il serait probablement plus pertinent pour l'analyse de ne pas dissocier les faits individuels et événementiels des réalités sociales qui les sous-tendent. Il est en effet possible de faire une sociologie structurelle de l'émergence des leaderships, de la saisie de l'évènement, de l'inflexion de l'évènement. Elle permettrait de comprendre justement l'articulation toujours présente entre initiative individuelle, contingence sociale et données institutionnelles et structurelles.

La prise en compte de ces données passe, entre autres, par une étude de la composition sociologique de base des membres du réseau, selon des critères qui, dans une société donnée, fondent des logiques d'affinité. Que l'on pense au statut social, au niveau d'éducation, aux affinités religieuses et philosophiques, à la transition commune à travers d'institutions de formation, aux liens familiaux, au sexe, à l'âge. Autant de crières qui constituent de conditions, certes non nécessaires, mais qui favorisent fortement la constitution de réseaux.

II. Deux grandes approches sociologiques des réseaux

Ces données de base étant posées, il s'agit maintenant de dégager quelques autres concepts pour caractériser et analyser le fonctionnement des réseaux.

Si on fait un bilan des travaux sociologiques et anthropologiques relatifs aux réseaux pour essayer de dégager quelques concepts éventuellement utiles dans l'étude des réseaux économiques, il importe de faire la distinction entre deux approches. L'une est une approche de type « relationnelle » : il s'agit ici de suivre pas à pas les liens que des gens établissent entre eux, les types de liens et leurs propriétés telles que leur intensité, leur fréquence, leur durée. Dans cette même analyse, on conduirait aussi une étude des caractéristiques sociologiques de ces personnes, uniquement pour donner une substance sociologique au vieux dicton que « qui se ressemble s'assemble ».

Une deuxième approche, de type « structural », consiste à observer la forme du réseau qui résulte de ces liens, dans le but de qualifier les réseaux et de parvenir, le cas échant, à des analyses typologiques comparatives. Cette approche a eu la tendance (fort présente par exemple dans le livre de Degenne et Forsé) de se formaliser à l'aide de la théorie des graphes.

A. L'approche relationnelle des réseaux

La démarche de recherche consiste ici à suivre les acteurs sociaux qui, pour atteindre leurs buts, utilisent leurs rôles sociaux, avec d'autres, dans une séquence de relations.

1. Caractère formel et informel du réseau / liens forts et faibles

Une distinction classique de la sociologie peut être également utilisée dans l'analyse des réseaux. Ceux-ci peuvent en effet être plus ou moins formalisés, dans le sens où les éléments qui les composent, les règles qui régissent les relations peuvent être plus ou moins explicitées et structurées. À noter que l'idée d'informel n'exclut pas l'existence de règles, mais celles-ci sont implicites, sous-jacentes et font partie, pourrions-nous dire, de la civilité du réseau.

Tout un continuum est possible. Hannerz[7] reporte la description d'un réseau de Boissevain dans son important travail sur les réseaux en Sicile, qui est conduit dans une approche relationnelle[8] :

> Un étudiant de Syracuse, Salvatore, cherche à obtenir d'un professeur de l'université de Palerme, l'autorisation de présenter sa thèse alors que la date limite de dépôt des dossiers est dépassée depuis longtemps. Il quitte donc Syracuse pour Leone, une ville où il a déjà travaillé et dans laquelle il a des relations utiles, en particulier le représentant local du plus important parti politique. Cet homme recommande Salvatore à son cousin ; qui est le secrétaire personnel d'un responsable officiel de Palerme. Ce cousin à son tour, le présente à son frère qui a des amis à l'université et qui se trouve connaître l'assistant du professeur. L'assistant le met en relation avec le professeur, qui est par ailleurs candidat aux élections dans la circonscription de Leone. Comme il est persuadé que Salvatore est originaire de cette ville, il se montre compréhensif à son égard, arrange son problème de thèse en se disant qu'il a gagné en échange un partisan de choix dans son combat politique. Salvatore retourne à Syracuse, soutient sa thèse qui lui permet de changer de grade. Quant au professeur, il est blackboulé.

Nous sommes ici devant un réseau totalement informel, fondé sur l'interconnaissance, la confiance, l'éventuelle réciprocité.

À l'opposé, on pourrait se trouver devant un réseau dans le style des clubs services étudiés par Domhoff. Ici le réseau est plus fermé – sans devenir pour autant une organisation – et moins extensible. Les membres qui jouent dans le réseau savent à quoi s'attendre, même si les règles ne sont pas formellement explicitées.

Une évolution intéressante de l'analyse des réseaux est due au sociologue américain Granovetter[9]. En effet, spontanément, nous associons l'idée d'efficacité d'un réseau à celle de sa consistance, d'une relative formalisation, des liens forts parmi les membres. Ce qui n'est pas exclu. Toutefois Granovetter a montré, à partir d'une étude des réseaux mobilisés pour la recherche d'un travail, qu'il est souvent plus efficace de mobiliser des liens faibles, d'où sa formule qui lui a valu un considérable succès : la force des liens faibles.

---

[7]   V. Hannerz, *Explorer la ville*, *op. cit.*, p. 243

[8]   J. Boissevain, *Friends of Friends*, Oxford, Blackwell, 1974.

[9]   M. Granovetter, « The Strenght of Weak Ties », in *American Journal of Sociology*, 78, 1973, pp. 1360-1380.

Le tableau résume ce que Granovetter entend par liens faibles et forts.

Liens forts	Liens faibles
On est disposé à y consacrer du temps.	Le temps consacré est réduit.
Ils donnent lieu à une relative intensité émotionnelle et une intimité, par des confidences personnelles.	La relation reste relativement froide et fonctionnelle.
Ils se traduisent dans des services réciproques.	Il n'y a pas d'obligation de réciprocité de services, le lien étant d'ailleurs relativement contingent.
Ils donnent lieu à des échanges pluriels entre les participants.	Les échanges sont réduits à la fonctionnalité.

Or, dit Granovetter, pour qu'il soit un réseau de communication ou de transaction efficace, un réseau ne doit pas nécessairement être constitué par des liens forts. La raison est que des liens forts tendent à fermer la relation, alors que, dans certaines circonstances, pour être efficace un réseau doit allonger les éléments impliqués dans la relation.

Si on croise les traits identifiés jusqu'ici, on dispose de quatre types de réseau hypothétiques :

	Liens forts	Liens faibles
Réseau informel	Réseau communautaire	Réseau contingent
Réseau formel	Réseau clique	Réseau fonctionnel

2. Densité du réseau

Toutefois l'exemple de l'étudiant sicilien peut nous fourvoyer. Dans ce cas, les réseaux sont mobilisés de manière contingente afin d'aboutir au résultat escompté ou, plus exactement, le chercheur n'a mis en évidence que les réseaux activés par Salvatore. En réalité, il est probable que cet étudiant se serait inséré dans un réseau relativement stabilisé.

Face à un réseau stable, un concept intéressant en sociologie des réseaux est celui de la densité des relations (appelé parfois « connexité ») : il désigne le volume des liens que des membres d'un réseau nouent entre eux.

Utilisons quelques schémas et commençons par observer les réseaux représentés dans les figures A, d'une part, et d'autre part B et C.

Il est assez clair que la densité du réseau A est plus élevée que celle des réseaux B et C (proches de la description faite du réseau de l'étudiant sicilien). Plus un réseau est dense, plus les membres entrent en relation avec un plus grand nombre de membres. On voit par là que l'idée de densité introduit déjà à celle de hiérarchie, que nous verrons ensuite. Un réseau dense tend à ne pas être trop hiérarchisé, au contraire d'un réseau à faible densité qui peut constater l'apparition de figures qui monopolisent les relations du réseau.

Des densités plus fortes entre quelques membres à l'intérieur d'un réseau peuvent donner lieu à une « clique » qui se constitue par le nombre accru de relations et l'établissement éventuel de liens plus forts que dans l'ensemble du réseau. On peut aisément comprendre l'intérêt de prendre en compte les cliques et leur rapport au reste du réseau.

3. Du réseau au capital social, culturel et symbolique

Le concept économique de capital fait référence à un stock de ressources que l'on peut mobiliser pour créer de la valeur. Ce concept a été transféré, notamment par les théoriciens du choix rationnel (G. Becker, entre autres), dans d'autres sphères de l'activité humaine. C'est ainsi qu'on a parlé de capital humain.

Dans la même foulée, on a apporté un regard sur les réseaux en les interrogeant sous l'angle de leur capacité à créer de la « valeur », pour reprendre les distinctions de Lemieux entre la communication, les transactions et le contrôle. Autrement dit, lorsqu'un réseau se met en place, à quelles conditions est-il efficace et devient-il du capital social, aussi bien pour les membres que pour son action externe dans le but d'échanger de l'information, de réaliser des transactions ou d'exercer un contrôle ? Y a-t-il un lien entre nature et type de liens, densité du réseau, durée, etc. et la capitalisation sociale possible du réseau ?

Mais Pierre Bourdieu a également mis en évidence deux autres aspects. L'un souligne le rôle de la culture, comme savoirs, savoir-faire et idéologie, mobilisés par des acteurs sociaux, et dans ce cas par le réseau. Le capital culturel dont dispose globalement le réseau devient ici objet d'analyse. Mais également – et c'est toujours Pierre Bourdieu – du capital symbolique, c'est-à-dire, du prestige, de l'honneur, de la renommée dont dispose ou dont ne dispose pas un réseau sur la scène sociale.

Ces analyses en terme de capitaux ont l'avantage de sortir l'analyse des réseaux d'un certain descriptivisme plus ou moins formalisé et d'inscrire le réseau au cœur de l'action collective. C'est à partir de là qu'on pourra s'interroger sur le poids social d'un réseau en terme de lobby, de groupe de pression, de solidarité, des effets d'influence, etc.

4. La pragmatique des réseaux

Une approche contemporaine (M. Callon) appliquée surtout à l'analyse des réseaux scientifiques porte un regard assez différent et novateur sur les réseaux. L'idée de départ est que les relations sociales – celles entre membres d'un réseau en l'occurrence – sont toujours médiées par des réalités matérielles : du cadre matériel d'un lieu de réunion, aux véhicules, à l'Internet ou aux documents écrits. Bruno Latour, qui se situe également dans cette approche, dit que toute interaction est toujours « interobjetaction ». La matérialité est le *sine qua non* de l'interaction et est en même temps un lieu de « traduction », de transmission-transformation de l'information. Dans l'analyse des réseaux scientifiques il s'agit dès lors de prendre en compte des appareils d'expérimentation et de mesure, des écrits, des négociations autour des écrits, etc.

Une question actuelle mais également de pertinence pour l'historien est celle de savoir comment la médiation de l'Internet et du courrier électronique modifie la constitution, la logique de fonctionnement, la capitalisation des réseaux. Comme elle la modifie par rapport à l'ère où les réseaux ne pouvaient que se connecter par d'autres médiations techniques : le transport animal, le téléphone, le courrier, la voiture, etc.

5. Les captations et manipulations des réseaux

Souvent l'analyse des réseaux a une approche assez linéaire, rationnelle, pacifiée du fonctionnement des réseaux. Il n'est pas inutile d'y introduire quelques graines de poivre afin de pouvoir cerner la complexité du jeu social à l'œuvre. Un réseau peut en effet être plus ou moins consciemment manipulé par des acteurs, membres ou entrants dans le réseau qui l'orientent, le réorientent par leurs actions ou leurs informations.

B. L'analyse structurale

Nous pouvons maintenant déplacer le regard. Il ne s'agit plus d'observer les réseaux à partir de l'initiative des individus et de leurs liens. En observant le résultat d'ensemble, on peut observer un territoire à partir d'une carte et non plus en parcourant ses chemins.

C'est une des approches importantes de l'analyse des réseaux, qui peut aboutir à des formalisations poussées (et pas toujours utiles). L'intérêt de ces analyses vise souvent à dégager des logiques sociales à l'œuvre, mais elle permet aussi de rechercher des liens entre des formes structurelles et les modalités et l'efficacité avec laquelle un réseau atteint ses objectifs. L'analyse sommaire que nous présentons ici n'a d'autre but que d'attirer l'attention sur cette approche qui peut être féconde si elle est dynamisée en tenant compte des jeux entre les différentes composantes du réseau.

1. Quelques modèles de structure de réseau

Présentons quelques modèles qui pourraient être typiques.

Partons d'abord de quatre modèles qui existent plus comme référence idéelle que comme réalité concrète. Cette référence idéelle peut être perçue comme positive, c'est-à-dire comme idéal de fonctionnement auquel le réseau aspire, ou bien négative, c'est-à-dire comme danger qui guette le réseau et risque de le mettre en péril.

Un premier modèle, inspiré par un imaginaire démocratique, consiste à penser un réseau complet et équivalent entre les différentes composantes (modèle A). Lemieux le nomme « réseau intégral ou complet ». Pour fonctionner, il suppose non seulement l'équipondération de l'investissement des membres mais aussi l'existence en amont d'un fort ciment culturel et social.

Une variante de ce modèle est celle du réseau circulaire (modèle B). Dans ce cas les liens se bouclent, mais par une chaîne qui relie membre à membre. On comprend aisément que ce modèle est une variante à basse densité du modèle complet. Il peut encore se transformer si les liens d'un à un sont coupés : on est alors devant un réseau linéaire (modèle C).

À l'extrême opposé du réseau complet, nous en aurions un totalement centralisé autour d'un pôle fort (modèle D), qui assure un leadership total à l'intérieur du réseau. Les éléments du réseau n'ont pas de contacts entre eux et sont en quelque sorte des co-isolés[10]. Le fait qu'entre des éléments du réseau n'existent pas des liens donne lieu à ce que Burt appelle des « trous structuraux ». On en verra l'existence dans les modèles suivants.

C'est en combinant ces tendances extrêmes que l'on peut dégager d'autres modèles plus complexes et de ce fait, plus proches de la réalité.

L'un est une variation partielle du modèle centralisé et on pourrait l'appeler « à polarité centrale » (E). Dans ce cas, un leader centralise le plus grand nombre d'articulations entre sous-ensembles du réseau et, dans certains cas, il est le passage exclusif d'un sous-ensemble à un autre ou du réseau vers l'extérieur. Il détermine aussi le mode de relation – et de marginalisation – d'une partie du réseau et des autres membres. Ce modèle n'est viable que si le leader central maîtrise l'ensemble du processus, contrôle les dissidences, garde le pouvoir d'inclure ou d'exclure. Il est efficace dans les domaines où le leader central s'investit.

L'existence de trous structuraux pose des problèmes spécifiques de communication entre les membres du réseau. Par ailleurs pose question aussi l'apparition de cliques spécifiques.

Enfin, un dernier modèle (modèle F) consisterait dans l'éclatement de plusieurs sous-ensembles, plus ou moins centralisés et ayant des faibles liens entre eux. Ce qui prévaut ici est la séparation entre les éléments du réseau et la constitution de ce qui pourrait être un réseau de réseaux. Ce modèle combine multipolarité et centralité. Ici plusieurs leaders ont un poids équivalent et différents sous-ensembles coexistent. La condition du succès de ce modèle réside dans la capacité de l'ensemble des élites

---

[10] Voir à ce sujet l'analyse de R.S. Burt, *Structural Holes*, Cambridge, Mass., Harvard Univ. Press, 1992.

de maintenir une densité de relations telle à réduire les trous structuraux et de la capacité des leaders de maîtriser les rivalités et les compétitions négatives. La tentation serait en effet chez certains d'accentuer le poids relatif et de faire évoluer le modèle vers une forme plus unipolaire. Ou bien il y aurait le danger d'assister à une fragmentation en plusieurs réseaux.

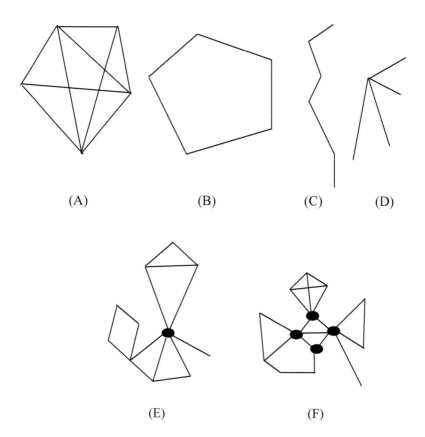

(A)   (B)   (C)   (D)

(E)   (F)

Conclusions

Les acquis que nous avons rassemblés jusqu'ici peuvent être résumés de la manière suivante.

Sur le plan méthodologique, il s'agit d'expliciter le plus possible les limites et les frontières de l'analyse que l'on souhaite conduire, de même que les critères d'appartenance. Les réseaux, voulant appréhender le volet non formel et implicite des relations humaines, ne montrent pas facilement leurs bornes et leurs rapports externes.

Trois grandes finalités possibles aux réseaux ont été mises en évidence, qui se ramènent à des grandes catégories de l'action humaine : communication, transaction, contrôle. Tout réseau participe de près ou de loin à ces trois dimensions. C'est à l'analyse de dégager leurs poids respectifs. Tout comme c'est à l'analyse d'éclairer le rapport complexe entre initiative individuelle, contingence sociale et données structurelles.

La nature des liens (forts/faibles), le niveau d'explicitations des règles, la densité des relations, la médiation des objets, permettent de cerner des logiques de fonctionnement des réseaux. Mais celles-ci ne sont pas sans lien avec leur efficacité sociale, leur capacité à devenir capital social. Capacité que l'on comprendra d'autant mieux si on analyse également le capital culturel mobilisé dans le réseau et le capital symbolique dont il bénéficie.

Enfin, la mise en place de réseaux peut également être cernée à partir des structures auxquelles ils donnent naissance : entre un modèle complet qui procède d'un idéal démocratique où tous les membres ont des liens avec tous et un modèle absolument centralisé, il y a toute une gamme de variations possibles. Des liens pourraient par ailleurs être établis entre le type de structure et les capacités d'action, de communication, de transaction et de contrôle auxquelles tout réseau est confronté.

SESSION I

RÉSEAUX ET FORMATIONS INITIALES

NETWORKS AND BASIC EDUCATION

Les réseaux technocratiques français face au processus de construction européenne des années 1930 aux années 1950

Le sens d'une absence

Olivier DARD

Université de Paris X

Pour banal qu'il puisse paraître, l'intitulé de cette communication renvoie à la fois à un imaginaire collectif et à une somme de lieux communs visant à amalgamer technocratie et construction européenne pour voir dans cette dernière le produit sinon d'un complot, du moins de l'action de réseaux structurés et décidés à agir. À la simplicité de l'image, parfois reprise et renvoyée comme un boomerang à ses détracteurs par certains acteurs[1], s'oppose la complexité des concepts, technocrates, réseaux, délicats à définir.

Le technocrate est d'abord une figure qui, dans le cas français, a pris un visage différent entre les années 1930 et 1950, l'ENA marquant sur ce point une césure. Ces vingt années, scandées par la crise des années 1930, la Seconde Guerre mondiale, et, sur fond de reconstruction et de guerre froide, par les débuts de la construction européenne, sont pour les technocrates français une occasion de premier plan pour émerger et conquérir des positions dans l'appareil de l'État et la définition des politiques publiques où ils aspirent à voir la France s'engager dans une modernisation économique et sociale articulée sur

---

[1] À l'instar de Robert Lemaignien, premier représentant de la France à la Commission de la CEE en compagnie de Robert Marjolin et qui a consigné les souvenirs de cette expérience dans *L'Europe au berceau. Souvenirs d'un technocrate*, Paris, 1964. Commentant l'opposition, classique, entre le technocrate et le politique, il défend la rationalité qu'il prête au premier à l'impulsivité qu'il impute au second et assume le « *sarcasme* » qui accompagne l'appellation de technocrate (pp. 10-11).

une volonté d'ouverture et de construction d'une Europe économique[2]. Rassemblés sur de tels objectifs (qui sont d'ailleurs, lorsque l'on analyse les positions des acteurs, beaucoup moins homogènes qu'il pourrait y paraître), les technocrates français sont-ils pour autant organisés en réseau(x) ? Sauf à prendre au pied de la lettre les fantasmagories d'un prétendu complot synarchique[3], il est évident qu'il n'existe pas un réseau unique de technocrates. Explorer l'hypothèse de leur pluralité n'est pas davantage commode dans la mesure où il faut s'entendre sur ce que recouvre le concept de réseau.

Forgé par les sociologues et les politistes, il a été ces dernières années repris et utilisé par les historiens, notamment modernistes[4]. Stimulant, son emploi n'est pas moins délicat s'il s'agit de sortir de la métaphore pour déboucher sur une utilisation opératoire.

Il convient de s'attacher aux processus de mise en réseau. Un premier problème renvoie à la définition de l'objet premier de l'analyse : un individu ou un groupement. S'il ne s'agit pas ici d'ouvrir un débat sur l'individualisme méthodologique, force est de constater que différentes rencontres scientifiques sur les réseaux ont clairement mis en opposition ses partisans invétérés et d'autres intervenants, conférant aux résultats de cette entreprise un caractère éclaté[5]. Un second problème renvoie aux critères choisis pour la mise en réseau. À l'origine, on trouve des « liens affinitaires », indispensables à prendre en compte dans la mesure où l'intégration d'un individu ou d'un groupement à un réseau est « une

---

[2]   On veillera cependant à distinguer, comme y invite Didier Georgakis (« Les réalités d'un mythe. Figure de l'eurocrate et institutionnalisation de l'Europe politique », in V. Dubois et D. Dulong (dir.), *La question technocratique, de l'invention d'une figure aux transformations de l'action publique*, Strasbourg, 1999), le technocrate et l'eurocrate. La période gaullienne est de ce point de vue très éclairante. À la promotion et la glorification d'une technocratie nationale s'oppose celle de l'eurocrate qui en est « *la figure inversée* » : le rêve opposé à la raison, la prétention (ridicule) au pouvoir contre l'instrument (solide) de la souveraineté (p. 112).

[3]   Sur le rapport entre complot synarchique et construction européenne, nous nous permettons de renvoyer à O. Dard, *La synarchie. Le mythe du complot permanent*, Paris, 1998.

[4]   Parmi une bibliographie abondante, nous mentionnerons en particulier la conclusion de J.P. Dedieu et Z. Moutoukias, « L'historien de l'administration et la notion de réseau », in J.L. Castellano et J.P. Dedieu (dir.), *Réseaux, familles et pouvoirs dans la péninsule ibérique à la fin de l'Ancien Régime*, Paris, 1998, pp. 247-263 et la thèse de T. Rentet, *Le Roi, le Grand Maître et les fidèles (les réseaux d'Anne de Montmorency, Grand Maître de France, vers 1530)*, thèse de doctorat d'histoire, Université de Paris XIII, 2001.

[5]   Voir en particulier l'ouvrage dirigé par P. Dujardin (dir.), *Du groupe au réseau : réseaux religieux, politiques, professionnels*, Lyon, 1988 et en particulier sa contribution « Processus et propriétés de la mise en réseau : débat, problématique, propositions », pp. 5-27.

relation voulue, construite » qui « s'oppose à la simple 'contiguïté' professionnelle, morale, territoriale ». Ces liens peuvent être de nature multiple et d'intensité très variable, ce qui invite à prendre en compte le concept de « multiplexité » (un individu peut être inséré dans une pluralité de réseaux). Cadrée et ciblée sur des figures appartenant à deux milieux incontournables pour qui étudie la technocratie dans le cas français, l'École polytechnique et l'ENA (elles ont fourni des origines à 1995 40 % des commissaires européens français (¼ pour l'ENA et 15 % pour l'X)[6], la communication, en retraversant l'histoire de ces deux institutions s'efforce de répondre à deux interrogations : les réseaux polytechniciens sont-ils à l'origine de l'insertion de figures de proue de l'X dans les débuts de la construction européenne ? L'ENA peut-elle être considérée comme un vivier originel de technocrates français acquis à la construction européenne ?

I. Les réseaux polytechniciens vecteurs de carrières européennes ?

Trois figures de l'X comptant parmi le patrimoine mémoriel de l'École ont joué un rôle indéniable dans les débuts de la construction européenne des années 1950 : Raoul Dautry, Jacques Rueff et Louis Armand.

L'objet de la réflexion est d'analyser si leur parcours européen est à rattacher à l'existence de réseaux polytechniciens et technocratiques qui ont pu être identifiés dans la France des années 1930 et 1940 et dont la mise en branle a provoqué une montée en puissance des technocrates dans l'appareil de l'État.

A. Raoul Dautry

Dautry est d'abord un symbole, le « technocrate de la République » pour reprendre le titre d'une biographie qui lui a été consacrée[7]. Il est aussi un des acteurs majeurs des réseaux technocratiques de l'entre-deux-guerres, ayant réussi à faire entrer à partir de 1935 une série de ses amis technocrates et polytechniciens dans l'appareil de l'État[8], dans lequel lui-même est un ministre de poids en 1939 (Armement). L'homme est d'ailleurs pénétré de son rôle en la matière ainsi qu'en atteste une anecdote instructive : un de ses passe-temps sous l'Occupation est de

---

[6] N. Kauppi, « European Union Institutions and French Political Careers », in *Scandinavian Political Studies*, vol. 19, n° 1, 1996, p. 15.

[7] R. Baudouï, *Raoul Dautry (1880-1951). Le technocrate de la République*, Paris, 1992.

[8] O. Dard, *Jean Coutrot de l'ingénieur au prophète*, Besançon, 1999, pp. 111-113.

recenser la liste de ses relations depuis ses débuts au chemin de fer du Nord (elle compte 500 noms)[9].

Au lendemain de la guerre, Dautry est non seulement de nouveau un ministre en vue (à la tête de la Reconstruction et de l'Urbanisme) mais un des promoteurs français de la construction européenne naissante. Cheville ouvrière de mouvements pro-européens, il préside le Mouvement pour l'Europe unie qui a comme président d'honneur Édouard Herriot et comme délégué général l'économiste René Courtin[10] (ce mouvement rejoint le Comité international de coordination des mouvements pour l'unité européenne). Dautry siège aussi dans le comité d'honneur de la section française de la Ligue indépendante de Coopération européenne (avec Jacques Rueff)[11]. Il est encore membre du comité financier chargé de récupérer des fonds du patronat pour financer le Comité international de coordination et le Mouvement français pour les États-Unis d'Europe[12] et s'emploie en 1948 à obtenir le financement de sociétés, notamment de Boussac et Garnier et de Pont-à-Mousson[13].

Homme de contact, Dautry est aussi un porteur de projet en matière européenne. Le plus important est aussi son testament : une Haute Autorité des transports. Dautry milite pour sa constitution qui lui semble « plus urgente et plus salutaire que les unions douanières ou les accords sur les monnaies de même que le pool des industries lourdes »[14]. Dans un premier temps, l'idée est retenue par la Commission spéciale des transports du Conseil de l'Europe réunie à Paris le 9 février 1951 sous la présidence d'Édouard Bonnefous. Si le projet fut renvoyé devant la commission des Affaires économiques de Strasbourg, siégeant à Paris, l'idée d'un exécutif européen des transports est abandonnée, au grand regret de Dautry, au profit d'un organisme à vocation consultative[15]. C'est un échec pour ce dernier qui souhaite cependant voir la démarche poursuivie et assigne cette tâche aux technocrates héritiers du saint-simonisme :

> Il faut entamer une vigoureuse action afin de donner à l'Europe conscience de l'étendue et de la gravité d'un état de fait extrêmement grave, afin de lui

---

[9] R. Baudouï, *Raoul Dautry (1880-1951)*, *op. cit.*, p. 240.

[10] I. Le Moulec-Deschamps, « Dans les coulisses du congrès de La Haye (7-10 mai 1948) », in *L'Europe en formation*, n° 313, été 1999, p. 75.

[11] L. Badel, *Un milieu libéral et européen. Le grand commerce français (1925-1948)*, Paris, 1999, p. 433.

[12] *Ibid.*, p. 443.

[13] *Ibid.*, p. 444.

[14] R. Dautry, « Le problème des transports européens », in *Revue d'économie politique*, novembre-décembre 1951, p. 895.

[15] N. Neiertz, *La coordination des transports en France. De 1918 à nos jours*, Paris, 1999, p. 351.

montrer que si quelques hommes éclairés ont su, tels les Saint-Simoniens du siècle dernier, définir une saine politique des transports en relation avec le progrès de la condition humaine, ni les parlements ni les gouvernements n'ont été capables jusqu'à aujourd'hui, de s'accorder pour la réaliser.[16]

Épicentre d'un réseau où les polytechniciens ont la part belle, intégré dans une multiplicité d'autres, Raoul Dautry a-t-il entraîné derrière lui ou mis sur orbite des technocrates engagés dans la construction européenne ? La réponse est plutôt négative. On constate en effet un contraste saisissant entre les continuités marquant les entourages de Dautry, avant et après la guerre[17] (à l'exception de Jean Bichelonne) et l'absence de technocrates liés à Dautry dans la construction européenne naissante. Raoul Dautry n'est cependant pas dans des milieux inconnus lorsqu'il entame son combat européen. Simplement, les réseaux qui affleurent à cet égard renvoient d'abord à des groupements entrepreneuriaux, milieux dans lesquels il est inséré depuis l'avant-guerre. Le cas de Dautry, pour emblématique qu'il soit, serait-il isolé ? Deux autres itinéraires permettent de montrer qu'il n'en est rien et de confirmer que l'insertion de technocrates polytechniciens dans les institutions européennes naissantes, si elle peut être comprise comme le produit de l'action de réseaux d'influence, ne renvoie pas à des réseaux technocratiques et polytechniciens.

B. Jacques Rueff

Né en 1896, Jacques Rueff, polytechnicien et inspecteur des Finances cumule durant l'entre-deux-guerres une double légitimité de haut fonctionnaire (directeur du Mouvement général des Fonds de 1934 à 1939) et d'ingénieur économiste, connu pour son libéralisme orthodoxe. Il a, à ce titre, fréquenté le cercle phare des polytechniciens de l'époque, le groupe X-Crise (où ses positions sont minoritaires), animé le colloque Lippmann et le Centre international d'Études pour la Rénovation du Libéralisme qui en découle[18], et été un conseiller d'hommes politiques (notamment de Paul Reynaud en 1938-1939)[19]. Au lendemain de la guerre, même s'il reste une figure de proue du néolibéralisme français[20], Rueff est un homme affaibli qui peine à exercer le magistère théorique

---

[16] R. Dautry, « Le problème des transports européens », *op. cit.*, p. 897.

[17] R. Baudouï, *Raoul Dautry (1880-1951)*, *op. cit.*, p. 294-295.

[18] F. Denord, « Aux origines du néo-libéralisme en France », in *Le Mouvement social*, n° 195, avril-juin 2001, pp. 20-29.

[19] P. Reynaud, *Mémoires*, t. 1, *Envers et contre tous (7 mars 1936-16 juin 1940)*, Paris, 1963, pp. 229 et 289.

[20] F. Denord, *Les origines du néo-libéralisme en France. Genèse et structures d'une doctrine économique*, mémoire de DEA en sociologie, Paris, EHESS, 2000, pp. 165-168.

qui fut le sien en matière de théorie économique et perd de ce fait des postes d'influence en matière d'enseignement (à Sciences po en particulier)[21]. La construction européenne, qu'il appuie (il participe activement au congrès de La Haye[22]), lui redonne un second souffle et après avoir présidé pendant six ans (1946-1952) l'Agence interalliée des Réparations installée à Bruxelles, il devient juge français de la Cour de justice de la Communauté européenne[23].

La compétence de Rueff est régulièrement mise en avant pour expliquer sa promotion. Si l'on suit l'interprétation de Nicole Condorelli-Braun[24], reprise à leur compte par Dirk Spierenburg et Raymond Poidevin, Antoine Pinay, alors président du Conseil, aurait compté sur Rueff « pour effectuer une analyse économique des problèmes compatibles avec les implications du traité »[25]. Si la compétence de Rueff n'est pas discutable, il semble qu'elle ne puisse suffire à expliquer ce choix. Sa nomination peut aussi être comprise comme une nomination politique dans la mesure où Jacques Rueff (qui ne s'étend guère sur ce point dans ses mémoires) est en 1948 un des fondateurs (comme Pinay) du Centre national des Républicains indépendants (CNRI)[26]. Si Jacques Rueff prend le soin dans ses correspondances de se tenir à l'écart de toute manœuvre politique, il joue dans la nouvelle formation un rôle important : membre du comité directeur du CNRI[27], porte-parole chargé du discours de clôture des journées d'études en décembre 1950[28], plume régulière de l'organe du mouvement *France indépendante*[29]. Sa nomination à la tête de la Cour de Justice de la Communauté européenne en 1952 ne sanctionne nullement sa qualité de technocrate polytechnicien

---

[21] O. Dard, « Théoriciens et praticiens de l'économie : un changement de paradigme », in S. Bernstein et P. Milza (dir.), *L'année 1947*, Paris, 2000, p. 111.

[22] J. Rueff, *Œuvres complètes*, t. 1, *De l'aube au crépuscule. Autobiographie de l'auteur*, Paris, 1977, p. 224. Voir aussi É. Bonnefous, *La construction de l'Europe par l'un de ses initiateurs*, préface d'H. Amouroux. Propos recueillis par P. Binczak, Paris, 2002, p. 24.

[23] J. Rueff, *Œuvres complètes*, t. 1, *op. cit.*, p. 216.

[24] N. Condorelli-Braun, « Les juges et les avocats généraux français à la Cour de justice des Communautés européennes », in J. Rideau, P. Gerbet, M. Torrelli et R.M. Chevallier (dir.), *La France et les communautés européennes*, Paris, 1975, pp. 455-458.

[25] D. Spierenburg et R. Poidevin, *Histoire de la Haute Autorité de la Communauté européenne du charbon et de l'acier. Une expérience supranationale*, Bruxelles, 1993, pp. 81-82.

[26] G. Richard, *Le Centre national des Indépendants et paysans de 1948 à 1962, ou l'échec de l'union des droites françaises dans le parti des modérés*, thèse de doctorat d'État en histoire contemporaine, IEP de Paris, 1998, p. 80 (n. 7).

[27] *Ibid.*

[28] *Ibid.*, p. 84.

[29] *Ibid.*, p. 111.

(figure qui serait plutôt répulsive aux Indépendants). Sa compétence, sans être minorée, ne doit nullement faire négliger l'importance de son engagement et de sa fidélité vis-à-vis d'une formation politique, le CNIP (Centre national des indépendants et paysans), qui a le vent en poupe au début des années 1950 et qui tend à éclipser le Rassemblement du Peuple français du général de Gaulle.

C. Louis Armand

Louis Armand a succédé en 1951 à Raoul Dautry au poste d'administrateur général du Commissariat à l'Énergie atomique à la mort de ce dernier et présente avec lui bien des similitudes mais, malgré les apparences, les deux hommes n'ont guère eu de contacts. Reçu à l'X en 1924, Louis Armand devient à sa sortie des Mines un homme du Chemin de fer en entrant à la compagnie du Paris-Lyon-Méditerranée. Il suit également de près les débats qui agitent le milieu polytechnicien et notamment X-Crise, non pas directement, mais par le biais de son ami Jean Ullmo qui en est une cheville ouvrière[30]. À cette sociabilité ferroviaire et polytechnicienne s'ajoute durant la Seconde Guerre mondiale la résistance. Entré dans un réseau dès 1940[31] et y ayant joué un rôle important et exposé (il fut arrêté le 24 juin 1944)[32], Louis Armand s'impose comme un dirigeant phare de la SNCF et en devient le directeur général en 1949[33]. À l'instar de Dautry, il se préoccupe de la construction européenne via la question de la coordination des transports. Ainsi, il participe dès 1947 à un congrès ferroviaire international qui débat de la question[34], suit de près les activités de l'Union internationale des Chemins de Fer et y exerce des responsabilités[35]. Non content de débattre de propositions, Armand se soucie de leur mise en œuvre et impulse la mise sur pied du pool des Wagons Europ[36]. Le souci des transports se combine avec celui de l'énergie et Louis Armand devient un homme de

---

[30] H. Teissier du Cros, *Louis Armand, visionnaire de la modernité*, Paris, 1987, p. 127.

[31] *Ibid.*, p. 182.

[32] C. Chevandier, « Les cheminots, la SNCF et la Seconde Guerre mondiale, 1945-2000 », in *Une entreprise publique dans la guerre : la SNCF 1939-1945*, Actes du VIIIe colloque de l'Association pour l'histoire des chemins de fer en France, Paris, Assemblée nationale, 21-22 juin 2000, Paris, 2001, pp. 310-311.

[33] H. Teissier du Cros, *Louis Armand, op. cit.*, p. 183.

[34] L. Armand, *Propos ferroviaires*, Paris, 1970, pp. 185 ss.

[35] H. Teissier du Cros, *Louis Armand, op. cit.* (p. 197) indique qu'il en est le président à partir de 1951, poste qu'il a décidé d'abandonner en 1958 pour rendre la présidence tournante : elle devait à l'origine revenir par principe à un Français (L. Armand, *Propos ferroviaires, op. cit.*, pp. 217-219).

[36] L. Armand, *Propos ferroviaires, op. cit.*, pp. 206-207.

l'atome et un pilier originel d'Euratom, même si la maladie (contractée dès le début de son mandat en 1958) contrarie ses desseins[37].

D. Trajectoires individuelles contre réseaux ?

L'examen de l'itinéraire croisé de ces trois figures éminentes de technocrates polytechniciens, qui pourrait s'enrichir d'autres exemples (Léon Daum)[38], montre qu'au-delà d'analogies superficielles ou de simplifications commodes leur mise sur orbite à l'échelle européenne ne procède pas de l'appartenance à des réseaux polytechniciens. Plusieurs raisons peuvent être mises en avant. On n'occultera pas le choc de la guerre et la disparition, sur fond de changement de génération et de compromission de certains de leurs dirigeants avec Vichy, des lieux de sociabilité des milieux technocratiques de l'entre-deux-guerres (X-Crise, Nouveaux Cahiers) où avait soufflé un vent d'européisme. Ce dernier n'était pas dépourvu d'ambiguïtés et préfigurait à la fois une forme d'atlantisme (bien avant la guerre froide, ces hommes sur fond d'admiration pour la rationalisation américaine se voulaient les chantres d'une civilisation nord-Atlantique) et un pari sur ce que l'on a appelé au tournant des années 1940-1950 une vision fonctionnelle de la construction européenne. Pour important qu'il soit, le changement de conjoncture ne suffit pas à expliquer l'absence de réseaux technocratiques. Il faut d'abord insister sur l'accent mis dans les milieux technocratiques polytechniciens sur la Reconstruction et les possibilités de débouchés qu'elle offre : le cadre national prime largement sur l'Europe et offre des débouchés de choix via la mise sur orbite d'un secteur public conséquent (entreprises publiques) et les espoirs formulés dans une économie dirigée, planificatrice et ouverte sur des politiques publiques ambitieuses. L'articulation qui se dessine, après l'entrée en guerre froide, entre productivité, État providence, atlantisme et construction européenne bouscule les cadres pré-établis et renvoie chez nos trois technocrates polytechniciens à des schémas de pensée hérités de l'avant-guerre combinant néolibéralisme et européisme (Rueff) ou aux linéaments

---

[37] P. Winand, « De l'usage de l'Amérique par Jean Monnet », in G. Bossuat et A. Wilkens (dir.), *Jean Monnet, l'Europe et les chemins de la paix*, Actes du colloque de Paris du 29 au 31 mai 1997, organisé par l'Institut Pierre Renouvin de l'Université de Paris I-Panthéon Sorbonne et l'Institut historique allemand de Paris, Paris, Publications de la Sorbonne, 1999, p. 270.

[38] Né en 1887, major de l'X (1905), ingénieur des Mines, directeur général de la Marine Homecourt en 1927 et animateur d'un cercle de réflexion durant les années 1930 (cercle Daum), Léon Daum illustre significativement le milieu des patrons ingénieurs de l'entre-deux-guerres. S'il n'a pas directement côtoyé Dautry, il est un proche de Jean Bichelonne ce qui lui vaut de compter en novembre 1940 parmi les dirigeants du comité d'organisation de la sidérurgie. On le retrouve aux côtés de Jean Monnet, à la CECA, nommé par Pinay.

d'une réflexion sur les chemins d'une Europe « fonctionnelle » (par l'intégration des transports notamment chère à Dautry et Armand). Dans le premier cas, nos acteurs sont relativement à l'écart des milieux technocratiques et polytechniciens et se retrouvent au contraire largement en phase avec d'autres réseaux dans lesquels ils gravitent (politiques et intellectuels pour Rueff, liés aux milieux d'affaires pour Dautry). Dans le second, il faut faire sa place à la dimension pionnière que représente la construction européenne naissante, laquelle peut être assimilée, pour paraphraser un titre de souvenirs célèbre, ceux de Jean-François Deniau, à un pari « aventureux ». Si les milieux polytechniciens sont réservés, les jeunes énarques, malgré certaines apparences sont tout aussi frileux et à l'absence de réseaux polytechniciens colonisant la construction européenne répond celle des réseaux énarchiques.

II. L'ENA comme vivier ? Réseaux énarchiques et construction européenne

Il existe de la part de certains énarques une vision héroïque de leur contribution à l'histoire de la construction européenne : « À Bruxelles, déjà, nous dit-on, 'l'énarchie', par-delà les clivages nationaux fait l'Europe ou plutôt commence sans bruit à être l'Europe » proclamait Roger Fauroux, directeur de l'École en 1987[39]. Cette approche, comme l'a montré Michel Mangenot fait l'impasse sur les conditions de la « conversion européenne » de l'ENA, et qui procède de l'action des « énarques européens » comme du rôle des élèves étrangers à l'ENA. Ce processus qui débute véritablement au milieu des années 1960 ne renvoie nullement aux débuts de l'École. Les énarques européens y sont alors des marginaux et le milieu énarchique, lorsqu'il se structure autour de groupements ou de publications, n'offre alors aucune place ou presque à la construction européenne.

A. Les énarques européens. Une trajectoire d'« aventureux »[40]

S'il est souvent délicat de faire s'articuler récits des témoins et analyses historiques, il semble clair que les deux visions s'emboîtent et invitent à souligner que les énarques entamant des carrières européennes au tournant des années 1950 sont non seulement peu nombreux mais surtout peu représentatifs d'une institution qui confère aux questions

---

[39] Cité in M. Mangenot, « Une école européenne d'administration ? L'improbable conversion de l'ENA à l'Europe », in *Politix. Revue des sciences sociales du politique*, n° 43, 1998, p. 7.
[40] Pour paraphraser le titre du premier volume des mémoires de J.-F. Deniau, *Mémoires de 7 vies*, t. 1, *Les temps aventureux*, Paris, 1994.

européennes relativement peu d'importance dans son enseignement[41]. Des études récentes dues à Gérard Bossuat et fondées sur l'exploitation des archives sonores du Comité d'histoire économique et financière de la France ont également montré que pour le milieu de l'inspection des Finances, un projet de carrière dans les institutions européennes naissantes n'est nullement une « voie royale »[42], au point d'ailleurs qu'une figure de proue française de la construction européenne, comme Robert Marjolin, déplore l'absence de réseaux d'influence français au sein des institutions européennes[43].

Il existe cependant une minorité de « croyants » dont les noms sont connus (Paul Delouvrier, Jean-François Deniau, Jean Guyot[44]) qui ont rejoint les institutions européennes par rejet d'une carrière franco-française bien balisée (Jean-François Deniau) et par « désir d'Europe », pour reprendre une formule de Delouvrier[45]. Dans d'autres cas, les raisons d'opportunité dominent. Il en va ainsi de Jean Poincaré, petit-neveu de Raymond Poincaré qui sorti de l'ENA sous-préfet en 1949 se retrouve à la CECA grâce à l'influence de son oncle Léon Daum. Une filière lorraine et l'appui de J. Poincaré permettent à Gérard Olivier (énarque issu du concours interne) d'entrer à la CECA[46]. Ces différents exemples illustrent l'absence de réseaux énarchiques pouvant servir de tremplin à une carrière européenne durant les années 1950. Si ce constat est criant, il peut être complété par la prise en compte d'un élément explicatif qui prolonge et complète ceux sur la carrière et l'insuffisance de l'enseignement : l'absence d'intérêt des premières promotions d'énarques et de leurs représentants non pour la mise en réseaux mais pour les questions européennes.

---

[41] M. Mangenot, « La formation à l'Europe des hauts fonctionnaires français entre économie mondiale et planification nationale », in *Animation de la recherche. Le rôle des ministères des Finances et l'Économie dans la construction européenne (1957-1978)*, Actes du colloque tenu à Bercy les 26, 27, 28 mai 1999, t. 1, Paris, 2002, pp. 119-142.

[42] G. Bossuat, « Les hauts fonctionnaires du ministère des Finances français et la construction européenne, 1948-1974 », in *Animation de la recherche. Le rôle des ministères des Finances et l'Économie dans la construction européenne (1957-1978)*, *op. cit.*, p. 155.

[43] *Ibid.*, pp. 155-156.

[44] Jean Guyot a travaillé à la CECA jusqu'en 1954 et à son départ a rejoint la banque Lazard (G. Bossuat, « Les hauts fonctionnaires du ministère des Finances français et la construction européenne, 1948-1974 », *op. cit.*, p. 154).

[45] R. Chenu, *Paul Delouvrier ou la passion d'agir. Entretiens*, préface de G. Balandier, Paris, 1994, p. 309. Les italiques sont dans le texte original.

[46] M. Mangenot, « Une école européenne d'administration ? L'improbable conversion de l'ENA à l'Europe », *op. cit.*, pp. 9-10.

B. *Les jeunes énarques et la construction européenne*

Fondée en 1947, l'association des Jeunes Administrateurs (JA) regroupe les élèves de l'ENA et leur propose une série d'activités festives et culturelles (dîners, visites, voyages). Elle vise aussi à donner à ses adhérents quelques vues directrices sur le sens de leur mission et de leur action. Dans cette perspective, il apparaît que les objectifs intérieurs sont dominants, ce que résume une formule de Jacques Leclerc : « DÉFENSE PERMANENTE DES GRANDS INTÉRÊTS DE L'ÉTAT »[47] ce qui se combine avec une admiration affichée pour le plan et « l'équipe » Monnet réputée « sans bruit, sans propagande tapageuse, sa [voir] où elle va et où elle veut nous conduire. 1950... c'est bientôt »[48].

La place de l'Europe dans une telle configuration est donc réduite même si la 4ᵉ promotion (1949) s'intitule « Europe ». Fort logiquement, l'essentiel des stages se fait en métropole ou outre-mer (Afrique du Nord), la Sarre n'accueillant que trois stagiaires. Au surplus, la présentation offerte par Pierre Racine, alors maître des requêtes au Conseil d'État et directeur des stages du travail à effectuer en Sarre (qui ne concerne que deux ou trois élèves) exclut toute perspective européenne : le stage est réputé avoir un « caractère plus technique » que les autres et a comme finalité première l'optique du rattachement à la France[49].

Est-ce à dire que l'Europe est absente de toute perspective ? La réponse n'est pas totalement négative et le dépouillement de la revue *Promotions* permet de glaner quelques indications sur les orientations européennes exposées dans la revue[50] via des comptes rendus d'ouvrages ou des articles résumant des livres d'anciens élèves. Adversaires et partisans cohabitent mais l'essentiel à retenir est sans doute de souligner le peu de place consacré à la question : cinq occurrences ont été trouvées pour les années 1948-1958 (deux pour les années 1948-1952, suivies d'un vide complet jusqu'en 1957 et 1958 – trois articles). Au surplus, si on se réfère aux recensions bibliographiques publiées par la revue et qui reprennent l'ensemble des articles ou ouvrages publiés par les élèves de l'École, on est frappé par l'indigence de leur nombre en la matière (si on excepte Jean-François Deniau ou Alain Peyrefitte). La faiblesse de l'échantillon rend délicate l'expression d'un jugement sur l'avenir de la construction européenne par les énarques des années 1950. Si l'indiffé-

---

[47] J. Leclerc, « Les JA ont un an », in *Promotions. Revue des élèves et anciens élèves de l'École nationale d'administration*, n° 13, 1948, p. 68. Les majuscules figurent dans le texte original.

[48] *Id.*, « Jeunesse et plan Monnet », in *ibid.*, n° 11, 1948, p. 71.

[49] P. Racine, « Communication sur les stages », in *ibid.*, n° 14, 3 janvier 1949, p. 86.

[50] Qui prend le soin d'indiquer au début de chaque numéro que les articles « *engagent la seule responsabilité de leurs auteurs* ».

rence domine, on trouve quelques adversaires ou sceptiques. Mention-nons ainsi la vision très en retrait des projets européistes et au fond largement critique des perspectives en cours proposée à l'occasion d'une recension d'un ouvrage écrit par Pierre Néraud de Boisdeffre en colla-boration avec J.-M. Bouchaud[51] par J. Desazars de Montgailhard. Ce dernier, alors administrateur civil du ministère des Finances, ironise sur le « rêve » d'une « fédération européenne » qui oublierait de se deman-der « si tel est le véritable destin de l'Europe » et « si l'Europe n'existe pas déjà, si au cours d'un passé singulièrement divers, l'Europe ne s'est pas constitué un visage, un caractère dont les traits fondamentaux commanderaient l'évolution future »[52]. Quelques années plus tard, un article, non signé, consacré à l'industrie française se veut une présen-tation neutre mais dont la froideur de l'exposition lui confère une tona-lité sceptique[53]. Ces approches sont contrebalancées par deux autres références. Citons en premier lieu Olivier Philip (alors administrateur civil au ministère de l'Intérieur) qui, proposant un résumé de sa thèse consacrée à l'union européenne jugée indispensable, s'en veut le chantre et inscrit son développement dans la perspective ouverte par le Mouve-ment européen[54]. Mentionnons aussi Jean Denoueix, alors administra-teur civil au ministère des Travaux publics, des Transports et du Tou-risme qui conclut avec enthousiasme une étude sur les perspectives ouvertes par le traité de Rome aux transports : « le Traité est un grand pas en avant »[55].

Le bilan de ces dépouillements est très mince et l'absence de résul-tats complète et étaye les pistes ouvertes par les témoignages dispo-nibles et les travaux effectués. Il confirme que durant les années 1950, la construction européenne n'est nullement au cœur des préoccupations des jeunes énarques, étant largement éclipsée par la question de l'admi-nistration (en métropole comme dans l'empire), de sa réforme néces-saire, voire de l'avenir de l'ENA et des carrières qu'elle offre[56].

---

[51] Il s'agit de l'ouvrage *Vocation de l'Europe* paru chez Bloud et Gay.

[52] J. Esazars de Montgailhard, « La vocation de l'Europe », in *Promotions. Revue des élèves et anciens élèves de l'École nationale d'administration*, n° 17, avril 1950, p. 23.

[53] XXX, « L'industrie française et le marché commun », in *ibid.*, n° 46, 3e trimestre 1958, pp. 51-58.

[54] O. Philip, « Le problème de l'Union européenne », in *ibid.*, n° 18 (juillet 1950), pp. 11-31 et n° 19 (octobre 1950), pp. 19-41. Ces articles sont présentés comme des extraits de sa thèse.

[55] J. Denoueix, « Le marché commun européen et les transports », in *ibid.*, n° 46, 3e trimestre 1958, p. 63.

[56] Nous rappellerons que des décennies plus tard (en 1990) l'administration reste le débouché privilégié des énarques même si l'entreprise (19 %) et la politique (10 %) ont pris de l'importance. La CEE n'accueille qu'1 % des énarques (E. Suleiman,

Conclusions

Évoquée dès les origines de la construction européenne, l'idée d'une construction européenne originellement aux mains des technocrates ne résiste pas à l'examen dans le cas français. D'abord, parce que les représentants de l'X comme de l'ENA sont quantitativement peu nombreux. Ensuite parce leur absence, loin d'être le fruit du hasard, trouve des explications à la fois dans les logiques de carrière (qui ne privilégient nullement les institutions européennes naissantes) et dans l'absence de réseaux articulés vers ce type de débouchés. Les résultats infructueux de notre recherche, s'ils mettent en valeur l'absence des réseaux technocratiques dans le contexte considéré et le poids des itinéraires individuels ne condamnent nullement une approche par les réseaux qui se révèle opératoire pour un certain nombre de cas : milieux d'affaires pour Dautry, milieux CNRI pour Rueff ou réseaux familiaux et locaux pour Jean Poincaré. Le concept de réseau est par conséquent utile et opératoire à la condition de conserver toujours à l'esprit une distance nécessaire par rapport aux apparences (corrélation ne signifie pas causalité comme le montre le croisement des itinéraires de Dautry et d'Armand) et le fait qu'une personnalité s'inscrit au carrefour de différents réseaux.

« Les élites de l'administration et de la politique dans la France de la Ve République : homogénéité, puissance, permanence », in E. Suleiman et H. Mendras (dir.), *Le recrutement des élites en Europe*, Paris, 1995, p. 41).

American Foundations and European Scientific Integration: Actors and Networks (1920s-1970s)

Giuliana GEMELLI

Università di Bologna

Introduction

There can be no doubt that the role played during the last century by the largest American foundations in shaping the internationalization of scientific and cultural policies, has been not only an historical linkage but also a framework in building new strategies in the field of international philanthropy. Since their early days, large American foundations have had the specificity of operating in diverse fields, employing professional staff whose availability has been related to the scale and the scope of foundations' actions and operating methods, based on granting programs. Because those institutions had financial and staff resources of significant scale at their disposal, they had a discernible impact on entire scientific fields and categories of institutions, both in the domestic arena and in an international context. They could reach beyond their domestic borders to participate at different projects of international character and, in the process, contributed significantly to strengthen large-scale scientific networks. Their investments in science not only encouraged the spreading of entrepreneurial scientists accustomed to managing « soft » money, inter-disciplinary issues and multi-national personnel but had also the opportunity to influence or shape indirectly the public opinion by supporting studies that highlight particular problems and/or advance particular policies and by developing projects that were considered exemplary, in most of the cases cooperating with governments and public agencies. This occurred particularly in the programs concerning public health, but interaction with governmental networks and public agencies was a necessary step in most of the grants in order to assure the development of the programs after the end of the Foundations support.

Despite the fact that European programs represent a relatively small part of American foundations' total amount of grants all over the world (See table 1) their impact was crucial particularly during specific historical conjunctures, the inter-war period and the period of the cold war.

Table 1: Ford Foundation European Grants (1950-1980)
Total expenses: $ 5 billions

International programs	$ 2 billions	37 % of the total
European programs Total expenditures	$ 325,337 millions	4 % of the total 11,5 % of the international total
European programs EIA (European International Affairs) HER (Higher Education and Research)	$ 125,081 millions $ 10,256 millions	

Actually, the perception that the Atlantic Ocean was not a frontier between Europe and the Americas was already at work in 1917 when, two months before America's entry into World War I, Walter Lipmann, the man who invented the expression "cold war", observed that on the two shores of the Atlantic Ocean there had grown up a profound web of interest which joined together the Western world and stated that if that community was destroyed, we should know what we had lost. According to this principle, the role of American foundations in shaping Euro-Atlantic cooperation by developing scientific research networks should be considered as part of the history of European integration. An interesting part of this story in its early phases is the Carnegie's project to produce a social and economic history of World War I, based on the cooperation of outstanding personalities on both sides of the Atlantic, including Albert Tomas in France, Nitti in Italy, Shotwell in the US, Rathenau in Germany.

The 1920s were characterized by a strong intensification of international contacts based on a dynamic process of "centrage" of scientific programs, shifting from Europe to the US. The increasing flux of refugee scholars in the 1930s produced another channel of intensification of contacts among European an American scholars. The Rockefeller Foundation played a crucial role that shaped channels of cooperation in the long period, not only among individuals and institutions but also among disciplines, trying to bypass the academically established *boundaries*. The creation of inter-institutional frameworks was a prerogative of foundation's policies since the early phases of their activity. From this point of view, attention should be given to inter-institutional frameworks and to comparative studies of inter-linked institutions rather than exclusively to individual institutions.

I. European Cooperation before European Integration. The Role of the Rockefeller Foundation. A Case Study

In 1928 an important organizational change occurred with the merger between the Rockefeller Foundation and the Laura Spellman Rockefeller Memorial, established in 1918, on the death of John D. Rockefeller's wife, to support work in social and child welfare. This merger allowed the director of the memorial, Beardsley Ruml, to develop a new extensive program. Ruml persuaded the trustees that the most effective way of promoting social welfare was to support basic university social science research. This initiative was particularly relevant for two reasons: first of all, because at that time there was relatively small government support for fundamental research and non at all for the social sciences; secondly, because the program rapidly expanded to Europe, particularly after the crisis of 1929.

The Memorial cooperated with outstanding institutions such as the American Social Science Research Council, which Ruml helped to create in 1923, the National Bureau of Economic Research (NBER) and prestigious American Universities like Columbia, Harvard, Chicago and Stanford. A similar strategy was applied in Europe. Ruml thought that the best practice was to identify leading universities where the social sciences existed and where social science could be developed and/or made stronger. This was particularly the case for Britain and for two British institutions, the London School of Economics (LSE) that, between 1923 and 1939, received more than two millions of dollars, and the University of Cambridge, whose eminence in economics suggested that this was the right place to develop also the other social sciences. Particularly important was the cooperation between Ruml and LSE Director, William Beveridge, who was at the origins of one of the first large scale European research networks, supported by a grant of the Rockefeller Foundation: the International Committee on Price History (1928-1940). Albeit I cannot enter in the details of the history of these networks, I would like to stress the fact that their functioning and outcomes reveal that scientific cooperation does not mean necessarily scientific integration[1]. Asymmetries were at work not only between American and European institutions and scholars but also among

[1]   O. Dumoulin, "Détournement, règlement de comptes: la coopération intellectuelle vue par les membres du comité international pour l'histoire de prix (1928-1940)", in G. Gemelli (ed.), *Big Culture. Intellectual Co-operation in Large-Scale Cultural and Technical Systems*, Bologna, 1994, pp. 233-249.

European participants. Some of them, like the French Henri Hauser and the Italian Giuseppe Parenti, were interested in developing historical issues, while Lord Beveridge and his collaborators declared explicitly that their cooperation in the project was a contribution to economic history volunteered by scholars who had no claim to be historians and lacked the knowledge to set the results of their work against the background of economic and social development. The disagreement between the Anglo-Saxon and the French scholars became evident on the question of the use of statistics: it was considered as a basic ground to improve economic theoretical interpretation by the former and as a framework of implementation of historical knowledge by the latter.

In the early 1930s the Rockefeller Foundation developed other cooperation programs with European Universities. Particularly relevant was the program on the *business cycles*, in which the Foundation deliberately utilized its networks of former fellows in order to straighten intra-European cooperation and transatlantic relations as well. The program was the outcome of the attempt to internationalize the patterns of analysis which had been established and applied in the 1920s, following the conviction that the development of a planned society needed the collection of empirical data and that the construction of statistical series on the different aspects of economic and social activities was the basic ground to produce the working methods of intelligent democracy. The role of the NBER, particularly after the publication of Wesley C. Mitchell's book *Business cycles: the problem and its setting*[2] and the studies of Simon Kuznets on capital formation and national income, was crucial not only in producing new theoretical issues based on statistical methods but also in creating patterns of collaboration among governmental agencies (the Department of Commerce and the Federal Reserve Board), business networks and research institutions[3]. The trust in the "visible hand of planning" was also at work in the early 1930s when the research of "economic stabilization" became a dramatic goal at national and international scale. The Rockefeller Foundation's business cycles program, which started in the mid-1930s, was conceived as an opportunity to "deal constructively with the preventive aid of economic insecurity" at a world scale, by strengthening lines of agreement among analysts and producing scientific competitions among outstanding research centers on specific analytical issues.

There are two parts of the field to which the Foundation might properly confine its interest. The first is that of the statistical record proper. It is

---

[2]   The book was published by the National Bureau of Economic Research in 1927.

[3]   G. Alchon, *The Visible Hand of Planning. Capitalism, Social Science and the State in the 1920s*, Princeton, 1985.

highly important that the great mass of data continuously issuing from public and private agencies should be recorded in such form as to reveal important trends... The second phase of the work in which the Foundation might well be interested is the analysis of trends with a view to determining which are the strategic factors at work.[4]

On this basis and having in mind the dissemination of the work done in the previous decade by the NBER, which was the coordinating institution of the business cycles program, from the early 1930s to 1940, several grants were made to European Institutions (See table 2).

Table 2: Rockefeller Foundation's Grants to European Institutions

Institutions	Total amount	Date of expiration	Amount *per annum*
National Bureau of Economic Research	$ 225,000	Dec. 1936	$ 75,000
Institute of Economic and Social Research in Paris	$ 350,000	Sept. 30, 1940	$ 50,000
Austrian Trade Cycle Institute, Vienna	$ 20,000	Dec. 31, 1935	$ 4,000
Institute of Economics, Rotterdam	$ 25,000	Aug. 31, 1936	$ 5,000
Oxford University, Institute of Statistics	$ 8100	Dec. 1940	$ 1700
Institute of Economics, Sofia	$ 3000	Nov. 30, 1935	$ 3000
Harvard University	$ 30,000	April 30, 1938	$ 10,000
Institute of Economics, Louvain	$ 5000	Dec. 31, 1939	$ 900

In the allocation of the grants a good balance between the fellowships program and the "task of rounding out the record of change in economic process in those countries where work seem[ed] desirable"[5] was reached. Most of the collaborators to the program were former fellows of the Rockefeller Foundation and the memoranda reveal that among some of the European institutions a strict cooperation was at work. The evidence is that the impact of the program was not a direct proportion of the grant amount. It was rather the effect of the strategic impact of research institutes, which were independent or semi-independent from Universities, in fertilizing the academic structures and producing a process of internalization of empirical approach and applied economic and statistical research. This proved to be particularly difficult

---

[4] Rockefeller Foundation Archive Center, Pocantico Hills New York (hereafter 'RAC'), Series 910, Program and Policies, Box 1, Folder 5, p. 19.

[5] *Ibid.*, p. 21.

in Paris where the resistance of the formalistic approach in the teaching of economics, which was mainly based on the Faculty of Law, was still persistent[6]. On the contrary the impact of the business cycle program was particularly incisive at the Institutes of economics in Louvain and Rotterdam, which obtained smaller grants as compared with other institutions. They developed analytical and statistical methods as well as an institutional configuration and research goals, which were more similar to the inductive research patterns applied in the NBER. Attempts to realize similar experiences in other countries were less satisfying or did not materialize. This was the case for Italy where, because of the political situation as well as the perception of rivalries among different institutions, the Rockefeller Foundation thought that it was not advisable to support the request of Professor Giovanni Demaria, a former fellow of the Foundation, to create a National Institute of Economic Research in Italy. In other cases, such as the University of Oslo, despite a promising project of strengthening the interaction between economists, business associations and commercial classes through the creation of an Institute of Economics, which materialized in the early 1930s, the results were quite unsatisfactory with respect to the business cycles program methodological patterns, which demanded the implementation of comparative issues in specific fields of analysis such as marginal productivity, distribution costs, demand and supply functions, loan and deposits, wage analysis. Despite Schumpeter's conviction that Professor Frisch, the leading personality in Norwegian economics, would meet the challenge of combining the theoretical issue of measuring marginal utilities and his method of trend analysis and immediate applications to practical problems,such as welfare economics, labor problems, problems of trade and public finance, the outcome did not fulfil the expectations: in a memorandum dated April 2, 1936, Rockefeller Foundation officer John Van Sickle announced the liquidation of the Scandinavian program and observed:

> The situation in Oslo is going to be delicate... Doubtless Frisch and Wedervang know that we are continuing our support of the Institute of Vienna, Louvain and Rotterdam. They will wonder why we discriminate against them. One can hardly be frank and say that we are not prepared to

---

[6] See G. Gemelli, *Fernand Braudel*, Paris, Odile Jacob, 1995. See also *id.*, *American Philanthropy in France: The Origins of the VI Section of the École Pratique des Hautes Études*, Seminar papers, Fernand Braudel Centre for the Study of Economics, Historical Systems and Civilizations, State University of New York at Binghamton, Binghamton, 1983.

support the type of abstruse mathematical theoretical work that is associated with the name of Frisch.[7]

It is interesting to observe that this decision was taken when the role of Harvard Department of Economic as a leading center in developing theoretical issues in the business-cycle program had been already set up. I shall return on this point.

Concerning European centers participating in the program it should be noted that a relevant outcome of the business cycle project was that a large place was formerly given to the idea of training younger scholars. This facilitated also their circulation in the European context at least until 1939.

Léon Dupriez in Louvain is in touch with Lieftinck in Rotterdam and is considering the possibility of one or two joint programs concerning post-war monetary problems and the possibility of some new organisation of the international capital market with a view to co-ordinated effort at economic reconstruction on an international scale in the post-war period. Both the Louvain and the Rotterdam institutes have given previous attention to certain aspects of these problems and have been available personnel with special knowledge and competence for undertaking new projects in these fields. Dupriez himself is Economic Adviser to the National bank of Belgium. This would make it possible for him to have access to all of the data possessed by the Government or the national bank on problem of money and capital.[8]

This was a particularly relevant impact with respect to the strategic issue of the program whose main goal was to improve the relation among governmental agencies, financial institutions and business companies and research institutions, according to the model of the "cooperative state" and its concern in developing the "visible hand of planning". This orientation had relevant effects also in countries were the institutional configuration of the industrial system, the political environment and the institutional configuration of the University system, made impossible the dissemination of the rationale of the program but where groups of enlightened economists and statisticians created invisible networks of competence in the framework of private institu-

---

[7] RAC, RG1.1, Series 767, Norway, Box 5, Folder 48, John Van Sickle, Letter to Tracy B. Kittredge, April 2, 1936. See also RAC, RG1.1, Series 707, Norway, Box 5, Folder 44, Kitteredge to Willits, November 17, 1939.

[8] RAC, RG1.1, University of Louvain, Business Cycles Research, Series 707, Box 5, Folder 34, Tracy B. Kittredge, Memorandum to Joseph H. Willits, November 27, 1939, p. 1.

tions such as the *Servizio studi* of the Banca d'Italia (which reached an institutional stabilization in the mid-1930s) and of the Comit[9].

The most interesting evidence is that the Business cycles program had an impact in the shaping of research strategies and their theoretical patterns not only in "peripheral" centers but also in well-known universities such as Oxford and Harvard. In Oxford the development of a strong concern on trade cycles stimulated and accelerated the creation of an Institute of statistics, which developed a strong and productive cooperation with the London School of Economics. At Harvard the concern on economic fluctuations stimulated the redefinition of methodological patterns in statistical analysis as well as the reshaping of fundamental research tools such as specialized journals. A proposal to reorganize the *Review of Economic Statistics*, which had been discontinued as a consequence of the crisis of the Harvard Economic Society, was set up under the control of the Department of Economics[10], in order to make the magazine more suitable for the new purpose. It is interesting to note that the participation of the Harvard research group (which included G. Haberler, E.S. Mason, J.A. Schumpeter, P.A. Samuelson) to the business-cycle program generated a lot of discussion among Foundation's officers because they indicated some overlapping between the Harvard Group's proposal and the work done by the economists of the NBER[11]. Finally a $ 30,000 grant was made and from May 1935 the *Review of Economic Statistics* inaugurated the new series, focused on business cycle research, with an authoritative article by J.A. Schumpeter on *The analysis of economic change.* The goal of the Harvard group was to increase statistical coverage reflecting economic conditions, to develop new measures of the economic situation in its various aspects and to carry statistical studies backward in time with a view of giving a more reliable basis for generalization. Cooperation with the NBER remained however quite difficult not only from the organizational point of view but also on the theoretical issue[12]. The participation of the Harvard

---

[9]   See R. Scatamacchia, "Formare per decidere. Borsisti analisti e scienziatr dell'economia nei Servizi Studi", forthcoming in a special issue of *Quaderni storici.*

[10]   RAC, RG1.1, Series 200, Harvard BCR, Box 340, Folder 4054, J. Schumpeter, Memorandum on the proposal of the Committee of the Department of Economics, December 1934.

[11]   RAC, RG1.1, Series 200, Harvard BCR, Box 340, Folder 4054, Memorandum on proposed Five-years Research Project on Business-Cycle. Problems at Harvard University, p. 2: "There is no thought of duplicating in any way the type of research which is done at the NBER or in the Department of Commerce...The thought is to lay special stress on interpretation and analysis of the vast accumulation of materials which are now available, utilizing the work of these other research agencies."

[12]   RAC, RG1.1, Series 200, Harvard BCR, Box 340, Folder 4054, Wesley Mitchell, Letter to Joseph Willits, March 7, 1941: "In the National Bureau we welcome the

group in the business cycle program marked a breakpoint in its original configuration and anticipated a paradigmatic change, which became evident and increasingly relevant in the 1940s.

The outcomes of the business cycle program are quite interesting from the point of view of institutional dynamics. They reveal in fact the changing patterns of American economic research with the emerging role of the Harvard group of economists, supported also by the Committee on Research in Economic History[13], the development of a formalistic approach to economic problems and the diminishing role of the National Bureau, whose research strategy was based on inductive analysis and the strengthening of applied patterns. The Rockefeller's program reveals also the first effects of intra-European cooperation as well as the role of "excellence" of peripheral centers *vis-à-vis* outstanding universities such as London, Oxford and Harvard. The program was characterized by an increasing flexibility, with European centers taking their own initiatives and shaping their research strategies through autonomous initiatives. This produced effects of continuity and strengthened the role of 'institutional attractors' after World War II. This was particularly the case for the Louvain institute which had a relevant impact not only in the production of a new generation of scientific entrepreneurs and outstanding scholars in Belgium, but also in the dissemination of their experience in the European countries, particularly in Italy, where a group of brilliant economists, deprived of their potential role in accelerating economic development and organizational innovation by the situation of persistent separation between University and business networks found a support in Léon Dupriez and his network of scientific entrepreneurs, including leading personalities, like Paul van Zeeland[14]. The creation of a commu-

---

news that the harvard group went to work in this field... What makes me feel rather hesitant about the proposal is that it seems to be conceived as a collection of quasi-independent investigations rather than as a carefully integrated program... Harvard topic, Morphology and taxonomy if economic Time series... is technically interesting but it seems to me that Mr Samuelson misconceives its relations to business cycles. These cycles arise from the fact that cyclical expansions in most economic time series are substantially synchronous and are followed by similar synchronous contractions."

[13] RAC, RG1.1, Series 200, Harvard BCR, Box 340, Folder 4056, Arthur H. Cole, Letter to Jospeh Willits, March 3, 1941: "It seems fairly self evident that if the Foundation desires thorough-going research in the fundamental area of cyclical fluctuation from a viewpoint not only different from but seemingly more realistic than that of the national Bureau, the application of the Harvard business-cycles group is an opportunity for the allocation of funds."

[14] See I. Maes and E. Buyst, *On the Origins of the Americanisation of European Economics: the Special Case of Belgium.* I wish to thank Doctor Maes for generously communicating to me this interesting paper and for his comments to my presentation at the Brussels conference.

nity of Belgian enlightened economists and scientific entrepreneurs was certainly facilitated by the existence, since the period after World War I, of regular exchanges through a fellowships program, supported by the Belgian-American Education Foundation.

After the end of World War I, this program produced the most impressive results: a new generation of Belgian economists who grew up in the international environment and cooperation atmosphere, created by Dupriez at the Institute of Economics, were significantly among the supporters of European economic integration and developed a strong concern in strengthening this process through the development of economic analytical studies and statistical documentation as well as by improving the circulation of young scholars in transatlantic networks.

II. Scientific Cooperation and European Integration during the Cold War: The Role of the Ford Foundation. A General Outline of Long-Term Policies

In the 1950s the framework of transatlantic policies as a relevant concern of American philanthropy was dominated by a new institutional actor, the Ford Foundation. Actually, as Francis Sutton has demonstrated[15], pressures to create an autonomous program for Europe in the framework of the International research area of the Ford Foundation encountered ambivalent reactions and, at least until the late 1950s, met serious obstacles. Only after 1957 the American officers who supported the idea of creating an autonomous European program found the right context to launch an articulated program, whose basic concern was the strengthening of Atlantic partnership through the support to European integration. The role of the social sciences was crucial in the definition of the blue print of the European program, as stated by Shepard Stone in a memorandum written in July 1955, after a long trip in Europe. Stone stated that the new Soviet approach marked an important change in the international situation even though it was unlikely that the Communist abandoned their long-range aim of domination. Stone reported:

> The Soviet leaders have put aside at least temporarily the atomic bomb and steal as the main instrument of policy and are transferring their emphasis to the economic and social area... Moreover developments within the last twelve months in the United States have given Russia pause. A year ago the United States presented a disunited nation in itself and to the world. In the year that has gone by McCarthyism and conflict over foreign policy have been overcome. The President is credited with having achieved almost

---

[15] F.X. Sutton, "The Ford Foundation and Europe. Ambitions and Ambivalence", in G. Gemelli (ed.), *The Ford Foundation and Europe: Cross-Fertilization of Learning in Social Sciences and Management*, Bologna, 1998, note 10, pp. 65-66.

unanimous backing and he is believed to be in a position to carry out a bold, peaceful policy. This change in the United States has strengthened the ties between the Unites States and its major allies... Russian non-military deve-lopments, according to Europeans, will put soviet system into strong compe-tition with West. The Soviet Union will inevitably try to become an eco-nomic and social magnet for the rest of the world... Independently of each other, such persons as Mendès France, Jean Monnet, Leon Kaplan in France, Giordano and Saraceno in Italy; Spaak in Belgium; Hilpert and many other in Germany talked earnestly of the need to take action imme-diately to modernise the view of European industry and labour... They say that Western Europe must break down economic and social stratification and develop an open society more in line with American experience.[16]

From the one hand, Stone and his staff at the Ford Foundation were very active in promoting the creation of pressure groups and research centers that could support the development of a European-Atlantic community. Ford Foundation's grants went to the Center of Documen-tation of the Action Committee of Europe (Jean Monnet's Committee); to the Study Center for International Relations in Paris and to the Ame-rican Committee for United Europe, particularly to analyze the problem of European federalism. The American Committee was based on the strict cooperation of leading American liberal minded democrats (like George Ball and Arthur Schlesinger) who were favorable to the develop-ment of social planning and reform strategies as a common patterns in Western democracies and enlighten European intellectuals and political representatives, such as Jean Monnet, Pierre Mendès-France and Robert Marjolin in France, Oliver Franks in Great Britain, Adriano Olivetti in Italy. Significantly Stone referred in his memoranda that Olivetti was "one of the most encouraging signs in Italy" and urged the Foundation to support with a grant his Movimento Comunità. "Although some Ita-lian consider Mr. Olivetti to be impractical", Stone wrote, "Olivetti represents an example of enlightened capitalism in Europe. Support for his efforts would make an excellent impression on wide sections of Italian and European opinion"[17]. Despite Stone's pressure, the Foun-dation trustees did not modify the decision that they had already taken in the previous years to abandon the idea of supporting Olivetti's move-ment. The Italian political situation was too unstable and marked by political struggles between Communist and Christian democrat and the Foundation trustees felt unsecured in supporting a movement which they perceived as too weak to impose itself in this conflicting political environment. Actually, in the second half of the 1950s Olivetti himself

---

[16] Ford Foundation Archive New York (hereafter 'FFA'), *Shepard Stone Report on European Trip June – July 1955*, Report n°010645.

[17] *Ibid.*

took the decision to enter in the political arena in order to accelerate the process of reform. Unfortunately he prematurely died in 1960. In the following year the consolidation of a new political orientation, the Centro sinistra, led to the consolidation of the intellectual and scientific networks that he had contributed to create, and it obtained finally a conspicuous grant from the Ford Foundation.

On the other hand, Stone and his collaborators favored the creation of research networks – particularly in the field of social and economic sciences – and promoted institutional building, especially in the form of labor-management relations and of technical training and professional development. A consistent number of grants went to Institutions like the European Productivity Agency, to support the creation of business schools and business education networks such as the EAMTC (European Association for Management Training Centers), which was established in 1959.

Significantly, this kind of support continued also after 1966, when Europe was no more the core of the Ford Foundation's policies increasingly devoted to "global" concerns such as environment and energy projects, East-West relations and underdeveloped countries programs. Relevant examples are the grants to the INSEAD, in Fontainebleau, and to the creation of the EIASM (European Institute for the Advanced Studies in Management) located in Brussels that received respectively 1 million dollars. As it is known, INSEAD is the first European business school and EIASM is a network of European business schools and universities whose aim was the professionalization of management through research[18].

The creation of research networks was considered a crucial complement to the narrow and formalistic training that dominated educational patterns in European universities and a basic framework to enhance the circulation of new talents in the European continent. The aim was to produce fresh research and increase the link between European and American scholars, as well as to diffuse and strengthen the system of values of the "free world", by stimulating social and economic reforms, through the creation of effective links between intellectuals, administrators and political representatives in the European countries. Between 1957 and 1965 a relevant number of grants were devoted to the creation as well as the consolidation of research institutes in social and economic sciences, such as the Maison des sciences de l'homme and the Institut de sciences économiques appliquées in Paris, the Associazione per lo

---

[18] G. Gemelli, "From Imitation to Competitive-Cooperation: the Ford Foundation and Management Education in Western and Eastern Europe (1950s-1970s)", in G. Gemelli (ed.), *The Ford Foundation and Europe, op. cit.*, pp. 267-304.

sviluppo del Mezzogiorno and the Bilateral Committee in social and political sciences in Italy, the Nuffield college and the LSE in Great Britain, and the Free University in Berlin.

One of the most reputed consultants of the Ford Foundation, James Killian, who had been the president of the MIT, as well as, during the crucial years of the Soviet Sputnik challenge, scientific advisor to President Eisenhower, noted that what was lacking in Europe was the capacity to develop interdisciplinary research and to promote collaboration among scholars. Most of the programs of the Ford Foundation were devoted to this goal and some of them were successful. The Foundation supported also the creation of new institutions, which were based on national partnership such as the CERN in Geneva. Actually in the case of the CERN, as it occurred for other grants concerning natural sciences, the fundamental goal was, as demonstrated by John Krige, less the strengthening of European science than the dissemination of "free world values" in the scientific framework. Undoubtedly, however, the creation of multinational institutions like CERN had a relevant role in increasing the interrelation of European scientists and favored the proliferation of new training programs such as the summer school for Physicists in Varenna. This was also the case for the Salzburg seminar, supported both by the Rockefeller and the Ford Foundations, whose role was to disseminate American culture and scientific models in Europe. As noted by Oliver Schmidt,

> The Seminar had much in common with other American exchange programmes... Created by citizens in order to reach out to citizens of other nationalities in a private setting, the Salzburg seminar was one of the more effective institutions of its kind, and a trend-setter encouraging others to follow suit. A classic shoestring operation, the Seminar needed the foundations to balance its books, to professionalize its fund-raising, and to secure its status as a corporation. For decades after 1945, many other exchange programmes also fostered the Atlanticist orientation of a new generation of young Europeans.[19]

But the Salzburg Seminar acted also a framework of inter-knowledge and collaboration among European scholars.

Paradoxically, other initiatives that were deliberately devoted to reinforce European integration had, according to the Ford Foundation officers, an impact, which was less relevant in comparison with the expectation of the Foundation when the grant was made. This is par-

---

[19] O. Schmidt, "Networks of Patronage: American Foundations and the Origins of the Salzburg Seminar", in G. Gemelli and R. McLeod (eds.), *American Foundations in Europe, Grant-Giving Policies, Cultural Diplomacy and Trans-Atlantic Relations, 1920-1980,* Brussels, P.I.E.-Peter Lang, 2003.

ticularly the case for the European Community Institute for University Studies (ECIUS) which was created in Brussels in 1957 and received from the Ford Foundation a grant for a total amount of $ 800,000. The main activity of the institute was to foster European studies in European Universities to promote interdisciplinary approach in order to "aid European universities to overcome parochial interests" and last but certainly not least to contribute to the "strengthening of European-Atlantic alliance". His director was Max Kohnstamm, a leading personality in European policies and a good collaborator of Jean Monnet, who was a member of the board of trustees of the ECIUS, along with other founding fathers of the European community like Hallstein, Marjolin, Hirsch, Armand), while Kohnstamm was the vice-president of the Action committee for the United States of Europe, whose president was Jean Monnet. In 1976 a final report stating the global evaluation of the ECIUS activity (which expired in mid-1970) in the previous decades was sent to the trustees of the Ford foundation.

It stated that ECIUS was viewed as a means to stimulate sophisticated scholarship on European integration problems; to link together eminent "Europeanists" throughout European institutions; to catalyse thinking about such projects as a "European University"; to help to modernise social science through exposure to American research techniques and especially research for public policies and to act as an intellectual backward against communism. The author of the report observed that:

> In its original plans ECIUS was somewhat schizophrenic about whether to develop a visible, physical structure with library and documentation centre or whether to become a "clearinghouse" and create channels. [...] ECIUS never became much more than a tunnel for the Ford Foundation funds and dispersed its income annually for such things as chairs and centres of European studies at several European universities... Its attempts to co-ordinate and stimulate some comparative, cross-national research on European problems... met limited success [...] The ECIUS never established a clear identity with an accumulation of visible academic accomplishment; there was continuing vacillation over goals which it had stated: achievement of political objectives, small and large (usually those of Monnet's Action Committee), stimulation of research, assistance to universities, exchanges.[20]

This critical judgment, which was not the only negative appraisal from the Ford Foundation officers, should be contextualized. The crisis of Khonstamm's Institute occurred in the late 1960s when Shepard Stone's Atlantic design for United Europe was abandoned and the new president of the Ford Foundation, McGeorge Bundy, launched a series

---

[20]   FFA, Reel 1167, Grant n°58-1374, Section 4.

of new programs in which European policies did not represent any more an autonomous concern. In a memorandum of May 1968 referring to a discussion with Kohnstamm, Robert Schmid, an officer of the Ford Foundation, reported that "after describing the new foundation's administrative structure I said that basic policy on European work had changed and that we no longer had as a program objective the advancement of European integration as such". It is a matter of fact that in the same period other programs such as the support made by the Ford Foundation to the Congress for Cultural Freedom entered in a phase of "restructuring" and finally of decline, not only for strictly political reasons, such as the public revelation that CIA had a relevant role in supporting the Congress. Actually most of the programs launched in the period of largest expansion of the Ford foundation's research programs in Europe were instrumental to the new catalyst of the foundation's policies: the international expansion of social sciences and particularly of their interdisciplinary applications, in crucial fields such as system analysis and environmental studies. Concerning the crisis of the Congress for Cultural Freedom after 1967, Pierre Gremion states that

> Trends towards the social sciences as a means of reform led to changes in the Congress for Cultural freedom's internal intellectual balance... the influence of the prominent anti-totalitarian European writers decreased... Furthermore the social sciences, imported as a remedy to Europe's murderous ideologies, simultaneously set aside both the classical culture and the humanities. From then on, a more action-oriented and more utilitarian kind of knowledge was to prevail.[21]

Significantly it was during the mid and late 1960s that the Ford Foundation launched its international programs on management education and environmental policies and supported international institutions that should improve cooperation with Eastern European countries, includeing USSR, as well as with underdeveloped countries and Latin America. In the late 1960s the Ford Foundation entered a phase of increasing concerns on "global problems" of industrialized societies and supported the expansion of a vision of science as an universalistic pattern of cooperation and human understanding, by cooperating with international agencies such as the OECD.

The era of a system of relations based on informal links between the Ford Foundation's officers and a highly selected community of "men with a vision", left the place to the emergence of new social patterns of action. They were based on the emergence of more formal and

---

[21] P. Gremion, "The Partnership between the Ford Foundation and the Congress for Cultural Freedom in Europe", in G. Gemelli (ed.), *The Ford Foundation in Europe*, *op. cit.*, pp. 137-165.

impersonal "epistemic communities", who were able to create structured links with bureaucracies, industrial firms and governments and to develop large-scale policies, besides the constraints of ideologies and under the protection of a universalistic image of science. Despite the shift of the mid-1960s one can observe, however, that the real change in the Ford Foundation organizational policies and rationales occurred only in the mid-1970s when, as stated by Volker Berghahn, suddenly the end of ideology looked as being ideological itself. The political and generation passions of the late 1960s were overwhelmed by increasing cultural pessimism of European intellectuals – particularly in Italy, France and Germany – as well as by the critic economic realities of the 1970s with oil shocks, stagflation, currency crises and, finally, by political crisis both in the US with the Watergate and in the European countries[22]. The 1970s marked from different points of view the end of a long period of almost unconditional faith on rational and reformist managerialism, which characterized the golden era of American foundations policies in Europe.

They marked also the crisis of the first attempt to strengthening the role of European foundations in shaping science policies. From the mid-1950s to the mid-1960s there was, in several European countries, an increasing expectation of the role of the few existing or newly created European foundations in shaping the development of industrial democracy, based on the integration of networks of experts, including university professors, industrialists and bureaucrats. The role of foundations was particularly relevant in developing management training and education. Practically in all the European countries, with the exception of Eastern Europe, foundations acted as frameworks of negotiation and cooperation among different social elites. They also intervened in containing and even contrasting the expansion of American institutions in Europe, by opposing to the project of creating a European Harvard as well as a European MIT, the creation of networks of European institutions, eventually supported by American foundations and American experts. This pattern of resistance against internationalization of educational institutions based on the American models, is recurrent behavior among the actors who established cooperation programs with the Ford Foundation in the late 1960s and early 1970s. An interesting case study is the creation of the European Consortium for Political Research whose creation was supported by a $ 272,500 five-year grant of the Ford Foundation. In the document that states the ratification of the grant, American officers declared that:

---

[22] V. Berghahn, *America and the Intellectual Cold Wars in Europe: Shepard Stone between Philanthropy, Academy and Diplomacy*, Princeton, 2001.

Even though a number of individual European scholars are internationally known... the great majority of scholars have remained isolated and have not participated in the intellectual developments in the field. There have been some efforts in the past to encourage cross-national cooperation but their impact on national research and teaching has turned out to be negligible... Periodically some 'Europeanization' has come about through American initiatives that have not only exported techniques and skills to Western European countries but have also on a number of occasion brought students and senior scholars closer together and helped to link them in joint projects... Organizationally, it has become increasingly obvious to European scholars that fragmentation and national barriers have prevented the growth of institutions with a sufficient critical mass to communicate with American political sciences centers as equal partners.[23]

This document is interesting since it reveals that, in strengthening transatlantic scientific cooperation on the basis of an equal partnership, American Foundations had the support of an emerging group of European research entrepreneurs. They used European networking as a tool to bypass the limits imposed by national political and organizational patterns and introduce changes at national level[24], playing the role of catalyst of a European elite of scientific entrepreneurs who can be identified as elite of change and institutional reform.

---

[23]   FFA, Reel n°2351, Grant n°70-515, Section 1, pp. 2-3.

[24]   This is particularly evident in the process of institutionalization of management education in European countries, and especially in France, Italy and Belgium. See G. Gemelli, "Les écoles de gestion en France et les fondations américaines (1930-1975). Un modèle d'appropriation créative et ses tournants historiques", in *Entreprises et histoire*, 1997, n° 14-15, pp. 11-28 and *id.*, "The Enclosure Effect. Innovation without Standardization in Italian Management Education (1950s-1970s)", in L. Engwall and V. Zamagni (eds.), *Management Education in Historical Perspective*, Manchester, Manchester University Press, 1998, pp. 48-72.

De la reconstruction à la globalisation

La collaboration entre la Fondation Ford et l'OECE-OCDE entre 1950 et 1970*

Giuliana GEMELLI

Università di Bologna

et

Girolamo RAMUNNI

Université de Lyon II

Introduction

Le développement, c'est-à-dire la désignation utilisée depuis la fin de la Seconde Guerre mondiale pour appeler la croissance économique, a constitué l'un des objectifs poursuivis par plusieurs institutions, sur le plan national comme sur le plan international. Substitut efficace du lien indiscuté entre évolution de la société et avances scientifiques et techniques, le développement est considéré s'appuyer sur deux instruments réputés nécessaires pour sa réalisation : un complexe scientifique et technique à la hauteur des besoins du temps et l'amélioration de la productivité industrielle. Toutes les institutions intéressées par ce défi ont cherché à élaborer leur stratégie, en conformité avec leurs finalités, par rapport au contexte dans lequel chacune avait décidé d'opérer et par rapportaux objectifs immédiats à atteindre. Les stratégies de développement pour des pays d'ancienne industrialisation, comme les pays européens, étaient forcément différentes de celles pour des pays qui n'avaient pas connu la révolution industrielle. Au sein des pays industrialisés, il y avait une différence entre les pays européens et les États-Unis, qui avaient cumulé rapidement, pendant les premières décennies du XXe siècle et

---

* Les auteurs remercient Christopher Freeman, Roy MacLeod, et Jean-Jacques Salomon pour leurs commentaires et suggestions.

surtout pendant la Seconde Guerre mondiale, une position fortement compétitive par rapport aux démocraties occidentales, qui sortaient du conflit en ayant subi des destructions importantes.

Si l'élément essentiel est la diversité des stratégies, il est tout aussi important de comprendre comment, à des moments précis, une collaboration a été possible entre des organismes qui avaient adopté des points de vue fortement différents quant à la définition de développement. L'hypothèse que nous faisons est que les situations réelles d'intervention ont constitué des conditions pour l'apprentissage de formes nouvelles de définition de la problématique du développement, qui reste toujours l'objectif commun, facilitant ainsi la définition de nouveaux concepts et la formulation de projets originaux d'intervention. Cela s'est passé entre la fin des années 1940 et le début des années 1970. Dans certains cas, la collaboration a été possible dans la perspective d'un échange de méthodologies ; dans d'autres cas elle a permis d'établir une consolidation des choix prioritaires pour chaque institution participant aux programmes, avec comme résultat une amélioration dans l'analyse des situations en place et l'élaboration de stratégies adaptées.

La collaboration entre la Fondation Ford et l'OECE-OCDE sur quelques projets définis est ici analysée comme un cas permettant de vérifier les hypothèses énoncées. Le premier programme de collaboration n'était pas une initiative prise dans le cadre d'une politique bien définie, mais l'occasion saisie par l'Economic Development Administration (EDA) et par le programme *European International Affairs* de la Fondation Ford pour s'insérer dans les problématiques du Plan Marshall, avec une stratégie originale et innovante. Au milieu des années 1950, l'*European International Affairs* a financé des programmes d'échanges au niveau international et des cours de formation, sans s'intéresser aux possibilités de financer l'équipement de laboratoires ou bien des centres de recherche. Son action était fondée sur la conviction que le développement favoriserait la coopération plus que la conflictualité entre élites, devenant un instrument de paix. Tel était l'objectif essentiel de ces projets, comme l'a démontré John Krige[1]. Dans le cadre du soutien aux sciences exactes et naturelles, la politique de la Fondation Ford était inspirée par les stratégies de barrage typiques de la guerre froide. La collaboration entre l'OECE et la Fondation Ford a été possible dans le cadre de l'objectif commun de soutien aux politiques de productivité, considérées comme l'instrument apportant une solution (et le contrôle) aux problèmes d'ordre social, en se servant de toute une série de *remèdes* d'ordre technique. Dans ce cadre, la Fondation Ford a pu collaborer

---

[1]   J. Krige, « The Ford Foundation, European Physics and the Cold War », in *Historical Studies in the Physical and Biological Sciences*, v. 29, n° 2, 1999, pp. 333-361.

principalement avec l'Agence européenne de Productivité (EPA), ce qui a permis de chercher des solutions à des problèmes circonscrits et concrets. La collaboration s'est révélée possible dans un domaine particulier, alors qu'il paraissait être un aspect secondaire des problématiques concernant la productivité : la formation de managers et le transfert des méthodes de formation.

Dans un entretien avec l'un des auteurs, Alexander King, qui a été secrétaire du Advisory Council on Science Policy (ACSP) britannique et membre du comité de direction de l'EPA, et le premier responsable de la direction des Affaires scientifiques de l'OCDE dans les années 1960, affirme que « l'EPA était un instrument dans la reconstruction de l'Europe après la guerre qui, accessoirement, a produit un travail approfondi sur l'éducation en science, en économie et en sciences sociales »[2]. Le résultat de l'orientation définie par King a été de convaincre les gouvernements européens de la nécessité de prêter attention à la science et aux problèmes d'ordre socio-économique. Par ses programmes, la Fondation Ford poursuit des objectifs analogues. En 1957 la Ford décide de soutenir l'EPA. Sans interférer avec le noyau du programme de l'EPA, il y a eu un soutien au développement de la productivité, en facilitant l'expansion d'une culture sur les relations industrielles. Ainsi la formation au management a été développée dans certains pays européens tout comme certains projets de soutien à la productivité dans des régions peu développées, comme la Sardaigne. Ces financements et la collaboration instaurée entre les deux organismes ont permis de jeter les bases pour d'autres formes d'intervention et de collaboration dans les années 1960, visant non plus sur des thématiques imposées par l'urgence de la reconstruction, mais sur des problématiques sur des temps longs, comme le développement.

I. De la reconstruction au développement économique européen

Pour apprécier le contexte dans lequel s'est mise en place la collaboration entre la Ford et l'OECE, il est indispensable d'analyser aussi bien les initiatives entreprises pour le développement au sein de l'OECE, dans la phase de la reconstruction européenne, que l'évolution de la politique de la Ford par rapport à la question de la reconstruction et, de manière plus générale, dans l'ensemble de la politique internationale, dont l'Europe n'est qu'un aspect, et certainement pas le plus important, au moins du point de vue du volume des financements et du nombre de

---

[2] G. Gemelli, « Alexander King e il volto nascosto della produttività », in G. Gemelli et L. Sebesta (eds.), *Partner creativi. Management e tecnologia nel rapporto Europa-Stati Uniti*, numéro spécial de *Nuova civiltà delle macchine*, n° 3, 1999, pp. 60-64.

programmes[3]. Il est bien connu que l'OECE en tant qu'organisme agissant dans le cadre des objectifs du Plan Marshall, agit sur l'idée, généralement admise, que le chemin obligé pour favoriser le développement économique passe par l'augmentation de la productivité industrielle. C'est cette idée qui a conduit à la création de l'Agence européenne de Productivité, au début de 1949, et à l'organisation de visites aux centres de production américains pour les ingénieurs européens et pour des représentants du monde syndical et industriel. L'urgence de la reconstruction fait que, quand un problème se pose, un comité *ad hoc* est constitué en réunissant des experts. Cette manière d'agir fonctionne à une époque d'urgence, quand on pense que la priorité est de suppléer aux manques de connaissances et de savoir technique, développés ailleurs pendant la guerre, par le mécanisme du simple transfert. Il s'agit d'une stratégie de mise à niveau, dans l'idée que la reconstruction doit être rationnelle, donc scientifiquement et techniquement fondée. Au fur et à mesure que la reconstruction s'achève et sont créés les premiers noyaux de l'organisation européenne, comme la CECA, les limites de telle manière d'agir deviennent de plus en plus évidentes. L'une des questions posées en cette période est de décider si l'OECE doit se limiter à financer des recherches dans le domaine des « sciences appliquées », comme dans le cas de la construction du four expérimental à basse température pour l'étude du rôle de l'oxygène dans l'industrie du fer et de l'acier. La procédure dans ces cas est la suivante : une société internationale est constituée, financée par les pays intéressés par la question en étude. C'est la conséquence du constat que tous les problèmes techniques et industriels n'intéressent pas en égale mesure tous les pays et que cela n'est pas un signe de moindre développement. En d'autres termes, un même niveau de développement ne repose pas sur un égal niveau d'industrialisation dans toutes les filières. L'expérience du four, jugée comme positive, est reprise pour la production d'énergie éolienne, pour la désalinisation de l'eau de mer, pour le centre de traduction automatique du russe. Ainsi à la création de comités internationaux est préférée la stratégie de confier l'étude d'un problème à un pays membre, qui s'en charge avec la collaboration d'autres pays intéressés. C'est l'un des premiers signes de l'autonomisation de l'expertise européenne.

---

[3]   On peut consulter à ce propos F. Sutton, « International Philanthropy in a Large Foundation », in J. Salzman (ed.), *Philanthropy and American Society : Selected Papers*, New York, Center for American Culture Studies, Columbia University, 1987, pp. 139-163. Déjà au moment des discussions préliminaires en vue de la constitution de l'OECE, les problèmes communs aux pays européens étaient indiqués dans le rapport général daté de décembre 1947 et présenté à la conférence de Paris. Ces éléments ont été redécouverts quelques années après et sont devenus réellement opérationnels dans le cadre des activités de l'OCDE. W. Bührer, *The Birth of OEEC and the Role of Personal Network*, communication inédite.

L'autre signe, bien plus important car il conduit à un changement radical dans la stratégie de l'OECE, est perceptible dans les solutions recherchées à la question de l'énergie. En 1951, trois groupes sont constitués, respectivement pour le charbon, le pétrole et l'électricité. En 1954, au moment de la première production d'énergie nucléaire pour le civil, Louis Armand, directeur de la SNCF, propose dans un rapport la fusion des trois comités *ad hoc*. À l'origine de cette position est la question sur l'avenir de l'industrie européenne. Une totale dépendance de l'industrie américaine n'est pas acceptable, d'autant plus que l'Europe possède déjà les connaissances de base indispensables au développement de l'énergie nucléaire. Déjà la France, en collaboration avec la Grande-Bretagne, développe avec succès un système de production d'électricité nucléaire. Les vieilles querelles des années 1940 ne sont pas du tout oubliées, alors qu'un nouvel élément surgit : l'indépendance technologique comme facteur-clé du développement. En d'autres termes, le développement ne peut pas se réaliser dans le cadre d'une dépendance technique. Ainsi, alors que la reconstruction est en phase d'achèvement, l'Europe se positionne comme protagoniste des choix de politique industrielle.

La Commission pour l'énergie se réunit pour la première fois à Paris le 4 novembre 1955. Les participants se positionnent en fonction de leur possession de ressources énergétiques. Un accord est atteint sur deux points. Le premier est d'inviter la « commission à donner une vision comparative des ressources énergétiques dont dispose chaque pays et des prévisions de consommation à court terme (la consommation d'énergie pour la période 1960-1975) »[4]. Le deuxième concerne l'emploi de statistiques normalisées comme base de connaissance commune pour définir des politiques et comme instrument d'analyse comparative entre pays membres. Cette décision marque le passage d'une vision sectorielle, traitant la solution d'un problème à la fois, à une vision globale, indispensable pour comprendre différences et similitudes entre les divers pays. Les indicateurs de consommation d'énergie se sont révélés importants par la suite pour mesurer le niveau de production industrielle. Il s'agit de transformer les systèmes de production de statistiques déjà existant dans divers pays en instruments pour élaborer une politique comparative.

En 1955, les membres de la commission de l'énergie ne se doutent pas des conséquences à longue échéance de leurs décisions. La première conséquence a été que l'Europe n'apparaît plus comme une zone géographique homogène. Comment alors promouvoir le développement ?

---

[4]   Archives OCDE (Florence), dossier 1047, ENC/M(55)1, *Commission on Energy : Record of the 1ˢᵗ Session, 26ᵗʰ and 27ᵗʰ September 1955*. L'année 1975 s'est transformée en une sorte d'année-cible pour les prévisions élaborées au sujet du développement socio-économique.

C'est une question qui resurgit régulièrement dans les réunions de la commission, créant ainsi une continuité dans le cadre des discussions sur l'énergie au sein de l'OECE, au cours des années 1950 jusqu'au début des années 1960. À l'occasion de la septième réunion de la commission de l'énergie (22 et 23 mars 1960), sur proposition du représentant de la Suisse, la question du rapport consommation énergétique/santé publique est mise à l'ordre du jour. L'attention se concentre sur l'un des problèmes considéré comme un élément-clé dans le cadre de tout ce qui relève de la santé publique : la pollution atmosphérique. Ces nuisances, bien connues par les pays membres, ne peuvent pas trouver de solution localement, mais au niveau global, comme le résultat d'une vision plus large que celle par pays. « Tous les gouvernements sont conscients de ces problèmes, qui, pour être traités correctement, doivent faire l'objet d'une collaboration internationale dans chaque domaine (technique, administratif...) tout en respectant le principe de la souveraineté nationale », lit-on dans le rapport[5].

La transition d'un ensemble de commissions *ad hoc* à l'analyse par grands secteurs de la production industrielle, est un indicateur de la transformation en cours à l'intérieur de l'OECE : la « globalisation » des problèmes fait ressortir la question du management du système éducatif et celle de l'organisation de la recherche. Il n'est plus possible de confier de tels problèmes à des experts sectoriels, mais à des personnes formées à la gestion de paramètres multiples. En ce sens, il s'agit de créer de nouvelles compétences, s'appuyant sur ce qui est connu dans les divers pays membres. La reconstruction de l'Europe n'est pas un simple problème de transfert de connaissances ou de technologie, mais l'Europe doit devenir un partenaire dans les nouveaux programmes de recherche. Depuis 1955, à l'occasion d'un voyage aux États-Unis, King a compris qu'il faut prêter attention « aux nouvelles expériences américaines dans ce domaine et au travail de groupes spécialisés sur les points de contact entre ingénierie sociale et ingénierie industrielle sur ce sujet, plutôt que s'intéresser à celui des écoles traditionnelles, même si elles rencontrent du succès »[6]. Farouchement opposé à la simple importation des modèles de management américains et, plus généralement, dans l'adoption de solutions aux problèmes relatifs au management de l'éducation, King soutient le processus d'européisation des

---

5   Archives OCDE, dossier 1047, OECD/EN(61)1, *L'influence de l'utilisation des diverses formes d'énergie sur la santé publique*.

6   UM – 106, p. 11, 2, C(50)40, 20.2.1956, cité par B. Boel, « The European Productivity Agency and the Development of Management Education in Western Europe in the 1950s », in T. Gourvish et N. Tiratsoo (eds.), *Missionaries and Managers. United States Technical Assistance and European Management Education (1945-1960)*, Manchester, 1998.

politiques de l'EPA, soit comme passage obligé des programmes d'assistance américaine en Europe, soit comme forum pour un examen toujours plus « confiant sur la capacité des Européens d'analyser leurs propres besoins »[7]. De plus, King est convaincu que l'EPA peut être un vecteur du transfert des connaissances entre pays européens développés et des pays développés aux moins développés.

II. Les effets non calculés de la productivité : la formation et les politiques du management comme terrains de rencontre entre deux stratégies institutionnelles

À la fin des années 1950, la Fondation Ford, dans le cadre du programme EDA, continue sa politique de financements destinés à la productivité alors que, par le canal de la direction des Affaires internationales, elle développe une action pour le renforcement de divers centres académiques et de recherche, en soutenant la collaboration avec des programmes en cours, comme ceux menés en Angleterre (à la London School of Economics et au Nuffield College d'Oxford), en Italie (à la Scuola superiore di pubblica amministrazione – École supérieure d'administration publique – ou SPISA à Bologne, à l'Associazione per lo sviluppo del Mezzogiorno – Association pour le développement du Midi – ou SVIMEZ à Rome, et au Centro di ricerca in economia applicata all'agricoltura – Centre de recherche en économie appliquée à l'agriculture – dirigé par Manlio Rossi-Doria, à Portici). Les rapports des responsables de la Ford, chargés de suivre les financements de l'EPA pendant cette période, soulignent que la raison de la crise dans l'accélération de la reconstruction européenne est le manque chronique d'enseignants, dans le domaine de la formation technique et scientifique et, en particulier, dans celui de la formation des managers. Les fonctionnaires de l'EPA, en particulier Ottino Caracciolo di Fiorino, tout en reconnaissant l'importance des voyages de formation aux Etats-Unis, soulignent aussi les effets de fertilisation croisée obtenus grâce aux bourses EPA, permettant d'introduire au sein des *business schools* américaines les apports de la culture européenne. Cet aspect a été capital pour la création, à la fin des années 1960, de la première *business school* européenne, l'INSEAD à Fontainebleau. Cette école, tout en reproduisant formellement le modèle du MBA de Harvard, développe des cours et des modèles de formation tendant plutôt à valoriser la diversité des contextes économiques et géopolitiques au sein desquels sont définis les politiques industrielles et les rapports industriels en Europe. C'est à

---

[7] B. Boel, « The European Productivity Agency Politics of Productivity and Transatlantic Relations, 1953-1961 », thèse de doctorat, département d'Histoire, Université de Copenhague, 1997.

cause de cette attention accrue à la formation aussi bien au sein des programmes EDA de la Ford qu'au sein des projets EPA, que Roger Grégoire décide de présenter en 1957 une demande de subvention à la Fondation Ford.

> L'actuel projet tend à trouver, au moins en partie, un remède au manque d'enseignants sur l'Administration en Europe. La EPA et d'autres programmes en ce domaine ont permis de créer de nombreuses écoles de management, pour lesquels il y a une demande urgente d'enseignants qualifiés. La EPA, avec une aide financière considérable de la International Cooperation Administration, s'efforce d'augmenter le nombre et la qualité des enseignants de management par le biais des projets de formation aux USA et en Europe. Il faut néanmoins reconnaître que la demande a dépassé les forces disponibles, essentiellement à cause du temps demandé pour former du personnel qualifié, et des initiatives doivent être prises si l'enseignement du management en Europe doit se développer aussi rapidement que souhaité.[8]

Cette demande de financement est à l'origine du projet *Pool of Professors in Management Education*, avec un financement de $ 89,000 en 1957, reconduit en 1959[9]. La synergie entre la Fondation Ford et l'EPA a aussi comme objectif la création d'équipes d'enseignants américains en mesure d'agir pour la formation des nouvelles générations de managers européens et de formateurs d'enseignants dans le but de renforcer les institutions existantes pour qu'elles disposent d'assistants de qualité, choisis parmi les jeunes formés au sein des programmes EPA. L'objectif de Grégoire est non seulement de développer la formation des managers mais de développer aussi le management des systèmes de formation, créant un groupe de recherche permanent de haut niveau. La Fondation Ford accepte ce projet. L'initiative est accueillie favorablement par cinquante institutions européennes qui acceptent de recevoir les vingt-cinq professeurs américains mobilisés sur ce projet. Ce programme a eu comme conséquence l'introduction dans le curriculum de nombreuses écoles européennes de nouvelles disciplines comme le marketing, la théorie de l'organisation et les sciences du comportement, insérées dans les programmes américains grâce aux projets-pilotes élaborés par

---

[8]   Ford Foundation Archive New York (dorénavant 'FFA'), reel 05265, section 1.

[9]   Au sujet du développement de ce programme et de ses effets dans divers pays européens adhérents, on peut se référer à G. Gemelli, « From Imitation to Competitive Cooperation. The Ford Foundation and Management Education in Western and Eastern Europe », in *id.* (ed.), *Cross-fertilization of Learning in Social Sciences and Management*, Bruxelles, P.I.E.-Peter Lang, 1998.

certaines grandes écoles de business américaines au début des années 1950 sous l'impulsion de la Fondation Ford[10].

Pour mieux saisir comment s'est créée la synergie entre la Ford et l'EPA, il suffit de rapporter un extrait du rapport sur le financement du projet susmentionné.

> Le développement de la formation au management industriel dans les universités européennes est estimé indispensable dans le programme européen de la Fondation et dans le programme concernant le développement économique et administratif. Une telle formation peut contribuer directement à renforcer l'économie européenne et peut avoir aussi un effet direct sur la structure, les méthodes et l'orientation de l'éducation supérieure en Europe. Encourager le développement de telles écoles professionnelles, tout comme le développement des sciences sociales en général, aidera à rétablir le lien cassé entre les institutions académiques européennes et les problèmes urgents sur le plan socio-économique et politique du Continent. La formation au management industriel a connu un développement rapide dans l'Europe de l'après-guerre et le problème actuel n'est pas seulement d'encourager encore de la croissance mais de le garder sur de solides bases de compétences et de qualité.[11]

III. La formation au management comme révélateur d'un changement plus profond

La croissance de la formation au management n'est qu'un aspect de la nouvelle stratégie pour le développement formulée au sein de l'OECE. En juillet 1958, René Sergent écrit :

> Le souci de productivité reste vital pour l'Europe, mais il ne saurait pas être exclusif. À la phase de la reconstruction a succédé une phase de développement. L'objectif pour l'Europe est désormais de créer les conditions d'un progrès technique sans lequel le niveau de vie ne pourra être augmenté. Cela suppose des études et des expériences d'un niveau assez différent de celles entreprises jusqu'à présent. En fait, le programme de l'agence est, depuis deux ans, orienté dans ce sens [... :] dans tous les domaines, la formation a pris le pas sur l'information.[12]

Ce passage révèle un changement en cours au sein de l'OECE, rendu évident à l'intérieur de l'EPA depuis 1956 et s'étant progressivement renforcé sur l'initiative d'un petit groupe d'experts qui s'autodéfinissent « entrepreneurs intellectuels ». Leur but recherché est de créer « un

---

[10]   Voir aussi S. Schlossman, R. Gleeson et M. Sedlak, *The Beginning of Graduate Management Education in the United States*, GMAC Occasional papers, 1994.

[11]   EPA, Business Management Training, 1957, Discussion : FFA, reel 0527, grant n° 57265, section 3.

[12]   FFA, reel 0527, grant n° 57265, section 3, EPA.

réseau d'institutions de haut niveau et d'utiliser les possibilités qu'elles offrent dans la formation de personnalités d'un certain niveau [...] en mesure de concevoir, organiser et réaliser des programmes de développement »[13] plutôt qu'un lieu unique de formation au management. Une composante essentielle de leur projet, repris par les politiques poursuivies par l'EPA, est de ne pas prêter attention uniquement au capital industriel et à la technologie, mais aussi aux facteurs humains. L'objectif est de créer des institutions permanentes au sein des universités européennes ou en dehors des universités pour former les managers et les entrepreneurs nécessaires aux économies européennes en pleine expansion et en cours d'intégration, renforçant aussi la partie centres de recherche destinés à développer les théories du management ramenées des États-Unis, tout en les adaptant au contexte européen.

La question de la formation d'un nombre suffisant de chercheurs et d'ingénieurs devient alors un argument de travail au sein de l'OECE au moment de la transition qui marque le passage de la reconstruction au développement. La reforme des universités et du système d'études supérieures est aussi un sujet de réflexion. La peur que le manque de personnes qualifiées empêche l'expansion économique est un sujet de débat qui revient systématiquement au sein du comité pour la Recherche appliquée de l'OECE. La formation de chercheurs et d'ingénieurs hautement qualifiés dans des domaines de recherche et en mesure de transgresser les barrières disciplinaires, est un sujet prioritaire à l'époque du Spoutnik. Si l'on n'arrive pas à changer les habitudes, les pays européens risquent de se situer constamment en retard par rapport aux USA et à l'URSS. Un groupe *ad hoc* est alors créé, chargé de suivre les problèmes relatifs au développement de la science et de la technologie, dans l'optique indiquée de favoriser les échanges entre disciplines.

Un groupe de travail constitué au sein de l'OECE reconnaît ouvertement que les programmes de formation doivent être des programmes à long terme, car toute réforme du système de formation demande du temps pour pouvoir produire des effets qui se traduiraient par une transformation du système. La structure de formation européenne a donc besoin d'être changée : non seulement en ce qui concerne le nombre d'étudiants et d'enseignants, mais aussi en termes de qualité, c'est-à-dire en ce qui concerne la formation des formateurs et des méthodes de formation[14]. Les fonctionnaires parisiens de l'OECE cherchent les

---

[13] FFA, Joseph Slater, *General Correspondence Memorandum from Waldemar A. Nielsen to Shepard Stone*, Paris, 27 juin 1959.

[14] Archives OCDE, dossier 1047, STP(63)22, Comité du personnel scientifique et technique, *Réforme des programmes d'enseignement des sciences. Rapport sur le développement des activités dans ce domaine depuis la création du BPST*, 17 juin 1963.

moyens les plus efficaces pour y parvenir. En 1959 est mis en place un programme prévoyant des visites régulières d'inspecteurs, la création de réseaux de collaborateurs externes et de conseillers, l'ouverture des réunions de travail aux managers, aux professeurs de disciplines scientifiques, aux membres d'associations et aux rédacteurs de revues spécialisées dans les questions de formation[15].

L'importance attribuée à ce programme dans la phase de transition de l'OECE à l'OCDE est prouvée par l'attention avec laquelle est suivie la formation scientifique et technique dans le développement des sociétés industrielles. Particulièrement important est le programme expérimental développé, depuis 1960, en Grèce, Italie, Portugal, Espagne, Turquie et Yougoslavie. L'un des programmes qui ont eu un rôle capital dans le changement a été le Projet régional méditerranéen, à cause de l'attention portée constamment à la méthodologie utilisée : la recherche d'indicateurs, la mesure de l'interdépendance des initiatives formatives, surtout dans les rapports science-technique et le développement économique[16].

Une analyse rapide des ressemblances et dissemblances entre les six pays montre que le développement économique rapide coexiste avec un pourcentage élevé de travailleurs agricoles et avec un chômage endémique. Le développement industriel est freiné par le manque grave de personnes qualifiées sur le plan technique et scientifique. Un constat étonne les décideurs : si l'on se sert des indicateurs habituels, ces pays doivent être classés de manière erronée parmi les pays sous-développés, alors que si l'on prend en compte les traditions culturelles et universitaires, ils sont plus proches des pays plus avancés que des pays en voie d'industrialisation. Dans des pays comme l'Espagne, l'Italie, la Grèce et la Turquie, l'hérédité culturelle se transforme en un obstacle à la formation de techniciens qui constituent néanmoins le besoin le plus important de la société industrielle. La sélection est trop sévère et la formation est fondée sur des modèles formels et abstraits plus que sur des programmes techniques et factuels.

La conférence de Washington (octobre 1961) permet de définir de nouveaux cadres d'action. Des accords bilatéraux entre la direction de l'OECE et les délégués des pays membres participant aux divers projets permettent de définir des plans d'intervention. L'OECE met à disposition ses experts, organise des réunions périodiques des fonctionnaires nationaux, leurs collaborateurs, les membres de la direction parisienne et des consultants. Au cours de ces réunions, on fait le point sur l'état d'avancement des projets, on discute des problèmes imprévus, on formule des suggestions, on définit les lignes essentielles des problèmes

---

[15] *Ibid.*

[16] *Ibid.*

méthodologiques d'intérêt commun. L'OECE qui, entre-temps, est transformée, du point de vue de l'institution et de l'organisation, en OCDE (nous reviendrons sur cette transformation), a de cette manière créé un schéma d'intervention modulable selon les contextes. Trois réunions sur des questions de formation sont organisées à Frascati, pendant l'été 1961, à Athènes, en 1963, et à Bergneustadt. Ces réunions permettent de définir des stratégies de formation d'experts en mesure d'établir les priorités dans les domaines de l'éducation indispensables au développement industriel. Un nombre important de bourses sont attribuées à des jeunes diplômés universitaires en économie, sociologie, sciences de l'éducation, psychologie ou dans des domaines concernés par la gestion des ressources humaines.

Au début des années 1960, les fonctionnaires de Paris ont acquis la conviction de disposer de la bonne méthodologie pour planifier la formation du personnel technique. Les experts pensent que le moment est propice pour exporter leur savoir-faire. Une analyse rapide de la situation au niveau international montre qu'il y a une analogie étroite entre certains pays européens, en particulier les méditerranéens, et des pays de l'Amérique latine, parce que dans ces pays aussi la formation a été dominée par la culture grecque et latine et, par la suite, par l'européenne, en particulier par la culture française. Autre élément en commun : la défense des traditions pour sauvegarder l'identité culturelle propre. Au-delà des différences, les points similaires sont en plus grand nombre. Le nouveau programme *Pour un nouvel enseignement des sciences* est fondé sur l'écriture de manuels dans les disciplines scientifiques, traduits en espagnol pour pouvoir être employés aussi en Amérique du Sud. Les résultats obtenus pendant les années 1958-1962 se traduisent par la création de groupes d'experts nationaux. Pendant la réunion de Frascati, la préparation d'un manuel fondé sur cette expérience a été prévue.

IV. De l'OECE à l'OCDE : vers une Europe aux confins élargis

Entre-temps, l'OECE est devenue OCDE. La convention de création de l'OCDE est signée le 14 décembre 1960. L'activité du nouvel organisme commence officiellement le 30 septembre 1961[17]. Les États-Unis, le Canada et le Japon (en 1964) deviennent membres, accentuant le caractère de club des pays industriellement avancés. Le secrétaire général, Thorkil Kristensen, institue un comité au niveau politique pour

---

[17]   Les pays européens étaient : la République fédérale allemande, l'Autriche, la Belgique, le Danemark, l'Espagne, la France, la Grèce, l'Irlande, l'Islande, l'Italie, le Luxembourg, la Norvège, les Pays-Bas, le Portugal, la Grande-Bretagne, la Suède, la Suisse et la Turquie.

l'étude des conséquences du développement scientifique et technique[18]. D'après Kristensen, l'organisation de la recherche entre dans une période de transition, marquée par la crise des distinctions bien établies entre disciplines universitaires et surtout entre la recherche fondamentale et recherche appliquée. Cet argument fait partie de ceux défendus par la nouvelle élite scientifique qui s'est constituée après la guerre. En France, Pierre Piganiol, depuis 1954, défend l'idée que les distinctions disciplinaires bien ancrées au sein des universités ne correspondent plus à la demande industrielle. En tant que délégué général à la recherche scientifique et technique, il s'est inspiré de ce diagnostic. Alexander King reprend la même idée quelques années après, ainsi qu'il le rappelle dans son entretien avec Giuliana Gemelli :

> La plupart des actions entreprises par l'OCDE nécessitent une profonde déconstruction et l'élargissement de leur problématique pour faire face à l'étendue des problèmes nouveaux... Les problèmes de formation étaient énormes, il y avait nécessité d'analyser la nature de la croissance économique et des écarts dans les performances des divers pays. De plus, il fallait porter attention au manque d'une politique de la science et de la technique, tout comme aux liens entre ces activités de recherche et les besoins de l'économie et de la société... L'Europe qui abandonnait la phase de reconstruction pour celle d'expansion économique élevée, avait besoin de changements de fonds. Le plan Marshal a dû être abandonné et l'OECE devenait obsolète, remplacé par l'OCDE en tant que lieu de discussion des pays industrialisés en incluant certains qui n'étaient pas membres de l'OECE.[19]

Entre-temps, la perception que les résultats et les applications scientifiques et techniques sont source de problèmes s'impose toujours plus. La nécessité de mener des recherches sur de telles conséquences se traduit par la conviction que la recherche en sciences sociales et humaines doit être développée comme une nouvelle priorité. Il faut prévoir les changements induits par le développement scientifique et technique, et anticiper les conséquences prévisibles ; en d'autres termes, il faut développer l'analyse prospective. Les gouvernements doivent soutenir

---

[18] Les membres étaient : Prof. Dr. Karl A. Herz (Allemagne fédérale), qui dans les faits ne participa pas ; Sir Willis Jakson (Grande-Bretagne) ; M. Robert Major (Norvège) ; Prof. Lucien Massart (Belgique) ; M. Pierre Piganiol (France) ; Prof. Norman F. Ramsey (États-Unis) ; M. Erik Smidt (Danemark); Prof. Theodor William Schultz (États-Unis) ; M. Edgar W.P. Steacie (Canada), il a participé uniquement au début ; Pierre Auger (France), consultant ; M. Henning Friis (Danemark), président du comité du Personnel scientifique et technique de l'OCDE ; M. J.G. Malloch (Canada), ancien président du comité pour la Recherche scientifique ; Prof. C.L. Wilson (États-Unis), président du comité pour la Recherche scientifique ; Alexander King, directeur de l'Office of Scientific Affairs de l'OCDE ; Emmanuel G. Mestehens, rapporteur général ; Jürgen Schmandt, secrétaire.

[19] G. Gemelli, « Alexander King e il volto nascosto della produttività », *op. cit.*

de telles recherches pour être prêts à orienter la dynamique du change-ment au niveau social. Prévoir les grandes lignes de tels développements est l'objectif général de la politique scientifique. Pour atteindre un tel objectif, il faut définir des priorités et inclure la politique scientifique comme un élément-clé des politiques nationales dans des secteurs-clés comme la production industrielle, l'agriculture, la défense, les relations internationales, les projets sur la formation[20].

La science est devenue si complexe que son organisation et le choix des programmes ne peut pas être le seul fait des chercheurs. Elle fait partie des intérêts nationaux dont dépend le développement pour chaque pays. Il n'est plus envisageable de traiter séparément les projets pour le développement scientifique et ceux pour l'utilisation des résultats de la recherche. La conséquence est simple : s'il est nécessaire de disposer de statistiques pour avoir un cadre fidèle des potentialités de chaque pays, les choix parmi les programmes possibles sont de la responsabilité des gouvernements et doivent être fondés sur une collaboration accrue entre pouvoirs publics, experts, chercheurs et managers, de telle sorte à tenir compte de la complexité des variables en jeu, y compris les facteurs humains et sociaux. Somme toute est remise en discussion la corrélation présupposée depuis Descartes entre développement scientifique et tech-nique et progrès économique et social.

Comme toutes les autres activités humaines, la science doit être « gouvernée », c'est-à-dire orientée et dirigée selon des critères straté-giques et vers une politique incluant la définition de priorités, la possi-bilité pour des groupes et des institutions de définir des lignes opération-nelles fondées sur la possibilité d'en débattre à plusieurs niveaux déci-sionnels, y compris les responsables au niveau national, et en intégrant les attentes de la recherche avec d'autres priorités et objectifs dans différents projets au niveau national. La politique de la recherche devrait être fondée sur des prévisions et sur la recherche du point d'équilibre entre recherche militaire et recherche civile, tout comme entre pro-grammes financés par des crédits publics et ceux financés par des fonds privés. L'importance donnée à la prévision n'est qu'un signe de la transition en acte de la reconstruction au développement, dans le sens qu'un tel objectif ne peut pas être atteint sans prendre en compte l'ensemble des problématiques scientifiques, y compris celles se rappor-tant aux sciences sociales et humaines, qui se situent au centre du sys-tème d'analyse des dynamiques de prévision.

---

[20] « La science et la politique des gouvernements, Rapport de la commission consulta-tive spéciale pour la politique scientifique auprès du secrétaire générale », in *Les Ministres et la science*, Paris, OCDE, 1963.

Afin de convaincre les gouvernements, le 3 et le 4 octobre, une conférence des ministres de la Recherche est organisée. Le document préparatoire rédigé par Alexander King, responsable du Committee on science and technology de l'OCDE, fait place aux signes de continuité entre les activités de l'OECE qui comportait, sans le savoir probablement, dans sa manière d'agir et comme une tendance qui dépassait les stratégies codifiées dans le cadre des politiques du Plan Marshall, des éléments essentiels de son évolution institutionnelle successive. En rappelant que le manque de personnel scientifique et technique avait constitué l'un des thèmes prioritaires des Comités de travail de l'OECE depuis 1949, King développe deux points. L'un est le choc produit par le Spoutnik et la peur engendrée dans les pays européens de devenir marginaux par rapport aux grands programmes américains et soviétiques. L'autre sujet est tiré d'un document préparé par Dana Wilgress, ancien ambassadeur du Canada auprès de l'OECE et de l'OTAN. Wilgress développe l'argument que le renforcement de l'organisation scientifique dans chaque pays doit être fondé sur un équilibre entre recherche fondamentale et recherche appliquée et sur la vision de la politique scientifique comme facteur d'innovation technologique et de croissance économique.

L'ordre du jour de la réunion des ministres de la Recherche est :

– politiques scientifiques nationales ;

– coopération scientifique internationale ;

– science, développement économique et place de l'OCDE.

Préparée avec soin, la réunion est un succès. Le projet d'étude de la situation de la recherche scientifique et technique pays par pays est accepté. Certes, les résultats de telles enquêtes ont parfois suscité des remontrances de la part de gouvernements dont la politique a été auscultée, mais la grande majorité a accepté l'idée que la recherche n'est plus un phénomène dépendant d'initiatives individuelles, mais qu'il faut de l'organisation et de la gestion[21]. La politique de la science devient un sujet de recherche et il est reconnu de manière unanime qu'elle a besoin d'une méthodologie qui, acceptée ou refusée, constituerait néanmoins un cadre de référence. Un autre résultat, apparemment moins évident, mais tout aussi important, est que l'OCDE soutient désormais qu'il n'y a pas un modèle de développement unique ; par conséquent est définie une méthodologie de comparaison des divers modèles de développement pour faciliter les échanges d'expériences et appliquer le principe d'une fertilisation mutuelle entre modèles. Cette vision est fondée sur l'impor-

---

[21]   G. Ramunni et M. Le Roux, « Entretien avec Jean-Jacques Salomon », in *La Revue pour l'Histoire du CNRS*, n° 3, 2000, pp. 40-58.

tance d'explorer des champs du savoir différents et sur la nécessité de favoriser des échanges d'expériences plus que sur le transfert de modèles déjà élaborés dans d'autres contextes. Ceci contribuera à créer la condition appropriée pour mener des politiques expérimentales dépassant le lieu commun de la productivité, fondées moins sur l'exportation de résultats techniques et plus sur la mise en place de politiques de formation, tendant à donner importance aux différences nationales plus qu'au projet de réduire de telles différences à la faveur du développement technique.

V. Le défi des années 1960 : de la productivité au management de la science et de la formation

Au moment de la transition du début des années 1960, certains groupes de travail et certains comités de l'OECE sont transformés en directions de l'OCDE. La direction des Affaires scientifiques en est un ; le directeur est Alexander King et des personnalités éminentes comme Pierre Piganiol, Harvey Brooks et Umberto Colombo y collaborent. Cette direction s'occupe de l'impact de la science et de la technique et de l'éducation sur l'économie et le développement. Dans les mois qui ont précédé la création de l'OCDE, Alexander King avait déclaré que

> Beaucoup reste à faire pour convaincre les gouvernements de l'importance de la science. Peu de pays mènent une politique de la science et il est fort improbable de pouvoir mettre sur pied une telle politique au niveau européen… il faudrait faire une étude sur les besoins des pays et sur les politiques nationales par rapport aux nécessités et aux possibilités sur le plan scientifique et technique.[22]

En 1963, Piganiol, responsable du comité de la Politique scientifique, publie *Science and the policy of governments.* Ce livre recommande la création dans chaque pays d'une agence centrale pour le financement de la recherche et de la technique regroupant en un seul document toutes les sources de financement public[23]. La création de ministères de la Recherche fait partie de ces recommandations. L'OCDE crée un système d'évaluation quantitative et qualitative de l'organisation de la recherche et un système de suivi des politiques scientifiques dans les pays membres. Cette initiative aura des conséquences importantes dans certains pays, comme la France où elle devient une sorte de levier pour développer les politiques nationales de la recherche, pour renforcer les

---

[22] Archives OTAN (Bruxelles), SC, AC/137-R/3, p. 12.

[23] Archives OCDE, C(62)29, Conseil, Groupe Consultatif '*ad hoc*' sur la politique scientifique. Recommandations préliminaires, note du Secrétaire du Conseil, Paris, 22 mars 1962.

échanges au niveau européen et, enfin, comme modèle pour concurrencer la technique américaine. Dans d'autres pays, comme l'Italie, ce modèle exercera une influence limitée, à cause de l'imitation forte du modèle américain pendant les années 1960. Les rapports sur l'état de la recherche mettent en évidence des asymétries importantes entre les pays et permettent de distribuer de manière cohérente les ressources parfois limitées sur le plan national et de définir de nouveaux modèles d'interrelation entre recherche et formation, avec le renforcement de la coopération non seulement au niveau européen, mais en prêtant attention aussi aux pays en développement. Une remarque nous paraît importante : en soutenant l'élaboration de rapports nationaux sur la politique scientifique et sur les structures de recherche technique, l'OCDE parvient à créer des modèles de collaboration alors que quelques années auparavant on n'a pas réussi à en créer dans le cadre du projet de l'OTAN pour la création d'un MIT européen. Le Président du MIT, James Kilian, avait diffusé en 1960 un questionnaire destiné à collecter des informations sur la politique scientifique et technique[24]. La proposition de Kilian avait rencontré une ferme opposition de la France qui, par contre, est engagée activement dans la politique de l'OCDE acceptant la programmation définie par Piganiol.

Un changement important a lieu en conséquence. D'après un rapport de Edward Dennison, seulement 40 % de la croissance peut être attribuée aux facteurs classiques relevant du capital et du travail, alors que les autres 60 % sont expliqués comme « facteur résiduel ». Alexander King explique ce résultat :

> C'est le résultat de la qualité, non de la quantité, ou de la promotion des capacités du bas de l'échelle au top niveau du management, c'est-à-dire de la formation et de l'éducation avec une meilleure utilisation du capital grâce au développement technique. Si cela est le cas, la formation et la recherche doivent être considérées comme les composants essentiels du développement national.

Ces changements créent les conditions pour de nouvelles collaborations avec la Fondation Ford qui change alors sa politique en faveur des pays en développement, passant des financements à des projets prioritaires élaborés d'un commun accord avec les responsables politiques des pays bénéficiaires, au développement de stratégies fondées sur la possibilité de créer des compétences ; cette stratégie fait une large place aux programmes de formation, scientifique et technique, plutôt qu'au simple

---

[24] G. Gemelli, « Western Alliance and Scientific Diplomacy between the End of the 1950s and the Early 1960s : the Rise and Failure of the Project to Create a European MIT », in P. Laurence Moore et M. Vaudagna (eds.), *The American Century and Europe*, Cornell University Press, 2002.

transfert de techniques et de ressources techniques et organisationnelles ou économiques[25].

VI. Des objectifs unanimement acceptés

La rencontre entre l'OCDE et la Fondation Ford se produit dans le contexte d'une recherche de méthodologies appropriées pour suivre le développement et l'efficacité de l'action entreprise. Depuis la fin des années 1950, la Ford a activement soutenu la formation et la recherche dans les sciences sociales, comme un instrument pour « dé-idéologiser » et neutraliser l'influence du marxisme sur les sciences sociales et politiques, tout comme un moyen pour accélérer les stratégies de réformes institutionnelles. Les programmes de collaboration entre la Ford et l'OCDE dans les années 1960 sont construits sur deux axes : développer le potentiel humain en science et en éducation, spécialement dans les pays en développement, et l'utilisation des sciences sociales comme instrument de prise de décision. En 1963, un premier financement de $ 400,000 est octroyé pour vérifier l'applicabilité des résultats obtenus dans le cadre du projet méditerranéen à d'autres pays, comme ceux d'Amérique latine ou les pays arabes. Ce programme entre dans les activités de la section Affaires internationales et il est classé comme *out of appropriation* car il n'entre pas dans le cadre des financements essentiels de la section, qui poursuit comme but principal le renforcement de l'Alliance atlantique.

L'opinion des responsables de la Ford exprime ce changement :

> L'OECD ne peut plus être considérée comme une pure agence européenne ; c'est la seule organisation occidentale trans-atlantique et qui inclut les pays neutres comme la Suède, la Suisse et l'Autriche. Elle entretient des liens aussi avec la Yougoslavie et le Japon. Elle pourrait être une voie pour jouer l'assistance technique, sur le plan scientifique, technique et humain, de l'Ouest aux pays en développement.[26]

Le document de la Ford souligne que la coopération entre la Fondation et l'OCDE est un moyen important pour renforcer le rôle et les activités de la direction des Affaires scientifiques, considérée comme une direction stratégique parmi les activités de l'OCDE. Mais l'objectif poursuivi avec la subvention est aussi de dépasser le cadre étroit des financements uniquement dans la perspective du transfert de méthodologies. C'est pourquoi les objectifs généraux sont :

---

[25]   On peut consulter sur le sujet F. Sutton, « International Philanthropy in a Large Foundation », in J. Salzman (ed.), *Philanthropy and American Society: Selected Papers*, New York, Center for American Culture Studies, Columbia University, 1987, pp. 139-163.

[26]   FFA, *Grant Request*, International affairs, février 1963, grant n° 63-175, section 1.1.

la production de trois études au sujet des déplacements internationaux du personnel scientifique et technique ; l'attribution sur des bases nationales des ressources pour le développement scientifique et technique ; l'efficacité et l'étendue des études à l'étranger pour le personnel scientifique et technique, les programmes de formation et les bourses disponibles, en particulier pour les économistes et les chercheurs en sciences sociales ressortissant des pays OECD et en dehors de la zone OECD ; la création d'un bureau pour la supervision des activités et pour que l'OECD puisse jouer un rôle opérationnel accru et efficace en vue de l'emploi du personnel scientifique et technique et des moyens de formation destinés à faciliter la croissance dans les pays membres et dans leurs régions moins développées.[27]

Ce programme n'est pas exclusif et la Ford mène des collaborations avec d'autres organismes internationaux. Un exemple est l'élaboration d'un programme de coopération avec l'UNESCO, financé par l'International Institute for Educational Planning, alors que l'on cherche à donner une certaine visibilité à la « seule contribution que peuvent apporter les institutions privées dans l'élargissement des limites des programmes élaborés par les agences gouvernementales et inter-gouvernementales »[28]. Les financements de la Ford à l'OCDE et à l'UNESCO ont, entre autres objectifs, celui de provoquer des modifications dans les structures, comme la réforme des études universitaires en Europe, afin de normaliser le modèle de formation (par exemple avec l'introduction de cycles courts, l'introduction d'un troisième cycle équivalent à celui des doctorats américains), pour renforcer les liens université-industrie et pour mieux repérer les problèmes relatifs à la formation.

Une telle orientation aura des effets évidents dans la définition de la politique de la Fondation Ford en Europe au milieu des années 1960, particulièrement avec la création du programme *Higher Education and Research*, commencé sur l'initiative de McGeorge Bundy, devenu président de la Fondation Ford en 1966. Dans le cadre de ce programme, un projet important est mis en place pour développer le management de la formation en Europe[29]. Il est significatif que le projet est présenté comme l'effet d'un *shrinking gap*, qui, d'après les fonctionnaires de la Fondation, induit la demande des Européens de programmes de formation au management et donne une légitimité à l'action de la Fondation en Europe. Le *Management Education Programme* de la Ford contribue avec un financement de $ 6,860,000 entre 1967 et 1971. La Fondation agit comme un catalyseur de ressources financières, organisationnelles

---

27   *Ibid.*

28   FFA, grant n° 63-175, OECD Proposal to the Ford Foundation, 14 août 1962, section 1.3.

29   G. Gemelli, « From Imitation to Competitive Cooperation. The Ford Foundation and Management Education in Western and Eastern Europe », *op. cit.*

et intellectuelles, pour éviter la différence qui risque de s'installer entre le nombre croissant des universités qui forment des managers, des ingénieurs et des économistes, aux États-Unis comme en URSS, et la situation européenne, condamnant de fait une élite, moins nombreuse et moins qualifiée sur le plan professionnel, à une progression plus lente et à un écart croissant qui aurait augmenté le *brain drain* dans des secteurs particulièrement important comme les sciences biologiques, l'électronique et l'ingénierie nucléaire.

Avec ses programmes, la Fondation Ford joue un rôle important dans la définition du *technological gap*. C'est un sujet qui prend une valeur politique à la suite de la publication du rapport de Christopher Freeman et Alison Young[30], qui fournit des indicateurs statistiques[31] des asymétries de la recherche et du développement et dans l'innovation technique et qui constitue le moteur des rapports par pays auxquels on a déjà fait allusion. Au milieu des années 1960, suivant une indication donnée par Robert McNamara, la Fondation Ford développe une politique plus flexible, faisant passer le centre du débat du *technological gap* au *management gap*, thématique essentielle du livre de Jean-Jacques Servan-Schreiber *Le Défi américain*, qui plaide, sur le plan scientifique et technique, pour une collaboration européenne développée dans le cadre de la compétition internationale. Soutenant telle perspective par ses financements, la Fondation rencontre l'orientation stratégique de la direction des Affaires scientifiques de l'OCDE influençant, par les indicateurs statistiques et le rôle influent d'une communauté epistémique qui parvient à s'imposer sur le plan international, l'enracinement dans le contexte européen du besoin généralisé d'une politique scientifique. Il ne s'agit pas uniquement de donner un poids accru à l'innovation technique, mais d'affirmer la nécessité d'une méthode scientifique dans les sciences naturelles et, de la même manière, dans les sciences sociales et de renforcer la communication entre le monde de la science et le monde politique au moment des prises de décisions. L'analyse de ce dernier secteur est particulièrement important parce qu'il se situe au niveau des conséquences entre recherche militaire et industrielle, touchant non seulement les performances de la technique américaine, mais aussi les effets liés à l'émergence d'une nouvelle élite qui aurait pu échapper au contrôle des mécanismes de la démocratie.

---

[30] L. Sebesta, « Un nuovo strumento politico per gli anni sessanta: il 'technological gap' nelle relazioni euro-americane », in G. Gemelli et L. Sebesta (eds.), *Partner creativi, op. cit.*

[31] B. Godin, « The Number Makers. Fifty Years of Science and Technology Official Statistics », in *Minerva*, t. 40, 2002, p. 375-397. Sur les conséquences politiques du *technological gap* : L. Sebesta, « Un nuovo strumento politico », *op. cit.* ; G. Ramunni et M. Le Roux, « Entretien avec Jean-Jacques Salomon », *op. cit.*

Le changement de perspective ainsi produit implique un passage de la croissance économique, comme souci dominant, à une analyse des problèmes communs aux sociétés industrielles sur les questions de formation, de l'environnement et des ressources énergétiques, et des conditions sanitaires de populations diverses. Ce changement est profond comme le prouve le fait que l'on trouve une perspective semblable dans les programmes de la Fondation Ford et de l'OCDE mais aussi dans ceux élaborés par des groupes informels d'experts, comme le Club de Rome, créé par Alexander King et Aurelio Peccei en 1967. Déjà au début des années 1970, le club est connu pour le célèbre *Halte à la croissance* qui provoque d'innombrables réactions et qui, comme se souvient King, réussit à vendre douze millions d'exemplaires. En ce qui concerne la Fondation Ford, l'un des effets les plus marquant de son intérêt croissant pour les problèmes communs aux sociétés industrielles est la priorité aux programmes concernant les problématiques globales du management des sociétés industrielles. Cette nouvelle orientation s'intègre parfaitement à la profonde réorganisation des politiques de la Fondation Ford dans les années de présidence de McGeorge Bundy, période où, de manière paradoxale, à l'augmentation forte des soutiens pour l'Europe correspond la fin des programmes centrés exclusivement sur l'Europe et sur un développement marqué des politiques de la fondation américaine, en particulier dans le cadre du programme *Higher Education and Research*, créé par Bundy.

Poussé par le Président Johnson à définir une politique visant à l'élargissement d'une collaboration internationale dans le cadre de la recherche de solutions aux sociétés industrielles, dans une conférence tenue à la Maison Blanche le 15 décembre 1966, il soutient que :

> Le problème auquel nous sommes confronté est que tous les pays industriellement avancés partagent le problème d'un management efficace d'entreprises étendues et complexes, comme les systèmes industriels, les centres de production, les villes, les systèmes de transports urbains et les aéroports, les hôpitaux et les fermes multi-production. Un centre pouvant rassembler ingénieurs, économistes, managers, experts en production et autres compétences semblables, qu'ils soient des hommes de terrain comme des chercheurs académiques, pourrait se transformer en un centre de connaissance – au moins c'est le vœu du Président – qui pourrait aider nous tous.[32]

Une telle politique marquée par le changement de perspective du management de problèmes bien délimités à la gestion des problèmes globaux des sociétés industrielles est évidente de manière particulière dans la création en 1972 du International Institute for Applied System Analysis à Laxemburg, près de Vienne, dont le projet est discuté depuis

---

[32] FFA, coll. ACC 91/10, box 45, *Industrial Societies Project*, janvier-février 1967.

1967[33]. L'objectif initial est de concentrer l'activité de l'Institut sur des programmes de formation au management en direction des pays de l'Est et de l'Union soviétique. En conformité avec l'attention nouvellement portée aux problèmes globaux, l'activité de l'Institut est centrée sur des problèmes globaux comme l'environnement, l'énergie, l'application des modèles dynamiques de Forrester aux problèmes industriels et la formation de jeunes chercheurs de divers pays, y compris la RDA et l'URSS. Un autre changement marquant de la Ford dans les années 1960 en ce qui concerne les politiques internes à chaque pays, est l'accent mis sur l'activité politique, dans le cadre de la défense des droits civiques, et de manière plus générale dans le soutien apporté à la cause de la *liberal social reform*[34]. Dans le cadre international cette orientation se manifeste par un soutien accru aux programmes concernant les stratégies de *decision-making*, ce qui implique une collaboration étroite avec les élites administratives et gouvernementales et une attention majeure portée à la fonction des sciences sociales comme terrain pour harmoniser les langages des « décideurs » et comme soutien théorique aux stratégies réformistes. Dans ce contexte, comme l'a montré Pierre Gremion, on remarque dans les orientations de la Ford : « la prédominance d'une vision de la connaissance plus orientée à l'action et plus utilitariste »[35].

À la même époque, l'OCDE, par le biais de la direction des Affaires scientifiques, fait une tentative d'élargir le concept de politique de la science pour favoriser aussi : « une liaison plus étroite entre le développement dans les universités des sciences sociales et les institutions gouvernementales intéressées à ces domaines »[36]. Un rapport préparé en 1971 sous la responsabilité du doyen de l'Université de Harvard, Harvey Brooks, souligne le rôle de l'OCDE dans la proposition des sciences sociales comme instrument essentiel pour définir les politiques sur des bases multinationales.

En 1974, la Ford assigne à la division de la Politique scientifique de la direction des Affaires scientifiques de l'OCDE, un financement de

---

[33] G. Gemelli, « Building Bridges in Science and Societies during the Cold War: The Origins of the International Institute for Applied System Analysis (IIASA) », in G. Gemelli (ed.), *American Foundations and Large-scale Research: Construction and Transfer of Knowledge*, Bologne, CLUEB, 2001, pp. 159-200.

[34] A. O'Connor, « The Ford Foundation and Philanthropic Activism in the 1960s », in E. Condliffe Lagemann (ed.), *New Scholarship on the History of American Foundations*, Bloomington-Indianapolis, Indiana University Press, 1999, pp. 169-193.

[35] P. Gremion, « The Partnership between the Ford Foundation and the Congress for Cultural Freedom in Europe », in G. Gemelli (ed.), *The Ford Foundation and Europe (1950s-1970s) : Cross-Fertilization of Learning in Social Sciences and Management*, Bruxelles, European Inter-University Press, 1998, pp. 137-165.

[36] FFA, grant n° 74615, reel n° 3540, *Grant proposal, Background and Justification*, p. 1.

$ 28,500 dans le but d'étudier l'apport des sciences sociales dans l'élaboration des décisions politiques, en particulier celles se rapportant aux sciences et aux techniques. Le résultat principal de ce financement est l'organisation d'un séminaire à Darmouth, avec la participation de personnalités du monde académique américain comme Vassili Leontieff, Henri Taiffel, Stanley Hoffmann, Gene Lyons et, comme représentant de l'Europe, Jean-Jacques Salomon, en tant que représentant de la division de la Politique de la science de l'OCDE. Il s'agit de créer un lieu de discussion entre représentants des gouvernements et chercheurs sur l'apport des sciences sociales aux politiques publiques et créer une base de discussion sur des projets ambitieux à élaborer. Une discussion approfondie a lieu sur l'impact des sciences sociales sur la planification, les statistiques pour les décisions politiques et la mesure du coût social des changements technologiques et environnementaux. L'un des résultats les plus importants est la démonstration des limites des compétences techniques dans les prises de décision sur des problèmes cruciaux trop importants pour être laissés aux seuls experts[37].

Les programmes de recherche Ford-OCDE sont révélateurs du contexte historique dans la définition non seulement des politiques de la science et des modèles de coopération, mais aussi de la reconstruction d'une vision sur laquelle est bâtie une politique scientifique. Cela est particulièrement évident au moment du changement qui se produit au milieu des années 1970, quand la crise économique et ses conséquences sociales, la guerre du Sud-Est asiatique et le mouvement environnemental sapent profondément la confiance inconditionnelle dans le rôle de la science comme facteur déterminant pour créer le bien-être de l'humanité, ce qui avait été un présupposé fondamental des politiques des fondations américaines entre les années 1950 et le début des années 1970. Les experts de l'OCDE ont anticipé certains aspects de l'émergence des problématiques qui se sont imposées dans les années 1970.

VII. La politique de la science dans les années 1970

Déjà au moment de la troisième conférence des ministres de la Science, en mars 1968, King affirme que reste non résolu le problème de la définition d'une politique de la science en mesure d'assurer le juste équilibre entre recherche fondamentale et recherche appliquée. King s'appuie sur le rapport introductif, préparé par l'historien et sociologue des sciences Joseph Ben-David, qui met en évidence la difficulté à réformer des institutions comme les universités européennes, fières

---

[37] FFA, grant n° 74615, reel n° 3540, section 4, Jean-Jacques Salomon, lettre à M. Ruof, 4 février 1974, pp. 2-3.

d'une longue histoire et de traditions bien enracinées. Les ressources limitées assignées à la science posent des problèmes de choix. En l'absence d'une politique bien définie, les gouvernements nationaux apportent une solution à ce qu'ils considèrent comme le problème le plus urgent. Les programmes à long terme pour développer les points stratégiques de la production industrielle, ce qui constitue la priorité réelle, sont remis à plus tard. L'objectif visé par la création d'une politique de la science avait été détourné parce que les gouvernements s'étaient limités à créer des institutions nouvelles, plutôt que de réformer celles en place. Cette situation, brutalement dénoncée par les événements de mai 1968, est le début d'une crise profonde de l'idée qu'une politique de la science à long terme – une politique prenant en compte comme importantes les différences locales, régionales et nationales – aurait pu améliorer la situation des pays en voie de développement.

On pourrait soutenir, de ce qu'on vient de dire, que les travaux des années 1960 menés par les groupes d'entrepreneurs scientifiques dont on a parlé sont en avance sur les idées et les « certitudes » de leur temps. La crise de l'énergie de 1973 montrera l'importance des propositions faites dans les années 1960 par l'OCDE et développées lors de la collaboration avec la Fondation Ford. On peut aussi soutenir que les propositions faites sont pertinentes parce qu'ambivalentes et non malgré leur ambivalence. La confiance dans l'application de la science et de la technique aux solutions de problèmes sur de larges échelles, appuyée sur l'idée d'une *community of inquiry* se situant à la base des moyens d'action mis en place dans les programmes Ford-OCDE, est modérée par l'idée que le bien-être de l'humanité ne dépend pas uniquement de l'usage correct de la science et de la technique. Le financement Ford à l'OCDE sur le rôle des sciences sociales dans les prises de décision des gouvernements est révélateur d'une transition de l'importance excessive accordée à la politique de la science vers une conception de son rôle, plus subtil et plus complexe, selon laquelle elle émerge non comme un facteur isolé et externe mais comme une variable interne à un système de facteurs interdépendants. Une telle orientation nouvelle demande non seulement un degré plus élevé d'acceptation du principe que la rationalité scientifique n'a pas un caractère absolu, mais présente au contraire des limites et des conditionnements dus à la complexité sociale, mais aussi une participation plus vaste, tout comme un intérêt accru pour réaliser des politiques coordonnées. Il est significatif que dans le rapport *Science, Growth and Society, A New Perspective* (1974), on trouve des affirmations comme :

> Le système des États-Unis a accentué l'approche sectorielle, en allouant les ressources disponibles par secteurs dans leur ensemble, comme la défense, la santé, l'agriculture... Ce système est efficace dans des situations d'augmentation régulière des crédits et de relative stabilité des objectifs sur le

plan social. C'est pourquoi l'approche américaine est apparue alléchante jusqu'aux années 1966. D'autres pays de l'OECD ont eu tendance à accentuer une approche centralisatrice, schéma qui fonctionne mieux dans des conditions de ressources globales limitées, quand les objectifs sociaux sont mal définis et changent rapidement. Les nouveaux objectifs auxquels la science et la technique doivent faire face sont plus complexes et dépendent de plusieurs variables par rapport aux anciens buts, entremêlant aspects économiques, sociaux, culturels et psychologiques, tout comme ceux strictement techniques, avec un défi accru pour la politique de la science, qui ne peut plus se limiter au développement des sciences exactes et de l'ingénierie.[38]

La Fondation Ford et l'OCDE, malgré leurs stratégies indépendantes et des points de vue divers dans la phase de reconstruction, sont parvenues à trouver un terrain commun dans un contexte de transition systémique où les priorités changeaient en fonction des investissements dans la défense et la sécurité nationale, à la planification des ressources humaines et au pouvoir de l'information, laissant émerger la réforme du système de formation, les politiques environnementales, la technologie de l'information et l'analyse des systèmes comme des points essentiels d'intervention, dans un contexte international qui évoluait du bipolarisme à l'interdépendance. Somme toute, les financements de la Ford et de l'OCDE ont marqué une période de mutation allant de l'attention exclusive aux « conditions de paix » vers un intérêt plus général au sujet des stratégies propres du développement économique et social. Cette transition a produit une ré-élaboration du rôle des États-Unis, comme l'a affirmé un influent dirigeant de la Ford, Francis X. Sutton.

La société américaine a été considérée comme un modèle pour les pays industriellement avancés… Nous qualifions cela de supposition, parce qu'il n'y a pas eu encore de recherche approfondie sur ce thème. Les États-Unis sont encore considérés comme un 'modèle' par certains plus par une intuition que pour d'autres raisons. Aujourd'hui nous pouvons mettre en cause cette présupposition… Il paraît que l'on peut définir un modèle pour les sociétés industrielles actuelles qui ne coïncide pas nécessairement avec l'état présent de la société américaine.[39]

À partir de la deuxième moitié des années 1960, la contribution de la Fondation Ford dans la définition des orientations de la politique internationale a été marquée, de manière profonde, par un processus d'adaptation progressive aux politiques et aux contextes nationaux, plus que par l'application de modèles formels et de programmes normalisés, et

---

[38] Secretary General's *ad hoc* Group on New Concepts of Science Policy, *Science, Growth and Society, A New Perspective*, OECD, 1974, p. 92.

[39] FFA, rapport n° 004993, F.X. Sutton, *Conference on Foundation's Programs in Europe*, 24-25 février 1971, pp. 9-10.

cela dans le cadre des programmes européens comme dans ceux proposés pour le Tiers Monde, avec une forte concentration sur les stratégies de formation de compétences.

Conclusion

L'un des résultats de cette étude, qui n'est qu'une présentation partielle d'une recherche en cours, est d'avoir montré la complexité de l'évolution des organismes internationaux comme l'OECE-OCDE, dont les politiques ont subi une transformation évidente de la vision un peu réductrice de la productivité, dans le cadre de l'importation de modèles américains par le biais du plan Marshall, à un processus d'internationalisation du rôle des diverses formes de déclinaison du développement et de la nécessité, difficile à ne pas prendre en considération, de trouver des solutions aux problèmes des sociétés contemporaines différentes de celle consistant dans le simple transfert de modèles déjà formalisés. Dans cette perspective de transition, le principe central est qu'aucun changement à long terme, destiné à agir en profondeur dans l'articulation complexe entre développement technique et facteurs sociaux et culturels, ne peut être imposé sans prendre en compte des traditions et des pratiques bien ancrées et traduites dans des organisations et des institutions, supports nécessaires et non pas obstacles au changement dans le temps moyen et long. Dans ce contexte, la notion même d'américanisation change d'importance et apparaît plus comme une thématique imposée par le débat historiographique qui en a augmenté l'importance que comme un résultat de l'analyse historique. Signe de ce changement : à l'activisme de la Fondation Ford tendant à intervenir dans les politiques intérieures des années 1960 et 1970 se substitue l'abandon progressif de la tentative d'orienter les politiques nationales à l'étranger. L'analyse des formes de collaboration entre institutions internationales nous conduit à réfléchir au fait qu'américanisation et internationalisation sont deux phénomènes qui ne peuvent pas se rapporter l'un à l'autre. L'internationalisation des problématiques du développement et la recherche de solutions à des problèmes semblables ne sont pas synonymes d'adoption de modèles, même s'ils sont pris à des contextes plus avancés. Ainsi la tentative originelle de considérer le développement comme la diffusion de ce qui était considéré comme le modèle de référence parce que sorti victorieux de la guerre, s'est révélée une utopie quand, une fois terminé le cycle rapide de la reconstruction, émergent à nouveau les raisons imposées par le concret de la longue durée reliée à la nécessaire sédimentation des différences entre contextes nationaux, régionaux et locaux. Avec la crise du principe de la connexion automatique entre progrès technique et progrès socio-économique, la reconnaissance de la spécificité locale, dans le domaine politique, civil, social et religieux, les sciences humaines et sociales se sont imposées comme facteurs essentiels pour comprendre les résistances, mais aussi pour faciliter le changement. Cette orientation pose un problème essentiel : la formation et les stratégies de formation et de communication des connaissances. Il n'est pas possible de se servir des différences si on ne possède pas les bases communes et des connaissances transmissibles. Ainsi, pour les pays européens, relever le défi de l'autonomie à travers la diversité a signifié, avant tout, relever le défi du renouveau des systèmes de formation et de production des connaissances scientifiques et techniques.

Notre étude apporte une contribution pour mettre en valeur le rôle des organismes internationaux dans les phases de transitions significatives du dernier siècle. L'OCDE et les réseaux informels que ses experts ont contribué à créer, à la fin des années 1960, se présentent comme des lieux d'élaboration et d'internalisation de la problématique d'entrée en crise de points de vue acceptés et réifiés, plus que comme lieux d'élaboration de solutions universelles.

« Résistance et *confino* », réseaux de formation européenne

Le rôle des économistes italiens

Daniela PREDA

Università di Genova

En Italie, les premières réflexions sur les faiblesses de l'État national, tel qu'il s'était affirmé au cours du XIXe siècle, et sur la nécessité d'une unification du continent pour maîtriser une situation d'anarchie internationale, se firent jour tout de suite après la Première Guerre mondiale et d'abord dans les milieux économiques. Rien de plus compréhensible dans la mesure où le monde de l'économie et de la finance, très pragmatique, est naturellement porté à dépasser les frontières nationales dans la gestion de ses propres affaires.

En 1918, l'économiste libéral Luigi Einaudi[1] fut le premier à proposer l'unification de l'Europe sur des bases fédéralistes comme unique alternative à une unification hégémonique. Ayant analysé la crise de l'État national et ses répercussions sur le rapport entre les États, il avait critiqué la Société des Nations. Dans deux articles publiés par le *Corriere della Sera*[2], il présentait l'unité européenne comme une nécessité historique à la suite de l'unification économique du continent, réalisée dans le sillage de la révolution industrielle. Après la Deuxième Guerre mondiale, Einaudi, qui avait réfléchi sur la création de l'ONU et s'était

---

[1] U. Morelli, *Contro il mito dello Stato sovrano. Luigi Einaudi e l'unità europea*, Milan, Angeli, 1990 ; C. Cressati, *L'Europa necessaria. Il federalismo liberale di Luigi Einaudi*, Turin, Giappichelli, 1992.

[2] L. Einaudi, « La Società delle Nazioni è un ideale possibile ? », in *Corriere della Sera*, 5 janvier 1918 ; *id.*, « Il dogma della sovranità e l'idea della Società delle Nazioni », in *Corriere della Sera*, 28 décembre 1918. Les essais fédéralistes d'Einaudi sont recueillis dans le livre de L. Einaudi, *La guerra e l'unità europea*, Milan, Comunità, 1948 (dernière éd. Bologne, Il Mulino, 1986). Voir aussi N. Bobbio, « Luigi Einaudi federalista », in C. Malandrino (ed.), *Alle origini dell'europeismo in Piemonte. La crisi del primo dopoguerra, la cultura politica piemontese e il problema dell'unità europea*, Turin, Fondation Luigi Einaudi, 1993, pp. 17-32.

interrogé sur le pacifisme, allait affirmer que la paix ne dépend pas de la bonne volonté des États, mais bien d'une organisation politique précise, du transfert des souverainetés étatiques à un nouvel organe, de l'existence d'un État, et donc de la création des États-Unis d'Europe.

Attilio Cabiati, enseignant et collaborateur d'Einaudi, pourtant méconnu, fut à son tour l'un des plus importants précurseurs de la lutte contre la souveraineté étatique absolue. Spécialiste de problèmes économiques internationaux, il avait écrit avec le fondateur de Fiat, Giovanni Agnelli, un livre intitulé *Fédération européenne ou Ligue des Nations ?*[3] dans lequel il critiquait la création de la Société des Nations. C'était en 1918, au moment même où triomphait l'internationalisme suscité par les idées de Wilson. Entre les deux guerres Cabiati enseignait à Gênes, à l'Institut supérieur de Sciences économiques et commerciales. Carlo Rosselli[4] y enseigna aussi pendant une brève période entre 1924 et 1926. Rosselli avait élaboré une vision fédéraliste de la société sur le plan national au milieu des années 1930. Cette forte conviction, née dans un contexte notamment marqué par la montée du nazisme, la guerre d'Éthiopie, mais encore et surtout par la crainte d'un nouveau conflit européen, l'avait poussé à souhaiter la création des États-Unis d'Europe. La pensée fédéraliste des deux enseignants d'économie, faisant écho aux questions posées au même moment dans les milieux mazziniens, à la Casa Mazzini et à la Bibliothèque du Risorgimento, toutes deux dirigées par Arturo Codignola, alimentera à Gênes le débat sur le thème de la Jeune Europe de Mazzini et des États-Unis d'Europe de Cattaneo. C'était désormais le signe tangible d'un approfondissement théorique qui allait déboucher vers la recherche de solutions politiques.

Entre les deux guerres, les quelques voix favorables à l'unification européenne émergent et se développent progressivement surtout dans les milieux antifascistes, c'est-à-dire chez des personnes qui allaient participer à la Résistance et ensuite être protagonistes de la reconstruction. Là encore, les milieux économiques vont se distinguer par la lucidité de leurs analyses, la cohérence de leurs propositions et la construction de véritables réseaux.

C'est notamment à Milan que va se développer le thème de l'unification européenne. Dans cette période, Milan est en effet un carrefour d'initiatives, d'expériences nouvelles qui allaient fortifier, à travers la

---

[3]   G. Agnelli et A. Cabiati, *Fédération européenne ou Ligue des Nations ?*, Turin, Bocca, 1918 (dernière édition Pordenone, Studio Tesi, 1995, avant-propos de M. Monti). Voir aussi V. Castronovo, « La prospettiva europeistica di Agnelli e Cabiati », in *Alle origini dell'europeismo in Piemonte, op. cit.*, pp. 57-71.

[4]   C. Malandrino, *Socialismo e libertà. Autonomie, federalismo, Europa da Rosselli a Silone*, Milan, Angeli, 1990 ; S. Merli, *I socialisti, la guerra, la nuova Europa*, Milan, Fondation Anna Kuliscioff, 1993.

lutte contre le nationalisme, une même perspective européiste. Il y avait là par exemple un Comité lombard d'action guelfe, créé en 1928 par Piero Malvestiti (le futur président de la CECA), Edoardo Clerici, l'industriel Enrico Falck (ancien étudiant de l'Université catholique), qui allait fusionner en 1942 avec les démocrates chrétiens[5]. C'est Falck qui financera en 1931, pour les quarante ans de *Rerum Novarum*, la diffusion de 20 000 textes de l'encyclique de Léon XIII qui aborde le problème du rapport entre christianisme et monde du travail. Pendant la guerre, Falck gardera des liens étroits avec le CLN, alors que son frère, Giovanni, futur trésorier de la Démocratie chrétienne, sera emprisonné à San Vittore, en décembre 1943. Les aciéries Falck seront une référence importante pour la Résistance armée. Malvestiti, Malavasi et Falck seront, en 1943, parmi les auteurs du *Programme de Milan*, le programme de la DC, à l'intérieur duquel on demandait la création d'une Fédération des États européens dans le cadre d'une Société des Nations renouvelée[6].

C'est toujours à Milan, entre les deux guerres, que Ferruccio Parri[7] avait collaboré à *Il Caffè* de Riccardo Bauer et Piero Gobetti (dont le premier numéro remonte à juillet 1924), avec Tommaso Gallarati Scotti, Giovanni Mira, etc., ainsi qu'à la rédaction milanaise du *Non Mollare*, en compagnie d'Ernesto Rossi et de Bauer. En ce temps-là, Parri collaborait aussi au *Corriere della Sera*. Il l'abandonna à la fin de 1925, quand les Albertini furent obligés de vendre leurs parts aux Crespi[8], de même que Einaudi et le rédacteur en chef Alberto Tarchiani[9], Carlo Sforza, Augusto Monti et Mario Borsa. Depuis le mois de février 1933, sur une indication de son ami Giorgio Mortara, professeur de Statistique et d'Économie à l'Université de Milan et à l'Université « Bocconi » et

---

[5] C. Brezzi, « Il gruppo guelfo tra gerarchia ecclesiastica e regime fascista », in P. Scoppola et F. Traniello (eds.), *I cattolici tra fascismo e democrazia*, Bologne, Il Mulino, 1975 ; G. Malavasi, *L'antifascismo cattolico, il movimento guelfo d'azione (1928-1948)*, Rome, Lavoro, 1982.

[6] « Il Programma di Milano della Democrazia Cristiana », in *Atti e Documenti della Democrazia Cristiana 1943-1959*, Rome, Cinque Lune, 1959, pp. 12-15 ; K. Voigt, « Ideas of the Italian Resistance on the Postwar Order in Europe », in W. Lipgens (ed.), *Documents on the History of European Integration*, I, *Continental Plans for European Union 1939-1945*, Berlin-New York, De Gruyter, 1985, pp. 456-555.

[7] Malgré son importance, il manque encore aujourd'hui une étude approfondie de l'européisme de Ferruccio Parri. F. Parri, *Scritti 1915-1975*, sous la direction de E. Collotti, G. Rochat, G. Solaro Pelazza et P. Speziale, Milan, Feltrinelli, 1976 ; *Il nostro Parri*, Vicenza, Neri Pozza, 1983 ; *Ferruccio Parri : sessant'anni di storia italiana*, Bari, De Donato, 1983 ; *Il governo Parri*, Rome, FIAP, 1995 ; A. Aniasi, *Parri : l'avventura umana, militare, politica di Maurizio*, Turin, ERI, 1991.

[8] Collaborateur du *Corriere della Sera* de Luigi Albertini à partir de janvier 1922, Parri s'était transféré à Milan où il enseignait au lycée « Parini ».

[9] Tarchiani est ambassadeur de l'Italie à Washington de 1945 à 1955.

directeur de la revue *Perspectives économiques*, Parri, qui avait dirigé pendant la guerre le Bureau statistique du Commandement suprême, est appelé à travailler pour Edison par le président Giacinto Motta, d'abord en qualité de collaborateur extérieur et ensuite, à partir de décembre 1934, comme employé du Bureau d'Études de Foro Buonaparte[10]. Pour la Société Edison, Parri s'occupe d'études d'économie internationale ; il écrit des articles et des comptes rendus pour le *Giornale degli economisti* et pour la *Rivista di statistica* dirigée par Mortara. En 1937, il devient cadre à la section économique du Bureau d'études.

À la même époque, Ugo la Malfa, appelé par Mattioli, travaillait au Bureau d'Études de la Banca Commerciale Italiana, place de la Scala. Parri et La Malfa ne seront pas seulement parmi les fondateurs, avec Adolfo Tino, du Parti d'Action (PdA), mais aussi parmi les plus convaincus européistes après la Deuxième Guerre mondiale[11]. C'est d'ailleurs dans un coffre-fort de la Banca Commerciale que sont conservés les textes préparatoires du programme du PdA. À Milan, l'appartement de l'antifasciste et européiste Riccardo Bauer, piazzale Cadorna, se trouvait à quelques mètres du bureau de Parri chez Edison. Les rencontres et les échanges étaient fréquents, les deux hommes nourrissant le même intérêt pour les études économiques. Luciano Bolis[12], qui a été l'un des plus fervents fédéralistes européens dans l'après-guerre, rencontrera lui aussi plusieurs fois La Malfa à Milan entre la fin des années 1930 et le début des années 1940. Parri est un partisan convaincu du caractère européen de la Résistance. On combat – pensait-il – pour libérer l'Italie, mais aussi pour libérer l'Europe des envahisseurs, pour abattre le fascisme et le nazisme.

Dans plusieurs villes et régions italiennes il y a à l'époque de la Résistance une floraison d'idées et d'écrits en faveur de l'unité euro-

---

[10]   L. Lenti, « Gli anni della Edison. Lo studio e il lavoro » et A. Scalpelli, « Gli anni della Edison. Dal fascicolo personale », in F. Parri (ed.), *La coscienza della democrazia*, Milan, Mazzotta, 1985.

[11]   La Malfa s'était réfugié en Suisse en 1943, alors que Parri avait quitté Edison pour entrer dans la clandestinité en février 1944. Fait prisonnier en décembre 1944, il sera relâché en mars 1945, se réfugiant lui aussi en Suisse, d'où il rentrera pendant la nuit de la Libération de l'Italie. Sur La Malfa voir : U. La Malfa, *Scritti 1925-1953*, sous la direction de G. Tartaglia, Milan, Mondadori, 1988 ; *id.*, *Discorsi parlamentari 1946-1978*, 2 vol., Rome, Chambre des Députés, 1986 ; *Contro l'Europa di De Gaulle. Ugo la Malfa, scritti e discorsi*, sous la direction de A. Battaglia, Milan, Comunità, 1964 ; *Ugo la Malfa : un democratico per l'Europa*, Florence, La Critica Politica 1984 ; P.J. Cook, *Ugo La Malfa*, Bologne, Il Mulino, 1999 ; P. Soddu, *Ugo La Malfa dall'antifascismo alla repubblica : la formazione e la lotta al Regime*, Annales de l'Institut Ugo La Malfa, vol. I, 1985, pp. 409-496.

[12]   D. Preda et C. Rognoni Vercelli (eds.), *Dalla Resistenza all'Europa. Il mondo di Luciano Bolis*, Pavie, Tipografia Commerciale Pavese, 2001.

péenne. L'historiographie n'a pas encore étudié tous ces milieux. Mais on peut rappeler ici, parmi d'autres, les récentes études sur le milieu génois[13], où l'on rencontre des antifascistes européistes tels que Paolo Emilio Taviani, Carlo Russo, Luciano Bolis. En particulier, Taviani[14], démocrate-chrétien, était professeur d'Histoire des doctrines économiques à l'Université de Gênes et représentant de la DC au sein du CLN régional ligure pendant toute la période de la Résistance. L'attention à l'égard des thèmes internationaux et européens s'affinait chez Taviani précisément à l'époque de la Résistance, à travers le contact qu'il avait avec des représentants démocrates-chrétiens de formation différente de la sienne, aussi bien au niveau national qu'au niveau local (De Bernardis, Pertusio, Russo, Bo), mais aussi avec des membres du CLN ligure qui appartenaient au monde laïc, libéral et aussi au Parti d'Action qui était loin d'être étranger à la culture européiste. Il suffit de penser par exemple aux économistes libéraux Francesco Manzitti et Bruno Minoletti, aux membres du PdA Lino Marchisio et Leopoldo Di Renzo, au socialiste Alfredo Poggi.

L'arrivée imminente de la Deuxième Guerre mondiale va jouer le rôle d'accélérateur du processus en cours, va encourager la recherche de solutions originales et immédiatement applicables au nouveau contexte européen.

Ce sont les milieux de l'économie, en précurseurs, qui jetteront les bases de toute une série de réflexions aboutissant à la rédaction en 1941, par Altiero Spinelli, Ernesto Rossi et Eugenio Colorni, du *Manifesto di Ventotene*, le document le plus important du *confino* sur le thème de l'unification européenne, et aboutissant aussi à la constitution en 1943, à Milan, chez Mario Alberto Rollier[15], du Mouvement fédéraliste européen (MFE), le mouvement qui dans l'après-guerre se trouvera au cœur de la lutte pour l'unification de l'Europe.

Le fait que le fédéralisme italien dérive des idées d'Einaudi et de la pensée des fédéralistes britanniques de l'entre-deux-guerres est largement reconnu. Les réflexions d'Einaudi exerçaient en effet une forte

---

[13] Sur la diffusion des idées d'unification européenne au sein de la résistance ligure cf. G. Levi, *L'origine del federalismo europeo organizzato a Genova e in Liguria. Dalla Resistenza alla Petizione per il Patto di Unione federale dell'Europa (1943-1950)*, Gênes, ECIG, 2000.

[14] D. Preda, « L'Europa di Paolo Emilio Taviani. Dalla Resistenza ai Trattati di Roma (1944-1957) », in D. Preda et G. Levi (eds.), *L'europeismo in Liguria. Dal Risorgimento all'avvio della Comunità europea*, Bologne, Il Mulino, 2002.

[15] C. Rognoni Vercelli, *Mario Alberto Rollier. Un valdese federalista*, Milan, Jaca Book, 1991.

influence sur Altiero Spinelli et Ernesto Rossi[16]. C'est ce dernier, économiste, élève d'Einaudi, qui sensibilisera pendant l'exil commun à
Ventotene Altiero Spinelli aux thématiques du fédéralisme. Pouvant
correspondre avec Einaudi, Rossi demanda au maître[17] quelques suggestions bibliographiques au sujet de la faiblesse de la Société des Nations
et de la construction d'un nouvel ordre international. Einaudi lui proposa
de lire les fédéralistes britanniques de l'entre-deux-guerres, et il lui
conseilla en particulier certains écrits, parmi lesquels *The Economic
Causes of War* de Lionel Robbins[18], professeur d'Économie à la London
School of Economics and Political Science. Également auteur du livre
Economic Planning and International Order[19], Robbins montrait qu'il
existait dans le domaine économique les mêmes contradictions qui
caractérisaient le processus historique du point de vue politique. Le
monde économique, lui aussi, avait eu sa période d'anarchie indivi-
dualiste avant que ne soit fondé l'État ; le monde économique se trouvait, lui aussi, face à la nécessité de résoudre une nouvelle situation
anarchique qui s'était développée non pas entre des individus mais entre
des États, une situation d'autant plus dangereuse qu'augmentait l'interdépendance économique et sociale au niveau mondial. Le désordre
causé par l'existence de plans étatiques hétérogènes devait être jugulé
– selon Robbins – grâce à la création d'un plan économique international, impossible faute d'un pouvoir politique international, c'est-à-dire
d'une fédération.

---

[16] Rossi (1897-1967) était, avec les frères Rosselli, le protégé de Salvemini. Avant son
arrestation en 1930, il avait été le fondateur et l'âme du mouvement *Giustizia e
Libertà*. Il rencontra Spinelli à Ventotene, où il sera relégué de 1939 à 1943. Il entra
dans le Parti d'Action et après la guerre devint sous-secrétaire pour la Reconstruction
dans le gouvernement Parri en 1945. A. Braga, *Un federalista giacobino. Ernesto
Rossi negli anni di guerra fra Ventotene e l'esilio svizzero (1939-1945). Per una bio-
grafia politica*, thèse de doctorat en « Histoire du fédéralisme et de l'unité européenne », Pavie, a.a. 1995-96 ; *id.*, « La collaborazione con Ernesto Rossi nel lavoro
di organizzazione e propaganda del MFE in Svizzera », in *Dalla Resistenza all'Europa. Il mondo di Luciano Bolis, op. cit.*, pp. 93-136.

[17] Sur les rapports entre Einaudi et Rossi, cf. G. Busino et S. Martinotti Dorigo (eds.),
Luigi Einaudi-Ernesto Rossi. Carteggio (1925-1961), Tourin, Einaudi, 1988.

[18] L. Robbins, *The Economic Causes of War*, Londres, Jonathan Cape, 1939.

[19] *Id.*, *Economic Planning and International Order*, Londres, Macmillan and Co., 1937.
Voir aussi *id.*, *Il federalismo e l'ordine economico internazionale*, Bologne, Il
Mulino, 1985 (il s'agit d'un recueil d'articles fédéralistes de Robbins traduits en
italien) ; D. Preda, « Le débat fédéraliste dans le Royaume-Uni entre les deux
guerres », in A. Bosco (ed.), *The Federal Idea*, I, *The History of Federalism from the
Enlightenment to 1945*, Londres, Lothian Foundation Press, 1991, pp. 273-290.

Einaudi était également en contact avec le fédéraliste William Rappard[20], directeur de l'Institut des hautes Études internationales de Genève. On comprend ainsi que, pendant son exil à Ventotene, Rossi ait lu le livre de Rappard *Uniting Europe : the trend of international cooperation since the war.*

Dès 1941, les idées fédéralistes commençaient à circuler dans les milieux antifascistes et dans les milieux de la Résistance[21]. Souvent engagés côte à côte dans une lutte commune contre les adversaires nazis et fascistes, nombreux furent ceux qui s'unirent au-delà des frontières, non seulement pour coordonner leur action militaire mais aussi pour planifier la construction d'une fédération d'États européens, ceci dans le but de garantir paix et aisance sur le continent. Le dessein pour la fédération européenne, qui paraissait utopique quelques mois auparavant, commençait alors à se concrétiser dans des formules institutionnelles de plus en plus précises, à entrer dans un véritable processus politique. C'était dans chaque pays une floraison d'initiatives et d'écrits qui dévoilaient le projet d'une Europe fédérée, des États-Unis d'Europe, vision nouvelle qui enrichissait la Résistance d'une perspective historique de longue durée.

Mais c'est surtout en Suisse que se répandirent les idées fédéralistes. La Suisse devient non seulement « terre d'asile »[22] pour ceux qui fuyaient les régimes dictatoriaux mais aussi le berceau de la nouvelle Europe. La Suisse était toute indiquée pour le développement d'une action immédiate non seulement grâce à la liberté dont elle jouissait, mais aussi parce qu'elle avait su accueillir les instances d'une Europe inquiète et désireuse d'un nouvel avenir. La Suisse, libre, nourrissait déjà l'idée de l'unité européenne comme réponse aux problèmes de l'après-guerre. Le territoire helvétique, politiquement une fédération qui joint un certain nombre de nations, préfigurait à sa façon l'Europe de demain. C'est là que se préparaient les générations qui allaient s'engager au lendemain de la guerre pour l'union européenne et, avec elle, pour la renaissance démocratique de l'Europe. L'exil même allait nouer des

---

[20] Il existait un rapport d'amitié entre Einaudi et Rappard comme en témoignent quelques lettres écrites en 1943 par Einaudi depuis son exil à l'*Orphelinat* suisse. Parmi les œuvres les plus importantes de Rappard, il faut mentionner *Uniting Europe*, New Haven 1930 ; *The Geneva Experiment*, Londres, 1931 ; *The Crisis of Democracy*, Chicago, 1938 ; *La costituzione federale della Svizzera*, Locarno, Arti Grafiche Carminati, 1948 (éd. originale française *La Constitution fédérale de la Suisse 1848-1948 : ses origines, son élaboration et son évolution*, Neuchâtel, La Baconnière, 1948).

[21] Sur ce sujet, voir K. Voigt, *Ideas of the Italian Resistance, op. cit.*

[22] Selon l'image utilisée par R. Broggini, *Terra d'asilo. I rifugiati italiani in Svizzera 1943-1945*, Bologne, Il Mulino, 1993.

liens profonds entre les réfugiés et favoriser l'émergence d'idées originales pour de nouveaux scénarios.

Il n'y a donc rien de fortuit si c'est précisément dans ce pays, carrefour européen par excellence, qu'allaient se tisser les premiers liens entre européistes. Les Italiens en particulier allaient construire de véritables réseaux. C'est en Suisse qu'Ernesto Rossi et Altiero Spinelli devinrent d'importants divulgateurs de l'idéal européen fédéraliste. Ils firent tous deux œuvre de prosélytisme en faveur du Mouvement fédéraliste européen. « Tels des pêcheurs sur la rive d'un fleuve », rappelle Spinelli, « nous commençâmes par jeter nos hameçons pour pêcher les fédéralistes européens vivant dans les eaux suisses, dont nous connaissions désormais l'existence »[23]. Rossi fut d'abord un lecteur assidu de la bibliothèque de Lugano, et le devint ensuite de celles de Genève et de Berne qui répondaient mieux à sa volonté d'approfondir ses connaissances en matière économique et à sa passion pour les classiques du fédéralisme. Son autorité personnelle permit au Mouvement fédéraliste de nouer d'importantes relations avec des forces politiques et des milieux culturels reconnus surtout à Genève, ville cosmopolite, où opérait aussi Massimo Olivetti, le frère d'Adriano.

En février 1944 avait gagné la Suisse l'industriel Adriano Olivetti, qui avait été arrêté en Italie pour avoir imaginé un « État fédératif sur une base chrétienne et sociale »[24] et qui avait ensuite été relâché. Sur le territoire helvétique, Olivetti établit des contacts avec Einaudi, il fit la connaissance de Silone[25], Reale[26], Rossi, Spinelli, il rencontra ses jeunes collaborateurs Giorgio Fuà, Luciano Foà et Alberto Zevi. Il défendait un fédéralisme « global », différent de celui de Rossi et Spinelli, plus proche du fédéralisme proudhonien qu'hamiltonien. C'est en Suisse qu'Olivetti écrivit son livre le plus achevé sur la pensée fédéraliste, *L'ordine politico delle Comunità.*

En Suisse s'était encore réfugié Alberto Damiani, directeur commercial de la société Marelli, coordinateur du Parti d'Action et fiduciaire de Parri. En Suisse s'était réfugié aussi, depuis décembre 1943 le duc Tommaso Gallarati Scotti. Écrivain milanais libéral, il arrivait à réunir, à harmoniser les meilleurs éléments des différents groupes dans lesquels il

---

[23] A. Spinelli, *Come ho tentato di diventare saggio. La goccia e la roccia*, sous la direction d'E. Paolini, Bologne, Il Mulino, 1987, p. 59. Jacini, Reale, Bolis s'intéresseront tôt au Mouvement.

[24] R. Broggini, *Terra d'asilo, op. cit.*, p. 107.

[25] Sur l'exil de Silone en Suisse cf. E. Signori, « Silone nell'esilio svizzero », in *Nuova Antologia*, octobre-décembre 1979.

[26] Sur l'exil suisse de Reale voir A. Zanetti, « L'esilio ginevrino » et H. Ziegler, « Egidio Reale a Ginevra », in *Egidio Reale e il suo tempo*, Florence, La Nuova Italia, 1961, pp. 107-148.

évoluait ; il collaborait à l'hebdomadaire *L'Italia e il suo secondo Risorgimento* d'inspiration einaudienne. Après la Deuxième Guerre mondiale, Gallarati Scotti allait être pendant longtemps le président de la Foire de Milan (Fiera Campionaria) qui avait, selon lui, le mérite d'avoir joué un rôle de précurseur de l'esprit d'intégration dans le domaine économique qui allait devenir vital pour le Marché commun européen[27].

Les réfugiés italiens reçurent une aide précieuse de la part des Italiens qui résidaient déjà en Suisse. Parmi ceux-ci, Bruno Caizzi, nommé en 1936 professeur de l'École supérieure de Commerce de Bellinzona, avait noué des rapports étroits avec les milieux antifascistes milanais ; il était ami de Colorni et était en contact avec Ugo La Malfa par l'entremise du vice-consul de Lugano, Filippo Caracciolo. L'idée fédéraliste essaima dans la Suisse italienne, d'abord à Bellinzona, où Caizzi avait offert son aide à la famille Spinelli. C'est à cette époque que Teresa, la femme de Bruno Caizzi, découvrit le Mouvement fédéraliste auquel elle allait se consacrer en devenant présidente de la section milanaise.

Entre novembre 1943 et juin 1944, les réfugiés arrivèrent à organiser un cycle de conférences intitulées *Leçons de droit et d'économie*[28] auxquelles participèrent des rapporteurs tels que Luzzatto, Jacini, Rossi, Spinelli, Carnelutti, Tino. Le duc Tommaso Gallarati Scotti y collabora lui aussi.

Après la Deuxième Guerre mondiale, ces réseaux économiques, protagonistes de l'antifascisme, de la Résistance et du *confino*, allaient construire à côté des milieux politiques une Europe nouvelle.

---

[27] Gallarati Scotti entretenait une correspondance épistolaire avec Einaudi, Spinelli, Gasparotto, Vigorelli, Ettore Janni.

[28] Parmi les autres leçons, rappelons celles de Gioacchino Malavasi sur les autonomies locales ; Enrico Giussani, sur le redressement monétaire de l'après-guerre ; Edoardo Clerici ; Ernesto Rossi, sur l'abolition de la misère ; Degli Occhi sur la réforme de la Société des Nations ; Malvestiti, sur les rapports entre Église et État ; Pera, sur le problème des communications de l'après-guerre ; Luigi Battisti, sur les trusts et les monopoles industriels en Italie ; Lucio Luzzatto, sur les problèmes économiques de l'Italie méridionale ; Gasparotto, sur le problème des nationalités dans la nouvelle organisation européenne ; Spinelli, sur la Fédération européenne ; Dino Roberto, sur le Plan Beveridge. Rappelons en outre les communications sur le droit et l'économie de Rossi (*Le système scolaire*), Canevascini (*Pratique des institutions suisses*), Reale (*L'expérience de la Société des Nations*), Luigi Ansbacher (*La politique des traités de commerce de l'après-guerre*), Giussani (*Le passage de l'économie de guerre à l'économie de paix* ainsi que *Vie et pensée de Carlo Rosselli*). Par contre, la leçon attendue d'Einaudi consacrée à la réforme du droit fiscal fut annulée en raison de coûts de voyage trop onéreux. Pour la liste complète des conférences, voir R. Broggini, *Terra d'asilo, op. cit.*, pp. 297-298.

On peut donner quelques exemples. Einaudi, élu président de la République en mai 1948, même s'il ne militait pas activement dans les rangs fédéralistes, allait soutenir toutes les initiatives du MFE. En 1945, en réponse à une lettre de Spinelli, il expliquait ce que devait être, à son avis, la structure fédérale interne de la nouvelle Italie[29] ; il participa à la manifestation organisée par Rossi au Théâtre Eliseo de Rome en octobre 1947[30] ; en novembre 1948, il ouvrait à Rome, en présence du président du Conseil De Gasperi et du ministre des Affaires étrangères Sforza, le deuxième congrès de l'Union européenne des fédéralistes[31] avec un discours, diffusé à la radio[32], clairement fédéraliste ; il souscrivait à Rome au Théâtre Sistina, le 4 novembre 1950, une pétition adressée à l'Assemblée consultative du Conseil de l'Europe demandant un Pacte d'Union fédérale européenne[33] ; il s'insérait dans le débat sur la CED en produisant des articles qui prônaient la création d'un budget commun de la Communauté et la création d'une Assemblée européenne[34].

Parri et La Malfa allaient devenir à leur tour des protagonistes importants du démarrage du processus d'intégration continentale, en participant activement aux conférences et réunions fédéralistes et européistes qui se multiplièrent en Europe à partir de la fin de 1947.

En juin 1945, Parri deviendra, pendant un semestre, président du Conseil, et sera membre du Parlement jusqu'en 1953[35]. Favorable à l'en-

---

[29] La lettre de Spinelli du 10 novembre 1944 et la réponse d'Einaudi du 15 novembre sont publiées in *Luigi Einaudi-Ernesto Rossi. Carteggio (1925-1961), op. cit.,* pp. 178-184. Voir aussi L.V. Majocchi, « L'importanza delle autonomie locali nel pensiero di Spinelli ed Einaudi », in *I Temi,* III, 1997, n° 11, pp. 63-70.

[30] Les interventions des orateurs à la manifestation – Einaudi, Calamandrei, Salvemini, Parri, Silone, Rossi – ont été publiées dans le livre *Europa federata,* Milan, Comunità, 1947.

[31] L'allocution prononcée à cette occasion, dans laquelle Einaudi faisait référence à l'article 11, rappelait que la Constitution prévoyait déjà l'insertion de l'Italie dans une union fédérale ; elle est intégralement publiée in *La Voce repubblicana,* XXVIII, 1948, n° 265, et se trouve dans les Archives nationales (ACS), papiers Parri, b. 54.

[32] Il s'agissait d'une émission consacrée à la section italienne du MFE. Cf. ACS, papiers Parri, b. 57.

[33] U. Morelli, « La Campagna per il Patto di Unione federale europea (1949-1951) », in S. Pistone (ed.), *I movimenti per l'unità europea 1945-1954,* Milan, Jaca Book, 1992, pp. 343-366.

[34] L. Einaudi, « Su un eventuale esercito europeo », in *id., Lo scrittoio del Presidente,* Turin, G. Einaudi, 1956, pp. 56-58. En parlant de la CED en 1954, Einaudi avait exhorté à ne pas commettre « l'erreur de ne pas savoir saisir l'occasion ». Cf. « Sul tempo della ratifica della CED », in *ibid.,* p. 89.

[35] Ayant quitté le Parti d'Action en février 1946, il avait publié avec La Malfa le manifeste d'un nouveau mouvement, le Mouvement démocratique républicain, qui allait ensuite se fondre dans le Parti Républicain (PRI).

trée de l'Italie dans l'OTAN, il considérait l'Europe unie comme la seule alternative possible à l'adhésion à l'un des deux blocs opposés. En septembre 1948, il était à la tête de la délégation italienne au congrès de l'Union parlementaire européenne de Coudenhove-Kalergi. En 1949 il est nommé membre de l'Assemblée consultative du Conseil de l'Europe, rôle qui lui sera confirmé en 1951. Il collaborera activement, au moins jusqu'en 1958, avec l'Institut pour les études d'économie (ISE), à l'intérieur duquel il approfondira ses recherches et s'engagera à divulguer la littérature de spécialisation. Lorsque l'Institut est créé en février 1946, Einaudi est élu président honoraire et Parri président effectif. Parri se consacrera tout particulièrement à l'hebdomadaire *Mondo economico*, réalisation de son rêve d'une revue économique, dont il parlait à Valiani en Suisse dès 1943. Après les élections du 18 avril 1948, Parri devenait président du groupe parlementaire italien pour l'Union européenne au Sénat, alors que Enzo Giacchero[36], résistant du Piemonte, devenait de son côté président du Groupe à la Chambre des députés. C'est précisément ce groupe qui permettra l'affirmation au sein du Parlement italien d'une ligne tout à fait favorable à l'unification européenne sur une base fédérale. Entre 1948 et 1954, ce groupe présentait à la Chambre et au Sénat une série de motions et d'ordres du jour fédéralistes qui étaient approuvés à une large majorité.

À son tour, La Malfa, républicain, ministre pendant plusieurs années[37], faisait preuve de fédéralisme. Il était présent à la réunion du conseil international du Mouvement européen à Bruxelles, en février 1949, et il se battait à l'intérieur de l'Assemblée consultative du Conseil d'Europe afin que l'Assemblée fût obligatoirement consultée sur tout projet ou mesure gouvernementale concernant l'Europe[38]. Cette action allait appuyer l'initiative parallèle de Spinelli guidée par de nombreux délégués italiens à l'Assemblée consultative, en faveur de la transformation de l'Assemblée elle-même en Constituante européenne. Tout le monde n'était pas d'accord avec La Malfa, parce que sa proposition allait multiplier le nombre des consultations de l'Assemblée, alors que le

---

[36] A. Canavero, « Enzo Giacchero dall'europeismo al federalismo », in S. Pistone et C. Malandrino (eds.), *Europeismo e federalismo in Piemonte tra le due guerre mondiali, la Reistenza e i Trattati di Roma (1957)*, Florence, Leo Olschki, 1999, pp. 175-193.

[37] Dans le sixième et le septième cabinet De Gasperi (1950-1951), La Malfa est ministre du Commerce extérieur et favorise la libération des échanges, à travers l'abolition de nombreux taux douaniers.

[38] Le problème avait été abordé à plusieurs reprises à partir de novembre 1949 aussi bien à l'intérieur de la Commission permanente que de l'Assemblée elle-même. Cf. mémorandum sur la discussion qui avait eu lieu entre les représentants italiens le soir du 20 novembre 1950, in Archives Benvenuti, Crema, « Varie Europa », f. 1.

véritable problème à résoudre était de modifier le caractère simplement consultatif de l'Assemblée en lui donnant des pouvoirs réels[39].

Paolo Emilio Taviani sera nommé Président de la délégation italienne à la Conférence de Paris pour la CECA et président de la délégation italienne à la Conférence de Paris pour la CED. Sa vision de l'Europe entre la fin des années 1940 et le début des années 1950 était clairement fédéraliste. Devenu sous-secrétaire aux Affaires étrangères en automne 1951, il était remplacé à la tête de la délégation italienne à la Conférence pour la CED par Ivan Matteo Lombardo. Il sera ensuite ministre plusieurs fois, la première sous le dernier cabinet De Gasperi.

Ivan Matteo Lombardo, ministre de l'Industrie (mai 1948-novembre 1949) et du Commerce extérieur (janvier 1950-avril 1951), partageait les convictions d'Einaudi et défendait dans les milieux économiques la cause du Plan Schuman, en soutenant qu'il fallait réduire les coûts dans un marché commun grâce à la division du travail et à la spécialisation, quitte à éliminer des activités jusqu'alors protégées[40]. Lombardo faisait partie du petit groupe laïc social-démocrate, l'une des élites minoritaires qui eurent tant de poids sur les orientations de la politique étrangère italienne après la Deuxième Guerre mondiale. Fédéraliste de longue date, devenu président de la délégation italienne pour la CED, il avait rompu en octobre 1951 avec l'attitude prudente tenue jusqu'alors par la délégation, en demandant de poser les bases d'une Communauté politique européenne[41].

Les réactions des milieux économiques à l'égard de la mise en place des Communautés n'étaient pas homogènes. Le plan Schuman suscita des réactions mitigées et parfois franchement négatives[42]. On connaît bien les critiques de Falck : il craignait que la nouvelle Communauté ne comportât des interventions de programmation excessives, opinion partagée par la Confindustria, le patronat industriel, et en particulier par l'association des industriels sidérurgiques, l'Assider. Dès le début et tout au long des réunions parlementaires, la principale critique adressée au Plan concernait son aspect dirigiste, caractéristique de la ligne de planification de Monnet. Selon l'acception libérale proprement dite – on

---

[39]   *Ibid.*

[40]   Cf. par exemple, le discours au Conseil économique provincial, in *Vita camerale, Studi e statistiche*, novembre 1950.

[41]   D. Preda, « De Gasperi, Spinelli e l'art. 38 della CED », in *Il Politico*, LIV, 1989, n° 4, pp. 575-595.

[42]   E. Decleva, « Gli ambienti economici milanesi e le origini della CECA », in K. Schwabe (ed.), *Die Anfänge des Schuman-Plans 1950-1951*, Baden Baden, Nomos Verlag, 1988, pp. 381-398 ; *id.*, « Gli ambienti economici milanesi e il Piano Schuman (1950-1952) », in *Archivio storico lombardo*, CLI, 1986, pp. 260-280.

Daniela Preda

pense aux critiques de Falck[43] et des milieux libre-échangistes, notamment de l'industrie textile et de la mécanique légère – il paraissait difficile d'expliquer pourquoi, afin d'éviter la création de cartels, on devait recourir à la création d'une Communauté qui se présentait en fait comme une sorte de super-cartel.

Au contraire, le journal *Mondo Economico* soutint chaleureusement le plan Schuman et la CECA, en les plaçant dans le vaste contexte de la perspective européenne sans jamais vouloir limiter leur action à leurs purs aspects économiques. Il était placé sous l'égide de l'ISE[44], dont le président, Ferruccio Parri, intervint plusieurs fois entre 1952 et 1954 pour faire le point sur le processus d'intégration européenne en cours et arriva à prévoir l'arrivée imminente des élections directes du Parlement européen[45]. L'ISE organisa un symposium sur la CECA qui eut lieu à la foire de Milan en 1953[46]. L'expérience de la CECA était présentée dans la revue comme une solution pour lutter contre l'asphyxie des marchés nationaux et comme l'instance de modernisation et rationalisation des structures dans la perspective d'un élargissement et d'un renforcement de la concurrence[47].

---

[43] À de nombreuses occasions, notamment pendant le débat concernant le projet de loi pour la ratification du traité instituant la CECA par le Sénat (11 mars 1952), Falk critiqua ouvertement le Plan en soulignant que la première version était plus libérale que la dernière. La CECA s'était transformée, à son avis, en « une organisation à la recherche de prétextes libéraux pour des fins dirigistes » et « autoritaires ». E. Falck, *Saggi politici e sociali*, Milan, Ambrosianeum, 1955, p. 250. Voir également la réponse de Taviani, in P.E. Taviani, *Il Piano Schuman*, Rome, Tipografia del Ministero degli Affari Esteri, 1953.

[44] Le soutien de l'ISE à tout projet d'intégration européenne d'une plus grande envergure déboucha sur quelques nouvelles initiatives. En février 1954, par exemple, l'ISE organisa avec l'ISPI (Instituto per gli Studi di Politica Internazionale), le CEPES (Comitato Europeo per il Progresso Economico e Sociale), le MFE et la Chambre de Commerce une série de réunions consacrées aux problèmes européens posés par le fonctionnalisme et par la création graduelle d'un marché commun. Cf. « Problemi del mercato comune », in *Mondo economico*, 27 février 1954 ; « Discussioni sull'Europa », in *ibid.*, 26 mars 1954.

[45] F. Parri, « Navigazione verso l'Europa », in *Mondo economico*, 4 octobre 1952 ; voir aussi, in *Mondo economico*, son éditorial « L'integrazione d'Europa », 19 septembre 1953, et ses articles « Lineamenti del nuovo Statuto d'Europa », 17 janvier 1953 ; « Lussemburgo e l'avvenire dell'Europa », 21 février 1953. Le directeur du journal était à cette époque Silvio Pozzani.

[46] Cf. le numéro spécial de *Mondo economico* du 25 avril 1953 ; la chronique de la manifestation se trouve dans le supplément au n° 2 de la revue, « La giornata della CECA alla Fiera di Milano », mai 1953.

[47] Cf. les interventions de Renato Giordano dans *Mondo economico*, 1955-1956.

Parri n'avait jamais caché au contraire ses doutes sur la CED, sur l'opportunité d'une intégration militaire[48], même si ensuite il commenta avec une certaine inquiétude l'avortement du projet en août 1954, qui allait avoir des répercussions négatives sur tout le processus d'intégration européenne[49].

La relance européenne fut le plus souvent accueillie favorablement par les milieux économiques[50], même si la conférence de Messine était considérée avec prudence, en raison d'une part de son caractère qui semblait interlocutoire aux yeux d'une majorité de personnes (dont Parri), et d'autre part de la faiblesse de ses perspectives sur le plan institutionnel. Comme Spinelli, Parri n'était pas convaincu du bien-fondé de la méthode intergouvernementale mise en œuvre par la conférence qui multipliait les réunions et les interventions destinées à faire émerger des points de vue nationaux. La vraie relance était attendue non pas de la part des hommes d'État, mais du contexte international forgé par l'intégration économique qui devait déboulonner des politiques nationales désormais dépassées.

Une fois lancée la conférence, le *Mondo Economico* ne manqua pas de la soutenir, tout en conservant la prudence de toujours. Le journal laissait transparaître sa faveur pour la politique des petits pas, marquée par l'incertitude du choix à faire entre une intégration sectorielle (Euratom) et une intégration générale (Marché commun européen). Renato Giordano[51], proche collaborateur de Monnet, continuait à soutenir dans le journal la perspective de l'intégration fédéraliste. Fonctionnaire du bureau de la CECA à Rome, il avait pour tâche de coordonner les rapports de l'organisme avec les milieux politiques. Partageant les critiques formulées à cette époque par Ugo La Malfa, le *Mondo economico* soulignait les limites institutionnelles des nouveaux organismes, en particulier la faiblesse des pouvoirs prévus par la Commission et l'excessif pouvoir de décision du Conseil des ministres. Se détachant de la nouvelle ligne adoptée par Spinelli, la revue restait

---

[48] Cf. les articles de Parri « Compiti e speranze per il 1953 », in *Mondo Economico*, 3 janvier 1953, et « L'integrazione d'Europa », *op. cit.*

[49] F. Parri, « L'Europa dopo la CED », in *Mondo economico*, 18 septembre 1954.

[50] E. Decleva, « Integrazione europea e "iniziativa privata". Gli ambienti economici milanesi e la nascita del MEC (1955-1957) », in E. Di Nolfo, R.H. Rainero et B. Vigezzi (eds.), *L'Italia e la politica di potenza in Europa (1950-1960)*, Milan, Marzorati, 1992, pp. 439-480.

[51] R. Giordano, *La formazione dell'Europa comunitaria. Lettere a Jean Monnet 1955-1959*, sous la direction de F. Attal, Manduria, Lacaita, 1997.

fidèle à la ligne programmatique « fédéraliste modérée » suivie notamment par Spaak, Benvenuti et Martino[52].

D'autres organes de presse, notamment les deux quotidiens économiques milanais *Il Sole* et *24 Ore* ou des périodiques comme *L'Industria lombarda* avaient un objectif commun – la création d'un vaste espace économico-politique qui puisse s'insérer entre USA, Commonwealth et URSS –, mais ne s'entendaient pas sur les méthodes à adopter. Opposés à l'intégration par secteurs et à la prolifération des pools, ils soutenaient une unification de type horizontal, le libre mouvement des marchandises, des capitaux et des personnes, étant ainsi parfaitement en accord avec les milieux économiques des pays du Nord (Benelux)[53]. Ils s'opposaient en particulier au dirigisme des intégrations verticales[54]. *Il Sole* et *24 Ore* s'opposaient tous deux à l'Euratom, témoignant des inquiétudes de la principale entreprise industrielle électrique, Edison, intéressée au nouveau secteur, mais plus favorable à des formes de collaboration avec les USA.

Sur l'initiative du sénateur républicain Giulio Bergman, une enquête fut lancée par le comité d'études sur le marché commun européen qui était formé d'institutions milanaises (Chambre de Commerce, ISE, Instituto per gli Studi di Politica Internazionale, MFE). Elle révéla que les entreprises et les associations de catégorie étaient à la fois plutôt bien disposées à l'égard de l'unification, mais qu'elles craignaient aussi les conséquences d'un accès à un plus large marché, et donc à une plus forte concurrence.

Le nouveau quotidien *Il Giorno* n'était pas favorable au Marché commun européen. Soutenu par l'ENI (Ente Nazionale Idrocarburi), il gardait une position spéculaire par rapport à celle de la Confindustria : favorable à Euratom et pas au Marché commun européen.

De son côté, Alberto Pirelli, l'un des principaux représentants de l'industrie lombarde, était favorable au Marché commun européen.

En 1957, au cours de l'assemblée annuelle de la Banca Commerciale Italiana, Mattioli défendait le Marché commun européen dans lequel il voyait une institution positive pour l'économie italienne, pauvre en

---

[52] G. Martino, *Dieci anni al Parlamento europeo (1957-1967). Un uomo di scienza al servizio dell'Europa*, Luxembourg, Comunità europee, 2001.

[53] En octobre 1955, à l'occasion d'un déjeuner offert au nouveau président de la CECA, René Mayer, en visite à Rome, l'ancien président des industriels lombards, Alighiero De Micheli, qui avait remplacé depuis peu Angelo Costa à la tête de la Confindustria, avait souligné les mérites européistes de la catégorie à laquelle il appartenait, mais il espérait que l'on renoncerait à l'intégration par secteurs.

[54] « Integrazione o dissoluzione europea ? », in *24 Ore*, 31 janvier 1956.

matières premières et en capitaux, mais riche en ressources humaines, donc désireuse de s'insérer dans de plus vastes marchés.

En conclusion, on peut dire qu'il y a en Italie un réseau économique vivifiant à l'intérieur des milieux antifascistes et de la Résistance. Les amitiés nées au cours de l'exil avaient éveillé une profonde communion d'esprit et d'idées chez des hommes qui allaient participer côte à côte, dans l'après-guerre, à l'édification de la nouvelle Europe.

Le rôle des réseaux de scientifiques dans l'émergence d'un espace européen de la recherche[1]

Philippe BUSQUIN

Commissaire européen chargé de la Recherche

Introduction

Le sujet de ce colloque sur l'apport des réseaux économiques, au sens large, à la construction européenne, est à la fois passionnant et original. Je suis heureux d'avoir l'occasion d'y participer.

Pour une série de raisons liées, les réseaux de scientifiques ont joué dans le passé, et sont appelés à jouer dans l'avenir, un rôle de premier plan, à la fois dans la recherche européenne, dans la construction de la politique de la recherche en Europe et dans la construction européenne en général.

I. Le traité CECA

La recherche, l'innovation et la technologie ont été présentes dès le début de la construction européenne, dans le traité CECA, qui est venu à expiration cette année. L'acier et le charbon, longtemps associés à l'image de l'industrie de l'armement, étaient devenus, après la fin de la Deuxième Guerre mondiale, des symboles de développement technologique et économique. Le traité CECA a prévu l'obligation d'encourager la recherche technique et d'organiser les contacts entre les organismes de recherche. Mais il a aussi requis de mettre les résultats à disposition de l'ensemble des intéressés dans la Communauté.

Au point de vue purement quantitatif, la CECA a redistribué pour la recherche « acier » près d'un milliard d'euros au cours de ses cinquante ans, financés par des contributions de l'industrie. Il a apporté aux industries communautaires de remarquables retombées industrielles, économiques, sur l'environnement, la sécurité et la qualité du travail. Le béné-

---

[1] Ce texte est la transcription revue de la communication de M. Busquin.

fice global de la CECA est difficile à évaluer, mais a certainement contribué à associer petits et grands pays, à mettre l'Europe en position de leadership technologique dans le cadre de la sidérurgie mondiale, à éviter la dispersion et la duplication des travaux de recherche et, enfin, à s'atteler ensemble à de vastes projets qui n'auraient pu être menés à bien par une société isolée ne réunissant pas la masse critique requise.

Les fondateurs de la CECA ont été doublement visionnaires : ils ont non seulement perçu toute l'importance de la collaboration européenne pour renforcer la compétitivité de l'industrie du charbon et de l'acier, mais également l'importance de la recherche et de la politique de recherche pour le développement durable de ces secteurs industriels. Le traité CECA préfigure en quelque sorte l'idée d'un Espace européen de la recherche.

La même approche sectorielle a été retenue également dans le secteur nucléaire avec le traité Euratom. Toutefois, l'ambition d'un secteur industriel unifié a succombé aux égoïsmes nationaux et à la guerre des filières des réacteurs de fission. Le traité Euratom a cependant gardé une fonction utile pour l'industrie nucléaire, par l'harmonisation des conditions de base de la radioprotection et l'existence d'un marché intérieur des matières nucléaires. Le chapitre « Recherche » de l'Euratom resté actif a garanti une coopération et une mise en réseau des scientifiques nucléaires de la Communauté, principalement sur les aspects de sécurité et de gestion des déchets radioactifs dans le domaine de la fission, ainsi que sur la poursuite de l'énergie de fusion.

Ces deux exemples, l'acier et le charbon, d'une part, et le nucléaire, d'autre part, sont issus de démarches politiques volontaristes par rapport à des questions de développement industriel, de maîtrise de technologies sectorielles, et de croissance économique. Ils ne sont pas les héritiers des réseaux de scientifiques que je voudrais maintenant mettre en lumière et qui sont largement d'une autre nature.

II. La science et ses réseaux en Europe

Le travail en réseau constitue une caractéristique essentielle de la science, entreprise par essence collective. Le progrès des connaissances a toujours été fondé sur l'échange et la communication, la critique par les pairs, et la vérification mutuelle des résultats. Le recours spontané à des réseaux informels ne constitue toutefois qu'une partie des réseaux de scientifiques existant en Europe. Les réseaux spontanés ont, en effet, été complétés par le produit d'initiatives volontaristes de politique de recherche, le plus souvent appuyées sur l'octroi d'un soutien financier. L'idée sous-jacente est d'exploiter pleinement le potentiel et les capacités existant en Europe.

De longue date, trois approches ont été utilisées pour construire cette Europe de la recherche. Premièrement, la création de structures ou d'organisations communes, le cas échéant autour d'une ou de plusieurs installations de grande taille, ou d'équipements partagés. C'est ainsi qu'ont vu le jour, du milieu des années 1950 à celui des années 1990, le CERN en physique des particules, l'European Molecular Biology Organisation et l'European Molecular Biology Laboratory en biologie moléculaire, la source de rayonnement synchrotron ESRF, l'Agence spatiale européenne, ou, dans le cadre de la Communauté européenne, la machine expérimentale de recherche sur la fusion nucléaire Joint European Torus. Deuxièmement, la mise en réseau de chercheurs, d'équipes ou de projets par-delà les frontières nationales : c'est l'approche de la coopération COST et l'un des instruments de la Fondation européenne de la Science, deux initiatives des années 1970. Enfin, troisièmement, la mise sur pied et l'exécution de projets menés en collaboration, associant des laboratoires de centres de recherche, d'universités ou d'entreprises de plusieurs pays européens différents. Le Programme-Cadre pluriannuel de recherche de l'Union européenne, qui existe depuis le début des années 1980 et en est aujourd'hui à sa sixième édition, et l'initiative Eurêka, lancée également au milieu des années 1980, reposent (largement pour le Programme-Cadre) sur ce principe. Au-delà des dimensions technologique et scientifique, le Programme-Cadre est d'ailleurs ouvert depuis 1987 aux réseaux de la recherche économique. Par exemple, les modèles économétriques sur les coûts externes dans le domaine des technologies énergétiques font référence au niveau mondial et ont été utilisés pour modifier la politique de concurrence dans le domaine du contrôle des aides au développement des énergies renouvelables, ainsi que pour soutenir la politique de l'environnement. Dans un domaine plus qualitatif, l'*European Social Survey* est un point d'appui majeur pour la politique européenne de l'emploi.

Cette création délibérée de réseaux européens de collaboration scientifique répond en effet à un triple objectif. Premièrement, elle correspond à un choix de recherche et de politique de recherche. Dans le domaine du séquençage des génomes (le génome humain, par exemple), les Européens ont toujours privilégié l'approche consistant à distribuer le travail entre de nombreux laboratoires opérant en réseaux, à la méthode américaine de concentration des activités dans un centre unique de grande taille. Deuxièmement, la création de réseaux s'impose comme une nécessité, parce qu'on ne peut pas faire comme si n'existaient pas déjà en Europe toute une série de structures et d'organisations, qu'il ne peut pas être question de supprimer. Enfin, troisièmement, la création de réseaux représente, du fait de cette situation et compte tenu de ces contraintes, la meilleure manière de structurer la recherche menée en Europe au plan européen.

Travailler en réseau en Europe, c'est donc un peu faire de nécessité vertu. Si la création de réseaux est particulièrement nécessaire en Europe, c'est parce qu'ils permettent à la fois de corriger et d'exploiter les effets de cette caractéristique, triviale, de l'Europe, d'être composée de pays différents. Cette façon de travailler par la constitution de réseau de scientifiques a d'ailleurs été étendue très tôt à l'Europe élargie. Depuis le cinquième Programme-Cadre, les pays candidats sont associés, sur pied d'égalité avec les pays de l'Union européenne. La politique de recherche est ainsi *de facto* la première politique qui se met en œuvre sans frontières dans l'Europe élargie.

III. Les réseaux de scientifiques dans l'Espace européen de la recherche

Abordons maintenant l'avenir. Depuis le Conseil européen de Lisbonne de mars 2000, le projet d'Espace européen de la recherche est devenu le cadre de référence pour les questions de politique de recherche en Europe. Ceci au titre d'un des moyens permettant d'atteindre l'objectif de faire de l'Union l'économie de la connaissance la plus dynamique au monde d'ici 2010. Si le Conseil de Lisbonne s'est engagé largement sur ce concept de « société de la connaissance » et la stratégie multiple qu'il implique, c'est précisément sur la base des travaux d'un réseau d'économistes éminents, conseillers du Premier ministre portugais, M. Antonio Guterres.

L'idée de base est que la science et la connaissance sont désormais des facteurs essentiels du développement économique et de la cohésion sociale européenne. Les politiques de la science et de la recherche doivent donc être intégrées à la gouvernance socio-économique européenne. Dans ce contexte, l'espace européen de la recherche combine deux éléments complémentaires. D'une part, la création d'un véritable marché intérieur européen de la recherche pour une vraie libre circulation des chercheurs, des connaissances et des technologies. De l'autre, une authentique coordination des activités et des politiques nationales de recherche, qui représentent plus de 80 % de l'effort européen total dans ce domaine.

Le Programme-Cadre de recherche de l'Union a été profondément revu dans cette perspective, le nouveau Programme-Cadre pour les années 2003 à 2006, sixième du nom, étant conçu et dessiné comme un instrument de réalisation de l'Espace européen de la recherche. Avec ce projet, la mise en réseau des scientifiques européens prend une nouvelle portée, plus intense, plus ouverte aux réalités nationales, et plus fortement intégrée au développement économique et social. Je songe à trois éléments du Programme-Cadre. Tout d'abord, la création de *réseaux d'excellence*, associant pour de longues durées sur un thème donné des laboratoires et des équipes de recherche travaillant dans plusieurs pays européens. L'objectif n'est pas de simplement créer des conditions d'échange et de collaboration, mais d'intégrer assez profondément les activités des membres, ces réseaux devraient un peu fonctionner comme des centres d'excellence virtuels. Puis, *la mise en réseau des programmes nationaux de recherche*, sous la forme du soutien à des initiatives visant à mieux les coordonner ou à assurer leur ouverture mutuelle. Enfin, par une *meilleure synergie entre recherche scientifique et politique*, il faut que la connaissance objectivée par la critique scientifique puisse davantage éclairer nos choix politiques.

Deux des domaines du Programme-Cadre doivent particulièrement favoriser un travail commun entre réseaux scientifiques, économiques et politiques. La priorité qui portera sur la *société et l'économie de la connaissance* d'une part, sur la *gouvernance* d'autre part, permettra de développer la théorie économique de la société de la connaissance, d'aborder sur le fond les questions touchant à la dématérialisation de l'économie, de traiter les problèmes de l'élargissement dans toutes leurs dimensions, d'analyser sous l'angle économique les phénomènes migratoires, etc. Une autre priorité est spécifiquement consacrée au soutien aux politiques communautaires et portera sur des sujets tels que le soutien à la compétitivité, le développement d'outils pour une politique de l'agriculture innovante, l'amélioration des moyens d'apprécier la cohésion économique, etc.

IV. Conclusion

La méthodologie suivie pour la réalisation de l'espace européen de la recherche est aussi une méthodologie pour la construction européenne de demain. Dans cette approche, le concept de réseau est essentiel, à la fois comme instrument d'analyse et de diagnostic, comme moyen de mise en œuvre des politiques et outil de gouvernance. La clé d'une union solidaire et efficiente est le renforcement de la mise en réseau des hommes et de l'action publique.

La CECA a permis de réaliser, dès le début de la construction européenne, la synthèse entre le développement technologique et le développement économique. L'Europe de la science, dont les premiers pas se sont fait en dehors du cadre de l'Union, s'est progressivement rapprochée de celle-ci, au fur à mesure que les liens entre science et économie s'affirmaient. Le processus de Lisbonne et l'objectif de la société de la connaissance ont mis pour la première fois en lumière les liens très forts qui existent entre la science, la recherche, d'une part et le modèle de développement économique et social européen, d'autre part. Le défi de demain est de faire reconnaître cette relation dans l'architecture du nouveau traité européen. Celui-ci constituera le plan de la construction de l'Europe de demain. Il sera aussi le guide pour l'action pro-active qui continuera à être menée pour encourager, faciliter la constitution des réseaux de demain.

Je vois une double opportunité dans le cadre des travaux de la Convention. La première est de moderniser le chapitre du traité concernant la recherche afin que son apport à la résolution des grands problèmes européens soit renforcé et que ses outils soient modernisés. La seconde opportunité est celle de prendre la recherche explicitement en compte dans la coordination des politiques économiques, qui ont besoin d'une combinaison de politiques beaucoup plus large que celle qui est traditionnellement considérée comme adéquate pour la gestion de la croissance.

SESSION II

RÉSEAUX SECTORIELS :
LE CAS DE LA SIDÉRURGIE

SECTORIAL NETWORKS:
THE CASE OF IRON AND STEEL INDUSTRY

Émile Mayrisch et les dirigeants de l'Arbed entre la Belgique, la France et l'Allemagne

Rivalités et complicités (1918-1925)

Charles BARTHEL

Centre d'études et de recherches Robert Schuman

Quoique le traité de Versailles ne touche point au statut international du Luxembourg indépendant, les contraintes politico-économiques léguées par la liquidation du conflit de 14-18 ont beaucoup fragilisé l'autonomie du pays. Son adhésion quasi obligée à l'UEBL – l'union douanière et monétaire avec la Belgique scellée en 1921-22 – représente seulement un exemple parmi d'autres qui soulignent la latitude fort restreinte d'un État nain désireux de vivre sa vie en conformité avec le droit des peuples à disposer d'eux-mêmes, mais dont les autorités ne font pas le poids dans le concert des grandes puissances. Preuve à l'appui : quand au milieu des années 1920, les efforts de stabilisation entrepris par le tandem Briand/Stresemann culminent avec la signature du pacte censé cautionner les frontières occidentales du Reich, le Grand-Duché est simplement… absent !

Les maîtres de forges du bassin minier national ont eux aussi failli être mis sur la touche. À l'approche du « terme fatal du 10 janvier 1925 »[1], qui coupe court aux importations sidérurgiques hors taxes à l'entrée en territoire allemand, ils revivent les vieilles angoisses des lendemains de Rethondes. Avec la fin de la politique d'exécution poincariste et le retour à la liberté commerciale en pleine période d'exacerbation de la compétition entre entreprises métallurgiques, le recouvrement de la souveraineté douanière du régime de Weimar menace de déclencher une impitoyable guerre des *konzerne* westphaliens d'une part, et d'autre part les fabricants lorrains, sarrois et luxembourgeois

---

[1] ARBED, AC.017452, projet de note de la FEDIL (Fédération des Industriels luxembourgeois) à l'attention de Reuter, 18.8.1924.

résolus à se battre pour chaque tonne d'acier à placer au sud du Main. L'enjeu est de taille, car les répercussions de la solution apportée au problème des débouchés allemands affectent également la tenue des marchés dits de grande exportation devenus entre-temps vitaux pour l'industrie lourde locale.

Comment les usines du Grand-Duché vont-elles se tirer d'affaire au cours de la redoutable épreuve de force politique et commerciale qui s'annonce en matière du contingent lorrain-luxembourgeois ? Comment le directeur général des Aciéries Réunies de Burbach-Eich-Dudelange (Arbed), Émile Mayrisch, bien que placé initialement à l'écart, finit-il néanmoins par s'assurer une place de choix dans le « Locarno » du grand capital sidérurgique ? Quitte à simplifier en éliminant une série d'explications impossibles à traiter dans un court article, il va sans dire que l'entrée en scène de celui dont la légende dorée fera le « précurseur de la construction européenne »[2] est largement préparée et facilitée par les excellents contacts transnationaux noués par l'une des plus puissantes forges d'Europe au fil du lustre qui suivit la Grande Guerre.

I. Les réseaux du groupe Arbed-Terres Rouges

L'Arbed dispose à proprement parler de deux « circuits relationnels » qui s'enchevêtrent et se superposent pour former un vaste tissu d'« ambassades » ou d'« ambassadeurs » à l'échelle européenne, voire mondiale.

A. Les filiales et agences de vente du Comptoir métallurgique Luxembourgeois (Columéta)

Pour des raisons politiques évidentes, le Grand-Duché est, dès la mi-décembre 1918, contraint à dénoncer le *Zollverein* allemand auquel il avait adhéré depuis 1842. Du coup, la sidérurgie nationale perd son principal partenaire économique et, peu importe en fin de compte le sort des projets d'une union douanière à conclure soit avec la France, soit avec la Belgique ou éventuellement avec les deux à la fois (les trois options sont à l'époque vivement débattues dans les milieux industriels concernés), une donne générale au moins est d'office acquise : ni la IIIe République ni, *a fortiori*, le Royaume belge ne parviendront à absorber les 2½ millions de tonnes de fontes brutes coulées dans les forges luxembourgeoises[3]. En l'absence d'une demande intérieure digne

---

[2] Centre de Recherches européennes (dir.), *Émile Mayrisch, précurseur de la construction de l'Europe*, Lausanne, 1967.

[3] Commission d'étude des problèmes économiques posés par la guerre et ses conséquences éventuelles, *Orientation économique du Grand-Duché de Luxembourg – Rapport général de la Commission*, Luxembourg, Imp. Beffort, 1919.

de ce nom (le pays compte environ 250 000 âmes), les patrons sont donc conscients qu'il leur faudra « aller à travers le monde, à la périphérie de la consommation »[4].

L'Arbed est la première des forges à relever le défi. Outre une réorientation marquée de ses fabrications vers les produits finis et une compression rigoureuse des prix de revient grâce à un effort de rationalisation sans pareil, elle attaque la mise en chantier d'un organisme de vente propre aux différentes usines de son groupe. Une ébauche d'armature commerciale intégrée à l'administration centrale voit le jour au printemps 1919. Dans le courant de l'année, la question évolue cependant au fur et à mesure que l'acquisition du patrimoine industriel exploité par la Gelsenkirchener Bergwerks AG sur la rive gauche du Rhin se concrétise. La reprise étant effectuée au profit de deux entreprises nouvelles – la S.A. Minière et la S.A. Métallurgique des Terres Rouges, dans lesquelles l'Arbed est partie prenante pour un quart à peu près du capital – le souci d'aboutir à une répartition optimale des charges financières donne vite naissance au concept d'un monopole de vente instauré en faveur d'un comptoir unique responsable de la collecte des commandes et de la diffusion des produits, à la fois des Aciéries Réunies et des Terres Rouges. D'où la décision de créer une société indépendante au capital entièrement souscrit par les trois établissements apparentés. C'est chose faite le 19 juin 1920[5].

Deux semaines plus tard, le directeur-gérant de la Columéta, Hector Dieudonné, inaugure les premiers locaux provisoires du comptoir. À cette date, la centrale du Luxembourg dispose déjà de deux agences opérationnelles à l'étranger : la Belgo-Luxembourgeoise, fondée dans l'immédiat après-guerre et responsable des marchés belge et congolais d'une part, et d'autre part, la filiale parisienne dirigée par André Vicaire et dotée du droit de vente exclusif dans l'Hexagone ainsi que dans toutes les colonies françaises. Deux autres agences sont sur le point d'ouvrir leurs portes. À Londres, Bernard Clasen prépare une inscription sur le registre du commerce de la Columéta Export Company, alors que des négociations avec Karl Heimann-Kreuser aboutissent, fin 1920, à la signature d'un contrat à long terme avec la Artewek Handelsgesellschaft für Berg- und Hüttenerzeugnisse. Cette dernière société avec siège à Cologne s'occupe de la diffusion des produits Columéta dans l'espace germanique. Durant les prochains mois, le réseau des succursales est complété. Il comprend vers la fin de l'année 1921 des bureaux à

---

[4] ARBED, P.XXXVI (36), Barbanson à Despret, 4.10.1921.

[5] ARBED, AC., « Conférences des directeurs techniques », divers procès-verbaux [1919] ; ARBED, P.R-IV-3, Vente de nos produits après 1918 jusqu'à la constitution de Columéta, 9.2.1966 ; ARBED, P.58/A, rapport du 2.6.1966.

Rotterdam, Stockholm, Christiania, Copenhague, Rome, Vienne, Bâle, Madrid, Casablanca, Rio de Janeiro, São Paulo et Buenos Aires. D'autres agences en Afrique du Sud, au Proche-Orient et en Asie du Sud-Est sont à l'étude[6].

Insistons-y tout de suite : le personnel cosmopolite embauché pour diriger les antennes commerciales de la communauté d'intérêts Arbed-Terres Rouges est hautement qualifié. Il dispose en outre d'excellents contacts dans les milieux d'affaires et la classe politique des différents pays dans lesquels il opère. Le Belge Hector Dieudonné est par exemple diplômé ingénieur des constructions civiles de l'Université de Bruxelles. Il a débuté sa carrière auprès des forges de la Providence à Marchienne-au-Pont avant de devenir fondé de pouvoir, puis directeur de l'agence maritime de la Cie des Minerais à Anvers. Là-bas, il est surpris par l'invasion allemande au cours de laquelle il s'illustre comme responsable du 3e secteur de la ville portuaire assiégée. Retourné à la vie privée en 1915, Dieudonné entreprend plusieurs voyages en Espagne en vue d'acquérir du manganèse. Il profite de ces séjours, entre autres, pour assurer la liaison des généraux Lartigue, Van der Eycken et Lamoine avec leurs familles restées en Belgique[7].

Quant au Français André Vicaire – un ancien polytechnicien devenu professeur à l'École des Mines de Saint-Étienne, puis secrétaire général des aciéries de Huta-Bankowa en Silésie – il a lui aussi noué pendant le conflit mondial des relations fort intéressantes. Ses diverses fonctions dans l'armement lui valent sans doute de faire la connaissance de Louis Loucheur. En août 1919 en tout cas, le ministre intervient personnellement parce qu'il aimerait à tout prix que le chef de l'agence Columéta-Paris accepte de représenter la France à la Commission internationale des Charbons de l'Europe centrale. Vicaire fait par ailleurs figure à la fois de porte-parole de la division sarroise de l'Arbed à Burbach au sein du Comité des Forges de Sarrebruck, et de délégué de l'usine lorraine d'Audun-le-Tiche – une propriété Terres Rouges – au sein des comptoirs français (CPS, puis OSPM). Cette double charge lui permet d'assister régulièrement à des entrevues, tant avec les leaders du Comité des Forges de France qu'avec des hauts fonctionnaires du Quai d'Orsay

---

[6] ARBED, AC.6712, « Belgolux » ; ARBED, AC.6714, ARBED, s[ans].c[ote]., « Columéta-Paris, Correspondance » ; et ARBED, AC.6715, « Artewek – Correspondance », diverses pièces. Cf. aussi C. Barthel, « "COLUMETA". Vu Feier an Eisen. L'aventure du premier film publicitaire de l'Arbed », in *Hémecht*, n° 2, 1998, Luxembourg, ISP, pp. 177-206.

[7] ARBED, P.VII-A, Hector Dieudonné, *Curriculum vitae*, s.d.

ou du ministère du Commerce à Paris, en l'occurrence Jacques Seydoux et Daniel Serruys[8].

Pour ce qui est du Luxembourgeois Bernard Clasen et de l'Allemand Karl Heimann-Kreuser, ils ont tous les deux commencé leur vie active au service de la Deutsch-Luxemburgische Bergwerks- und Hütten AG de Bochum. Le premier assistait la direction de la forge de Differdange au Grand-Duché lorsque, en 1901, la société est absorbée par le *konzern* d'Hugo Stinnes. Celui-ci l'envoie, en 1907, au Royaume-Uni où Clasen établit un réseau d'amitiés utiles pour sa carrière ultérieure car, au lendemain du 11 novembre, il est abordé par l'Arbed qui est en quête d'agents influents. Clasen retourne donc à Londres pour aménager un office Columéta à Moorgate Hall. Des années plus tard, il représente les fabricants luxembourgeois de matériel de voie lourd au management committee de la European Rail Makers Association (ERMA)[9].

L'homme de loin le plus important dans le contexte qui nous occupe est cependant Heimann-Kreuser. Doté d'une solide formation dans le commerce du fer, il avait perfectionné son savoir-faire en effectuant des stages auprès d'une série d'entreprises du Reich et du Grand-Duché lorsqu'en 1910, Stinnes lui confie la direction des ventes de son *konzern*. Après la défaite des armées du Kaiser, l'Allemand est recruté par Mayrisch dans des circonstances qui restent à élucider. Il réorganise alors la Artewek de Cologne dont il fait le fer de lance commercial du groupe Arbed-Terres Rouges dans les territoires d'outre-Rhin[10]. C'est à ce titre qu'il assiste aux réunions constitutives des différents *Verbände* westphaliens aménagés au tournant des années 1924-1925 dans la foulée de la résurrection de la Rohstahlgemeinschaft (RSG). Heimann-Kreuser y retrouve une vieille connaissance : le directeur général de la Phoenix AG, Ernst Poensgen, en passe de devenir à l'époque un des principaux émissaires de la Ruhr associés aux négociations du traité de commerce franco-allemand[11]. Ce contact – nous en reparlerons – s'avérera particulièrement heureux pour Mayrisch et l'Arbed.

B. Les parts étrangères dans le capital des usines luxembourgeoises et les « solidarités » transfrontalières qui en résultent

Ces liens complexes ne vont pas toujours sans poser des problèmes. Tel est le cas en particulier des rapports entre l'Arbed et plusieurs des sociétés françaises associées à la Minière et Métallurgique des Terres

[8]   ARBED, P.2, hommage rendu à la mémoire de Monsieur André Vicaire..., s.d. [1952].
[9]   *Revue technique luxembourgeoise*, n° 3, 1946, pp. 50-51.
[10] ARBED, s.c., « M. Heimann-Kreuser », diverses pièces, 1952-1953.
[11] ARBED, AC.7501, Heimann-Kreuser à Mayrisch, 28.4.1925 et 20.7.1925.

Rouges. Les De Wendel à Hayange, les Forges de Saint-Étienne ou les aciéries de Châtillon-Commentry ont à vrai dire d'emblée conçu leurs prises de participations au Grand-Duché soit comme un placement destiné à caser leurs excédents de trésorerie, soit comme une affaire pour gagner des à-côtés en écrémant le marché belgo-luxembourgeois et la part des producteurs UEBL dans les grandes exportations. Ils ne sont en revanche pas prêts à investir des fonds supplémentaires afin de financer l'expansionnisme industriel recherché par leur partenaire de l'Arbed. Il s'ensuit des frictions qui se développent dès 1921/22 et qui aboutissent, trois années plus tard, en marge des négociations internationales entre sidérurgistes, à une rétrocession de leurs parts sociales aux Établissements Schneider et Cie Eugène II du Creusot et son directeur général, Jules Aubrun, sont de ce fait les seuls vrais alliés fiables des Grand-Ducaux, d'autant plus qu'au lendemain de la guerre, Schneider avait profité de la reprise des installations de la Gelsenkirchener pour acquérir 10 700 titres Arbed, soit *grosso modo* 10 % du capital de la firme luxembourgeoise. Grâce à leurs grandes et petites entrées auprès des pouvoirs publics en France, les Creusotins constituent en quelque sorte le bras prolongé de l'agence Columéta à Paris.

Les relations avec les confrères de Wallonie sont non moins problématiques. Certes, les deux tiers à peu près des actions de l'Arbed se trouvent entre des mains belges ; le président du conseil d'administration, Gaston Barbanson, un petit-fils du gouverneur Victor Tesch de la puissante Société générale de Belgique (SGB), est citoyen du Royaume. Ledit institut de crédit avait d'ailleurs naguère été la banque privilégiée des Aciéries Réunies... jusqu'à ce que, en 1914, une querelle éclate au sujet d'une grosse émission d'obligations. L'Arbed s'abouche alors avec la grande concurrente de la SGB, la Banque de Bruxelles[12]. Les tensions s'amplifient à la fin de la guerre. Le numéro un de la SGB, Jean Jadot, de connivence avec certains sidérurgistes du Liégeois et du Hainaut, en l'occurrence Gustave Trasenster d'Ougrée-Marihaye et Léon Greiner de Cockerill, entendent en ces temps-là partir à la « conquête économique du Grand-Duché »[13]. En les laissant faire, les gisements métallifères du pays auraient été mis en coupe réglée ; ses forges auraient été réduites à l'état de simples fournisseurs d'aciers bruts à la merci des nombreux transformateurs belges. Bref, le bassin minier

---

[12] F. Chomé, *Arbed. Un demi-siècle d'histoire industrielle (1911-1964)*, Luxembourg, 1964, pp. 52-63 ; M. Kieffer, « La reprise du potentiel industriel de la société Gelsenkirchen et la constitution du groupe Arbed-Terres Rouges (1919-1926) », in *Les années trente*, n° spécial de la *Hémecht*, 1996, pp. 69-97.

[13] Expression empruntée au gouverneur Jean Jadot de la SGB. Cf. R. Brion et J.-L. Moreau, *La Société Générale de Belgique (1822-1997)*, Anvers, Fonds Mercator, 1998, p. 261.

national aurait été transformé en « arrière-cour » de la métallurgie wallonne ! Cette perspective n'est bien entendu ni du goût des Luxembourgeois ni des Français. Aussi ces premiers, moyennant l'appui de ces derniers, gardent-ils les Belges à distance, tantôt en sabotant leurs projets de s'emparer de participations majoritaires dans la fortune industrielle aliénée par la Gelsenkirchener et la Deutsch-Luxemburgische, tantôt en différant les pourparlers de l'union douanière UEBL jusqu'à ce que les actes notariés avec les ex-propriétaires allemands soient conclus. Bon gré mal gré, la SGB et Ougrée doivent par conséquent se contenter d'un rôle après tout secondaire dans la S.A. des Hauts-Fourneaux et Aciéries de Differdange-St.Ingbert-Rumelange (Hadir) fondée en février 1920 par le groupe lorrain des Aciéries de Rombas pour absorber le patrimoine cédé par Stinnes.

La rivalité se double en outre d'une sérieuse dispute entre maîtres de forges de part et d'autre des Ardennes à propos des coûts de transport facturés par les chemins de fer de l'État belge. Par crainte de voir les entreprises compétitives du Grand-Duché enlever aux usines souvent vieillies et moins performantes du Royaume une bonne partie des commandes rémunératrices du marché intérieur belge, Trasenster, Greiner et consorts déclenchent en décembre 1920 une campagne de presse assez véreuse. Ils y attaquent simultanément les patrons luxembourgeois accusés d'être des « enrichis de la guerre » et, indirectement, leur propre gouvernement auquel ils reprochent de mettre en péril la survie de l'industrie lourde nationale. Les ministres à Bruxelles sont pris au dépourvu. Afin de s'en sortir, ils se rabattent finalement sur des tarifs ferroviaires préférentiels accordés aux expéditions de certains produits en provenance et à destination des usines wallonnes, mais qu'on refuse – malgré l'égalité de traitement reconnue *expressis verbis* par les négociateurs du traité UEBL – de reconnaître également aux entreprises du Grand-Duché[14]. Il en naît un litige qui, pendant les huit prochaines années, envenime le climat belgo-luxembourgeois à tel point qu'une coopération entre les deux groupements sidérurgiques nationaux est quasi impossible et ce, en dépit du bénéfice que les uns et les autres eussent pu tirer d'une défense solidaire de leurs intérêts communs face aux grandes puissances économiques. Combien ces rixes personnelles entre Trasenster et Mayrisch ont affaibli la position des producteurs du Royaume et du Grand-Duché ressort particulièrement des trois tentatives lancées entre l'hiver 1921-22 et le printemps de l'année 1925 dans l'intention de réanimer le cartel international des rails : le directeur général de l'Arbed ne participe à aucune des entrevues, entre autres

---

[14]   MAEB [ministère des Affaires étrangères belge], B.21, diverses coupures de presse, décembre-février 1920 ; ANL, ARBED, AC-Co-1, *Bulletin quotidien de la Columéta*, n° 359, 27.12.1920.

parce que son amour-propre lui interdit de s'asseoir à la table de négociation ensemble avec son rival d'Ougrée, la bête noire par excellence de l'Arbed ! Pire ! Au lieu de conjuguer leurs efforts à ceux des Français pour faire front aux quotas démesurés revendiqués par les lamineurs britanniques et américains, Belges et Luxembourgeois se livrent – devant leurs concurrents – au spectacle désolant de leur désunion totale[15] !

Pourtant, à l'approche de l'expiration du régime quinquennal instauré par l'article 268 de Versailles en faveur du contingent lorrain-luxembourgeois drainé vers l'Allemagne en franchise des droits de douane, l'Arbed escompte, du moins au départ, trouver une solution à ses expéditions outre-Rhin moyennant l'appui du gouvernement de Bruxelles.

II. Les réseaux en action : entre la médiation et le chantage

Différents indices portent effectivement à croire que Mayrisch, à l'encontre de la plupart des sidérurgistes de l'Hexagone, ne brigue pas *a priori* une banale reconduction des dispositions transitoires introduites, en 1919, par la conférence de paix. Au lieu d'un contingent temporaire, il préfère une solution durable assise sur la clause de la nation la plus favorisée et des tarifs douaniers modérés à insérer dans le futur traité de commerce entre l'UEBL et l'Allemagne[16]. Ses desiderata se heurtent hélas à deux obstacles majeurs. D'un côté, un accord de l'espèce aurait désormais multiplié les envois sidérurgiques luxembourgeois en terre germanique, sans pour autant fournir un avantage équivalent aux aciéristes wallons. D'un autre côté, il y a fort à parier que le ministère de l'Économie à Berlin se serait aussitôt emparé de la concession reconnue aux Grand-Ducaux pour quémander en contrepartie certaines faveurs aux dépens, essentiellement, de l'économie belge. Ce double sacrifice, le Premier ministre Georges Theunis n'est point prêt à le consentir, malgré d'ailleurs ses excellentes relations personnelles avec le président Barbanson de l'Arbed. (Les deux hommes – ils se connaissent probablement déjà depuis leur exil en France pendant la Grande Guerre – se rencontrent régulièrement chez le gérant Jean Delori de la Clouterie et Tréfilerie des Flandres, une des nombreuses participations étrangères de l'Arbed. Or, Delori est un ami intime de Barbanson tout en étant le beau-frère de Theunis qui, soit dit en passant, deviendra après la chute

---

[15] C. Barthel, *Les maîtres de forges belges et luxembourgeois et les difficiles débuts de l'UEBL*, à paraître.

[16] ARBED, AC.017452, note de la FEDIL sur le traité de commerce à conclure entre l'UEBL et l'Allemagne – Industrie sidérurgique, 2.8.1924.

de son cabinet administrateur de la forge luxembourgeoise)[17]. Bruxelles se contente donc d'élaborer avec les Allemands un *modus vivendi* dont les rudiments d'entente générale ne tiennent aucun compte des quatre volontés exprimées par la sidérurgie du partenaire UEBL[18].

Faute de mieux, Mayrisch cherche dès lors aide et assistance en France. Une première occasion de s'aboucher avec le Comité des Forges et les pouvoirs publics de la IIIe République se présente dans le cadre des négociations commerciales germano-françaises, démarrées à la fin de l'année 1924. Ernst Trendelenburg, le secrétaire d'État au *Reichswirtschaftsministerium* dépêché à Paris, aimerait aboutir à la conclusion rapide d'un accord de principe provisoire à base d'une réduction maximale des droits de douane[19]. Les magnats de la Ruhr s'y opposent farouchement. Ils jouent sur le temps et aspirent à se servir du recouvrement de la souveraineté économique allemande pour cloisonner le débouché intérieur national sur lequel les différents *Verbände* affiliés à la Rohstahlgemeinschaft exerceraient dorénavant un contrôle quasi absolu. Entendons-nous bien : Fritz Thyssen et consorts n'excluent pas d'emblée les livraisons en provenance de la Lorraine et du Luxembourg dont, en réalité, ils ont besoin pour ravitailler les consommateurs en Allemagne méridionale. Voilà pourquoi ils proposent aux Français d'enlever une partie de leurs excédents à des prix fob Anvers et de les diffuser au sud du Main, étant entendu que la vente s'effectuerait par l'intermédiaire des comptoirs westphaliens[20]. Cette dernière clause est des plus importantes, car elle autoriserait la RSG à céder le matériel étranger aux prix intérieurs allemands, plus élevés. Le gain réalisé permettrait ainsi d'alimenter les fonds dans lesquels on puiserait à la fois les primes nécessaires au maintien des prix dumping pratiqués par la Ruhr sur les marchés internationaux et les bonifications versées aux transformateurs nationaux sur les produits destinés à l'exportation. D'où aussi le fameux

---

[17] ARBED, AC.553, Barbanson à Delori, 11.4.1924 ; et FINARBED, s.c., « Relevé des administrateurs », 28.7.1949.

[18] M. Suetens, *Histoire de la politique commerciale de la Belgique depuis 1830 jusqu'à nos jours*, Bruxelles, Éd. de la Librairie Encyclopédique, 1955, p. 216.

[19] K.H. Pohl, *Weimars Wirtschaft und die Außenpolitik der Republik (1924-1926). Vom Dawes-Plan zum Internationalen Eisenpakt*, Düsseldorf, Droste Verlag, 1979, p. 32.

[20] Attention : les prix fob Anvers ne signifient pas que les exportations lorraines à destination du marché allemand eussent dû faire le détour par le port maritime belge. Il s'agit simplement, dans l'optique des négociateurs allemands, d'une base mathématique fictive pour chiffrer le prix d'une marchandise qui, si elle n'était pas vendue en Allemagne, devrait théoriquement être vendue à l'étranger en passant par le port d'Anvers qui sert d'habitude de centre d'expédition aux exportations des usines lorraines.

« protocole AVI »[21] du 18 décembre 1924. Passé aux bords de la Seine entre les porte-parole de la RSG et les représentants de l'industrie mécanique allemande, l'accord garantit à ces derniers des quantités suffisantes de matières brutes à des conditions « intéressantes »… sous réserve qu'ils se soumettent aux règles des *Verbände* ! Le marchandage était censé rester secret. Et pour cause, puisque Thyssen a l'intention de conférer à son offre d'achat des tonnages lorrains « l'apparence d'une concession à faire à la France », plutôt que de dévoiler à ses interlocuteurs français que la Ruhr, talonnée par la communauté des dénatureurs du Reich, ne saurait en définitive se priver du contingent !

Jusqu'à nos jours, l'historiographie admet que le contenu du précontrat AVI aurait été ébruité en France seulement à la suite des révélations faites par le journal *Le Temps* dans son édition du 27 janvier 1925[22]. Les archives des Aciéries Réunies nous apprennent une version différente. À Luxembourg, on est au courant bien avant les fêtes de Noël 1924 ! Georg Zapf de la câblerie Felten & Guilleaume de Cologne – une filiale Arbed – en parle à Mayrisch dans un courrier daté du 20 décembre. Il vient de s'entretenir avec son camarade Hermann Bücher, un conseiller économique de la Wilhelmstraße, qui avait accompagné Trendelenburg et la délégation des industriels allemands à Paris[23]. Quatre jours plus tard, l'information est confirmée par Heimann-Kreuser. Il a rencontré le compagnon d'un grossiste de Karlsruhe, qui a assisté la veille à une rencontre convoquée à Berlin et lors de laquelle le problème des consommateurs d'acier a été débattu ensemble avec les patrons de la Ruhr, les envoyés du gouvernement et plusieurs membres du *Reichswirtschaftsrat*[24]. La nouvelle fait depuis lors son chemin. Vicaire est initié. Il touche de Mayrisch une *Note sur les projets de l'industrie lourde allemande*[25] qu'il doit remettre à Aubrun du Creusot. « Elle [la note] l'a vivement intéressé et il a pu en faire état ce matin même [7 janvier 1925] dans une réunion des experts du Comité des Forges »[26].

Le tuyau refilé à la rue de Madrid est froidement calculé. Dès que les Luxembourgeois sont prévenus des manèges de la Ruhr, Mayrisch

---

[21] *Arbeitsgemeinschaft der Eisen Verarbeitenden Industrie* – Communauté de travail des industries transformatrices de l'acier.

[22] U. Nocken, « International Cartels and Foreign Policy : the Formation of the International Steel Cartel (1924-1926) », in C. Wurm (ed.), *Internationale Kartelle und Außenpolitik*, Franz Steiner Verlag, Stuttgart, 1989, p. 56.

[23] ARBED, AC.7501, Zapf à Mayrisch, 20.12.1924.

[24] ARBED, AC.7501, Heimann-Kreuser à Mayrisch, 24.12.1924.

[25] ARBED, AC.7501, note sur les projets de l'industrie lourde allemande, s.d. [fin décembre, début janvier (au plus tard le 5 ou 6 janvier) 1925].

[26] ARBED, AC.7501, courrier « confidentiel » de Vicaire à Mayrisch, 7.1.1925.

choisit « d'engager le combat contre le lion westphalien »[27]. Les cadres supérieurs de l'Arbed sont en fait bien déterminés à l'époque, sinon à faire échouer, du moins à saper les desseins hégémoniques des grands *konzerne* d'outre-Rhin en essayant de faire barrage à leur tentative d'instaurer un monopole absolu en Allemagne. Le « meilleur moyen » d'y parvenir « consiste à faire intervenir les consommateurs allemands auprès de leur Gouvernement »[28]. Sans perdre une minute, différentes actions sont lancées à cet effet. Zapf se charge de mettre sur pied une alliance des industries transformatrices des centres de Cologne et d'Aix-la-Chapelle. Il escompte en outre gagner l'appui du rédacteur des colonnes commerciales de la *Kölnische Volkszeitung*, avec qui il a déjà pris un rendez-vous. Heimann-Kreuser pour sa part mobilise ses « amis d'Allemagne du Sud » ainsi que les représentations gouvernementales wurtembergeoise, badoise et bavaroise à Berlin. Chiffres à l'appui, il les renseigne sur les prix des fers importés du Luxembourg, de la Sarre et de la Lorraine d'une part, et d'autre part ceux, moins avantageux, pratiqués par les organismes de la Ruhr, en espérant par là démontrer à ses interlocuteurs qu'ils sont en passe de faire une grosse erreur s'ils écoutent les défenseurs du protocole AVI[29]. Mais les moyens de propagande de l'Arbed sont après tout assez modestes. Mieux vaut donc y associer les exportateurs français afin qu'ils fassent de leur côté des efforts similaires auprès de la clientèle allemande. Finalement – telle est vraisemblablement la raison principale qui pousse Mayrisch à alerter le Comité des Forges – le Luxembourgeois, guidé par ses propres intérêts, veut empêcher les homologues français de devenir victimes d'une embûche préparée par les capitaines de la métallurgie westphalienne.

Si l'impact réel des différentes actions fomentées par l'Arbed est difficile à mesurer, il est néanmoins manifeste que sa coopération avec les producteurs de l'Hexagone s'avère très tôt décevante. Une première cause de frictions se dégage de l'attitude du président du Comité des Forges, Léon Lévy, au sujet du contingent à réserver aux cinq grandes aciéries sarroises. Sans être qualifié pour parler au nom de celles-ci, Lévy, en complicité avec François De Wendel (fait plutôt rare, mais cette fois au moins, les deux chefs d'entreprise partagent les mêmes idées), a orienté les responsables du ministère du Commerce parisien en ce sens que la France demanderait un contingent unique pour elle et les Sarrois, comme quoi « la répartition entre les usines [serait] une affaire

---

[27] ARBED, AC.7501, Zapf à Mayrisch, 20.12.1924, *op. cit.*
Les citations marquées du symbole * sont des traductions de l'original en langue allemande.

[28] ARBED, AC.7501, Meyer au GISL [Groupement des Industries sidérurgiques luxembourgeoises], 20.1.1925.

[29] ARBED, AC.7501, Heimann-Kreuser à Mayrisch, 28.4.1925.

d'ordre intérieur, dans laquelle les négociateurs allemands n'avaient pas à entrer ». Il se trouve toutefois que

la prétention du CFF [Comité des Forges de France] de vouloir s'interposer entre les maîtres de forges sarrois et les maîtres de forges allemands, pour ce qui concerne le contingent, avait été repoussée à l'unanimité par les forges sarroises et le CFF paraissait l'avoir abandonnée. Nous constatons aujourd'hui que ce n'était qu'une feinte. L'assertion de M. Lévy au sujet d'un soi-disant accord entre les forges françaises et sarroises [...] est inexacte ![30]

Vicaire sait de quoi il parle. Il avait assisté aux réunions franco-sarroises aux cours desquelles les patrons du bassin de Sarrebruck s'étaient défendus corps et âme contre leurs collègues français dont les manœuvres ont de toute évidence pour « but de dévier sur la Lorraine une partie des sacrifices que l'Allemagne est disposée à faire en faveur de la Sarre »[31]. La mesure se justifierait, à la limite, pour les trois entreprises de Dillingen, Brebach et Neunkirchen qui appartiennent pour 60 % du capital social aux groupes de Rombas, de Pont-à-Mousson et de Nord et Lorraine ; pour la succursale des Aciéries Réunies à Burbach, elle est cependant inacceptable d'autant plus qu'en noyant les intérêts de la sidérurgie sarroise dans ceux des forges lorraines, la France n'aurait plus guère besoin de se soucier du sort des usines du Grand-Duché. Grâce à deux contingents séparés, l'Arbed pourrait en revanche exploiter sa position dominante en Sarre et l'utiliser comme gage pour obtenir également un *quantum* respectable au profit de ses sites luxembourgeois ! Aussi Mayrisch et Vicaire soutiennent-ils l'importante délégation du gouvernement et des chambres professionnelles de Sarrebruck qui est envoyée, en mars 1925, aux bords de la Seine pour protester contre les menées de Lévy et De Wendel[32]. Le directeur politique du ministère du Commerce, Serruys, n'a alors guère le choix : la perspective peu encourageante d'une extension de la zizanie franco-sarroise en pleines négociations avec les Allemands l'amène à rappeler à la raison les chefs de la rue de Madrid[33].

Mayrisch demeure sceptique. L'évolution du dialogue repris quelques jours plus tard entre les barons du fer de l'Hexagone et les magnats de la Ruhr lui donne d'ailleurs raison. Certes, les Grand-Ducaux sont invités à rallier une commission mixte franco-luxembourgeoise constituée exprès pour évacuer différents travaux préparatoires en rapport avec

---

[30] ARBED, AC.7501, Vicaire à Mayrisch, 3.1.1925.

[31] ARBED, AC.7501, Bommelaer à Laurent, 3.1.1925.

[32] ARBED, AC.7501, Comité des Forges de la Sarre à Victor Rault, 5.3.1925 et note [de Vicaire] pour M. Mayrisch, 12.3.1925.

[33] ARBED, AC.7501, rapport « très confidentiel » de Vicaire sur la conférence [des maîtres de forges français et sarrois] avec M. Serruys, 17.3.1925.

les modalités techniques qui sont supposées régir les futures importations en Allemagne. Le groupe d'experts a pour mission essentielle d'instruire « les formules de prix » à retenir comme base de discussion lors des négociations officielles que – justement – la rue de Madrid entend jalousement mener seule avec les Westphaliens[34] ! L'exclusion des Luxembourgeois (et des Sarrois) inquiète l'Arbed à plus forte raison que la méfiance réciproque et les ressentiments inspirés par le revanchisme entretiennent entre Français et Allemands une atmosphère de suspicion qui rend leur dialogue extrêmement difficile. Le malaise général est en plus renforcé par les tonnages excessifs revendiqués par le Comité des Forges et l'entêtement de Thyssen qui réclame une adhésion française aux cartels allemands pour le contingent, mais dont les Français ne veulent pas entendre parler. En d'autres termes, les débats bilatéraux menacent à tout moment d'aboutir dans une impasse en sorte que, faute d'une entente entre industriels, on doit donc s'attendre à ce que les cols blancs des ministères à Berlin et à Paris récupèrent le dossier jusqu'ici abandonné à l'initiative privée. « Or, cette voie comporte un certain risque pour le Luxembourg, attendu que les deux gouvernements ne se soucient guère du Luxembourg »[35].

La crainte de retomber dans l'isolement incite Mayrisch à prendre les devants. En marge d'une conférence des lamineurs de rails réunis dans la capitale française, le 29 mai 1925, il a une « longue conversation » avec Thyssen et Poensgen[36]. Le Luxembourgeois et le benjamin de la dynastie des Thyssen se connaissent. En 1922 par exemple, ils avaient traité ensemble une affaire d'échange de minerais contre du charbon à gaz. À l'époque, le patron allemand avait même caressé l'idée d'asseoir son trafic commercial avec le consortium du Grand-Duché sur des assises plus solides. Il avait offert de relier ses cokeries à Hamborn aux fours et aux centrales électriques des installations Arbed-Terres Rouges du bassin d'Aix-la-Chapelle au moyen d'un gazoduc « long de 120 à 130 kilomètres »[37]. Quant à Poensgen, nous ne savons pas s'il a rencontré Mayrisch pour la première fois à Paris, ou si les chemins des deux métallurgistes se sont déjà croisés auparavant. Il n'empêche, les racines de la famille de Poensgen (ses ancêtres entretenaient plusieurs forges dans l'Eifel toute proche de la frontière grand-ducale), ainsi que

---

[34] HADIR, 1.m.1, procès-verbal de la réunion du 10 avril 1925 entre les métallurgistes lorrains et luxembourgeois.

[35] HADIR, 1.m.1, GISL. [Propos tenus par Mayrisch lors de la] Séance du 16 juin 1925, préliminaire à la réunion du même jour entre métallurgistes lorrains, sarrois, luxembourgeois et allemands pour le contrat d'échange de produits métallurgiques (tractations franco-allemandes).

[36] ARBED, AC.7501, Mayrisch à Vicaire, 2.6.1925.

[37] ARBED, AC.017635, Vehling à Mayrisch, 13.3.1922.

le tempérament posé et conciliant du chef de la Phoenix AG ont dû contribuer à détendre l'atmosphère. Mayrisch finira vite par établir avec lui une « relation étroite qu'on peut assurément qualifier d'amicale »[38].

L'aparté germano-luxembourgeois marque un tournant décisif. Il donne naissance à une première esquisse du *Privatabkommen* qui réglera

l'approvisionnement de nos [groupe Arbed-Terres Rouges] usines rhénanes, c'est-à-dire Felten & Guilleaume, Eschweiler et Terres Rouges[39]. D'après cette proposition, nous serons autorisés à fournir aux dites usines [...], un tonnage pouvant aller jusque [sic] 200 000 tonnes de demi-produits[40]. Sur ce tonnage, ils [cartels allemands] nous ristourneraient 50 % des droits d'entrée. Il est entendu en plus que les quantités que nous pourrons introduire en admission temporaire, c'est-à-dire sans droits, seront déduites des 200 000 tonnes. Ils auront donc un avantage, [...], à ce que le Gouvernement allemand nous facilite dans la mesure du possible l'entrée en admission temporaire. Moyennant cette concession, nous renonçons pour la durée de l'accord à construire en Rhénanie une nouvelle usine ou à remettre en marche notre aciérie Thomas d'Aix.

Il est bien entendu, et le patron de l'Arbed « insiste tout particulièrement » là-dessus, que c'est un accord

qui est intervenu non pas entre les usines luxembourgeoises et le syndicat allemand, mais entre ce dernier et les consommateurs rhénans qui sont Felten & Guilleaume, Eschweiler et Terres Rouges-Eschweiler, au nom desquels j'ai [Mayrisch] traité. Cette combinaison, qui implique des concessions réciproques tout-à-fait [sic] en dehors des tractations en cours entre Allemands, Lorrains, Sarrois et Luxembourgeois, ne saurait donc être invoqués [sic] par ces derniers.[41]

La clause spéciale revêt une importance capitale du point de vue juridique. Elle doit prémunir la Rohstahlgemeinschaft contre toute prétention analogue émanant d'autres firmes non-allemandes. En même temps, elle fournit aux établissements des Aciéries Réunies et des Terres Rouges la garantie que le *Privatabkommen* n'annulera pas le *quantum* sollicité par eux, ensemble avec les autres forges du Grand-Duché, dans

---

[38]   Information fournie par le Dr. Horst Wessel.

[39]   L'idée du pacte privé était venue à Heimann-Kreuser qui, en cherchant une solution viable pour assurer le ravitaillement en matières brutes des filiales entretenues par les Grand-Ducaux dans les centres d'Aix-la-Chapelle et de Cologne, s'était souvenu d'un accord spécial passé jadis, en 1904, entre le Stahlwerks-Verband et les usines Krupp.

[40]   Le *quantum* sera par la suite ramené à 175 000 tonnes.

[41]   Mayrisch à Vicaire, 2.6.1925, *op. cit.* ; ARBED, AC.7501, Thyssen à Mayrisch, 8.6.1925.

le cadre élargi du contingent brigué par les producteurs de l'ancien Sud-Ouest[42].

À l'inverse, il est toutefois clair qu'en dépit du cloisonnement formaliste des deux matières soi-disant indépendantes, le tour de valse de Mayrisch avec les dirigeants de la RSG a forcément dû avoir des conséquences sur les pourparlers généraux en cours. On doit d'ailleurs supposer que le désir d'influencer le dialogue franco-allemand représente après tout un des buts, sinon le but par excellence recherché par les deux parties. En prenant une espèce de pré-option ferme en faveur d'un arrangement à l'amiable entre fabricants, Mayrisch ne vient-il pas par son action individuelle de donner à la question sidérurgique européenne une orientation nouvelle qui inaugure le « début d'une coopération internationale appelée à former le pont qui mènera à une entente sur toute la ligne »[43] ? Le directeur luxembourgeois n'entend du reste « nullement cacher »[44] aux Français l'essence du contrat privé. Il s'empresse au contraire d'initier les principaux leaders du Comité des Forges car, ce faisant, ne les contraint-il pas à imiter son exemple tout en lui reconnaissant par surcroît un rôle pilote dans l'illustre ronde des métallurgistes franco-allemands qui, jusqu'à présent, siégeait toujours à l'exclusion des Grand-Ducaux parce que la rue de Madrid et l'administration de la IIIe République désiraient garder la haute main sur le dossier ? Mayrisch possède désormais un « argument » de taille pour s'interposer. La menace latente que l'Arbed pourrait parfaire l'accord sur ses trois filiales rhénanes en pactisant avec les cartels westphaliens afin de régulariser l'ensemble des questions germano-luxembourgeoises pendantes, est suffisamment sérieuse pour inciter les producteurs de l'Hexagone à s'accommoder *nolens volens* de l'intrusion d'une entreprise étrangère dans un débat qu'ils entendaient mener à leur guise.

Quinze jours plus tard, sur la demande de Thyssen, et grâce au soutien d'Aubrun, respectivement du secrétaire général du Comité des Forges de Sarrebruck, Arthur Bommelaer, un ami intime de Vicaire (!), la chambre syndicale de la métallurgie française accepte enfin une conférence internationale en territoire « neutre ». Le rendez-vous est pris pour le 16 juin au siège de l'Arbed. Il débouche sur le Compromis de Luxembourg qui excelle par la modération des exigences lorraines, sarroises et grand-ducales. Avant même l'assemblée plénière, Mayrisch s'est en effet érigé en « compresseur des quotas ». Il a évidemment le

---

[42]   La notion de « bassin du Sud-Ouest » couvre l'espace sidérurgique puissamment intégré de la Sarre, du Luxembourg et de la Lorraine mosellane des temps lorsque les trois territoires faisaient partie du *Zollverein* allemand.

[43]   ARBED, AC.7501, Poensgen à Mayrisch, 17.8.1925.

[44]   Mayrisch à Vicaire, 2.6.1925, *op. cit.*

jeu facile lorsqu'il demande des sacrifices aux forges voisines car, par suite du *Privatabkommen*, la coupe sombre qu'il effectue au niveau des tonnages à expédier en Allemagne touche assez peu sa propre société. Soit, avant l'arrivée des plénipotentiaires de la RSG vers 10 heures du matin, il a réussi son tour de force : dans une réunion préliminaire entre les trois groupes de l'ancien bassin du Sud-Ouest, il rabaisse à 1 550 000 tonnes le contingent sollicité, alors qu'une heure auparavant, Français et Sarrois avaient encore revendiqué 1 875 000 tonnes rien que pour eux[45] ! Sans entrer dans les détails de l'accord à quatre conclu le 16 juin – ceci n'est pas le propos de la présente contribution – retenons simplement qu'à partir du second semestre de l'année 1925, le consortium Arbed-Terres Rouges mise de plus en plus ostensiblement sur les Allemands. Cela ressort notamment du comportement affiché par Mayrisch dans la foulée de l'« arrangement de la Sarre » passé entre Paris et Berlin, le 12 juillet 1925[46].

D'après les dossiers personnels de Mayrisch, il paraît que ledit statut sarrois est en dernière analyse le fruit de la « mauvaise foi »[47] de Serruys et des frères De Wendel qui s'efforcent de torpiller l'accord privé de Luxembourg ou plutôt, à lui substituer une convention gouvernementale qui permettrait à la sidérurgie française de profiter au mieux des avantages retenus par le compromis du 16 juin, sans en admettre les inconvénients[48]. D'aucuns à la rue de Madrid escomptent à vrai dire se débarrasser d'une partie de leurs charges financières aux dépens des industriels du bassin de Sarrebruck en les obligeant de ristourner aux aciéries lorraines entre 20 et 25 % du « bénéfice » réalisé par eux sur la franchise douanière reconnue aux produits sarrois à l'entrée en Allemagne. Au *Stahlhof* de Düsseldorf, les dirigeants de la RSG ne sont bien sûr pas dupes. L'Arbed est au courant. Le 11 septembre déjà, Heimann-Kreuser avait rendu visite au Dr. Peter Mathies du Reichswirtschaftsministerium. Le conseiller de gouvernement lui avait alors spontanément offert de l'accompagner dans une séance de travail où Trendelenburg, devant les représentants de la Wilhelmstraße et les émissaires des différents pays du Reich, faisait le point de la question. Face au raz-de-marée des

---

[45] ARBED, AC.017453, GISL. Séance du 16 juin 1925 ; et HADIR, 1.m.1, compte rendu [de Lemaire] de la réunion du 16 juin 1925 entre les délégués des Industries métallurgiques françaises, sarroises, luxembourgeoises et allemandes en vue de se mettre d'accord sur les exportations de produits métallurgiques en Allemagne.

[46] ARBED, AC.7501, arrangement conclu entre la France et l'Allemagne au sujet des échanges commerciaux du Territoire du Bassin de la Sarre avec l'Allemagne, 11.7.1925.

[47] ARBED, AC.7501, Vicaire à Mayrisch, 15.9.1925.

[48] ARBED, AC.7501, Vicaire à Mayrisch, 31.8.1925 et Heimann-Kreuser à Mayrisch, 12.9.1925.

protestations de la Ruhr, le secrétaire d'État avait déclaré qu'il fallait considérer « la convention de la Sarre [...] comme étant foutue »[49] !

Par suite des nouveaux retards intervenus dans le dossier du contingent, Mayrisch perd patience. Las des éternelles manœuvres dilatoires de la rue de Madrid, il jette par-dessus bord le résidu de loyalisme qu'il éprouvait encore à l'égard de la Grande Nation pour s'aventurer désormais sur la corde raide d'une entente séparée entre les Allemands et son propre groupe, à l'exclusion même des autres forges du Grand-Duché ! Outre un *Sonderabkommen*[50] pour ses usines du Luxembourg, il entame simultanément des pourparlers en vue de négocier le ralliement de Burbach aux *Verbände* westphaliens. Le temps presse, car dans le territoire administré par la SDN, les événements se précipitent : les Röchling de Völklingen viennent de rompre définitivement avec les industriels français engagés en Sarre[51], tandis que les premières rumeurs sur la vente imminente des parts de Nord et Lorraine dans le Neunkircher Eisenwerk au groupe allemand d'Otto Wolff font entrevoir un prochain renversement des rapports de force au sein du Comité des Forges de Sarrebruck[52]. Inutile de préciser : si Burbach restait à l'écart, la filiale de l'Arbed menacerait d'être devancée par ses concurrents... et d'obtenir finalement des conditions moins avantageuses au moment de son adhésion à la RSG qui, tôt ou tard, deviendra de toute façon inéluctable.

À Paris, le message a été compris. Serruys, De Wendel et consorts sont à présent non seulement conscients qu'il faudra rebrousser chemin et revenir sur le compromis du 16 juin ; ils sont en plus « convaincus qu'il est impossible d'obtenir la mise en vigueur de l'accord de Luxembourg sur la base primitive, [mais] que de sérieuses concessions seront nécessaires de leur côté »[53]. Et puisque, soucieux de garder la face, ils répugnent à s'adresser directement à Thyssen, ils prient, non sans grincer des dents, Vicaire de laisser un petit mot à son supérieur hiérarchique : « M. Mayrisch rendrait aux maîtres de forges français un service qu'ils apprécieraient grandement, en amenant les Allemands à proposer la reprise des pourparlers »[54] ! L'Arbed n'a qu'à se féliciter de la nouvelle tournure. En frayant le chemin aux négociations de l'Entente internationale de l'Acier, son patron finira par s'imposer comme

---

[49]   ARBED, AC.7501, Heimann-Kreuser à Mayrisch, 11.9.1925.

[50]   ARBED, AC.7501, Heimann-Kreuser à Mayrisch, 10.11.1925.

[51]   ARBED, AC.7501, Heimann-Kreuser à Mayrisch, 29.8.1925.

[52]   ARBED, AC.7501, Heimann-Kreuser à Mayrisch, 19.11.1925. Mayrisch semble entretenir d'excellents contacts avec l'industriel Otto Wolff avec lequel, ensemble avec Poensgen, il a passé en octobre 1925 un « arrangement »* séparé consacré aux exportations de rails à gorge. *Ibid.*, Heimann-Kreuser à Mayrisch, 2.11.1925.

[53]   ARBED, AC., s.c., « Vicaire », Vicaire à Mayrisch, 23.1.1926.

[54]   ARBED, AC.7501, Conversation [de Vicaire] avec M. Laurent, 22.12.1925.

l'« irremplaçable »[55] médiateur entre les ennemis d'hier... et réussira à tirer son épingle du jeu.

Conclusion

Que Mayrisch ait progressivement pu échanger son rôle d'*outsider* contre celui d'un acteur-clé sur la scène du grand capital sidérurgique européen est, dans une très large mesure, le fruit du personnel cosmopolite au service de l'empire multinational édifié par la communauté d'intérêts Arbed-Terres Rouges au lendemain du conflit de 14-18. Grâce à leurs multiples contacts de choix auprès des administrations et des chambres professionnelles étrangères, en l'occurrence françaises, sarroises et allemandes, ces cadres supérieurs ont toujours su fournir à leur patron des renseignements de première main en provenance de tous les camps intéressés. Leurs conseils judicieux et leurs jugements lucides font d'eux les vrais pères spirituels de la tactique originale du Luxembourgeois qui, après avoir misé d'abord sur ses relations en Belgique et en France, tourne rapidement casaque pour forger « un maximum de chaînes afin de [se] lier aux messieurs de la Rohstahlgemeinschaft »[56].

Aussi ne faut-il point s'étonner des réactions plutôt véhémentes déclenchées par l'individualisme grandissant de « papa Mayrisch »[57] dont le mythique « génie de conciliation »[58] consiste en réalité à tirer le meilleur parti de son réseau étoffé d'informateurs pour dresser les différents protagonistes de la question sidérurgique européenne les uns contre les autres. Sa politique peu respectueuse des rapports de force consacrés à Versailles alarme non seulement la diplomatie à Bruxelles, qui « s'inquiète vivement »[59] du changement « d'orbite économique » effectué par le petit partenaire UEBL[60], ses menaces à peine voilées de substituer aux conversations multilatérales un marchandage contracté en sous-main par les Aciéries Réunies et la RSG donne du fil à retordre également aux dirigeants du Comité des Forges et du ministère du Commerce à Paris. Sans prononcer ouvertement le mot, d'aucuns aux bords de la Seine parlent à l'époque de trahison ! Les rapports confidentiels de Vicaire à son supérieur hiérarchique en disent long : « à un certain moment, plusieurs experts [Serruys, De Wendel, etc.] semblaient

---

[55] J. Bariéty, « Le rôle d'Émile Mayrisch entre les sidérurgies allemande et française après la Première Guerre mondiale », in *Relations internationales*, n° 1, 1974, p. 134.

[56] ARBED, AC.7501, Heimann-Kreuser à Mayrisch, 14.10.1925.

[57] C. Paillat, *Dossiers secrets de la France contemporaine*, t. 2, *La victoire perdue (1920-1929)*, Paris, Imp. Victor Buck, 1980, p. 173.

[58] J. Schlumberger, « Émile Mayrisch », in *Amis de Colpach*, Luxembourg, 1978, p. 37.

[59] *Luxemburger Tageblatt*, édition du 3.7.1925.

[60] MAEB, B.12, Nieuwenhuys à Vandervelde, 3.12.1925.

reprocher à notre société d'avoir rompu l'alliance [...] en faisant avec les Allemands un arrangement séparé »[61]. Mayrisch l'échappe finalement belle, en partie parce que ses détracteurs ont entre-temps trouvé en les propriétaires français de Neunkirchen un autre bouc émissaire auquel ils imputent l'effondrement de « l'unité de front » franco-sarrois, mais aussi parce que le directeur général de l'Arbed, en dernière minute, a laissé tomber son projet d'un *Sonderabkommen*, à condition que la rue de Madrid accepte l'intégration de sa filiale de Burbach dans les cartels allemands[62] !

---

[61] ARBED, AC.7501, note [de Vicaire] pour M. Mayrisch, 19.1.1926, *op. cit.*
[62] ARBED, AC., s.c., « Vicaire », Vicaire à Mayrisch, 23.1.1926, *op. cit.*

Les réseaux de l'industrie sidérurgique pendant les années 1930

Deux exemples croisés entre la France et l'Allemagne

Françoise BERGER

Université Paris I

Avant d'esquisser une typologie des réseaux de la sidérurgie dans les années 1930, en prenant deux exemples croisés entre France et Allemagne, il convient de se demander si l'on peut véritablement parler de « réseaux » entre les patrons européens de l'acier, au cours de cette période.

Ceci conduit à une réflexion sur la notion de réseau et sur le caractère opérant de son usage dans le cas de l'industrie sidérurgique, pour les années 1930. Autrement dit, est-il possible de combiner une approche de type sociologie structurale avec une approche historique ? La notion de réseaux est une approche intellectuelle stimulante car elle permet – et oblige – à formaliser les liens, en mettant si possible en évidence le passage d'un réseau personnel à un réseau professionnel structurel. On ne peut donc qu'attendre des avantages d'un déplacement d'une problématique de la sociabilité à celle des réseaux[1]. Cette approche passe nécessairement par une étude assez précise de l'infrastructure et de la superstructure de ces réseaux, à commencer par les fondations nationales qui permettent leur construction à l'échelle européenne.

I. Les fondations nationales des réseaux européens de l'acier

Ceci conduit à aborder une première partie sur les réseaux nationaux des sidérurgistes qui sont des réseaux d'influence et de contrôle de trois natures : professionnels, associatifs et privés.

---

[1] P. Dujardin, « De l'histoire à la sociologie – tours, détours, retours ? », in *Cahiers IHTP*, n° 20, mars 1992, pp. 22-29.

A. Les réseaux professionnels

Les dirigeants de l'industrie de la sidérurgie, en France, sont fortement identifiés à leur secteur[2] : ils y ont, dans la presque totalité des cas, fait toute leur carrière. De même, la fidélité à l'entreprise, pour la période de l'entre-deux-guerres, est grande. De ces habitudes découlent une grande stabilité et un réseau de dirigeants de taille assez restreinte, y compris à l'échelle européenne. Celui-ci bénéficie de ce fait d'une grande continuité d'action et d'une excellente connaissance interne de ce milieu.

Dans l'entre-deux-guerres, les principaux dirigeants de la sidérurgie, en Allemagne comme en France, occupent les places les plus importantes dans les syndicats professionnels et dans les comptoirs : autrement dit, ces places ne sont pas de simples positions honorifiques, mais elles leur permettent de contrôler réellement l'activité du secteur, à l'échelle nationale, régionale et sectorielle (comptoirs par produits).

1. Les organisations patronales françaises

Le patronat français s'est assez récemment organisé. Il n'a en effet commencé à former corps qu'à partir de 1919, date à laquelle se crée la Confédération générale de la production française (CGPF). Si celle-ci bénéfice alors d'une quasi-exclusivité de représentation vis-à-vis des pouvoirs publics, elle est largement dominée par les organisations professionnelles du fer et de l'acier : dans les années 1930, « les » patrons français, ce sont les sidérurgistes et c'est souvent avec le Comité des Forges que les pouvoirs publics négocient directement, en tant que puissance patronale dominante.

Le Comité des Forges est en effet une des associations patronales les plus anciennes (1884). C'est, dans les années 1930, la plus puissante organisation de l'industrie française car elle regroupe tous les établissements sidérurgiques et métallurgiques du territoire français, ce qui représente environ 20 % de la main-d'œuvre industrielle[3]. Elle a donc d'une position de force au sein de l'industrie depuis les années 1920. Son influence politique est grandissante depuis la Première Guerre mondiale.

---

[2] H. Joly, *Patrons d'Allemagne. sociologie d'une élite intellectuelle, 1933-1989*, Paris, 1996, p. 101 : « Le degré d'appartenance à un métier reste particulièrement élevé pour des dirigeants de ce niveau. Leur identité de représentants de leur groupe professionnel semble l'emporter sur celle du membre du directoire. Ils se définissent plus comme patrons des chercheurs ou des vendeurs que comme managers. Ils sont proches de leurs pairs par leur formation et leur carrière ».

[3] Pour 1926, les chiffres étaient les suivants : 7 202 000 personnes employées dans l'industrie, dont 1 491 374 hommes et 139 847 femmes dans l'ensemble de la métallurgie, soit 20,7 % ; AA/ Botschaft Paris/ VI.7/ 708a/ dossier sur le Comité des Forges, s.d. [env. juillet ou août 1933].

Au sein du gouvernement, comme dans le personnel diplomatique, on trouve des membres du Comité des forges : les liens avec le pouvoir politique sont souvent directs. Le Comité des Forges a donc eu une certaine influence politique, et très vraisemblablement sur la politique allemande de la France au cours des années 1920 et 1930, même s'il ne forme pas un groupe stratégiquement uni. C'est de plus une grande puissance financière puisqu'elle était évaluée à un montant de 70 à 80 milliards de francs dans l'entre-deux-guerres. François de Wendel en est le président durant tout l'entre-deux-guerres, mais les autres membres de la Commission, qui sont une trentaine, n'y ont pas un rôle de simple représentation. De puissants chefs d'entreprise tels que Théodore Laurent (du groupe Marine, dont il est le vice-président) avaient évidemment leur mot à dire.

Le Comité des Forges a créé des réseaux professionnels à larges ramifications. Il a joué un rôle primordial dans l'activité économique et financière du pays tout entier, non seulement par la qualité des personnalités qui le composaient et qui étaient, par une présence multiple, représentatives des principales entreprises, mais aussi des multiples comptoirs et ententes et de toutes les organisations de producteurs[4]. Par ailleurs, on note peu de changements d'hommes entre le début et la fin des années 1930 : c'est une époque où les carrières sont longues. C'est le cas pour Théodore Laurent, qui a connu une carrière d'une durée exceptionnelle. De nombreux organismes financiers et banques se trouvent en liaison étroite avec le Comité des forges et François de Wendel représente ses intérêts à la Banque de France. Le Comité représente aussi les intérêts généraux du patronat dans les questions du travail. Il a un représentant au Bureau international du Travail de Genève et s'y exprime au nom de tous les employeurs français[5]. Il travaille souvent en étroite collaboration avec les associations des autres branches industrielles tels le Comité des Houillères, le Comité de l'industrie électrique ou le trust du chemin de fer.

On comprend donc aisément la puissance et l'efficacité des larges et denses réseaux professionnels sur lesquels peuvent s'appuyer les principaux dirigeants de ce secteur.

---

[4]   L. Chebalme (secrét. de la Féd. des métaux), « Le Comité des Forges », in *Banque et Bourse*, août-sept. 1939, p. 61.

[5]   On dit qu'il y aurait adopté un point de vue bien plus intransigeant que les gros industriels allemands ou britanniques ; AA/ Botschaft Paris/ VI.7/ 708a/ *ibid.*

2. Les organisations patronales allemandes

Face au patronat français, le grand patronat industriel allemand représentait dans l'entre-deux-guerres une puissance économique encore plus considérable, par sa concentration très poussée, et une réelle force grâce à sa très efficace organisation professionnelle, le Reichsverband der deutschen Industrie (RDI, fondé en 1919). En son sein, de façon comparable à la CGPF en France, ce sont les sidérurgistes qui y ont un rôle essentiel et qui la dirigent. Selon un mode typiquement allemand, le RDI s'appuie sur une double structure, nationale et régionale. Au sein de la structure nationale, divisée par secteurs, s'est développée la section de la sidérurgie (Fachgruppe der Eisen schaffende Industrie), fondée en 1919. Depuis 1929, son président est Ernst Poensgen, directeur des Vereinigte Stahlwerke ; son gérant est J.W. Reichert. Ces deux hommes, peu connus en France, ont réellement été les pivots de la sidérurgie allemande dans les années 1930 et ont joué un rôle majeur, y compris pendant la guerre.

Mais à côté du RDI, s'était aussi développée, depuis très longtemps (entre 1874 et 1882), une structure sectorielle, divisée en cinq groupes régionaux : l'Association des industriels de l'acier (Verein deutscher Eisen und Stahl Industrieller, VESI). Son conseil national est composé de cinq personnes dont le gérant J.W. Reichert et Ernst Poensgen, qui en prend la présidence en 1933[6]. S'il n'y a pas confusion d'organisation, il y a cependant confusion de représentation, puisque le gérant et le président du Fachgruppe du RDI et celui du VESI sont les mêmes personnes. Les sidérurgistes allemands sont également regroupés au sein de plusieurs syndicats sectoriels pour la vente et l'on y retrouve bien évidemment les mêmes noms que précédemment parmi les dirigeants, en particulier Ernst Poensgen, respectivement vice-président du Syndicat de l'acier brut (Rohstahlgemeinschaft) et président du Syndicat des produits A. On voit là un cumul de responsabilités déjà rencontré du côté français.

Ce qui est plus étonnant, c'est la continuité des hommes au cours des années 1930 et la continuité des structures : la nouvelle organisation de la production étatisée, mise en place en 1934, le Reichsgruppe Industrie, est d'une structure proche du précédent RDI. Le nouvel organisme du Reich chargé de la sidérurgie, le Wirtschaftsgruppe Eisen schaffende Industrie (WESI), est également organisé de la même façon que le précédent syndicat patronal, à la différence près qu'il n'a plus d'existence autonome mais qu'il est entièrement intégré dans la structure étatique, les syndicats n'étant plus autorisés. Mais les hommes restent les

---

[6]   BA/ R 13 I/ 5.

mêmes : le président du WESI est Ernst Poensgen, et ce jusqu'en 1942 ; le responsable au ministère de l'Économie est J.W. Reichert.

3. D'autres structures professionnelles

Les chambres de commerce et d'industrie nationales et régionales sont également des structures professionnnelles d'importance au cœur des réseaux professionnels de la sidérurgie. Elles constituent un support indispensable et sont aussi, en grande partie, contrôlées par les sidérurgistes. En France comme en Allemagne, elles ont surtout une structure régionale, et bien entendu, les chambres de certaines régions sidérurgiques, comme la Rhénanie Westphalie ou la Lorraine, ont une représentativité bien plus grande que la moyenne.

L'influence est également recherchée sur le terrain des entreprises : ainsi les principaux dirigeants cumulent un nombre très important de sièges en conseil d'administration et, le plus souvent, dans des positions-clés (président, vice-président), comme le montrent les exemples ci-après.

B. L'exemple de deux personnalités majeures

Parmi les dirigeants du secteur sidérurgique, ceux qui sont liés directement aux relations franco-allemandes forment un groupe très restreint d'hommes, mais omniprésent. Deux exemples croisés ont été choisis ici, ceux de Théodore Laurent et d'Ernst Poensgen.

1. Théodore Laurent (1863-1953)

Théodore Laurent est une forte personnalité de la sidérurgie française. Issu d'une grande famille, il suit la formation la plus prestigieuse (X-Mines) et commence, selon une tradition française établie, une courte carrière administrative. C'est là l'occasion de créer un réseau de relations dans les grands corps de l'État, après celui des anciens X et Mines. Il entre ensuite comme ingénieur dans des Cies de chemins de fer : c'est dans ces fonctions qu'il fait la connaissance des principaux dirigeants de l'industrie française et c'est ici qu'il faut situer le début d'un réseau professionnel personnel. À partir de 1908, il fait carrière dans la Cie des forges et aciéries de la Marine et d'Homécourt, où il accède ensuite aux plus hautes fonctions, dans lesquelles il bat des records de longévité.

Il s'investit dans des charges de représentation de la profession – en France et à l'étranger – et devient vice-président du Comité des forges en 1928. Il joue le rôle principal pour la création des comptoirs français et, jusqu'en 1934, le Comptoir sidérurgique de France et ses comptoirs associés sont sous sa présidence. Il est enfin véritablement omniprésent dans les conseils d'administration des sociétés de l'industrie française et des banques : il détient en effet le record avec quarante et une places d'administrateur, dont la présidence de douze sociétés et la vice-présidence de six autres.

2. *Ernst Poensgen (1871-1949)*

Méconnu en France, Ernst Poensgen porte aussi l'une des plus importantes responsabilités dans l'industrie allemande, en tant que dirigeant du plus gros *konzern*, les Vereinigte Stahlwerke, et un rôle professionnel national et international essentiel. Il appartient à une très ancienne famille d'industriels. Après des études d'ingénieur, il commence sa vie professionnelle dans la sidérurgie. Pendant la Première Guerre mondiale, il travaille à l'administration civile pour la Belgique, à Bruxelles. Lui aussi a donc créé des liens avec la haute administration.

En 1935, il accède au sommet de sa carrière avec un cumul impressionnant de postes à hautes responsabilités : entre autres, il est président de la Rohstahlgemeinschaft, directeur général des Vereinigte Stahlwerke, mais il est aussi nommé, en 1935, directeur du WESI et du groupe Nord-ouest du Reichsgruppe industrie, les deux organismes publics qui remplacent les instances syndicales. Il est également membre de très nombreux conseils d'administration, essentiellement dans la sidérurgie. Il est enfin directeur du département industrie de la Chambre de commerce de Düsseldorf.

On peut donc parler de réseaux professionnels nationaux, très denses, qui permettent des liens très serrés et d'une grande continuité, dans les deux pays. Ils disposent d'une tête de réseau nationale très solide, s'appuyant sur un tout petit cercle d'hommes de très haute qualité professionnelle et humaine. On constate en effet cette omniprésence dans l'infrastructure professionnelle nationale des plus grands dirigeants : leur action au quotidien est presque aussi importante dans ces structures, qu'au sein de leur propre société.

C. Les réseaux privés

1. De type familial

Les réseaux privés auxquels appartiennent les patrons de la sidérurgie relèvent plus d'une appartenance aux élites en général et à leur mode de vie, qu'à des critères spécifiques au secteur. On y retrouve un système social fermé très classique qui permet la reproduction de ces élites. La fermeture y est sans doute plus grande que dans d'autres secteurs professionnels.

Les réseaux familiaux jouent un rôle majeur dans un milieu marqué par des stratégies matrimoniales fortes[7]. On a affaire le plus souvent à des héritiers, même si quelques contre-exemples de valeur existent (tels que Léon Daum ou Wilhelm Zangen, pour ne citer qu'eux)[8]. Théodore Laurent comme Ernst Poensgen sont issus de la très haute et très ancienne bourgeoisie industrielle : ce sont des héritiers du plus pur type.

2. Les liens avec les réseaux du pouvoir politique

Si les dirigeants de la sidérurgie ont créé, par leur carrière ou par les circonstances, des liens étroits avec la haute administration, non sans rapport avec les milieux politiques, cependant l'engagement politique n'est pas un trait caractéristique du grand patronat de la sidérurgie, allemande ou française, de l'entre-deux-guerres. Certes, on y trouve des députés des deux côtés du Rhin, mais les individus engagés sont minoritaires dans ce milieu.

En France, on a noté des liens assez étroits avec les milieux politiques, mais peu d'activisme direct. La tradition politique patronale s'inscrit dans un paternalisme hérité de la fin du XIXe siècle et elle est surtout vraie pour la Lorraine. Politiquement, tous les partis de l'extrême droite jusqu'à l'aile la plus extrême des radicaux sont représentés au sein du Comité des forges. Il faut donc relativiser la puissance du pouvoir d'influence politique du Comité des Forges en tant que tel, car les opinions divergentes ne permettaient pas, en son sein, une stratégie unitaire et efficace. Pourtant, dans les années 1920 comme dans les années 1930, certains membres des gouvernements successifs sont considérés comme étant très proches du Comité, mais il s'agit évidemment aussi d'un phénomène sociologique. Il faut donc lui reconnaître une certaine influence dans la vie politique française, indirectement, par milieux d'affaires interposés, mais aussi directement, puisque dans les années 1930, une quarantaine de membres du Comité des Forges, en tant que membres de la direction d'une entreprise du secteur, sont également des parlementaires[9]. Cependant, leur influence s'exerce essentiellement à l'échelle locale (cf. le cas de François de Wendel)[10]. Théodore Laurent,

---

[7]   J.-M. Moine, *Les maîtres de forge de Lorraine du milieu du XIXe aux années 30*, thèse de l'Université de Nancy II, 1987.

[8]   F. Berger, « Les patrons de l'acier en France et Allemagne face à l'Europe (1930-1960) », in É. Bussière et M. Dumoulin (dir.), *Milieux économiques et intégration européenne en Europe occidentale au XXe siècle*, Arras, Artois Presses Université, 1998, pp. 179-195 ; *id.*, *La France, l'Allemagne et l'acier (1932-1952). De la stratégie des cartels à l'élaboration de la CECA*, thèse de l'Université de Paris I (dir. R. Frank), 2000, chap. 3, à paraître.

[9]   AA/ Botschaft Paris/ VI.7/ 708a/ *op. cit.*

[10]   J.-N. Jeanneney, *François de Wendel en république, l'argent et le pouvoir, 1914-1940*, Paris, 1976 ; D. Woronoff, *François de Wendel*, Paris, 2001.

même s'il fréquente évidemment les plus hauts milieux de la politique, n'a jamais cherché à s'y engager directement. Son action passe par d'autres réseaux.

En Allemagne, les sidérurgistes sont politiquement plutôt anti-républicains, et ils sont également assez peu engagés directement dans les affaires politiques. Dans l'ensemble, les grands dirigeants de la sidérurgie allemande ont des positions politiques beaucoup plus conservatrices et nationalistes que leurs collègues français[11]. Si, à partir de 1933, tous les sidérurgistes de premier rang ont dû obligatoirement, pour obtenir la place qu'ils avaient ou s'y maintenir, faire des compromis plus ou moins grands avec les nazis, la diversité des opinions et des attitudes politiques était assez grande parmi les sidérurgistes, avant et après cette date. Ernst Poensgen s'est toujours dit détaché des choses politiques, même s'il s'était engagé largement pour Brüning et sa politique. Il semble qu'il soit très redevable à Schacht d'avoir pu garder, sous le gouvernement nazi, les postes qu'il occupait auparavant sous la République. Il détient un simple poste de conseiller municipal de Düsseldorf.

3. La recherche d'influence à travers la presse

Par contre, la recherche d'une influence politique indirecte est générale. Elle s'opère souvent à travers des cercles privés amicaux ou familiaux. Elle se diffuse au moyen d'une presse en partie sous influence, sinon sous contrôle[12]. Les sidérurgistes allemands se permettent un contrôle beaucoup plus serré de la presse généraliste et spécialisée, considèrent le fait comme normal, et semblent croire qu'il en est de même en France, ce que nient leurs collègues français. En Allemagne, la presse spécialisée était logiquement contrôlée de près par le patronat et celui-ci s'en cachait beaucoup moins qu'en France (*Deutsche Bergwerks-Zeitung, Stahl und Eisen*). Mais les journaux généralistes n'échappent pas à l'emprise de l'industrie lourde (*Deutsche Allgemeine Zeitung*). En France ce contrôle est beaucoup plus secret quand il existe. Sont dénoncés comme plus ou moins sous influence des milieux de la sidérurgie française : *Journal des Débats, Le Temps, le Bulletin Quotidien*[13], *Le Matin*, etc.

4. Les structures associatives : un exemple, le Rotary Club

Les dirigeants français et allemands de la sidérurgie appartiennent également à des associations privées diverses et nombreuses, mais

---

[11] F. Berger, *La France, l'Allemagne et l'acier (1932-1952), op. cit.*, chap. 3.

[12] J.-N. Jeanneney, *L'argent caché. Milieux d'affaires et pouvoir politique dans la France du XXe siècle*, Paris, 1981.

[13] Une émanation directe du Comité des Forges.

d'importance inégale. Parmi les lieux où s'activent ces réseaux, se trouve le prestigieux Rotary Club. Les sidérurgistes en étaient massivement membres, en France comme en Allemagne, sans doute plus encore dans ce dernier pays[14]. En Allemagne, le premier club s'ouvre en 1927 (dans la Ruhr, en 1930 : le premier à Düsseldorf, les suivants à Duisburg, Essen, Bochum et Dortmund). C'est donc un maillon important du réseau des sidérurgistes de la Ruhr. En France, la création en est plus précoce : elle se fait à Paris, dès 1921, mais il faut attendre 1929 pour voir se créer un club en Lorraine (Nancy).

Comme d'autres structures, ce réseau privé constitue aussi un réseau d'appui pour des liens professionnels privilégiés et il est très certain qu'au cours des dîners et autres réunions, on y parle affaires. Pourquoi s'intéresser particulièrement au Rotary ? Parce qu'il a une structure internationale et que, dans les années 1930, se sont mis en place des comités inter-pays. Or il n'est pas anodin de constater que le premier de ces comités inter-pays est le comité franco-allemand, dit « Petit Comité ». Les clubs Rotary France et Allemagne sont en effet les premiers au monde à créer un comité bilatéral, fondé lors de la première conférence rotarienne européenne en 1931 à La Haye.

La première rencontre franco-allemande date du 30 juin 1931. Jusqu'en 1937, le comité se réunit cinq fois seulement, parfois avec quelques difficultés, mais ceci recouvre le début d'une action concrète sur le terrain, avec des rencontres en France et en Allemagne de plusieurs dizaines de membres, souvent autour d'une conférence[15]. Si les grands noms de la sidérurgie française et allemande n'apparaissent pas parmi les présidents, il est à parier qu'un bon nombre d'entre eux participaient aux rencontres, au moins par souci symbolique. Ce dont nous sommes assurés, c'est que l'on y trouvait beaucoup d'industriels, mais il est difficile de trouver des renseignements plus précis. Ce petit comité se réunit pour la dernière fois à Besançon en 1937, avant la fin de son existence en raison de la dissolution du Rotary Club par Hitler, la même année[16].

Ceci nous permet une transition vers les autres structures franco-allemandes et européenne existantes dans l'entre-deux-guerres, dont les sidérurgistes sont des membres sinon toujours actifs, du moins présents.

---

[14] Entretien téléphonique avec Charles Schneider (président français du CIP France-Allemagne du Rotary International), 15 juillet 2002, et correspondance d'Émile Rijcken, gouverneur du district 1900 (Essen) du Rotary Club allemand, 2 août 2002. Source complémentaire : *Le Rotarien*, n° spécial France-Allemagne, déc. 1971.

[15] Lors de la convention de Nice du Rotary International (6-11 juin 1937), un grand déjeuner franco-allemand réunit plus de 400 Rotariens des deux pays.

[16] En France, ce club, qui comprend beaucoup de juifs et de francs-maçons, est dissout par le régime de Vichy en 1940.

II. Les réseaux franco-allemands et européens

A. Les comités franco-allemands et pro-européens

Ces comités divers, d'initiative privée, relèvent d'un engagement individuel, encore que l'on y sert aussi de représentant de la profession. À la fin des années 1920 se sont ainsi créées un certain nombre d'associations franco-allemandes et européennes, d'objet divers ; d'autres se créent au début des années 1930, dont quelques-unes à visée économique. C'est dans celles-ci que l'on retrouve les sidérurgistes français et allemands.

1. Le Comité Mayrisch

Il existait, depuis 1926, le fameux Comité d'étude franco-allemand, dit Comité Mayrisch, du nom de son président[17]. Les patrons de l'acier ont joué au sein de cette association un rôle non négligeable dans les tentatives de rapprochement franco-allemand et européen. Dans cette première association franco-allemande à visée économique, parmi les nombreux financiers et industriels, les sidérurgistes français étaient éminemment représentés (4 sur 31 membres), dont Théodore Laurent ; René Duchemin, président de la CGPF et président des établissements Kuhlmann ; Du Castel[18], de chez Schneider ; et Charles Laurent, président du Conseil de direction de l'UIMM. À leurs côtés, de nombreux autres industriels, dont Étienne Fougère[19], mais aussi des hommes d'origines diverses, économistes et intellectuels. Au total, 31 membres de 1926 à 1930.

Côté allemand, les sidérurgistes étaient en proportion plus grande (6 sur 33), dont Ernst Poensgen (Vereinigte Stahlwerke), le baron Tilo von Wilmowsky (Krupp)[20], Bruhn (Krupp), Haniel (Gutehoffnungshütte), Fritz Thyssen, Otto Wolf et Frowein (vice-président du Reichsverband der deutschen Industrie). Sur un total de 33 membres, on trouvait, à côté d'autres hommes d'affaires dont Max Warburg, de la célèbre banque, quelques hommes politiques dont E.R. Curtius et von Papen. Avec la crise, le rôle du Comité s'affaiblit de plus en plus, même s'il enregistre

---

[17] Émile Mayrisch, président de l'Entente internationale de l'acier et de la société sidérurgique Arbed ; F. L'huillier, *Dialogues franco-allemands 1925-1933*, Strasbourg, 1971.

[18] Il sera, à partir de 1934, le successeur de Théodore Laurent à la présidence du Comptoir sidérurgique de France.

[19] Le président de l'Association nationale d'expansion économique et président de la Fédération internationale de la soie, membre aussi du comité franco-allemand du Rotary et à l'initiative du Comité d'entente internationale, cf. *infra*.

[20] Président du conseil de surveillance de Krupp et beau-frère de Gustav Krupp.

encore jusqu'en 1933 de nouvelles adhésions[21]. Cependant ce comité n'eut pas vraiment les résultats escomptés et resta au long des années 1930 « un lieu de réunion entre gens de bonne compagnie dont les décisions ne dépassaient guère les murs »[22].

2. Le Comité fédéral de coopération européenne

Parmi ces associations se trouve aussi le Comité français de coopération européenne, fondé en 1927. Sur son modèle se créent d'autres comités dans les principaux pays d'Europe, dont l'Allemagne, qui se regroupent en 1928 en un Comité fédéral de coopération européenne[23]. Tout en visant une approche européenne des problèmes, il prône avant tout un indispensable rapprochement franco-allemand, préalable à toute entente européenne. L'idée principale, à défaut de trouver un mouvement de masse pro-européen qui n'est pas dans l'air du temps, est de fédérer, dans chaque pays d'Europe, un petit groupe d'élites influentes sur les décideurs politiques. On trouve donc ici aussi une structure nationale forte sur laquelle s'appuie la structure européenne. Figurent dans le Comité français de nombreuses personnalités politiques de toutes obédiences, mais aussi des ressortissants du monde des affaires, des universitaires, des pacifistes. Le diplomate André François-Poncet, réputé proche des milieux de la sidérurgie, en fait partie.

3. Le Comité d'entente internationale (dit Comité Fougère)

Créé en juillet 1931, d'initiative privée (Étienne Fougère), le Comité d'entente internationale définit comme objectif essentiel une entente franco-allemande « très souhaitée à Paris ». Cette initiative est en effet largement approuvée par le Quai d'Orsay, mais également par le ministère allemand des Affaires étrangères. Dans un premier temps, le Comité ne comprend que des membres français et avant de l'ouvrir à d'autres pays, Fougère souhaite d'abord la constitution en Allemagne d'un Comité équivalent, « parce qu'il considère qu'une entente internationale a comme condition préalable une entente franco-allemande »[24]. On retrouve donc ici les priorités des deux comités précédemment évo-

---

[21] R. Frommelt, *Paneuropa oder Mitteleuropa*, Stuttgart, 1977.

[22] A. François-Poncet, in L. Lefol (dir.), *Théodore Laurent, l'industriel, l'homme*, Paris, 1955, p. 126. C. Barthel relativise aussi l'importance de ce comité dans le rapprochement européen ; voir sa contribution « Émile Mayrisch et les dirigeants de l'Arbed entre la Belgique, la France et l'Allemagne. Rivalités et complicités (1918-1925) », *supra*.

[23] Sur ce Comité, voir les articles J.-M. de Guieu, « L'engagement européen d'un grand mathématicien français », in *Bulletin de l'Institut Pierre Renouvin*, n° 5, été 1998, ainsi que « Le Comité fédéral de coopération européenne », *http//jmguieu.free.fr/EUROPE/Comite_federal.htm*.

[24] AA/ R 70576 / Lefeuvre à Ritter, 30 juillet 1931, *ibid.*

qués. Dans la liste des trente membres fondateurs du Comité se trouvent treize industriels dont, pour la sidérurgie, Théodore Laurent que l'on n'est pas étonné de trouver là. On y relève également les principales personnalités du moment : Duchemin (CGPF), de Peyerhimhoff (Comité des houillères de France), Dalbouze (Fédération des industries mécaniques) et Régis de Vibraye (secrétaire général du Comité Mayrisch). On voit donc que ce nouveau Comité semble la relève du précédent, avec sans doute un souhait de plus grand élargissement dans le futur.

4. La Commission économique franco-allemande

Parfois aussi, c'est à l'initiative publique que l'on doit la création de certaines structures mixtes de rapprochement franco-allemand et européen. Ainsi, les ministres français (Laval et Briand) et allemand (Brüning) se rencontrent à Berlin en septembre 1931 et publient une résolution affirmant que leur but essentiel est d'établir entre leurs pays des relations suivies et confiantes. La crise doit obliger les deux pays à s'associer encore plus qu'avant dans le domaine économique, en particulier par la recherche de nouvelles ententes industrielles[25]. Dans ce but, ils décident de créer un organisme spécial, avec une Commission composée de représentants des administrations intéressées et de représentants des diverses branches de l'économie, parmi lesquels on trouve d'éminents représentants de la sidérurgie, dont Ernst Poensgen. Mais cette structure se révèle de peu d'avenir.

Ce sont avant tout les réseaux professionnels nationaux qui vont aboutir à l'élaboration des structures européennes les plus efficaces et les plus actives. En effet, le pouvoir professionnel national permet d'accéder au pouvoir européen. Ainsi, ce sont encore les mêmes dirigeants que l'on retrouve dans toutes les instances européennes de l'acier.

B. Les associations professionnelles européennes de la sidérurgie

1. L'Entente Internationale de l'Acier

Dans les années 1920 puis 1930 se sont constituées un certain nombre d'ententes internationales auxquelles tous les comptoirs français du secteur concerné participent. Les tentatives d'ententes internationales ne sont pas nouvelles, puisqu'il y en eut dès le début du siècle. Mais les conséquences du premier conflit mondial ont relancé les initiatives européennes pour la reconquête et la stabilisation du marché mondial. Les ententes extérieures élaborées au cours des années 1920 recevaient

---

[25] S. Schirmann évoque des occasions manquées (*Les relations économiques et financières franco-allemandes (1932-1939)*, Paris, 1995).

l'agrément, voire le soutien, des gouvernements. Ainsi, Allemagne, Luxembourg, France, Belgique, Sarre ont conclu, en septembre 1926, la première Entente internationale de l'acier (EIA), en réalité entente européenne. Si l'initiative en revient entièrement aux industriels, les gouvernements suivent d'un œil attentif le déroulement des discussions en cours, informés de très près, surtout du côté allemand, de l'évolution des négociations.

Le précédent cartel est totalement remis en cause par la Grande Crise. Après de très longues négociations, quand est passé le point le plus fort de la crise et que l'on voit se dessiner un premier redressement, un accord cadre est paraphé en février 1933, et en juillet la convention des comptoirs est à son tour signée à Bruxelles[26]. Comme auparavant, les membres fondateurs de la nouvelle EIA sont l'Allemagne, la Belgique, la France, le Luxembourg et la Sarre. Le rôle des hommes y fut majeur, tant pour passer outre les difficultés et reconstituer l'entente que pour assurer sa pérennité et son efficacité jusqu'à l'entrée en guerre.

2. Le rôle des hommes

En tant que spécialiste des cartels internationaux, Ernst Poensgen se trouve en tout premier rang dans les organisations internationales de la sidérurgie qui se créent à partir de 1926 : l'IRMA[27] et l'EIA, dont il est co-fondateur en 1933. Vice-président puis président du groupe allemand, de 1926 à 1939, il devient le vice-président de l'Entente européenne en 1935. Poensgen parle un excellent français et fait preuve avec ses voisins d'outre-Rhin d'une grande proximité d'appréciation des situations dans le domaine professionnel, et d'une bonne habileté diplomatique. Quand il reçoit ses collègues français, belges et luxembourgeois, c'est en français qu'il les accueille et que les conversations se déroulent[28]. Il entretient une correspondance professionnelle avec quelques dirigeants français, en particulier avec Théodore Laurent, qu'il retrouve dans le cadre des différents cartels internationaux. Celui-ci s'entendait visiblement très bien avec son homologue allemand, sur lequel il se montrait « plein de louanges » et qu'il tenait « pour une des personnalités qui [jouissait] le plus d'autorité dans les négociations internationales. »[29]

---

[26] L'accord est signé par Théodore Laurent pour la France, par Aloys Meyer pour le Luxembourg, par le baron Jacques van Hoegarden pour la Belgique, et par Ernst Poensgen pour l'Allemagne, soit exactement par les mêmes personnes qui siègent ensemble depuis des années dans le comité directeur de l'IRMA. MAN/ P 7.55.99.

[27] International Rail Manufacturers Association – Entente internationale des fabricants de rails.

[28] MAN/ P 7.55.58.

[29] BA/ R 13 I/ 269/ VESI/ lettre de K. Böcking à Reichert, 6 février 1933.

Il faudrait aussi évoquer la Chambre de commerce internationale (CCI)[30], qui a joué un rôle déterminant pour le commerce de l'acier. C'est une émanation directe des centrales patronales nationales et des chambres de commerce et d'industrie régionales et les sidérurgistes y sont largement représentés, pour les deux pays.

III. Quel bilan de l'efficacité de ces réseaux ?

A. Des liens constants maintenus malgré les fortes tensions cycliques

Parfois, la pression politique se fait plus grande, comme lors de la crise allemande des paiements de 1931 et lors des tensions chroniques franco-allemandes, au cours des années 1930. Les industriels français et allemands tiennent alors compte, dans les discussions privées, d'objectifs définis par leur gouvernement[31], même s'ils ne l'avouent pas toujours, car d'un côté comme de l'autre, on tente régulièrement de faire pression sur ces industriels. Mais à l'inverse, la tenue régulière de ces négociations privées diverses tend à atténuer, ou au moins relativiser ces tensions bilatérales, sur le terrain économique. Et l'on peut constater l'importance des négociations privées aux yeux des deux gouvernements.

B. La nature des liens franco-allemands chez les sidérurgistes, au sein de ces réseaux ?

À l'occasion de certaines affaires qui peuvent opposer les sidérurgistes et les gouvernements, de l'un ou de l'autre pays, on constate que les liens professionnels sont essentiels et qu'ils peuvent éventuellement passer avant les impératifs publics, ou qu'on les prend au moins en considération dans les décisions qui touchent aux relations bilatérales. C'est ici que l'on voit que les liens personnels qui se sont tissés entre certains décideurs sont d'une grande importance.

---

[30] On se reportera aux travaux de L. Badel, *Un milieu libéral et européen. Le grand commerce français (1925-1948)*, Paris, 1999 ; de J.-F. Eck, « La Chambre de Commerce Internationale : les positions des représentants français », in *Organisations internationales et architectures européennes 1929-1939*, colloque en hommage à R. Poidevin, juin 2001, Univ. de Metz, ainsi qu'aux maîtrises de B. Constantin, *La Chambre de commerce internationale dans l'entre-deux-guerres*, Paris-I (dir. René Girault), 1989 et de L. Bravard, *La Chambre de commerce internationale dans l'entre-deux-guerres (1919-1935)*, Paris-IV (dir. F. Caron), 1991.

[31] C'est du moins ce que disent les Allemands à propos de l'attitude de leurs collègues lors des rencontres qui se poursuivent dans le cadre du Comité franco-allemand. Mais on a pu aussi le noter à de nombreuses autres occasions, et plus souvent du côté allemand.

Il est sûr que les trois frères de Wendel connaissaient parfaitement l'Allemagne, ses mentalités et son système économique. Mais les autres sidérurgistes français ont eux aussi des liens directs avec leurs homologues allemands. Dans le cadre des liens entre leurs syndicats respectifs, Théodore Laurent et Ernst Poensgen échangent des correspondances non seulement pour ce qui les concerne directement, mais ils échangent aussi des informations diverses et des commentaires sur d'autres pays et font diverses démarches pour harmoniser leurs réactions officielles[32]. On peut donc évoquer des liens de nature professionnelle facilités par des affinités personnelles, qui laissent entrevoir un réseau vivant, très actif, au moins à sa tête.

C. Peut-on parler d'une culture européenne, référentiel de ces réseaux ?

Dans l'ensemble, on a pu noter une grande analogie entre patrons français et allemands dans l'approche internationale et européenne des problèmes concernant les marchés sidérurgiques. Au-delà même de ces convergences, il y a aussi une certaine attraction réciproque. Ils ont dans l'ensemble une bonne image de l'autre et chacun en parle le plus souvent la langue[33]. Quel regard chaque groupe porte-il sur l'autre ? Il ressort de l'étude de cette période une impression d'une certaine unité culturelle, une vision commune des dirigeants impliqués dans le cartel européen. Ce sont des hommes qui se comprennent bien, au sens propre du terme, car ils appartiennent à une élite marquée par une culture gréco-latine commune. Ils sont avant tout du même milieu, professionnel et social, même s'ils vivent des réalités très différentes dans leurs pays respectifs.

Le point commun entre les deux pays, c'est bien en premier lieu le milieu social. En général – et cela ne surprend pas – leur origine sociale, très élevée, est plutôt proche. Malgré quelques cas de réussites spectaculaires de personnes issues de milieux assez modestes, c'est bien d'une prédominance d'entrepreneurs familiaux dont il s'agit, pour les années d'avant-guerre. Il fallait donc à la fois être un héritier, être brillant et avoir fait le parcours indispensable. C'est aussi, à même hauteur, le milieu professionnel, très spécifique et comparable à l'échelle européenne, qui est le facteur principal de l'efficacité de ces réseaux de l'acier.

---

[32] BA/ R 13 I/ 271/WESI.
[33] Pour les Français, plusieurs ne parlent pas ou mal l'anglais, alors qu'ils comprennent toujours l'allemand, même si leur expression n'est pas toujours parfaite : ex. Georges Villiers (*Témoignages*, 1978).

D. En résumé, des réseaux efficaces, formant un système tridimensionnel, souple et durable

On peut donc évoquer des réseaux efficaces car de dimension humaine, avec des rencontres fréquentes, dans un milieu intellectuellement et professionnellement homogène. À l'échelle nationale, ils s'avèrent d'une efficacité presque absolue, permettant un véritable pouvoir sur le secteur et sur ses relations avec l'État. À l'échelle européenne, il s'agit davantage d'une efficacité pragmatique sur le contrôle commercial et technique du secteur, mais d'une influence bien plus réduite sur le plan des décisions en matière de relations extérieures des États, même si les réseaux d'initiative privés ont été largement encouragés par les États[34]. En bref, ces réseaux sont de nature essentiellement professionnelle, et ils le restent.

On pourrait schématiser leur structure en parlant d'un système tridimensionnel. Au niveau 1 – inférieur – se situent des fondations nationales très fortes, avec une infrastructure professionnelle très dense et efficace, formant un réseau à maillage serré. Au niveau 2 s'est développée une infrastructure européenne professionnelle qui s'appuie sur les fondations nationales pour étendre son réseau au-dessus des frontières : elle est solide, s'appuie sur des dirigeants de très haute valeur et convaincus de l'intérêt des rapprochements transnationaux, mais le maillage en est plus lâche. On a ainsi les deux éléments formant le cœur du réseau de l'acier à l'échelle européenne : peu visible au grand public mais très efficace car précisément ciblé. Au niveau 3, enfin, coiffant le tout et offrant une bien plus grande visibilité (en quelque sorte, une « vitrine » du réseau), s'est formée au cours des années 1930 une superstructure composée des associations d'initiative privées pour un rapprochement franco-allemand et européen, dans lesquelles les sidérurgistes font œuvre de représentation.

Il s'agit aussi, de manière remarquable dans l'histoire tumultueuse du XXe siècle, d'un système durable et souple : il est peu touché par les diverses tensions que connaît l'Europe au cours des années 1930 ; au moment de la guerre, il se replie sur l'infrastructure nationale ; l'infrastructure européenne reste alors en sommeil, mais elle n'est pas réellement détruite. Enfin, à la reprise des contacts après la guerre, c'est bien par la remise en service de ces liens que l'on passe, même si, pour des raisons conjoncturelles, on n'aboutit pas à ce que l'on souhaitait[35].

---

[34] L. Badel, « Le Quai d'Orsay, les associations privées et l'Europe (1925-1932) », in R. Girault et G. Bossuat (dir.), *Europe brisée, Europe retrouvée*, Paris, 1994.

[35] C'est-à-dire une entente privée et non un organisme supranational ; F. Berger, *La France, l'Allemagne et l'acier, op. cit.*, chap. 9 et conclusion.

Parallèlement se reconstitue aussi la superstructure, avec la création de nouvelles associations pro-européennes et/ou franco-allemandes.

J'ai tenté de montrer dans ma thèse que ce réseau des sidérurgistes, constitué à l'échelle européenne, mais essentiellement appuyé sur les liens franco-allemands[36], avait eu une influence certaine sur les premiers pas de la Communauté européenne. En effet, même si la nature des liens imposés par les premières institutions européennes de la CECA sont de nature tout à fait différente de ceux qui s'étaient créés dans les années 1930 par le moyen du cartel de l'acier, ces derniers ont néanmoins largement concouru, grâce à une étonnante continuité au-delà de la guerre, à la reconstitution rapide d'une confiance professionnelle qui a été – à mon sens – une des bases de la réussite des négociations ayant conduit à la création de la CECA.

---

[36] Sans oublier la Belgique : voir la thèse d'É. Bussière, *La France, la Belgique et l'organisation économique de l'Europe, 1918-1935*, Paris, 1992.

L'industrie sidérurgique belge et ses réseaux dans les années 1950

René LEBOUTTE

University of Aberdeen

I. Un réseau de branche

Si la notion même de réseau est illustrée d'une manière parti-culièrement fructueuse à travers le processus de la construction euro-péenne – il suffit de relire les *Mémoires* de Jean Monnet pour s'en convaincre, il n'en reste pas moins vrai que le rôle des réseaux économiques et en particulier des réseaux d'industriels dans celui-ci reste encore peu connu. En traitant de la sidérurgie belge et de ses réseaux à l'époque de la Communauté européenne du Charbon et de l'Acier, c'est l'analyse des réseaux de « branches » qui est concernée. L'enjeu principal est de mettre en évidence l'importance d'une « culture de branche » dans la formation de représentations collectives et dans le mécanisme des prises de décision vis-à-vis de la construction euro-péenne. À première vue, l'analyse semble plus aisée peut-être que dans le cas de réseaux plus informels et/ou plus vastes. En effet, un réseau de « branche » est, en principe, plus homogène dans sa composition et ses objectifs communs devraient être aisément identifiables. En réalité, nous tendrons de montrer que l'analyse des réseaux de « branches » pré-sentent d'énormes difficultés, heuristiques surtout mais pas uniquement.

Comme tout autre réseau, un réseau de branche ne voit pas le jour comme une fin en soi, mais comme un moyen d'expression et d'action. Il n'existe qu'en fonction d'une mobilisation d'un groupe autour de projets collectifs. Dans le cas de la sidérurgie belge, cette définition est particulièrement appropriée, car le groupe des sidérurgistes poursuit des objectifs précis et fait preuve d'une excellente capacité en matière de stratégie comme de tactique[1].

---

[1]   J. Revel, « L'Europe et sa Culture », in D. Roche (dir.), *Culture et cultures euro-péennes*, Florence, Institut universitaire européen, 1987, pp. 236-246.

Un réseau de branche, comme tout autre réseau, n'est pas un assemblage horizontal, mais vertical, qui comprend au moins trois niveaux : le formel, le plus visible, qui a ses organisations et qui s'exprime publiquement ; l'interne – dont les archives quand elles existent encore et sont accessibles peuvent permettre d'en retracer le fonctionnement – et c'est au niveau interne que s'exerce le mécanisme de négociation, de « conflictualité/consensus » ; enfin, le niveau informel des contacts personnels, des liens d'amitié et familiaux forme le soubassement du réseau. Sur le plan méthodologique, l'analyse de réseaux de branche se heurte plus encore peut-être que pour d'autres réseaux à la difficulté d'atteindre cet échelon non formel des contacts entre membres. La meilleure démonstration en est l'ignorance dans laquelle nous sommes encore du fonctionnement du « Club des sidérurgistes de la CECA ». Le Club, qui a été fondé en 1952 par Pierre van der Rest et d'autres sidérurgistes, comprenait uniquement des industriels. Il se réunissait régulièrement à Luxembourg afin de préparer les prises de position des uns et des autres à l'égard de la Haute Autorité ou des fournisseurs de matières premières. Or, il n'y avait pas de procès-verbaux de ces réunions et le Club n'a jamais rien publié. Le Club entendait rester informel afin notamment de ne pas encourir le reproche de ressusciter l'Entente internationale de l'Acier créée en 1926[2].

Dans le cas de la sidérurgie, la notion de branche nécessite clarification, car la sidérurgie est une branche complexe. Elle est formée de sous-ensembles. D'une part, la branche est dominée par les sidérurgistes, c'est-à-dire les producteurs d'acier brut et de semi-finis qui possèdent de vastes établissements intégrés, dotés d'équipements lourds et requérant d'énormes investissements. Les clients immédiats des sidérurgistes sont les relamineurs, les producteurs de fils, de tubes, de tôles spéciales, qui font partie de la branche « sidérurgie » mais qui ne partagent pas nécessairement les mêmes intérêts que les sidérurgistes. En conséquence quand on parle de la sidérurgie et ses réseaux, il faut garder à l'esprit qu'on a affaire à une constellation dont les composantes peuvent être alliées ou concurrentes, clientes ou sous-traitantes.

La présente analyse porte sur les années 1950 et s'arrête au moment de la création de Sidmar en 1962, car alors le « paysage sidérurgique » belgo-luxembourgeois et donc les réseaux changent profondément. C'est un nouveau chapitre qui s'ouvre alors.

---

[2] Témoignage du patron sidérurgiste français, Jacques Ferry, in P. Mioche, *Jacques Ferry et la sidérurgie française depuis la Seconde Guerre Mondiale*, Aix-en-Provence, Publication de l'Université de Provence, 1993, p. 121. Voir cependant : C. Funck, *Une Europe... un quart de siècle... une sidérurgie... un club... (1952-1977)*, Luxembourg, 1977.

II. Les réseaux de la sidérurgie belge

Bien que complexe, la branche « sidérurgie » a son réseau, son organe officiel – le Comité ou Groupement de la Sidérurgie – qui chapeaute d'autres organisations plus spécialisées : le Groupement des hauts fourneaux et aciéries belges ; le Groupement des relamineurs belges du fer et de l'acier ; le Centre de recherches métallurgiques. Le Groupement de la Sidérurgie a été créé en 1953 en raison même de la naissance de la CECA. Sa mission est de représenter et de défendre les « entreprises sidérurgiques ayant en Belgique des activités de production ou de transformation de l'acier » auprès des instances internationales et européennes[3].

Le Groupement des hauts fourneaux et aciéries belges a, lui, été fondé en 1921-1922 et se compose exclusivement de producteurs d'acier[4]. Quant au Groupement des relamineurs, il fonctionne de manière similaire à celui des sidérurgistes, mais il est moins développé et son histoire est mal connue. Ces deux groupements font partie du Comité ou Groupement de la Sidérurgie belge, qui est présidé durant les années 1950 par Pierre van der Rest. En outre, un réseau régional fonctionnait dans la région de Charleroi : l'« Association des Maîtres de Forges du Hainaut » qui rassemble les entreprises intégrées et les relamineurs[5].

En plus de ces groupements de la sidérurgie, il faut ajouter d'autres organisations. Ainsi, l'a.s.b.l. Fabrimétal – Fédération des entreprises de l'industrie des fabrications métalliques – créée le 26 juin 1946 regroupe la quasi-totalité des entreprises belges, grandes et petites, du secteur des fabrications métalliques. C'est donc une fédération de « clients » des sidérurgistes.

Cette multiplicité de réseaux et leur emboîtement au sein du Comité de la Sidérurgie laissent entrevoir un jeu de forces, de tensions ou d'alliances, qui, il faut l'avouer, échappe largement à la connaissance historique. Aussi notre approche se concentre sur le cœur du réseau, organe puissant et visible : le « Groupement des hauts fourneaux et aciéries belges ». Nous nous efforcerons toutefois d'atteindre d'autres niveaux, celui des entreprises par exemple.

---

[3]   http ://www.steelbel.be/FR/accueil.htm.

[4]   Nous avons dépouillé tous les rapports annuels du Groupement des hauts fourneaux et aciéries belges de 1922 à 1990 qui sont conservés au siège du Groupement de la Sidérurgie, à Bruxelles. Nous y faisons référence comme suit : Groupement des hauts fourneaux, *Rapport de 19--*.

[5]   M. Installé, « L'industrie sidérurgique en Belgique (I) », in CRISP, *Courrier hebdomadaire*, n° 660-661, 15.11.1974, p. 40.

III. Le « paysage sidérurgique belge » dans les années 1950

Au lendemain de la Seconde Guerre mondiale, la géographie de la sidérurgie belge est encore celle héritée de l'ère de la révolution de l'acier dans les années 1865-1900, la grande époque de rayonnement mondial de la sidérurgie wallonne. À l'exception de la S.A. des Forges de Clabecq, seule entreprise sidérurgique intégrée du Brabant wallon, les grands producteurs sont localisés dans les bassins de Liège, de Charleroi et du Centre. Le bassin liégeois compte trois entreprises intégrées : la S.A. Métallurgique d'Espérance-Longdoz ; la S.A. d'Ougrée-Marihaye ; la S.A. John Cockerill, qui a absorbé en 1945 l'entreprise d'Angleur-Athus et qui a donc une division à Athus (province de Luxembourg)[6]. Le bassin du Hainaut comprend Les Usines des Forges de la Providence (qui fusionneront avec Cockerill-Ougrée en 1966) ; la Société métallurgique Hainaut-Sambre, constituée en 1956 par la fusion des Usines métallurgiques du Hainaut et de la Société métallurgique de Sambre et Moselle ; les Aciéries et Minières de la Sambre ; les Usines Gustave Boël, à La Louvière ; la S.A. des Hauts Fourneaux, Forges et Aciéries de Thy-le-Château et Marcinelle. Le bassin compte en outre quatre aciéries avec laminoirs (Société des Usines Gilson, à la Croyère ; Fabrique de Fer de Charleroi à Marchienne-au-Pont ; S.A. des Forges et Laminoirs de Jemappes (appelée aussi « Laminoirs du Ruau ») ; la S.A. des Usines Émile Henricot, à Court-St-Étienne)[7].

Jusqu'en 1962, la sidérurgie belge est en réalité wallonne, mais elle est contrôlée par les milieux financiers bruxellois, en particulier la Société générale et la Banque de Bruxelles[8].

---

[6]   Il faut ajouter des relamineurs et autres entreprises spécialisées dans le traitement de l'acier : Phenix-Works ; Usines à Tubes de la Meuse ; S.A. Tôleries Delloye-Matthieu à Marchin-lez-Huy ; S.A. Laminoirs Deflandre à Soudheid-Embourg.

[7]   « La sidérurgie belgo-luxembourgeoise », in *Usines et Industries*, novembre-décembre 1973, pp. 33-34 ; « Cockerill », in *Usines et Industries*, avril-mai 1975, pp. 37-38 ; C. Reuss, E. Koutny et L. Tychon, *Le progrès économique en sidérurgie. Belgique, Luxembourg, Pays-Bas, 1830-1955*, Louvain, Nauwelaerts, 1960, pp. 106-108.

[8]   En 1958, Cockerill-Ougrée est contrôlée par la Société générale et Cofinindus ; Hainaut-Sambre par Paribas, Lambilliotte, Contibel et Flick ; La Providence par la Société générale ; Espérance-Longdoz par le Groupe Coppée et Schneider, Boël par Boël et Solvay ; Thy-le-Château par la Brufina ; la Fabrique de Fer par Boël. Voir : J.P. Goffin, « De la structure financière 'Charbon-Acier' au sein de l'Union économique belgo-luxembourgeoise », in *Société belge d'Études et d'Expansion, Revue périodique*, n° 182, Liège, août-octobre 1958, pp. 639-653, que l'on préférera à P. Joye, *Les trusts en Belgique. La concentration capitaliste*, Bruxelles, 1960, p. 27 ; W. Diebold, *The Schuman Plan a Study in Economic Cooperation 1950-1959*, New York, Praeger, 1959, p. 360 ; A.S. Milward, *The European Rescue of the Nation-State*, London, Routledge, 1995, p. 53 ; D.L. Burn, *The Steel Industry 1939-1959 : A Study in Competition and Planning*, Cambridge, Cambridge U.P., 1961, pp. 450-451 ; M. Capron, « The State, the Regions and Industrial Redeployment : The Chal-

IV. La spécificité du réseau de la sidérurgie belge

Un réseau de branche comme la sidérurgie lourde offre des caractéristiques spécifiques qui déterminent les prises de position, les décisions stratégiques, mais aussi les représentations que le réseau se fait de lui-même et de l'univers qui l'entoure.

L'élément majeur est sans doute d'ordre symbolique. Dans les années 1950 et 1960, la sidérurgie lourde est encore le symbole de la puissance industrielle d'un pays. Une économie moderne, dynamique, se mesure alors en millions de tonnes d'acier produites par an. La sidérurgie constitue alors le fleuron de l'industrie wallonne et le pilier sur lequel on rêve de bâtir une économie régionale forte, saine, indépendante. Il est vrai que les producteurs wallons couvrent 10-11 % de la production brute d'acier de la CECA entre 1952 et 1970 (tableau 1).

Il suffit de comparer le réseau sidérurgique belge à celui des sociétés charbonnières pour se rendre compte de l'importance du capital symbolique : l'acier, c'est l'avenir, le charbon, le passé. Ce capital symbolique est encore renforcé par la présence au sein du réseau de plusieurs membres de la noblesse et des lignées de « maîtres de forges » : les de Posson, les Coppée (Espérance-Longdoz), les Boël, les Neef (Cockerill). Il y a dans le cas du réseau sidérurgique belge une imbrication remarquable d'un réseau de branche et du réseau social de la noblesse et de la haute bourgeoisie.

La deuxième caractéristique propre à ce réseau est sa longévité. Dans le cas belge, les origines du réseau remontent au moins au milieu du XIXe siècle. Le réseau s'est donc forgé au cours des temps une solide « culture de branche », faite à la fois d'un grand savoir scientifique et technique, d'une vaste connaissance du monde, car il est de tradition chez les maîtres de forges de voyager pour apprendre et entreprendre. À ce propos, les entreprises liégeoises et hennuyères ont largement participé au développement économique de la Russie à la fin du XIXe siècle et la mémoire de ces grandes aventures industrielles reste encore vivace dans cette culture de branche après la Seconde Guerre mondiale. Ce capital culturel a servi à bâtir des représentations dont nous verrons l'importance à propos de l'intégration européenne[9].

---

lenge of the Belgian Steel Crisis », in Y. Mény et V. Wright (eds.), *The Politics of Steel : Western Europe and the Steel Industry in the Crisis Years (1974-1984)*, Berlin, New York, Walter de Gruyter, 1987, pp. 778-780.

[9]   R. Leboutte, *Vie et mort des bassins industriels en Europe, 1750-2000*, Paris, L'Harmattan, 1997, pp. 244-247.

Tableau 1. Production d'acier brut dans l'Europe des Six (1952-1970)
(en milliers de tonnes)

	Belgique	Luxem-bourg	UEBL(*)	Pays-Bas	Europe des Six – CECA.	Importance de la production belge dans la CECA (%)
1952	5 170	3 002	8 172	693	41 996	12,3
1953	4 527	2 659	7 186	874	39 760	11,4
1954	5 003	2 828	7 831	937	43 961	11,4
1955	5 894	3 226	9 120	979	52 778	11,2
1956	6 376	3 456	9 832	1 051	56 963	11,2
1957	6 267	3 493	9 760	1 185	59 997	10,4
1958	6 007	3 379	9 386	1 437	58 175	10,3
1959	6 434	3 663	10 097	1 678	63 361	10,1
1960	7 181	4 084	11 265	1 950	73 077	9,8
1961	7 002	4 113	11 115	1 978	73 511	9,5
1962	7 351	4 010	11 361	2 096	73 011	10,1
1963	7 525	4 032	11 557	2 354	73 219	10,3
1964	8 725	4 559	13 284	2 659	82 856	10,5
1965	9 162	4 585	13 747	3 145	85 992	10,7
1966	8 911	4 390	13 301	3 255	85 105	10,5
1967	9 712	4 481	14 193	3 401	89 886	10,8
1968	11 568	4 834	16 402	3 706	98 634	11,7
1969	12 832	5 521	18 353	4 720	107 327	12,0
1970	12 607	5 462	18 069	5 042	109 203	11,5

(*) Union économique belgo-luxembourgeoise

Source : Commission of the European Communities. Statistical Office, *Iron and steel : 1952-1982*, Luxembourg, Office for Official Publications of the European Communities, 1983.

La troisième caractéristique, qui découle de la précédente, est que le réseau de la sidérurgie belge est jaloux de son indépendance et n'entend pas se laisser dicter une ligne de conduite par des gens « qui ne sont pas du métier », s'appellent-ils Jean Monnet ou Robert Schuman.

Le réseau possède son association professionnelle puissante, le Groupement des hauts fourneaux et aciéries belges. Chaque entreprise est représentée au sein du Groupement des hauts fourneaux par le président ou vice-président de son conseil d'administration, ou par son directeur général. En tout, une douzaine de personnes, pas plus.

À sa tête, un homme, Pierre van der Rest. En décembre 1946, âgé de trente-six ans à peine, il est nommé délégué général du Comité de la Sidérurgie belge et du Groupement des hauts fourneaux. Il devient donc le chef exécutif de l'association des sidérurgistes belges. En avril 1952, il est promu président-directeur général du Comité et du Groupement, une position qu'il occupe jusqu'en mars 1977. Pendant trente ans, Pierre van der Rest a donc été l'homme-clé du réseau sidérurgique, son porte-parole. Il évolue également dans d'autres réseaux internationaux de la sidérurgie et des constructions mécaniques, puisqu'il est président de « l'Association internationale des constructeurs de matériel roulant » et de « l'Union des industries ferroviaires européennes », toutes deux basées à Paris. Il est surtout membre et président du Comité de l'acier de la Commission économique pour l'Europe – dépendant de l'ONU – de 1952 à 1959 et du Comité spécial de la sidérurgie de l'OCDE de 1961 à 1963. Il est également membre du Comité de direction et vice-président de la Fédération des Industries de Belgique (ensuite la Fédération des Entreprises de Belgique) ; membre de la Commission paritaire nationale de l'industrie sidérurgique, du Conseil professionnel du métal, du Conseil central de l'économie[10]. C'est dire qu'il est évidemment en contact étroit avec les sidérurgistes français et, en particulier, avec Jacques Ferry dont il partage les vues sur l'avenir de la sidérurgie européenne.

Pierre van der Rest est l'un des fondateurs du « Club des sidérurgistes » le 29 mars 1952 à Paris et dont l'organisation définitive est arrêtée le 17 février 1953 à Düsseldorf par les délégués des entreprises sidérurgiques des six pays membres de la CECA (de sorte que le club est rebaptisé « Club des Sidérurgistes de la CECA »). Le Club, dont Pierre van der Rest est un membre influent, s'est d'abord montré fort critique, voire franchement hostile à l'égard du Plan Schuman[11].

---

[10] H. Dichgans, *Montanunion. Menschen und Institutionen*, Düsseldorf, Econ Verlag, 1980, pp. 203-207 ; G. Kurgan, S. Jaumain et V. Monteus (dir.), *Dictionnaire des patrons en Belgique. Les hommes, les entreprises, les réseaux*, Bruxelles, De Boeck, 1966, pp. 609-610.

[11] Jacques Ferry explique que « au départ, d'une manière générale si non unanime, il y avait une hostilité, et à tout le moins une profonde méfiance à l'égard du Plan Schuman, en particulier du côté de certains grands patrons lorrains. Les institutions de la CECA leur apparaissaient comme une nouvelle menace à la liberté des entreprises et à l'autonomie des organisations professionnelles. » P. Mioche, *Jacques Ferry, op. cit.*, pp. 121, 135-136. À propos de l'attitude des milieux sidérurgiques français dans les années 1950 : P. Mioche, « L'adaptation du patronat de la sidérurgie française à l'intégration européenne de 1945 à 1967 », in M. Dumoulin, R. Girault et G. Trausch (dir.), *L'Europe du Patronat. De la guerre froide aux années soixante*, Berne, Berlin, Peter Lang, 1993, pp. 63-76 ; C. Funck, *Une Europe..., op. cit.*, pp. 2 et 6 ; C. Barthel, « De l'entente belgo-luxembourgeoise à la Convention de Bruxelles 1948-1954. Les maîtres de forges luxembourgeois et la renaissance des ententes

V. Le Groupement des hauts fourneaux et aciéries belges

La composition du conseil d'administration du Groupement des hauts fourneaux est stable de 1950 à 1962 (tableau 2). Les grandes entreprises sidérurgiques y sont représentées par de fortes personnalités, telles le Baron de Posson, représentant Espérance-Longdoz et membre du Groupe Coppée, ou Albert Neef de Sainval de Cockerill-Ougrée, qui a en charge les questions de la sidérurgie au sein de la Société générale.

Tous ces hommes partagent une culture commune et ont été formés durant l'entre-deux-guerres. La plupart a donc vécu l'époque de l'Entente internationale de l'Acier et des comptoirs[12]. Au sein du réseau lui-même, plusieurs membres ont participé au fonctionnement de l'Entente, notamment Paul Henrard (membre du conseil d'administration d'Espérance-Longdoz jusqu'en 1959 et proche collaborateur du Baron Coppée)[13]. C'est cette expérience de l'Entente internationale qui explique l'énergie déployée par le réseau sidérurgique belge lors des difficiles négociations du traité de Paris afin de préserver leur droit à créer des ententes et de sauvegarder leur organisation patronale.

---

sidérurgiques internationales au lendemain de la Seconde Guerre mondiale », in M. Dumoulin, R. Girault et G. Trausch (dir.), *L'Europe du Patronat, op. cit.*, pp. 29-62 (p. 52, note 102).

[12] Instaurée en 1926, l'Entente internationale de l'Acier, appelée communément « le cartel de l'acier », comprend la France, la Belgique, le Luxembourg, la Sarre, l'Allemagne et a pour objet la limitation et la régularisation de la production d'acier en lingots (Groupement des hauts fourneaux, *Rapport de 1926*). Le cartel disparaît en 1931, mais on le reconstitue en 1933. En juin de cette année, la sidérurgie belge se dote aussi d'un comptoir de vente, Cosibel (Groupement des hauts fourneaux, *Rapport de 1933*).

[13] En 1945, le Baron de Posson succède au Baron Coppée au sein du Groupement (Groupement des hauts fourneaux, *Rapport de 1945*). L. Willem, *450 ans d'Espérance. La S.A. Métallurgique d'Espérance-Longdoz de 1519 à 1969*, Alleur, Éd. du Perron, 1990 ; S.A. Métallurgique d'Espérance-Longdoz, *Rapport annuel à l'Assemblée générale ordinaire*, 1952-1966.

**Tableau 2. Composition du conseil d'administration
du Groupement des hauts fourneaux et aciéries belges (1956-1961)**
Président et directeur général : Pierre van der Rest de 1952 à 1968
Directeur : Donald Fallon

Entreprises	Administrateurs					
	1956	1957	1958	1959	1960	1961
G. Boël, Musson & Halanzy	Lucien Boël	idem	idem	idem	idem	idem
Forges de la Providence	Arthur Decoux	idem	idem	idem	Jean Coudel	Coudel
Forges & Laminoirs de Jemappes	Georges Demerbe	idem	idem	idem	idem	idem
Forges de Clabecq	Émile Dessy	idem	idem	idem	idem	idem
Hainaut-Sambre	Jean Garroy	idem	idem	idem	idem	Franz Tilmans
Thy-le-Château & Marcinelle	Paul Gillain	idem	idem	idem	idem	idem
Cockerill-Ougrée	Albert Neef de Sainval	idem	idem	idem	—	—
Cockerill-Ougrée	Fernand Herlin	idem	idem	idem	idem	idem
Aciéries & Minières de la Sambre	Jules Mineur	idem	idem	idem	Jean Villers	—
Espérance-Longdoz	Baron de Posson	idem	idem	idem	idem	idem
Fabrique de fer de Charleroi	Gaston Stassin	idem	idem	idem	idem	idem
Thy-le-Château & Marcinelle, Aciéries & Minières de la Sambre					Jean Villers	idem

Source : Groupement des hauts fourneaux, *Rapports, 1956-1962*.

VI. Le réseau des sidérurgistes et la « culture de branche »

Le réseau des sidérurgistes belges, dont depuis 1922 le Groupement des hauts fourneaux est l'élément fédérateur, possède une authentique culture « de branche » forgée par une longue tradition industrielle prestigieuse, par un sens aigu des vertus de l'entreprise privée indépendante. Comme le marché intérieur est trop exigu pour une production annuelle qui frôle les 10 millions de tonnes d'acier (tableau 1), les sidérurgistes belges sont naturellement attentifs à l'ouverture des marchés extérieurs.

Le réseau est naturellement ouvert à l'espace européen puisque la sidérurgie belge ne peut prospérer sans une exportation florissante. Il a jadis pris une part très active dans l'expérience de l'Entente internationale de l'Acier. Bien sûr, la sidérurgie belge est étroitement liée à celle du Grand-Duché de Luxembourg, au sein de l'Union économique belgo-luxembourgeoise. Les relations entre sidérurgistes belges et luxembourgeois, qui n'ont pas toujours été bonnes dans l'entre-deux-guerres, s'intensifient dans les années 1946-1950, lorsque le projet d'une nouvelle entente entre producteurs d'acier belges et luxembourgeois voit le jour. On sait qu'il n'aboutira pas, mais il montre qu'à l'époque du Plan Schuman le souvenir de l'Entente internationale de l'Acier était encore vif dans les esprits[14]. Après le second conflit mondial, le réseau sidérurgiste belge partage le vœu de certains patrons français, comme Alexis Aron, de voir se reformer de telles ententes[15].

Plus tard, les Arbed, le Centre national de recherches métallurgiques (situé à Liège), Cockerill et Ougrée-Marihaye travaillent ensemble à l'adoption aux conditions techniques locales du procédé autrichien L-D, mis au point en 1953 à Linz et à Donawitz (d'où l'abréviation L-D), qui permet de traiter de la fonte à faible teneur en phosphore. Et mieux encore, en 1962 sidérurgistes luxembourgeois, belges et français créent la Sidérurgie maritime, Sidmar[16].

Cette culture de branche est donc en principe tout naturellement acquise à des projets semblables au Plan Schuman, comme le reconnaît Pierre van der Rest : « l'idée d'un marché unique de 150 millions d'habitants ne peut d'ailleurs déplaire à première vue. Elle est conforme aux revendications traditionnelles que l'industrie belge n'a cessé de soutenir relativement à l'abaissement des barrières économiques et à la suppression des contingentements » (1952)[17]. De telles initiatives rencontrent l'un des soucis principaux de l'industrie belge : le bon fonction-

---

[14]   É. Bussière, « The Evolution of Structures in the Iron and Steel Industry in France, Belgium, and Luxemburg : National and International Aspects, 1900-1939 », in E. Abe et Y. Suzuki (eds.), *Changing Patterns of International Rivalry. Some Lessons from the Steel Industry*, Tokyo, University of Tokyo Press, 1991, pp. 141-165 ; C. Barthel, « De l'entente belgo-luxembourgeoise à la Convention de Bruxelles (1948-1954) », *op. cit.*, pp. 29-62 ; T. Grosbois, « L'influence des groupes patronaux sur la prise de décision au sein du Benelux (1946-1950) », in M. Dumoulin, R. Girault et G. Trausch (dir.), *L'Europe du Patronat, op. cit.*, pp. 111-159.

[15]   P. Mioche, « L'adaptation du patronat de la sidérurgie française à l'intégration européenne de 1945 à 1967 », in *ibid.*, pp. 65-66.

[16]   M. Installé, « L'industrie sidérurgique en Belgique (II) », in CRISP, *Courrier hebdomadaire*, n° 662, 22.11.1974, p. 3.

[17]   P. van der Rest, « La Sidérurgie belge à un tournant de son histoire », in *Société belge d'Études et d'Expansion, Bulletin périodique*, n° 151, Liège, mai-juin-juillet 1952, pp. 404-411.

nement des marchés internationaux et leur ouverture aux entrepreneurs belges. Pour les sidérurgistes, il est impératif de s'approvisionner en matières premières sur des marchés étrangers qui fonctionnent correctement et de pouvoir exporter dans les pays voisins. C'est pourquoi ils se disent favorables au redressement économique de l'Allemagne après 1945, même s'ils partagent les craintes françaises d'une possible renaissance des cartels de la Ruhr[18].

Donc, en théorie, le réseau aurait dû applaudir le Plan Schuman. Or, il le rejette. Pourquoi ? Cette réaction – apparemment paradoxale – est conforme à la culture du milieu sidérurgique belge : la crainte du « dirigisme » d'institutions extérieures au monde de la sidérurgie, l'attachement à l'indépendance du secteur privé, la puissance des associations professionnelles qui se considèrent comme seules habilitées à organiser une branche industrielle aussi importante tant du point de vue économique que symbolique.

Réaction corporatiste ? Tout porte à le reconnaître. Le Groupement des hauts fourneaux est en effet composé uniquement de représentants des grandes entreprises productrices d'acier. Les autres industriels – relamineurs, transformateurs d'acier – et les représentants syndicaux en sont exclus. Au Groupement, on est entre maîtres de forges. C'est bien le type d'associations professionnelles que Jean Monnet n'apprécie guère. Le Groupement, comme le Comité de la Sidérurgie belge, est profondément ancré dans le territoire national, une situation que la future Haute Autorité ne devrait plus tolérer, comme l'indique la feuille de missions de la Haute Autorité présentée par Monnet le 20 juin 1950 : « Il y aurait intérêt à constituer des groupements régionaux de producteurs, et non nationaux. L'expérience montre, en effet, que certaines organisations nationales ne sont pas autre chose que des cartels qui protègent les mauvais producteurs »[19].

Le Groupement sent bien ce qui l'attend si le Plan Schuman est adopté tel quel : démantèlement de l'association, interdiction des ententes et des fusions entre entreprises, dirigisme d'une Haute Autorité supranationale. Il critique surtout l'absence de définition du jeu normal

---

[18] J. Gillingham, *Coal, Steel, and the Rebirth of Europe, 1945-1955 : The Germans and French from Ruhr Conflict to Economic Community*, Cambridge, Cambridge U.P., 1991 ; É. Bussière et M. Dumoulin (en collaboration avec R. Boyce et R. Ranieri), « L'émergence de l'idée d'identité économique européenne d'un après-guerre à l'autre », in R. Girault (dir.), *Identité et conscience européennes au XXe siècle*, Paris, Hachette, 1994, pp. 67-71 ; G. Kurgan-Van Hentenryk, « La Belgique et le relèvement économique de l'Allemagne 1945-1949 », in *Relations internationales*, n° 51, automne 1987, pp. 343-363.

[19] P. Mioche, *De l'idée européenne à l'Europe, XIXe-XXe siècle*, Paris, Hachette, 1997, p. 44.

de la concurrence, ce qui, selon lui, « accroît encore la part d'arbitraire laissée à l'autorité exécutive » (c'est-à-dire la Haute Autorité). Selon lui, le Plan Schuman est le fruit d'une culture économique « américaine » toute différente de celle des industriels belges[20]. En décembre 1958, lors d'une conférence intitulée *Intégration européenne et économie de marché*, il insiste à nouveau sur cette divergence fondamentale.

> La réglementation des ententes et des concentrations constituait une nouveauté pour la plupart des pays membres de la CECA. Ce n'est d'ailleurs plus un secret pour personne que les articles 65 et 66 du Traité de la CECA, qui régissent ces matières, ont été rédigés sous l'influence de juristes américains obéissant avant tout à des préoccupations d'ordre doctrinal et politique. On a ainsi mis sur pied un système répondant peut-être aux nécessités de l'économie américaine, mais beaucoup moins bien adapté à notre structure économique.[21]

C'est inspiré par cette culture de branche que Pierre van der Rest se lance en 1950-1951 dans une violente diatribe contre les idées de Monnet. Le maître-mot d'alors : « dirigisme », insupportable[22].

VII. Le réseau et ses « lieux »

Le Comité de la Sidérurgie belge, le Groupement des hauts fourneaux, celui des relamineurs, ainsi que le Centre de recherches métallurgiques, partagent un même siège social rue Van Orley, n° 15, au cœur de Bruxelles. Le Groupement publie depuis 1923 un rapport annuel qui n'était, dans l'entre-deux-guerres, qu'un bref rapport financier. Avec l'arrivée de Pierre van der Rest à la tête du Groupement et la création en 1953 du Groupement de la Sidérurgie, les rapports s'étoffent considérablement et réservent une place de plus en plus grande aux progrès de l'intégration européenne. Source essentielle donc, expression officielle

---

[20] À propos de l'influence américaine, voir aussi C. Hubert, « La campagne de productivité en Belgique : modernisation autour du modèle américain (1948-1958) », in É. Bussière et M. Dumoulin (dir.), *Milieux économiques et intégration européenne en Europe Occidentale au XXe siècle*, Arras, Artois Presse Université, 1998, pp. 197-213.

[21] P. van der Rest, « Intégration européenne et économie de marché », in *Société belge d'Études et d'Expansion, Revue bimestrielle*, n° 185, Liège, mars-avril 1959, pp. 271-286 (citation p. 275).

[22] M. Dumoulin, « La Belgique et les débuts du Plan Schuman (mai 1950-février 1952) », in K. Schwabe (ed.), *Die Anfänge des Schuman-Plans : 1950/51*, Baden-Baden, Nomos, 1988, pp. 271-284 ; A.S. Milward, « The Belgian Coal and Steel Industries and The Schuman Plan », in *ibid.*, pp. 438-451 ; H. Rieben, *Des ententes des maîtres de forges au Plan Schuman*, Ambilly, Presses de Savoie, 1954 ; A.C. Marichal, *Débuts et réalités de la CECA : les réactions de la sidérurgie belge, (10 août 1952-1 mai 1953)*, mémoire de licence en histoire, Université de Liège, 1988-1989, pp. 14-15.

des positions adoptées au sein du réseau des sidérurgistes après un jeu conflictualité/consensus dont l'écho s'est perdu.

Outre ces rapports, de nombreuses tribunes prestigieuses accueillent aussi les sidérurgistes, spécialement Pierre van der Rest. C'est ainsi qu'il prend la parole à plusieurs reprises à la Société belge d'Études et d'Expansion, à Liège. Dans les années 1946-1965, cette société jouit d'un grand renom tant en Belgique que sur le plan international puisqu'en 1955, elle est nommée, à titre consultatif, membre du Conseil économique et social de l'ONU, et par la suite membre consultatif du Conseil de l'Europe. Fortement ancrée dans le puissant milieu sidérurgique liégeois, elle est ouvertement favorable à toutes les initiatives d'union économique et d'expansion du libre-échange[23]. C'est donc un lieu stratégique qui accueille un grand nombre d'industriels (Jacques Ferry) et d'hommes politiques (Paul-Henri Spaak, Dirk Spierenburg), invités à donner des conférences largement suivies et rapidement publiées. « Le Grand Liège », qui fait campagne en faveur de Liège comme siège de la Haute Autorité, est une autre association proche des sidérurgistes liégeois. Jean Rey, le premier président de la Commission des Communautés (1967-1970), est l'une des figures dominantes du « Grand Liège ».

VIII. Le réseau de la sidérurgie belge à l'heure du plan Schuman

La position de la sidérurgie belge et luxembourgeoise est connue dès le 15 juin 1950. Elle est favorable à « l'établissement progressif d'un marché unique pour le charbon et l'acier dans les pays de l'Europe occidentale », mais émet de sérieuses réserves quant aux modalités de réalisation et de fonctionnement. Le « dirigisme » d'une haute autorité n'est guère acceptable[24].

---

[23] M. Mayné, « Les lieux de rencontre des milieux économiques, politiques et universitaires. La Société belge d'Économie politique, la Société d'Études et d'Expansion, la Société royale belge des Ingénieurs et Industriels », in G. Kurgan-Van Hentenryk (dir.), *Laboratoires et réseaux de diffusion des idées en Belgique (XIXe-XXe siècles)*, Bruxelles, ULB, 1994, pp. 119-133.

[24] A.C. Marichal, *Débuts et réalités de la CECA, op. cit.* La position de la sidérurgie belge est également développée dans une « Note sur le Plan Schuman et ses répercussions possibles sur la sidérurgie belge », datée du 17 juin 1950 et rédigée par la direction « Mines, Métallurgie, Énergie » du ministère des Affaires économiques. Ces deux documents sont accessibles sur
http://www.let.leidenuniv.nl/history/rtg/res1/lapos.html et
http://www.let.leidenuniv.nl/history/rtg/res1/note.html
(Leiden University, History Department, EU History – History of European Integration Site). Pour le contexte général : M. Dumoulin, « La Belgique et les débuts du

Entre mai 1950 et l'été 1951, le réseau des sidérurgistes belges évite d'exposer sur la place publique son analyse sévère du Plan Schuman, alors que plusieurs personnalités du monde de l'industrie ne se privent pas d'exprimer leur intérêt, voire leur enthousiasme. Ainsi, dès l'été 1950, le vice-président et administrateur délégué de la Société d'électricité et de mécanique, Guillon, soutient avec chaleur le Mouvement européen et le projet de marché commun du charbon et de l'acier. À ses yeux, le Plan Schuman doit avoir un effet bénéfique pour la sidérurgie belge en organisant le partage des connaissances scientifiques et techniques et en encourageant la modernisation. « Si le plan Schuman réussissait, ce que nous souhaitons vivement, cela n'aurait-il pas pour premières conséquences la création de laboratoires de recherches communs à toute l'industrie sidérurgique de l'Europe Occidentale ? » Selon Guillon, les industriels belges profiteront des possibilités étendues de coopération internationale : « Les ententes internationales peuvent amener le démarrage et constituer l'ossature de l'Union économique désirée, car elles intéressent déjà la grande majorité des constructeurs belges. »[25] Bref, « le meilleur point de départ à fixer pour l'Union Européenne réside dans les ententes industrielles librement consenties, à objectif limité dans le secteur d'activité, comme dans l'étendue géographique ». Tout ceci lui apparaît si prometteur qu'il s'étonne du silence des industriels.

Parmi les déclarations enregistrées par le Mouvement Européen, il s'en trouve fort peu émanant de personnalités industrielles. Et pourtant, n'est-ce pas aux ingénieurs et aux industriels qu'incombe la tâche principale de créer les conditions économiques, techniques, sociales même, qui rendront possible la mise en valeur de cette grande idée : l'Europe.[26]

En janvier 1951, c'est au tour de Louis Camu, vice-président de la Banque de Bruxelles, de se déclarer en faveur d'initiatives d'union européenne. Il se félicite en particulier du nouveau projet européen formulé lors de la Conférence de Westminster, organisée en avril 1949 par

---

Plan Schuman », *op. cit.* ; A.S. Milward, *The European Rescue of the Nation-State*, *op. cit.*, pp. 46-119 ; *id.*, *The Reconstruction of Western Europe, 1945-1951*, Londres, 1984, pp. 392 ss. ; J. Gillingham, *Coal, Steel, and the Rebirth of Europe*, *op. cit.*

[25] Et d'ajouter à propos du secteur de la construction électrique : « C'est en s'appuyant sur ces ententes privées, qui ne constituent en rien des trusts ou des cartels de vente, que des constructeurs belges, conseillés et documentés par leurs groupements professionnels, ont établi, dès 1947, des contacts avec des constructeurs français, contacts qui avaient pour but de rechercher s'il était possible d'équilibrer les échanges ».

[26] F.A. Guillon, « Contribution aux efforts d'édification d'un Marché européen », in *Société belge d'Études et d'Expansion*, *Bulletin trimestriel*, n° 142, août-octobre 1950, pp. 544-548.

la Ligue européenne de Coopération économique[27]. Quant à Paul Doat, patron de la puissante Compagnie Générale des Conduites d'eau, à Liège, il se lance dans un discours en faveur des « États-Unis d'Europe » pour contrer l'avance du bolchevisme et ne se prive pas de citer Charles Maurras[28]. Les sidérurgistes écoutent, se taisent, mais agissent avec vigueur dans les milieux directement impliqués dans les négociations, laissant aux représentants de l'industrie charbonnière la tâche peu enviable de mener le combat sur la place publique.

Il faut attendre janvier 1952 pour que la voix de Pierre van der Rest retentisse à la tribune de la Chambre de Commerce de Bruxelles. Comme l'explique Michel Dumoulin, il exprime hautement « les appréhensions de plus en plus vives qu'éprouvent les milieux économiques belges » en ce qui concerne l'absence de garanties données à la Belgique en matière d'égalité d'accès au charbon pour la sidérurgie. Il prie le Parlement de ne pas avaliser « l'Évangile de Messieurs Monnet et consorts », si ce plan devait être « considéré comme intangible et rester tel jusqu'en l'an 2002 »[29]. Cette intervention tardive mais forte s'explique par la délicate stratégie que le Groupement des hauts fourneaux ne cesse de mener depuis l'annonce du Plan Schuman afin d'en limiter la portée « dirigiste » et les pouvoirs jugés excessifs de la Haute Autorité, d'obtenir des garanties à propos de la reconnaissance des associations professionnelles, d'arracher le droit à poursuivre ententes et fusions. Il est vrai que les fusions font en effet partie depuis longtemps de l'arsenal des sidérurgistes en vue de maintenir leur économie

---

[27] Le projet européen comprend quatre étapes : l'accord sur les principes de l'Union européenne, l'adoption d'un tarif douanier commun, la suppression des barrières douanières avec l'établissement d'un régime monétaire commun, et enfin la disparition progressive des obstacles tolérés pendant la période transitoire. Louis Camu ajoute : « Le plan Schuman enfin, qui n'est pas encore entré en application, de même que les plans Stikker et Pella sont autant de projets particulièrement utiles parce qu'ils tendent à réaliser, pour des produits déterminés, ce qui n'est pas encore possible pour l'ensemble de l'Europe. Ici également, et plus spécialement dans le cas du Plan Schuman, les difficultés rencontrées dans les négociations constituent une expérience de tout premier ordre dont bénéficieront non seulement le plan Schuman mais également tous les autres projets, le jour où les pouvoirs politiques européens seront résolus à les mettre en œuvre. » (L. Camu, « Vers l'Union économique européenne », in *Société belge d'Études et d'Expansion, Bulletin*, n° 144, janvier-février 1951, pp. 152-155). À propos de la Ligue, voir M. Dumoulin, « La Ligue européenne de coopération économique (1946-1954) », in M. Dumoulin, R. Girault et G. Trausch (dir.), *L'Europe du Patronat, op. cit.*, pp. 207-212.

[28] Conférence du 8 janvier 1951 : P. Doat, « Les États-Unis d'Europe », in *Société belge d'Études et d'Expansion, Bulletin*, n° 144, janvier-février 1951, pp. 161-164.

[29] M. Dumoulin, « La Belgique et les débuts du Plan Schuman (mai 1950-février 1952) », in K. Schwabe (ed.), *Die Anfänge des Schuman-Plans, op. cit.*, pp. 275 et 281.

d'échelle et de diversifier leurs productions. La dernière fusion en date remontait à 1945, quand Cockerill absorba Angleur-Athus[30].

La marge de manœuvre des sidérurgistes s'est révélée fort étroite durant les mois qui séparent la déclaration de Robert Schuman de l'installation de la Haute Autorité le 10 août 1952, à Luxembourg. En effet, il s'agissait d'obtenir l'essentiel, c'est-à-dire l'ouverture des marchés, et d'éviter le pire, le dirigisme supranational et la fin des associations professionnelles. On sait que le réseau a utilisé la question charbonnière belge comme arme contre le traité CECA, tout en ne perdant pas de vue l'intérêt fondamental que revêt l'instauration d'un marché commun[31]. Ce n'est qu'après avoir obtenu gain de cause en mars 1951 sur les revendications les plus importantes (association professionnelle, entente, fusion) que le réseau sidérurgique affiche enfin publiquement ses positions[32].

C'est en mai 1952, lors des débats à la Chambre sur la ratification du traité de Paris[33], que Pierre van der Rest prononce un discours à la tribune de la Société belge d'Études et d'Expansion sur le thème « La

---

[30] A.S. Milward, *The European Rescue of the Nation-State*, *op. cit.*, p. 79.

[31] Van der Rest s'est dit très préoccupé par le « document de travail » de Jean Monnet, car il y voyait un dirigisme insupportable. Ce fut la raison pour laquelle les sidérurgistes belges ont soutenu le combat du secteur charbonnier pour faire pression sur le gouvernement belge afin qu'il rompît les négociations et, par après, qu'il continuât à négocier ferme pour modifier le texte du traité en vue d'une reconnaissance des associations. Cette alliance avec le secteur charbonnier était tactique puisque, d'autre part, les sidérurgistes espéraient que le marché commun du charbon entraînerait une baisse des coûts des approvisionnements en coke. D'ailleurs en janvier 1951, van der Rest se déclara en faveur du remplacement de l'accord Hirsch-Vinck par un marché commun du charbon, ce qui indique bien la stratégie des sidérurgistes de ne pas nuire à l'instauration du marché commun tout en veillant à préserver leur association professionnelle (A.S. Milward, « The Belgian Coal and Steel Industries and The Schuman Plan », *op. cit.*, pp. 437-453 (tout spécialement pp. 447-451 ; M. Dumoulin, « La Belgique et les débuts du Plan Schuman», in *ibid.*, pp. 275 et 281.

[32] Le traité de Paris du 18 avril 1951 contient les articles suivants qui répondent en partie aux attentes des sidérurgistes. Article 46 : « Les entreprises, les travailleurs, les utilisateurs et négociants, et leurs associations ont qualité pour présenter à la Haute Autorité toutes suggestions ou observations sur les questions les concernant. » ; Article 48 : « Le droit des entreprises de constituer des associations n'est pas affecté par le présent traité. L'adhésion à ces associations doit être libre. Elles peuvent exercer toute activité qui n'est pas contraire aux dispositions du présent traité ou aux décisions ou recommandations de la Haute Autorité ». À ce propos, voir A.S. Milward, « The Belgian Coal and Steel Industries and The Schuman Plan », *op. cit.*, p. 452.

[33] Le Sénat vote en faveur de la ratification le 5 février 1952, mais les débats se poursuivent à la Chambre qui vote favorablement le 12 juin seulement (D. Spierenburg et R. Poidevin, *The History of the High Authority of the European Coal and Steel Community Supranationality in Operation*, London, Weidenfeld and Nicolson 1994, p. 32, note 10).

sidérurgie belge à un tournant de son histoire ». Le propos est nuancé. Inquiétude, certes : « La ratification proche du Plan Schuman par les Parlements des pays adhérents et, dans une période probablement rapprochée, la mise en place des diverses institutions du traité risquent de faire succéder à l'ère de libre économie que nous avons vécue, une période caractérisée par un dirigisme d'un genre nouveau ». Mais surtout foi en la capacité de la sidérurgie belge à relever le défi de la concurrence des autres États membres de la CECA. Espoir, enfin : « L'idée d'un marché unique » répond au souhait traditionnel de la sidérurgie belge en matière d'abaissement des barrières économiques, mais, ajoute l'orateur, il ne faut pas le limiter au charbon et à l'acier. La « notion du marché unique » doit être rapidement étendue à d'autres secteurs, notamment

> au secteur de l'industrie des fabrications métalliques, qui constitue le principal consommateur d'acier laminé. On ne voit pas, en effet, sans cette extension dans laquelle la Belgique trouverait de nouvelles sources d'activité, quel avantage pourrait retirer la sidérurgie belge de l'ouverture des frontières alors que son territoire est tout à proximité des sidérurgies voisines.

Pour sa part, Fabrimétal se dit aussi favorable à toute initiative propre à restaurer le libre-échange et l'ouverture des marchés, mais la fédération redoute également la tutelle trop dirigiste de la Haute Autorité. C'est pourquoi Fabrimétal s'oppose de toutes ses forces à une « schumanisation » de certains de ses produits[34].

Mais le marché élargi n'est encore qu'une perspective bien incertaine. Dans l'immédiat, les problèmes s'accumulent et les sidérurgistes belges redoutent d'être les victimes de la mise en route difficile de la CECA. D'abord, la période transitoire de cinq ans durant laquelle le charbon belge sera isolé du marché commun signifie que la sidérurgie belge va devoir s'approvisionner en charbon belge plus coûteux que le charbon allemand et que les clauses prévoyant une éventuelle diminution de la production charbonnière belge risquent de mettre en danger « l'indépendance économique et l'approvisionnement régulier des industries principales ». Dès lors

> l'ouverture du marché commun n'entraînera pas immédiatement pour la sidérurgie belge des conditions d'égalité réelle vis-à-vis des sidérurgies voisines. Il importe plus que jamais pour notre industrie de compter sur elle-même et sur sa propre énergie pour faire face aux conditions nouvelles qui vont régir le marché.

---

[34] R. Brion et J.-L. Moreau, *Fabrimétal. 50 ans au cœur de l'industrie. Chronique d'une fédération*, Bruxelles, Racine, 1996, pp. 106-107.

Appel à la vigilance surtout à propos de la

composition de la Haute Autorité dont dépendra surtout le fonctionnement de la communauté du Charbon et de l'Acier, ainsi que, sur celle de la désignation des membres du Comité consultatif. Les dernières négociations ne sont pas les moins importantes car il est à prévoir que les nouvelles institutions vaudront ce que valent les hommes qui seront désignés pour les mettre en pratique.[35]

IX. Face à l'inconnu : la discipline

Le réseau s'impose une ferme discipline de groupe pour tout ce qui touche au Plan Schuman et à ses développements. C'est Pierre van der Rest et lui seul, qui dicte la conduite à suivre. Lorsqu'on consulte les rapports annuels des entreprises sidérurgiques en 1950-1953, on s'aperçoit en effet que les prises de position à propos de la CECA sont discrètes et conformes à la ligne adoptée par le Groupement. Ainsi, le rapport à l'assemblée générale du 28 octobre 1952 d'Espérance-Longdoz se dit, en principe, favorable à un marché commun, mais recommande la vigilance. Propos sibyllins qui sont répétés les années suivantes[36].

La discipline imposée par le Groupement des hauts fourneaux est illustrée par une affaire qui ne semble guère concerner directement le réseau de la sidérurgie. En 1954, un avocat de la cour d'appel de Liège lance l'idée d'organiser un congrès sur les questions juridiques du Plan Schuman et il prend contact avec Neef de Sainval, président du conseil d'administration de Cockerill. Prudent, ce dernier transmet le projet au Groupement qui considère que « l'idée […] était prématurée et qu'elle pouvait même être tenue pour dangereuse dans la mesure où elle pourrait susciter des réactions d'autant plus inquiétantes qu'elles seraient imprévisibles et spectaculaires ». Pour « encommissionner » l'affaire, on conseille à l'avocat de réfléchir à la création d'un Centre d'études. Par

---

[35] P. van der Rest, « La Sidérurgie belge à un tournant de son histoire », in *Société belge d'Études et d'Expansion, Bulletin périodique*, n° 151, Liège, mai-juin-juillet 1952, pp. 404-411.

[36] La CECA, « qui doit permettre, dans un prochain avenir, le libre accès aux matières premières, est susceptible, en principe, d'apporter une amélioration dans les conditions de la concurrence internationale, d'une part en harmonisant davantage les prix des matières d'approvisionnement, d'autre part en tendant à l'égalisation progressive des charges de la main-d'œuvre » (S.A. Métallurgique d'Espérance-Longdoz, *Rapport annuel à l'Assemblée générale ordinaire, 28 octobre 1952*). Le rapport d'octobre 1953 signale seulement que le Plan Schuman a provoqué un choc psychologique, tandis que celui d'octobre 1954 déclare que l'entreprise reste vigilante. Il faut attendre le rapport du 25 octobre 1955 pour lire un soutien clair à l'égard de la CECA : « l'industrie sidérurgique, fortement exportatrice, se doit de soutenir ces institutions et d'appuyer leur action ». En octobre 1957, le rapport se félicite du marché commun et note que « notre pays s'est très bien intégré dans la CECA ».

lettre du 26 mars 1954, adressée à Neef de Sainval, l'avocat présente donc son projet de « Centre interfacultaire des questions européennes » à créer au sein de l'Université de Liège. Neef de Sainval en réfère au directeur du Groupement des hauts fourneaux, Donald Fallon. Réponse sans appel :

> Une discussion publique sur des problèmes juridiques du Traité me semble actuellement inopportune. En effet, comme nous ne nous trouvons qu'au début de la mise en route du marché commun, nous devons laisser se créer une jurisprudence et éviter d'établir une position doctrinale qui pourrait peut-être nous desservir par après, d'autant plus que si cette position allait à l'encontre des idées de la Haute Autorité, elle pourrait être considérée par cette dernière comme une manifestation dirigée contre son activité et à laquelle les industriels auraient pris une grande part.

Neef répercute cet avis à l'avocat en ajoutant une incise révélatrice :

> La mise en route du marché commun n'en étant qu'à ses débuts, à tel point que l'on peut affirmer qu'il n'existe pas encore, Mr Neef de Sainval pense, en effet, qu'il convient de laisser se dégager une jurisprudence de l'application du traité et d'éviter d'établir une position doctrinale qui pourrait se trouver être en opposition avec les conceptions de la Haute Autorité et, en raison de la part qu'y auraient prises les industriels, être considérée par elle comme une manifestation dirigée contre son activité [9 avril 1954].[37]

Éviter toute initiative intempestive, attendre les premiers résultats de la CECA, conserver intact son pouvoir de négociation avec la Haute Autorité, maintenir à la fois la fermeté et la confiance, telle est la ligne de conduite imposée par le Groupement au réseau tout entier.

X. De la méfiance à l'accueil vigilant, 1954-1957

Après la ratification du traité de Paris, l'attitude du réseau des sidérurgistes belges à l'égard du processus d'intégration européenne se fait moins intransigeante. On se rappelle qu'en 1952 encore le réseau des sidérurgistes estimait qu'il fallait resserrer les rangs et ne compter que sur ses propres forces « pour faire face aux conditions nouvelles qui vont régir le marché ». Six ans plus tard, en 1958 il est question d'une sidérurgie belge puissante dans une « communauté véritable dont l'Europe a tant besoin ». Plus qu'un changement de ton, une stratégie nouvelle : le « grand marché ».

---

[37] Archives de la Société John Cockerill (déposées aux Archives de l'État à Liège), classement provisoire, dossier n° 849, Groupement des Hauts Fourneaux et Aciéries belges : « Projet de Congrès sur les questions juridiques du Plan Schuman 1954 » par Lambert Matray, avocat à la cour d'appel, Liège, 26 mars-9 avril 1954.

Il est vrai qu'entre-temps les sidérurgistes ont engrangé quelques belles victoires. Dans le cadre du traité de Paris, c'est la sidérurgie belge qui est la première à réaliser, avec l'approbation de la Haute Autorité, une grande fusion d'entreprises sidérurgiques. En octobre 1953, trois entreprises – La Providence, Decq, La Fontaine – introduisent une demande d'autorisation de fusion et la Haute Autorité est forcée d'accepter en l'absence de règles clairement établies. En 1955, c'est au tour de Cockerill et d'Ougrée-Marihaye d'annoncer leur fusion, plaçant la Haute Autorité face à un nouveau problème, celui d'une concentration financière excessive des groupes qui contrôlent les deux entreprises (Société générale, Groupe de Launoit). Finalement, autorisation est accordée, car la fusion est interprétée comme une mesure de rationalisation. La porte s'ouvre toute grande à d'autres fusions[38].

Le ton jadis prudent de Pierre van der Rest se fait chaleureux. Le 8 janvier 1955, il déclare que l'instauration de la CECA a des effets bénéfiques sur la sidérurgie belge[39]. Un diagnostic qu'il développe longuement dans le rapport du Groupement des hauts fourneaux de l'année suivante. Sous le titre *L'intégration économique européenne : La CECA et le Marché commun généralisé*, il lève le voile sur l'attitude des sidérurgistes belges lors des négociations du traité de Paris.

La sidérurgie belge, tout en apportant son adhésion complète au principe de la création d'un marché commun du charbon et de l'acier, fut amenée à exprimer, à plusieurs reprises, ses appréhensions au sujet de certaines dispositions du projet de traité. Les dispositions en question s'inspiraient de tendances dirigistes auxquelles ne pouvait souscrire une industrie comme la nôtre, dont le développement a été dû avant tout au régime de liberté économique traditionnellement en vigueur en Belgique.

Toutefois, dès le début, le réseau a été pleinement conscient de l'importance des enjeux.

Ces objections à certaines modalités du Traité n'ont cependant jamais fait perdre de vue à notre industrie l'avantage essentiel apporté par la nouvelle Communauté, à savoir la création d'un espace économique à la mesure de la technique et du monde moderne. Elle a donc accueilli avec faveur l'institu-

---

[38] D. Spierenburg et R. Poidevin, *The History of the High Authority, op. cit.*, pp. 167-168, 295-297 ; CECA, Haute Autorité, *Sixième rapport général sur l'activité de la communauté*, vol. 2, 13 avril 1958, p. 107 ; A.S.A. Cockerill, *The Steel Industry : International Comparisons of Industrial Structure and Performance*, Cambridge University. Department of Applied Economics, Occasional papers, 42, London C.U.P., 1974, p. 41 ; D.L. Burn, *The Steel Industry 1939-1959 : A Study in Competition and Planning*, Cambridge, 1961, pp. 450-451.

[39] P. van der Rest, « Les tendances récentes de l'évolution de la sidérurgie belge », in *Société belge d'Études et d'Expansion, Bulletin périodique*, n° 164, Liège, janvier-février 1955, pp. 39-45.

tion de la CECA et considère que, dans l'ensemble, l'expérience de ses quatre premières années de fonctionnement a été satisfaisante.

Après s'être félicité que le principe à la base du traité « reste celui de la concurrence et de l'économie de marché », il expose sa vision de l'avenir.

La sidérurgie belge n'a cependant jamais considéré la CECA que comme une étape vers le marché commun généralisé. Elle se rendait compte que, s'il est permis d'y voir une condition préalable à l'heureuse réalisation de celui-ci, c'est seulement par l'instauration progressive d'un marché commun s'étendant, non seulement à toutes les marchandises et services, mais aux capitaux et aux hommes que peuvent être obtenus tous les effets favorables de l'intégration, même dans le domaine du charbon et de l'acier. Bien que ces mesures ne touchent la sidérurgie qu'indirectement, puisqu'elle est déjà elle-même intégrée dans la CECA, elles peuvent avoir une incidence importante sur sa situation et ses débouchés.[40]

Mieux, le Groupement estime que

dans un avenir plus ou moins rapproché, une fusion assez complète entre les deux communautés devra se réaliser, quitte à maintenir d'une façon ou d'une autre les dispositions du traité de la CECA qui se seraient révélées particulièrement adaptées à la structure des industries charbonnière et sidérurgique ou véritablement nécessaires au bon fonctionnement de leur marché.[41]

Le rapport sur l'année 1957 salue la ratification des traités instituant la Communauté économique européenne et Euratom comme un « événement capital pour l'avenir économique et, il faut l'espérer, politique des pays de l'Europe Occidentale »[42]. Malgré le grave différend qui oppose le Groupement à la Haute Autorité à propos de la péréquation des ferrailles importées[43], l'appui au projet européen est sans faille. En

---

[40] Groupement des hauts fourneaux, *Rapport de 1956*, pp. 8-9. C'est une des rares fois que le Groupement évoque les industries en aval de la sidérurgie lourde : « Les industries belges transformatrices de l'acier pourront trouver dans le marché commun l'incitation à un développement que l'étroitesse du marché intérieur les avait empêchées de réaliser jusqu'ici ».

[41] Groupement des hauts fourneaux, *Rapport de 1956*, pp. 8-9. En page 21, le rapport ajoute : « Depuis l'institution de la Communauté, les livraisons dans la CECA, marché intérieur et autres pays membres, doivent être considérées globalement. Si le marché commun ne constitue pas encore un tout uniforme, il représente une entité économique bien définie, notamment au point de vue des conditions de prix et de vente, qui, alignements mis à part, sont identiques quel que soit le pays de destination dans la Communauté ».

[42] Groupement des hauts fourneaux, *Rapport de 1957*, p. 7.

[43] Le Groupement a introduit en 1957 un recours devant la Cour de Justice contre certaines des dispositions de la décision 2/57 de la Haute Autorité relative à la péréquation des ferrailles importées. Ce recours sera rejeté par arrêt du 21 juin 1958 (Groupement des hauts fourneaux, *Rapport de 1958*, pp. 37-38). À ce propos, voir

décembre 1958, lors d'une conférence intitulée *Intégration européenne et économie de marché*, Pierre van der Rest passe en revue le fonctionnement de la CEE, qu'il préfère manifestement à la CECA, car le danger d'interventionnisme supranational semble heureusement s'éloigner. « Le risque principal pour les entreprises n'est pas, à mon avis, de voir se développer un interventionnisme supranational excessif, mais bien plutôt de subir les effets très graves qu'aurait l'absence d'une politique réellement commune ». C'est donc un appel pressant en faveur d'un « Marché Commun général »[44].

C'est une Europe débarrassée des vieux réflexes nationalistes et protectionnistes que le Groupement appelle de ses vœux au moment même où éclate le problème charbonnier belge en 1957.

Au fur et à mesure de l'accroissement des difficultés économiques provoquées par la récession, on a vu les préoccupations nationales prendre de plus en plus le dessus dans les divers pays, au point même de risquer de compromettre ou d'empêcher l'adoption, sur le plan de la Communauté, de solutions strictement conformes aux dispositions du Traité. [...] Cette évolution est regrettable à plus d'un titre. Étant donné que le marché commun général n'en est encore qu'à son point de départ, la CECA est actuellement la seule réalisation plus ou moins complète dans la voie de l'intégration économique européenne et il serait très dangereux, pour l'avenir de celle-ci, que les institutions créées pour régir la CECA soient battues en brèche et voient leurs pouvoirs diminuer progressivement. La sidérurgie belge a toujours été adversaire d'un dirigisme excessif de la Haute Autorité. Lors de la négociation du Traité, elle s'est élevée contre les dispositions qui lui paraissaient excessives à cet égard. Depuis sa mise en vigueur, elle a reconnu que dans l'ensemble la Haute Autorité avait fait un usage très modéré des pouvoirs qui lui avaient été accordés et elle est consciente des risques très graves que comporte l'affaiblissement de sa position.[45]

D. Spierenburg et R. Poidevin, *The History of the High Authority*, *op. cit.*, pp. 281-289.

[44] En guise de démonstration, il évoque la question des prix maxima pour la ferraille : « L'évolution du régime de la ferraille depuis l'ouverture du Marché commun est un bon exemple des dangers de l'interventionnisme. Partant d'un objectif que la grande majorité des entreprises sidérurgiques de la Communauté estimaient raisonnable, c'est-à-dire : éviter une hausse excessive des prix de la ferraille en période de conjoncture ascendante, l'application du régime alla trop loin dans cette voie. Le maintien de prix trop bas amena, comme il fallait le redouter, un accroissement excessif de la consommation de cette matière première. Les correctifs et les remèdes cherchés par la Haute Autorité présentèrent d'autres inconvénients graves, en cristallisant les situations existantes et en défavorisant certaines catégories d'entreprises par rapport à d'autres. » (P. van der Rest, « Intégration européenne et économie de marché », in *Société belge d'Études et d'Expansion, Revue bimestrielle*, n° 185, Liège, mars-avril 1959, pp. 271-286, citations pp. 282-283).

[45] Groupement des hauts fourneaux, *Rapport de 1958*, p. 10.

Au moment de la crise charbonnière, le réseau sidérurgique abandonne l'industrie minière belge à son sort et se range dans le camp de l'Europe. Il est loin le temps de l'alliance tactique avec les sociétés minières en vue de faire barrage au plan Schuman. Plaidant non coupable dans l'accroissement des stocks de houille depuis 1956, les sidérurgistes se posent en victimes et en appellent à un assainissement du secteur charbonnier[46]. Le Groupement n'est pas tendre à propos de la décision d'isoler partiellement et provisoirement le marché charbonnier belge en vertu de l'Article 37 du traité de Paris.

> Le blocage de toutes les importations de charbon en Belgique, y compris celles des autres pays CECA, signifie, il faut s'en rendre compte, l'arrêt du marché commun. Cette décision va à l'encontre des principes mêmes et des objectifs de l'intégration économique européenne. Il est doublement regrettable que notre pays ait dû demander de pareilles mesures et que la CECA n'ait pas trouvé d'autres moyens de faire face à la crise charbonnière générale en Europe, mais particulièrement aiguë dans notre pays. Semblable méthode, qui consiste à isoler un pays dans ses difficultés, si elle est assez facile pour ses partenaires, représente en fait un retour à la déplorable politique autarcique de l'entre-deux-guerres et constitue un échec grave pour l'idée européenne.[47]

Dans son *credo* européen, le Groupement espère

> que dans le marché commun général, où les pouvoirs supranationaux sont beaucoup plus réduits que dans la CECA, une étroite coopération pourra s'instituer entre les gouvernements pour établir cette communauté véritable dont l'Europe a tant besoin, économiquement et politiquement parlant. L'objectif de l'intégration européenne doit être, en effet, de créer une unité d'action aussi parfaite que possible pour faire face aux multiples tâches que l'Europe doit affronter, tant à l'intérieur de son territoire pour en valoriser toutes les ressources que dans le monde extérieur, notamment en vue du développement des régions jusqu'ici défavorisées. C'est cet objectif à long terme qui distingue la Communauté Économique Européenne d'une simple union douanière et surtout d'une zone de libre-échange comme celle que

---

[46] Groupement des hauts fourneaux, *Rapport de 1957*, pp. 38-39. Le rapport de 1958 revient à la charge. Le coût trop élevé du charbon belge a constitué un lourd handicap pour la sidérurgie. Dès lors, l'objectif essentiel d'une politique charbonnière à long terme doit être le retour des prix du charbon belge à un niveau compétitif. L'acceptation de la concurrence du charbon des pays voisins est d'ailleurs une obligation qui a été librement souscrite dans le cadre de la CECA : « Tenant compte de la protection de droit ou de fait dont l'industrie charbonnière belge a bénéficié jusqu'ici pendant les premières années de la CECA, il n'est pas étonnant que la nécessité d'une transformation profonde, d'ordre structurel, soit devenue impérative. »

[47] Groupement des hauts fourneaux, *Rapport de 1959*, pp. 8-9.

viennent de former les sept pays européens non membres du marché commun [EFTA].[48]

Fabrimétal est loin de partager cet optimisme dans les années 1955-1959. Pour la fédération, le mot d'ordre est « s'adapter », car à ses yeux l'Europe nouvelle semblait présenter plus d'inconvénients que d'avantages pour le secteur des industries métalliques. Les années 1960 démentiront ce pessimisme[49].

En 1960-1962, le Groupement réitère ses propos favorables à l'égard de la Communauté européenne[50]. Il se félicite de la naissance de Sidmar en juillet 1962, saluée comme la preuve d'une coopération internationale entre les Arbed, Cockerill-Ougrée, les Forges de La Providence, Schneider (par la présence de la Société minière de Droitaumont-Bruville) et la haute finance, à savoir la Société générale de Belgique, Cofinindus (Compagnie financière et industrielle) et Cobepa (Compagnie belge de participations).

À vrai dire, cette opération a posé un problème tout nouveau à la Haute Autorité. L'entente internationale de plusieurs industries et de groupes financiers en vue de créer une nouvelle entreprise était-elle en conformité avec le traité de Paris ? N'était-ce pas une nouvelle forme de cartel ? Finalement, la Haute Autorité a accepté la création de Sidmar, ce qui est une nouvelle victoire à l'actif du Groupement des hauts fourneaux[51]. Toutefois, Sidmar modifie la composition du Groupement en y introduisant les intérêts économiques et politiques de la Flandre. Cette nouvelle configuration sera génératrice de tensions qui éclateront à partir du milieu des années 1960, mais en apparence le réseau des sidérurgistes a survécu.

Conclusions

Notre analyse du réseau de la sidérurgie belge dans les années 1950 n'est qu'une première tentative visant à mieux comprendre ce qu'est un réseau de branche. À travers l'histoire du Groupement des hauts fourneaux, on voit qu'un réseau de branche n'existe qu'en fonction d'une mobilisation d'un groupe autour de projets collectifs. Le réseau de l'industrie sidérurgique belge est parvenu à faire entendre ses reven-

---

[48]   *Ibid.*, pp. 11-12.

[49]   R. Brion et J.-L. Moreau, *Fabrimétal, op. cit.*, pp. 107-108.

[50]   Groupement des hauts fourneaux, *Rapports de 1960 et de 1961*. Dans la suite et jusqu'à l'éclatement de la crise sidérurgique en 1971, le Groupement ne consacre plus de longs développements aux Communautés européennes.

[51]   A. Cosemans, *La concentration de l'industrie sidérurgique dans le Marché Commun*, Bruxelles, Éd. de l'Institut de Sociologie, 1966, p. 20 ; D. Pierenburg et R. Poidevin, *The History of the High Authority, op. cit.*, pp. 537-538.

dications lors de l'élaboration du traité de Paris. Il se mobilise à nouveau lorsqu'il estime que la Haute Autorité a outrepassé ses droits dans sa décision relative à la péréquation des ferrailles importées. Mais, au-delà de la défense des intérêts d'une branche, le réseau de la sidérurgie belge a très tôt développé une représentation de ce que devrait être, selon lui, une vraie Communauté européenne. La problématique des représentations apparaît donc fondamentale dans l'étude des réseaux car ce sont les représentations qui conditionnent l'action de ceux-ci.

Aux origines de l'intégration européenne

Les Afl Falck, les industriels italiens de l'acier et la création de la CECA*

Paolo TEDESCHI

Università di Brescia

Constituant la synthèse de recherches récentes, cet article apporte des éléments nouveaux quant aux réactions des industriels italiens du monde de l'acier, et en particulier les Afl Falck (le plus important groupe sidérurgique privé), à la présentation du plan Schuman et quant à leur participation aux discussions successives sur la création de la CECA, premier acte d'une véritable intégration économique européenne. Plus spécifiquement seront soulignés les objectifs des principaux acteurs représentant l'Italie (le gouvernement italien et les administrateurs de la sidérurgie publique et privée) aux réunions de constitution de la première organisation inter-européenne et les résultats qu'ils obtinrent. Ainsi apparaît clairement que la sidérurgie privée et ses réseaux, bien qu'effrayés par les perspectives d'un marché libre sans droits et subventions les protégeant, cherchèrent surtout à obtenir une entrée graduelle de l'Italie dans la CECA sans jamais camper sur des positions rétrogrades de rejet total (au contraire d'autres pays). En outre, il est expliqué comment l'utilisation optimale des opportunités existantes pendant les premières années d'application de nouvelles règles du « marché européen » du charbon et de l'acier permit à la sidérurgie italienne, dont le renouvellement avait déjà débuté grâce aux aides du Plan Marshall, de connaître une forte croissance de la technologie et de la productivité. La période de « transition » ne serait donc pas à considérer comme une « entrée retardée » suite à l'opposition du « grand parasite » à l'intégration, mais bien comme un moment décisif par lequel le succès des entreprises sidérurgiques dans la CECA prépara l'entrée de l'Italie dans

---

* Tous mes remerciements au Prof. Luigi Trezzi et au Dr. Valerio Varini de l'Université de Milan Bicocca pour leurs précieux conseils. Naturellement, l'entière responsabilité de cet article me revient.

le Marché commun et démontra aux milieux politique et économique italiens que, même dans un processus d'intégration long et difficile, le rêve d'une Europe unie pouvait devenir une réalité[1].

I. La sidérurgie italienne avant le plan Schuman : les discussions à propos des perspectives de développement du secteur

Pendant les premières années d'après-guerre, face aux premières propositions relatives au Plan Marshall, la sidérurgie italienne disposait de vieilles installations de petites ou moyennes dimensions sans train de laminage continu. Les projets de construction d'implantations à cycle intégral avaient en effet été stoppés suite à la guerre et la production stagnait sous les niveaux d'avant-guerre[2]. Une forte barrière douanière protégeait les entreprises du secteur et leur apportait des profits dans un

---

[1]   Pour une meilleure compréhension des difficultés du choix occidental de l'Italie et des problèmes économiques liés à son intégration dans l'Europe du Plan Marshall à l'entrée dans le Marché commun cf. B. Bottiglieri, *La politica economica dell'Italia centrista (1948-1958)*, Milan, Comunità, 1984 ; R. Quartararo, « L'Italia e il Piano Marshall », in *Storia Contemporanea*, 1984, n° 4, pp. 647-722 ; V. Zamagni, « Una scommesa sul futuro : l'industria italiana nella Ricostruzione (1946-1952) », in E. Di Nolfo, R.H. Rainero et B. Vigezzi (eds.), *L'Italia e la politica di potenza in Europa (1945-1950)*, Milan, Marzorati, 1988, pp. 473-495 ; R. Ranieri, « La Ricostruzione e la crescita dell'industria italiana nell'ambito dell'integrazione europea (1945-1955) », in E. Di Nolfo, R.H. Rainero et B. Vigezzi (eds.), *L'Italia e la politica di potenza in Europa (1950-1960)*, Milan, Marzorati, 1992, pp. 423-437 ; A. Cova, « Le vie all'unificazione del mercato e i piani economici », in A. Ciampani (ed.), *L'altra via per l'Europa. Forze sociali e organizzazione degli interessi nell'integrazione europea (1947-1957)*, Milan, Angeli, 1995, pp. 282-303 ; S. Battilossi, *L'Italia nel sistema economico internazionale. Il management dell'integrazione, Finanza, industria e istituzioni (1945-1955)*, Milan, Angeli, 1996 ; B. Olivi, *L'Europa difficile. Storia politica dell'integrazione europea*, Bologne, Il Mulino, 1998, pp. 33-37, 45-55 ; A. Varsori, *L'Italia nelle relazioni internazionali dal 1943 al 1992*, Rome-Bari, Laterza, 1998, pp. 43-128 ; C. Spagnolo, « Il piano Marshall e il centrismo. Il patto fra Stato e industria del 1948 », in *Italia contemporanea*, 1999, n° 216, pp. 465-495 ; R. Ranieri, « L'Italia e l'integrazione economica europea negli anni Cinquanta », in A. Varsori (ed.), *Storia delle Relazioni Internazionali*, 1998/99, n° 1, *L'Italia e il processo di integrazione europea : prospettive di ricerca e revisione storiografica*, pp. 361-375 ; F. Fauri, *L'Italia e l'integrazione economica europea (1947-2000)*, Bologne, Il Mulino, 2001, pp. 79-133 et les bibliographies indiquées.

[2]   En 1949, la sidérurgie italienne ne produisait que 2 millions de tonnes d'acier (un tiers de la production belge et luxembourgeoise, moins d'un quart de celle de la RFA et moins d'un cinquième de celle de la France, la Saar comprise), ce qui obligeait l'Italie à importer 500 000 tonnes de fonte et d'acier (en particulier des produits semi-finis et profilés). Sur les productions sidérurgiques dans l'après-guerre cf. E. Falck, *Saggi politici e sociali*, Milan, Ambrosianeum, 1955, pp. 215-226 ; R. Ranieri, « L'Italia e i negoziati del Piano Schuman », in E. Di Nolfo, R.H. Rainero et B. Vigezzi (eds.), *L'Italia e la politica di potenza in Europa, op. cit.*, pp. 549-550.

contexte pourtant de bas rapport qualité/prix. Dès lors, il n'est pas surprenant que, bien que face à une demande de produits sidérurgiques semi-finis et finis que la production nationale n'arrivait pas à satisfaire, l'Assider (organisation réunissant les entreprises sidérurgiques italiennes) demanda de limiter les importations au moyen de nouveaux contingents et par l'application de droits. Elle obtint par-là même une double protection permettant la survie des implantations obsolètes. Cette politique engendra un prix plus élevé de 40 % à 50 % des produits sidérurgiques sur le marché italien par rapport aux autres pays occidentaux. Y contribuèrent aussi la baisse de productivité de la main-d'œuvre italienne, son coût élevé (suite aux importantes charges sociales et fiscales que les entreprises devaient acquitter) et les prix plus chers des importations de matières premières (en particulier la ferraille, plus riche, mais au prix plus volatile) pour lesquelles le régime des « double prix » (la différence entre les prix payés par les importateurs italiens et ceux plus bas payés par la concurrence étrangère) grevait de 11 % le prix final de l'acier[3].

Ce haut niveau de protection provoquait de vives discussions avec les industriels de la mécanique qui, de ce fait, payaient des prix plus élevés tout en perdant de la compétitivité sur le marché international et en diminuant aussi les consommations intérieures. De plus, ils subissaient les dommages causés par quelques aciers italiens ne possédant pas les caractéristiques indiquées dans les catalogues et renfermant de nombreux défauts. Tout cela fit que la sidérurgie fut appelée le « grand parasite » : ses profits provenant uniquement des droits qui maintenaient

---

[3] Sur les conditions de la sidérurgie italienne face au Plan Marshall, cf. L. De Rosa, « La siderurgia italiana dalla Ricostruzione al V centro siderurgico », in *Ricerche storiche*, 1978, pp. 251-276 ; M. Pelaja, « Ricostruzione e politica siderurgica », in *Italia contemporanea*, 1982, n° 148, pp. 5-25 ; P.P. D'Attorre, « Il Piano Marshall. Politica, economia, relazioni internazionali nella ricostruzione italiana », in *Passato e presente*, 1985, n° 7, pp. 31-63 ; R. Ranieri, « La siderurgia italiana e gli inizi dell'integrazione europea », in *ibid.*, pp. 65-77 ; A. Graziani, *L'economia italiana dal 1945 ad oggi*, Bologne, Il Mulino, 1989, pp. 211-215 ; M. Balconi, *La siderurgia italiana (1945-1990) : tra controllo pubblico e incentivi del mercato*, Bologne, Il Mulino, 1991, pp. 79-97 ; G.L. Osti, *L'industria di stato dall'ascesa al degrado. Trent'anni nel Gruppo Finsider. Conversazioni con Ruggero Ranieri*, Bologne, Il Mulino, 1993, pp. 12-42 et 113-148 ; R. Ranieri, « Assessing the Implications of Mass Production and Market Integration : the Discussion inside Italy's Steel Industry (1945-1960) », in M. Dumoulin, R. Girault et G. Trausch (dir.), *L'Europe du Patronat. De la guerre froide aux années soixante*, Berne, Peter Lang, 1993, pp. 77-100 ; *id.*, « Il Piano Marshall e la ricostruzione della siderurgia a ciclo integrale », in *Studi storici*, 1996, n° 1, pp. 145-190 ; *id.*, « Between America and Europe : the Introduction of Wide Strip Mills in Britain and Italy », in É. Bussière et M. Dumoulin (dir.), *Milieux économiques et intégration européenne en Europe occidentale au XXe siècle*, Arras, Artois Presses Univ., 1998, pp. 226-232.

à un niveau élevé les prix de ses produits et qui constituaient des taxes payées par tous les Italiens[4].

Les liaisons entre la sidérurgie et le pouvoir politique étaient très fortes et se révélèrent si prégnantes que les principaux groupes du secteur obtinrent une part importante du financement de l'Eximbank et des aides Erp, mais aussi des droits allant de 10 à 23 % selon les produits (réduits par la suite à 15 %). Cela ne fit qu'engendrer des polémiques car le gouvernement favorisait la restructuration de ce secteur, caractérisé par une concentration de capital, en réduisant de plus d'un quart le nombre de ses ouvriers (dans une Italie comptant déjà deux millions de chômeurs)[5]. Encore une fois, pas d'étonnement face à ces mesures étant donné l'importance des implantations de la Finsider (holding public représentant la « sidérurgie d'État » qui possédait plus de 50 % de la production nationale)[6], la nature stratégique du secteur pour le gouvernement qui ne pouvait donc pas en ignorer les exigences et l'influence politique des principales entreprises privées du secteur, notamment la Fiat Ferriere et les Afl Falck, qui pouvaient compter sur un groupe de dirigeants bien connus dans les milieux politiques et économiques européens[7].

---

[4]   E. Rossi, « La grande parassitaria », in *Il Mondo*, 16 avril 1949.

[5]   La plupart des aides prévues par le Plan Marshall pour la sidérurgie furent utilisées pour la réalisation des projets de la Finsider : en considérant seulement les projets d'apport supérieur à 1 000 000 $, la Finsider reçut 10 507 000 $ contre 5 236 000 $ de la Fiat Ferriere et 2 220 000 $ des Afl Falck. Les aides Erp pour la sidérurgie se montèrent à 60 000 000 $ et la Finsider en reçut presque 57 %, les Afl Falck 16 %, la Fiat Ferriere presque 13 % ; en outre l'Eximbank prêta 17 000 000 $ à la Finsider, 3 000 000 $ aux Afl Falck et 3 000 000 $ à la Fiat Ferriere (E.G. Valentinis, « I piani ERP e l'avvenire della produzione di acciaio in Italia », in *Costruzioni metalliche*, 1949, n° 2, pp. 19-21 ; G.L. Osti, *L'industria di stato, op. cit.*, p. 327 ; L. Segreto, « Finanza, industria e relazioni internazionali nella Ricostruzione. Il prestito dell'Eximbank all'Italia (1947-1955) », in *Passato e Presente*, 2000, n° 51, pp. 86-91 ; G. Lombardo, *L'Istituto Mobiliare Italiano*, vol. II, *Centralità per la ricostruzione (1945-1954)*, Il Mulino, Boulogne, 2000, pp. 350-363). Les critiques avaient en outre souligné que seules la Finsider, les Afl Falck et la Fiat Ferriere (industries ayant le plus recours au financement des fonds de l'Erp pour leur restructuration) obtiendraient une réduction de frais et surtout que les avantages pour l'industrie mécanique n'étaient pas assurés car ils dépendaient du choix des industriels de la sidérurgie de baisser les prix de l'acier (M. Balconi, *La siderurgia italiana, op. cit.*, pp. 87-91).

[6]   Sur la Finsider cf. F. Bonelli, A. Carparelli et M. Pozzobon, « La riforma siderurgica Iri tra autarchia e mercato (1935-42) », in F. Bonelli (ed.), *Acciaio per l'industrializzazione. Contributi allo studio del problema siderurgico italiano*, Turin, Einaudi, 1982, pp. 217-333 ; P. Rugafiori, « I gruppi dirigenti della siderurgia "pubblica" tra gli anni Trenta e gli anni Sessanta », in *ibid.*, pp. 337-368 ; G.L. Osti, *L'industria di stato, op. cit.*

[7]   Étant donné que la Fiat Ferriere était membre d'un groupe qui avait beaucoup plus d'intérêts dans la mécanique, les Afl Falck constituaient de fait le plus important

Les représentants de la sidérurgie italienne avaient toutefois parfaitement compris qu'il n'était plus possible de maintenir sur le long terme ni le système consortial utilisé sous le fascisme, ni celui des droits et contingents préférentiels : les pressions de l'OECE requérant une plus large ouverture de l'Italie aux importations dans tous les secteurs industriels devenaient toujours plus fortes[8]. Il fallait profiter des bonnes perspectives liées à la disponibilité de financements garantis par le plan Marshall pour réparer les destructions de la guerre et faire face aux programmes de développement des autres secteurs productifs (en particulier la mécanique, le bâtiment et les constructions navales) : l'objectif était de renouveler les implantations qui existaient déjà, d'en construire de nouvelles et de plus modernes et donc d'arriver à la fin du Plan Marshall à produire 3 000 000 tonnes d'acier par an, presque un tiers de plus qu'avant-guerre[9].

---

groupe de la sidérurgie privée et la « Sezione Ricerche economiche e statistiche » de leur *Ufficio Studi* rédigeait les études les plus pointues sur la sidérurgie italienne (technologie, résultats, perspectives, etc.). Sur le groupe Fiat cf. V. Castronovo, *Fiat 1899-1999. Un secolo di storia italiana*, Milan, Rizzoli, 1999, pp. 717-1015 (en particulier pp. 786-789, 806-809 et 872-876) et la bibliographie indiquée ; sur les Afl Falck cf. Afl Falck, *Verbali assemblee* [1942-1952] et [1953-1960] (manuscrits) ; F. Peco, « L'industria siderurgica nel Milanese », in *La metallurgia italiana*, partie *Atti e notizie*, 1956, n° 6, pp. 188-200 ; M. Pozzobon, « La siderurgia milanese nella Ricostruzione (1945-1952). Ristrutturazioni produttive, imprenditori, classe operaia », in *Ricerche storiche*, 1978, n° 1, pp. 277-305 ; M. Pozzobon et R. Mari, « Le acciaierie e ferriere lombarde Falck (1945-1948) », in L. Ganapini *et al.* (eds.), *La ricostruzione dell'industria*, Bari, De Donato, 1978, pp. 83-226 ; V. Varini, « Sesto San Giovanni : il primato industriale », in L. Trezzi (ed.), *Sesto San Giovanni 1923-1952. Economia e società : la crescita*, Milan, Skira, 2002, pp. 82-97 et les bibliographies indiquées. Pour mieux comprendre leurs stratégies de développement cf. aussi M. Pozzobon, « L'industria padana dell'acciaio nel primo trentennio del Novecento », in F. Bonelli (ed.), *Acciaio per l'industrializzazione*, *op. cit.*, pp. 186-197 ; V. Varini, « L'affermarsi dell'industria moderna nei primi decenni del secolo », in L. Trezzi, *Sesto San Giovanni (1880-1921). Economia e società : la trasformazione*, Milan, Skira, 1997, pp. 69-72, 78-81, 89-94 et 102-104.

8 Sur les positions de l'industrie italienne face aux premières demandes d'ouverture du marché posées par l'OECE et sur la politique douanière italienne des années 1950 cf., en plus de la note 3, M.L. Cavalcanti, *La politica commerciale italiana. 1945-52. Uomini e fatti*, Naples, Esi, 1984 ; G. Maione, *Tecnocrati e mercanti. L'industria italiana tra dirigismo e concorrenza internazionale (1945-1950)*, Milan, Sugraco, 1986 ; F. Fauri, « La fine dell'autarchia : i negoziati commerciali dell'Italia dal 1947 al 1953 », in *Rivista di storia economica*, 1995, n° 3, pp. 331-366 ; *id.*, « Struttura e orientamento del commercio estero italiano negli anni '50 : alle origini del boom economico », in *Studi Storici*, 1996, n° 1, pp. 191-225 ; A. Cova, « Il commercio estero negli anni della ricostruzione : la Conferenza di Annecy e la tariffa doganale del 1950 », in A. Carera, M. Taccolini et R. Canetta (eds.), *Temi e questioni di storia economia e sociale in età contemporanea, Studi in onore di Sergio Zaninelli*, Milan, Vita e Pensiero, 1999, pp. 665-700.

9 E.G. Valentinis, « I piani ERP », *op. cit.*, pp. 19-21.

Cependant, cette « union » ne tenait plus dès qu'il s'agissait de s'entendre sur les perspectives du secteur et sur les moyens pour le restructurer. Il était clair que toutes les industries, aussi les petites entreprises électro-sidérurgiques spécialisées dans la production des aciers spéciaux, devaient être modernisées. Pour les dirigeants des aciéries privées, en particulier Enrico et Giovanni Falck[10], cela signifiait une période de transition durant laquelle les protections douanières devaient rester fortes afin de sauver le travail de plus de 80 000 ouvriers. Pour la sidérurgie publique, au contraire, il fallait devenir moins dépendant des approvisionnements étrangers grâce à de nouvelles implantations : la protection pouvait dès lors se limiter aux contingents garantissant à la Finsider un marché, les droits permettant seulement de sauvegarder les structures les moins efficaces[11].

---

[10] Enrico Falck était non seulement l'un des principaux dirigeants du mouvement catholique milanais (promoteur de la Democrazia Cristiana milanaise en 1943, puis de l'Unione cristiana imprenditori e dirigenti), mais aussi un des plus importants industriels de l'acier au niveau continental. Une fois devenu sénateur dans le parti de la majorité, il quitta le Conseil d'administration des Afl Falck pour éviter, vu les nombreuses interrelations entre l'administration publique et les Afl Falck, des conflits d'intérêts, mais son charisme et son influence lui garantissaient en tout cas un rôle au premier plan de la politique sidérurgique tant nationale qu'européenne. Très important aussi, son frère Giovanni qui le remplaça à la direction du groupe : il était l'un des principaux membres de l'Assolombarda (l'organisation des industriels de la Lombardie) et de la *Giunta Esecutiva* de la Confindustrie (la confédération des industriels italiens), et connaissait bien les milieux politiques et industriels nationaux et étrangers, surtout ceux de la France. Sur les frères Falck, outre à la note 7, cf. E. Falck, *Saggi politici e sociali*, Milan, Ambrosianeum, 1955 ; G. Vecchio, « Falck Enrico », in G. Campanini et F. Traniello (eds.), *Dizionario storico del movimento cattolico in Italia*, vol. III/1, *Le figure rappresentative*, Turin, Marietti, pp. 345-346 ; A. Ferrari, « Enrico Falck : un moderno "padrone delle ferriere"? », in *Rivista milanese di economia*, 1982, n° 2, pp. 27-40 ; *Ricordo di Giovanni Falck a 15 anni dalla sua scomparsa*, Milan, Assolombarda, 1987 ; « Falck Giovanni », in *Dizionario biografico degli italiani*, t. 44, Rome, Treccani, 1994, pp. 293-297. Pour mieux comprendre le milieu dans lequel ils évoluaient cf. aussi A. Ferrari, *La civiltà industriale. Colpa e redenzione. Aspetti della cultura nell'età degasperiana*, Brescia, Morcelliana, 1984 ; G. De Luca (ed.), *Pensare l'Italia nuova : la cultura economica milanese tra corporativismo e ricostruzione*, Milan, Angeli, 1997.

[11] En référence aux différentes perspectives sur le modèle de développement de la sidérurgie italienne cf. O. Sinigaglia, *Alcune note sulla siderurgia italiana*, Rome, Tip. del Senato, 1946 ; et les réponses données par Oscar Sinigaglia (Finsider), Giovanni Falck et Vittorio Valletta (Fiat) dans *L'Inchiesta del Ministero per la Costituente sull'economia italiana* publiées, in Ministero per la Costituente, *Rapporto della Commissione economica presentato all'Assemblea Costituente*, II, *Industria*, vol. 2, *Appendice alla Relazione*, Rome, Ist. Poligrafico dello Stato, 1947, pp. 5-20 et 195-203 ; « Relazione del Consiglio di amministrazione », Milan, 31 décembre 1947 et 20 julliet 1949 in Afl Falck, *Verbale del Consiglio di amministrazione [1946-1953]*, (manuscrit), pp. 64-66 et 142-144.

Paolo Tedeschi

Les implantations de la Finsider avaient en effet subi beaucoup plus de dommages pendant la guerre que celles des aciéries privées. De ce fait, la capacité de production des entreprises publiques était réduite de plus de 80 %, tandis que les autres ressentaient une perte maximale de 15 %. Il était dès lors primordial pour la Finsider de réaliser de nouveaux investissements, elle devait d'ailleurs reconstruire ses implantations (hauts-fourneaux, aciéries, laminoirs), alors que du côté des aciers privés, c'est la modération qui primait, n'ayant ni l'urgence de renouveler leurs entreprises, ni surtout l'argent nécessaire pour le faire. La sidérurgie publique voulait donc réaliser le « Plan Sinigaglia » prévoyant le renouvellement et la spécialisation des implantations les plus productives et dans le même temps la fermeture des autres (entre 1948 et 1953 la Finsider perdit ainsi 20 % de sa main-d'œuvre). Plus spécifiquement, les dirigeants les plus innovateurs de la Finsider (Oscar Sinigaglia et son groupe) voulaient réaliser, grâce aussi aux aides prévues par le Plan Marshall, les nouvelles implantations à cycle intégral de Cornigliano, lesquelles seraient devenues les plus modernes d'Italie. Elles étaient considérées comme absolument essentielles pour le développement industriel italien et lui permettraient aussi d'éviter une dépendance totale à l'égard d'étrangers pour certaines productions sidérurgiques[12]. De plus, grâce à ces grandes implantations à cycle intégral (construites sur la côte pour faciliter les approvisionnements), la sidérurgie italienne ne dépendrait plus de la ferraille et pourrait créer des produits finis de meilleure qualité tout en réduisant les frais grâce aux économies d'échelle : l'industrie mécanique pourrait alors améliorer la qualité de ses productions, augmenter ses exportations et créer tout à la fois une nouvelle demande et du travail (par comparaison avec la réduction du nombre des emplois dans le secteur sidérurgique suite à la fermeture d'entreprises, une demande de 250 000 ouvriers mécaniciens était attendue)[13].

[12] Pour Cornigliano, la Finsider utilisa presque 44 % des aides Erp destinées à la sidérurgie italienne : sur ces implantations dont il fut amplement question dans les revues du secteur cf. A. Assereto, « Al servizio della produttività nazionale. Le acciaierie di Cornigliano », in *Produttività*, 1953, n° 8, pp. 717-726 ; *id.*, « L'impianto siderurgico di Cornigliano ed i suoi prodotti », in *Il carbone e l'acciaio*, 1956, n° 6, pp. 5-12 ; L. Rebuffo, « Una passeggiata siderurgica : Cornigliano », in *Civiltà delle macchine*, 1956, n° 6, pp. 25-29 ; G.L. Osti, *L'industria di stato*, *op. cit.*, pp. 42-72 et 167-189 ; R. Ranieri, « Il Piano Marshall », *op. cit.*, pp. 181-190.

[13] Sur le Plan Sinigaglia et les grandes discussions entre les dirigeants de la Finsider et ceux des Afl Falck cf., en plus de la note 3, E. Rossi, « La grande parassitaria », *op. cit.* ; « Lettere scarlatte – Una lettera di Falck », in *Il Mondo*, 7 mai 1949 ; *id.*, « Il diavolo si fa frate », in *ibid.*, 14 mai 1949 ; « Gli argomenti della Finsider », in *ibid.*, 21 mai 1949 ; « Una lettera di Angelo Costa », in *ibid.*, 11 juin 1949 ; « Una polemica sulla siderurgia italiana », in *Quaderni di studi e notizie*, 1 juillet 1949, n° 54, pp. 420-424 ; O. Sinigaglia, *Situazione e prospettive dell'industria siderurgica*

Les Afl Falck et les autres représentants de la sidérurgie privée (à l'exclusion de la Fiat Ferriere qui produisait l'acier pour les implantations mécaniques du groupe homonyme et qui, par la suite, s'était entendue avec la Finsider)[14] partageaient une vision de la sidérurgie nationale tout à fait différente. Pour eux, le renouvellement des implantations déjà existantes et la construction de nouveaux fours électriques « en arc » permettraient de produire l'acier à prix plus compétitif, avec des temps et des frais de loin inférieurs à ceux prévus dans le cadre du « Plan Sinigaglia »[15]. Ils soulignaient que pour satisfaire les besoins italiens, une dizaine d'implantations avec des laminoirs produisant entre 150 000 et 300 000 tonnes par an suffisait. Selon eux, il n'y avait pas d'espace pour les grandes implantations, car l'industrie italienne (surtout la mécanique) ne pouvait pas se développer et garantir une demande suffisante suite à l'absence de matières premières qui, en tout cas, élevait les frais de production et rendait les produits moins concurrentiels. Pour la sidérurgie publique, au contraire, cette situation pouvait être surmontée, car les grandes aciéries pouvaient acheter les meilleures matières sur le marché à prix plus bas et donc conjuguer moins de consommation et meilleurs produits à prix plus compétitifs.

---

italiana, Rome, Poliglotta Cuor di Maria, 1949 ; A. Cavinato, « Aspetti del problema siderurgico italiano », in *L'industria mineraria*, 1950, n° 1, pp. 3-7 ; E. Gennai Tonietti, *Rilievi sul riassetto dell'industria siderurgica in Italia*, Rome, Tip. Camera, [1950], pp. 5-14.

[14] En 1952, le groupe Fiat et la Finsider s'accordèrent : le premier renonça à construire un laminoir pour tubes, la seconde s'engagea à fournir les tubes au « prix du coût rémunéré » et donc s'assura une demande pour les premières années de production. Aucun accord ne fut par contre conclu entre les Afl Falck et la Finsider : cette dernière offrit une part des nouvelles implantations Cornigliano que les premières refusèrent (G.L. Osti, *L'industria di stato, op. cit.*, pp. 127 et 133 ; V. Castronovo, *Fiat, op. cit.*, pp. 971-972).

[15] Les nouveaux fours électriques en arc, utilisant la ferraille (dont le prix était favorable, même si la quantité diminuait, car le processus de renouvellement était avancé), avaient une meilleure adaptabilité à l'horaire des quarante heures, à la semaine des cinq jours et aux programmes de travail des laminoirs, tandis que les grands fours Martin-Siemens ne pouvaient pas s'arrêter pour deux jours sans une importante augmentation des frais. Il fallait donc disposer de laminoirs modernes et, grâce à l'utilisation des fours électriques en arc, on pourrait permettre aux petites aciéries (celles avec une production annuelle de 100 000 tonnes réservées aux marchés locaux typiques de l'Italie subalpine) d'avoir des frais très bas et de devenir très compétitives par rapport aux grandes implantations à cycle intégral. À ce propos cf. H.W. McQuaid, « Considerazioni sulla economia della produzione di massa dell'acciaio al forno elettrico », in *La metallurgia italiana*, 1950, n° 6, pp. 195-200 ; *id.*, « Piccole acciaierie per mercati locali », in *ibid.*, pp. 200-204. Pour une brève synthèse sur les principales technologies utilisées dans les aciéries italiennes cf. M. Balconi, *La siderurgia italiana, op. cit.*, pp. 43-75.

Le lobby privé continuait à penser à une sidérurgie de petite et moyenne dimension comprenant de petites installations électriques pour le travail de la ferraille. La production nationale devait être intégrée par l'importation des produits semi-finis et l'unique vrai problème demeurait celui des importations des matières premières : sûres, à des prix plus bas et moins variables. Cela explique pourquoi ces industriels n'étaient pas trop intéressés à la construction de nouvelles grandes implantations, ils suivaient une stratégie privilégiant les productions spécialisées qui avaient plus de chances dans un marché où la concurrence étrangère pouvait compter sur des matières premières plus voisines et donc moins coûteuses. Cela signifiait aussi permettre la libre importation des produits finis en série que l'Italie ne pouvait pas construire à prix compétitifs. Cette position était considérée comme dépassée face au renouvellement du cycle intégral qui, selon la Finsider, permettrait à la sidérurgie italienne de se hisser au niveau des leaders mondiaux.

Ces remarques érigeaient les Afl Falck en symbole d'une « demi-sidérurgie » liée aux vieux privilèges, qui ne méritait pas les aides Erp, lesquelles devaient être réservées uniquement aux entreprises publiques. En réalité, les idées des Afl Falck n'étaient pas si conservatrices : s'il est vrai que la sidérurgie à cycle intégral fut très importante pour le développement de l'industrie italienne, il est tout aussi évident que, quelques années plus tard, le succès de la sidérurgie subalpine (en particulier celle du département de Brescia qui possédait des implantations plus petites et plus flexibles) joint à la crise des grandes implantations de la Finsider, démontra que l'analyse des Afl Falck n'était pas une excuse visant à maintenir le *statu quo*[16]. En outre, comme le rapportait aussi le président de la Confindustrie, Angelo Costa, l'argent gagné par les Afl Falck (et en général par la sidérurgie privée) grâce à la forte protection, avait bien été utilisé alors que cela n'était pas toujours le cas avec les entreprises publiques qui, survivant en utilisant l'argent public dans la période fasciste, avaient encore une productivité inférieure et cherchaient à présent, par le Plan Sinigaglia, à contrôler toute la sidérurgie italienne[17] : l'opposition des aciéries privées au Plan Sinigaglia n'était donc pas le signe d'une mentalité arriérée et non ouverte à l'innovation, mais bien la position d'un concurrent envers un adversaire qui, en comptant sur

---

[16] Sur le succès de petites aciéries à four électrique qui utilisaient la ferraille pour la production du *tondino*, caractérisées par une grande flexibilité permettant de réduire les frais cf. G. Pedrocco, *Bresciani. Dal rottame al tondino*, Milan, Jaca Book, 2000 ; sur la crise de la sidérurgie publique cf. M. Balconi, *La siderurgia italiana, op. cit.*, pp. 251-323 et la bibliographie indiquée.

[17] En effet, par la réalisation du Plan Sinigaglia, la Finsider voulait obtenir le leadership de la sidérurgie italienne et indiquait aux autres entreprises du secteur que, pour elles, il n'existait plus de possibilités d'agrandissement de leur production d'acier (G.L. Osti, *L'industria di stato, op. cit.*, p. 123).

l'appui du gouvernement, entendait éliminer un oligopole pour imposer son leadership.

II. Le Plan Schuman et les réactions de la sidérurgie italienne

Les discussions sur les perspectives de la sidérurgie nationale continuèrent aussi face au plan Schuman qui, initialement, fut considéré comme une tentative de création d'un cartel entre les grandes entreprises françaises et allemandes (pour ainsi dire un nouveau « cartel de l'acier » élargi à l'industrie du charbon). On craignait une « trustification » de l'industrie du charbon et de l'acier qui engendrerait une élimination de l'Italie, laquelle selon les Français ne devait plus s'occuper que de la petite métallurgie et de la mécanique. En particulier, les industriels privés regardaient avec suspicion l'idée de déléguer à la Haute Autorité le pouvoir de régler le marché pour empêcher les cartels des producteurs et la concurrence « ruineuse ». Tous reconnaissaient l'importance de la création d'une nouvelle organisation de l'Europe aux niveaux politique et économique et tous étaient surtout attirés par la possibilité de pouvoir compter sur les approvisionnements en charbon et en ferraille garantis par la CECA, mais par contre, la peur de se confronter à un marché au sein duquel ne fonctionnait aucune protection restait très forte et augmentait de plus en plus en regardant l'action de la plupart des industriels de l'acier des autres pays qui devaient entrer dans la CECA[18]. En effet, ces derniers pesaient de tout leur poids afin d'empêcher tout accord (comme dans le cas anglais) ou de subordonner l'acceptation du traité à d'importants changements des propositions initiales (France, Allemagne, Belgique)[19]. Donc, même si les Italiens étaient très intéressés par

---

[18] Sur les réactions initiales au Plan Schuman cf. L. Lenti, « Un cartello anticartello », in *Corriere della sera*, 11 mai 1950 ; M. Gozzini, « Il Piano Schuman », in *24 Ore*, 20 mai 1950 ; « Gli ambienti siderurgici italiani di fronte alla proposta Schuman », in *ibid.*, 17 juin 1950 ; « Gli sviluppi della proposta Schuman », in *Mondo economico*, 25 mai 1950 ; « L'Italia davanti al "pool" dell'acciaio e del carbone », in *ibid.*, 10 juin 1950.

[19] À ce propos cf. F. Berger, « Les patrons de l'acier en France et Allemagne face à L'Europe (1930-1960) », in É. Bussière et M. Dumoulin (dir.), *Milieux économiques*, *op. cit.*, pp. 189-195 ; A. Wilkens, « L'Europe des ententes ou l'Europe de l'intégration ? Les industries française et allemande et les débuts de la construction européenne (1948-1952) », in *ibid.*, pp. 278-285 et les bibliographies indiquées. Sur le choix différent du gouvernement anglais qui, après les pressions des milieux sidérurgiques, refusa d'entrer dans la CECA cf. R. Ranieri, « Inside or Outside the Magic Circle ? The Italian and British Steel Industries face to face with the Schuman Plan and the European Coal and Steel Community », in A.S. Milward, F. Lynch et R. Ranieri (eds.), *The Frontier of National Sovereignty: History and Theory 1945-1992*, Londres, Routledge, 1992, pp. 117-154 ; B. Olivi, *L'Europa difficile, op. cit.*, pp. 55-63.

les avantages d'un marché libre au sein duquel les matières premières auraient des coûts égaux à ceux de la concurrence transalpine, l'intégration européenne, pour eux, comportait encore plus d'embûches que d'opportunités.

Cette position dépendait donc non seulement du sentiment typique de nombreux industriels, libéraux sur les marchés étrangers et protectionnistes en interne, mais était aussi liée à la conjoncture particulière de la sidérurgie italienne. Habituée à une forte protection, celle-ci avait en effet besoin de temps pour se renouveler, et était incapable de se confronter tout de suite aux grandes entreprises sidérurgiques des autres pays de la CECA, lesquelles pouvaient compter sur des approvisionnements en matières premières plus faciles et moins coûteux, ainsi que sur un coût de la main-d'œuvre plus bas et des intérêts sur les prêts inférieurs à ceux rencontrés par les Italiens[20].

De plus, cette fois, la capacité des milieux sidérurgiques à faire pression sur les choix du gouvernement s'annonçait moins forte qu'à l'occasion du Plan Marshall. Même si les intérêts de la sidérurgie étaient bien représentés dans la composition du Comité technique s'occupant du Plan Schuman tant au niveau de la rédaction du traité qu'à celui de la discussion au parlement italien[21], il était clair que le gouvernement désirait fortement l'intégration, vue comme la première étape d'un processus d'unification de l'Europe occidentale et de croissance économique (mais aussi de rattachement complet de l'Italie à l'Occident). Cela réduisait les

---

[20] Par exemple, en 1951, les coûts de la main-d'œuvre et des matières premières pesaient sur les prix des *barre mercantili* en acier produits en Italie (152 $) jusqu'à les doubler par rapport à ceux enregistrés dans la RFA (70 $), la France (73 $), la Belgique (77 $) (S. Pozzani, « Possibilità di sviluppo dell'industria siderurgica nella comunità », in *Tecnica ed organizzazione*, 1953, n° 12, p. 11). En outre, les intérêts sur les prêts reçus par la sidérurgie italienne étaient de 1 à 2 points plus élevés que dans les autres pays de la CECA (B. Calabi, « Mezzi indiretti a sostegno delle politiche espansionistiche dell'industria siderurgica nei paesi della CECA », in *Rivista di politica economica*, 1952, n° 10, pp. 1189-1207). De plus, la ferraille coûtait presque douze fois plus qu'en France, neuf fois plus qu'en Allemagne et presque sept fois plus qu'en Belgique (R. Ranieri, « La ricostruzione », *op. cit.*, p. 433). Enfin, on enregistrait une incidence des taxes sur la valeur de la production sidérurgique destinée aux exportations plus fortes que dans les autres pays (Ufficio studi Assider, « Del diverso grado dell'incidenza fiscale sui prezzi dei prodotti siderurgici nei principali paesi, con particolare riguardo alla esportazioni », in *La metallurgia italiana*, 1951, n° 6, pp. 258-260).

[21] Dans la délégation italienne qui participa à la rédaction finale du traité qui créa la CECA, se trouvaient par exemple Frumento des Afl Falck, Vignuzzi de la Dalmine (entreprise de la Finsider, le groupe sidérurgique public) et aussi quelques dirigeants de petites entreprises des vallées lombardes ; en plus, E. Falck reçut du parlement italien la charge de préparer le rapport de la majorité sur le « Pool du charbon et acier » (E. Decleva, « Gli ambienti economici milanesi », *op. cit.*, p. 260 ; R. Ranieri, « La siderurgia italiana », *op. cit.*, pp. 79-81 ; A. Ferrari, « Enrico Falck », *op. cit.*, p. 40).

---

possibilités de discussion des industriels de la sidérurgie : ils pouvaient poser quelques conditions et éviter que la sidérurgie ne paie trop cher le « désir d'Europe » du gouvernement, mais ils n'étaient pas assez puissants que pour empêcher l'entrée de l'Italie dans la CECA.

Enfin, la nécessité d'obtenir les meilleures conditions dans le nouveau marché se profilant à l'horizon réactiva les divisions sur les choix prioritaires entre les dirigeants de la sidérurgie publique et ceux des entreprises privées. Pour la Finsider, le premier objectif était d'éviter que le Plan Sinigaglia ne passe sous le contrôle de la CECA, même s'il était complètement réalisé après 1952. En outre, elle demandait un système d'achats centralisé garantissant les approvisionnements en charbon pour ses nouvelles installations : elle voulait donc que l'Italie se garantisse les approvisionnements en charbon et en coke de la Ruhr et du Nord de l'Afrique, car grâce à elles et aux grandes installations à cycle intégral, l'Italie pouvait espérer devenir plus autonome et obtenir des produits sidérurgiques à très basse consommation de coke par tonne de fer (850 kg contre les 1 100 utilisés par les Allemands) et donc arriver sur le marché avec des prix inférieurs. Les Afl Falck s'intéressaient plus aux prix des matières premières et, en particulier, de la ferraille qui coûtaient en Italie plus du triple qu'à l'étranger à cause des « doubles prix », mais qui, selon leurs prévisions, étaient destinés à augmenter en quantité (et donc à diminuer en prix) suite à la croissance générale des productions européennes. Ils confirmèrent donc l'idée de laisser libre l'importation des produits finis allemands et français en garantissant toutefois les importations de ferraille et des semi-finis à des prix plus bas. Les seuls objectifs communs se résumaient donc dans le soutien à l'adhésion à la CECA à condition qu'elle garantisse aux entreprises italiennes l'approvisionnement des matières premières, l'élimination des « doubles prix » et, demande émanant surtout des industriels privés, que l'intégration dans le « pool du charbon et de l'acier » soit réalisée par un processus d'élimination graduelle des protections existantes[22].

---

[22] Sur les discussions relatives aux perspectives de la sidérurgie italienne face au Plan Schuman et sur l'exigence d'une entrée graduelle dans la CECA cf. C. Merzagora, « Condominio difficile », in *Corriere della sera*, 18 novembre 1950 ; *id.*, « Cos'è questo piano », in *ibid.*, 11 janvier 1952 ; I. Minunni, « Aspetti economici e politici nella ratifica del Piano Schuman », in *L'industria lombarda*, 12 janvier 1952 ; « Il Piano Schuman alla base dell'Unione europea », in *Il commercio lombardo*, 2 février 1952 ; Z. Tomè, « Il Piano Schuman e gli scambi commerciali », in *ibid.*, 9 février 1952 ; Emas, « Conseguenze economiche del "pool" carbone acciaio », in *Il giornale dei costruttori*, 28 février 1951 ; N. Santero, *Piano Schuman e Federazione Europea : discorso pronunciato al Senato della Repubblica nella seduta del 13 marzo 1952*, Rome, Tip. Senato, 1952 ; A. Chiti Baitelli, *L'Europa è un buon affare*, Rome, Apollon, [1953], pp. 4-7 et 29-33 ; P.E. Taviani, *Il Piano Schuman*, Rome, Apollon, 1954, pp. 9-70 ; F. Peco, « La Comunità europea del carbone e dell'acciaio (Una testa di ponte nel progredire verso la federazione europea) », in *Rivista italiana di*

On ne peut donc trouver aucune opposition ferme à la CECA. Au contraire, les milieux économiques, avec leur pragmatisme caractéristique, décidèrent de « parier » sur l'Europe conjuguant de nouveaux jugements favorables à l'idée d'une intégration du marché du charbon et de l'acier avec la conscience claire des dangers que la garantie de libre marché pour les utilisateurs des produits sidérurgiques pouvait provoquer pour les producteurs[23]. L'expérience de l'autarcie avait bien fait comprendre que sans un grand commerce international on ne pouvait pas améliorer en continuité la structure industrielle et économique d'un pays[24]. La CECA garantirait une diminution du prix des produits sidérurgiques, ce qui permettrait à plusieurs secteurs industriels (en particulier la mécanique, le bâtiment, les constructions navales) de produire à prix plus compétitifs et d'améliorer les salaires réels des travailleurs. Il était évident que, même si certaines conditions n'étaient pas optimales (entre autres, seule une partie de la ferraille était disponible pour l'ensemble des pays de la CECA, une bonne quantité restant à la disposition des pays producteurs), pour garantir les matières premières d'un secteur occupant 650 000 ouvriers dans la mécanique et de 250 000 à 400 000 travailleurs dans le bâtiment, il valait mieux entrer dans le « pool sidérurgique » et se défendre de l'intérieur plutôt que de rester au dehors.

En outre, les industriels de la sidérurgie demandaient une ouverture qui comprenait non seulement les matières premières, les capitaux et les produits, mais aussi la main-d'œuvre afin de diminuer les effets du chômage liés au processus de renouvellement du secteur sidérurgique. Pour répondre à ces requêtes, le gouvernement posa comme condition essentielle à l'adhésion au Plan Schuman une application graduelle du traité et la libre circulation des ouvriers italiens dans les pays de la CECA[25]. Même si le compromis avec les autres pays ne permit pas de contenter toutes les demandes des entreprises sidérurgiques, l'Italie entra dans la CECA en acceptant ses nouvelles règles[26].

---

scienze commerciali, 1953, n° 3-4, pp. 152-168 ; E. Decleva, « Gli ambienti economici milanesi e il Piano Schuman (1950-1952) », in *Archivio storico lombardo*, 1986, pp. 255-285 ; R. Ranieri, « L'Italia e i negoziati », *op. cit.*, pp. 547-572 ; *id.*, « La siderurgia italiana », *op. cit.*, pp. 77-85.

[23]   Selon le gouvernement italien, les critiques et l'opposition au Plan Schuman furent bien plus équilibrées que dans les autres pays. En outre, du printemps 1951 (quand le Plan Schuman fut signé) au printemps 1952 (entrée officielle de l'Italie dans la CECA), les prix des actions des sociétés de la Finsider augmentèrent de 40 % (P.E. Taviani, *Il Piano Schuman, op. cit.*, pp. 17 et 46).

[24]   A. Frumento, « Sul problema industriale italiano », in *Rivista italiana di scienze commerciali*, 1953, n° 9-12, p. 607.

[25]   P.E. Taviani, *Il Piano Schuman, op. cit.*, p. 67.

[26]   Sur l'organisation et les règles de la CECA cf. A. Frumento, *Novero dei diritti e dei doveri previsti per gli organi e pei soggetti della Comunità Europea del carbone e*

Il est ici intéressant d'analyser plus particulièrement la position des dirigeants des Afl Falck qui furent considérés comme les représentants d'une sidérurgie conservatrice qui limitait le développement des autres secteurs industriels. En réalité, ils acceptaient la réduction des droits pour baisser les frais de production des autres secteurs, car ils savaient que le développement de la mécanique, du bâtiment, etc., augmentait aussi leurs ventes et par conséquent ils proposèrent au gouvernement des dispositions favorisant ces secteurs[27]. Ils ne s'opposèrent d'ailleurs jamais à l'intégration italienne à la CECA de peur de devoir renoncer à leurs privilèges, mais ils souhaitaient en révoquer les conditions rendant presque impossible la survie des entreprises sidérurgiques italiennes.

Les dirigeants des Afl Falck furent certainement les plus critiques à l'égard du traité signé par le gouvernement, mais on doit noter que les observations émanèrent surtout d'Enrico Falck, dont la participation à la *Lega di Cooperazione Economica* démontrait une évidente ouverture à une Europe économique unie, et d'Armando Frumento, le responsable des *Ufficio Studi* des Afl Falck, expert de la sidérurgie italienne et de son développement. Tous les deux avaient participé en personne aux travaux de préparation et d'approbation du traité et manifestaient leur déception, car ils avaient pensé pouvoir obtenir de meilleures conditions[28].

E. Falck ne s'opposait pas à l'intégration, mais il émettait de sévères critiques à l'encontre de la CECA « pour les moyens, pas pour les

---

dell'Acciaio, Milan, Ufficio studi Afl Falck, 1951 ; P.E. Taviani, *Il Piano Schuman, op. cit.*, pp. 73-204 ; B. Ceppetelli Caprini, « La Comunità del Carbone e dell'Acciaio », in R.H. Rainero (ed.), *Storia dell'integrazione europea*, vol. 1, *L'integrazione europea dalle origini alla nascita della CEE*, Milan, Marzorati, 1996, pp. 117-139.

[27] Même s'il sous-évaluait les possibilités de développement de la mécanique, E. Falck demandait par exemple une réduction des taxes sur les voitures et sur les carburants (E. Falck, *Saggi politici, op. cit.*, p. 305).

[28] Sur les observations relatives au traité de la CECA indiquées dans le texte cf. Archives Falck, « Relazione del Consiglio di Amministrazione », Milan, 13 mars 1951, in Afl Falck, *Verbali assemblee dal 28 novembre 1942 al 19 aprile 1952* (manuscrit), pp. 186-187 ; E. Falck, *Tendenze europee nella costituzione dei grandi pools delle materie prime : conferenza tenuta al Politecnico di Milano il 16 aprile 1951 per invito dell'Associazione studenti universitari*, Milan, Croce, 1951 ; *id.*, *Ulteriori ragguagli sulla politica dei pools : conferenza tenuta al Politecnico di Milano il 25 giugno 1952 per invito dell'Associazione studenti universitari*, Milan, Croce, 1952 ; *id.*, *Saggi politici, op. cit.*, pp. 243-265, 307-309, 337-339, 347-348 et 363-365 ; « Il piano Schuman è una grande idea che non deve naufragare in un assurdo dirigismo », in *L'industria lombarda*, 2 décembre 1950 ; « Primi effetti del Piano Schuman », in *24 Ore*, 15 février 1951 ; « Le obiezioni dell'industria siderurgica al progetto per il "pool" carbone-acciaio », in *Il sole*, 12 janvier 1952 ; A. Frumento, « Sul problema industriale », *op. cit.*, p. 630 ; *id.*, « Situazioni e prospettive dell'industria siderurgica », in *Fonderia. Rivista tecnica dell'industria fusoria*, 1955, n° 7, pp. 332-333 ; E. Decleva, « Gli ambienti economici milanesi », *op. cit.*, pp. 280-281.

objectifs ». Il n'était pas satisfait des conditions finales signées en mars 1951, car il avait imaginé une ouverture graduelle, horizontale qui permettait la libre circulation des marchandises, des capitaux et de la main-d'œuvre, alors que les accords finaux réduisaient le libre marché. La sidérurgie italienne pouvait et devait entrer dans la CECA, mais auparavant elle devait réduire ses frais de production et améliorer la qualité de ses produits, grâce aux renouvellements des équipements, à la spécialisation des postes de travail, à la hausse de la production de fonte, à la concentration en grandes implantations des productions de masse et à la transformation des unités anti-économiques en usines de seconde transformation. Il comprenait l'importance d'un marché plus ouvert qui garantirait le développement de la sidérurgie et en général de l'industrie italienne, mais il soulignait que de nombreuses parties du traité définitif étaient loin de l'idée de créer un vrai marché commun où plus personne n'aurait de position avantageuse. Étant donné que les changements apportés au plan d'origine pouvaient créer autant de problèmes que les vieilles structures des aciéries italiennes, une graduelle élimination des droits était nécessaire afin de permettre aux entreprises de bien renouveler leurs équipements. Par conséquent, pour mieux résister à la concurrence créée par l'ouverture du marché, la période de transition devait être longue.

Comme l'avaient déjà indiqué la Confindustrie et les organisations de constructeurs pendant les discussions sur le plan, Armando Frumento (directeur de l'*Ufficio Studi* des Afl Falck) notait à son tour que l'Italie était disposée à ouvrir son marché aux produits de la concurrence, mais seulement si les prix des matières premières étaient ceux payés par la concurrence. Observation pertinente car, tandis que le plan d'origine présenté par le ministre Schuman promouvait une « communauté solidaire » au sein de laquelle les barrières douanières étaient éliminées et se trouvait instauré un libre marché des matières premières, les résultats de dix mois de tractations apportaient des modifications radicales qui limitaient la possibilité des entreprises sidérurgiques italiennes de se confronter en toute impartialité à la concurrence.

Par exemple, le système des péréquations pour aider temporairement les entreprises qui produisaient à des prix supérieurs à la moyenne fonctionnait seulement pour le secteur du charbon et pas pour les aciéries. Étaient aussi exclus des pools tant les laminés à froid que les aciers spéciaux de haute qualité et de prix élevés, alors que le coke était inclus, prenant ainsi le risque de provoquer la crise des cokeries chimiques qui, nées à l'époque de l'autarcie, ne disposaient pas d'un marché sécurisé comme celles du coke de haut-fourneau et désormais devaient en plus faire face à la forte concurrence allemande[29].

En outre, était abandonné le principe d'égaux « *prezzi partenza* » (c'est-à-dire calculés auprès des mines ou des usines productrices) en lui préférant les « *prezzi arrivo* » (calculés sur les lieux de vente et comprenant donc les frais de transport), le prix des matières premières n'était donc pas défini au départ, mais bien à l'arrivée, ce qui créait des problèmes quant aux prix des produits finis sur lesquels les frais de transports étaient alors calculés. Par voie de conséquence, le système continuait à favoriser les entreprises transalpines plus voisines des lieux de production de charbon et de minerais de fer[30].

De plus, les nouvelles règles sur la ferraille ne permettaient pas de fait un libre marché et cela portait préjudice aux entreprises italiennes qui l'utilisaient en grande quantité. E. Falck soulignait que la ferraille demeurait aux mains des entreprises du pays producteur et que seule une petite partie (celle prise au dehors des industries, donc une vraie « plaisanterie ») était exportée et divisée par la Haute Autorité entre les autres pays. Les avantages cumulés semblaient dès lors peu satisfaisants d'autant que les effets de l'équilibre imparfait réalisé pour la ferraille causaient en définitive une augmentation de quinze lires alors que l'équilibre des prix du minerai « commun » réduisait de peu de centimes le prix d'un kg de laminé et que l'équilibre des prix du charbon n'apportait qu'un gain d'une ou deux lires.

Les dirigeants des Afl Falck mettaient aussi en évidence l'exclusion des minerais du Nord de l'Afrique française (réservés aux industries françaises) et les limites imposées à la circulation des capitaux et des travailleurs ne permettant pas une égale flexibilité des structures produc-

---

[29] C'étaient par exemple les tubes en acier (avec ou sans soudure), les jets de fonte et d'acier, les petites tôles laminées à froid et les produits obtenus avec l'utilisation des poudres. À ce propos cf. C. Citterio (ed.), *Profilo statistico delle siderurgie comprese nel piano Schuman*, vol. 1, (deuxième édition polycopiée et mise à jour au premier semestre 1952), Milan, Ufficio studi Afl Falck, 1952 ; P.E. Taviani, *Il piano Schuman, op. cit.*, pp. 145-147. Sur le coke et les cokeries italiennes cf. « I problemi delle cokerie italiane e il consumo di coke metallurgico », in *Il carbone*, 1952, n° 2, pp. 13-14.

[30] Sur le système de prix dans la CECA cf. F. Peco, « Il mercato comune dell'acciaio come ritorno alla logica del libero scambio », in *Rivista italiana di scienze commerciali*, 1953, n° 5-6, pp. 280-292 ; *id.*, *Sul concetto di allineamento dei prezzi e sulle modalità di sua applicazione al mercato comune dell'acciaio*, Milan, Giuffré, 1957 ; M.G. Demaria, *Le système des prix et la concurrance dans le marché commun*, Milan, Giuffré, 1957 ; D. Fallon, *Les règles du Traité de la CECA en matière de cotation des prix et d'alignement et leur justification*, Milan, Giuffré, 1957 ; F. Gattamelata, *La politica dei prezzi della comunità carbosiderurgica*, Milan, Giuffré, 1957 ; M. Masoin, *La formation des prix du charbon*, Milan, Giuffré, 1957.

tives des différents pays et réduisant de plus en plus la pleine concurrence. À propos de la circulation des travailleurs, E. Falck indiquait que seule la main-d'œuvre spécialisée des hauts fourneaux jouissait d'une libre circulation : ce n'était toujours pas le cas des travailleurs sans qualification (mineurs), ce qui n'aidait pas l'Italie à réduire le problème du chômage. Au contraire, ce dernier augmenterait encore puisque l'Italie renonçait à la protection de ses entreprises les plus faibles, qui avaient des coûts supérieurs et ne disposaient pas de temps pour se réorganiser. Tout cela sans même avoir éliminé les raisons qui avaient créé cette situation, à savoir le retard technologique et les charges fiscales et sociales plus élevées qui annulaient les coûts pourtant inférieurs de la main-d'œuvre. Dès lors, sans les subsides accordés aux industries, la concurrence étrangère risquait de se révéler mortelle. De plus, il n'y avait aucune assurance que des monopoles de vente ne se créeraient plus et que les approvisionnements resteraient encore dépendants des conjonctures et des choix économiques des pays fournisseurs. Le plan risquait donc de fragiliser les organisations des travailleurs catholiques et sociaux-démocrates (la CISL et la UIL), lesquelles voulaient surtout garantir le travail des ouvriers et étaient disposées à renoncer dans le court terme à l'adéquation des salaires aux plus élevés qui existent dans les entreprises allemandes, belges et françaises[31]. Les règles de la CECA risquaient au contraire de renforcer les syndicats socialistes et communistes qui étaient absolument opposés à toute forme d'intégration économique dans le cadre d'une alliance stratégique avec les USA[32].

---

[31] Sur les syndicats qui appuyèrent l'intégration européenne cf. G. Formigoni, *La scelta occidentale della Cisl*, Milan, Angeli, 1991 ; pour une vision élargie à tous les pays de la CECA cf. A. Ciampani (ed.), *L'altra via per l'Europa, op. cit.* Sur les règles de circulation de travailleurs dans les pays de la CECA cf. R. Arena, *L'articolo 69 del trattato e la libera circolazione della manodopera*, Milan, Giuffré, 1957 ; C. Lega, *La libertà di circolazione dei lavoratori nei paesi della CECA*, Milan, Giuffré, 1957.

[32] Selon les parlementaires de la gauche et les syndicalistes, leurs alliés (la Confederazione generale iitaliana del Lavoro), le plan Schuman était inconstitutionnel, car il limitait les pouvoirs du parlement sur la politique économique. En outre, il était considéré comme l'un des événements politiques et économiques internationaux les plus graves qui aurait porté dommage à la sidérurgie italienne, trop arriérée au niveau des structures et de la productivité, et en général à l'économie italienne car favorisant le réarmement et avantageant les monopolistes français, allemands et américains. Ils soulignaient le coût du renouvellement des entreprises et de l'élimination des moins efficaces d'entre elles, l'absence de l'Angleterre et l'existence des contradictions entre Allemands et Français qui voulaient obtenir plus de pouvoir dans la nouvelle organisation (L. Pavolini, *La siderurgia italiana*, Rome, Cultura e lavoro, 1950, pp. 5-62 ; S. Pessi, *Una siderurgia nazionale per una economia di pace*, Sampierdarena, Tucci, [1952], pp. 7-40). Plus en général, sur les motivations qui pendant les années 1950 portèrent la gauche italienne à être toujours opposée à toute forme d'intégration européenne cf. S. Galante, *Il Partito Comunista italiano e l'integrazione europea. Il decennio del rifiuto : 1947-1957*, Padoue, Liviana, 1988.

Enfin, d'autres éléments avaient été, selon les Afl Falck, sous-éva-
lués par le gouvernement. Ainsi, pour garantir la pleine concurrence, il
fallait éliminer les différences entre les charges sociales et fiscales qui
représentaient d'importants obstacles à l'effective réalisation du libre
marché des produits sidérurgiques ; les pouvoirs de la Haute Autorité
étaient trop grands et limitaient le droit de propriété et la liberté d'entreprise : trop de « dirigisme » qui ne libéralisait pas les échanges, mais les
planifiait avec le risque d'étouffer les entreprises ; en outre, il y avait
trop peu d'organismes chargés de la défense des producteurs face aux
éventuelles sanctions.

Toutefois, ces critiques (dans certains cas surmontées par des mesures
prises par le gouvernement) ne se transformèrent pas en une opposition
forte à l'entrée dans la CECA, car E. Falck comprenait bien qu'elle était
le premier pas d'une intégration qui toucherait tous les secteurs productifs : il ne fallait pas tout accepter pour entrer dans la CECA, il était au
contraire nécessaire d'en améliorer les règles pour éviter trop de
sacrifices pouvant mettre en crise l'économie italienne et rendre impossible la création d'une vraie Europe unie. Les critiques des dirigeants
des Afl Falck rappelaient en outre aux milieux économiques italiens
qu'on ne pouvait penser que seule la sidérurgie devait se renouveler, car
l'intégration européenne, avec ses coûts, était destinée à englober beaucoup de marchandises. Si on voulait créer de nouveaux « pools », il
fallait garantir à l'industrie italienne un « jeu loyal » en éliminant les
exceptions pour certains territoires et produits ainsi que les limites à la
circulation des capitaux et des travailleurs[33].

Ce point de vue fut développé dans les journaux économiques, dans
les revues du secteur, pendant les colloques auxquels E. Falck et
A. Frumento participaient et, surtout, pendant le débat parlementaire
pour la ratification du traité, par les messages envoyés par le sénateur
aux ministres, aux parlementaires, aux représentants de la Confindustrie
et aux dirigeants d'entreprise catholiques. En tout cas, l'image des Afl
Falck pour de nombreux contemporains resta celle d'une entreprise
dotée d'une direction dépassée refusant de se renouveler : mais alors que
dire de la Finsider, qui en arriva à demander la non-signature du traité si
Cornigliano n'était pas exclu des nouvelles règles de la Haute Autorité
et si la France ne promettait pas de ne pas construire de nouvelles instal-

---

[33] Sur l'exigence non seulement de la sidérurgie, mais de tous les secteurs industriels à
se préparer à un renouvellement afin de se confronter, sans protection particulière, à
la concurrence européenne cf. A. Frumento, « Situazioni e prospettive », *op. cit.*,
pp. 332-333 ; *id.*, « Le regole di concorrenza fra imprese industriali nella Comunità
Economica Europea », in *Rivista internazionale di scienze economiche e commerciali*, 1958, n° 1, pp. 1-56.

lations sur la côte de l'Afrique du Nord[34] ? Et comment percevoir ces journalistes, ces hommes politiques et en particulier ces entreprises mécaniques qui, libéraux quand il était question du marché sidérurgique et donc critiques à l'égard des Afl Falck, devenaient beaucoup plus prudents face aux projets d'autres « pools » (agriculture, transports, énergie, etc.). et du Marché commun[35] ?

La réponse la plus plausible montre que les discussions sur le plan Schuman furent l'occasion d'une polémique concernant des niveaux plus élevés du secteur sidérurgique : celui du choix d'avoir ou non une économie avec une forte présence des entreprises d'État dans les secteurs stratégiques (conclu avec la victoire de la Finsider) ; celui de la préférence entre le protectionnisme et le marché libre, compris selon les positions, comme *the best* ou *the worst* pour le développement économique des pays, mais qui en réalité ne l'ont jamais été[36] ; celui enfin du choix occidental qui amenait le gouvernement à vouloir entrer en tout cas dans la CECA même si cela signifiait sacrifier quelques entreprises. Face à tout cela, les Afl Falck soulignaient les risques de donner trop de pouvoir à la sidérurgie publique, au marché libre et à la Haute Autorité : pas d'étonnement donc si les jugements qu'ils reçurent ne furent pas positifs.

[34] Sur la menace italienne de se retirer de la CECA, à propos de l'opportunité de l'ouverture de Cornigliano cf. R. Ranieri, « Il Piano Marshall », *op. cit.*, p. 183.

[35] Pendant les discussions sur la création du Marché commun, les industriels de la mécanique, ceux-là mêmes qui avaient critiqué les industriels de la sidérurgie, demandèrent une élimination graduelle des contingents et des droits ainsi que l'absence de « dirigisme » (F. Fauri, « La costruzione del MEC negli anni '50 : atteggiamento e posizioni della Confindustria », in *Rivista di politica economica*, 1996, n° 2, pp. 103 et 115 ; V. Castronovo, *Fiat*, *op. cit.*, pp. 964-967). Des problèmes plus grands furent aussi posés par la création du « pool vert », sur lequel E. Falck avait déjà indiqué des stratégies d'application (E. Falck, *Saggi politici*, *op. cit.*, pp. 257-262, 366-373 et 385-392), et puis sur la politique agricole commune qui pouvait vraiment mettre en discussion la naissance de la CEE (cf. J. Marsh, P. Swanney et F. De Filippis, *La politica agricola comunitaria*, Bari, Laterza, 1982 ; V. Bonuzzi, *L'agricoltura nei primi anni di vita della CEE*, Padoue, Cedam, 1986 ; G. Laschi., *L'agriculture italienne et l'identité économique et sociale de l'Europe*, in É. Bussière et M. Dumoulin (dir.), *Milieux économiques*, *op. cit.*, pp. 409-421 ; *id.*, *Le radici di un paradosso : l'integrazione agricola europea e la partecipazione italiana*, in *Studi storici*, 1996, n° 1, pp. 227-272 et les bibliographies indiquées).

[36] Sur ce thème cf. P. Bairoch, « Politiche doganali e sviluppo economico : miti e realtà del protezionismo », in *Mezzogiorno d'Europa*, 1986, n° 4, pp. 531-548.

III. La sidérurgie italienne dans la CECA pendant les années 1950 : les résultats obtenus pendant la période de transition et leurs effets sur l'intégration européenne

De facto, les effets de la CECA sur les entreprises sidérurgiques ne se révélaient pas aussi négatifs que les dirigeants des Afl Falck le craignaient ; au contraire, les résultats des premières années dans la CECA s'avéraient plus que positifs.

Les avantages les plus nombreux furent naturellement obtenus par la sidérurgie publique qui reçut l'assurance que le plan Sinigaglia ne rencontrerait pas d'obstacles. Les industries publiques obtinrent des garanties pour le charbon de la Ruhr et, même si l'Algérie est restée au dehors de la CECA, une large quantité de minerais en provenance de celle-ci (huit fois ce qui pouvait être importé auparavant), ainsi que l'assurance que la France ne construirait pas de nouvelles installations sur la côte de l'Afrique du Nord. Dès lors, grâce aux nouvelles grandes installations incluant une production de masse, étaient réduits les coûts de production et améliorés les produits de haute qualité, en particulier les aciers spéciaux ; en outre, l'augmentation de la production de fonte équilibrait les productions en charge liquide et solide et les nouveaux capitaux disponibles offraient aussi la possibilité de mieux spécialiser la main-d'œuvre et ainsi de la rendre plus productive[37].

Les résultats furent également positifs pour les autres entreprises : même si la CECA présentait encore des défauts dans l'application des mesures (par exemple les régimes particuliers pour la ferraille ou pour le charbon allemand, la nécessité d'une publicité objective des barèmes, les subventions reçues par certaines entreprises transalpines, ainsi que la difficulté d'acheter le charbon de la Ruhr qui était à la disposition quasiment exclusive de la sidérurgie française et allemande)[38], les conditions

---

[37] En 1952, la Finsider retrouva le niveau de production d'avant-guerre et en 1957 arriva à produire plus de la moitié de l'acier et des laminés à chaud italiens et plus de 80 % de la fonte : la productivité augmenta et égala celle des entreprises privées (M. Balconi, *La siderurgia italiana*, *op. cit.*, p. 97). Les effets du Plan Sinigaglia, qui développait les entreprises sur la mer, devenaient de plus en plus évidents et au milieu des années 1950, on enregistra une importante diminution de la production sidérugique lombarde sur le total : de 1949 à 1955, la production italienne de la fonte passa de 392 843 à 1 620 000 tonnes et celle de l'acier de 2 055 499 à 5 390 000 tonnes tandis que les productions lombardes respectives étaient passées de 40 772 à 147 000 tonnes de fonte et de 789 283 à 1 580 560 d'acier (C. Rosa, « Sviluppo e produzione siderurgica in Italia », in *Fonderia. Rivista tecnica dell'industria fusoria*, 1957, n° 4, pp. 171-172).

[38] Les seuls ralentissements du développement furent causés par les difficultés d'approvisionnement en matières premières, en particulier la ferraille qui, au dehors de la

obtenues, grâce aussi aux pressions exercées par les représentants des intérêts tant de la sidérurgie privée que publique participant aux négociations, permettaient à la sidérurgie privée d'être plus compétitive tout en se développant au mieux. En effet, elle pouvait continuer son activité en se reposant désormais sur des approvisionnements sécurisés de matières premières et, face à un marché qui s'élargissait en donnant de bonnes perspectives de développement dans tous les secteurs, elle pouvait justifier de grands investissements pour renouveler et rationaliser ses installations, ce qui auparavant n'était pas de l'ordre du possible (le marché italien se révélant de fait trop petit).

La période de transition fut vraiment décisive : la protection demandée par les industriels ne devint pas un moyen pour maintenir une position privilégiée, mais donna aux entreprises du temps pour récupérer leur retard technologique. L'application graduelle des accords de libéralisation du marché (il fut établi une protection décroissante avec une élimination des droits au 10 février 1958, tandis que dans les autres pays, ils seraient supprimés dès le 10 février 1953) et les protections garanties aux entreprises plus exposées au risque de fermeture dans un marché plus compétitif, permettaient de se préparer à la nouvelle concurrence et quand cela s'avérerait nécessaire de se reconvertir en usines de seconde transformation (la CECA accordait des financements non seulement pour renouveler les implantations, mais aussi pour changer les activités devenues insuffisamment compétitives et, en outre, elle prévoyait des aides pour la requalification des travailleurs mis au chômage). En réalité, par rapport aux mesures transitoires prises pour protéger les installations aux rendements moindres, les industriels de la sidérurgie souhaitaient une « péréquation » et des aides à la « reconversion » (la Haute Autorité et les États devaient aider les entreprises moins organisées à réduire leurs coûts de production ou à se convertir dans d'autres secteurs), alors qu'ils n'obtinrent qu'une « réadaption » réalisée au moyen de fonds pour les industries devant réduire leurs effectifs afin d'être compétitives (une indemnité de chômage). Toutefois, le gouvernement garantit des aides pour les petites mines de charbon du Soulcis et des subsides pour les 10 700 travailleurs de la sidérurgie restés sans

---

CECA, avait des prix et surtout des quantités disponibles très variables ; en outre il ne pouvait être question d'un marché libre tant que les barèmes n'étaient pas clairement publiés, que la CECA permettait les subventions de la France à ses mines et que subsistaient les cartels entre les producteurs allemands du charbon (A. Frumento, « L'odierna struttura », *op. cit.*, pp. 422-423 ; *id.*, *Significato e importanza della pubblicità dei listini nella struttura economica della CECA*, Milan, Giuffré, 1957).

travail[39]. Pour les entreprises et ses ouvriers, il existait donc de réelles possibilités de surmonter le choc dû à la libéralisation du marché.

Il faut aussi noter que certaines critiques des dirigeants des Afl Falck péchèrent par excès de pessimisme : par exemple le régime communautaire de péréquation des prix de la ferraille importée des pays tiers (qui divisait les frais relatifs entre tous les pays sans prendre en compte les quantités effectivement utilisées) permit aux entreprises italiennes l'achat de ferraille de ces pays aux mêmes prix que ceux existant au sein de la CECA, il passa donc de 50 à 38 lires par tonne ; de plus le problème de l'exclusion du minerai nord-africain du Plan fut également surmonté par l'accord de Santa Margherita assurant des fournitures en hausse à l'Italie pour cinq ans (480 000 tonnes la première année et 830 000 tonnes la dernière)[40]. En se référant au problème des cokeries chimiques, les dommages ne furent pas si grands et en tout cas il fut accordé à l'Italie un tarif douanier provisoire alors que l'État s'engageait à protéger les sous-produits chimiques (par exemple les engrais et les goudrons)[41]. Enfin, la Haute Autorité obtenait surtout des pouvoirs « négatifs » (interdiction de discrimination) et d'orientation (information), elle ne pouvait pas unifier les coûts et devait laisser les prix au choix des producteurs (tout en établissant le prix maximum) : dès lors, le « danger d'un excès de dirigisme », craint surtout par les industriels privés, était presque écarté[42].

Cependant des problèmes demeuraient : les cartels du charbon allemands et ceux de la sidérurgie française résistaient, les protections étatiques aux industries perduraient et les approvisionnements en ferraille pour l'Italie n'étaient pas toujours certaines ; de plus les salaires des

---

[39] Pour les mines du Soulcis, il fut prévu une subvention annuelle de deux milliards de lires pour cinq ans ; seule la Belgique reçut des subventions similaires afin de repousser de cinq ans le licenciement de 50 000 mineurs (P.E. Taviani, *Il piano Schuman*, *op. cit.*, p. 26). Sur le programme de la CECA pour soutenir les ouvriers restés sans travail et leur donner une nouvelle formation professionnelle cf. aussi L. Mechi, « L'Italia e le politiche sociali della CECA (1950-1957) », in A. Varsori (ed.), *Storia delle Relazioni, op. cit.*, pp. 251-267.

[40] P.E. Taviani, *Il piano Schuman, op. cit.*, pp. 38-39.

[41] Selon le gouvernement italien, les dommages étaient compensés par les avantages liés à l'exclusion de la CECA des produits de distillation du charbon (*Ibid.*, pp. 26-28 et 40-42).

[42] Sur les pouvoirs de la Haute Autorité et sur ses rapports avec les entreprises cf. aussi B. Calabi, *Doveri di intervento dell'Alta Autorità della CECA per sviluppare ed equilibrare gli investimenti*, Milan, Giuffré, 1957 ; M.P. Reuter, *Les interventions de la Haute Autorité*, Milan, Giuffré, 1957 ; M.C. Grassetti, *La communauté et les entreprises*, Milan, Giuffré, 1957 ; J.F. Besson, *Les groupes industriels et l'Europe. L'expérience de la CECA*, Paris, PUF, 1962 ; D. Spierenburg et R. Poidevin, *Histoire de la Haute Autorité de la Communauté européenne du Charbon et de l'Acier. Une expérience supranationale*, Bruxelles, Bruylant, 1993.

travailleurs italiens stagnaient au plus bas niveau et se rencontraient encore des limites à la circulation de la main-d'œuvre non spécialisée ; enfin la bureaucratie de la « communauté » au lieu de libéraliser les échanges des produits sidérurgiques risquait quelques fois de les planifier. Cela n'enlevait rien à l'importance du succès de la CECA, mais ne permettait évidemment pas la concrétisation d'un véritable marché commun du charbon et de l'acier et confirmait d'autant les doutes des dirigeants des Afl Falck en démontrant que leurs critiques étaient bien fondées et non de simples excuses pour ralentir l'intégration européenne[43].

Il y eut en outre d'autres critiques à l'égard de la période de transition, considérée comme un autre privilège obtenu par le « grande parasite » : les industriels de la mécanique et les entrepreneurs déclaraient que l'élimination des entreprises sidérurgiques moins productives leur semblait inévitable, comme le fait que ses prix plus bas favorisaient les industries mécaniques et du bâtiment totalisant près de 1 000 000 de travailleurs. Ils affirmaient que si le prix pratiqué par la sidérurgie italienne rencontrait le niveau de celui pratiqué par les entreprises allemandes (presque la moitié), les prix des produits mécaniques pouvaient être réduits de 25 % avec une amélioration évidente de la compétitivité[44]. Mais grâce aux pressions des réseaux sidérurgiques, les droits perdureraient encore cinq ans après l'ouverture du marché commun de l'acier et du charbon, ce qui signifiait que les prix des produits de la sidérurgie allaient baisser lentement et que l'industrie mécanique subirait de nouveaux dommages. Pour parer à ces protestations furent alors prévus des remboursements particuliers pour les droits payés sur les produits sidérurgiques produits dans les pays de la CECA, une disposition déjà proposée par E. Falck[45], ce qui témoigne une fois encore de la clairvoyance de cet industriel qui, s'il cherchait à limiter les sacrifices de son entreprise (comme tout autre industriel), n'avait aucune intention de poser des conditions empêchant l'intégration économique européenne.

Quoi qu'il en soit, les règles de la CECA dopèrent le secteur sidérurgique : si au moment de la naissance de la CECA, la production

---

[43]   Sur les critiques aux objectifs non atteints par la CECA cf. F. Peco, « Consuntivi sull'attività della CECA », in *Mondo economico*, 7 mai 1955 ; « Riunione del Consiglio direttivo della Sezione italiana della C. di C. internazionale », in *24 Ore*, 27 avril 1956 ; M. Rocca, « Incognite europee », in *L'industria lombarda*, 2 mars 1957 ; *id.*, « La lezione della CECA », in *ibid.*, 8 juin 1957 ; D. Coppo, *Problemi sociali della CECA*, Milan, Giuffré, 1957 ; G.U. Papi, *Problemi economici della CECA*, Milan, Giuffré, 1957.

[44]   Sur les critiques des industriels de la mécanique et des entrepreneurs cf. « Polemiche sul Piano Schuman », in *Mondo economico*, 26 janvier 1952.

[45]   E. Falck, *Saggi politici, op. cit.*, p. 305.

italienne d'acier ne représentait que 10 % du total des pays ayant signé le traité et si l'Italie n'était alors qu'un important client pour les matières premières (utilisées dans le bâtiment, pour le renouvellement des implantations et la construction des infrastructures), après seulement deux ans, le tableau avait bien changé : tandis que la production dans la CECA augmentait de 10 %, la production italienne connaissait une hausse de 20 % et, fait plus important, favorisant tous les autres secteurs industriels, s'appliquait une réduction de 30, voire 40 % des prix des produits sidérurgiques par comparaison avec la période antérieure à la naissance de la CECA. Même si la dépendance des importations (surtout de ferraille) s'éleva, la production de minerais de fer, de fonte et d'acier doubla, l'augmentation annuelle de la consommation de l'acier fut de 9 % et, dès 1956, l'Italie devint un pays exportateur net de produits sidérurgiques[46].

En 1957, Augusto Dotti, chef du cabinet de la Haute Autorité, pouvait écrire que grâce à la graduelle élimination des droits de douane, la sidérurgie italienne avait de très bonnes perspectives et que le résultat positif de l'insertion dans un marché sidérurgique au sein duquel la concurrence s'avérait toujours plus importante était dû aux efforts des organisations du secteur. La nécessité de faire face à la concurrence étrangère avait en effet obligé les industriels de la sidérurgie à transformer leur mentalité, à mieux former leurs cadres, à utiliser les implantations, à connaître le marché et à organiser les services pour les clients :

---

[46] Sur l'évolution de la sidérurgie italienne pendant la période de transition cf. P. Saraceno, « La dinamica del consumo italiano di acciaio », in *Civiltà delle macchine*, 1953, n° 4, pp. 12-16 ; I.E. Madsen, « Sviluppi dell'industria del ferro e dell'acciaio nel 1955 », in *La metallurgia italiana*, 1956, n° 11, parte *Atti e notizie*, pp. 375-388 ; A. Scortecci, « Il passato, il presente e l'avvenire della siderurgia italiana », in *ibid.*, n° 12, pp. 545-560 ; S. Pozzani, « Possibilità di sviluppo », *op. cit.*, pp. 10-15 ; « Il graduale inserimento italiano della CECA », in *24 Ore*, 4 janvier 1956 ; R. Giordano, « L'influenza della CECA sul mercato siderurgico », in *Mondo economico*, 28 janvier 1956 ; E. Manuelli, « La siderurgia italiana nella CECA », in *Rivista internazionale di scienze economiche e commerciali*, 1956, n° 3, pp. 241-243 ; O. Turolla, *Dinamica dei baricentri italiani di produzione potenziale ed effettiva di acciaio : 1951-1954*, Milan, Ufficio studi Afl Falck, 1956 ; F. De Carli, « Sguardo panoramico su alcuni moderni indirizzi siderurgici », in *Fonderia. Rivista tecnica dell'industria fusoria*, 1957, n° 1, pp. 29-39 ; A. Frumento, « L'odierna struttura e il prossimo evolversi della siderurgia italiana », in *Rivista internazionale di scienze economiche e commerciali*, 1957, n° 5, pp. 410-429 ; C. Citterio, G. Fava et O. Turolla (eds.), *Sintesi dell'industria siderurgica italiana*, 1951-1956, 6 vol., Milan, Ufficio studi Afl Falck, 1952-1957 ; P. Saraceno, *Sviluppo del settore siderurgico*, Rome, Ist. Poligrafico dello Stato, 1958 ; B. Ceppetelli Caprini, « La Comunità del Carbone e dell'Acciaio », *op. cit.*, pp. 139-140 ; M. Balconi, *La siderurgia italiana, op. cit.*, pp. 101-105.

la production des aciéries qui, en 1950, avait repris les taux d'avant-guerre, arrivait maintenant à plus de 7 000 000 tonnes[47].

Pas d'étonnement donc à ne relever aucune faillite au sein de la sidérurgie italienne suite à l'entrée dans la CECA ; au contraire, elle apporta bien les avantages prévus dans le traité : l'expansion économique, la hausse des emplois, un niveau de vie plus élevé, la distribution plus rationnelle de la production avec un plus haut niveau de productivité, des approvisionnements de meilleure qualité et moins chers pour l'industrie mécanique et du bâtiment. Les réseaux sidérurgiques avaient bien travaillé pour démarrer correctement le processus d'intégration et obtinrent les meilleures conditions possibles pour permettre aux entreprises moins fortes de surmonter les obstacles pour entrer et survivre sur le nouveau marché du charbon et de l'acier.

Les bons résultats obtenus pendant la période de transition permirent un meilleur accueil au Marché commun qui prévoyait l'élimination des droits et des subventions sur plusieurs secteurs économiques, ce qui pouvait créer de nombreuses difficultés aux entreprises italiennes et donc engendrer encore plus de discussions que dans le cas de la CECA[48]. En effet, même si des améliorations devaient encore être apportées, l'expérience de la CECA avait démontré qu'un marché commun permettait une expansion économique et des meilleures conditions de vie dans tous les pays membres : le succès de la « première communauté » se révélera donc d'une importance beaucoup plus grande dans le processus d'intégration européenne que le poids effectif du secteur sidérurgique sur l'économie des six pays qui signèrent le traité.

Tandis que démarraient les discussions sur les nouvelles règles pour les autres secteurs qui entraient dans le Marché commun, la sidérurgie italienne était désormais prête à se confronter, sans aucune protection douanière, à la concurrence au sein du « pool du charbon et de

---

[47]   A. Dotti, « La siderurgia italiana nel quadro del primo Mercato Comune Europeo », in *L'ingegnere*, 1957, n° 10, pp. 897-902.

[48]   Sur l'accueil donné par les milieux économiques italiens au Marché commun cf. G. Bergmann, *Europa senza dogane. I produttori italiani hanno scelto l'Europa*, Bari, Laterza, 1956 ; L. Magnani, « L'Italia di fronte alla Comunità economica europea », in *Bancaria*, 1957, n° 7, pp. 745-755 ; E. Decleva, « Integrazione europea e "iniziativa privata". Gli ambienti economici milanesi e la nascita del MEC (1955-1957) », in *Archivio storico lombardo*, 1987, n° 2, pp. 279-324 ; F. Fauri, « La costruzione del MEC », *op. cit.*, pp. 102-127 ; V. Zamagni, « Un'analisi critica del "miracolo economico italiano" : nuovi mercati e tecnologia americana », in E. Di Nolfo, R.H. Rainero et B. Vigezzi (eds.), *L'Italia e la politica di potenza in Europa (1950-1960)*, *op. cit.*, pp. 393-421 ; R. Ranieri, « L'integrazione europea e gli ambienti economici italiani », in R.H. Rainero (ed.), *Storia dell'integrazione*, *op. cit.*, pp. 285-329.

l'acier »[49]. Comme les entreprises de la Finsider, les Afl Falck arrivaient à ce rendez-vous plus compétitives aux niveaux productif et technologique, mais, parmi les protagonistes de ce processus de renouvellement, manquaient le plus européiste de leurs dirigeants, E. Falck, mort du cancer le 15 juin 1953, et O. Sinigaglia, le père du plan homonyme, décédé au cours du même été[50].

---

[49] Sur les perspectives de la sidérurgie italienne privée des protections, cf. Archive Falck, « Relazione del Consiglio di Amministrazione », Milan, 27 avril 1957, 26 avril 1958 et 25 avril 1959, in Afl Falck, *Verbali assemblee dal 25 aprile 1953 al 29 aprile 1960* (manuscrit), pp. 107-109, 130-134 et 163-167 ; G. Pella, *La Comunità Europea del Carbone e dell'Acciaio. Risultati e prospettive*, Rome, Cinque Lune, 1957 ; J. Cairncross, « The Future of Italy's Steel Industry », in *Banca Nazionale del Lavoro. Quarterly Review*, 1957, n° 42, pp. 352-368 ; E. Manuelli, « Situation and Prospects of the Italian Steel Industry », in *Review of the Economic Conditions in Italy*, 1958, n° 6, p. 567-579 ; C. Citterio, M. Fumagalli et O. Turolla (eds.), *Sintesi dell'industria siderurgica italiana*, 1957-1958, 2 vol., Milan, Ufficio studi Afl Falck, 1958-1959 ; A. Frumento, « Nuova stima del progresso della siderurgia italiana », in *Rivista Internazionale di Scienze Economiche e Commerciali*, 1959, n° 7, pp. 608-670 ; A. Capanna, « L'industria siderurgica italiana nella Comunità Europea Carbone e Acciaio », in *Lezioni sul commercio estero. L'economia italiana e la collaborazione economica internazionale*, Padoue, Cedam, 1959, pp. 471-495 ; E. Massi, *I fondamenti dell'integrazione europea : il mercato comune del carbone e dell'acciaio*, Milan, Giuffré, 1959 ; A. Frumento et O. Turolla, « I baricentri siderurgici italiani fra il 1949 e il 1971 », in *Rivista internazionale di scienze economiche e commerciali*, 1968, n° 3, pp. 216-267.

[50] A. Ferrari, « Enrico Falck », *op. cit.*, p. 40 ; G. Toniolo, *Oscar Sinigaglia (1877-1953)*, in A. Mortara (ed.), *I protagonisti dell'intervento pubblico in Italia*, Milan, Angeli, 1984, p. 405.

SESSION III

RÉSEAUX SECTORIELS :
CHIMIE, AUTOMOBILE ET SECTEUR MILITAIRE

SECTORIAL NETWORKS: CHEMISTRY,
CARS AND MILITARY SECTOR

Les contacts entre groupes de l'industrie chimique français et allemands de 1945 à la fin des années 1960

Entre compétition et coopération

Jean-François ECK

Université de Lille III

Entre les groupes de l'industrie chimique français et allemands, les rapports ont toujours été déséquilibrés. Depuis la fin du XIXe siècle, les firmes françaises présentes dans ce secteur n'ont jamais réussi, malgré de nombreuses tentatives, à combler le retard qui s'est peu à peu creusé avec leurs homologues allemandes, que ce soit dans le domaine des techniques mises en œuvre, des capitaux engagés ou de la puissance exportatrice. Mais cette inégalité des poids respectifs n'a pas empêché les relations d'être intenses et suivies. On pourrait même dire au contraire qu'elle les a stimulées lors de certaines périodes. C'est notamment le cas de la Seconde Guerre mondiale pendant laquelle la domination allemande s'est exercée sans partage sur les firmes françaises. Les péripéties en sont bien connues, même si les historiens ne sont pas unanimes dans leurs appréciations. Certains, comme Annie Lacroix-Riz, estiment que, si la France est alors devenue le « royaume de la chimie allemande », c'est grâce à la complicité des industriels français eux-mêmes qui, mus par l'intérêt mercantile ou la sympathie idéologique, se sont pliés de bonne grâce, voire ont devancé les exigences du vainqueur[1]. D'autres, les plus nombreux, jugent, comme Pierre Cayez, que les dirigeants français ont dû manœuvrer face aux exigences du vainqueur et sont dans l'ensemble parvenus à sauvegarder l'essentiel de leurs intérêts[2].

---

[1] Titre du chapitre 7 de son ouvrage *Industriels et banquiers sous l'Occupation. La collaboration économique avec le Reich et Vichy*, Paris, Armand Colin, 1999.

[2] P. Cayez, « Négocier et survivre : la stratégie de Rhône-Poulenc pendant la Seconde Guerre mondiale », in *Histoire, économie et société*, n° spécial sur les entreprises françaises sous l'Occupation, 1992, n° 3, pp. 479-491.

Quoi qu'il en soit, la Seconde Guerre mondiale représente, dans les relations entre les groupes chimiques des deux pays, une étape essentielle. Elle laisse un héritage qui détermine en partie le cours pris par elles durant les Trente Glorieuses. On constate en effet que, sitôt le conflit achevé, les entreprises françaises tentent de rééquilibrer à leur profit les rapports avec leurs homologues allemandes et, tirant profit des circonstances, d'inverser la balance des forces. Mais leurs efforts, poursuivis durant une dizaine d'années, ne débouchent que sur de maigres résultats. Aussi les relations de part et d'autre du Rhin reviennent bientôt à la normale. Elles sont faites d'interpénétrations d'intérêts complexes qui mêlent inextricablement entre les partenaires symptômes de rivalité et désirs d'entente. Tout n'est pour autant pas redevenu identique à l'avant-guerre : face au reste du monde, les groupes chimiques des deux pays doivent, plus étroitement que dans le passé, se rapprocher les uns des autres pour affronter des nouveaux défis qui leur font prendre conscience d'intérêts devenus communs.

Au sortir de la guerre, les groupes chimiques français tentent de profiter de la défaite allemande pour transformer le rapport de forces qui, dans la France occupée, avait tourné à une domination exclusive de leurs concurrents. Pour y parvenir, ils multiplient les initiatives, tant commerciales que financières ou technologiques, avec l'appui déclaré de l'administration.

Les initiatives commerciales représentent parfois une réponse directe aux spoliations survenues durant l'Occupation. En 1948 par exemple, les Établissements Kuhlmann réclament à leur profit le droit de contrôler l'ensemble des exportations de colorants réalisées par la future BASF, bientôt reconstituée à partir du démantèlement d'IG Farben. Selon un projet élaboré conjointement avec l'administration-séquestre d'IG Farben, ces exportations se feraient obligatoirement par l'intermédiaire de Francolor, la filiale de Kuhlmann, qui en recevrait l'exclusivité pour la France et l'étranger[3]. Ce serait soumettre le commerce extérieur de la BASF, pour les matières colorantes, aux intérêts du groupe français qui compte ainsi prendre sa revanche sur la prise de contrôle de Francolor par IG Farben imposée à l'automne 1940[4]. D'autres tentatives encore sont menées par les entreprises françaises. Ces dernières cherchent souvent à remplacer leurs rivales sur des marchés dont celles-ci

---

[3] Note de J. de Kervenoaël, contrôleur financier au Gouvernement militaire de la zone française d'occupation, 24 mai 1948, ministère des Affaires étrangères, Archives de l'occupation française en Allemagne et en Autriche, à Colmar (désormais MAE Colmar), AAA 1392.

[4] Cf. à ce propos P. Hayes, « La stratégie industrielle de l'IG Farben en France occupée », in *Histoire, économie et société*, n° spécial sur les entreprises françaises sous l'Occupation, *op. cit.*, pp. 492-514.

sont temporairement exclues du fait des limitations de production imposées par l'occupation alliée. Ainsi, l'ambassadeur de France André François-Poncet réclame en 1952 devant la Haute Commission alliée le maintien des interdictions frappant le phosphore blanc, produit qui, outre ses applications dans la production d'explosifs, est important dans la fabrication des engrais. C'est que, comme le lui indique une note émanant de la direction des Industries chimiques du ministère de l'Industrie, leur suppression reviendrait à « accorder aux Allemands un surplus de capacité [...] [et à] créer une concurrence à l'exportation française »[5].

Les initiatives financières consistent à fonder en zone française d'occupation (ZFO) des sociétés de gestion qui reprennent des avoirs mis sous séquestre, dans le but d'en obtenir éventuellement ensuite la propriété. Plusieurs groupes rentrent dans le capital de sociétés minières exploitant des gisements situés en général non loin de la frontière, qu'il s'agisse de spath pour les Établissements Kuhlmann, de potasse pour la Société commerciale des potasses d'Alsace (SCPA), de niobium, un minerai utilisé dans les fabrications électroniques, pour les Fabriques de produits chimiques de Thann et Mulhouse. Des consortiums sont créés pour gérer certaines installations : ainsi cinq firmes de l'industrie chimique minérale (Saint-Gobain, Rhône-Poulenc, Ugine, Kuhlmann, Progil) constituent ensemble CHLOBERAG (Chlor Betrieb Rheinfelden Aktiengesellschaft) qui loue les anciennes usines électrochimiques d'IG Farben à Rheinfelden, sur le cours supérieur du Rhin, pour y produire du chlore, de la soude et leurs produits dérivés. Des partenariats sont institués : en Sarre, rattachée depuis 1948 à l'espace économique français, la SCPA fonde avec le séquestre des Aciéries Röchling Saralsa, une entreprise qui fabrique à bas coût des engrais composés issus du mélange de la potasse et des scories de déphosphoration issues des hauts-fourneaux. Mais, de toutes ces initiatives financières, la plus ambitieuse est un projet échafaudé en 1949 par les pouvoirs publics. Il consiste à regrouper les principaux groupes de l'industrie chimique en un consortium, soutenu par la Banque de l'Indochine, destiné à prendre une participation significative, de l'ordre de 12 %, dans le capital de la BASF. Baptisé Union chimique pour la France et l'étranger, ce consortium est placé sous la présidence du directeur général des Établissements Progil, Maurice Brulfer. Dans l'esprit de ses promoteurs, il doit procurer à l'industrie chimique française un contrôle collectif sur les activités de la BASF et lui permettre d'accéder à son potentiel de recherche[6].

---

[5]   Note manuscrite jointe à une demande présentée par les Lonza Werke, filiale allemande d'un groupe suisse, s.d., MAE Colmar, AAA 1394/5.

[6]   Lettre de mission adressée à Maurice Brulfer et cosignée du ministre des Affaires étrangères, Robert Schuman, et du ministre de l'Industrie, Robert Lacoste, 22 octobre

Les initiatives technologiques, nombreuses, ressortent de plusieurs domaines. Les entreprises françaises acquièrent parfois en Allemagne des matériels ultra-modernes, rendus disponibles par les démontages auxquels procèdent les autorités d'occupation. Plusieurs dirigeants de la Compagnie de Saint-Gobain visitent ainsi des installations de grillage de pyrites et de production d'anhydrides qu'ils trouvent « extrêmement intéressantes » et destinent aux usines du groupe[7]. De même, Francolor, filiale des Établissements Kuhlmann, acquiert dans de bonnes conditions financières les équipements nécessaires à l'augmentation de sa production de colorants azoïques[8]. Les entreprises participent aussi à la « chasse aux cerveaux » dont plusieurs travaux ont montré qu'elle a revêtu de la part de la France, précisément dans l'industrie chimique, une particulière ampleur[9]. Certains groupes font exécuter en Allemagne des travaux à façon dans certains laboratoires de recherche, en particulier ceux de la BASF, à Ludwigshafen-Oppau. L'administrateur séquestre qui en a la charge, l'ingénieur des Poudres Jean-Pierre Fouchier, se déclare prêt à mettre à disposition des entreprises françaises des « travaux en microanalyse quantitative, détermination des masses moléculaires des hauts polymères et analyse spectrale »[10]. Enfin, les pouvoirs publics choisissent des savants de haut niveau, déjà proches conseillers de groupes industriels ou exerçant en leur sein des fonctions de direction, pour leur confier en Allemagne des missions temporaires ou des postes d'importance stratégique pour les firmes françaises. Pierre Jolibois, professeur de chimie à l'École des Mines de Paris et administrateur de L'Air Liquide, est nommé président du conseil pour l'IG Farben (en liquidation) institué en 1948. Autre savant réputé, Léon Denivelle, président directeur-général des Fabriques de produits chimiques de Thann et Mulhouse, est désigné comme expert dans la mission tripartite visitant dans l'ensemble de l'Allemagne fédérale les anciens établissement industriels d'IG Farben en 1950. Dans de telles

---

1949, MAE Colmar, 1393/1. Aux cinq groupes déjà membres de CHLOBERAG, s'ajoutent trois autres participants (Pechiney, Solvay-France, Bozel-Malétra), ainsi que la Banque de l'Indochine.

[7]   « Rapport de voyage en Allemagne de MM. Toinet et Borocco », 16-23 juillet 1947, Archives Saint-Gobain, CSG 00293/471.

[8]   S. Lefèvre, *Les relations économiques franco-allemandes de 1945 à 1955. De l'occupation à la coopération*, Paris, CHEFF, 1998, pp. 80-81.

[9]   Sur la chasse aux cerveaux dans l'industrie chimique allemande au lendemain de la guerre, cf. M.-F. Ludmann-Obier, *Die Kontrolle der chemischen Industrie in der französischen Besatzungszone (1945-1949)*, Mayence, von Hase und Koehler Verlag, 1989.

[10]   Lettres de Jean-Pierre Fouchier à la direction des Finances du Gouvernement militaire de ZFO, 12 novembre 1946 et 21 janvier 1947, MAE Colmar, AEF, c. 827, p. 104, d. 24.

conditions, il ne paraît pas exagéré de parler d'un véritable « projet chimique français » en Allemagne qu'élaborent en étroite collaboration les pouvoirs publics et les grandes entreprises du secteur.

Pourtant, ces vastes ambitions échouent. Les initiatives des groupes chimiques français tournent court. Les Établissements Kuhlmann ne parviennent pas à mettre la main sur les ventes à l'étranger de produits colorants par la BASF, se voyant contraints par le Contrôle général des territoires occupés de renoncer à leur projet de contrat d'exclusivité qualifié de « léonin ». Les partenaires de la France à la Haute Commission alliée refusent le maintien en Allemagne des limitations de production qui auraient profité aux intérêts particuliers de certaines entreprises. Les participations dans des sociétés d'exploitation gérant des installations industrielles ou exploitant en ZFO des gisements miniers ne conduisent qu'à de médiocres résultats. Rassemblant de faibles capitaux, elles disparaissent souvent d'elles-mêmes au bout de quelque temps. Dès 1951, la société CHLOBERAG échappe au contrôle français, car elle a été gérée de façon peu rigoureuse et doit être renflouée par des bailleurs de fonds allemands, qui la reprennent définitivement par la suite, les actionnaires français parvenant à peine à récupérer leur mise de fonds initiale. En 1953, les Fabriques de produits chimiques de Thann et Mulhouse renoncent au gisement de niobium dont elles avaient acquis le contrôle quatre ans plus tôt, car ses conditions d'exploitation ne sont pas rentables[11]. C'est aussi à cette date que la SCPA, à l'expiration du contrat d'amodiation qui lui confiait l'exploitation d'un gisement de potasse en Pays de Bade, choisit d'accepter l'offre du groupe Preussag, qui en est propriétaire et propose de lui verser une indemnité d'éviction. Plus tardivement, en 1959, lorsque est mis fin au rattachement de la Sarre à l'espace économique français, la SCPA revend aussi aux Aciéries Röchling la part qu'elle possédait dans Saralsa. À la différence des cas précédents, ces deux liquidations se font cependant à des conditions financières avantageuses[12]. Quant aux relations technologiques, les firmes françaises s'y montrent souvent distancées par leurs homologues

---

[11] M. Drouot, A. Rohmer et N. Stoskopf, *La fabrique de produits chimiques Thann et Mulhouse*, Strasbourg, La Nuée bleue, 1991, p. 193.

[12] En 1953, la revente à Preussag de la Badische Kaligesellschaft permet à la SCPA de récupérer une somme équivalent, en monnaie constante, à quatre fois sa mise de fonds initiale, selon une lettre du directeur du gisement, Camille Paoli, à Alfred Ourbak, directeur général de la SCPA, 7 octobre 1953, Archives SCPA, Centre rhénan d'archives et de recherches économiques (Mulhouse), 14 A 377. Quant à la revente aux Aciéries Röchling de la part de la SCPA dans Saralsa, elle est jugée par Alfred Ourbak « parfaitement compatible avec l'évolution des cours de la potasse », selon sa déclaration au conseil de surveillance de la firme, 22 octobre 1959, *ibid.*, 14 A 1108.

anglo-saxonnes, notamment en ce qui concerne la recherche des brevets, des ingénieurs, des techniciens allemands.

Mais l'un des principaux échecs rencontrés par les groupes chimiques français est celui de leur tentative de pénétration dans le capital de la BASF. Après s'être longuement interrogés et abondamment querellés, puis avoir réduit le montant de leur participation à une somme si faible qu'ils en concluent paradoxalement « qu'il vaudrait mieux ne rien faire que de se rendre ridicule en souscrivant un montant aussi réduit », les membres de l'Union chimique pour la France et l'étranger se séparent en 1955 sans avoir réalisé leur mission[13]. Le seul résultat tangible de l'opération, de portée surtout symbolique, est la présence au conseil de surveillance du *konzern* d'un ancien membre du Commissariat général aux affaires allemandes et autrichiennes, Simon Lazard, qui est en même temps ingénieur-conseil chez L'Air Liquide, où il est chargé des affaires allemandes.

Comment comprendre ce médiocre bilan ? Comme toujours, les responsabilités sont partagées. Les unes incombent aux pouvoirs publics qui n'ont pas toujours su faire preuve de réalisme. Les formules lancées par eux sont souvent peu susceptibles d'attirer les entreprises privées. Par exemple, vouloir les regrouper en des consortiums tels que celui qui doit prendre une participation dans le capital de la BASF pour accéder en commun à son potentiel de recherche ne rencontre aucun écho chez des firmes qui souhaitent préserver la confidentialité de leurs travaux et obtenir l'exclusivité des brevets. De même, tenter de mettre en œuvre, comme le fait durant quelques années la France, des dispositions en matière de droit de la propriété industrielle distinctes de celles des autres puissances occupantes sans garantir aux utilisateurs de brevets allemands la pleine protection de leurs droits ne peut que conduire à l'échec. Cette politique est d'ailleurs vertement critiquée par certaines firmes. Chez Pechiney par exemple, on n'hésite pas à la qualifier d'« absolument désastreuse »[14].

---

[13] Procès-verbal de la réunion de l'Union chimique, 14 juin 1955, conservé par son secrétaire général, Simon Lazard (archives privées). La somme que le consortium envisage de consacrer au rachat d'actions de la BASF représente 1 million de DM à cette date, soit 1,2 % du capital social du *konzern*, le dixième de la part prévue initialement.

[14] Note de Maurice Fréjacques, chef du Service central de recherches, à Raoul de Vitry, directeur général, et à Pierre Jouven, directeur de la division Chimie et mines, 13 février 1948, Archives Pechiney, 01-14-20 464. Sur cette tentative de politique française des brevets en Allemagne, voir M.F. Ludmann-Odier, « Le problème de la propriété industrielle en Allemagne après la Deuxième Guerre mondiale », in *Revue d'Allemagne et des pays de langue allemande*, 1991, n° 1, pp. 41-53.

Mais les entreprises privées ne sont pas non plus exemptes de toute critique. Cherchant à limiter au plus juste leur effort financier, elles n'investissent qu'avec réticence en Allemagne, après avoir reçu de multiples sollicitations de la part de l'administration. Elles formulent des exigences parfois si excessives que les autorités de tutelle elles-mêmes doivent les rejeter. Ainsi les Établissements Kuhlmann n'acceptent en 1947 d'exploiter un gisement de spath situé en Rhénanie-Palatinat que si l'État prend l'engagement préalable de réviser périodiquement le prix du minerai vendu sur le marché français, de manière à couvrir automatiquement tout déficit d'exploitation. Comme le font remarquer à leurs homologues parisiens les services de Baden-Baden, « [en permettant] aux participants français de diriger l'affaire sans prendre aucun risque, ni financier, ni moral, nous créons un précédent fâcheux qui risque pour l'avenir d'inciter tous les participants à des sociétés de gestion à demander la même faveur »[15]. Enfin les firmes françaises se montrent incapables de mettre un terme à leurs rivalités et en font même étalage lors de certaines occasions dont les débats qui jalonnent l'histoire de l'Union chimique pour la France et l'étranger fournissent un exemple caractéristique.

Les conditions générales sont d'ailleurs peu propices aux initiatives privées en Allemagne. Jusqu'en 1952, les revenus de capitaux qui y sont placés restent intransférables à l'étranger. Les firmes qui investissent outre-Rhin le font donc à fonds perdus, ne pouvant consacrer leurs bénéfices qu'à un réinvestissement sur place. De plus, de lourdes incertitudes pèsent encore sur le sort de la République fédérale qui ne la rendent guère attractive pour les groupes français. Peu d'années se sont écoulées depuis les temps dramatiques de la guerre et de l'Occupation. La plupart des firmes réagissent comme Pechiney dont Pierre Jouven, alors directeur de la division Chimie et mines, évoque ainsi l'attitude, la généralisant à l'ensemble du monde patronal français : « Tout le monde était très nationaliste [...]. L'idée de s'associer avec les Allemands, qui seraient tout de suite les maîtres dans ce type d'association, ne plaisait à personne »[16].

Il ne faut pas oublier enfin la vive hostilité que rencontrent les firmes françaises de la part de partenaires souvent mal disposés envers ce qu'ils ressentent comme une intrusion abusive de la part de vainqueurs qui mettent à profit les circonstances pour s'introduire dans leur domaine

---

[15] Lettre du Haut-commandement français en ZFO au Commissariat général aux affaires allemandes et autrichiennes, 31 juillet 1947, MAE Colmar, AEF, c. 2876, p. 7.

[16] Témoignage recueilli par Ivan Grinberg le 29 mars 1989, déposé au fonds documentaire pour l'histoire de l'aluminium, cité par M. Moguen-Toursel, *L'ouverture des frontières européennes dans les années 50. Fruit d'une concertation avec les industriels ?*, Bruxelles, PIE-Peter Lang, 2002, p. 93.

réservé. Les dirigeants de la SCPA en font l'amère expérience. Jusqu'en 1953, leurs relations avec les producteurs allemands de potasse et l'organisation syndicale qui les regroupe, la Kaliverkaufsstelle, sont rendues détestables par la participation prise au lendemain de la guerre dans la société d'exploitation du petit gisement de potasse situé dans le Pays de Bade. Sa taille et sa production sont dérisoires par rapport à ceux qu'exploitent les grands *konzerne* du secteur. Il n'empêche : pour les producteurs allemands, il s'agit « [d']un pieu dans la cheville des potasses allemandes, [d'] un acte inamical lié à l'occupation [...] qui ne sera jamais admis par [elles] »[17].

Quelle que soit la part respective de ces différentes catégories de responsabilités, on peut considérer que, vers le milieu des années 1950, la tentative de rééquilibrage des rapports entre les deux industries chimiques a échoué. C'est donc à un retour à la normale que l'on assiste. Comme ils l'ont toujours fait, les rapports entre groupes chimiques de part et d'autre du Rhin se caractérisent par une infériorité relative des positions françaises, mais aussi par une présence simultanée de symptômes de rivalités et de désirs d'entente entre des partenaires qui entretiennent entre eux, non sans ambiguïtés ni contradictions, d'anciennes et complexes relations.

L'infériorité relative des positions françaises s'observe à travers de nombreux traits. Malgré une indéniable progression tout au long de la période, les investissements français dans l'industrie chimique allemande restent peu importants. En 1968, ce secteur représente, en y incluant le pneumatique, 10,3 % du nombre de participations et 4,5 % du capital investi par les industries françaises outre-Rhin, des parts relatives à peine supérieures à celles de 1948 (respectivement 7,6 et 3,9 %). Globalement, l'industrie chimique ne se situe alors qu'au quatrième rang pour le nombre, au septième rang pour le capital investi, loin derrière des secteurs comme le verre et les matériaux de construction, l'énergie et les mines, la sidérurgie, la construction mécanique[18]. Peu de firmes chimiques françaises sont présentes en Allemagne. On observe en revanche que les intérêts chimiques allemands ont effectué une nette percée dans l'industrie chimique et parachimique française. Les trois *konzerne* reconstitués à partir du démantèlement d'IG Farben possèdent tous des filiales qui leur servent d'instrument de pénétration financière

---

[17] Compte rendu par Camille Paoli, directeur du gisement, d'une rencontre à Francfort avec Thomas et Credner, dirigeants de la Kaliverkaufsstelle, 29 octobre 1949, Archives SCPA, 14 A 375.

[18] Chiffres tirés, pour 1948, d'un fichier tenu par le service des Intérêts étrangers et du Contrôle des biens au Haut-Commissariat français en Allemagne, MAE Colmar, AEF, c. 814, d. 8-10, et, pour 1968, de l'annuaire *Handbuch der Grossunternehmen*, Damrstadt, Verlag Hoppenstedt und Co., 3 vol.

et commerciale : la SOGEP (Société générale de produits chimiques) pour Bayer, Peralta pour Hoechst, Imaco pour la BASF. D'autres groupes disposent également d'importants intérêts en France, comme Henkel qui contrôle Unichima (Union chimique de la Marne). Dans le domaine de l'industrie pharmaceutique, on sait, notamment grâce aux travaux de Sophie Chauveau, comment Hoechst est parvenu à s'emparer en 1968 de 43 % du capital du premier groupe français, Roussel-Uclaf, amorçant ainsi une prise de contrôle qui deviendra totale quatre années plus tard[19].

De même, sur le plan technologique, ce sont souvent des brevets allemands qu'acquièrent les entreprises françaises pour introduire en France des fabrications nouvelles. Par exemple, Pechiney obtient en 1955 d'Oelefinchemie une licence exclusive du procédé Ziegler de polymérisation de l'éthylène, ce qui lui permet, au prix de lourds efforts financiers, de prendre position sur le marché français des matières plastiques, grâce à des fabrications qui sont effectuées sur les rives de l'étang de Berre par Naphtachimie, une filiale commune avec BP France[20]. L'importance de ce procédé, le renom de son inventeur, Karl Ziegler, ancien membre de l'équipe de recherche d'IG Farben, directeur, pendant la guerre, du Kaiser Wilhelm Institut, le prix Nobel de chimie qui viendra en 1963 récompenser ses travaux montrent que, loin d'être dépassée par les pays anglo-saxons, l'Allemagne fédérale reste l'un des principaux foyers mondiaux de recherche, même si sa suprématie appartient désormais au passé. En se situant dans son sillage, les groupes chimiques français témoignent de la situation d'infériorité relative où ils se trouvent placés.

Outre celle-ci, un deuxième trait, déjà observé dans le passé, caractérise les relations entre groupes français et allemands de l'industrie chimique : la présence de symptômes apparemment contradictoires faits de rivalité exacerbée et d'entente harmonieuse, de confrontation et de coopération, de soumission à la concurrence et de désir de la limiter. La situation paraît d'autant plus complexe que les mêmes acteurs adoptent ces attitudes opposées tour à tour, et parfois même simultanément. Pour observer leurs incessantes volte-face, on peut prendre un exemple qui paraît caractéristique : celui des rapports entre L'Air Liquide et les principaux groupes allemands de gaz industriels. Dans ce secteur, trois firmes sont présentes outre-Rhin : la Société Linde, Knapsack-Griesheim, une filiale de Hoechst, et Messer, une firme familiale qui, en 1964,

---

[19] S. Chauveau, *Politique de la pharmacie et des médicaments, entreprises et marchés. L'industrie pharmaceutique en France, des années 20 à la fin des années 70*, thèse, Université de Paris IV, 1997, pp. 606-609.

[20] Un important dossier est conservé à ce sujet dans les Archives Pechiney, sous la cote 001-14-20465.

fusionne avec la précédente pour constituer le groupe Messer-Griesheim, toujours contrôlé par Hoechst. La consultation d'archives privées permet de suivre jusque dans le détail le déroulement de ces rapports, à travers les comptes rendus de réunions et les procès-verbaux de rencontres entre dirigeants de ces firmes[21].

On y constate que, jusqu'au milieu des années 1950, L'Air Liquide conserve à l'égard de l'Allemagne fédérale la même retenue que celle qui était observée dès les origines de la firme par son fondateur, Georges Claude, qui avait été devancé par le grand physicien allemand Carl von Linde dans la mise au point, en 1895, d'un procédé de liquéfaction de l'air[22]. L'Air Liquide ne possède outre-Rhin aucune filiale de production ou de distribution. S'abstenant de pénétrer sur leur marché national, il entend bénéficier de la même attitude de la part des producteurs allemands de gaz industriels en ce qui concerne la France, la Belgique et l'Italie. Mais cette réserve mutuelle s'accompagne de contacts réguliers entre les firmes du secteur, ce qui permet à leurs dirigeants d'échanger des informations sur les recherches en cours, ainsi que sur les prix pratiqués et les grands contrats négociés, notamment pour les ventes d'appareils de liquéfaction. Certes aucune entente formelle n'a été conclue. Elle n'en existe pas moins dans les faits.

Or, en 1955, L'Air Liquide rompt brusquement avec cette politique. Le groupe crée des filiales commerciales en Allemagne fédérale : la GALCO (Gesellschaft für industrielle Fertigungen der Chemie und Physik GmbH), qui vend aux sidérurgistes l'oxygène nécessaire à la modernisation de leurs fabrications, fondées désormais sur le procédé d'acier à l'oxygène Linz-Donawitz ; Edelgas, qui commercialise les gaz utilisés dans les opérations de soudage, l'acétylène et l'argon. Il les regroupe en 1965 sous le nom de DALE (Deutsche L'Air Liquide Edelgas GmbH). Le président Jean Delorme affiche devant ses collaborateurs son intention de conquérir une part notable, de l'ordre de 20 à 25 %, du marché d'outre-Rhin. Sur le plan financier, L'Air Liquide rachète de petits ou moyens producteurs allemands de gaz et de matériel de soudage, envisage de créer une société assurant la desserte de la Sarre en conduites d'oxygène, dans le prolongement du réseau Oxylor déjà édifié pour l'alimentation des usines sidérurgiques lorraines. À la fin des années 1960, le groupe tente même de profiter de mauvais résultats financiers de la Société Linde pour acquérir avec la BASF, grâce au soutien de la Deutsche Bank, un paquet d'actions qui lui en procurerait

---

[21] Nous tenons à remercier ici M. Simon Lazard, ancien ingénieur-conseil à L'Air Liquide chargé des affaires allemandes, qui nous a, avec beaucoup de libéralité, autorisé à consulter les dossiers qu'il a conservés à ce sujet.

[22] Cf. sur ce point les premiers chapitres d'A. Jemain, *Les conquérants de l'invisible. Air Liquide. 100 ans d'histoire*, Paris, Fayard, 2002.

le contrôle. Tout semble indiquer que L'Air Liquide a décidé de passer à une stratégie offensive et d'accepter la confrontation avec ses homologues allemands. Quant aux réunions tenues avec ceux-ci, désormais espacées, elles sont surtout l'occasion pour les participants d'afficher leurs griefs réciproques et de se reprocher mutuellement le non-respect de la règle non écrite par laquelle ils s'abstenaient naguère de pénétrer sur leurs marchés réservés.

Pourtant, au même moment, d'autres signes indiquent qu'une volonté d'entente subsiste et représente même, paradoxalement, la cause de ces initiatives d'apparence agressive. On remarque, en effet, que le groupe ne parvient pas à atteindre les objectifs qu'il s'était fixés. Les 20 à 25 % du marché allemand des gaz industriels demeurent hors de sa portée. Ses filiales commerciales allemandes manquent d'autonomie. Bien loin d'être soutenus par la direction parisienne, leurs dirigeants se plaignent d'être constamment bridés par elle dans leurs initiatives, notamment en matière de rabais consentis à la clientèle pour emporter les commandes de générateurs d'oxygène. Financièrement, les tentatives pour racheter en totalité ou en partie des producteurs allemands de gaz industriels tournent court, soit par manque de moyens financiers, soit, tout simplement, parce que les dirigeants du groupe, en une versatilité apparente, préfèrent renoncer à leurs projets initiaux. L'accord un moment esquissé avec la BASF pour prendre en commun le contrôle de la Société Linde ne débouche sur aucun résultat concret, ce qui préserve opportunément l'indépendance de ce concurrent. Il s'agit moins ici d'échecs que d'atermoiements, d'indécisions, d'hésitations permanentes. Tout se passe comme si L'Air Liquide ne cherchait pas véritablement à pousser ses avantages en Allemagne et continuait d'y ménager ses rivaux dans l'espoir de trouver avec eux un nouveau terrain d'entente plus conforme à ses intérêts.

En matière de prix par exemple, loin de déclencher une guerre qui remettrait en cause les positions acquises, le groupe fixe ses tarifs, selon les instructions de Jean Delorme lui-même, à un niveau « tel qu'il représente une menace sérieuse [...]. [Cependant], pour éviter des représailles, il ne faudrait pas faire des baisses de prix trop importantes »[23]. Ainsi, de nombreuses initiatives prises par L'Air Liquide sur le marché allemand durant les années 1960 n'ont de l'agressivité que l'apparence. Elles ne signifient nullement que L'Air Liquide se soit résolu à la concurrence. En fait, comme l'indique une note interne à propos de la politique commerciale de l'une des filiales :

---

[23] Compte rendu d'une réunion « Allemagne » présidée par Jean Delorme, établi par Simon Lazard, gérant de GALCO, 18 décembre 1961 (archives privées).

> Edelgas a pour objectif essentiel d'assurer la protection d'Air Liquide dans le domaine des gaz comprimés, et notamment sur le marché français. [...] Il est nécessaire pour cela qu'Edelgas ait la possibilité de poursuivre en Allemagne une action commerciale modérée, mais cependant suffisante pour montrer, notamment à Linde, qu'Air Liquide ne continuera pas à accepter sans réagir de nouvelles tentatives de ses concurrents allemands pour s'implanter sur les marchés d'Air Liquide, notamment en France, Belgique et Italie.[24]

Longue, la citation paraît néanmoins indispensable. Elle éclaire bien la stratégie suivie par le groupe. Celui-ci cherche avant tout à maintenir son acquis, à préserver ses chances de conclure avec ses partenaires une nouvelle entente. En une démarche classique dans les modalités de fonctionnement des cartels internationaux, L'Air Liquide entend leur imposer un accord qui établirait sa suprématie et lui garantirait le contrôle exclusif de son espace national, ainsi que celui des pays limitrophes.

Le cas des producteurs de gaz industriels peut être étendu à d'autres secteurs. Qu'il s'agisse de fabricants d'engrais ou de produits pharmaceutiques, de firmes de l'industrie chimique minérale ou organique, des dérivés du charbon ou de ceux du pétrole, les comportements sont analogues. Manifestement, dans l'industrie chimique des deux pays, la tradition des ententes persiste bien au-delà de 1945, même si les nouvelles règles du jeu en vigueur entre les nations, ainsi que les législations nationales, surtout en Allemagne fédérale, contraignent à renoncer aux ententes ouvertes, voire officialisées, telles qu'elles existaient avant-guerre. Mais ces partages d'intérêts ont un caractère toujours précaire. Ils volent fréquemment en éclats, lors de périodes où leurs protagonistes recourent à des guerres de prix pour augmenter leurs parts de marché, sans pour autant renoncer totalement à l'espoir de pouvoir reconstituer une nouvelle entente. Les relations entre les groupes de l'industrie chimique français et allemands sont ainsi marquées par un déséquilibre permanent qui place les firmes françaises en position d'infériorité, mais aussi par d'incessantes hésitations entre compétition et coopération dont l'histoire mouvementée des rapports entre les entreprises porte le témoignage.

Les relations entre les groupes chimiques français et allemands ont donc retrouvé, au fil des ans, leur cours traditionnel. Est-ce à dire que rien n'aurait changé par rapport à la situation d'avant-guerre ? Ce serait faire fi des interpénétrations d'intérêts qui se multiplient durant cette période et qui sont nettement plus nombreuses que dans le passé. Ce

---

[24] Note de Simon Lazard à Pierre Bruneton, directeur général, 7 mai 1963 (archives privées).

serait aussi oublier que, désormais, les rapports entre les groupes des deux pays doivent prendre en compte une situation nouvelle, née de l'ouverture des frontières et de la construction de l'Europe, face à laquelle leurs dirigeants réagissent d'une même manière et qui leur fait prendre conscience d'intérêts devenus communs.

Durant la période considérée, les interpénétrations d'intérêts entre les groupes deviennent de plus en plus fréquentes. Elles étaient naguère exceptionnelles. Au lendemain de la guerre, on l'a vu, les industriels des deux pays répugnaient encore à s'associer les uns aux autres. Or, à partir du milieu des années 1950, ils n'hésitent plus à conclure de nombreux accords. On peut en distinguer trois types différents.

Les premiers sont de nature technique. Ils portent sur des cessions de brevets ou de licences d'exploitation, en général assorties de clauses d'exclusivité. Par exemple, au cours des années 1950, la firme de peintures et vernis Ripolin-Georget licencie à plusieurs reprises de ses brevets une maison de Hambourg, Union Aeckerle, se procurant ainsi d'appréciables redevances[25]. Inversement, en 1957, la BASF octroie à L'Air Liquide une licence pour la fabrication de carbure de calcium, matière première de la production d'acétylène, selon un procédé original qui ne requiert que de faibles quantités d'énergie électrique et est intéressant à mettre en œuvre dans les pays où le prix du courant est élevé[26].

Une deuxième catégorie d'accords est celle des accords commerciaux. Il s'agit de contrats de distribution, parfois aussi de la création de filiales communes auxquelles les deux partenaires confient l'écoulement de leurs produits, dans l'un ou l'autre pays. En 1954, Hoechst passe ainsi un contrat avec la SIFA (Société industrielle pour la fabrication des antibiotiques) pour la vente sur le marché français de ses spécialités, par l'intermédiaire d'une filiale commune de distribution, l'Union chimique continentale[27].

Une troisième catégorie, évidemment la plus intéressante dans une perspective de coopération à long terme entre les deux économies, est celle des *joint ventures.* Fondées à parts égales par les groupes des deux pays, elles sont destinées au lancement de produits nouveaux ou à la mise en œuvre de technologies originales. Leur création se développe à partir du milieu des années 1950. Apparaissent ainsi en 1956

---

[25] Note sur le groupe Ripolin, réalisée par le service des Études économiques et financières du Crédit Lyonnais, août 1961, Archives du Crédit Lyonnais, DEEF, 59 751.

[26] Obtenu grâce à Simon Lazard, le procédé intéresse L'Air Liquide pour sa filiale installée au Japon, selon une lettre adressée par Simon Lazard à Carl Wurster, président de la BASF, en date du 12 octobre 1956 (archives privées).

[27] S. Chauveau, *Politique de la pharmacie, op. cit.*, pp. 606-609.

Polysynthèse, fondée par Nobel-Bozel et Hoechst, puis, en 1958-1959, la Société anonyme de dispersions plastiques (Compagnie française des matières colorantes-BASF) et PBU (Progil-Bayer-Ugine), en 1966 Oxochimie (Naphtachimie-Hoechst-Ruhrchemie) et Cochimé (Shell-France-BASF), en 1967 Produits et engrais chimiques du Rhin (Entreprise minière et chimique-Wintershall). Toutes ne débouchent pas nécessairement sur des réussites. Cochimé par exemple (Compagnie chimique de la Méditerranée) qui devait produire à Berre du poly-éthylène à partir du raffinage du pétrole et selon un brevet BASF, ne parvient pas à obtenir des résultats convaincants et disparaît au bout de quelques années, le partenaire allemand préférant se retirer de l'association pour édifier sa propre usine pétrochimique, située en Espagne dans le port de Tarragone. Globalement, cependant, la fondation de ces *joint ventures* montre l'intensité de la coopération entre les groupes chimiques des deux pays, tout en contribuant à la modernisation dans plusieurs domaines essentiels, notamment le recours aux produits issus de la pétrochimie. Elle permet aussi de dépasser les antagonismes violents qui opposaient certaines firmes quelques années auparavant. Dix ans après avoir tenté de s'emparer du contrôle exclusif des ventes à l'étranger de colorants par la BASF, les Établissements Kuhlmann concluent avec elle, par l'intermédiaire de la Compagnie française des matières colo-rantes, un accord au terme duquel est fondée, sur une base de stricte égalité mutuelle, la Société anonyme de dispersions plastiques.

Les interpénétrations d'intérêts entre groupes français et allemands ne sont pas nouvelles. C'est cependant dans l'industrie chimique que, durant cette période, leur développement s'observe avec le plus de vigueur. De 1955 à 1969, sur soixante-neuf accords de coopération signés entre firmes industrielles françaises et allemandes, dix-huit, soit plus du quart, concer-nent cette branche, dont neuf prévoient la création de filiales communes de production ou de commercialisation[28]. Sous-représentée en ce qui concerne la présence commerciale et financière en Allemagne fédérale, l'industrie chimique française se montre donc au contraire très active par la capacité dont elle fait preuve à conclure des accords témoignant d'une complémentarité croissante entre les deux pays.

Un autre facteur contribue à transformer progressivement les rela-tions entre groupes chimiques français et allemands : l'ouverture exté-rieure. Il est frappant d'observer que, face à elle, les industriels des deux pays réagissent d'une façon parallèle. Ils sont sur ce plan plus proches

---

[28] Chiffres établis à partir d'une liste des relations entre sociétés françaises et alle-mandes, 27 février 1958, Archives du Crédit Lyonnais, DEEF 59 917-19, TD 621, complétée, pour les années suivantes, par la rubrique « Coopération franco-allemande » de la revue de la Chambre officielle de commerce franco-allemande, *Échanges franco-allemands*, puis *Revue économique franco-allemande*.

les uns des autres que ne pourrait le laisser croire la disproportion qui oppose les groupes qu'ils dirigent de part et d'autre du Rhin. Durant les années 1950, ils témoignent d'abord d'un même réflexe protectionniste. Marine Moguen-Toursel l'a bien montré dans sa récente étude des réactions patronales face à l'ouverture des frontières. Nous nous permettrons de lui emprunter quelques exemples. Au début des années 1950, les deux organisations professionnelles de la chimie, le Verband der chemischen Industrie et l'Union des industries chimiques, prennent position contre la liberté des échanges. En 1952, la première s'efforce de retarder le passage à un taux de libération de 75 %, puis de 80 % des échanges vis-à-vis des pays de l'OECE. Trois ans plus tard, la seconde fait de même, car elle « craint surtout pour l'exposition à la concurrence du secteur des matières colorantes organiques, qui comprend les deux tiers des produits encore protégés »[29].

Quant à la diminution de la protection tarifaire, elle suscite en France comme en Allemagne la réticence initiale du patronat de l'industrie chimique. On ne saurait opposer sur ce point des industriels français repliés sur eux-mêmes et des industriels allemands prêts à l'ouverture. Même si le Verband der chemischen Industrie se déclare en principe partisan de la réduction des tarifs douaniers, il y fait obstruction dès lors qu'il s'agit de telle ou telle catégorie précise de produits, surtout si l'abaissement tarifaire a été décidé par le ministère fédéral de l'Économie sans tenir compte du point de vue exprimé par les grandes firmes du secteur. Quant à ces dernières, les démarches faites en 1957 par le président de Hoechst, Karl Winnacker, pour le maintien de la protection sur tous les produits réclamant une importante consommation d'énergie, en particulier les produits azotés, sont très significatives, même si, au même moment, son homologue de Bayer, Ulrich Haberland, en tant que président du Verband der chemischen Industrie, déclare qu'« il n'[a] pas de critique à formuler à l'encontre de l'abaissement tarifaire, la santé de l'industrie chimique allemande [étant] tellement bonne qu'elle pourrait le supporter sans problème »[30].

Pourtant, ces réticences initiales disparaissent progressivement à partir de 1959. Les grands groupes chimiques, tant français qu'allemands, se rallient à la construction de l'Europe. Là encore, les évolutions semblent parallèles. Autant ils étaient critiques face à la libération des échanges vis-à-vis des pays de l'OECE, autant ils semblent accepter sans guère de réserves la mise en place du Marché commun. Sans doute, les groupes allemands auraient-ils préféré l'aboutissement favorable des négociations engagées en 1957-1958 avec le Royaume-Uni pour la

---

[29] M. Moguen-Toursel, *L'ouverture des frontières européennes*, *op. cit.*, p. 169.
[30] *Ibid.*, p. 185.

constitution d'une zone de libre-échange, tandis qu'au contraire leurs homologues français s'y montrent hostiles. Mais cela ne les empêche pas de se déclarer les uns et les autres prêts à rentrer dans la Communauté économique européenne. Pourquoi, alors qu'ils avaient longtemps rechigné face à la libération des échanges et à l'abaissement de la protection tarifaire, sont-ils désormais prêts à faire l'Europe ? Parmi les multiples raisons qui contribuent à ce retournement, l'une semble avoir joué un rôle important : la volonté de se défendre contre la pénétration des groupes américains.

Depuis les lendemains de la guerre, les groupes chimiques des deux pays ont intensifié leurs rapports avec les États-Unis. Sur le plan technologique par exemple, une bonne partie du processus de modernisation provient du développement avec les firmes américaines, en particulier dans le domaine de la pétrochimie. De multiples études l'ont montré, tant à propos de cas particuliers, comme l'utilisation faite par Rhône-Poulenc des brevets Du Pont de Nemours de fabrication du nylon acquis dès 1939[31], que de manière générale, notamment en ce qui concerne le développement en Allemagne fédérale de l'industrie pétrochimique[32]. Cela n'empêche pas pour autant les industriels français et allemands du secteur de voir dans les États-Unis une menace pour leurs intérêts, contre laquelle il convient d'organiser une défense. C'est bien en effet d'une commune prise de conscience qu'il convient de parler dans le monde de la chimie française et allemande à partir du début des années 1960. Beaucoup d'industriels souhaitent alors que l'Europe les protège contre les grands groupes américains, britanniques aussi dans la mesure où ils paraissent très liés aux précédents. En 1965 par exemple, l'argument est explicitement mentionné par les dirigeants de L'Air Liquide et de Hoechst qui décident d'instituer entre leurs groupes une procédure de consultations réciproques, « en raison de l'entrée massive des grandes sociétés américaines sur le marché des gaz dans le continent européen (Air Products, Union Carbide) et de l'intérêt que des sociétés pétrolières (Esso, Shell) ont récemment manifesté pour la technique des basses températures »[33]. Est-ce un simple effet d'annonce ? L'entente conclue entre les deux groupes ne sera certes guère plus solide que les précédentes. On n'a pourtant aucune raison de mettre en doute la

---

[31] P. Cayez, *Rhône–Poulenc 1895-1975. Contribution à l'étude d'un groupe industriel*, Paris, Armand Colin/Masson, 1988, pp. 135-136 et 211-219.

[32] Cf. à ce propos R.G. Stokes, *Opting for Oil. The Political Economy of Technological Change in the West German Chemical Industry 1945-1961*, Cambridge (Mass.), Cambridge University press, 1994.

[33] Procès-verbal d'une réunion tenue à Paris entre les dirigeants de L'Air Liquide (Jean Delorme, Pierre Bruneton) et ceux de Hoechst (Karl Winnacker, Kurt Lanz), 23 février 1965, établi par Simon Lazard (archives privées).

sincérité des intentions initiales, étant donné la nature confidentielle du protocole signé. Ainsi, même s'ils ne parviennent pas toujours à y conformer leurs actes, les groupes chimiques français et allemands paraissent à la fin des années 1960 prêts à la coopération.

Ils y sont d'autant plus disposés que les contacts bilatéraux s'intensifient, notamment grâce à la Chambre officielle de commerce franco-allemande (COCFA), fondée à Paris en 1955. Dans ses instances dirigeantes, figurent les représentants des organisations professionnelles de l'industrie chimique et les patrons des plus grandes entreprises. Parmi les membres de son comité directeur de 1955 à 1968, on relève, côté français, les noms de Robert Lefranc, président de la Fédération des fabricants de peinture, vernis et encres d'imprimerie, de Pierre Bruneton et de Simon Lazard, respectivement directeur général et ingénieur-conseil à L'Air Liquide, qui se succèdent comme représentants de l'Union des industries chimiques ; coté allemand, de Wilhelm-Alexander Menne, qui dirige les Glasurit Werke et siège à la Chambre au titre du Verband der chemischen Industrie, dont il a été le premier président. De plus, les groupes de l'industrie chimique possèdent à Bruxelles une représentation distincte qui, initialement créée à l'occasion du projet de zone de libre-échange, a subsisté après son échec et intervient désormais auprès des instances communautaires sur des problèmes tels que le niveau de la protection douanière face au reste du monde.

De 1945 à la fin des années 1960, les contacts entre les groupes de l'industrie chimique française et allemande fournissent la preuve que, même dans une situation de profond déséquilibre de poids respectifs, tant en capitaux rassemblés qu'en chiffres d'affaires, dynamisme exportateur ou capacités de recherche, les entreprises peuvent entretenir des relations qui ne se situent pas nécessairement dans l'optique d'un simple rapport de forces entre dominants et dominés. Certes, au début de la période étudiée ici, de telles préoccupations s'observent encore entre firmes françaises et allemandes. Les raisons en sont évidentes. La proximité de la guerre et de l'Occupation joue un rôle déterminant dans le cas français, tandis que, de l'autre côté du Rhin, on réagit aux tentatives de pénétration françaises avec la susceptibilité et l'amertume propres aux pays vaincus. Peu à peu cependant, émergent d'autres configurations, nées de nouveaux problèmes tels que l'ouverture extérieure et la construction de l'Europe, qui incitent les firmes à intensifier leurs contacts et à prendre conscience d'intérêts communs. Elles n'abandonnent pas pour autant le caractère indécis et fluctuant de leurs stratégies. On s'y situe toujours dans une sorte d'entre-deux. La confrontation n'y est jamais totale, la coopération jamais complète non plus. Le trait est-il propre à l'industrie chimique ? S'observe-t-il aussi ailleurs ? Il s'agirait alors d'un élément qui dépasserait le cas particulier des groupes de l'industrie chimique français et allemands durant les Trente

Glorieuses. Pour le savoir, des comparaisons systématiques avec d'autres secteurs et périodes seraient indispensables.

Les structures de représentation de l'industrie automobile en Europe

Un foisonnement de réseaux aux stratégies multiples ?

Marine MOGUEN-TOURSEL

Université catholique de Louvain

Si l'on suit la distinction qu'opèrent M.E. Streit et W. Mussler[1] entre l'intégration par la concurrence et l'intégration par l'intervention, on peut remarquer que le traité de Rome est très marqué par la première conception. La seconde conception est constituée par les politiques communes aux objectifs sectoriels spécifiés. La PAC en est un exemple connu, mais il existait aussi dans le traité de Rome des dispositions sur les transports. Dans l'article 75 de ce traité, il est stipulé que le Conseil établit sur proposition de la Commission des « règles communes ou applicables aux transports internationaux exécutés au départ ou à destination d'un État membre ou traversant le territoire d'un ou plusieurs États membres ». La question des transports est donc désormais du ressort du cadre réglementaire communautaire.

Pour des industriels particulièrement attachés à leur liberté de mouvement comme les constructeurs automobiles, ce nouveau contexte européen peut apparaître comme une forte contrainte. L'élaboration de ce qu'ils ont pu ressentir comme une nouvelle mainmise, européenne cette fois, a pu les amener à réagir et essayer d'influencer les dispositions communautaires en ce qui concerne la politique des transports.

Avec l'entrée en vigueur du traité de Rome, l'industrie automobile est confrontée à des problèmes techniques, économiques et commerciaux de taille, dont l'importance est toutefois variable d'un pays ou d'une firme à l'autre, en fonction de la législation du pays et de la situation économique de la firme. En particulier, les constructeurs prévoient

---

[1] M.E. Streit et M. Mussler, « Evolution of the Economic Constitution of the European Union », in *The New Palgrave Dictionary of Economics and the Law*, t. 2, 1988, pp. 98-110.

d'importantes concentrations des firmes automobiles européennes, suite à la mise en œuvre du Marché commun. Alors qu'en 1958, parmi les firmes les plus notables, l'Allemagne compte encore Volkswagen, Opel, Daimler-Benz, Ford et (sous certains aspects) le groupe Borgward ; la France, Renault, Citroën, Peugeot, Simca et l'Italie, Fiat, les constructeurs pronostiquent la survie des seuls groupes suivants : Volkswagen, Renault, Daimler-Benz et Fiat (en ce qui concerne les firmes européennes) et Opel, Ford et Simca[2] (qu'ils classent dans le groupe des firmes américaines ou influencées par elles).

La volonté de trouver une solution commune à des problèmes similaires a souvent été le point de départ de prises de contact entre firmes automobiles. Ces contacts se développent d'une façon impressionnante dans le courant de la deuxième moitié des années 1950. Il s'agit souvent, dans un premier temps, de contacts bilatéraux. Mais dans l'esprit de leurs instigateurs, ces contacts constituent les premiers jalons d'un plus vaste réseau. Comme il est plus facile d'arriver à une entente entre peu d'intervenants, ils discutent dans un premier temps d'une façon bilatérale avant de présenter les résultats de leur travail à leurs homologues européens et d'essayer de les y rallier.

Ainsi, nous entendrons par réseau dans le cadre de cette communication, la volonté de quelques acteurs-clé du secteur automobile d'échanger des informations dans le but de définir une stratégie commune, tant en ce qui concerne les dossiers défendus auprès des institutions communautaires qu'en ce qui concerne la production (production de moteurs en commun, répartition des marchés entre constructeurs automobiles, etc.). Nous tâcherons d'identifier les réseaux, de définir leurs stratégies (lesquelles sont variées et souvent divergentes) et de juger de leur efficacité (d'après la littérature que nous avons pu consulter sur le sujet, l'existence de réseaux automobiles n'est pas contestée, en revanche leur efficacité est nettement mise en doute). Nous appliquerons cette démarche aux deux grandes parties que nous avons dégagées : d'abord, la mise en œuvre de réseaux institutionnels pour servir d'interlocuteurs aux institutions communautaires, puis la concertation entre firmes pour, le cas échéant, conduire à une harmonisation de la production. Ce peut être considéré comme la volonté des industriels d'organiser eux-mêmes la politique communautaire du secteur, mais en cherchant en amont à définir une politique qui leur convient.

---

[2] En 1958, Chrysler rachète la part que Ford possédait dans l'entreprise Simca (qui s'élève à 25 % environ).

I. La réorganisation des structures de représentation

A. La simplification au plan national : le cas des structures françaises

À l'origine, une seule structure professionnelle existait, la Chambre syndicale des constructeurs français d'automobiles. Mais Renault a voulu s'en séparer, suite à des divergences de points de vue avec les autres constructeurs. Citroën, Panhard, Peugeot et Berliet ont alors quitté la Chambre syndicale (en 1954) pour constituer un organisme professionnel indépendant, qu'ils ont baptisé le « Groupement syndical des constructeurs d'automobiles ». Renault a alors réintégré la première structure, qui ne comptait plus que sa propre firme et Simca. Dès 1957, il est question d'opérer un regroupement syndical, dans la mesure où tous les professionnels du secteur se rendent bien compte qu'il est important qu'une structure unifiée représente l'industrie automobile française à l'étranger. En 1962, c'est chose faite[3].

B. La mise en place de structures européennes adaptées

Jusque dans les années 1950, la principale structure internationale automobile est le Bureau Permanent International des Constructeurs automobiles (BPICA)[4]. Elle représente notamment le secteur automobile européen aux réunions des Nations Unies à Genève, au sein du WP29, le groupe de travail chargé des premiers essais de normalisation mondiale des prescriptions techniques du secteur. Mais les industriels européens considèrent qu'il est nécessaire de mettre en place une véritable structure européenne qui puisse représenter le secteur auprès des institutions communautaires et, en rassemblant un plus petit nombre de constructeurs autour de la table, offrir une structure plus efficace, plus souple, qui parvienne plus rapidement à des résultats.

1. Le Comité de Liaison des Constructeurs automobiles (CLCA)

Le 2 mai 1957 est créé à Francfort le Comité de liaison de l'industrie automobile pour les pays de la Communauté européenne. Il assure la coordination entre les différentes associations nationales de constructeurs automobiles. Un délégué est nommé par pays pour les six pays du Marché commun. La délégation française constitue la seule exception à cette règle. Du fait de son organisation nationale bicéphale, elle dispose

---

[3] J. Sauvy, *Les organismes professionnels français de l'automobile et leurs acteurs (1896-1979)*, Comité des Constructeurs français d'Automobiles, 1998, p. 233.

[4] En 1985, le BPICA devient l'Organisation internationale des constructeurs d'automobiles (OICA).

de deux places au sein du Comité de liaison. Pierre Lemaigre[5] est présent aux réunions au titre de président de la Chambre syndicale et Jean Clouet au titre du Groupement syndical[6]. Il s'agit donc à l'origine d'un petit groupe de quelques personnes. Max Thoennissen, le délégué allemand, assure la première présidence du Comité de liaison. Il est prévu que ce dernier soit présidé à tour de rôle pour une durée de quatre ans par le président de chacun des organismes concernés. Il est constitué de trois commissions (économique, technique et statistique). Les rapports des commissions sont présentés au conseil d'administration qui est composé, outre le président, de quelques représentants de l'industrie automobile de chaque pays. Pour l'Allemagne, en plus de Max Thoennissen, sont présents, en 1958, Fritz Könecke, le président directeur général de Daimler-Benz, Heinrich Nordhoff, le président directeur général de Volkswagen et Roth, le président directeur général de Klöckner-Humboldt-Deutz (KHD). Le Comité de liaison dispose d'un secrétariat léger géré par la fédération belge Fabrimétal.

Parmi les premiers sujets débattus figurent essentiellement des sujets de politique commerciale, notamment la réduction des droits de douane et l'élargissement des contingents (en particulier, le problème des obstacles mis à l'exportation des véhicules allemands en France et en Italie), la protection de l'espace européen contre la surpuissante industrie automobile américaine par des droits de douane appropriés, le problème des usines de montage[7], la question des charges sociales et des impôts et leurs incidences sur la fixation des prix, ou encore la question de la zone de libre-échange.

À la fin des années 1950, le Comité de liaison n'a pas demandé à recevoir auprès de la Commission européenne une consécration plus officielle que par le passé. Il n'est alors pas bien perçu par François-Xavier Ortoli, responsable de la direction générale III, Marché commun, et par là même en charge des questions de politique commerciale.

---

[5]   Pierre Lemaigre a longtemps été président de la société Latil, laquelle a ensuite été intégrée par la SAVIEM, la Société Automobile de Véhicules industriels et mécaniques constituée en octobre 1955.

[6]   Ancien élève de l'ENA, Jean Clouet a suivi à Bruxelles, pour le compte du CNPF, les pourparlers relatifs à l'établissement du Marché commun. Il est recruté par Erik d'Ornhjelm pour entrer au Groupement syndical en 1955. Il le quitte dix ans plus tard pour devenir Délégué général de la Fédération nationale des Travaux publics, tout en restant Conseiller de la Chambre syndicale.

[7]   Les constructeurs du Marché commun, tant allemands que français ou italiens, s'opposent au maintien de faibles droits de douane à l'importation en Belgique pour les pièces détachées automobiles (ces droits sont, en effet, de 5,4 % dans les pays du Benelux, tandis qu'ils s'élèvent à 14 % en Allemagne fédérale et à plus de 20 % en France et en Italie). Ils estiment que ces droits offrent une « prime au montage » des véhicules sur place.

D'après les termes utilisés par Jean Clouet, retraçant pour la Chambre syndicale les négociations à Bruxelles, il y serait « *assez réticent* ». En revanche, les rapports du Comité de Liaison sont bons avec Gunther Seeliger, responsable de la direction générale I, Relations internationales. Il développe également des contacts avec Hans von der Groeben, membre de la Commission européenne et président du groupe de travail sur la concurrence, des membres de l'UNICE et des membres du gouvernement allemand (par exemple avec Alfred Müller-Armack qui est secrétaire d'État).

Dans le courant de l'année 1962, le délégué allemand (Wilhelm R. Vorwig) et le délégué italien (Biscaretti) demandent que le CLCA examine la question de la refonte de la structure des organisations internationales de la construction automobile. La situation du moment est considérée par beaucoup comme non satisfaisante, tant du côté de la profession que de celui des administrations internationales. Celles-ci doivent consulter un trop grand nombre d'organismes avant de prendre la moindre décision. Les représentants allemand et italien au CLCA prônent, d'une part, un renforcement du comité de liaison et, de l'autre, son rattachement au BPICA. Dans le cadre du renforcement de la structure du CLCA, ils souhaitent que le Comité de liaison dispose d'une antenne organique à Bruxelles, à savoir un siège et un secrétariat permanents. La délégation française s'y oppose, arguant du fait que rien ne lui paraît exiger de façon urgente une transformation du mode de fonctionnement du Comité de liaison. Elle obtient temporairement gain de cause. Mais au fil des mois, les délégations allemande et italienne insistent énergiquement pour que cette antenne soit créée. Un an plus tard, la question est de nouveau soulevée par la délégation allemande qui déclare qu'à défaut de la mise en œuvre d'une antenne bruxelloise du Comité de liaison, elle déciderait de créer à Bruxelles une instance de représentation de son organisation professionnelle nationale, le Verband der Automobilindustrie (VDA). Cette fois, l'argument fait mouche. La délégation française s'incline. La structure est créée et établie au siège de Fabrimétal rue des Drapiers à Bruxelles (Ixelles).

En 1978, trois des partenaires du CLCA : le VDA, l'ANFIA (Associazione nazionale fra industrie automobilistiche) et la SMMT (Society of Motor Manufacturers and Traders), c'est-à-dire les partenaires allemand, italien et britannique, ressentent le besoin d'être davantage présents à Bruxelles. Ils proposent à leur homologue français un renforcement substantiel du secrétariat général du Comité de Liaison. Le partenaire français ayant donné son accord, un secrétariat général permanent est créé en décembre 1978 à Bruxelles, dont Hans Glatz est responsable.

2. Le Comité des Constructeurs du Marché commun (CCMC)

Le Comité des Constructeurs du Marché commun, qui regroupe non plus les organisations professionnelles automobiles mais les firmes elles-mêmes, est fondé en fin d'année 1972. Sept constructeurs européens[8] se sont ainsi réunis, en l'absence des filiales américaines présentes en Europe, pour essayer de faire valoir auprès des instances communautaires leurs idées en termes d'émissions et de mesures de sécurité. Dans le même temps, le rôle de cette structure est d'essayer de faire reculer l'influence américaine en Europe sur ces dossiers. Rapidement, d'autres firmes viennent s'ajouter aux firmes fondatrices. Ainsi, BMW, comme ALFA et DAF, en deviennent des membres à part entière. Le CCMC est basé au square de Méeûs à Bruxelles. En juillet 1975, son secrétaire général est Marc Ouin[9].

3. Les relations entre le CLCA et le CCMC

Même si le but de ces deux structures n'est originellement pas le même, il arrive fréquemment qu'elles aient une fonction similaire. Quand les membres du secteur automobile souhaitent affirmer avec force une position, ils obtiennent l'adhésion des deux organisations. C'est le cas sur des dossiers tels que la consommation de carburant des véhicules où le CCMC et le CLCA ont pris des positions communes qui ont d'autant plus de poids qu'elles constituent une prise de position de l'ensemble de la construction automobile européenne. Au début des années 1990, les deux structures se fondent et constituent l'Association des constructeurs européens de l'automobile (ACEA).

Par conséquent, une habitude de concertation s'instaure dans le courant des années 1950 entre les industriels européens de l'automobile. S'ensuit la mise en place de structures au plan européen qui se multiplient au fil des années. La situation se complexifie alors nettement car elles empiètent mutuellement sur leurs prérogatives tout en développant des stratégies très divergentes. Les querelles intestines qu'elles connaissent et leur influence déclinante auprès de la Commission européenne les obligent à redéfinir leur statut au début des années 1990.

---

[8] Fiat, Volkswagen, Peugeot, Renault, Citroën, British Leyland et Daimler-Benz.

[9] Marc Ouin a longtemps été responsable des Relations extérieures chez Renault.

II. Au niveau micro-économique : la multiplication des contacts entre firmes françaises et allemandes

A. *Les instigateurs de ces rapprochements*

Nombreuses sont les initiatives venant de l'extérieur du monde industriel, que ce soit de la sphère politique ou de la sphère administrative, qui tâchent, à l'aube de la mise en place du Marché commun, de favoriser les contacts entre firmes automobiles européennes et les alliances afin de donner à ce secteur une dimension européenne.

Ainsi, Fritz Könecke, le président directeur général de Daimler-Benz à la fin des années 1950, a été contacté en décembre 1956 pour adhérer au « mouvement européen lancé à l'initiative de quelques personnalités belges formant un cercle autour du ministre belge des Affaires étrangères Paul-Henri Spaak et financé par la Fondation Ford ». La personne qui a contacté Fritz Könecke est le député du Bundestag Fritz Erler, qui se trouve être l'adjoint du président de cette structure, l'ancien ambassadeur à Bonn André François-Poncet. Il précise que le but de cette initiative est de favoriser un échange d'idées entre Français et Allemands en faisant discuter des personnes d'une même sphère professionnelle. Ils souhaitent amener une douzaine de personnes de ces deux pays travaillant dans le secteur automobile à se rencontrer et à travailler ensemble pendant une semaine environ afin de leur faire prendre connaissance des positions de leurs homologues du pays voisin et de leur permettre, le cas échéant, de se découvrir des intérêts communs. Fritz Erler précise qu'une telle initiative a déjà été lancée avec succès entre représentants de l'industrie textile belge et allemande. Les contacts entrepris avec les firmes françaises ont largement porté leurs fruits : toutes les grosses firmes automobiles se déclarent prêtes à participer à l'expérience. En revanche, du côté allemand, seule la firme DKW, que Fritz Erler ne considère pas comme représentative du secteur automobile allemand, a répondu positivement. Il sollicite donc Fritz Könecke afin que sa société participe à l'événement. Le président directeur général de Daimler-Benz a exprimé tout l'intérêt que sa firme portait à ce type de contacts, mais il a indiqué qu'il fallait agir avec discernement pour le choix des partenaires lors des négociations en œuvre dans l'Europe qui se dessine. Il propose donc de discuter avec ses partenaires de Renault du choix des firmes françaises avec lesquelles un échange sur ce mode serait possible.

Les contacts entre firmes prennent parfois un tour beaucoup plus pragmatique. Le propos que je vais développer maintenant concerne les initiatives privées[10], émanant des firmes automobiles elles-mêmes, qui cherchent à définir une stratégie globale pour le secteur automobile européen.

B. Les modalités pratiques des contacts

La Deutsche Bank, en la personne de Hermann Josef Abs, contactée par les partenaires financiers des firmes françaises, a incité la firme Daimler-Benz à engager des pourparlers. Hermann Josef Abs, célèbre banquier, influent dans tous les domaines économiques de l'Allemagne d'après-guerre, a ainsi joué un rôle non négligeable pour la constitution de liens entre constructeurs européens. David Rockfeller en parle avec respect comme « du banquier le plus important de [son époque] ». Né en 1901, il a commencé ses activités professionnelles à la Banque de Bonn avant de travailler plusieurs années à l'étranger. En 1928, il entre à la banque Delbrück Schickler & Co, dont il devient associé en 1935. Deux ans plus tard, il est appelé au comité de direction de la Deutsche Bank. Après la guerre, il participe à la création du Kreditanstalt für Wiederaufbau. Au sein de cette structure, il est membre du conseil d'administration, délégué auprès du comité de direction. En 1951, le chancelier Adenauer lui confie la négociation du règlement des dettes allemandes à l'étranger, qui se solde par le traité de Londres de février 1953. À partir de 1952, il reprend sa place à la Deutsche Bank. Hermann Josef Abs nous intéresse directement car il constitue véritablement un homme de réseau, agissant inlassablement pour accompagner la crois-sance des secteurs industriels et favoriser la prise de contact des indus-triels allemands avec leurs homologues étrangers. Il est également prési-dent de la section allemande de la Ligue européenne de coopération économique.

Il est à noter que les contacts ont, à chaque fois, été pris à l'instigation des Français. La firme Simca indique clairement qu'elle s'est tournée vers des partenaires étrangers plutôt que vers les cercles automobiles français car Renault constituait un élément incontournable de la production automobile française mais que travailler avec cette firme

---

[10] Comme ce sont les archives de Daimler-Chrysler qui nous ont fourni la plupart des éléments de cette partie, il s'agira de contacts noués par la firme Daimler-Benz avec des homologues étrangères. Des pourparlers ont été engagés en Italie et au Royaume-Uni, mais aucune firme de ces deux pays n'a semblé présenter autant d'intérêt à Daimler-Benz que les firmes françaises et, parmi celles-ci, tout particulièrement Renault. Le caractère systématique des contacts noués par la firme allemande avec l'ensemble de ses homologues françaises (Renault, Citroën, Berliet, Simca et Panhard) montre l'importance que Daimler-Benz attribue à la démarche, en même temps que le manque de renseignements préalables dont disposait la firme allemande à l'égard de ses partenaires étrangers.

revenait à travailler en partenariat avec l'État, ce qu'elle ne souhaitait en aucune manière.

Plus généralement, nous pouvons peut-être expliquer la volonté des Français de coopérer avec d'autres firmes européennes par leur peur, réelle à cette époque, face au risque de concurrence des firmes automobiles américaines, notamment sur le marché européen, porté en germe par les investissements massifs réalisés par les maisons mères américaines Ford et General Motors en Europe durant les années 1950. Ces investissements favorisent à court terme la mise en place d'infrastructures qui autorisent un véritable bond de la productivité comme de la quantité de voitures produites. Ce serait la raison pour laquelle ils cherchent à mettre en place un réseau d'alliances entre constructeurs européens menant à la réalisation d'une « compagnie européenne General Motors »[11] qui pourrait mettre la concurrence américaine en échec. Les Allemands ne sont pas aussi sensibles au danger américain. Le président de Daimler-Benz précise que, pour sa part, il attend avec sérénité le renforcement de la concurrence que va entraîner le Marché commun. Du moins explique-t-il qu'il est depuis longtemps conscient du risque d'expansion des produits américains sur son marché et s'y est accoutumé. Est-il nécessaire de rappeler à ce propos que la firme Opel établie sur le sol allemand est une filiale du groupe General Motors, tandis que Ford a procédé à d'importants investissements dans sa filiale de Cologne. Loin de craindre la concurrence américaine, certains membres de Daimler-Benz soulignent même que les firmes françaises constituent un de leurs principaux concurrents en Europe (notamment sur le marché des poids lourds pour lequel la SAVIEM constitue un dangereux concurrent pour Auto-Union) et qu'il n'est pas sans danger de vouloir leur livrer trop de renseignements sur leurs propres structures, leurs stratégies, etc. Les personnes réticentes à propos d'une plus grande collaboration avec Renault insistent également sur les importantes différences entre les structures de vente et de service aux clients entre les deux firmes. Il reste que les avis négatifs portant sur un rapprochement de Daimler-Benz et Renault sont largement minoritaires au sein de la firme.

C. Des contacts qui tournent vite court

En février 1959, Mercedes entame des pourparlers avec Simca qui est représentée par son président directeur général, Henri-Théodore Pigozzi. La participation de Ford dans l'entreprise Simca, soit environ 25 % du capital de l'entreprise, vient d'être reprise par Chrysler en 1958. Par ailleurs, Fiat possède toujours environ 10 % du capital de

---

[11]   Besuch Renault, 20. Februar 1959, Archives Daimler-Chrysler, fonds Könecke, 211.

l'entreprise. Au début des négociations, Daimler-Benz a donc pensé qu'une collaboration technique avec Simca lui ouvrirait les portes d'une collaboration avec Fiat et Ford. La firme allemande est particulièrement intéressée par un accord dans le domaine des poids lourds, dans la mesure où Simca en est également productrice. Néanmoins, dès les premiers entretiens, les Allemands ont eu l'impression que la firme ne leur offrait pas la moindre possibilité de coopération, les conceptions du métier étant trop nettement divergentes. En particulier, Simca est à la veille d'une considérable augmentation de capital (de 16 à 84 milliards de francs) qui laisse présager la volonté de produire des véhicules en grandes séries, ce qui ne correspond pas du tout au désir de Daimler-Benz, qui préfère varier ses modèles et les proposer en petites quantités, consciente, du fait de la gamme élevée de ses produits, d'avoir un assez petit cercle d'acheteurs potentiels. La poursuite de pourparlers avec Simca serait de ce fait considérée comme une perte de temps.

En février 1959, les discussions entre Mercedes et Citroën (la firme étant représentée par son président directeur général, Pierre Bercot) sont menées dans l'enceinte des locaux de la Banque de Paris et des Pays-Bas en présence du directeur général de la Banque et de deux de ses adjoints, signe du sérieux que les personnes de Citroën ont voulu conférer à l'entretien. Les Allemands retiennent une impression très favorable de Pierre Bercot qui leur semble un homme qui souhaite trouver des solutions européennes aux problèmes apportés par le Marché commun, bien que les Français aient voulu axer les discussions sur les aspects techniques davantage que les Allemands ne l'auraient souhaité. Ces entretiens ont fait apparaître une véritable convergence de point de vue sur les questions financières et commerciales. De plus, cette firme est, de toutes les firmes françaises avec lesquelles elle a eu des contacts, la plus proche de Daimler-Benz. Enfin, il leur semble que des contacts avec une firme du privé possédant des liens étroits avec son grand actionnaire Michelin et la banque Paribas seraient plus prometteurs d'une coopération que des contacts avec une firme d'État comme Renault. Néanmoins, il apparaît rapidement que Citroën constitue un concurrent sérieux pour la voiture qui représente le fer de lance de la gamme de Daimler-Benz, le 220 S, avec les deux véhicules que sont la DS 19 et l'ID 19.

À la même date, la firme allemande engage également des entretiens avec Panhard (filiale de Citroën depuis trois ans environ : Citroën possède la majorité des actions et le contrôle effectif de l'entreprise, cette alliance s'étant formée en prévision de la mise en œuvre du Marché commun). La firme est représentée par Paul et Jean Panhard, père et fils, respectivement président directeur général et directeur général adjoint de la firme. Les entretiens présentent un caractère plus sentimental qu'autre chose dans la mesure où la firme Panhard n'est plus qu'une filiale de

Citroën. Mais Panhard père a personnellement connu Gottlieb Daimler, le fondateur de Daimler-Benz, et était heureux d'évoquer des souvenirs.

Lors des pourparlers que Daimler-Benz entreprend avec la firme Berliet, cette dernière est représentée par son président directeur général, Paul Berliet. Les discussions portent principalement sur un éventuel rapprochement des programmes de production. Mais le programme de production de Berliet apparaît rapidement au comité de direction de Daimler-Benz tellement inadapté aux intérêts de leur firme qu'un éventuel rapprochement entre les deux structures représenterait une charge pour Daimler-Benz et empêcherait à terme tout approfondissement des liens entre les deux entités.

D. Les contacts les plus prometteurs : ceux initiés avec Renault

De tous ces contacts bilatéraux entre firmes, les contacts déployés avec Renault sont ceux qui ont été considérés avec le plus de sérieux et ont mené le plus loin.

1. Les raisons du rapprochement

Pour analyser le texte du traité de Rome (qui présente de nombreuses imprécisions et de nombreux manques, d'après les constructeurs), les firmes Mercedes, RNUR[12] et SAVIEM ont souhaité se rencontrer pour développer un point de vue commun à l'égard des problèmes qui se font jour. Elles décident donc d'échanger expériences et opinions au sujet des possibilités d'une organisation commune, dans la mesure où cette dernière s'harmonise avec leurs programmes de vente, et où elle leur permet d'économiser des frais d'organisation et de production. Les résultats des discussions sont ensuite rapportés régulièrement à leurs organisations professionnelles respectives.

Le but ultime de ce travail est de développer un point de vue commun aux organisations professionnelles françaises et allemandes, qu'elles présenteront ensuite aux organisations professionnelles italienne et des pays du Benelux afin d'obtenir leur assentiment sur le point de vue défendu. Le résultat sera donc de pouvoir présenter une opinion vraiment européenne aux gouvernements qui prennent part aux négociations ainsi qu'à la Commission européenne[13].

---

[12] La Régie Nationale des Usines Renault.

[13] Zusammenkunft vom 15. und 16. April 1958, Zielsetzung, Arbeitsmethoden, Archives Daimler-Chrysler, fonds Könecke, 211.

Il me semble éclairant de citer à ce propos les termes employés par Fritz Könecke dans un discours de mai 1959 : « l'esprit manifesté lors de ces conversations est nettement européen »[14].

2. L'objet des discussions

Les premiers contacts entre Daimler-Benz et la régie Renault ont eu lieu à la fin de l'année 1956 comme le traité de Rome était en cours de négociation. Les premiers pourparlers effectifs se sont déroulés en février 1957, à l'occasion du salon de l'automobile de Paris. Ils ont porté, en particulier, durant l'année suivante sur une licence de fabrication commune pour le camion Unimog qui devait servir à l'armée française, mais aussi sur des comparaisons entre les situations sociales, fiscales et de politique commerciale des deux pays. Au niveau commercial, les deux firmes se sont rapidement posé la question des conditions de mise en place d'une structure commune de vente dans ce pays. En effet, les Allemands ayant appris que Renault avait mis sa structure de vente aux États-Unis à la disposition de Peugeot, ils s'interrogent sur cette possibilité de collaboration avec leur propre firme.

Le rapport du groupe de travail des contacts franco-allemands présenté en avril 1958, se divise en deux parties : la première fait état des décisions précises auxquelles ont mené les discussions techniques, la seconde fait part de l'échange de points de vue entre firmes à propos des dispositions économiques du traité de Rome.

Parmi les sujets techniques, le groupe de travail s'est penché tout particulièrement sur la question de l'établissement d'une norme européenne pour le transport des poids lourds dans les pays du Marché commun. Il est parvenu à l'élaboration d'un projet commun. Il est particulièrement intéressant de voir Français et Allemands se pencher conjointement sur ce dossier car ce sont les deux pays qui possèdent les prescriptions techniques les plus éloignées. Les normes françaises autorisent 13 tonnes par essieu alors que les prescriptions nationales allemandes n'admettent que 8 tonnes. Les données retenues dans le cadre du projet commun, si elles étaient adoptées pour établir une norme européenne, représenteraient, pour la France, une réduction de la charge à l'essieu comprise entre 7 et 18 %. Le texte prévoit en effet l'adoption d'une charge à l'essieu de 10,5 tonnes. En ce qui concerne le poids total autorisé, la limite de 32 tonnes serait retenue. Cette disposition a suscité moins de controverses que celle sur la charge à l'essieu. Le but principal recherché à travers ce projet commun est de réduire les coûts de transport de la tonne au kilomètre à l'intérieur du Marché commun, d'assurer de meilleures conditions de transport et, plus généralement, d'améliorer

---

[14] Besuch Renault, 22.5.1959, Archives Daimler-Chrysler, fonds Könecke, 214.

le transport grâce à une meilleure régulation du trafic, permise par une augmentation du tonnage.

Dès la fin de l'année 1958, les discussions entre les deux firmes portent sur une éventuelle harmonisation de leurs programmes de production, ainsi que sur des échanges de vue concernant un futur programme de production commun. En février 1959, les discussions entre Renault (la firme étant représentée par Fernand Picard, le directeur technique ; Bosquet, le directeur responsable des questions du Marché commun et Rochette, le directeur responsable des filiales, en particulier la SAVIEM) et Daimler-Benz ont porté presque exclusivement sur des questions techniques tant pour la production de voitures que pour celle de poids lourds (par exemple, les conditions concrètes de l'installation du moteur 220 produit par Daimler-Benz sur la Frégate, modèle de voiture Renault ou encore la réalisation conjointe d'une voiture de 1,2 à 1,6 litre, qui manquait à cette époque dans la gamme de Renault comme dans celle de Daimler-Benz, qui serait produite en grande série et vendue sous un nom inédit). Les négociateurs de Renault pensent qu'une production commune aux deux firmes serait possible tant pour les poids lourds que pour les voitures particulières. Un projet de répartition de la production entre les deux constructeurs est mis au point par Renault et discuté par les responsables des deux firmes.

Tableau : Proposition de Renault pour un accord de production
(modèle à atteindre dans un délai de 10 ans)

Poids lourds	
Renault/SAVIEM	Daimler-Benz
1,5 tonnes	—
3 tonnes	—
5 tonnes	—
—	6 tonnes
—	8 tonnes
	10,5 tonnes
+ 10,5 tonnes	
Autocars	
45 places	—
—	37 places
—	32 places
—	18 places
Voitures particulières	
Petites cylindrées : Renault exclusivement	
Cylindrées moyennes : Production commune aux deux firmes	
Grosses cylindrées : Daimler-Benz exclusivement	

D'après le programme qui est ainsi proposé, la répartition pour les poids lourds et les autocars se fait en fonction de la performance du moteur. Jusque-là, les deux firmes proposent des poids lourds de 1 à 19 tonnes de poids total. Un accord sur les modèles entre les deux maisons rendrait possible un véritable programme commun.

Renault se réserve les petits tonnages (véhicules jusqu'à 5 tonnes) et les très gros tonnages (au-delà de 10,5 tonnes). Daimler-Benz se voit alors réserver les tonnages intermédiaires (entre 5 et 10,5 tonnes).

Le principe de travail est le suivant : à partir de la signature de cet accord, les différents départements techniques des firmes doivent prendre toutes les dispositions pour qu'aucune des deux firmes ne soit lésée. Les départements de construction, des essais et de fabrication doivent travailler conjointement pour proposer toutes les améliorations possibles sur les modèles existants et se mettre d'accord sur les nouveaux modèles. La standardisation des pièces détachées Renault et Daimler-Benz permet de rationaliser et de réduire les coûts. Les pièces détachées de certains modèles peuvent être achetées par l'autre firme, ce qui permet d'éviter des investissements importants. Il est prévu qu'au fil de la mise en œuvre du Marché commun, les succursales de Renault vendent des modèles Daimler-Benz, et inversement les succursales de Daimler-Benz vendent des modèles Renault, dans la mesure où ils ne sont pas en concurrence. Pour les modèles produits en commun, les deux constructeurs se répartissent la tâche : un des partenaires se concentre sur le développement et la production de moteurs, tandis que l'autre peut mettre l'accent sur les châssis et les essieux.

Les collaborateurs de Daimler-Benz ne sont pas d'accord avec ce programme de production. Ils estiment que les points forts de Renault se situent dans les petits tonnages, que ce soit pour les camions ou pour les voitures particulières. On voit donc que le principal différend porte sur les plus gros tonnages (au-dessus de 10,5 tonnes).

Un négociateur allemand fait remarquer que les discussions techniques sont allées dans de tels détails que les négociateurs de Renault ont vraiment dû penser que Daimler-Benz voulait parvenir rapidement à un accord. Les Allemands se félicitent de ces premiers contacts sur le terrain technique, mais souhaitent les étoffer de conversations se référant au domaine commercial. En mai 1959, Fritz Könecke organise donc une rencontre bilatérale avec Pierre Dreyfus, le président directeur général de la Régie Renault, afin de donner une plus grande ampleur, notamment sur le plan économique, aux discussions techniques qui ont eu lieu jusque là entre Fernand Picard et son homologue allemand, Nallinger.

3. L'échec de ces pourparlers

En mai 1959, Daimler-Benz décide finalement de ne conclure, dans l'immédiat, aucun accord commercial ou technique avec la régie Renault. La firme avance trois raisons pour expliquer sa position : le programme de production, la tradition de la firme et l'avis du comité de direction. Une entente aurait éventuellement pu voir le jour pour le secteur des voitures particulières, mais elle aurait été très difficile pour les camions où la SAVIEM et Daimler-Benz produisent des modèles similaires. Il apparaît également, en filigrane, la crainte des Allemands de voir Renault, qui se considère comme le plus gros producteur, prendre la direction de la coopération. Le comité de direction de Daimler-Benz estime que le fait de fusionner la production de poids lourds, les développements de gammes de véhicules, les structures de vente et les équipes de développement reviendrait à faire perdre à la firme un degré trop important d'autonomie. Dans le domaine des voitures particulières, les exigences de Renault sont encore plus strictes. La clause sur les prix limite les changements potentiels dans l'élaboration du programme de production. Et la décision de monter la Dauphine sur les chaînes de montage d'Auto-Union et de renoncer à toute production propre sur ces chaînes de montage revient pour les hommes de Daimler-Benz à une liquidation. De plus, Renault souhaite vendre, dans un premier temps, 50 000 Dauphine en Allemagne, mais elle n'est pas prête à mettre son organisation commerciale en France au service d'Auto-Union. Daimler-Benz trouve évidemment ces exigences inacceptables. Enfin, les deux entreprises ont une conception très différente de leur système de production : Renault essaie de produire peu de modèles de voitures, mais chacun en grandes quantités, tandis que Daimler-Benz, comme nous l'avons déjà évoqué, préfère varier sa gamme.

Ce refus de s'engager plus avant a provoqué une forte déception chez Renault, à l'exception du secrétaire général de la RNUR, Bernard Vernier-Palliez qui est également d'avis de ne pas approfondir la collaboration avec Daimler-Benz.

4. Les raisons de cet échec : les divergences de conception entre Français et Allemands

Nous pouvons déceler deux axes majeurs de discordance. Le premier concerne la façon de considérer ces contacts « officieux » par rapport aux contacts plus officiels au sein des structures européennes de l'automobile. La question s'est rapidement posée de savoir quels sujets pouvaient être abordés à l'occasion de ces contacts et quelles suites leur réserver. Il apparaît rapidement que Français et Allemands en ont une appréhension différente. Le président directeur général de Daimler-Benz,

Fritz Könecke, parle même à cette occasion de « malentendus » qu'il espère lever en expliquant le point de vue de sa société.

Les Français, Renault en particulier, estiment que ces contacts bilatéraux constituent une fin en soi et peuvent être l'occasion de prendre des décisions – si nécessaire en court-circuitant les structures professionnelles nationales. Les Allemands, au contraire, considèrent qu'il faut éviter de traiter les dossiers automobiles européens à la fois au cours de négociations bilatérales et au sein du CLCA. Ils pensent qu'ils doivent faire connaître les résultats des pourparlers entre firmes à leur organisation professionnelle nationale afin que cette dernière défende la position définie auprès du CLCA. Fritz Könecke explique à cette occasion qu'il est d'usage au sein de l'industrie automobile allemande que les différentes firmes discutent entre elles de questions techniques ou commerciales, afin d'élaborer une véritable base de discussions pour la réunion du VDA. Les décisions sont alors adoptées à la majorité des voix. Il est certain que les discussions préalables entre firmes favorisent la conclusion de ces décisions. Le président directeur général de Daimler-Benz pense que les choses peuvent se passer de la même façon au sein du Marché commun. Mais il exclut l'hypothèse selon laquelle des décisions soient prises lors de ces discussions bilatérales qui puissent ensuite lier l'ensemble des industries automobiles européennes. Certains membres de Daimler-Benz vont même plus loin en estimant qu'il faut éviter de traiter les questions du Marché commun de façon bilatérale et ne les aborder qu'au sein des organisations professionnelles nationales et des structures européennes. Le CLCA doit ainsi rester la structure incontournable des discussions automobiles pour les dossiers européens.

Le second axe de discordance est davantage du ressort de la stratégie des firmes. Aux yeux des Allemands, Citroën et Panhard représentent des concurrents directs pour Daimler-Benz et Auto-Union. Les Français, de leur côté, insistent sur l'importance pour les constructeurs européens de constituer un front uni à opposer aux intérêts américains. Les Allemands soulignent le fait que la formation d'un tel bloc ne correspond pas à leurs intérêts. Ils considèrent qu'il s'agit, bien au contraire, d'une expression stéréotypée des intérêts français, tels qu'ils ont pu être mis en avant par le gouvernement de ce pays auprès des constructeurs[15].

---

[15] Zusammenkunft mit Panhard und Levasseur, 21.2.1959, Archives Daimler-Chrysler, fonds Könecke, 211.

Conclusion

Pour conclure, je souhaiterais rappeler le dynamisme extraordinaire du processus de multiplication des contacts et de création de structures automobiles pouvant servir d'interlocuteurs aux institutions communautaires. En particulier, les industriels considèrent désormais les autres constructeurs européens comme des partenaires et non plus simplement comme des concurrents. Nous pouvons d'ailleurs observer une réelle curiosité des constructeurs à l'égard de leurs homologues étrangers.

Toutefois, les stratégies des membres de ces nouvelles structures sont souvent divergentes. Nous pouvons rappeler, pour illustrer ce point, les stratégies opposées des deux structures internationales de l'automobile (CLCA et CCMC) à l'égard des intérêts américains, la première souhaitant associer les filiales des sociétés américaines en Europe à ses travaux, tandis que la seconde est créée avec l'objectif avoué de favoriser les seuls intérêts européens, ou encore l'échec des Français à l'égard de la réalisation d'un bloc européen de production (la « Compagnie General Motors d'Europe »), n'ayant pas rencontré les mêmes aspirations chez les constructeurs allemands.

Mars et Mercure, un lieu de rencontre entre les élites de l'État, de l'armée et de l'entreprise ?

Pascal DELOGE

Université catholique de Louvain

La biographie de ceux qu'on appelle les « Pères de l'Europe »[1] mène à constater qu'ils ont été des hommes de réseaux. Durant leurs années de formation ou une fois venu le temps de l'action, ils ont créé ou utilisé les relations constituées année après année par eux-mêmes ou d'autres. Quel rôle ces réseaux ont-ils joué dans la construction européenne ? En particulier ceux qui agissent dans le domaine économique ? Telles sont les questions posées dans ce volume.

Lors de recherches précédentes, j'ai souvent croisé Mars et Mercure (M&M). Des ministres de la Défense ou des Affaires étrangères, des ambassadeurs en poste à Bruxelles s'y rendent périodiquement pour un discours dont la trace est restée dans les archives, un dîner de gala ou pour prendre part à une assemblée annuelle. Qui sont ceux qui méritent une telle sollicitude de la part de ces hauts dirigeants ? Quels sont leurs buts ? Comment les atteignent-ils ? Jouent-ils un rôle dans les grandes questions dont les hommes politiques en question ont la charge ? En particulier la construction européenne ?

Pour y répondre, j'ai interrogé les brochures créées par l'association à l'occasion de ses anniversaires[2], les bulletins[3] et annuaires[4] de M&M conservés à la bibliothèque du ministère de la Défense nationale (Evere), les archives[5] (Club Prince Albert, Bruxelles) et les témoins des temps passés et présents, présidents de M&M ou « simples » membres. L'attention sera focalisée sur l'après-guerre, jusqu'aux années 1960,

---

[1] P.-F. Smets et M. Ryckewaert (dir.), *Les Pères de l'Europe : cinquante ans après. Perspectives sur l'engagement européen*, Bruxelles, 2001.

[2] Ci-dessous : *Chronique*.

[3] Ci-dessous : *Bulletin*.

[4] Ci-dessous : *Annuaire*.

[5] Ci-dessous : Archives Mars et Mercure (AMM).

période de succès pour M&M et temps des premières étapes de la construction européenne. Moment également où se joue l'adhésion des membres de M&M au processus de construction européenne.

I. Qui sont les membres de Mars et Mercure ?

Mars et Mercure naît en 1926 sous le nom de « groupement industriel et commercial des ex-officiers ». En mai, le n° 3 du bulletin paraît sous le titre « Mars et Mercure »[6]. Comme cet intitulé l'indique, les membres de cette association ont une double origine commune. À l'occasion de la guerre 14/18 ou 40/45, de leur service militaire ou dans le cadre de leur engagement professionnel, ils ont été officiers de l'armée belge. Une fois venus à la vie civile, ils ont entrepris de travailler dans le commerce ou l'industrie.

L'analyse des annuaires disponibles pour les années 1945 à 1980 montre qu'ils représentent tous les secteurs liés à la vie économique : administration du Commerce extérieur, des Affaires économiques ou des Travaux publics, armée, corps diplomatiques et consulaires, mais aussi banques, assurances, métallurgie, charbon, pétrole, téléphonie, professions libérales... voire professeurs dans les grandes écoles d'ingénieurs ou de commerce. En général, ils travaillent à un haut niveau de responsabilité : ils sont administrateurs, directeurs, cadres supérieurs, etc.[7] Il s'agit d'une élite consciente d'être telle[8].

De nombreuses grandes sociétés (Petrofina, Société générale, Royale Belge, Cockerill ou la FN[9]...) et fédérations industrielles y sont représentées par des administrateurs ou du personnel de direction (FIB, Fedechim, Fedechar... ou encore la Fédération des patrons catholiques de Belgique[10]). Le discours tenu par les présidents successifs devant les représentants de l'État, par exemple à l'occasion du bilan de l'année économique[11], est assez typique du monde patronal : refus du dirigisme étatique, critiques de la fiscalité[12] et du niveau des

---

[6]   *Chronique*, 2001, p. 9.

[7]   Voir, par exemple, la composition du conseil général de 1948 ou les professions des différents membres (*Annuaire*, 1948) : le président est directeur de Brufina; les autres membres du conseil général sont tous directeurs ou administrateurs, tant à Bruxelles que dans les clubs régionaux...

[8]   *Bulletin*, janvier 1951, p. 14 : « on est venu là non pour boire, manger, plaisanter mais plutôt comme on se rend à une assemblée délibérante ou, mieux, à un conseil des ministres où l'on est admis par faveur exceptionnelle ».

[9]   *Annuaire* 56/57, p. 213.

[10] Par la personne de son secrétaire général, J. De Staercke (*Annuaire*, 64/66, p. 314).

[11] À l'occasion de chaque dîner annuel. Ici encore, à titre d'exemple : *Bulletin*, février 1948, pp. 2-3.

[12] *Bulletin*, février 1951, p. 7.

salaires[13], souci de la compétitivité... Les témoins interrogés se considèrent d'ailleurs comme issus de ce « monde »[14].

Peut-être l'appartenance à cette élite était-elle même une condition pour rejoindre M&M : il fallait, disent quelques membres montois, occuper de hautes fonctions. Après tout, disposer des moyens d'apporter une assistance réelle est indispensable pour être un membre efficace d'un réseau d'entraide économique. En outre, un jeune officier de réserve, débarquant dans une entreprise ou arrivé depuis peu, peut difficilement demander un après-midi de congé par mois pour prendre part aux réunions de son club.

Certains jeunes dirigeants, cependant, étaient « contraints » par leur patron de rejoindre les rangs de M&M, à une époque où le statut d'officier de réserve était très valorisé dans le monde économique belge[15]. D'autres membres y sont arrivés parce que leur père ou une autre personne proche (famille, amis...) en faisait partie[16].

Élite patronale... et militaire. Les membres de M&M ont tous été sélectionnés par l'armée belge comme officiers parmi de nombreux miliciens. La formation est difficile et dure plusieurs mois. Elle allonge de plusieurs mois la durée du service militaire et suppose d'autant plus de motivation de la part du candidat et d'adhésion à certaines valeurs. C'est le moule dont ils sortent tous, bien que certains aient passé plus de temps dans la réserve que dans les forces actives. Quelques membres relèvent d'ailleurs une distinction dans ce domaine, les anciens miliciens se sentant parfois considérés par les officiers de carrière comme des « officiers de salon »[17]. La plupart de ces derniers, cependant, ont à cœur de répondre aux rappels et de passer les examens de promotion aux grades supérieurs.

Certains membres, en outre, retiennent encore notre attention car leur présence démontre la volonté de M&M d'entretenir des contacts avec le sommet de l'État et de l'Armée. Ils sont anciens ministres[18] ou commis-

---

13 *Bulletin*, janvier 1951, pp. 4-6 : « je me permettrai de rappeler qu'en 1938, les salaires belges étaient pratiquement les plus bas d'Europe et qu'à présent, ils sont les plus élevés ».

14 Interview de J. Moiny, membre de M&M Mons, le 24 septembre 2002 ou *Bulletin*, janvier 1949, pp. 3-6 : « Banquet annuel du 12 janvier 1949. Discours de notre président général Marcel de Roover, dépositaire de la doctrine de Mars et Mercure ».

15 Rencontre avec les membres de M&M Mons, le 6 septembre 2002.

16 Interview de F.-X. de Donnéa, le 30 septembre 2002. Le ministre évoque aussi l'intervention auprès des COR sortant du service militaire mais il est le seul à mentionner cette démarche et le fait sans certitude.

17 Interview de M&M Mons.

18 J. Meurice, ancien ministre du Commerce extérieur (Annuaire 49/50, p. 156) ; J. Pholien, ancien Premier ministre (*Annuaire* 49/50, p. 156) ; J. Van Houtte, ancien

saires européens[19], membres d'un cabinet[20], diplomates[21], hauts fonc-tionnaires[22], parlementaires[23] ou représentants d'organisations interna-tionales importantes[24] et, parfois, ne font que passer à M&M. Ainsi en est-il parfois des chefs de cabinets[25] aux Affaires économiques[26] ou de représentants de la Défense nationale. À l'issue de la guerre, les fonc-tionnaires de l'Office de récupération économique (Allemagne), y compris des directeurs[27], sont au nombre de six parmi les membres de M&M[28]. Bien entendu, bon nombre des Mars et Mercuriens (M&Miens) sont d'anciens officiers supérieurs ou généraux en retraite : c'est en partie pour eux que le Cercle a été créé.

Par nature, ce genre de groupe est réservé à un petit nombre. Mais, combien sont-ils exactement ? Le chiffre des effectifs de M&M n'est pas tout à fait aussi aisé à établir qu'il y paraît car il est calculé sur la

---

Premier ministre et futur ministre des Finances (*Annuaire*, 49/50, p. 157) ; O. Van Audenhove, ministre d'État (*Annuaire* 71/73, p. 274) ; H. Simonet, ministre des Affaires étrangères (*Annuaire* 77/79, p. 238) et parmi les membres du comité de patronage : A. Devèze, ancien ministre de la Défense nationale ou G. Theunis, ancien ministre des Finances (*Annuaire* 56/57, p. 11) ou P. Struye, président du Sénat (*Annuaire* 64/66, p. 11) ou V. Maistriau (*Annuaire*, 71/73, p. 10).

[19] J. Rey, commissaire européen (*Annuaire* 64/66, p. 316) puis président de la Commis-sion (*Annuaire* 77/79, p. 238) ou W. Verbruggen, administrateur au secrétariat géné-ral du Conseil des Communautés européennes (*Annuaire* 71/73, p. 275 et 77/79, p. 239).

[20] E. Kaisin, attaché au cabinet de la Défense nationale (*Annuaire*, 77/79, p. 237)... ou voir note 17 en ce qui concerne le ministère des Affaires économiques.

[21] Par exemple M. Suetens, directeur des Accords commerciaux au ministère des Affaires étrangères (*Annuaire*, 49/50, p. 138) ; le marquis A. du Parc Locmaria, am-bassadeur de Belgique à Londres (*Annuaire* 56/57, p. 287).

[22] Par exemple, L. Charbonnier, directeur d'administration au ministère des Travaux publics (*Annuaire* 56/57, p. 154) ou encore le général Paheau, attaché au ministère des Affaires économiques pour la production pour la Défense (*Ibid.*, p. 156).

[23] Outre les ministres déjà cités, M. Destenay, député (*Annuaire*, 64/66, p. 314) ; le sénateur comte Y. du Monceau de Bergendael (*Annuaire* 77/79, p. 237) qui fut pré-sident général de M&M de 1968 à 1971.

[24] G. Osselaer, administrateur de l'OTAN, section sécurité industrielle (*Annuaire* 64/66, p. 315).

[25] Par exemple, le colonel Adam, chef d'état-major de l'Armée belge d'Occupation ; le major Richir, membre du cabinet de la DN ; V. Maillen, représentant de l'état-major interallié (*Annuaire* 49/ 50, p. 177) ; le général Bureau, chef de service général des achats et des constructions (*Annuaire* 64/66, p. 318) ; le général Donnet, adjoint du Chef d'état-major général (*Ibid.*) puis attaché militaire à Londres (*Annuaire* 71/73, p. 278) ; le colonel comte D. d'Aspremont Linden, secrétaire de la Commission des Problèmes nationaux de défense (*Annuaire* 71/73, p. 277).

[26] H. Jeanne (*Annuaire* 49/50, p. 136) ou F.-X. de Donnéa (*Annuaire* 77/79, p. 237).

[27] J. Dinjeart, M. Reul (*Annuaire* 49/50, p. 136).

[28] *Annuaire* 49/50, pp. 135-138.

base des déclarations des présidents locaux. Ceux-ci ont naturellement tendance à afficher le chiffre le plus important possible afin de vanter le succès de leur administration. Les chiffres mentionnés dans les rapports des secrétaires généraux à l'occasion des séances statutaires subissent le même travers pour la même raison. Compter les membres dans les annuaires ne permet pas de faire la part entre ceux qui sont réellement actifs et présents aux réunions d'une part, et ceux qui payent leur cotisation mais ne participent guère à la vie de l'association[29], ceux qui quittent le cercle mais n'ont envoyé aucune démission officielle... de l'autre. C'est le lot de toutes les associations.

On peut cependant se fier à la tendance établie sur la base de ces différentes sources et retracer l'évolution suivante. De six membres fondateurs en 1926, M&M tourne autour de mille cotisants juste avant la Seconde Guerre mondiale. Après la guerre, les présidents généraux partent à l'assaut d'un second millier de membres et atteignent le résultat souhaité au début des années 1960. Par la suite, l'effectif ne cesse plus de s'éroder jusqu'à nos jours. Comment expliquer ces tendances ? En particulier, la baisse d'effectif constatée depuis les années 1960 ? Plusieurs facteurs entrent probablement en ligne de compte.

Le facteur international. Les années durant lesquelles M&M connaît un fort développement de son effectif sont des années de tension internationale et de forte mobilisation des esprits et ressources. Il s'agit de la montée des périls avant 1940 et de la première guerre froide durant les années 1950[30]. Par la suite, une période de détente survient et même, à la fin des années 1960, un moment de contestation du leadership américain et des valeurs atlantistes.

Le facteur militaire. L'évolution de la conjoncture internationale n'est évidemment pas sans répercussion sur l'armée, les budgets dont elle dispose[31] et les effectifs de miliciens[32], parmi lesquels un nombre de plus en plus réduit de candidats officiers de réserve[33]. Le nombre annuel

---

[29]   Comme en témoignent les rappels à l'ordre du secrétaire général lors du banquet annuel ou dans le *Bulletin*, avril 56, p. 12 : « Assistez aux réunions de vos sections ! » ; même message dans les numéros de mai 56, p. 3 ; juin 57, p. 8 ; avril 58, p. 23 ou encore février 60, p. 32.

[30]   J.-B. Duroselle et A. Kaspi, *Histoire des relations internationales*, 12e éd., Paris, 2001, pp. 63-153.

[31]   P. Manigart, « L'évolution des dépenses militaires en Belgique depuis 1900 », in *Courrier hebdomadaire du CRISP*, n° 1009, 30 septembre 1983.

[32]   J.-M. Sterkendries, *Les répercussions de la politique internationale sur la politique militaire belge de 1944 à 1949*, mémoire inédit de l'ULB, septembre 1988, annexes III et IX.

[33]   Interview de MM. Ickx et Courtin, président général de M&M et ancien président général de M&M, le 27 septembre 2002.

de leurs promotions diminue continuellement jusqu'à la suppression du service militaire, en 1993.

Le facteur démographique. La plupart des membres de M&M interrogés ont rejoint le Cercle au tournant de la quarantaine. D'une part, parce qu'il faut du temps pour accéder aux fonctions supérieures qui forment la base de recrutement de M&M. D'autre part, parce que les jeunes officiers de réserve ont d'autres préoccupations (famille...) et moins d'expérience à apporter au sein d'un groupe d'hommes d'affaire[34]. Cela implique le renouvellement de ceux qui décèdent ou démissionnent alors que la trace des jeunes officiers a été perdue pendant vingt ans. Aussi le recrutement est-il une préoccupation permanente des responsables de M&M[35] et, en particulier, celui des jeunes[36]. En fait, le recrutement se fait de bouche-à-oreille et, par conséquent, au compte-gouttes, les autres techniques connaissant peu de succès[37] et de nombreux membres rechignant au prosélytisme[38].

La chute du nombre des membres fait encore entrer Mars et Mercure dans un cercle vicieux : si l'efficacité d'un tel réseau est liée à son développement[39], la diminution de ses effectifs le rend moins capable de rendre les services attendus.

Le facteur social. La vie associative est un fait qui reste largement à étudier par les historiens. De nombreux témoins interrogés sur l'évolution du nombre des membres de M&M invoquent la multiplication des sollicitations et, notamment, des clubs permettant d'atteindre des objectifs semblables[40] (Rotary, Kiwani's, Lion's, Table ronde...), du moins au

---

[34] Interview de MM. Ickx et Courtin, le 27 septembre 2002.

[35] Les slogans poussant les membres au prosélytisme et vantant les avantages de M&M sont omniprésents dans les bulletins (« À M&M, on s'entraide, on s'épaule, on vend, on achète, on crée des contacts d'affaires. Amenez de nouveaux membres ! », in *Bulletin*, janvier 1957, p. 27 ou encore avril 1958, p. 24.) et les annuaires ou lors des rapports annuels du secrétaire général. Les articles sur le sujet traduisent aussi cette préoccupation : « On bat le rappel ! » (*Bulletin*, juin 1950, p. 4). On trouve même, dans le bulletin, des rappels à l'ordre : « Cher camarade, avez-vous recruté le nouveau membre qui vous a été demandé ? » (*Bulletin*, janvier 1951, p. 8).

[36] S. Rosenbaum, « M&M et les jeunes générations », in *Bulletin*, septembre 1957, p. 12.

[37] *Bulletin*, février 1951, p. 5 et février 1952, p. 12 : à propos de l'insuccès d'une collecte d'adresses au sein du cercle. « L'effort personnel et individuel des membres est la première propagande efficace ».

[38] *Bulletin*, janvier 1959, p. 8.

[39] *Bulletin*, février 1957, p. 21 : « Plus le Cercle est en nombre, plus il peut apporter de services à ses membres ».

[40] Voir, d'ailleurs, le soin avec lequel ces associations éditent chaque année un coûteux annuaire avec les noms et coordonnées des membres, en Belgique et à l'étranger, répertoriés par profession.

niveau régional[41]. Les membres des clubs régionaux (Mons, Luxembourg, Hasselt…), en effet, ne partagent pas toujours les objectifs des membres du Cercle (Bruxelles) ou, du moins, ne tablent-ils pas sur la même échelle géographique et peuvent donc répondre à d'autres appels que celui de M&M. D'après les sites Internet de quelques-unes de ces associations, il semble clair, en effet, que les clubs naissent et se développent en Europe continentale après la Seconde Guerre mondiale, voire dans les années 1960. Soulignons, pourtant, l'appartenance de certains des membres de M&M à ces réseaux, tantôt concurrents, tantôt complémentaires[42].

II. Quels sont leurs buts et comment les atteignent-ils ?

Les objectifs principaux de M&M sont de trois ordres : économique, militaire et idéologique. Ces hommes se rassemblent pour accéder aux informations utiles dans leurs affaires, concrétisent le lien entre l'armée et le secteur privé et défendent des valeurs et une vision du monde héritée de leur passage sous les drapeaux.

A. « Ce que tu sais est une arme formidable pour toi ! Ce que tu ne sais pas en est une pour les autres ! »[43]

Dans son bulletin de janvier 1950[44], Mars et Mercure publie la saynète suivante :

– Tu sors, mon chéri ?
– Oui, chérie, je vais à mon cercle.
– Comment, Jacques, mais je comptais sur toi et tu ne seras pas là !
– Mais, voyons ; c'est aujourd'hui qu'ont lieu les élections statutaires de mon cercle.
– Oh, Jacques ! Maman vient ce soir et tu ne seras pas là !
– Je le regrette, mais je ne puis manquer le dîner de ce jour au cercle ; il y aura là un tas de gens intéressants à fréquenter.

Cette fin de phrase révèle à la fois ce que les hommes d'affaires viennent chercher à M&M et ce que le Cercle entend effectivement leur offrir puisqu'il en fait son argument principal de propagande durant des décennies : « À Mars et Mercure, on s'entraide, on s'épaule, on vend, on

---

[41] Interviews de M. Moiny et de MM. Ickx et Courtin et, d'un point de vue extérieur, de F.-X. de Donnéa.
[42] Du point de vue d'un homme d'affaire implanté au niveau essentiellement régional. Interview de J. Moiny.
[43] *Annuaire* 49/50, p. 134.
[44] *Bulletin*, janvier 1950, p. 16.

achète, on crée des contacts d'affaires »[45]. Tous les membres interviewés le confirment. Bien que ce slogan relève aussi d'une logique publicitaire destinée à attirer les entrepreneurs en tant que nouveaux membres, il s'agit bien d'une réalité : on vient à M&M pour s'informer[46], guetter les opportunités ou les préparer en développant ses relations, obtenir des « tuyaux »[47], se rendre des services[48].

Ceci correspond d'ailleurs bien aux statuts de 1926, selon lesquels il s'agit

> de grouper les officiers et ex-officiers belges et ex-alliés ou associés en vue de leur assurer toute facilité dans l'exercice de leurs professions respectives ; d'établir des relations d'affaire aussi intimes que possible entre tous ceux qui ont été officiers ; de rechercher un supplément d'activité pour les membres associés dont les affaires seraient touchées par les événements ; de faciliter aux officiers quittant l'armée, la recherche d'une situation.[49]

Les archives du conseil général de M&M constituent une source sommaire mais utile pour faire le tour des moyens dont Mars et Mercure use habituellement pour atteindre ses buts : conférences par des orateurs de premier plan et dîners de gala en présence d'invités de marque, visites d'entreprises voire clubs de bridge... sans oublier un bulletin mensuel.

De nombreuses activités, tantôt récréatives, tantôt sérieuses, sont organisées : « Indépendamment de la détente que ces soirées procurent aux bridgeurs, le souvenir des agréables matches avec les autres sections

---

[45] *Bulletin*, juillet 53, p. 4 ou encore en mars 56, p. 31. Voir aussi *Bulletin*, janvier 1948, p. 1 : « Notre consigne : quand vous vous proposerez de traiter une affaire, consultez avant tout "l'" annuaire du Cercle. Vous y trouverez vraisemblablement le nom de l'un de nos membres qui pourrait vous donner satisfaction au moins au même titre qu'un homme d'affaires non affilié à notre groupe. C'est un devoir de camaraderie et de saine solidarité ».

[46] Interview de M. Donnet : on cherche à être informé des décisions prises, des opportunités ; J. Moiny insiste également sur les relations qu'il s'est faites à M&M et ailleurs et l'ont aidé à se recycler à certains moments de sa carrière professionnelle. De même MM. Courtin et Ickx : il s'agit de développer son réseau de relations d'affaires. F.-X. de Donnéa le souligne aussi. Voir aussi *Bulletin*, janvier 1948, p. 1 : dans un éditorial, le nouveau président annonce une périodicité plus rapprochée de la parution du *Bulletin* afin que les membres reçoivent les informations à temps.

[47] Interview de J. Moiny ; *Bulletin*, janvier 1951, p. 14 : « Nous avons souvent remarqué que nos hôtes d'honneur, ministres ou ambassadeurs, nous réservaient volontiers la primeur des révélations ou des projets sensationnels ».

[48] À Mons, un professeur de la faculté polytechnique me racontait comment il a proposé à un Mars et Mercurien de passer à son laboratoire pour résoudre un problème technique.

[49] AMM, boîte 1A, 1926-1932, Groupement industriel et commercial des ex-officiers (a.s.b.l.), annuaire 1927.

du pays et l'espoir des prochaines compétitions justifient pleinement cette activité si charmante et qui se traduit par de si utiles relations »[50].

Des articles[51] sont également publiés dans la revue afin d'informer les membres. Mais surtout, des conférences sont organisées périodiquement au cercle et dans les clubs. Elles portent sur des sujets techniques[52], commerciaux ou économiques[53] et sont souvent dues à des spécialistes invités ou membres de M&M. Elles ont également trait à des questions générales et, dans la plupart de ces cas, sont traitées par des experts issus ou non du monde académique[54]. Les matières militaires ou politiques, quant à elles, sont défendues par des officiers de haut rang[55], des ministres en activité[56] ou anciens[57], ou leur chef de cabinet[58].

Et le rédacteur du *Bulletin* de M&M de s'amuser en poussant les membres à assister aux activités :

> Bientôt, on tiendra à Mars et Mercure les conseils des ministres : je vous assure, voyez plutôt le mercredi 11 janvier : le vice-président du conseil et

---

[50]   *Bulletin*, janvier 1950, p. 22 : à propos du club de bridge de M&M.

[51]   Par exemple, G. Verhaegen (lieutenant-général honoraire, baron), « Cinquante ans de propagande militaire nationale », in *Bulletin*, octobre 1961, pp. 11-17 et novembre 1961, pp. 7-11.

[52]   Par exemple, C. Moreaux (délégué de la S.A. Fonderie de Précision à Monterre, France), « L'industrie de l'avenir. La fonderie sous pression des alliages légers et ultralégers », in *Bulletin*, janvier 1948, pp. 9-11.

[53]   Par exemple, M. Bockstael (ancien président de section), « Les marques de commerce devant le marché commun », in *Bulletin*, octobre 1959, pp. 22-25 ; ou encore, R. Abrahams, « Le marché commun. Ses innovations dans le droit privé », in *Bulletin*, décembre 1959, p. 13 ou A. Brun (membre du Cercle), « Droits de la concurrence face à l'unification des marchés », in *Bulletin*, mai 1962, pp. 15-18.

[54]   Par exemple, M. Masoin (professeur à l'UCL, secrétaire général de l'Institut des Finances publiques et membre du Cercle), « Les yeux ouverts sur le marché commun », in *Bulletin*, septembre 1957, pp. 3-4 ; ou encore H. Bernard (professeur à l'École royale militaire), « Conscience d'Europe », in *Bulletin*, juillet-août 1957, pp. 3-11.

[55]   Par exemple, Sala (amiral et adjoint naval du commandant suprême des forces alliées en Europe), « Le rôle de la marine dans la défense de l'Europe », in *Bulletin*, décembre 1957, pp. 7-12 ou R. Close (colonel BEM), « La liaison armée-nation », in *Bulletin*, février 1960, pp. 32-33.

[56]   Par exemple, A. Gilson (ministre de la Défense nationale), « L'économie belge et la modernisation de notre appareil militaire », in *Bulletin*, décembre 1959, pp. 7-12 ou encore J. Van Offelen (ministre du Commerce extérieur), « L'intégration européenne et la présence belge à l'étranger », in *Bulletin*, octobre 1959, pp. 25-26.

[57]   Par exemple, A. De Smaele (ancien ministre, président du Conseil central de l'Économie), « Face à la paix », in *Bulletin*, octobre 58, pp. 5-10.

[58]   Par exemple, R. de Looze (membre du Cercle, chef de cabinet du ministre des Classes moyennes), « Les petites et moyennes entreprises devant le marché commun », in *Bulletin*, avril 1958, pp. 23-24 ou J. Van Offelen (chef de cabinet du ministère des Affaires économiques), « La Belgique doit-elle craindre le marché commun ? », in *Bulletin*, avril 1957, p. 12.

ministre de la Défense nationale, représentant de Mars, et deux envoyés de Mercure, un itinérant et un fixe. Ces deux derniers fournissant au premier les outils nécessaires pour assurer et protéger la vie de Mercure. Trois ministres et un tournoi d'éloquence ![59]

La conférence fournit aux membres, dans les limites permises par le respect du protocole, l'occasion de poser des questions[60], de réagir et probablement, à l'occasion du dîner, de formuler ses remarques auprès du ministre présent. F.-X. de Donnéa voit d'ailleurs dans ces circonstances une manière pour les hommes politiques de défendre leurs projets, de faire plaisir à d'éventuels électeurs et d'écouter les réactions de personnes qui comptent dans leurs milieux.

Et le président général de M&M de se réjouir tout en vantant les résultats de sa gestion :

> Nous constatons... l'essor pris par le Cercle tant à l'intérieur qu'à l'extérieur. À l'intérieur : progression constante de nos effectifs, présence régulière de personnalités éminentes à nos réunions mensuelles, éclat et autorité de nos tribunes, haute valeur et belle tenue de notre revue, élévation du standing ; à l'extérieur : pénétration de notre influence parmi les élites, intérêt marqué par la grande presse à nos diverses manifestations et activités.[61]

B. Influencer ?

En dépit de la fin de la citation précédente, M&M ne poursuit, officiellement, aucun but d'influence dans le domaine politique. Les archives restent silencieuses en cette matière et les témoins sont particulièrement catégoriques : bien que certains soient impliqués dans la vie politique locale[62] ou nationale et que celle-ci soit un domaine souvent abordé à l'occasion des conférences[63], elle n'est pas le premier sujet de préoccupation au sein d'une association qui se veut orientée sur les affaires, apolitique et unitaire à tous égards[64]. C'est sans doute encore plus vrai dans les clubs de province qu'à Bruxelles.

Si les ministres successifs des Affaires étrangères et économiques, du Commerce extérieur et de la Défense, voire des Classes moyennes,

---

[59] *Bulletin*, janvier 1950, p. 17.

[60] Selon certains membres, notamment J. Moiny, poser des questions ou formuler des objections n'étaient pas l'habitude en ces temps où le protocole de M&M était très strict. Mais, dans les comptes rendus de ces conférences, on voit bien qu'il y avait des réactions suite à certaines conférences (par exemple, *Bulletin*, juin 1948, pp. 22-23).

[61] *Bulletin*, mars 1950, p. 3.

[62] Interview de J. Moiny.

[63] Voir ci-dessous.

[64] Interview de MM. Ickx et Courtin.

ne viennent pas seulement à M&M pour boire un verre en bonne compagnie, il n'est pas plus vraisemblable que M&M déploie tant d'énergie à entretenir des relations avec le sommet de l'État et de l'armée simplement pour rehausser d'une présence prestigieuse les événements qui marquent la vie du Cercle. À en juger par les fonctions énumérées ici, les représentants de Mars et de Mercure sont plus particulièrement recherchés.

Voyons d'abord le domaine militaire[65]. D'après les présidents récents et F.-X. de Donnéa, M&M s'implique surtout dans les questions militaires. Cela se fait par le canal des membres du Cercle qui travaillent à la Défense nationale, par des rencontres entre le président et les dirigeants de l'armée, à l'occasion des conférences, des conversations qui les suivent et des dîners qui sont donnés en diverses occasions. Dans les dernières années, M&M a aussi été invité à la commission de la défense nationale du Parlement et des organismes permanents ont été institués entre eux et la Défense nationale, comme le Comité *Employers' Support*, une initiative récente, qui organise des stages en entreprises pour les futurs officiers de l'armée belge.

Aussi le site Internet de M&M évoque-t-il le lien réalisé au sein de M&M entre l'armée et le monde économique. Celui-ci est déjà bien présent dans le *Bulletin* du Cercle par des articles[66] ou des conférences, en particulier dans les années 1950. Les discours de certains ministres de la Défense le montrent particulièrement[67], à une époque où l'implication de la nation toute entière dans sa sécurité est enseignée dans les écoles militaires[68].

Dans le domaine des affaires aussi, les conférences et dîners de gala sont l'occasion de faire entendre aux responsables les craintes, remarques et objections, même si elles sont formulées de manière polie, du monde patronal à l'égard de leur politique économique. Les critiques habituelles relatives au niveau des salaires et de la fiscalité, de la lour-

---

[65] Interview de M. Donnet.

[66] R. Murphy (ambassadeur des États-Unis à Bruxelles), « Productivité et paix », in *Bulletin*, juin 1951, pp. 13-14 ; R. Close, « La liaison armée-nation », *op. cit.* rappelle la nécessité dans une guerre moderne de mobiliser la nation tout entière, notamment ses forces économiques, et veut montrer que l'armement est une opportunité pour les industriels et l'économie nationale : formation des jeunes à l'armée…

[67] *Bulletin*, juillet-août 1960, pp. 9-15 en ce qui concerne A. Gilson et janvier 1953, p. 6 en ce qui concerne De Greef ; voir aussi le discours du président Vuylsteke dans *Bulletin*, janvier 1951, pp. 4-6 ou encore les allusions à Mercure qui doit fournir à Mars les outils de la défense européenne et les rappels de la devise de M&M appelant ses membres à servir (*Bulletin*, février 1951, p. 7).

[68] R. Dinjéart, *Cours supérieur de la guerre*, 3 volumes, Bruxelles, École de guerre, 1948-1950.

deur de l'administration, du dirigisme de l'État sont quasi annuelles dans la mesure où le dîner de gala du mois de janvier fournit au président général de M&M l'occasion d'établir le bilan de l'économie devant un aréopage de ministres, chefs de cabinet et experts de tous ordres[69].

C. Des valeurs communes

Comme de nombreux clubs, M&M fournit à ses membres l'occasion de développer des contacts sociaux et amicaux au sein d'un milieu choisi, même si l'origine militaire de l'association donne à celle-ci un ton particulier. Il n'est pas banal de voir ces patrons, dévoués à l'armée, au libéralisme économique et à la Belgique léopoldiste, s'appeler « Camarades » à l'occasion des discours publics, lesquels sont reproduits en grand nombre dans le bulletin. Il ne s'agit évidemment pas d'une référence à l'idéologie marxiste-léniniste. Comme F.-X. de Donnéa l'évoque, ainsi que bon nombre de membres interviewés (J. Moiny…), les M&Miens sont unis par des liens de camaraderie, au sens où cette valeur est évoquée à l'armée.

Les Mars et Mercuriens adhèrent encore à d'autres valeurs héritées de leur passage sous les armes et, notamment, la fidélité au Roi[70], manifestée à de nombreuses reprises par des encarts dans le bulletin et l'accès de M&M au statut de Cercle Royal en 1951, date symbolique s'il en est. Nombre de dîners annuels commencent par la Brabançonne et un toast à la monarchie. Beaucoup de courriers sont échangés entre M&M et la Maison royale. Celle-ci est représentée aux grands moments de la vie du cercle par ses plus hauts dignitaires. Dans la même ligne, les présidents mettent encore en avant la fidélité à une Belgique unie.

Le service à la communauté, « sans boy scoutisme »[71] est également évoqué, ainsi que le désir de contribuer au progrès de la société : « Construire un monde est plus beau que d'être gardien de musée »[72]. Sans doute est-ce aussi au niveau militaire et économique qu'il faut entendre ce service à la communauté, en tant qu'officiers et en tant qu'industriels.

Autre valeur défendue par M&M comme héritage d'un passé militaire commun : la solidarité. Elle s'exerce entre officiers de réserve mais aussi envers ceux qui quittent l'armée, atteints par la limite d'âge, après

---

[69] Voir le compte rendu de ce discours, généralement, dans le *Bulletin* de février.

[70] « L'assemblée se lève, des cris 'vive le Prince' éclatent, et unis dans une même pensée de fidélité et d'attachement à notre dynastie, les convives écoutent avec recueillement l'hymne national », in *Bulletin*, janvier 1951, p. 3.

[71] Le mot est de M. Courtin.

[72] Phrase de Jacques Leclercq citée dans *Bulletin*, janvier 1950, p. 8.

des années de service actif. L'un des objectifs « historiques » de M&M parce que lié aux conditions de sa création dans l'entre-deux-guerres, est de permettre le reclassement d'anciens officiers quittant l'armée. Une commission permanente existe à Bruxelles qui travaille en relais avec les clubs, selon la région dans laquelle le « camarade » en quête de nouvelles fonctions dans le secteur privé souhaite s'orienter.

III. Quel est leur place dans la construction européenne ?

Bien que M&M soit un réseau économique et militaire focalisé sur les affaires et la défense, la construction européenne n'est pas absente de ses préoccupations, à titre général d'une part, parce qu'elle est destinée à modifier les données en ce qui concerne la production, le commerce et la sécurité commune de l'autre. Trois catégories de personnes parlent d'Europe à Mars et Mercure et en laissent une trace : les conférenciers dont les discours sont publiés dans le *Bulletin*, les auteurs d'articles pour le même périodique et, de temps à autres, les présidents généraux.

A. *Évolution*

En dehors de cette dernière catégorie de personnes, voici un relevé chronologique de ceux qui ont contribué à la réflexion européenne de M&M de 1948 à 1962 et des sujets qu'ils ont abordés[73].

**Les articles et conférences consacrés
à la construction européenne (1948-1962)**

AUTEUR	QUALITÉ	TITRE	DATE
Charles Roger	Chef de cabinet du ministre des Affaires économiques	L'Europe en marche	juin 1948
Paul-Henri Spaak	Premier ministre	Les résultats du plan Marshall et l'organisation de l'Europe	mai 1949
Paul Struye	Président du Sénat	Ombres et lumières de la vie internationale	octobre 1950
Jean Boels	Ancien président général du Cercle ; général-major de réserve honoraire	Intégration européenne	juin 1951
Jean Boels	Voir ci-dessus	Armée européenne	janvier 1952

---

[73] N'ont été retenus que les articles et conférences dans lesquels l'Europe est un thème significatif. À côté de cela, les ministres prennent souvent la parole à l'une ou l'autre occasion et glissent un mot relatif à l'Europe dans un discours purement protocolaire (Exemple : P. Van Zeeland (ministre des Affaires étrangères), in *Bulletin*, janvier 1950, pp. 7-8).

Paul Struye	Voir ci-dessus	Problèmes interna-tionaux de l'heure	mars 1952
Paul van Zeeland	Ministre des Affaires étrangères	(Discours prononcé au gala de la section d'Anvers)	mars 1953
Jean Duvieusart	Ancien Premier mi-nistre, ministre des Affaires économiques	Constituer l'Europe	mars 1953
A. De Baerdemaeker	Conseiller près le ministre des Affaires économiques	Traités de défense européenne	mars 1953
Louis d'Hoop	Ingénieur commer-cial ULB, membre de l'Institut belge des réviseurs de Banques, membre du Cercle	L'Europe se fait est venu expliquer M. Monnet	juillet 1953
Dewasme	Brigadier-général, chef de la délégation de la force aérienne de défense à Fontainebleau	La Communauté européenne de défense	juillet 1953
Pierre Wigny et Albert Devleeschauwer	Anciens ministres des Colonies	Pour et contre la CED	février 1954
Maurice Brasseur	Député et ancien ministre de l'Intérieur	CED et accords de Paris	mars 1955
Étienne de la Vallée Poussin	Sénateur, président belge du Mouvement européen, membre suppléant de l'Assemblée consultative du Conseil de l'Europe, président de l'Union des Associations internationales et membre du Cercle	La Belgique devant les plans de communauté nucléaire	mars 1956
Lagrange	Conseiller d'État français et avocat général à la Cour de justice de la CECA	Le caractère supranational de la CECA	mars 1956
Henri Bernard	Professeur à l'École royale militaire	La politico-stratégie lénino-marxiste	avril 1956
Maurice Masoin	Voir ci-dessus ; Professeur à l'UCL, secrétaire général de l'Institut des Finances publiques et membre du Cercle	Organisation de l'énergie nucléaire en Europe	mai 1956

Albert Coppé	Ancien ministre, Vice-Président de la Haute Autorité de la CECA	Bilan et perspectives de l'intégration économique de l'Europe	janvier 1957
Paul-Henri Spaak	–	L'alliance occidentale et le destin de l'Europe	mars 1957
Jacques Van Offelen	Chef de cabinet du ministre des Affaires économiques	La Belgique doit-elle craindre le marché commun ?	avril 1957
Paul Struye	Ancien président du sénat	La Belgique et le monde	mai 1957
Paul-Henri Spaak	Secrétaire général du traité de l'Atlantique Nord	(Discours prononcé à l'occasion d'une réception)	juin 1957
Henri Bernard	Voir ci-dessus.	Conscience de l'Europe	juillet-août 1957
Maurice Masoin	Voir ci-dessus	Les yeux ouverts	septembre 1957
Sala	Amiral, adjoint naval du commandant suprême des forces alliées en Europe	Le rôle de la marine dans la défense de l'Europe	décembre 1957
R. de Looze	Chef de cabinet du ministre des Classes moyennes	Les PME devant le marché commun	avril 1958
Jean Duvieusart	Sénateur, ancien ministre, membre du Cercle	Les deux voies européennes	novembre 1958
Marcel Laloire	Directeur de l'Institut d'études économiques et sociales des classes moyennes	Les classes moyennes devant le marché commun	novembre 1958
Van der Schueren	Ministre des Affaires économiques	Récession, marché commun et problèmes énergétiques	décembre 1958
Pierre Wigny	Ministre des Affaires étrangères	Aspects politiques de la zone de libre-échange	janvier 1959
Snoy et d'Oppuers	Secrétaire général au ministère des Affaires économiques	La Belgique face au marché commun	avril 1959
Bockstael	Ancien président de section	Les marques de commerce devant le marché commun	octobre 1959
Jacques Van Offelen	Ministre du Commerce extérieur	L'intégration européenne et la présence belge à l'étranger	octobre 1959

Raymond Abrahams	Avocat	Le marché commun. Ses innovations dans le droit privé	décembre 1959
(La rédaction de M&M)	-	L'Europe en marche (compte-rendu de la dernière session de l'Assemblée parlementaire européenne)	décembre 1960
Paul-Henri Spaak	Vice-Premier Ministre et ministre des Affaires étrangères	(Discours prononcé pour le dîner mensuel)	avril 1962
Jean Duvieusart	Sénateur, délégué de l'Assemblée parle-mentaire européenne, ancien Premier Ministre et membre du Cercle	L'association des pays d'Afrique au marché commun	mai 1962
Antoine Braun	Membre du Cercle	Droits de la concurr-ence en face de l'unifi-cation des marchés	mai 1962
(La rédaction de M&M)	-	L'éducation de l'Européen de demain (compte rendu du 5ᵉ congrès de la Fondation européenne de la Culture)	octobre 1962

De ce tableau, il ressort tout d'abord que l'Europe n'est pas la seule ni même la principale matière à réflexion chez M&M si l'on pense qu'il existe, en plus du Cercle (Bruxelles) une douzaine de clubs en activité durant la période envisagée et qu'ils organisent chacun plusieurs conférences chaque année.

Ici, nous voyons une contribution en 1948, 1949, 1950 et 1951 ; deux en 1952. La guerre froide l'emporte alors. Les premières institutions européennes ne sont considérées que dans leurs dimensions géopolitique et économique. Ensuite s'ouvre le débat entre fédéralistes et fonction-nalistes, sur lequel les M&Miens resteront divisés[74]. 1953 est une année forte avec cinq articles et exposés liés au traité de la CED signé en mai 1952 et à sa ratification par le parlement dans le courant de l'année suivante. Puis, on retombe à une unité en 1954 et 1955. Avec la prépa-ration du traité de Rome en 1956 et sa signature en 1957, un nouveau sommet se présente dans notre statistique avec quatre et huit inter-ventions sur le sujet qui nous importe. Puis, cela se tasse à nouveau :

---

[74] Interview de J. Moiny.

quatre en 1958, cinq en 1959, une en 1960, aucune en 1961 et quatre en 1962.

Remarquons que durant ces dernières années, les sujets techniques se multiplient par rapport à l'approche générale de la construction européenne et les contributions ne concernent guère l'union politique, les plans Fouchet et la première candidature britannique. La construction européenne ne fait-elle plus débat au sein de M&M, laissant apparaître la préoccupation d'être informé de ces conséquences ? C'est possible : les témoins estiment en effet que la CEE a déjà posé moins de problèmes que la CECA[75], l'Europe emportant de plus en plus les suffrages de ces entrepreneurs[76].

B. Les conférenciers

« Il est de fait que la tribune de M&M est devenue celle où nos gouvernants aiment à venir exposer leurs idées, leurs programmes, tribune d'où ils savent que le message atteindra le grand public »[77], lance la rédaction du *Bulletin*.

En effet, nombre d'intervenants (vingt et un sur trente-neuf), quand ils ne sont pas membres du Cercle, sont des hommes publics ou des membres de leur entourage, cabinet ou haut fonctionnaire. En fait, ils sont à la recherche de relais d'opinion : leur but est de faire connaître leur politique et d'emporter l'adhésion de personnes significatives dans la société belge[78]. Dans le cas de Mars et Mercure, cet effet est multiplié par l'appartenance de beaucoup de membres à de nombreux autres réseaux et associations[79].

Éventuellement, ils ont une préoccupation électorale, comme Spaak le note avec humour en commençant une conférence sur le plan Marshall en mai 1949[80] : en pleine question royale, il sait évidemment n'avoir pas que des amis parmi les M&Miens. Il est pourtant celui qui s'empare le plus souvent de cette tribune – quatre fois, dont trois entre 1957 et 1962 – durant ces années 1948-1962. Cela lui est rendu facile par les fonctions qu'il occupe alors : ministre des Affaires étrangères ou secrétaire général de l'OTAN. Ses convictions européennes sont bien connues[81].

---

[75] Interview de J. Moiny.

[76] Interview de F.-X. de Donnéa.

[77] *Bulletin*, janvier 1951, p. 14.

[78] Interview de F.-X. de Donnéa.

[79] Interview de J. Moiny.

[80] *Bulletin*, mai 1949, pp. 7-9.

[81] M. Dumoulin, *Spaak*, Bruxelles, 1999.

Les autres « vedettes » sont Paul Struye (3) et Jean Duvieusart, tous deux PSC et membres de M&M. Leurs opinions sur l'Europe et leur vision du monde divergent : le premier, dans une perspective très anticommuniste et souverainiste, vient parler de la guerre froide et de la Belgique dans le monde. Il ne veut consentir à l'Europe que les « sacrifices raisonnables » et entend conjuguer les intérêts nationaux avec une certaine forme de dépendance mutuelle[82]. Le second s'occupe exclusivement d'Europe en réconciliant les approches fédéraliste et confédéraliste[83].

Notons encore la présence parmi les conférenciers de représentants du PSC, P. van Zeeland, A. De Vleeschauwer ou P. Wigny, et d'euro-péistes comme É. de la Vallée Poussin, également membre du Cercle en 56, ou A. Coppé et J.-C. Snoy et d'Oppuers.

C. Les présidents généraux

Le discours des présidents généraux sur l'Europe dépend de la per-sonnalité des cadres du Cercle et de l'époque à laquelle ils accèdent aux responsabilités.

À la fin des années 1940, le point de vue de ces hommes d'affaires sur l'Europe reste exclusivement déterminé par leurs préoccupations professionnelles et la guerre froide[84]. Ils n'abordent le sujet qu'occasionnellement, davantage à titre contextuel que principal. Mais, avec la répétition fréquente, le message passe.

Il s'agit, le plus souvent, de se défendre contre la menace soviétique et d'utiliser les crédits (américains) de façon efficace, de surveiller la modification des conditions de concurrence, d'assouplir les relations commerciales entre Européens[85]. Progressivement, on voit fleurir la rhé-torique de la nécessité propre au discours public du début de la guerre froide, au moment où il fallait prendre des mesures difficiles à faire accepter aux opinions. Il faut, dit-on, laisser derrière soi des « concep-tions périmées » pour « consentir les sacrifices indispensables » et ce, en réponse aux efforts américains pour « écarter le danger d'une nouvelle guerre mondiale »[86].

À l'occasion de l'assemblée générale du 20 janvier 1951, le président descendant De Roover développe le premier discours significatif sur l'Europe. « L'intégration européenne devra se faire en dépit des diffi-

---

[82] *Bulletin*, mai 1957, pp. 3-4.
[83] V. Dujardin, *Jean Duvieusart (1900-1977)*, Bruxelles, 2000, p. 10.
[84] *Bulletin*, février 1949, pp. 7-9.
[85] *Bulletin*, janvier 1951, pp. 4-6.
[86] *Ibid.*

cultés et des intérêts particuliers à chaque nation »[87]. Et de montrer tout ce que la construction européenne a de bon pour les affaires : la suppression des barrières douanières, du contrôle des échanges de capitaux et des marchandises, la création d'un « vaste marché de 265 millions de consommateurs ». La guerre froide, évidemment, est toujours présente à l'esprit de l'orateur alors que la guerre a éclaté en Corée quelques mois plus tôt : « non seulement pour maintenir ou augmenter le standard de vie de chacun, mais aussi pour forger les armes nécessaires à la défense occidentale ».

Son successeur, R. Vuylsteke, se fait pourtant plus frileux : « nous ne sommes pas sans craindre que les intérêts belges confrontés à d'autres, beaucoup plus importants, ne soient considérés négligeables. Aussi espérons-nous qu'on veillera à les sauvegarder pendant la période transitoire du début de la mise en œuvre du plan ». Sans doute le président a-t-il en tête les industries belges du charbon et de l'acier, mises en péril par le plan Schuman[88]. Il reflète sans doute le point de vue patronal, traduit par L. Bekaert, président de la FIB, lors d'une conférence : il craint que l'industrie nationale ne « manque de réserve alors que les aides de l'État sont appelées à disparaître »[89]. Il l'estime peu capable de faire face à la concurrence qui résulte de la création d'un marché de l'acier et du charbon.

Quittant sa charge, il se fait pourtant rassurant : tout cela se joue dans la durée. Il mentionne cependant la division de la Belgique, sans doute du patronat et, en particulier des membres de Mars et Mercure entre « pour » et « contre ». Il rappelle en particulier de « longues discussions » sur le charbon et l'acier[90].

Son successeur, R. Castadot, se fait à nouveau plus enthousiaste : pour rivaliser avec la puissance économique américaine, il faut faire l'Europe et renoncer aux protections douanières. S'adressant aux ministres présents lors du dîner de gala de décembre 1955, il estime que l'unanimité est faite sur l'Europe au sein de Mars et Mercure et craint seulement « de n'être plus présent[s] lorsque l'on pourra de nouveau voyager sans passeport, changer de l'argent où l'on voudra, et n'avoir plus de douanes ! »[91].

À partir de ce moment, le discours sur l'Europe devient de plus en plus enthousiaste. Elle est de plus en plus considérée, une fois passé un

---

[87] *Bulletin*, février 1951, p. 7.
[88] J. Gérard-Libois et R. Lewin, *La Belgique entre dans la guerre froide et l'Europe, 1947-1953*, Bruxelles, 1992, p. 160 : le patronat belge en première ligne.
[89] *Bulletin*, mai 1953, p. 7.
[90] *Bulletin*, janvier 1954, p. 7.
[91] *Bulletin*, décembre 1955, p. 8.

premier moment de doute, comme une opportunité à saisir[92]. Ainsi parle un secrétaire général très pro-européen de M&M, L. De Coster, dans son rapport de janvier 1956, alors que M. Mouson-Malien, un président général lui aussi très favorable à l'Europe[93] prend ses fonctions. La perspective d'un grand marché l'a définitivement emporté chez M&M et la construction européenne est même présentée comme la réhabilitation des Européens aux yeux de l'Histoire, après « l'inanité ruineuse de nos dissensions ».

Et Mouson-Malien d'appeler la Grande-Bretagne à rejoindre les Six[94] afin que « l'orchestration du concert européen soit parfaite ». Si ce n'est pas possible, du moins pourrait-on envisager l'association de l'OECE aux Six[95]. Son rôle est en effet de rappeler aux responsables politiques les inquiétudes du monde des entrepreneurs, en l'occurrence, la crainte de tarifs douaniers extérieurs à la Communauté car ces hommes n'entendent pas entrer dans un marché commun pour se priver de commercer librement hors de l'Europe des Six. La Grande-Bretagne et les États-Unis sont des concurrents mais aussi des partenaires et des clients[96] : il y a un marché d'un milliard de consommateurs entre l'Elbe et le Pacifique. La recherche d'une solution en ce qui concerne la Grande-Bretagne et l'OECE est encore une affaire d'unité de l'Europe[97].

Les craintes de L. Bekaert, président de la FIB, et d'É. de la Vallée Poussin, membre du Cercle, trouvent encore un écho chez ce président : la Belgique est-elle prête ? La construction européenne ne brûle-t-elle pas les étapes ?[98] Toujours est-il qu'en 1962, le président J. Bloch peut estimer : « l'Europe est en marche et rien n'arrêtera le processus irréversible de sa réalisation »[99].

Au début des années 1960, Mars et Mercure est même à l'origine d'une initiative dont le but est d'utiliser l'espace euro-atlantique en train de naître pour exporter le Cercle chez les pays européens. Sur une idée du président Mouson-Malien formulée en février 1957[100] en présence de P.-H. Spaak, le Comité de Liaison Inter-nations Mars et Mercure est

---

[92] *Bulletin*, janvier 1956, p. 10.

[93] Voir, par exemple, *Bulletin*, décembre 1956, p. 9.

[94] *Bulletin*, janvier 1957, p. 9.

[95] *Bulletin*, octobre 1957, p. 4.

[96] *Bulletin*, mars 1957, p. 4.

[97] *Bulletin*, décembre 1958, p. 6 ; l'entente entre ces deux « blocs » est chose à souhaiter (« L'Europe en marche », in *Bulletin*, décembre 1960, pp. 19-20.

[98] *Ibid.*

[99] *Bulletin*, avril 1962, p. 5.

[100] AMM, boîte n° 6, 1956-7 : PV des séances du conseil général de 1957 (voir le 13 février 1957).

inauguré en grande pompe le 9 mars 1960. Les cercles se multiplient : France et Grande-Bretagne (1958), Allemagne (1959)... Bien que diversement relayé au sein des clubs locaux[101], le CLIMM devient Mars et Mercure Europe en 1992 avant d'accueillir la Turquie (1997), l'Espagne (1998) et la Suisse (2000)[102].

D. Et les membres ordinaires ?

Aucun témoin interrogé ne laisse planer l'équivoque sur l'influence de M&M en matière de politique européenne ou internationale : ils peuvent donner leur opinion à l'occasion des questions posées aux éminents orateurs[103] qui viennent à la tribune de M&M pour défendre leur gestion, au moment du repas ou dans des conversations privées. Mais cette pratique reste informelle et non systématique. Elle ne constitue pas un objectif.

Par ailleurs, les opinions des M&Miens en matières européennes sont divisées, au début de la construction européenne en particulier. Les charbonnages sont représentés au sein de M&M et ces hommes savent que la CECA condamnera, à terme, leur activité en Wallonie dans la mesure où celle-ci ne subsiste que par des subventions[104]. Le professeur Baudhuin (UCL) n'a d'ailleurs laissé aucune illusion sur ce point lors d'une soirée belgo-allemande organisée à Anvers : « il est impensable de maintenir en Belgique une industrie charbonnière dont les coûts de production sont de 50 % supérieur à ceux des concurrents »[105]. Et à propos de la sidérurgie : elle s'en sortira « si elle peut trouver du charbon au même prix que les autres ».

En outre, la querelle entre partisans d'une Europe fédérale et ceux d'une Europe des patries a lieu au sein de Mars et Mercure comme ailleurs. Mais, à l'instar de l'évolution qui vient d'être décrite, l'unanimité semble faite au sein du Cercle Royal[106] dès la fin des années 1950, du moins en ce qui concerne la construction européenne. Certains membres autres que les européistes déjà cités, sont même connus au sein du cercle pour être des propagandistes de l'idée européenne[107]. Quant à la méthode à suivre, « coopération, intégration, union économique ou marché commun ? », la question reste ouverte.

---

[101] Interview M&M Mons.

[102] *Chronique*, Bruxelles, 2001, p. 122.

[103] Interviews de F.-X. de Donnéa et de MM. Ickx et Courtin.

[104] Interview de J. Moiny qui, à l'époque, travaille dans le Borinage pour ce secteur.

[105] *Bulletin*, mars 1952, p. 18.

[106] Interviews de J. Moins et de F.-X. de Donnéa.

[107] L. d'Hoop, réviseur d'entreprise, en est un (*Bulletin*, décembre 1956, p. 25).

Mars et Mercure est donc un réseau rassemblant une élite économique et militaire. Sa véritable nature est sans doute de rapprocher des gens qui, sinon, auraient suivi des chemins isolés dès la démobilisation et ce dans le double but de favoriser les affaires et de créer un lien entre armée et nation. Pour ce motif, M&M recherche la proximité avec les grands décideurs de l'État, mais cette organisation ne poursuit guère le but de les influencer en dehors de ses domaines de prédilection. Or, la politique européenne n'en fait pas tout à fait partie, bien qu'elle suscite l'intérêt, comme tout ce qui a un impact sur le business. Par contre, les hommes politiques, responsables de l'avancement du projet européen utilisent M&M, parmi d'autres associations patronales vraisemblablement, pour obtenir l'adhésion des milieux d'affaires, réticents au départ, et y trouver des relais d'opinion. C'est chose faite au tournant des années 1950 et 1960, quand l'attrait d'un grand marché l'emporte de plus en plus sur les réflexes nationaux.

SESSION IV

PATRONAT ET SYNDICATS APRÈS 1945

EMPLOYERS AND TRADE UNIONS SINCE 1945

Networks of Peak Industrial Federations

The Council of Directors of European Industrial Federations and the Council of European Industrial Federations

Neil ROLLINGS

University of Glasgow

and

Matthias KIPPING

Universitat Pompeu Fabra

Introduction

Ever since political scientists began to theorise about European integration organised interests groups have been given a prominent role[1]. The key issue has been the nature of that role. To neo-functionalists it was by means of pressure from these groups, and in particular business interests, that spillover effects would occur and supranational, rather than national, solutions would become increasingly common[2]. Although inter-governmentalists emphasised the role of the nation-state more, interest groups were still crucial to their analysis, but interest groups continued to channel their aims through national governments[3]. This

---

[1] W. Streeck and P.C. Schmitter, "From National Corporatism to Transnational Pluralism: Organized Interests in the Single European Market", in *Politics & Society*, 19, n°1, 1991, pp. 133-164.

[2] E.B. Haas, *The Uniting of Europe: Political, Social and Economic Forces 1950-1957*, Stanford, Stanford University Press, 1958.

[3] A. Moravcsik, "Preferences and Power in the European Community: A Liberal Intergovernmentalist Approach", in *Journal of Common Market Studies*, 31, n°4, 1993, pp. 473-524; *id.*, *The Choice for Europe: Social Purpose and State Power from Messina to Maastricht*, Ithaca, Cornell University Press, 1998. For a consideration of the interest-driven nature of both approaches see C. Parsons, "Domestic Interests,

difference in approach came to a head over the role of business interest groups in re-launching European integration in the 1980s, in particular over the roots of the 1986 Single European Act. Neo-functionalists highlighted the formative role of new business groupings, notably the European Round Table of Industrialists (ERT), in pushing the European Commission to embark on a single market initiative by attacking non-tariff barriers within the European Community[4]. Unsurprisingly, this was also the view of the industrialists involved in the ERT[5]. In contrast, Moravcsik, for example, focused on the role of national governments in starting the initiative[6]. Since then the relationship between organised business and European integration has lain at the heart of the study of European integration and a vast literature has emerged[7].

Ideas and Integration: Lessons from the French Case", in *Journal of Common Market Studies*, 38, n°1 2000, pp. 45-70.

[4] W. Sandholtz and J. Zysman, "1992: Recasting the European Bargain", in *World Politics*, 42, pp. 1-30; M.G. Cowles, "Setting the Agenda for a New Europe: the ERT and EC 1992", in *Journal of Common Market Studies*, 33, n°4, 1995, pp. 501-526; *id.*, "The European Round Table of Industrialists: The Strategic Player in European Affairs", in J. Greenwood (ed.), *European Casebook on Business Alliances*, London, PrenticeHall, 1995; *id.*, "Business Means Europe – Who Built the Market?", in M. Bond, J. Smith and W. Wallace (eds.), *Eminent Europeans: Personalities Who Shaped Contemporary Europe*, London, Greycoat Press, 1996.

[5] C. Van der Klugt, in Confederation of British Industry, *1992: The New Europe*, Royston, Rooster Books, 1988, pp. 62-63.

[6] A. Moravcsik, "Negotiating the Single European Act: National Interests and Conventional Statecraft in the European Community", in *International Organization*, 45, 1991, pp. 19-56; A. Moravcsik, "Preferences and Power in the European Community: A Liberal Intergovernmentalist Approach", *op. cit.*, pp. 314-378.

[7] For example, R.J. Bennett, "The Impact of European Economic Integration on Business Associations: The UK Case", in *West European Politics*, 20, n°3, 1997, pp. 61-90; *id.*, "Business Routes of Influence in Brussels: Exploring the Choice of Direct Representation", in *Political Studies*, 47, 1999, pp. 240-257; P. Bouwen, "Corporate Lobbying in the European Union: The Logic of Access", in *Journal of European Public Policy*, 9, n°3, 2002, pp. 365-390; D. Coen, "The Evolution of the Large Firm as a Political Actor in the European Union", in *ibid.*, 4, n°1, 1997, pp. 91-108; J. Greenwood, *Representing Interests in the European Union*, Basingstoke, Macmillan, 1997; *id.* (ed.), *The Effectiveness of EU Business Associations*, Basingstoke, Palgrave, 2002; J. Greenwood and M. Aspinwall (eds.), *Collective Action in the EU*, London, Routledge, 1998; J. Greenwood, L. Strangward and L. Stanich, "The Capacities of Euro Groups in the Integration Process", in *Political Studies*, 47, 1999, pp. 127-138; C. Knill, "Private Governance Across Multiple Arenas: European Interest Associations as Interface Actors", in *Journal of European Public Policy*, 8, n°2, 2001, pp. 227-246; D. McCann, *Small States, Open Markets and the Organization of Business Interests*, Aldershot, Dartmouth, 1995; S. Mazey and J. Richardson (eds.), *Lobbying in the European Community*, Oxford, Oxford University Press, 1993; R.H. Pedler and M.P.C.M. van Schendelen (eds.), *Lobbying the European Union: Companies, Trade Associations and Issue Groups*, Aldershot, Dartmouth, 1994; D. Sadowski and O. Jacobi (eds.), *Employers' Associations in Europe: Policy*

There are a number of features common to most of this literature. First, it has been written almost exclusively by political scientists. Consequently, the focus has been on lobbying by business interest groups. Central to this has been the nature of the lobbying network and, in particular, whether this remained predominantly routed through national governments or has become increasingly aimed at the institutions of the EC/EU, notably the European Commission. Secondly, and related to this, attention has concentrated on business interest groups organised to deal with the EC/EU. In practice this means that most accounts of the development of European industrial federations begin with the Union des Industries de la Communauté européenne (UNICE), later renamed the Union of Industrial and Employers' Confederations of Europe, which was established in 1958 and consisted of the national federations of the Six[8]. Occasionally, reference is made to the Union des Industries des Pays de la Communauté européenne, which was set up in 1952 with the ECSC, but the underlying principle of considering only EC-related business interest groups is maintained. Thirdly, the picture that emerges from these studies is that, while there is disagreement on the nature of developments since the mid-1980s, there is a broad consensus that national governments dominated the process of European integration, reflecting the wider consensus of the period from 1945 to the 1970s as one of strong national government based on Keynesian policies and the establishment of national welfare states.

Based on historical research, this chapter shows that this picture needs to be substantially modified, because it has largely ignored the networks of industrial federations in Europe, which have their roots in the inter-war period, and played an important role in the European integration process from the late 1940s onwards. The chapter examines two of these networks. The first of these is the Council of the Directors

---

and Organisations, Baden Baden, Nomos, 1991; B. van Apeldoorn, *Transnational Capitalism and the Struggle over European Integration*, London, Routledge, 2002; M.P.C.M. van Schendelen (ed.), *National Public and Private EC Lobbying*, Aldershot, Dartmouth, 1993; H. Wallace and A. Young (eds.), *Participation and Policy-making in the European Union*, Oxford, Oxford University Press, 1997.

[8]   For accounts of UNICE see L. Collie, "Business Lobbying in the EC: The Union of Industrial and Employers' Confederations of Europe", in S. Mazey and J. Richardson (eds.), *Lobbying in the European Community, op. cit.*, pp. 213-229; Z. Tyszkiewicz, "UNICE: The Voice of European Business and Industry in Brussels – A Programmatic Self-Presentation", in D. Sadowski and O. Jacobi (eds.), *Employers' Associations in Europe, op. cit.*, pp. 85-101; L. Lanzalaco, "Constructing Political Unity by Combining Organizations: UNICE as a European Peak Association", in J. Greenwood (ed.), *European Casebook on Business Alliances, op. cit.*, pp. 259-270; R. Eberlie, "UNICE: the Voice of Business in Europe", in R.J. Bennett (ed.), *Trade Associations in Britain and Germany: Responding to Internationalisation and the European Union*, London, Anglo-German Foundation, 1997, pp. 78-82.

of European Industrial Federations (CDEIF), which was set up in the 1920s and met annually for the rest of the inter-war period, a tradition re-started soon after World War II ended. The second body is the Council of European Industrial Federations (CEIF, or as it was also known as on the continent, the CIFE) established in 1949, partly to act as the representative body of the national industrial federations of the OEEC countries[9]. Some passing reference has been made to the CEIF in the existing literature, but it is generally seen as part of a relatively small wave of European interest formation swamped by the much larger changes after 1958[10]. In this respect, Haas set the tone of debate by suggesting back in 1958 that the decision to establish the Union des Industries des Pays de la Communauté européenne was "probably the most significant decision made" by the CEIF[11].

By contrast, we will attempt to show that – while there were limits to what these bodies achieved – they played an important role in European integration, partly by providing a voice to business interest, but more importantly by acting as arenas where industry representatives could meet, exchange ideas and develop more far reaching initiatives. As Helen Wallace has recently noted, "Western Europe has a legacy of multiple, but overlapping and mutually reinforcing, European arenas"[12]. We argue that without the context of these arenas one is left with a very partial and often misleading account of the role of business in the early years of European integration. Moreover, as we will set out in the conclusion, including this so far neglected historical dimension of business networks in the European integration process has wider implications for the theoretical approaches outlined above.

---

[9]   See T.R. Gourvish and N.Tiratsoo (eds.), *Missionaries and Managers: American Influences on European Management Education 1945-60*, Manchester, Manchester University Press, 1998, where both abbreviations are used by different contributors. To add to the confusion H.W. Ehrmann, *Organized Business in France*, Princeton, Princeton University Press, 1957, abbreviates it to CFIE.

[10] D. Sidjanski, "Pressure Groups and the EEC", in C.A. Cosgrove and K. Twitchett (eds.), *The New Institutional Actors: The UN and the EEC*, London, Macmillan, 1970, pp. 223-224. Cf. also M.G. Cowles, "The Changing Architecture of Big Business", in J. Greenwood and M. Aspinwall, *Collective Action in the EU, op. cit.*, pp. 108-25.

[11] E.B. Haas, *The Uniting of Europe, op. cit.*, p. 324.

[12] H. Wallace, "Introduction: Rethinking European Integration", in *id.* (ed.), *Inter-locking Dimensions of European Integration*, Basingstoke, Palgrave, 2001, p. 18. See also *id.*, "Introduction", in H. Wallace and A. Young (eds.), *Participation and Policy-making in the European Union, op. cit.*, pp. 1-2.

I. Early Networking: The CDEIF

Representatives of European business met on many occasions during the inter-war period. Following one of these occasions, the World Economic Conference in London in 1927, the British suggested holding annual meetings between the director-generals of European industrial federations. These meetings of what became known as the Council of the Directors of European Industrial Federations (CDEIF) typically lasted for two days, consisted of informal talks with no resolutions, and were attended only by the officials of the federations "in order to obtain some general consensus of industrial views in Europe"[13]. Initially membership consisted of the national industrial federations of Belgium, Czechoslovakia, France, Germany, Netherlands, Italy, Sweden, Switzerland, and the UK but by the late 1930s Denmark, Finland, Yugoslavia, Norway, Bulgaria, Hungary, Poland and Romania had also joined.

These informal meetings resumed shortly after the end of World War II. In October 1946 the director-general of the Federation of British Industries (FBI) met with his French, Belgian and Dutch counterparts and a year later a meeting in the Hague formally marked the re-start of the CDEIF annual meetings, although it took a number of years for its membership to widen[14]. Initially, discussions were limited to written reports and oral accounts of the economic conditions in each country but in 1949 at the Rome meeting the agenda was much wider consisting of a broad range of issues, which then became the format of later meetings:

I   Economic European collaboration
a) Benelux
b) French-Italian customs union
c) OEEC
d) Movement for customs union and 'économique européenne'

II   Relations between nationalised enterprises and private enterprises

III   Comparison of industrial organisations in the different countries

---

[13] Modern Records Centre, University of Warwick (MRC) MSS 200/F/3/E1/16/25, R. Glenday, 27 August 1947; and N. Kipping, *Summing Up*, London, Hutchison, 1972, pp. 71-72. On the 1927 World Economic Conference see R. Boyce, *British Capitalism at the Crossroads, 1919-1932: A Study in Politics, Economics and International Relations*, Cambridge, Cambridge University Press, 1987.

[14] FBI, *Annual Report for 1946*, p. 15; FBI, *Annual Report for 1947*, p. 19; MRC MSS 200/F/3/E1/16/25 onwards cover each annual meeting.

IV   Relations between industrial federations and
national committees of scientific organisations
V   Anglo-American Council on Productivity[15]

It would be easy to dismiss the CDEIF as little more than a social occasion. From 1949 wives of the director-generals were invited, there was always a full social programme and plenty of cocktail parties and expensive dinners[16]. The Rome meeting even included an audience with the Pope. However, this would be to underestimate the importance of informal networks, particularly given the uncertainty surrounding post-war Europe. Looking back, Norman Kipping, the director-general of the FBI from 1947 to 1965, believed the meetings helped "in familiarising ourselves with this new world of international consultation and confrontation, to be able to discuss the problems informally among men of similar responsibilities". It was not only unclear how the post-war world would develop but also how business in other countries would react to pressures for trade liberalisation and how they perceived the relationship between integration and cartels[17].

The CDEIF was one of the few multilateral forums available to learn about such issues and understand the range of opinions that existed. Moreover, given the hectic and reactive nature of much of the work of these director-generals, the meetings offered a rare opportunity to consider some of the longer-range general issues of the time[18]. Thirdly, the meetings did lead to close personal friendships between the various director-generals, providing a network of contacts across Europe through which to exchange information[19]. One example of the value of the meetings followed that in 1953 in Stockholm. Among the subjects discussed were European integration and the ECSC. Norman Kipping returned to London clearly influenced by what he had heard. He reported to the Grand Council:

> The subject of European integration was almost a closed book to industry outside the steel industry: but the time was coming when it would have to be

---

[15]   MRC MSS 200/F/3/E1/16/27.

[16]   N. Kipping, *Summing Up, op. cit.*, pp. 72-75. For criticism of such meetings see B. Kohler-Koch, "Organised Interests in European Integration: The Evolution of a New Type of Governance"', in H. Wallace and A. Young (eds.), *Participation and Policy-making in the European Union, op. cit.*, pp. 46-47.

[17]   See for example M. Kipping, *La France et les origines de l'Union européenne, 1944-1952: Intégration économique et compétitivité internationale*, Paris, CHEFF, 2002 ; and M. Moguen-Toursel, *L'ouverture des frontières européennes dans les années 50: fruit d'une concertation avec les industriels ?*, Brussels, P.I.E.-Peter Lang, 2002.

[18]   MRC MSS 200/C/3/S1/12/2, Kipping to Hayot, director-general of the Fédération des Industriels Luxembourgeois, 19 March 1954.

[19]   N. Kipping, *Summing Up, op. cit.*, p. 72.

considered. The Coal and Steel Community was likely to have secondary effects some of which would be felt by British industry and would alter the structure and pattern of European industry.[20]

Nevertheless, whatever their perceived value – and Kipping's Luxembourg counterpart felt that the meetings had a particular character "in which hearts and minds bloom" – single annual meetings could only achieve so much by themselves[21]. It was the combination of the informal CDEIF with the more formal, organised and regular Council of European Industrial Federations (CEIF) which mattered. Indeed, for all Kipping's enjoyment and praise of the CDEIF, he was quite clear that it was the CEIF which he believed was the most useful of all the transnational organised business interests in which he was involved.[22]

II. The Council of European Industrial Federations (CEIF)

A. *Origins and structure*

The underlying reasons for the formation of the CEIF probably have to be sought in the efforts to reduce barriers to trade in post-war Europe and also in the concerns of French business about the resurgence of German competition[23]. Thus, the French peak employers' federation CNPF had already published in July 1948 a position paper about the 'German problem'[24]. It had been elaborated by a commission, which included representatives of the CNPF and several key industrial sectors and was headed by the former French ambassador to Germany, André François-Poncet[25]. In many respects, the employers' federation took a more realistic and constructive attitude towards Germany than the French government at the time[26]. The industry representatives were in

---

[20] MRC MSS 200/F/1/1/192, Grand Council meeting, 22 July 1953.

[21] MRC MSS 200/C/3/S1/12/2, Hayot to Kipping, 27 July 1954.

[22] N. Kipping, *Summing Up, op. cit.*, pp. 55-56.

[23] For details of this and the following see M. Kipping, *La France et les origines de l'Union européenne, op. cit.*, pp. 80-83.

[24] CNPF, 'Observations sur le problème allemand', 20 July 1948, Archives of Pont-à-Mousson, Blois (PAM) 70669.

[25] For details about the composition and activities of this committee, see A. Wilkens, "Verständigung von Wirtschaft zu Wirtschaft. Interessenausgleich zwischen deutscher und französischer Industrie 1947-1955", in *id.* (dir.), *Les relations économiques franco-allemandes 1945-1960*, Sigmaringen, Thorbecke, 1997, pp. 189-223, here pp. 195-199.

[26] At the same time, there were some indications for changes in the official policy; cf. R. Poidevin, "Der Faktor Europa in der Deutschlandpolitik Robert Schumans (Sommer 1948 bis Frühjahr 1949)", in *Vierteljahreshefte für Zeitgeschichte*, 33,

favour of German participation in the Marshall Plan and, even more importantly, suggested that European integration could resolve most of the issues of economic and military security problems, which preoccupied French decision-makers. Only in a "Western Europe, where the exchanges of goods, capital and labour are possible", so they argued, "will West Germany find its natural place instead of being a dead weight". The process leading to European integration, however, was seen largely as an issue of direct contacts and agreements between industrialists. Like most of their counterparts in Western Europe at the time, the representatives of French industry drew on their experience of the inter-war period, hoping to restore international cartel agreements[27]. Thus, the position paper suggested that

> One of the prime objectives to achieve with the restoration of commercial relations between France and Germany should be the maintenance, the consolidation or the renovation of the private agreements, which existed before the war between French and German industrialists or merchants in a large number of sectors. There were more than a hundred of such agreements, which concerned prices, market sharing, and the use of patents or licences.

These cartels had obviously not been limited to France and Germany and neither were the suggestions for their restoration. The president of the CNPF, Georges Villiers, actually saw agreements between industrialists as the "best shock absorbers" in the ongoing trade liberalisation. He took every opportunity to encourage the member companies to prepare for growing competition by reducing their prices through rationalisation and specialisation, while at the same time suggesting the promotion of "direct cartel agreements between industrialists to share production and markets, in order to substitute a loyal fight based on quality and prices for the wastage resulting from anarchic and frenetic competition"[28]. The French employers' federation also took active steps

---

1985, pp. 407-410; and especially D. Hüser, *Frankreich's doppelte Deutschland-politik*, Berlin, Duncker & Humblot, 1996.

[27] For the different conceptions about European integration, see M. Kipping, "Welches Europa soll es sein? Der Schuman-Plan und die deutsch-französischen Industriebeziehungen", in A. Wilkens (dir.), *Les relations économiques franco-allemandes*, *op. cit.*, pp. 249-271 and V.R. Berghahn, "Montanunion und Wettbewerb", in H. Berding (ed.), *Wirtschaftliche und politische Integration in Europa im 19. und 20. Jahrhundert*, Göttingen, Vandenhoeck und Ruprecht, 1984, pp. 247-270.

[28] The first quote is from a speech Villiers held at the American Club on 16 February 1950, "Le patronat français et les grands problèmes de l'heure", in *L'Usine Nouvelle*, 23 February 1950, p. 1; the second from an appeal launched in April 1948, "Nécessité de la baisse des prix. Un appel de M. Georges Villiers", in *L'Usine Nouvelle*, 29 April 1948. One notes the militaristic language and the obvious contradiction in the second quote.

in this direction[29]. Regarding the relationship with German industry, in the autumn of 1948 the CNPF took control of an association for the promotion of French commerce and industry in Germany ACIA (Association pour le commerce et l'industrie français en Allemagne), which had apparently been founded during the second half of 1947 with the support of the French government. But these efforts do not seem to have been very successful and in April 1949 the CNPF therefore decided to establish – in collaboration with the Paris Chamber of Commerce – a new association for the promotion of economic relations with Germany AFREA (Association française pour les relations économiques avec l'Allemagne). Villiers and the Director of the Chamber of Commerce jointly assumed its presidency.

At the same time, and more importantly, the CNPF president also undertook efforts to improve communications and more active co-ordination among the business representatives in Western Europe. In February 1949, Villiers invited the leaders of the peak industrial federations from the other member countries of the OEEC to Paris. According to his own recollection, he thought is would be useful to reinforce the relations between the top business representatives "in order to ensure that Europe evolves in a liberal atmosphere and to help the formation of any organisation that could be created between our countries"[30]. Following these conversations, on 18 May 1949, the national peak federations formally created the Council of European Industrial Federations (CEIF)[31]. Its formation was apparently also in response to a request from the OEEC for the establishment of a consultative industrial body. In February 1950 the OEEC formally ratified the CEIF as that body[32].

---

[29] The following is based on articles published in *L'Usine Nouvelle* on 20 January 1949 and 7 and 21 April 1949, as well as the declarations of Villiers in the meetings of the CNPF's Executive Committee on 17 September 1948 and 14 June 1949, its minutes can be found in the Archives Nationales, Paris (AN), 72AS 873. See also, W. Bührer, *Ruhrstahl und Europa. Die Wirtschaftsvereinigung Eisen- und Stahlindustrie und die Anfänge der europäischen Integration 1945-1952*, Munich, Oldenbourg, 1986, pp. 113-125; *id.*, "Wegbereiter der Verständigung. Deutsch-französische Industriellenkontakte 1947-1955", in *Revue d'Allemagne*, 23, 1991, pp. 76-78 and A. Wilkens, "Verständigung von Wirtschaft zu Wirtschaft", *op. cit.*, pp. 206-207.

[30] G. Villiers, *Témoignages*, Paris, Éditions France-Empire, 1978, p. 149.

[31] Villiers mentioned the foundation of the CEIF at the meeting of CNPF's Executive Committee on 14 June 1949, AN, 72AS 873.

[32] Cf. FBI, *Annual Report for 1949*, pp. 7-8; MRC MSS 200/F/3/E1/16/28, René Arnaud, Secretary of the CNPF and of the CEIF, paper to the CDEIF, London, May 1950; OEEC, *The Organisation for European Economic Co-operation: History and Structure*, Paris, OEEC, 1953, p. 39.

The CEIF's General Council of Federations consisted of representatives from the national industrial federations of OEEC member states plus representatives of the International Chamber of Commerce and the International Employers Organisation and met at least once a year. There was a Steering Committee, which met about every four months. Its first chair was Villiers and it also included, among others, the director-general of the British FBI, Norman Kipping, and the president of the German Federation of Industry BDI, Fritz Berg. In addition, the CEIF set up a small secretariat, based in Paris and largely staffed by the CNPF, but which later included permanent representatives from the British, German and Italian federations[33]. Provision was also made for the establishment of Round Tables which were to enable federations to co-operate in studying any subject which concerned them. The result was a rather eclectic range of topics: in 1961, for example, there were four Round Tables on nuclear energy, water pollution, transport users, and the influence of technicians on public opinion[34]. This remained the basic structure until July 1958 when a special working party chaired by Axel Iveröth, director-general of the Swedish industrial federation (Industriförbundet), was set up to study "the association of other countries with the Common Market"[35]. Then in 1961 the OEEC transformed itself into the OECD and a new Business and Industry Advisory Committee (BIAC) was formed. This removed the representative function from the CEIF but, contrary to the views of some, it remained in existence and Iveröth's working party was particularly active into the 1970s, as shown below[36].

B. Representative roles: OEEC and 'operation and impact'

Representing industrial views to the OEEC was an important element of the CEIF's work before 1961. It was represented on various OEEC consultative groups, such as that on manpower utilisation, and tried to influence OEEC policy with varying degrees of success[37]. The CEIF

---

[33] The minutes of the Steering Committee meetings and of the bi-annual General Assemblies can be found in AN, 72AS 788 et 809. For the activities of the CEIF, see also W. Herrmann, "Der Rat der Europäischen Industrieverbände (REI) in seinen ersten 25 Jahren", in *Zeitschrift für Unternehmensgeschichte*, 24, 1979, pp. 45-61.

[34] MRC MSS 200/F/3/S2/2/11, Kipping's report to the Grand Council, January 1961.

[35] N. Kipping, *Summing Up, op. cit.*, p. 162.

[36] MRC MSS 200/C/1/2O, CO.37.65, 'Report on various activities of the CBI Overseas Directorate', November 1965; L. Lanzalaco, "Constructing Political Unity... ", *op. cit.*, p. 263, believes it was wound up in 1961.

[37] Public Record Office (PRO) LAB 13/1231, unsigned to Slater, 31 October 1956; B. Boel, "The European Productivity Agency: A Faithful Prophet of the American Model?", in M. Kipping and O. Bjanar (eds.), *The Americanisation of European Business: The Marshall Plan and the Transfer of US Management Models*, London,

also offered the opportunity for national federations to make their views known to US officials and industrialists[38]. This opportunity was at its greatest in a series of international conferences of manufacturers, which took place during the 1950s on both sides of the Atlantic[39]. The first of these was held in the autumn of 1951, when the Marshall Plan's Economic Co-operation Administration (ECA) invited a group of close to 300 leading businessmen and industry representatives from 17 European countries on a tour of cities and factories in the United States, followed by a joint conference, held in New York. Quite tellingly, the American organisers code-named the whole programme 'operation impact'.

'Operation impact' was born out of the frustration with the lack of concrete results from the US productivity drive. Between 1948 and 1958 several thousand managers, engineers, workers and, occasionally, civil servants from Western Europe toured the United States and visited factories to identify the reasons for the superior performance of American industry. Upon their return, so it was hoped, they would implement the necessary, very often simple changes in their own companies and countries. While these missionaries usually came back full of praise for American technology and management methods, as early as 1949 American policy makers and programme administrators became concerned about the lack of concrete results from these missions. Following an internal review of the productivity drive, the ECA decided to launch a series of new initiatives to convert Europeans to the American creed, including 'operation impact':

> It has become abundantly clear that the full and enthusiastic cooperation of the top industrialists of ECA countries is needed if our efforts to increase productivity are to yield maximum results. We have long been aware that our principal task is to persuade top European management that it would be good business [...] to change from their form of capitalism to the more enlightened, more just and, above all, more efficient free enterprise system of the kind that has grown up in the U.S.[40]

Routledge, 1998, pp. 41-44; M. Kipping and J.-P. Nioche, "Much Ado about Nothing? The US Productivity Drive and Management Training in France, 1945-60", in T.R. Gourvish and N. Tiratsoo (eds.), *Missionaries and Managers, op. cit.*, pp. 61-62.

[38] N. Tiratsoo, "'What You Need is a Harvard'. The American Influence on British Management Education c. 1945-65", in T.R. Gourvish and N. Tiratsoo (eds.), *Missionaries and Managers, op. cit.*, p. 152; MRC MSS 200/F/1/1/191, Grand Council meeting, 28 January 1952.

[39] N. Kipping, *Summing Up, op. cit.*, pp. 114-116; M. Kipping, "'Operation Impact': Converting European Employers to the American Creed", in M. Kipping and O. Bjanar (eds.), *The Americanisation of European Business, op. cit.*, pp. 55-73.

[40] US National Archives and Records Administration, Green Park, MD (NARA), Record Group 469, Office of the Special Representative to Europe, Office of the Deputy for Economic Affairs, Productivity and Technical Assistance Division,

Since 'operation impact' targeted the top European business leaders, the CEIF was given the task to select the participants and to co-ordinate and organise the preparation of all the statements presented on behalf of European industry by members of national employer organisations at the New York conference. The preparations for the European mission to the United States reflected the intention of the CEIF and its leadership to anticipate and, if possible, counter possible American criticisms of European business. The trip was discussed for the first time at the CEIF's general assembly in July 1951. President George Villiers correctly predicted "that the Americans would not fail to question their European visitors in November – December about cartels"[41]. The CEIF therefore established a working party to prepare a document stating the European position on competition policy, probably the most controversial of the six topics to be discussed at the conference, given the negative attitude of the ECA to cartels[42]. It was directed by Pierre Ricard, vice-president and *éminence grise* of the top French employers organisation and a well-known and outspoken supporter of cartel agreements.

When reporting at the next general assembly on 30 October 1951, Ricard expressed regret that the section on cartels had to be "reduced to a minimum in order to prevent incidents, viz. considering the presence of the press, [...] despite our conviction that international cartels prepared by national cartels are a necessity in our fragmented Europe"[43]. It seems that most of the business representatives present at the CEIF meeting agreed with Ricard on the substance of his report. Some even considered his support of cartels "a little timid". Discussions evolved around language problems and the possible quantification of restrictive agreements in Europe. Concerning the wording of the document, it proved impossible to find an appropriate translation for the French "organisation professionnelle", which covered not only legitimate activities of trade associations but also – illicit – restrictive agreements. The English translation "professional organisation" would not convey such an encompassing meaning. The euphemism finally used in the statement prepared for the conference was "commercial accords".

Subject Files 1950-56, Box 24, National Management Council Report on the International Management Productivity Mission, November 19 to December 1, 1951, prepared for the Mutual Security Agency, 7 January 1952 (hereafter quoted as NMC report), Appendix E: Memorandum to the ECA Administrator William C. Foster by his Assistant William H. Joyce, 29 May 1951.

[41] AN, 72AS 809, minutes of the CEIF general assembly on 4 July 1951; see also his statements at the general assemblies on 13 December 1949 and 7 January 1950, *ibid.*, 873 and 840 respectively.

[42] The preparation of the reports of the other topics was delegated to national federations.

[43] AN, 72AS 809.

The above should not give the impression that the European representatives were alone in massaging their messages or even concealing their true attitudes in order to avoid possible controversies. In their preparation for 'operation impact', the Americans did exactly the same, carefully selecting the companies to be visited and the speakers for the conference. However, this careful dissimulation exercise from both sides failed to produce the desired effects. As anticipated, the Europeans were faced with considerable criticisms from their American counterparts with respect to restrictive business practices. The discussion about the benefits of competition extended beyond the session dedicated to this topic. The head of the ECA, Paul Hoffman, focused much of his keynote address on the need for strong competition, which he described as crucial for the achievements of the United States in terms of productivity and living standards. Against this background, it is not surprising that the European spokesman on competition policies, Pierre Ricard, failed to convince the American hosts about the crucial role of 'commercial accords' in the transition towards integrated markets in Europe[44]. And neither did they believe European assurances that cartels were much less frequent than was generally assumed. Occasionally, European participants would voice their frustration and try to push the Americans from their moral high ground. Sir William Rootes, chairman of Rootes Motors and one of the leaders of the British delegation, asked to hear "from our American friends something in regard to the American enthusiasm for competition when high tariffs are applied to many goods". This exposure of what must have seemed like American hypocrisy was greeted with "laughter and applause" by many Europeans[45].

The overall result was largely "a dialogue of the deaf" as the French newspaper *Le Monde* observed in its report about the conference on 9 December 1951. But 'operation impact' was not a total failure, despite the obvious disagreements and mutual accusations[46]. On the whole, the European delegates appreciated the American hospitality. Even more important in preserving a sense of unity were the communist threat and

---

[44] For his speech and the subsequent discussion, see Hagley Museum and Library, Wilmington, DE, *Proceedings of the First International Conference of Manufacturers*, sponsored by the National Association of Manufacturers of the United States of America, New York, December 3, 4, 5, 1951 (hereafter *Proceedings*), pp. 231-264.

[45] Archives of the BDI, Berlin, PI 171, *Report and Speeches of the British Delegation*, undated, p. 21.

[46] Another important 'side effect' was the ratification of the ECSC Treaty in France. The French government appears to have taken advantage of the absence of the business leaders, a vast majority of whom opposed the treaty (see also below), to push the corresponding law through parliament; cf. M. Kipping, *La France et les origines de l'Union européenne, op. cit.*, pp. 311-316.

the common rearmament effort. European participants were quick to seize on the American preoccupation with defence and to profess their allegiance to the idea of 'free enterprise'. This was most pronounced in the concluding speech of CEIF president Georges Villiers who spoke as representative of all the participating European industrial federations. He mentioned the great "ideological conflict dividing the world" and stressed that all countries of the "Atlantic Community" shared the same basic values[47]. That the positive evaluations outweighed the critical ones can also be seen from the decision to repeat the event. After an interim meeting in Paris in 1953, the second conference of manufacturers, called 'operation reverse impact', was held in Paris in 1954, followed by the third in New York in 1956 and the fourth, and final, in London in 1960[48]. At all these instances, the CEIF maintained a similar approach of depicting European business practices in a favourable light.

C. An arena for initiatives in European integration

Representing European industry in the USA and to the OEEC was only the CEIF's starting point. Villiers was keen for the CEIF to have a wider agenda and it was seen as a suitable forum for industrialists to discuss, amongst other topics, European integration[49].

1. Attempts to influence the Schuman Plan Treaty

One of the first occasions for the CEIF to become an arena for the participation in the European integration process was the Schuman Plan of 9 May 1950. Within the framework of the CEIF, top-level business representatives could exchange their views and co-ordinate their actions with respect to the French proposal for the formation of a ECSC. Following the CEIF meeting in July 1950 representatives of the French, Italian, German, Dutch and Belgian met to discuss the Schuman Plan, with the British there as observers[50]. The following meeting in January 1951 became the starting point for a serious challenge to the economic clauses of the draft ECSC treaty which representatives of France,

---

[47] G. Villiers, "The Atlantic Countries at the Service of Freedom", in *Proceedings, op. cit.*, pp. 315-347. The summary of the German delegation also highlighted this 'community of convictions', cf. BDI (ed.), *Erster Internationaler Industriellen-Kongress, New York, 2.-5. Dezember 1951, Dokumente und Berichte*, Cologne, 1952, p. 12.

[48] Their proceedings can be found in the Hagley Museum and Library, Accession 1411, National Association of Manufacturers, Boxes 70 and 71.

[49] H.W. Ehrmann, *Organized Business in France, op. cit.*, pp. 401-402; FBI, *Annual Report for 1950*, pp. 7-8.

[50] MRC MSS 200/F/1/1/190, Grand Council meeting, 12 July 1950.

Germany, Italy and the Benelux countries had negotiated in Paris under the chairmanship of Jean Monnet during the second half of 1950[51].

What appears to have incensed the leading European business representatives most, were the strict provisions in the draft treaty against cartel agreements. At the General Assembly of the French peak employers association CNPF on 16 January 1951 its president Georges Villiers vituperated against the – alleged – "discretionary and exorbitant powers" of the ECSC's planned High Authority[52]. Following the meeting of the CEIF on 8 January, he and his counterparts from the federations of the other European countries concerned by the Schuman Plan, had taken an initiative to weaken these powers. They adopted a document entitled *Observations and proposals of the national industrial federations concerned by the Schuman Plan about the economic clauses of the 'draft treaty' in preparation*[53]. The document is dated 17 January 1951 and was apparently sent in the negotiations, the ministries concerned and also to the press[54].

In this document, the representatives of the peak industrial federations stressed their support in principle for the Schuman Plan and the European integration process. But at the same time, they rejected two of the fundamental propositions underlying – in their view – the current draft treaty: the delegation of "absolute powers" to the High Authority, which would make it the "master of the management and the destiny of all companies"; and the fact that the representative business organisations would be reduced to roles of consultation and transmission; by contrast "any attempt of the producers to get together in order to participate effectively in the organisation of the market is prohibited and presented as contrary to the general interest". In other words, the representatives of the peak industrial federations in the six countries complained that the draft treaty made a return to the national and international cartel agreements of the inter-war period impossible. This

---

[51] For the following see in detail M. Kipping, *La France et les origines de l'Union européenne, op. cit.*, pp. 234-239.

[52] AN, 72 AS 84, Proceedings of the morning meeting, pp. 45-47.

[53] "Observations & propositions des fédérations industrielles nationales des pays intéressés par le plan Schuman, sur les clauses économiques du 'projet de traité' en préparation"; it can be found, among others in AN, 81AJ 138. It is mentioned briefly by G. Bossuat, *La France, l'aide américaine et la construction européenne 1944-1954*, Paris, CHEFF, 1992, p. 778 and by J. Gillingham, *Coal, Steel, and the Rebirth of Europe, 1945-1955. The Germans and French from Ruhr Conflict to Economic Community*, Cambridge, Cambridge University Press, 1991, pp. 292-293, who mistakes it for the founding charter of a 'National Association of the Schuman Plan Nations'.

[54] See for example "Les 'Comités des Forges' contre le plan Schuman", in *Combat*, 19 January 1951.

becomes even more obvious from the proposals for a revised draft of the treaty's economic clauses. These proposals gave a key role to the producer associations who would establish the production programmes and, with the agreement of their member firms, could also set uniform prices and sales conditions in the common European market and for exports. At the same time, the proposal abolished article 60 of the draft treaty, which had explicitly outlawed cartel agreements, and significantly watered down article 61, which instituted a merger control. The suggested changes also severely circumscribed the role of the High Authority, which was no longer given any powers to enforce its decision.

Coming from a group of highly influential industrialists, these suggestions found an open ear and some support within the governments concerned. By contrast, they alarmed Jean Monnet, who had been behind the Schuman Plan and its strict anti-cartel provisions from the outset. To defend the existing draft and its orientation towards competitive rather than organised markets, he mobilised a wide range of support, including the American authorities in West Germany and the French steel using industries. Its representatives had taken an openly critical attitude towards the resurgence of national and international steel cartels already before the Schuman Plan and had become one of its staunchest supporters afterwards[55]. In addition, the French and the foreign press published a series of articles criticising the European steel cartels and the unwillingness of European industrialists to face more competitive markets. For Georges Villiers, there was no doubt that Jean Monnet was behind this campaign[56].

It forced the six industrial federations to justify and clarify their position in a new memorandum dated 21 February 1951[57]. They reiterated their approval of "the 'Schuman idea'", which they hoped to see succeed", but they once again rejected the "superstate monopoly" of the High Authority. This time, however, they refrained from asking for an extensive, cartel-like role for the industry associations, insisting only on

---

[55] For Monnet's efforts see in detail M. Kipping, *La France et les origines de l'Union européenne, op. cit.*, pp. 239-261; for the attitude of the steel users, *ibid.*, pp. 103-109 and 187-194; as well as *id.*, "Les tôles avant les casseroles. La compétitivité de l'industrie française et les origines de la construction européenne", in *Entreprises et Histoire*, n° 5, June 1994, pp. 73-93.

[56] Villiers to the CNPF's Executive Committee on 13 February 1951, AN, 72 AS 874, Proceedings, p. 10.

[57] 'Les fédérations industrielles de l'Europe de l'Ouest et le Plan Schuman', AN, 72 AS 841, Annexe n° 2 to the *Rapport général sur l'activité de la Commission des relations économiques internationales*, prepared for the General Assembly of the CNPF on 6 July 1951.

the need to involve them more closely in the working of the ECSC. They also asked for the possibility of revising the current clauses after the transition period foreseen in the treaty. This new document already indicated that Monnet's public relations and political efforts had been largely successful. On 18 April 1951, the foreign ministers of the Six signed the ECSC treaty, which had undergone only very minor modifications compared to the earlier draft and still included the strict anti-cartel and merger control provisions (now articles 65 and 66)[58]. The French peak employers association resuscitated the idea of revising the treaty after the transition period during the ratification debate in France – but once again without success[59].

While these efforts to influence the orientation of the ECSC were ultimately unsuccessful, they certainly contributed to bringing the peak level industrial federations and their representatives closer together. The formation of the Union des Industries des Pays de la Communauté européenne by the national industrial federations of the six member ECSC states in 1952 was therefore little more than an institutionalisation of the existing contacts and activities. The members of the CEIF agreed to this step, especially since it did not require any change in the CEIF's constitution and no commitment on the part of other member federations.

2. Discussion of the Common Market and EFTA

Contrary to Haas, the CEIF continued to play a meaningful role in the development of European integration. Since all the national industrial federations of Western Europe were represented on CEIF it provided an ideal arena for discussions about wider European integration in the second half of the 1950s and between the Six and the non-Six after 1958. This was important because, although non-Six industrial federations' delegations and officials did meet with UNICE, there were clear limits on the nature of these contacts: the FBI/CBI, for example, was refused observer status at UNICE's own meetings[60]. Without the

---

[58]   To a certain extent, this victory was 'on paper' only, because as time went by the High Authority increasingly tolerated and during the crises of the 1970s even encouraged anti-competitive practices, cf. D. Spierenburg and R. Poidevin, *Histoire de la Haute Autorité de la Communauté Européenne du Charbon et de l'Acier. Une expérience supranationale*, Bruxelles, Bruylant, 1993.

[59]   M. Kipping, *La France et les origines de l'Union européenne, op. cit.*, pp. 265-341, pp. 316-320.

[60]   For meetings see MRC MSS 200/F/3/O2/2/22, note of a meeting, February 1962; MRC MSS 200/C/1/2, C.13.68, Director-general's report to council, February 1968; and C.26.69, Director-general's report to council, April 1969; MRC MSS200/C/1/2/O, O.93.70, Overseas Director's report, November 1970. For blocking of observer status see MRC MSS 200/C/1/2/O, O.122.66, 'Note of a visit to Holland, 11 and 12 July 1966', and O.52.67, Steering Committee 15th meeting minutes, 9 June 1967.

CEIF it would have been impossible to maintain regular contact amongst the national industrial federations of Western Europe. Thus it was the CEIF which provided the forum, or arena, which allowed these federations to discuss the nature of European integration on an equal footing as the proposals developed. In 1956 the proposed Common Market was discussed, and in the following two years the possibility of the Free Trade Area[61]. This is not to argue that the topic of European integration dominated the CEIF's agenda at this time – the Spaak report was not discussed until November 1956 – but that, given the uncertainty over how European integration would develop at this time, it was an extremely useful source of information on the views of counterparts elsewhere in Europe, which could then be transmitted to members[62].

The CEIF also played a part in the creation of EFTA: it was in a private meeting prior to the March 1958 CEIF meeting that representatives of the non-Six met to discuss the possibility of association if the Free Trade Area talks broke down. This was one part of a range of talks between the industrial federations of the non-Six which helped to create the European Free Trade Association (EFTA). In addition, these associations also formed a new organisation, the Council of Industrial Federations of the European Free Trade Association (CIFEFTA). This came to be used to ensure common positions and to disseminate information during Britain's two failed attempts to join the EEC in the 1960s[63].

Indeed, it was to consider the relationship between the Six and the non-Six that Axel Iveröth's CEIF integration working party was set up and on which it originally worked[64]. When the UK applied for membership of the EEC in 1961 it was agreed that its work should be

---

[61] MRC MSS 200/F/1/1/193, Director-general's report, 12 September 1956; MRC MSS 200/F/3/O5/2/2, Sir Edgar Cohen (Board of Trade) to Kipping, 20 March 1958; PRO BT 11/5616, Consultative Committee for Industry, meeting 26 March 1958; FBI, *Annual Report for 1957*, p. 22; FBI, *Annual Report for 1958*, p. 11.

[62] MRC MSS 200/F/1/1/193, Grand Council meetings 13 June 1956 and 12 September 1956.

[63] PRO BT205/264, TN(FT)(58)17, Board of Trade progress report n°12, 17 April 1958; MRC MSS 200/F/3/O2/2/19, W. McFadzean to presidents of industrial federations of EFTA, 4 September 1959; MRC MSS 200/F/3/S2/2/11, D/1793, 10 February 1960, D/2288, 11 May 1960, D/3536, October 1960, D/3746, 9 November 1960, D/3830, December 1960, and GC.57.61, Director-general's supplementary report, September 1961; MRC MSS 200/C/1/2/O, O.25.67, 20 March 1967, and O.32.67, 20 March 1967.

[64] PRO FO 371/134501, Peter Tennent to P.H. Gore-Booth, 15 May 1958; PRO BT 205/264, TN(FT)(58)23, Board of Trade progress report 14, 14 August 1958; MRC MSS 200/F/3/E3/34/8.

suspended to provide practical assistance to the negotiations[65]. Following the demise of the negotiations the committee continued its work, meeting three to four times each year to exchange information on developments in the EEC and EFTA, such that the CBI believed that the CEIF's principal activities revolved around the work of the committee[66]. Still operating in 1969, it embarked on a study of specific problems arising from the possible enlargement of the EEC. Working parties were established to deal with each issue and were each made up of representatives from one EEC industrial federation and one non-EEC federation. Thus, for example, Cofindustria and its Swiss counterpart studied monetary policy, the CBI and CNPF worked on industrial policy, and the CBI and VNO (Verbond van Nederlandse Ondernemingen) on agricultural policy[67]. A report by the committee, 'Industry and Europe', was published in 1971[68]. In all these diverse ways, therefore, the Council of European Industrial Federations provided a crucial nodal point for European national industrial federations to re-build contacts after World War II, improve their knowledge base of key developments and enhance their mutual understanding[69].

3. More than talking: Export incentives as an example

But the CEIF was not simply a talking shop. Unsurprisingly given the number of national industrial federations involved, consensus was hard to achieve and positions did constitute the lowest common denominator on many occasions. For example, while the International Chamber of Commerce was able to adopt unanimously a resolution supporting the establishment of a Free Trade Area in 1958, French resistance made it difficult for the CEIF to do likewise[70]. Similarly, the 1971 report by

---

[65]   MRC MSS 200/F/3/S2/2/11, GC.57.61.

[66]   MRC MSS 200/C/1/2/O, CO.37.65, "Report on various activities of the CBI Overseas Directorate", November 1965.

[67]   MRC MSS 200/C/1/2/E, E.122.70; MRC MSS 200/C/1/2, C.98.69, Director-general's report to Council, December 1969.

[68]   MRC MSS 200/C/4, CEIF Integration Committee, 'Industry and Europe', 1971.

[69]   N. Kipping, *Summing Up, op. cit.*, p. 55; W. Bührer, "German Industry and European Integration in the 1950s", in C. Wurm (ed.), *Western Europe and Germany: The Beginnings of European Integration 1945-1960*, Oxford, Berg, 1995, p. 97; G. Braunthal, *The Federation of German Industry in Politics*, Ithaca, Cornell University Press, 1965, p. 46.

[70]   MRC MSS 200/F/3/O5/2/2, Harry Pilkington to Tennant, 26 March 1958; PRO FO 371/134501, R.F. Bretherton, "Note for the record", 10 May 1958, and R.S. Isaacson to Sir John Coulson, 10 May 1958. For another example see G. Gemelli, "International Strategies and National Issues: The Comitato Nazionale per la Produttività and Its Networks", in T.R. Gourvish and N. Tiratsoo (eds.), *Missionaries and Managers, op. cit.*, p. 105.

the CEIF's Integration Committee had to be signed by the committee representatives because it proved impossible to get all the member federations to agree to it[71]. However, there were occasions when – despite numerous difficulties – agreement within the CEIF was possible. A prime example here was the issue of export incentives in the early 1950s, a sensitive issue which raised important issues about trade liberalisation and the desire of business to achieve a level playing field on which to operate, both key aspects of European integration. This episode highlighted both the opportunities and the constraints of operating through the CEIF.

In the early 1950s British industry became increasingly concerned that since the war national governments had been using a variety of export incentives to encourage increased exports. Reflecting fears of German competition rather than anything else, in particular attention focused on Germany's differential taxation in favour of export earnings[72]. The FBI's reaction was to approach the British government about what it perceived as export subsidies. Kipping wrote to Sir Frank Lee, the Permanent Secretary of the Board of Trade, urging the British government to press internationally for the abandonment of such schemes. However, in addition, Kipping noted that as long as the government agreed, the FBI intended raising the issue through its own international organisations as some other European industrial federations were showing signs of themselves supporting such a move[73]. At a meeting between the Chancellor of the Exchequer and both sides of British industry the FBI continued to support the government's position of not entering a race of ever-growing export subsidies, but again stressed the importance of the government persuading other governments to remove these schemes and that the FBI would be acting likewise with its counterparts[74]. Disappointed by the meeting Kipping met Lee on Christmas Eve and again proposed that "the FBI should seek, through their contacts with similar representative bodies in W. European countries, to mobilise industrial and commercial opinion in Western Europe against the maintenance of such practices, and to get them to go on record as

---

[71] MRC MSS 200/C/1/2, C.81.70, Director-general's supplementary report to Council, December 1970.

[72] FBI, *Annual Report for 1951*, p. 18; N. Kipping, *Summing Up, op. cit.*, p. 191; A. McKinlay, H. Mercer and N. Rollings, "Reluctant Europeans? The Federation of British Industries and European Integration, 1945-63", in *Business History*, 42, n°4, 2000, pp. 91-116.

[73] PRO T 236/3486, Kipping to Lee, 17 November 1952, Annex A of a brief on the export situation for the Chancellor of the Exchequer.

[74] PRO T 236/3487, The export drive, informal meeting with both sides of industry, 17 December 1952.

favouring a general self-denying ordinance in this respect"[75]. The government was hesitant of supporting the idea as ministers were still studying the topic and were worried that the discussions might become embarrassing to the government. Reassured that this was highly unlikely Lee could see no further objection as long as the British government was not committed in any way.

With this qualified endorsement, Kipping set to work. CEIF discussions began in February 1953 and agreement was reached there that in principle steps should be taken to call a halt to government-supported schemes and to avert a subsidy competition. Three of the six meetings of the Council that year were devoted solely to the topic of export incentives[76]. However, in part this reflected the complexity of the subject. It was not until September that agreement was reached on the definition of what constituted an 'export incentive', delaying any attempt to take action. The FBI, believing that "if all the federations came out against export incentives governments would be likely to follow suit", proposed a standstill on the introduction of any new schemes at the October CEIF meeting[77]. The FBI's original idea, agreed with the BDI, was that this should last twelve months but at the meeting a standstill for only six months was proposed[78]. In the face of Austrian intransigence even this proved too long and only a three month standstill could be agreed, during which time the OEEC was to be asked to conduct a study aimed at dismantling the existing incentive schemes[79]. The OEEC made little progress but the CEIF was able to agree a three-month extension of the standstill with all the member federations reluctant to see their initiative be seen to fail and it issued a memorandum deploring the failure of national governments to make progress[80].

At the same time, given the deadlock at the OEEC, the British government opened bilateral talks with the Federal German government, which went on to announce that it did not intend renewing the law relating to tax remission on export earnings when it expired at the end of 1955. Finally, progress at the OEEC became apparent when it was agreed that schemes were to be removed by the end of 1955 and that no new schemes were to be introduced in the meantime[81]. Thus the episode

---

[75]   PRO T 236/3487, Note of a discussion with Sir Norman Kipping, undated.

[76]   FBI, *Annual Report for 1953*, pp. 13-14.

[77]   MRC MSS 200/F/1/1/192, Grand Council meeting, 14 October 1953.

[78]   MRC MSS 200/F/1/1/192, Grand Council meeting, 13 May 1953.

[79]   MRC MSS 200/F/1/1/192, Grand Council meeting, 10 February 1954; N. Kipping, *Summing Up, op. cit.*, p. 192.

[80]   MRC MSS 200/F/1/1/192, Grand Council meeting, 14 April 1954; FBI, *Annual Report for 1954*, p. 15.

[81]   FBI, *Annual Report for 1955*, pp. 14-15.

showed how difficult it was for the CEIF to reach agreement beyond the lowest common denominator but that, in this case at least, this lowest common denominator was higher in its commitment to avoiding a subsidy race than that achieved by national governments in the OEEC. In other words, using the forum of the CEIF, West European industrial federations showed more willing than their governments to support action for the common good of West European industry, and that the CEIF provided a forum for industry to put pressure on national governments to follow its lead. Ultimately, however, there were limits to what the CEIF could achieve until national governments themselves decided to act.

Conclusion

This paper has shown that the CDEIF and the CEIF combined do have a place in the history of European integration, which has previously been largely ignored. In a diverse range of ways these organisations played a significant role in the historical development of European integration both before the creation of the EEC and afterwards. Their significance has been missed to date because the existing literature has concentrated on the political lobbying of EC institutions, or at best the networks between business and these institutions, and how this has changed since the 1980s. Thus the historical dimension has largely been missing from these accounts and there has been an equal failure to acknowledge the economic role of networks for business and how this interacts with their political networks. Similarly, the assumption that national governments dominated the policy agenda before the 1970s has downplayed the role of business.

This is not to argue that the CEIF was a powerful supranational organisation to which national governments were beholden. Rather, it provided an *additional* network for national federations to achieve their goals while they still concentrated most of their efforts on their own national governments. Nevertheless, in the context of the post-war world it provided some important and useful functions. The multilateral exchange of knowledge was a crucial benefit in the uncertainty of post-war Europe. An increased understanding of business elsewhere in Europe was equally significant and, with it, the establishment of informal networks of friendship and trust. Its policy achievements were constrained by the difficulty of reaching a consensus amongst the members but it did prove possible as in the case of export incentives. Here, the CEIF was able to take a position for the collective good of West European industry over the factional self-interest of individual industries and countries.

In addition, after the Messina conference national federations needed a bridge between the Six and the rest of Western Europe. The CEIF provided the forum in which these two groups could come together regularly and in which issues relating to enlargement could be studied. It would have been easy for it to have broken up in the late 1950s with the establishment of UNICE and CIFEFTA but there was never any suggestion of this. Similarly, it continued after the creation of BIAC in 1961. Ultimately, national federations found the CEIF to be useful and that explains its continued existence. Overall, therefore, the evidence presented in this chapter, confirms what one of its authors had highlighted in an earlier publication: "Business and its representatives have not only been observers and passive recipients of government policy. Very often, influential industrialists have played an active role in shaping or rejecting these measures both at a national and at a European level[82]."

Regarding the theoretical implications of our historical study, we suggest that organised business interests provide a potential bridge between the, to date, separate networks literatures in business management and political science[83]. Two concepts help in this respect. First, there is the notion of organised business as an intermediary. If this is opened up from a business-government focus then it can be seen how these bodies also mediate between firms and other business interests. Secondly, there is the concept of 'embeddedness'[84]. This has been used

---

[82] M. Kipping, "The Changing Nature of the Business-Government Relationship in Western Europe after 1945", in W. Feldenkirchen and T. Gourvish (eds.), *European Yearbook of Business History*, n°2, Aldershot, Ashgate, 1999, p. 48.

[83] Examples of the former are W.D. Coleman and A. Perl, "Internationalized Policy Environments and Policy Network Analysis", in *Political Studies*, 47, 1999, pp. 691-709; M.J. Smith, *Pressure, Power and Policy*, Hemel Hempstead, Harvester Wheatsheaf, 1993; J. Peterson, "Policy Networks and European Union Policy Making: A Reply to Kassim", in *West European Politics*, 18, n°2, 1995, pp. 389-407; R.J. Bennett, "The Impact of European Economic Integration... ", *op. cit.*, pp. 61-62; for the latter see, among many others, A. Grandori (ed.), *Interfirm Networks: Organization and Industrial Competitiveness*, London, Routledge, 1999; M.G. Colombo (ed.), *The Changing Boundaries of the Firm: Explaining Evolving inter-Firm Relations*, London, Routledge, 1998; J. Birkenshaw and P. Hagström (eds.), *The Flexible Firm: Capability Management in Network Organisations*, Oxford, Oxford University Press, 2000; M. Ebers (ed.), *The Formation of Inter-Organisational Networks*, Oxford, Oxford University Press, 1997; T. Shiba and M. Shimotani (eds.), *Beyond The Firm: Business Groups in International and Historical Perspective*, Oxford, Oxford University Press, 1997.

[84] M. Granovetter, "Economic Action and Social Structure: The Problem of Embeddedness", in *American Journal of Sociology*, 91, 1985, pp. 481-510; B. Jessop, "The Governance of Complexity and The Complexity of Governance: Preliminary Remarks on Some Problems and Limits of Economic Guidance", in A. Amin and J. Hausner (eds.), *Beyond Market and Hierarchy: Interactive Governance and Social*

in a variety of ways but what matters here is to acknowledge that business organisations provide one set of networks into which individual firms are embedded, that is one element of a social system of production[85]. It is now possible to acknowledge and incorporate into the analysis of organised business interests that these bodies have economic functions in addition to political functions and are part of economic as well as political networks[86]. In this context, the exchange of economic information and the resulting increased knowledge can be seen to be an important element of the work of organised business interests. This acts to reduce uncertainty and the attendant risks for firms. This has long been recognised as an important driving force behind collective action by firms[87].

To sum up, the existing literature on the relationship between organised business interests and European integration has been too narrowly focused on the direct policy impact of these groups through their representative efforts. There are other elements to their functions which are relevant here: not just in terms of receiving and transmitting information from EC/EU institutions but also from firms and other organised business interests.

Complexity, Cheltenham, Edward Elgar, 1997; G. Grabher (ed.), *The Embedded Firm: On The Socioeconomics of Industrial Networks*, London, Routledge, 1993.

[85]   J.R. Hollingsworth and R. Boyer (eds.), *Contemporary Capitalism: The Embeddedness of Institutions*, Cambridge, Cambridge University Press, 1997; J.R. Hollingsworth, P.C. Schmitter and W. Streeck, *Governing Capitalist Economies*, Oxford, Oxford University Press, 1994; H. Kitschelt *et al.* (eds.), *Continuity and Change in Contemporary Capitalism*, Cambridge, Cambridge University Press, 1999; P.A. Hall and D. Soskice (eds.), *Varieties of Capitalism: The Institutional Foundations of Comparative Advantage*, Oxford, Oxford University Press, 2001; R. Whitley, *Divergent Capitalisms: The Social Structuring and Change of Business Systems*, Oxford, Oxford University Press, 1999.

[86]   F. van Waarden, "European State Formation and Its Impact on Associational Governance: Will Business Interest Asssociation (BIA) Systems Become Centralised at the EU Level?", in J. Greenwood (ed.), *The Effectiveness of EU Business Associations*, *op. cit.*, p. 32.

[87]   H. Yamazaki and M. Miyamoto (eds.), *Trade Associations in Business History*, Tokyo, University of Tokyo Press, 1988; L. Galambos, *Competition and Cooperation: The Emergence of a National Trade Association*, Baltimore, John Hopkins University Press, 1966.

André Renard et les réseaux économiques : la démocratie industrielle par des réformes de structures

Pierre TILLY

Université catholique de Louvain

Dans une enquête menée en 1985, le groupe de sociologie wallonne de l'Université catholique de Louvain demande aux personnes sondées de nommer cinq grandes personnalités qui ont fait, à leurs yeux, l'histoire de la Wallonie[1]. L'homme le plus fréquemment cité est Jules Destrée avec 20,6 %, suivi par André Renard[2] « plébiscité » par 13,1 % de la population sondée. Si les résultats de cette étude montrent, à l'époque, le faible degré de connaissances des Wallons à propos de leur histoire, André Renard n'en apparaît pas moins, vingt-trois ans après sa mort, comme l'une des personnalités marquantes dans la mémoire collective. Des sociologues vont traduire l'action du syndicalisme liégeois par le terme de renardisme[3] et ce en vue de définir l'héritage de celui qui aura été le temps d'une grève, celle que l'on a appelée la « grève du siècle » lors de l'hiver 1960-1961, l'homme le plus en vue de la Belgique et même hors de ses frontières. Comme nombre d'hommes publics, Renard est admiré des uns et honni des autres. Un hebdomadaire belge, le *Pourquoi Pas* qui figure plutôt parmi ses détracteurs

---

[1] J. Lefèvre, « Quelques réflexions à propos de l'évolution de la conscience wallonne », in *Vers un nouveau paradigme. Premier congrès la Wallonie au Futur*, Charleroi, 1987.

[2] André Renard (Valenciennes 1911 – Liège 1962). Employé au service de documentation de la Fédération des métallos de la province de Liège dès 1937, Renard en devient après la guerre le président. Secrétaire national de la FGTB puis secrétaire général adjoint lors du départ de Finet à la CECA en 1952, il va jouer un rôle important sur la scène internationale à la CECA, à l'OIT, à la CISL, devenant au passage Chevalier de la Légion d'honneur en 1956. Il s'engagera aussi résolument dans le mouvement en faveur des pays non alignés.

[3] B. Francq, *Les deux morts de la sidérurgie wallonne*, Louvain-la-Neuve, Ciaco, 1990. Des géographes vont utiliser ce concept du renardisme pour expliquer l'empreinte de ce syndicaliste jusque dans la répartition géographique des habitations occupées par la classe ouvrière à Seraing.

au milieu des années 1950 ne reconnaît pas moins l'influence du syndicaliste liégeois

> Régent de la Banque nationale, Président du Comité consultatif de la CECA, directeur du quotidien socialiste *La Wallonie*, « propriétaire d'une Porsche » préciserait M. Philippart, député PSC de Liège, André Renard est l'une des vingt ou trente personnes qui ont quelque chose à dire en Belgique. Et le disent... le cinquième pouvoir. Son intelligence aiguë des problèmes de l'heure fait qu'il s'impose au patronat et à l'opinion publique (il n'est pas le premier venu).[4]

Un autre article issu du même hebdomadaire belge met en scène un vieux militant syndical :

> Renard, c'est un peu comme ce fleuve. Il montrait la Meuse qui coulait à gros bouillon dans le paysage namurois. Oui... Renard, c'est comme un fleuve. Il ne s'arrête pas à des considérations sentimentales. Il a sa route à suivre, le fleuve, son chemin à parcourir. Oh, je sais, poursuit-il, c'était plus romantique les militants moustachus de jadis. Je ne crois pas pourtant qu'ils étaient plus populaires qu'André Renard, plus proche du cœur de l'ouvrier. J'en connais qui se feraient hacher menu pour lui.[5]

François Perin, ministre d'État et fondateur du Mouvement populaire wallon avec André Renard, tente de cerner cette personnalité qui se livrait peu, quelques temps après son décès en juillet 1962.

> Il n'était pas homme à créer de toute pièce une utopie et à jeter des milliers de partisans à la poursuite d'une chimère. Ce syndicaliste pragmatique et prudent suivait pas à pas le sentiment populaire. L'extraordinaire dynamisme d'André Renard trouvait son secret dans sa capacité de sentir ce qui s'exprimait confusément dans la conscience des travailleurs. C'est la raison profonde pour laquelle ce qu'il a exprimé ne pourra jamais plus être oublié ou nié. La prise de conscience populaire dont il a été le symbole vivant est un fait accompli sur lequel il est impossible de revenir.[6]

I. Le syndicalisme, un réseau par nature

Aborder la question des liens personnels et des réseaux d'influence d'une personnalité du monde syndical incite à la prudence méthodologique. On considère, en effet, souvent dans ce milieu que « l'homme n'est rien sans l'organisation qu'il représente ». Sans nier cette évidence, nous la reprenons à notre compte. André Renard était un homme de réseau notamment parce que le syndicat l'est par nature, voire par obligation. Ce qui ne nous empêche pas d'insister sur l'originalité du mail-

---

[4]   *Pourquoi Pas*, 25 juin 1955, p. 1.

[5]   *Ibid.*

[6]   « Mort d'un leader-avenir d'un peuple », in *Combat*, 11 août 1962.

lage relationnel tissé par Renard au départ de la Fédération des métallos liégeois et qui va dépasser le seul domaine syndical. Influent, ce syndicaliste liégeois le fut, non seulement au sein du monde syndical dans lequel il effectue l'essentiel de sa carrière professionnelle, mais aussi dans des milieux économiques et financiers, voire politiques même si l'indépendance syndicale fut l'un des principes majeurs qui ont guidé son action. Homme de réseau et homme d'influence, il va jouer pleinement son rôle de leader ouvrier grâce à une personnalité brillante et un charisme reconnu de tous, mais aussi et surtout grâce à la puissance de son organisation syndicale, la Fédération générale des travailleurs belges, qu'il va représenter dans les endroits les plus divers du niveau régional à Liège jusque dans les cénacles internationaux à l'ONU, à l'OIT et à la CECA. Sans entrer dans une analyse de type systémique, il faut préciser que le réseau nous apparaît comme une réalité située au cœur de l'action syndicale. Elle l'est autant par nécessité, avec la volonté d'éviter le dumping social, que par sens moral, la solidarité ouvrière qui outrepasse les frontières. Un bref rappel historique permet de cerner comment le syndicalisme s'est structuré progressivement selon une perspective globalisante. Le mouvement syndical est historiquement internationaliste. Il s'est doté, dès la fin du XIXe siècle, de structures à différents niveaux d'action pour coordonner ses activités et défendre ses revendications jusque sur la scène internationale. Alors que la première association ouvrière internationale date de 1864, un secrétariat syndical international est porté sur les fonds baptismaux juste avant la Première Guerre mondiale. La place prépondérante prise par l'action internationale est l'un des traits essentiels du syndicalisme des années 1920 à 1930 alors qu'avant la Première Guerre mondiale, les liens entre les syndicats des différents pays étaient plutôt lâches. En 1904, la Fédération internationale des ouvriers sur métaux est créée, avec l'idée de répondre à la constitution de cartels et de trusts patronaux. Outre les tâches de documentation et d'étude des revendications corporatives, l'action revendicative occupe également une place dans les activités de cette organisation internationale. Ainsi, la Fédération internationale va-t-elle rassembler près d'un million de francs français de l'époque pour venir en aide aux métallurgistes suédois *lock-outés*. C'est en 1902 à Stuttgart qu'est constitué un office central international des centrales syndicales nationales. En 1913, il groupe dix-neuf organisations et annonce un nombre total de membres évalué à 6 212 000 adhérents. Cet office international devient, à la suite de la Conférence de Zurich, la Fédération syndicale internationale (FSI). Elle limite son activité, sous la pression des Allemands, à un organe d'administration et de statistique[7]. Pour la majorité des organisations adhérentes, toute autre activité

---

[7] G. Lefranc, *Histoire du syndicalisme français*, Paris, 1937, p. 354.

doit relever des congrès socialistes. La guerre va paralyser l'activité internationale du mouvement ouvrier[8]. En février 1919, à Berne, une conférence syndicale internationale rédige une Charte internationale du travail que les représentants des mouvements ouvriers français, anglais et belges sont chargés de défendre à la Conférence de la paix. Réorganisée en juillet 1919, la FSI, dont le siège est transféré à Amsterdam jusqu'en 1928, possède trois présidents : Appleton (Grande-Bretagne), Mertens (Belgique) et Jouhaux (France). La FSI, qui lance l'idée de donner des réparations en nature (matériaux et main-d'œuvre)[9], va s'employer à organiser la paix. Elle réclame notamment une organisation économique du monde et s'attache à définir une politique de migration au sein de la SDN en agissant sur les délégués des gouvernements. La législation internationale du travail développée par l'Organisation internationale du Travail est prévue par le traité de Versailles dans sa partie XIII. La première conférence de cette organisation à Washington adopte la convention des huit heures. Mais l'application de ces textes reste subordonnée à l'action de la classe ouvrière et à sa volonté. Les triomphes de la dictature en Italie et en Allemagne vont affaiblir la FSI avant que l'adhésion de la Fédération américaine du travail ne compense en partie ces pertes.

Si internationalistes qu'ils soient, les syndicats se développent avant tout sur le plan national. Malgré des variantes d'un pays à l'autre, le réseau du syndicalisme s'articule *grosso modo* entre le niveau sectoriel représenté par les centrales et le niveau interprofessionnel ou confédéral. Le sectoriel est organisé autour de l'entreprise au niveau local, le secteur au niveau régional, la branche au niveau national et la fédération sectorielle au niveau international. L'interprofessionnel mène, de son côté, une action transversale de représentation et de gestion des services au côté des centrales professionnelles qui développent plus spécifiquement une action syndicale revendicative.

II. Le réseau de Renard : un maillage pensé et articulé

C'est au sein de la Fédération des métallos socialistes de la province de Liège que Renard débute sa carrière syndicale dans les années 1930, après une expérience de quelques années dans l'industrie sidérurgique et dans la construction mécanique. Leader incontesté des métallos liégeois, l'une des centrales les plus représentatives de la FGTB qui succède à la CGT en 1945, Renard bénéficie d'un réseau d'information extraordinaire grâce aux délégués d'usine et aux ouvriers qu'il a côtoyés durant

---

[8] A. Rosmer, *Le mouvement ouvrier pendant la guerre*, Paris, Mouton, 1959, pp. 10 ss.

[9] L. Jouhaux, *Notre politique des réparations. Notre action ouvrière. Leurs responsabilités*, exposé au Congrès de la CGT du 30 janvier 1923, Paris, 1923.

ses jeunes années. Technicien de formation, il dispose dès son plus jeune âge d'un bagage intellectuel qui le distingue de nombre de ses compagnons de travail. Métallo de cœur, Renard n'en sera pas moins un farouche défenseur de l'action interprofessionnelle, inscrivant son action dans une vision globale du syndicalisme.

C'est dans les années 1930 et durant la Résistance que Renard va connaître la plupart des membres d'une équipe que l'on qualifiera, plus tard, de garde rapprochée. On y retrouve Raymond Latin, un ami de jeunesse issu d'une grande famille de militants syndicaux et qui sera le président de la Centrale des métallurgistes de Belgique (socialiste) durant les années 1950. Il y a encore Robert Lambion, qui prendra la succession de Renard à Liège et au sein du Mouvement populaire wallon (MPW) après son décès en 1962 ; André Genot, le fidèle lieutenant, secrétaire national adjoint des Jeunes gardes socialistes (JGS) dans les années 1930 et secrétaire de la FGTB de Namur ; Willy Schutgens, secrétaire de la Centrale générale des Services publics à Liège ; et Jacques Yerna, qui entre au service « Conseils d'entreprises » créé par Renard en 1948 et qui devient l'animateur de la commission d'études de la FGTB au début des années 1950.

Dans l'héritage laissé par Renard, un événement revient de manière récurrente dans la mémoire collective, c'est l'appel lancé pendant la grève de l'hiver 1960-1961 en faveur du fédéralisme et des réformes de structures. L'idée de réformer les structures de la société belge est portée par le mouvement ouvrier socialiste belge depuis les années 1930 et le Plan du Travail d'Henri de Man. Après la Seconde Guerre mondiale, la FGTB, sous l'impulsion d'André Renard, va s'efforcer de populariser cette revendication pour dégager une majorité politique susceptible de traduire les principes qu'elle contient en actes concrets. Pour instaurer des réformes de structures, Renard va créer et/ou s'inscrire dans des réseaux économiques destinés à leur donner une assise scientifique et opérationnelle. André Renard avait une vision globale de l'action syndicale. Homme de multiples réseaux, il voulait que les syndicats aient leur mot non seulement dans le domaine social, mais aussi dans la vie économique. Son triple objectif, issu de la Résistance durant laquelle il devient le leader des métallos liégeois, sera l'unité syndicale, l'indépendance syndicale (un syndicat) apolitique et l'action directe pour imposer des réformes de structures (à l'opposé du réformisme de la Commission syndicale durant l'entre-deux-guerres).

Malgré son action pour les réformes de structure et la planification souple qui vise à changer le régime capitaliste[10], Renard entretient des

---

[10] Durant les années 1950, Renard veillera à ne jamais utiliser à destination d'un public élargi le terme de réformes de structures anti-capitalistes.

contacts étroits (dont il est parfois malaisé de retrouver la teneur vu les lacunes dans ses archives personnelles) avec des banquiers comme Mauritz Naessens[11], directeur de la succursale de Bruxelles à la Banque de Paris et des Pays-Bas et ancien propagandiste du Plan du Travail ; le Comte de Launoit, président du groupe portant son nom ; le Chevalier Thys qu'il côtoie au sein du comité de Contrôle de l'électricité ; Georges Velter de Fabrimétal ; et le Baron Pierre van der Rest, avec lequel Renard siège au Comité consultatif de la CECA. Des hommes que Renard côtoie dans des lieux de concertation sociale divers comme le Conseil central de l'économie, la Société nationale d'investissements, la Banque nationale ou le Conseil du métal.

Trois cénacles nous apparaissent comme particulièrement pertinents pour illustrer la variété et le maillage parfaitement pensé des réseaux dans lequel va œuvrer André Renard. Le premier est constitué par la commission économique mise en place au sein de la FGTB, entre 1953 et 1956. Le second cénacle se situe au niveau européen, plus particulièrement au sein du Comité consultatif de la CECA, que Renard va présider en 1954. Le troisième démontre cette capacité qu'avait Renard de percevoir toute la portée des mutations en cours, notamment l'évolution des rapports entre le Nord et le Sud du royaume. Dans son action, après l'Affaire royale, il va associer esprit régionaliste et européen. Ce combat fédéraliste va constituer pourtant le ciment d'une politique de transformation économique et sociale structurelle de la Wallonie même si Renard se garde bien de professer ouvertement sa vision fédéraliste tout au long des années 1950. Sans entrer dans le détail d'une action qui débouchera sur la constitution du MPW en 1968, nous aborderons plutôt le rôle joué par Renard au sein du Conseil économique wallon (CEW) et du mouvement européen en Belgique.

III. Vers la démocratie économique par les réformes de structure

Après la guerre, Renard est à la tête d'un mouvement d'idées et d'actions revendicatives au sein de la FGTB dont les racines remontent au Plan du Travail d'Henri de Man de 1933 et aux partisans de l'économie dirigée, un concept au demeurant qui n'a pas été initialement une

---

[11] Avant la guerre, Maurice Naessens est secrétaire de l'Office de Propagande du POB. Il écrit notamment *Controle en Nationalisatie der Oorloogsindustrie*, Centrale d'Éducation ouvrière, Bruxelles, 1937. Jos Rens qui le connaît depuis les années 1920 dit de lui qu'il a toujours été hanté par les problèmes de la guerre. Le pacifisme prend chez lui la forme d'une véritable passion. Rien d'étonnant donc qu'il se soit penché sur ce problème des industries d'armement qui constitue un des aspects les plus hideux de la guerre dans *Le Prolétaire*, 29 mai 1937, p. 1.

création du socialisme. Les socialistes ne s'y sont convertis qu'au moment d'accéder au pouvoir. Cette idée planiste reçoit d'ailleurs une impulsion méthodologique entre 1922 et 1932 au sein des milieux dirigeants et industriels américains qui vont concevoir l'idée d'un plan quinquennal, analogue au plan soviétique.

A. Le Plan du Travail

Le planisme conçu par de Man se distingue des autres solutions socialistes comme un instrument technique d'une réforme plus ou moins révolutionnaire, mais en tous cas immédiatement révolutionnaire[12]. Les remous politiques et les perturbations économiques qui suivent la Première Guerre mondiale provoquent une radicalisation de l'opinion publique qui va s'accentuer encore, lors de la grande dépression qui suivit la crise de 1929. Dans les classes moyennes et, surtout, les milieux intellectuels, la confiance dans l'ordre capitaliste et dans les grands chefs d'affaires va décroissant. L'extension des entreprises et des administrations publiques provoque la multiplication d'un groupe social composé d'hommes, souvent sortis du peuple ou de la petite bourgeoisie qui ont reçu une formation technique et qui estiment ne pas avoir dans la société le rôle que justifieraient leurs aptitudes. Ces « technocrates », auxquels s'ajoutent des intellectuels issus de la bourgeoisie, fournissent les cadres des mouvements qui, non seulement, visent à une transformation radicale de la société, mais encore demandent des réformes immédiates qui confieraient la « direction » de l'économie à ces éléments nouveaux.

Les syndicalistes socialistes belges adhèrent au planisme dans l'espoir de voir leur objectif de démocratie économique et industrielle se concrétiser. Après la Seconde Guerre mondiale, le mouvement syndical socialiste prend la précaution de situer très clairement cet objectif de réformes de structure et d'inscrire leurs réalisations dans le cadre de la lutte des classes. Le Mouvement syndical unifié, issu de la Résistance et conduit par André Renard, ne renie pas l'héritage du Plan du Travail, mais il va en rejeter les aspects interclassistes et autoritaires. Ce courant principalement liégeois réclame des réformes de structures au sein de l'économie belge et, à plus long terme, de la société dans son ensemble. Son but est de promouvoir une troisième voie entre économie de marché et collectivisme soviétique.

Dans cette optique, la question de la nationalisation des industries de base est posée clairement de même que celle de l'étatisation de l'économie, non seulement en Belgique, mais aussi dans d'autres pays, par-

---

[12] Henri Noyelle, *Europe nouvelle*, 10 août 1935. Noyelle est alors professeur à la Faculté de Droit de Paris.

fois même avant 1945. Ainsi, en Allemagne dans l'entre-deux-guerres et en Grande-Bretagne, après 1945, les tendances centralisatrices conduisent les gouvernements à appliquer des solutions d'étatisation directe et de gestion directe non étatiste d'entreprises économiques privées avec la collaboration ouvrière. L'article 156 de la Constitution de Weimar confère, à l'État, le droit

> de transformer en exploitations publiques les entreprises économiques privées pouvant se prêter à cette forme d'exploitation [et] de fusionner des entreprises et sociétés sur la base de la gestion directe dans le but d'assurer la collaboration de toutes les couches sociales laborieuses, employeurs et travailleurs, et de réglementer la production, la fabrication, la répartition, la consommation, la fixation des prix, ainsi que l'importation et l'exportation des produits d'après des règles communes.[13]

En Angleterre, la solution adoptée après 1945 peut être qualifiée d'étatiste même si le ministre compétent doit choisir les membres des conseils nouvellement créés parmi les personnes ayant une expérience ou ayant prouvé leur capacité en matière industrielle, commerciale ou financière, en sciences appliquées, administration ou organisation des travailleurs. Des syndicalistes vont faire partie de ces conseils avec une gestion de type *businesslike* selon des méthodes commerciales.

L'exemple anglais avec Beveridge et les nationalisations acquises par les travaillistes inspirent à tout le moins Renard qui s'est rendu à Londres en 1947 pour le congrès de la Fédération syndicale mondiale (FSM)[14].

B. Une commission économique au sein de la FGTB

Après une première étape, la loi de 1948 sur les conseils d'entreprises et l'Affaire royale en 1950, Renard mène un nouveau combat pour la Charte du travail et pour l'instauration d'une véritable démocratie économique[15]. Albert De Smaele, un ingénieur, ministre des Affaires économiques sous les gouvernements Van Acker I et II en 1945 et qui deviendra président du Comité de direction de Socogaz, est l'instigateur d'un mouvement qui veut remettre à l'ordre du jour les réformes de structure prônées par le Plan de Travail dans l'entre-deux-guerres. Max Buset, le président du PSB, ayant refusé de porter politiquement ce programme, De Smaele trouve des oreilles plus attentives dans le chef

---

[13] T. Frederek, « Les conseils d'entreprise en Allemagne avant la dictature hitlérienne », in *Le mouvement syndical belge*, 29 juin 1936, p. 121.

[14] Les Anglais bénéficient d'un *a priori* plus que favorable dans les milieux liégeois après la guerre pour leur combat contre l'Allemagne nazie.

[15] F. Cammarata et P. Tilly, *Histoire sociale et industrielle de la Wallonie*, Bruxelles, EVO, 2002, p. 71.

d'Henri Janne, chef de cabinet du ministre socialiste Paul De Groote en 1947, et d'André Renard, qui y voit la possibilité de donner une légitimité au rapport sur la situation économique de la Belgique qu'il doit présenter en 1954 lors d'un congrès extraordinaire de la FGTB.

Sans que jamais cette structure ne soit vraiment officialisée, Renard lance une commission d'étude, composée d'un groupe d'intellectuels éminents en relation avec le mouvement socialiste et de techniciens, reprenant ainsi la méthode utilisée par Léon Jouhaux lors du plan de la CGT française en 1934. Cette commission d'études comprend des sociologues (René Evalenko), des économistes (Paul Lambert[16] et Ernest Mandel, l'un des fondateurs de la Gauche en 1956, qui rejoint l'équipe plus tard pour la rédaction du rapport de 1956 sur les holdings), des juristes, tous issus de l'ULB, et de hauts fonctionnaires venant de ministères, de parastataux ou d'institutions bancaires (comme Jacques Defay, Henri Neuman – qui rejoindra la commission plus tard – et Herman Biron, futur directeur à la Commission bancaire). La commission est composée également de brillants techniciens issus des services d'études de la FGTB, comme Pierre Bougniet, Henri Ceuppens et Jacques Yerna, qui va en assurer le secrétariat. Le professeur Henri Janne, futur recteur de l'ULB, assure la présidence scientifique et André Renard, sans participer à toutes les réunions donne à cette commission les impulsions nécessaires pour atteindre les objectifs de la FGTB.

Le concours d'Henri Janne est évidemment fondamental. Docteur en philosophie et lettres de l'ULB, il devient le chef de cabinet d'Albert de Smaele, puis chef de cabinet du Rééquipement national et de la Coordination économique du ministre socialiste De Groote. Devenu directeur de la Coordination économique au département du Premier ministre Spaak en 1949, il occupe ensuite des postes internationaux, notamment à l'OTAN et aux Nations Unies. Il a aussi participé à la Résistance comme André Renard. Henri Janne milite par ailleurs au sein des comités nationaux du Mouvement socialiste pour les États-Unis d'Europe et du Mouvement fédéraliste où il côtoie André Renard.

Parmi les membres de la Commission figure également Raymond Rifflet, historien et professeur d'athénée, qui est particulièrement actif dans le mouvement fédéraliste européen à partir de 1946, et qui devient dans les années 1950 secrétaire général du mouvement socialiste pour les Etats-Unis d'Europe placé sous la présidence honorifique de Paul-Henri Spaak et sous la présidence effective d'André Philip. Rifflet devient

---

[16] Professeur à l'Université de Liège, fondateur du CIRIEC à Liège, il deviendra le grand spécialiste international des coopératives et de l'économie sociale. André Renard et Paul Lambert militent au sein des jeunes gardes socialistes dans l'entre-deux-guerres. Paul Lambert est associé indirectement aux travaux de la Commission.

ultérieurement président du comité central de l'Union européenne des fédéralistes.

C. Intégration européenne et progrès social

Sur le dossier européen, la Commission et la FGTB se prononcent pour une intégration systématique et horizontale. Le planisme souple et national, revendiqué par la FGTB, s'inscrit résolument dans le contexte de l'intégration économique européenne. Pour Renard, cette intégration ne doit pas être un but en soi, mais un moyen de promouvoir le progrès social. L'intégration européenne doit être caractérisée par la lutte contre les ententes et les cartels. Réalités dont le rapport de 1956 de la FGTB sur les holdings souligne l'existence[17]. La FGTB réclame la mise sur pied d'institutions supranationales, capables d'imposer une discipline d'intérêt général aux divers égoïsmes (Renard en défendra régulièrement l'idée à la CECA), la création d'une Banque européenne d'investissements et la cogestion paritaire. D'autres mesures comme la mise sur pied d'une banque centrale européenne ou du moins une coordination des banques nationales, des conventions collectives européennes minima sont proposées. La création d'une monnaie unique est également appuyée par le syndicat socialiste qui défend sur le plan politique l'idée d'une troisième force capable d'arracher les hommes au dilemme du communisme totalitaire ou de l'anarchie capitaliste. Ces différentes propositions portent incontestablement la marque d'André Renard et de Raymond Rifflet. Elles synthétisent à merveille le vaste débat d'idées entretenu par la commission d'études.

Mais pour atteindre ces objectifs, Renard est plus que jamais conscient qu'une entente étroite entre les organisations syndicales des pays de la CECA est nécessaire. Un renforcement des possibilités d'action des travailleurs et une politique de l'emploi au niveau européen sont à ce prix.

IV. Renard et la construction européenne

C'est à la fin des années 1930 que Renard acquiert la conviction de l'utilité et de la nécessité d'une action syndicale à l'échelle internationale. Une semaine d'études à Genève au BIT en août 1938 le convainc d'ouvrir les horizons de son militantisme : « Il faut forger une chaîne internationale. Il faut essayer d'élever simultanément le niveau de vie du prolétariat du monde ». Renard va militer progressivement en faveur de ce qu'il appellera, après la Seconde Guerre mondiale, un sain internationalisme. C'est au sortir de celle-ci, qui le voit d'abord prisonnier en Allemagne, puis membre de l'Armée de la Libération (Service de

---

[17]　FGTB, *Holdings et démocratie économique*, 1956, p. 191.

Renseignement et d'Action) à partir de novembre 1942 dans la région de Liège, que Renard, devenu l'un des principaux leader de la FGTB, nouvellement constituée, va penser et agir globalement. En septembre 1948, il précise sa conception de l'intégration européenne qui doit mener à une économie européenne socialisée et à une Europe socialiste :

> Oui, il s'agit de faire l'Europe, c'est-à-dire de construire quelque chose qui soit l'Europe et non un « Portugal » américain ou un glacis soviétique. Il s'agit donc de l'indépendance de l'Europe. Et pour commencer, de l'indépendance économique. L'Europe se vend aux États-Unis par les bons offices du Plan Marshall, assure le Kominform. Si quelque chose ne se fait pas immédiatement, le Kominform, dans cinq ou dix ans, risque fort d'avoir raison.[18]

Renard rend hommage à ceux qui ont mis sur pied des organismes à base concrète comme le Plan Marshall, le Comité des seize ou le Pacte à cinq. Mais en même temps, il considère que « ces organismes continuent encore à agir – si je puis me permettre cette expression – en dehors du peuple. La population ouvrière, notamment, semble s'intéresser très peu à ces organismes où elle ne voit que les moyens politiques de consolider un régime établi »[19]. Membre actif du Comité Schuman créé au sein de l'organisation européenne de la Confédération internationale des syndicats libres (CISL) et membre de la délégation belge qui négocie à Paris, Renard est partisan comme Finet, qui est alors secrétaire général de la FGTB, d'une Europe atlantique[20]. Dans ces cénacles européens, il contracte des amitiés solides et établit des contacts durables sur le plan interprofessionnel avec des syndicalistes comme Robert Bothereau de la CGT-FO française, Oosterhuis du NVV néerlandais (Nederlands Verbond van Vakverenigingen), Giulio Pastore de la CISL italienne et Italo Viglianesi de l'UIL italienne, Walter Freitag et Heinrich Straeter de la DGB dont la plupart se retrouveront au sein du Comité Jean Monnet.

A. Le comité consultatif de la CECA

Renard, comme membre, président et vice-président du Comité consultatif de la CECA va jouer un rôle de premier plan dans l'organisation du réseau syndical au sein de cette institution. Une CECA qui compte, au sein de sa Haute Autorité, deux anciens syndicalistes, Heinz Potthoff et Paul Finet. Renard aura des contacts étroits avec le premier

---

[18] « Bâtisseurs européens », in *Volonté*, 11 septembre 1948, p. 1.

[19] « Faire l'Europe », in *ibid.*, 30 octobre 1948, p. 1.

[20] Voir à ce sujet, l'article très fouillé d'A. Ciampani, « Il dilemma dell'Europa tra cooperazione ed integrazione europea : l'organizzazione regionale europea della Confederazione Internazionale dei Sindicati Liberi (1950-1957) », in *id.* (ed.), *L'altra via per l'Europa. Forze sociali e organizzazione degli interessi nell'integrazione europea (1947-1957)*, Milan, 1995, pp. 200-229.

nommé. Sans doute sa connaissance de l'allemand y est-elle pour beaucoup. Quant à Finet, Renard lui voue une certaine admiration même si beaucoup de choses les séparent[21]. Finet est issu de la région de Charleroi où règne Arthur Gailly, syndicaliste et député belge, membre de l'Assemblée commune de la CECA. Gailly, est le « pire ennemi » de Renard sur le plan syndical. Finet n'a pas le charisme de Renard. Il est parti à Londres durant la guerre et il est issu de cette génération du syndicalisme belge qui avait perdu de sa légitimité dans les années 1930 en raison de sa passivité face à la crise. Renard est plus enclin à l'action directe que le « réformiste » Finet, ce qui lui donne une grande aura chez les militants syndicaux qu'il parvient à mobiliser de manière impressionnante et rapide.

Vice-président du comité consultatif en 1953 lors de la création, Renard en sera le président en 1954 imprimant sa marque personnelle pour donner des pouvoirs plus grands à cette institution dans l'idée d'une Europe plus sociale. Au sortir de sa présidence en janvier 1955, il va défendre dans un document qui recueille un écho incontestable[22], l'idée d'une implication plus grande du comité consultatif dans la vie de la CECA. Cette position n'obtient pas le soutien de Finet[23]. Au cours de son mandat, le syndicaliste liégeois défendra souvent cette position : « Une seule politique économique européenne est possible : c'est celle qui lie, à tous les instants, l'économique et le social. C'est à cette condition que les travailleurs, sans qui l'Europe ne peut se faire, feront l'Europe ». C'est la profession de foi de Renard en faveur d'une démocratie économique en Europe. Pour y arriver, il ne se contente pas de lancer des déclarations de principe en faveur d'une Europe sociale. Il y travaille concrètement, notamment dans la promotion de conventions collectives européennes. N'envisage-t-il pas la possibilité d'organiser une grève supranationale, ce qui se révèle dans la pratique très difficile à mettre en œuvre ?

Au sein du comité consultatif, Renard renforce son réseau de contact sur le plan sectoriel de l'acier en côtoyant pendant cinq ans l'ensemble des représentants du patronat des Six, comme le Baron van der Rest, Jacques Ferry, Jean Picard, mais aussi les représentants des utilisateurs et consommateurs et bien entendu les syndicalistes d'autres pays.

---

[21] Les lacunes énormes dans les archives syndicales ne permettent guère de cerner les relations entre les deux hommes sauf par quelques rares témoignages oraux.

[22] L. Mechi, « Il comitato consultativo della CECA », in A. Varsori (ed.), *Il comitato economica e sociale nella construzione europea*, Venezia, 2000, p. 48.

[23] A. Renard, quelques considérations sur le fonctionnement et les missions du Comité consultatif, 13 janvier 1955, Archives historiques de la Commission à Bruxelles, CEAB1/834.

Deux préoccupations syndicales apparaissent essentielles dans l'action européenne : la défense positive de la paix et la lutte contre les concentrations économiques d'intérêts privés.

L'organisation supranationale des syndicats de la CECA ne débouchera pas sur une fusion organique souhaitée par Renard, mais plutôt sur un premier pas vers une coordination permanente. Cet intergroupe ouvrier, où chrétiens et syndicalistes « libres » coordonnent leur point de vue, va déboucher sur la naissance d'un dialogue social européen avant la lettre avec l'ambition de doter les institutions européennes de pouvoirs positifs visant à des transformations structurelles. Le 1er juin 1957, les partenaires sociaux se réunissent sous la présidence de Finet.

Ce réseau syndical va peser de tout son poids par une pression directe auprès des représentants du monde du travail au sein de la Haute Autorité et de l'Assemblée commune notamment pour la limitation de la durée du travail au sein de la Communauté.

Il est utile de signaler que Renard devient membre du comité Monnet pour les États-Unis d'Europe en 1955 avec d'autres syndicalistes d'ailleurs, comme l'Italien Giulio Pastore ou le Français Robert Bothereau. Les relations que Renard entretient avec Monnet au sein de la CECA et les prises de position du syndicaliste en faveur d'une intégration plus poussée lui donnent une légitimité suffisante pour entrer dans le comité Monnet en lieu et place de Louis Major, pourtant secrétaire général de la FGTB.

Mais la situation économique de la Belgique et de la Wallonie à la fin des années 1950 voit un André Renard, déçu par le manque d'implication des syndicats de la part des négociateurs lors la création de la CEE, se recentrer sur le combat wallon, même s'il fait son entrée au Comité économique et social de la CEE.

V. Combat fédéraliste wallon et européen

Le réseau relationnel de Renard compte des personnalités politiques de premier plan comme les ministres socialistes Joseph Merlot de Seraing ou Léon-Eli Troclet de Liège, le sénateur Fernand Dehousse, le président du PSB Léo Collard ou encore le ministre d'État Paul-Henri Spaak, que Renard connaît depuis l'Action socialiste dans les années 1930.

Renard investit également des groupes de pression comme le CEW et le Mouvement fédéraliste européen, section de Liège. Ces deux lieux d'investissements apparaissent mineurs dans l'action d'André Renard, mais ils cadrent bien avec sa volonté de sensibiliser les « hommes de pouvoir » au programme qu'il défend depuis des années. Renard fait aussi partie du Grand Liège, créé par Georges Truffaut en vue d'une unité du front liégeois. Une participation qu'il finit par refuser. Le 4 avril 1960, il écrit cependant à G. Thone, président de l'a.s.b.l. du Grand Liège, pour lui annoncer sa démission du conseil d'administration et de l'association en mettant ainsi fin à un malentendu qui n'a que trop duré à ses yeux.

> L'attitude que vous avez prise ces derniers temps ne me permet pas en effet de maintenir mon adhésion. Les principes qui inspirent votre action actuellement sont nettement réactionnaires. J'ai toujours pensé que vous étiez des libéraux, mais j'avais cru que sous la pression des faits et parce que vous vivez au centre d'une agglomération très ouvrière et très socialiste, vous abandonneriez l'aspect trop vieilli de cette doctrine libérale. Il n'en est rien. Dans ces conditions, je ne vois pas bien ce qu'un syndicaliste peut encore faire parmi vous.[24]

Une prise de distance que Renard adoptera également à l'égard du CEW à la même période, après avoir soutenu ce groupe de pression durant les années 1950. Conçu avant les hostilités, préparé pendant la guerre, le CEW dépose ses statuts le 21 juillet 1945[25]. « Le CEW entend défendre les intérêts économiques de la Wallonie tout comme le VEV défend depuis de nombreuses années déjà, les intérêts économiques spécifiquement flamands ». On y retrouve non seulement des représentants du patronat, mais également des représentants du sérail politique, du monde ouvrier, des chambres de commerce et des classes moyennes. Renard, qui va se désolidariser du CEW après la grève de 1960, jugeant cet organisme trop proche des thèses patronales, veut pourtant renforcer la présence syndicale au début des années 1950. Il écrit en ce sens à Joseph Mineur, administrateur délégué du Conseil, le 11 juin 1953 :

> Je crois pouvoir vous suggérer, après avoir consulté certains de nos amis, d'augmenter sensiblement le nombre de syndicalistes au Conseil d'administration... J'ai le sentiment que, en renforçant la représentation syndicale, nous renforcerions le CEW. Nous voudrions que les travailleurs sachent qu'il existe un Conseil économique wallon et que celui-ci s'assigne comme objectif : la prospérité générale.[26]

Nombre de personnalités présentes dans les organes du CEW se retrouve dans le mouvement fédéraliste européen qui est d'ailleurs animé à Liège par le CEW. Le mouvement belge pour les États-Unis d'Europe est affilié sur le plan international à l'Union européenne des

---

[24] Archives du CEW, fonds d'histoire du mouvement wallon, Liège, archives non classées à ce jour.

[25] Pour une présentation plus complète du CEW, voir F. Cammarata et P. Tilly, *Histoire sociale et industrielle de la Wallonie, op. cit.*, pp. 49-53.

[26] Archives du CEW, Fonds d'histoire du mouvement wallon, Liège, archives non classées à ce jour.

Fédéralistes. Cette union tient son quatrième congrès annuel, les 29, 30 et 31 mars 1952 à Aix-la-Chapelle, une ville qui a fortement souffert de la guerre et qui compte peu de logement à l'époque. Renard y représente avec Charles Baré, Auguste Buisseret, Léo Collard, Max Dreschel, Edgard Frankignoul, R. Marique, l'Abbé M. Orban, Jean Rey et Isidore Smets, le Mouvement d'étude et d'action pour la Fédération européenne. Ce mouvement est présidé par le Baron Soupart. André Philip participe également comme président du mouvement socialiste pour les États-Unis d'Europe. Renard est membre du comité central du mouvement belge pour la Fédération européenne et il représente le mouvement au Conseil national du mouvement européen avec Rifflet, Cool, Dehousse, Jacques Spaey, Baron Fernand Van Ackere, Pierre Cabuy, Gilbert Debroeck, Georges Goriely, René Dreze, Marc-Antoine Pierson, Henri Ceuppens, Henri Janne, Georges Bohy, Joseph Fafchamps, Hubert Halin et Michel Van Doorselaere.

Conclusions

Lors d'une réunion du comité élargi du MPW du centre, le 11 mars 1962, Paul Lambert revient sur l'évolution du dossier des réformes de structures et sur l'action du gouvernement en place :

> Bien sûr, nous sommes loin des réformes de structures, mais on doit admettre que certaines choses réalisées constituent tout de même un progrès social, si minime soit-il. Les progrès sont insuffisants et l'actuel Directoire Charbonnier est loin de nous donner satisfaction. En matière linguistique, nous continuons à vivre une expérience lamentable (la Voer, etc.), c'est un système rétrograde, même par rapport au traité de Versailles ; on ne consulte plus les gens sur ce qu'ils veulent et sur ce qu'ils désirent.[27]

Le combat mené par André Renard qui décède en juillet de la même année arrivait dans une phase cruciale. Il faudra encore près de vingt ans pour que la Région wallonne dispose d'une réelle autonomie pour assurer la reconversion de son économie. Avant de terminer cette contribution sur les réseaux économiques, il faut encore préciser combien le journal *La Wallonie*, fort populaire à Liège, et dont Renard reprend la direction en 1948, va constituer pour lui un formidable outil en termes d'information (son réseau d'informateurs lui permet de connaître les faits et gestes du monde économique, politique et social). Un organe de presse qu'il mettra au service du mouvement syndical pour l'action revendicative des travailleurs et qu'il utilisera comme outil d'éducation, un autre aspect de son action multiforme. Car il faut bien parler de réseaux multiformes dans le chef d'André Renard qui mettait la théorie

---

[27] Procès-verbal de la réunion du comité élargi du dimanche 11 mars 1962 du MPW du Centre, fonds Cenforsoc.

au service de la pratique en la rendant accessible au monde des travailleurs. Quand Renard déclarait, « Il faut une étroite participation syndicale de la base au sommet à l'élaboration de la politique économique et sociale de la communauté et à ses applications régionales », il exprimait le sens de ce qui sera l'œuvre de sa vie de militant syndical : « donner à son action militante l'objectif de représenter les travailleurs de la base au sommet et à ceux-ci l'occasion de participer réellement ».

Le Conseil syndical interrégional Saar-Lor-Lux

Un coin d'Europe en marche ?

Sylvain SCHIRMANN

Université de Metz

Créé le 10 juillet 1976 à Sarrebruck, dans le cadre de la Confédération européenne des syndicats, le Conseil syndical interrégional Saar-Lor-Lux (CSI) est le premier conseil syndical interrégional européen. Regroupant trois organisations au moment de sa naissance (le DGB-Saar, la CGT-FO Lorraine et la CGT-Lux), le Conseil allait rapidement s'ouvrir à deux autres syndicats au cours de l'année suivante : la CFDT et la CFTC Lorraine, tant et si bien que l'on peut considérer cette structure de cinq confédérations comme le noyau fondateur.

C'est à la première phase de l'expérience, c'est-à-dire à la mise en place de l'action syndicale transfrontalière jusqu'au début des années 1980, que nous nous intéresserons. Certes, depuis, le CSI s'est agrandi. Trois nouvelles organisations s'y sont affiliées : la CGT, le LCGB Luxembourg (syndicalisme chrétien), le DGB-Trèves, ce dernier ajout témoignant également de l'extension géographique de la « grande région » qui inclut à partir de ce moment la partie occidentale de la Rhénanie Palatinat. Cette extension n'a pas fondamentalement modifié les objectifs initiaux du CSI, ni résolu les problèmes que pose la coopération syndicale transfrontalière.

Trois aspects retiendront notre attention dans cette courte synthèse :

– dans un premier temps, nous présenterons les objectifs, les structures mises en place et les principes de fonctionnement du CSI ;

– nous analyserons ensuite son projet de création d'une région européenne dans l'espace transfrontalier Saar-Lor-Lux ;

– enfin, en guise de bilan, nous insisterons sur les difficultés que rencontre ce dialogue syndical transfrontalier, difficultés liées non seulement à des réalités économiques différentes, mais également à des approches culturelles différentes.

I. Objectifs, structures et principes de fonctionnement du CSI

Créé le 10 juillet 1976, le CSI s'assigne d'emblée plusieurs missions. Elles découlent de ce que dit son texte constitutif :

> Compte tenu de la singularité du traité franco-allemand sur la Sarre, ainsi que des relations très étroites et des dépendances mutuelles dans la région de concentration économique de la Sarre, de la Lorraine et du Luxembourg, le CSI a décidé de représenter et de promouvoir les intérêts sociaux, économiques et culturels des travailleurs de la région. Aux autorités de répondre à l'attente des travailleurs de cette « région européenne ».[1]

Dans une région marquée par la crise économique et dont la reconversion est une nécessité (nous n'avons pas besoin de rappeler les nombreux « plans acier »), il s'agit de défendre les intérêts des salariés de cet espace transfrontalier :

– vis-à-vis des États nationaux et des pouvoirs publics, car, par exemple, certains plans de restructuration industrielle ont été élaborés par les acteurs nationaux ;

– vis-à-vis de la Communauté européenne, dont certains organes de création récente s'occupent justement des espaces régionaux (FEDER) ou de politique sociale (FSE), ou même de politiques industrielles (plan Davignon) ;

– vis-à-vis d'autres partenaires sociaux (patronat, mais également *Land* ou autres organisations territoriales dans le cadre de la protection sociale, voire de l'emploi et de la formation).

Ainsi, face aux multiples décideurs qui ont en charge la reconversion d'une région économiquement éprouvée, le Conseil syndical interrégional constituerait un contrepoids social efficace. Cela est d'autant plus important qu'une coopération transfrontalière, qui existe déjà dans certains domaines, s'ébauche dans d'autres secteurs. Citons par exemple la coopération entre les délégations régionales et départementales de l'Agence nationale pour l'Emploi et le *Landesarbeitsamt* de la Sarre, ou encore celle entre les *Unternehmensverbände* et l'Union patronale de Lorraine. Cette coopération pourrait avoir un contenu plus social si une organisation transfrontalière des salariés pesait sur les politiques régionales[2].

---

[1] Communautés européennes, *Informations syndicales* (Journal syndical édité par la division « Syndicats » de la direction générale de l'Information), n° 7/8, juillet-août 1976, p. 29.

[2] FO, *Hebdo*, Organe officiel de la CGT-Force Ouvrière, n° 1497, 2 février 1977.

Mais au-delà de ces aspects défensifs, le Conseil poursuivait également-ment d'autres ambitions, plus constructives. Il s'agissait pour lui de prendre position sur les grands problèmes concernant l'espace transfrontalier : l'énergie, les transports, l'environnement, voire même la question d'une planification comme outil de développement régional. Le CSI serait un des lieux de réflexion et de débat d'où surgiraient des propositions pour l'aménagement d'un espace transfrontalier. Un réseau d'organisations syndicales et de syndicalistes dessinerait, par ses propositions, les contours d'une Europe des régions (qui aurait forcément un fort contenu social). Un coin d'Europe se mettrait alors en marche dans le périmètre Saar-Lor-Lux[3] ! Cette perspective est un défi pour les organisations syndicales elles-mêmes, car elles doivent se doter d'instruments de coopération et d'une structure qui répondent à ce grand dessein.

Le Conseil syndical interrégional repose à cette fin sur un bureau de trois membres qui se réunit au moins six fois par an. Il est constitué d'un président (DGB) et de deux vice-présidents (FO et CGT-Lux). Il s'étend avec l'entrée de nouvelles confédérations syndicales. À lui de mettre en musique les décisions d'une conférence commune interrégionale, sorte de parlement syndical interrégional, composé de quarante membres (dont la moitié provient du DGB). Cette conférence se réunit au moins une fois tous les trois ans, mais dans la pratique tient en moyenne deux réunions annuelles. Depuis, ces institutions ont évolué. La conférence commune a lieu tous les quatre ans. Elle fixe toujours les orientations du CSI. Un présidium, qui se réunit quatre fois par an, composé d'un président, de sept vice-présidents (un par organisation syndicale) et de membres suppléants, peut également organiser des conférences, des débats. Le directoire, qui siège obligatoirement avant chaque réunion du présidium et autant de fois qu'il le décide, regroupe le président et les sept vice-présidents. Le président représente l'exécutif du CSI. C'est dans cette structure qu'on élabore les programmes d'action et qu'on coordonne l'activité des organisations membres (celles-ci restent bien évidemment souveraines)[4].

Lieu de concertation, d'harmonisation et de réflexion, le CSI se fixe comme objectif de construire en Saar-Lor-Lux la première région européenne intégrée, économiquement forte, socialement avancée. C'est la condition estime-t-on pour attirer dans cet espace en crise les fonds européens : en faire un laboratoire pour l'Europe !

---

[3] *Le Combat social*, Union départementale des syndicats FO de la Moselle, n° 65, 4ᵉ trimestre 1977.

[4] Communautés européennes, *Informations syndicales*, n° 7/8, *op. cit.*

II. Les actions et le travail du CSI dans les années initiales

L'action du CSI est déterminée par le contexte économique et social. Au moment de sa création en 1976, ce qui préoccupe les syndicalistes c'est la restructuration de l'économie, celle de la Lorraine notamment, l'organisation des reconversions et la diversification des activités de l'espace Saar-Lor-Lux. Les premières réunions, que ce soit à Metz, à Luxembourg, à Sarrebruck ou à Pont-à-Mousson, montrent que le CSI tend à mener un dialogue à trois niveaux.

Le premier niveau est constitué par la sphère européenne. Dès sa création à Sarrebruck en juillet 1976, le CSI lance un appel au FEDER (dont la période probatoire va s'achever au 1er janvier 1977) pour que celui-ci définisse une véritable politique régionale communautaire, qui ne s'appuie pas sur des critères nationaux de répartition des aides (trop souvent définis selon des considérations politiciennes pour le CSI) mais sur des objectifs européens, notamment la résorption de la crise économique dans les régions les plus nécessiteuses[5]. En janvier 1977, la réunion de Metz est l'occasion d'adopter une résolution transmise à la Commission de Bruxelles[6]. On y fixe les règles d'une politique régionale communautaire. En avril 1978, à la veille du sommet de Copenhague, le CSI demande une garantie européenne de l'emploi[7]. Lors de sa 3e conférence à Sarrebruck (9-10 juin 1978), le Conseil rédige un mémorandum destiné aux Communautés, aux gouvernements et au patronat. C'est un programme de défense de l'emploi[8].

Les différents gouvernements nationaux constituent le second interlocuteur. Les interdépendances économiques étant fortes dans la région, les actions isolées des États dans ce domaine ne pouvaient avoir qu'un effet limité. Il était donc nécessaire que les trois États s'accordent entre eux pour élaborer des mesures spécifiques. Pour le CSI, il était évident que les gouvernements concernés devaient améliorer les instruments de la politique régionale. À Luxembourg, en novembre 1977 par exemple, il réclame l'élaboration d'un programme suprafrontalier de développement pour l'Euro-région Saar-Lor-Lux[9]. Il répète à peu près la même chose, lorsqu'il est reçu le 20 janvier 1978 par C. Beullac, le ministre français du Travail : une coopération des trois gouvernements concernés dans l'espace régional, notamment par l'élaboration d'un plan social pour la région[10]. À Sarrebruck on parle même en juin 1978 dans le

---

[5]   *Ibid.*

[6]   *Ibid.*, n° 1, 1977, p. 19.

[7]   CFDT, *Syndicalisme Hebdo*, n° 1700, 13 avril 1978.

[8]   FO, *Hebdo*, n° 1556, 28 juin 1978.

[9]   Communautés européennes, *Informations syndicales*, n° 10, 1977, p. 22.

[10]   *Ibid.*, n° 1, 1978, p. 20.

mémorandum cité précédemment et destiné aux gouvernements nationaux de « politique économique inter-frontalière » et on souhaite activer la discussion entre Paris et Bonn sur les questions relevant de ce chantier. Ces gouvernements (y compris le *Land* Sarre) ont des moyens d'action, car dans l'espace Saar-Lor-Lux de part et d'autre de la frontière existent de nombreuses entreprises publiques[11].

L'entreprise, et plus particulièrement les instances patronales, forment le dernier niveau de discussion. D'elles on attend une harmonisation des conditions de travail dans l'espace régional et un dialogue social plus intense. On espère également pouvoir créer une commission tripartite. Au bout du compte, le CSI souhaiterait institutionnaliser une coopération et intensifier les travaux de la commission régionale intergouvernementale Saar-Lor-Lux par la signature d'un accord entre les gouvernements nationaux, un accord élaboré sous l'égide ou du moins en conformité avec les objectifs de la Communauté européenne.

Il faut cependant habiller ce cadre institutionnel et lui donner un contenu. La crise économique impose des programmes d'urgence, mais ces mesures immédiates doivent s'inscrire dans un plan à long et moyen terme, auquel participeraient le FEDER, le FSE et la BEI (Banque européenne d'investissement).

Dans l'immédiat, la politique économique pratiquée dans l'espace transfrontalier accorderait la priorité absolue au charbon régional. Celui-ci pourrait être à la base d'une politique énergétique coordonnée. Le combustible serait utilisé dans la production d'électricité et bénéficierait de mesures de valorisation (gazéification et liquéfaction). Le caractère public des entreprises de ce secteur (en Lorraine comme en Sarre) faciliterait ces perspectives. Le charbon entraînerait ensuite le développement de projets industriels plus conséquents. Trois complexes seraient alors à envisager :

– une cokerie à grande portée ;
– une centrale franco-allemande à base de charbon ;
– un complexe carbo-chimique moderne dans la région Saar-Lor-Lux.

Cette politique « du tout charbon » s'accompagnerait d'une amélioration des infrastructures de transports, notamment la voie ferrée, pour décharger une route déjà bien saturée[12].

Il faut cependant viser à diversifier les activités, à en créer d'autres à partir de ce secteur charbonnier. Les centrales prévues « doivent être écologiquement acceptables », ce qui suppose le développement au sein de l'espace transfrontalier de toute une infrastructure de traitement des

[11] FO, *Hebdo*, n° 1556, 28 juin 1978.
[12] *Ibid.*

déchets. La recherche stimulerait cette activité et permettrait de notables améliorations dans ce secteur. Un effort immédiat porterait sur le cadre de vie, car ses effets seraient à court terme bénéfiques en matière d'emploi. À côté des habituelles mesures à prendre pour favoriser la construction de logements, on note une autre proposition intéressante : il s'agirait de lancer une politique de protection des eaux communes au-delà des frontières nationales. Elle conduirait à l'assainissement de la Moselle, de la Sarre et de leurs affluents. Le traitement de ces cours d'eau favoriserait leur utilisation pour la récréation et la pêche. La protection de ces sites entraînerait un tourisme vert, générateur d'emplois et de revenus[13].

Ces projets accompagneraient nécessairement une politique de la formation et de l'emploi transfrontalière. Prioritaire : la formation. Pour le CSI, il s'agit d'améliorer l'enseignement professionnel dispensé dans la région. Celui-ci doit favoriser les possibilités de reconversion et accroître la qualification professionnelle des salariés. À cette fin, le Conseil souhaite la création d'un centre de formation professionnelle interrégional, dont l'objectif est de répondre à l'évolution économique de la grande région Saar-Lor-Lux. Dans ce centre, priorité est donnée à la formation de la jeunesse. En attendant la création de diplômes communs, la reconnaissance immédiate des qualifications existantes s'impose de part et d'autre des frontières. Mais il faut aller plus loin : le renforcement d'une homogénéité régionale pourrait s'appuyer sur une coordination en matière de garanties d'emploi et de protection sociale. L'objectif du CSI est de parvenir dans le terme le plus proche possible à une harmonisation de la durée de travail, de l'âge de départ à la retraite, des rémunérations, des prestations sociales et du système d'information des consommateurs. Les implantations industrielles nouvelles répondraient également aux mêmes normes et aux mêmes conditions de part et d'autre des frontières. L'intégration progressive de l'espace Saar-Lor-Lux pourrait conduire alors la Communauté à s'intéresser de près à l'expérience de la constitution d'une région européenne et on peut donc espérer dans cet espace la création de structures communautaires (d'agences européennes), notamment dans le domaine de l'énergie, de la recherche, de l'éducation et de la culture[14].

Les perspectives étant tracées, reste également à réfléchir aux structures qui accompagnent cette marche à l'intégration. La coopération existe certes entre États, et l'application des textes qui la régissent per-

---

[13] *Ibid.*

[14] Cf. FO, *Hebdo*, n° 1575, 17 janvier 1979 ou encore Union départementale des syndicats FO de la Moselle, *Le Combat social*, 4e trimestre 1977, n° 65 ; également in Union régionale des syndicats FO, *Le Combat social lorrain*, 1er trimestre 1979, n° 3 et in CFDT, *Syndicalisme Hebdo*, n° 1700, 13 avril 1978.

mettrait à ne pas en douter d'avancer dans un certain nombre de secteurs : il suffirait par exemple d'activer certains pourparlers entre Paris et Bonn (par l'application simplement des perspectives contenues dans le traité de l'Élysée) pour régler la question de la création de centres de formation professionnelle. De même, pour avancer dans cette coopération, faudrait-il intensifier les travaux de la commission régionale intergouvernementale Saar-Lor-Lux ! Un accord cadre institutionnalisant et surtout fixant les modalités de cette coopération, donnant réellement une autonomie à cette instance, devrait sortir des négociations entre les gouvernements nationaux.

On se rend bien compte au niveau du CSI que cette coopération entre les États n'est guère suffisante, même si elle est indispensable. Ceux-ci restent trop souvent braqués sur leurs frontières nationales. Dès lors, on réfléchit à des approches qui dépassent le cadre national. Solution classique, car inspirée de ce que la CES (Confédération européenne des syndicats) a obtenu à l'échelle européenne et qu'on cherche donc à transposer au niveau interrégional, le CSI exige la mise en place d'une conférence tripartite transfrontalière pour les questions économiques et sociales. La conférence serait composée de représentants des organisations syndicales (en l'occurrence du CSI), du patronat et des instances gouvernementales. Elle aurait pour fonction de réfléchir à la constitution d'un espace économique et social transfrontalier intégré. Mais elle pourrait élaborer des conventions pour rapprocher les conditions du marché du travail et de la protection sociale. Du point de vue syndical, elle aurait un autre avantage : elle pousserait patronat et États à se doter de structures transfrontalières[15].

On attend surtout beaucoup de la Communauté européenne. L'intervention du FEDER, ou du Fonds social européen, s'il permet une relative accalmie sur le front de l'emploi, favoriserait l'intégration régionale par les conditions mêmes de l'intervention. Là également le CSI esquisse un certain nombre de pistes :

– du FEDER, on espère une véritable politique régionale communautaire, supprimant les critères nationaux de répartition des aides et les remplaçant par des critères d'objectifs communs. La priorité devrait être donnée aux investissements d'infrastructures. Cela est possible si, dans le cadre du FEDER, on réfléchissait à un plan européen (ou à une planification européenne) ;

– du FSE (Fonds social européen), on guette des directives concernant la politique sociale. On songe, par exemple, à des propositions concrètes d'harmonisation en matière de durée de travail (en souhaitant surtout

---

[15] CFDT, *Syndicalisme Hebdo*, n° 1700, 13 avril 1978.

une réduction) et d'âge de départ à la retraite. Le FSE pourrait ensuite tenter d'harmoniser les législations sociales en Europe[16].

C'est cependant une dernière proposition du CSI qui retient l'attention : dès 1977, il souhaite la constitution d'une Union économique et monétaire européenne. Aux yeux du Conseil, l'avenir de la région en dépend énormément, car elle permettrait de résoudre ces déséquilibres et ces disparités de change dans cet espace aux complémentarités évidentes. Ceux-ci faussent les conditions de concurrence et les conditions d'emploi. Cette Union conditionnerait progressivement une harmonisation des politiques économiques[17].

Le CSI attend ainsi des instances communautaires une politique qui favorise l'intégration de cet espace transfrontalier. Mais en même temps, l'expérience de cet espace Saar-Lor-Lux en marche vers son intégration pourrait servir de matrice pour le renforcement des politiques européennes. Elle définirait un bout d'Europe qui aurait surmonté les clivages nationaux pour forger une communauté de destin, car la réalisation du programme souhaité entraînerait la mise en place d'initiatives et de politiques transfrontalières. De surcroît, les perspectives envisagées dépasseraient le simple cadre économique, pour tracer les contours d'un espace social régional. Cela rendrait l'Europe tangible aux salariés, car si les centrales syndicales sont acquises au processus de la construction européenne, leurs adhérents (notamment à la base) sont loin de percevoir l'utilité et les répercussions positives du phénomène. Voilà pourquoi, on peut, au moins en théorie, considérer cette expérience du CSI comme une tentative, sur un coin d'Europe, de mettre l'Europe en marche. Et d'insister sur le fait que sans Europe sociale, elle ne se mettra pas en marche.

Si l'on se tourne vers les pouvoirs publics, vers les instances communautaires, voire le patronat pour la concrétisation de cet objectif, celui-ci interpelle également les syndicats et il est nécessaire de se pencher sur les efforts faits, et les difficultés rencontrées par le CSI pour donner corps à cet ambitieux dessein, car il faut mobiliser adhérents et militants.

III. Les difficultés du dialogue intersyndical

Lorsqu'on est au niveau du dialogue dans et entre les instances syndicales qui composent le Conseil syndical interrégional, on mesure les difficultés de l'opération. Il en est de même au niveau de l'action ; une manifestation organisée par le CSI à Sarrebruck le 6 avril 1978 peine à mobiliser 1500 personnes, alors qu'au même moment les manifestations

---

[16] FO, *Hebdo*, n° 1556, 28 juin 1978.
[17] Communautés européennes, *Informations syndicales*, n° 1, 1977.

nationales en Lorraine ou en Sarre attirent souvent sur les mêmes thèmes plus d'une dizaine de milliers de personnes. Bien davantage, les négociations sont conduites par les délégations nationales, la CSI réduite à l'absence et aucun des grands plans sociaux élaborés à la fin des années 1970 et au début des années 1980 ne tient compte de l'espace transfrontalier, chaque organisation restant braquée sur la défense de la réalité locale immédiate[18].

Nous permettra-t-on de donner quelques exemples des difficultés de ce dialogue au sein et entre les organisations syndicales ? Il est certes extrêmement facile d'insister sur les divergences d'approches entre les trois organisations syndicales françaises, non seulement sur les questions intérieures, mais également sur les perspectives européennes.

Première difficulté, qui traverse, elle, chacun des syndicats français, l'approche du concept de la région Lorraine. Les confédérations syndicales françaises sont organisées en Unions départementales et Unions régionales. Si la partie germanophone (pour simplifier disons le département de la Moselle) a une pratique transfrontalière réelle, les autres départements lorrains y sont moins sensibles. Dès lors comment concilier au sein de l'Union régionale d'une confédération les intérêts des zones intéressées par la coopération transfrontalière avec ceux des autres composants de l'espace ? Comment résoudre cette ambiguïté ? Si les états-majors syndicaux ont du mal à trouver une solution satisfaisante, les militants par une mobilisation essentiellement centrée sur les intérêts catégoriels apportent une réponse peu encourageante pour la coopération transfrontalière.

Autre difficulté : l'approche de la régionalisation. Si la structure fédérale de la RFA a imposé au DGB une approche plus régionalisée, plus décentralisée de la défense des intérêts des salariés, les syndicats français découvrent la région au début des années 1970. C'est à ce moment-là – organisation interne – que se mettent en place les unions régionales. Mais les syndicats français ont du mal à admettre, à composer avec l'autonomie régionale. À lire leurs réflexions sur la régionalisation, on s'aperçoit qu'ils sont souvent proches d'une conception qui est davantage favorable à la déconcentration de services centralisés qu'à une réelle capacité politique octroyée à la région (à l'exception de la CFDT). Il s'agit de transposer au niveau européen, ou transfrontalier, les conceptions françaises de politique régionale (en quelque sorte de « nationaliser » l'approche transfrontalière). Cela reste valable également pour le DGB, qui lorsqu'il évoque la nécessaire décentralisation des services dans l'espace transfrontalier pense bien évidemment à donner de l'autonomie aux agences locales pour l'emploi

---

[18] FO, *Hebdo*, n° 1549, 3 mai 1978.

(ce qui est difficilement compatible dans une logique d'ANPE – Agence nationale pour l'emploi), et des pouvoirs effectifs à la commission inter-gouvernementale Saar-Lor-Lux, sous-estimant le fait que cette commission régionale, si on veut lui donner des moyens effectifs, touche à l'organisation d'ensemble des pouvoirs publics en France et au Luxembourg.

D'autres difficultés viendront de l'approche différente en matière d'élaboration des politiques économiques qui doivent conduire à l'intégration régionale. Faut-il intervenir par la loi, la négociation paritaire entre partenaires, aboutir à des conventions ? Si le contrat entre partenaires est vital en Allemagne, les syndicats français restent plus favorables à une approche légaliste de la protection sociale. La loi, estime-t-on, permet de mieux fixer des droits acquis que le contrat, qui peut être remis en question en fonction des aléas de la conjoncture. En revanche, le système de la cogestion, qui autorise les différences de situation, est une pratique difficilement applicable en France. Un débat se met également en place – et cela dans les trois États – pour savoir quelle est la meilleure structure de défense des salariés : la structure confédérale ou les fédérations professionnelles ? Les puissantes fédérations des métaux ou des mineurs estiment qu'elles sont en mesure de pratiquer une coopération directe pour défendre de manière corporatiste leurs intérêts. Après tout, l'espace transfrontalier ne repose-t-il pas sur le charbon, le fer et la sidérurgie ? Dans ce contexte, l'IGMetal Saar cherche souvent à imposer sa vision au DGB, comme les Fédérations des métaux de la CFDT ou de FO s'imposent au sein des Unions régionales. Soucieuses d'une démarche plus politique et d'un accompagnement d'ensemble de la reconversion industrielle, qui permettent aux différentes composantes de s'exprimer, les structures confédérales ont du mal à tenir la barre face à ces puissantes fédérations qui fournissent l'essentiel des militants et des moyens. Le dialogue entre mineurs lorrains et sarrois passe alors souvent au-dessus des instances confédérales.

Les orientations et les calculs politiques ne sont pas absents dès la constitution du CSI. Un exemple permet de l'illustrer. À ceux qui souhaitaient intégrer la CGT dans ce dialogue transfrontalier, FO répond par un veto. Il faut pour Force Ouvrière que la CGT renonce à participer à la FSM (Fédération syndicale mondiale d'obédience communiste). Le syndicat allemand chrétien CGB n'est pas sollicité pour faire partie du CSI. Dans ces conditions que peut attendre de cette structure la CFTC qui aurait souhaité l'adhésion du syndicat chrétien ? Ou encore la CFDT qui pratique l'union avec la CGT en France ?

Difficile également de s'entendre lorsque au début des années 1980, lors de la crise des euro-missiles, les syndicalistes allemands sont sensibles au pacifisme, alors que certains syndicats français (FO en particulier) sont *a priori* beaucoup plus atlantistes. La question de l'énergie nucléaire (Cattenom en est un exemple parlant) soulève les mêmes approches différentes. Il est dès lors patent que les succès du CSI viendront davantage de sa capacité à approfondir le dialogue entre les syndicats, à dépasser les clivages, à réduire ces pratiques culturelles différentes du syndicalisme, que de sa capacité à peser sur le choix des autres partenaires sociaux. Deux remarques pour terminer l'approche de ces difficultés. Les conditions socio-économiques différentes (la Lorraine plus sinistrée que les autres composants de l'espace) renforcent les pratiques protectionnistes, y compris au sein d'un monde syndical dont l'horizon reste souvent l'usine, la commune, le bassin... rarement l'espace transfrontalier. Notons enfin que les syndicats ont peu réussi à intégrer le seul salarié transfrontalier : le travailleur frontalier (15 000 Lorrains travaillent en Sarre) ; le Luxembourg commence à les attirer. Eux appréhendent cet espace comme espace global de travail et de vie.

Au total, l'expérience initiale du Conseil syndical interrégional Saar-Lor-Lux visait à accompagner la restructuration d'un espace affecté par la crise économique. Elle tentait de favoriser à cette fin l'émergence d'une région transfrontalière intégrée, qui attirerait l'attention des instances de la Communauté européenne. Encouragée par la Communauté et soutenue par le FEDER et le FSE, la réflexion menée par le CSI pourrait, pour les différentes organisations syndicales qui le composent, marier les impératifs locaux et les intérêts communautaires. Une initiative régionale servirait ainsi de modèle à une coopération transfrontalière. La réalisation d'une « Europe en miniature » dans ces marches si souvent déchirées par le passé fixerait des repères pour la construction européenne.

Mais la construction d'une telle « région européenne » se heurte à de nombreux obstacles. Les réalités socio-économiques et les intérêts nationaux varient de part et d'autre des frontières. Les confédérations syndicales doivent également s'accommoder d'approches culturelles différentes quant à la place des régions et du syndicalisme dans la sphère socio-politique. C'est ce qui rend le dialogue syndical difficile dans l'espace transfrontalier. Il n'a cependant pas été vain, car certains projets évoqués alors ont, depuis, trouvé concrétisation dans cet espace, en matière de transport ou de tourisme vert notamment. L'expérience a ensuite servi de matrice à d'autres CSI (il y en a une quarantaine aujourd'hui). Elle montre que le positionnement social ne suffit pas seul à lancer une dynamique. La nécessaire prise de conscience des différentes approches et identités idéologiques et nationales du syndicalisme aide tout autant à creuser le sillon commun.

SESSION V

MILIEUX ÉCONOMIQUES INSTITUTIONNELS

INSTITUTIONAL ECONOMIC MILIEUX

Pierre Quesnay et les réseaux de l'internationalisme monétaire en Europe (1919-1937)

Olivier FEIERTAG

Université de Paris X

Trois raisons au moins militent pour se saisir de Pierre Quesnay et contribuer à le mieux faire apparaître dans l'histoire du XXᵉ siècle. Comme directeur général de la Banque des Règlements internationaux de 1930 à 1937, il a été l'un des acteurs de premier plan, guère plus impuissant que d'autres et peut-être moins que d'autres, de la crise monétaire et financière internationale majeure qui ébranla alors durablement la quasi-totalité de l'économie mondiale[1]. À la Banque de France en 1926-28, d'autre part, il a été auprès du gouverneur Émile Moreau l'un des techniciens les plus influents de la stabilisation du franc[2]. Toute sa carrière, enfin, le désigne comme l'un des représentants le plus typique, mais non point unique, de la figure du financier public international auquel la Première Guerre mondiale a donné naissance et dont l'importance n'a cessé jusqu'à nos jours de s'affirmer.

Dès octobre 1919, à peine démobilisé et tout frais émoulu de la faculté de droit de Paris dont il avait été le lauréat en 1914 et où il avait été remarqué par Charles Rist, Quesnay fut envoyé à Vienne et à Budapest, en compagnie de Maurice Frère, d'abord comme délégué-adjoint pour la France à la commission du ravitaillement de l'Autriche puis, à partir de juin 1920, dans le cadre de la commission des Réparations. De novembre 1922 à février 1925, il fut ensuite l'un des artisans principaux du relèvement financier de l'Autriche, affecté au Commissariat général de la Société des Nations à Vienne, nouant à cette occasion

---

[1] Cf. P. Baffi, *The Origins of Central Bank Cooperation, The Establishment of the Bank for International Settlements*, Bari, Laterza, 2002 [étude achevée en 1989], p. 125 ; O. Feiertag, « Les banques d'émission et la BRI face à la dislocation de l'étalon-or (1931-1933) : l'entrée dans l'âge de la coopération monétaire internationale », in *Histoire, Économie et Société*, n° 4, 1999, pp. 715-736.

[2] Cf. K. Mouré, *La politique du franc Poincaré (1926-1936)*, Paris, Albin Michel, 1998, pp. 58 ss.

des liens durables avec d'autres experts monétaires internationaux, comme Harry Siepmann, le conseiller étranger de la nouvelle Banque nationale de Hongrie, mais aussi au plus haut niveau avec Montagu Norman, l'influent gouverneur de la Banque d'Angleterre, ou bien encore avec Jean Monnet, alors secrétaire général adjoint de la SDN. De 1925 à 1926, il fut détaché à Genève au secrétariat de la SDN et affecté à sa section économique et financière où il travailla aux côtés de Arthur Salter, mais également au contact permanent des membres les plus influents du comité Financier comme Henry Strakosch ou encore Otto Niemeyer. À partir de l'été 1926, il fut rappelé par Rist à Paris où, bientôt nommé à la tête de la nouvelle direction des Études économiques de la Banque de France, il conçut et négocia, en étroite liaison avec Rist nommé sous gouverneur, l'essentiel des aspects internationaux de la stabilisation du franc de 1926 à 1928. C'est à ce poste qu'il fut chargé par le gouverneur Émile Moreau de suivre à partir de 1929, assurant le secrétariat du comité d'experts, les négociations internationales qui aboutirent au plan Young et à la création de la Banque des Règlements internationaux, participant notamment très activement aux conférences de La Haye et de Baden-Baden où furent définis les statuts de la future BRI. Finalement nommé directeur général de la nouvelle institution internationale, il présida à son installation à Bâle au début de 1930, s'employant dès lors sans relâche, jusqu'à sa mort accidentelle en 1937, appuyé sur les experts réunis autour de lui, particulièrement Per Jacobsson, à la mise en œuvre des fonctions principales de la BRI : à la fois *trustee* des paiements entre États liés aux règlements des réparations, mais aussi « club des banques centrales » et foyer proprement privilégié de la coopération monétaire internationale[3].

I. Réseau, milieu et organisations monétaires internationales

La trajectoire individuelle de Pierre Quesnay, relativement brève mais si dense, rend bien compte de la réalité de la constitution, au lendemain immédiat de la Grande Guerre, d'un milieu financier international, de nature institutionnelle, dont l'émergence est directement liée à l'*échappatoire* de la conférence de la Paix qui a consisté à reporter dans le domaine des relations financières internationales l'impossible règle-

---

[3]   Cf. la contribution ici même de Piet Clement et aussi : O. Feiertag, « Banques centrales et relations internationales au XXᵉ siècle : le problème historique de la coopération monétaire internationale », in *Relations Internationales*, n° 100, hiver 1999, pp. 355-376 ; Kazuhiko Yago, *La BRI et les banques centrales au XXᵉ siècle*, Discussion Paper Series, Faculty of Economics, Tokyo Metropolitan University, n° 29, avril 2002.

ment diplomatique du conflit[4]. Mais, au-delà, l'histoire de ce milieu original peut contribuer assurément à mettre en lumière bien des évolutions du XXe siècle. Et d'abord la tendance de long terme à l'internationalisation croissante des échanges (personnes, produits, capitaux, informations) contre les réalités du renfermement des économies nationales sur elles-mêmes. Tendance étonnamment persistante, sans cesse relancée, de la conférence financière internationale réunie sous l'égide de la SDN à Bruxelles en 1920, première d'une longue série, aux formes multiples de la globalisation du temps présent, dont l'institution de l'euro, d'incontestable portée historique, est sans doute la confirmation évidente mais aussi, d'une certaine manière, l'actuelle limite. Cette évolution ne serait-elle que la manifestation naturelle, *en dépit* des barrières dressées de façon récurrente par les États, de la propension spontanée du capital – sous toutes ses formes – à l'expansion indéfinie ? En somme : marché contre État, économie contre politique, nature contre histoire ?

C'est bien l'un des enjeux principaux d'une étude du milieu monétaire international que de tenter de mieux comprendre à travers lui le processus – avancées et reculs – d'internationalisation des économies qui aura marqué en profondeur le siècle dernier. Il conviendrait pour cela d'examiner les modalités de la constitution et de la reproduction de ce milieu original, d'un après-guerre à l'autre, et les aspects changeants de son fonctionnement : le cadre juridique international inédit qu'il invente au fur et à mesure qu'il se développe, ses sources d'information et ses procédures d'action, ses modes de contrôle et les canaux, plus ou moins assurés, de son influence ; bref : ses pratiques, auxquelles il serait nécessaire de confronter l'ensemble de ses représentations et de ses normes, c'est-à-dire à proprement parler son *idéologie*, afin de préciser notamment le degré d'homogénéité de ce milieu et l'évolution possible de ses valeurs communes ; d'éprouver, de la sorte, son poids historique véritable, particulièrement sous l'angle du renouvellement des modalités de régulation des relations entre États souverains qu'a pu impliquer plus généralement au XXe siècle le développement des organisations internationales[5].

Les recherches sur l'histoire des organisations monétaires et financières internationales (structures, acteurs et stratégies) avant 1945 demeurent paradoxalement relativement moins développées que pour d'autres domaines, alors même que les analyses des évolutions du sys-

---

[4] Cf. O. Feiertag, « L'Europe et la régulation des rapports financiers internationaux dans l'entre-deux-guerres, de la commission des Réparations à la BRI », à paraître in *Memoria e Ricerca, Rivista di Storia contemporanea*, automne 2003.

[5] Cf. R. Girault, « Encore une nouvelle histoire des relations internationales : l'histoire des organisations internationales », in *Relations internationales*, n° 75, automne 1993, pp. 271-275.

tème monétaire international dans l'entre-deux-guerres sont, elles, et depuis longtemps déjà, fort nombreuses. Sans doute cette lacune tient-elle en partie au constat d'échec d'une gestion institutionnelle et multilatérale des relations monétaires internationales dans la période. Cette direction de recherche peut cependant s'appuyer de façon précieuse sur les travaux menés depuis les années 1960, singulièrement aux États-Unis, sur le thème de la « diplomatie des banquiers ». Ces études s'inscrivent globalement dans la lignée d'une histoire traditionnelle des relations internationales fondée sur une analyse des stratégies de puissance entre États souverains à laquelle est intégrée la notion, théorisée au même moment en France par Pierre Renouvin et Jean-Baptiste Duroselle, d'*arme financière*. Si Edward Bennett[6] ignore encore à peu près totalement le rôle des experts financiers internationaux, Stephen Clarke[7] leur accorde déjà une place plus importante. Il est ainsi le premier à citer, par exemple, outre Salter et Siepmann, l'action de Quesnay à partir des *Souvenirs d'un Gouverneur de la Banque de France* (1954) d'Émile Moreau. À sa suite, Richard Meyer[8] mesure encore mieux le rôle des experts à travers les archives de la Banque de réserve fédérale de New York. En France, Nicole Piétri, Denise Artaud ou encore Marie-Renée Mouton dans les grandes thèses qu'elles ont menées à bien sous la direction de J.-B. Duroselle, mentionnent certes la contribution importante des experts internationaux de la SDN, tout particulièrement avec l'exemple remarquable de la reconstruction financière de l'Autriche, mais leur rôle est finalement perçu toujours dans le prolongement des stratégies diplomatiques nationales à l'œuvre dans le cadre des organisations internationales, sans véritablement explorer l'hypothèse d'une possible action autonome et spécifique de leur part[9]. C'est Robert Boyce[10] qui prend sans doute le plus précisément en compte cette hypothèse d'une action propre des experts inter-

---

[6]   E.W. Bennett, *Germany and the Diplomacy of the Financial Crisis*, 1931, Cambridge, Harvard University Press, 1962.

[7]   S.V.O. Clarke, *Central Bank Cooperation, 1924-31*, Federal Reserve Bank of New York, 1967.

[8]   R.H. Meyer, *Bankers' Diplomacy, Monetary Stabilization in the Twenties*, New York, Columbia University Press, 1970.

[9]   D. Artaud, *La question des dettes interalliées et la reconstruction de l'Europe (1917-1929)*, Paris, Librairie H. Champion, 1978 ; N. Piétri, *La Société des Nations et la reconstruction financière de l'Autriche (1921-1926)*, Genève, Centre européen de la Dotation Carnégie, 1970 (il ne nous a malheureusement pas été possible de consulter la thèse dactylographiée qui a été soutenue par N. Piétri en 1981 sur ce même sujet à l'université de Paris I) ; M.-R. Mouton, *La Société des Nations et les intérêts de la France (1920-1924)*, Berne, Peter Lang, 1995 [thèse soutenue en 1988].

[10] R.W.D. Boyce, *British Capitalism at the Crossroads, 1919-1932, A Study in Politics, Economics and International Relations*, Cambridge, Cambridge University Press, 1987.

nationaux, *à la fois* autonome et incluse dans le jeu des relations diplomatiques gouvernementales mais aussi des forces économiques telles qu'elles s'expriment notamment à travers le rôle des *institutions de marché* (telle la Chambre de Commerce internationale ou encore les cartels industriels). Éric Bussière ou Lubor Jílek, plus récemment encore, ont permis d'approfondir ce type d'approche, particulièrement en mettant en évidence, pour le premier, les liens qui ont existé entre la section économique et financière du Secrétariat de la SDN et les milieux d'affaires européens et en soulignant, pour le second, particulièrement à propos de Jean Monnet, la nature à la fois nationale et internationale des hauts fonctionnaires de la SDN[11].

L'une des façons de contribuer ici à l'exploration de cette voie de la recherche est d'étudier le réseau constitué autour de Pierre Quesnay au cours de sa carrière de financier public international. Sans entrer dans le détail des problèmes de méthode que pose l'importation de cette notion de réseau dans le champ de l'analyse historique, notamment appliquée à la sphère financière, il importe d'avoir présent à l'esprit l'utile mise en garde préalable formulée naguère par Jean-Noël Jeanneney : « c'est une erreur constante pour la compréhension des jeux de force que de déduire de voisinages institutionnels ou de liens familiaux la certitude de solidarités automatiques »[12]. Là-contre, un critère simple et fonctionnel, inhérent au milieu étudié, peut être retenu, propre à délimiter de manière objective les contours exacts du réseau de Pierre Quesnay : l'appartenance au réseau se fonde ici sur la réalité de l'échange – dans un sens ou dans l'autre – d'une information de nature financière non publiée, à valeur opératoire. Ce critère a donc été appliqué à la source tout à fait exceptionnelle que constituent les papiers Quesnay conservés aux Archives de France, particulièrement à la riche correspondance active et passive qu'ils contiennent, complétés par les archives de la Banque de France.

II. Le réseau d'un homme neuf

Pierre Quesnay, comme bien d'autres experts financiers internationaux de l'entre-deux-guerres, est un *homo novus*, c'est dire autrement, pour reprendre l'expression de Jean Bouvier à son propos, qu'il

---

[11] É. Bussière, « L'organisation économique de la SDN et la naissance du régionalisme économique en Europe », in *Relations Internationales*, n° 75, automne 1993, pp. 301-313 ; L. Jílek, « Rôle de Jean Monnet dans les règlements d'Autriche et de Haute-Silésie », in G. Bossuat et A. Wilkens (dir.), *Jean Monnet, l'Europe et les chemins de la Paix*, Paris, Publications de la Sorbonne, 1999, pp. 43-61.

[12] J.-N. Jeanneney, *L'argent caché, milieux d'affaires et pouvoirs politiques dans la France du XXe siècle*, Paris, Le Seuil, 1984 [1e éd. 1981], p. 33.

fut avant tout au cours de ses années de formation « un bon sujet »[13] : né à Évreux en 1895, fils de Marie Tallevast et de Louis Quesnay, chef de gare, élément prometteur de l'institution religieuse Join Lambert de Rouen, Pierre Quesnay poursuivit une brillante scolarité à la Sorbonne où il suivit à la fois l'enseignement de Durkheim et celui de Rist qui venait tout juste d'être nommé en 1913 à la faculté de droit de Paris, contribuant de façon décisive à y introduire l'enseignement des faits monétaires[14]. C'est également durant ses études à Paris que Quesnay fit la connaissance de sa future femme, Carin Ramsay, une finlandaise, qu'il épousa en avril 1920 et dont le frère devait devenir ministre des Affaires étrangères de Finlande durant la Seconde Guerre mondiale[15]. Le patronage de Charles Rist fut déterminant pour la carrière de Quesnay, tout comme le fut au même moment – vie parallèle –, celui de Gustav Cassel pour le jeune Per Jacobsson, fils d'un vétérinaire, étudiant également remarqué de ses professeurs à l'Université d'Uppsala[16]. Jacobsson et Quesnay étaient du reste appelés à se côtoyer durant de longues années, tant à Genève qu'à Bâle, développant du temps de leur collaboration au sein du Commissariat général de la SDN à Vienne en 1924-25 une grande estime réciproque qui s'altéra pourtant quelque peu par la suite, dans le cadre et le contexte différent de la BRI[17]. Les carrières offertes dans les institutions financières internationales ont assurément favorisé de la sorte la promotion rapide d'hommes neufs dont l'excellence technique justifiait à elle seule les rémunérations bien supérieures à celles de leurs homologues nationaux que percevaient ces fonctionnaires internationaux[18].

---

[13]   J. Bouvier, « Quatre décideurs monétaires publics en 1926-1928 », in *Bulletin de la Société d'Histoire Moderne*, seizième série, n° 27, 1985, pp. 25-29.

[14]   Cf. V. Dillard, « Pierre Quesnay, directeur général de la Banque des Règlements internationaux », in *La Revue des Jeunes*, 10 décembre 1937, pp. 3-15.

[15]   *In Memoriam P. Quesnay*, Rouen, Notre Dame de Bon Secours, le 11 septembre 1937, 374AP 37 & 38. Cf. aussi C. Rist, *Une saison gâtée, Journal de la Guerre et de l'Occupation*, Paris, Fayard, 1983, p. 394.

[16]   Cf. E.E. Jacobsson, *A Life for Sound Money, Per Jacobsson, His Biography*, Oxford, Clarendon Press, 1979, pp. 13-21.

[17]   Jacobsson notait ainsi dans son *Journal* à la date du 6 mai 1924 : « Each time I meet Quesnay I become more enchanted with him. He is remarkable. He is the real Commissioner-General in Vienna, and at the same time a simple, straightforward and gay young man, the best comrade you can think of [...] Just now he is fully occupied with the crisis, but still finds time to edit the monthly report, keep the daily accounts, eat dinner with me and so forth. What a man. I am pleased to have met him ! » *Ibid.*, p. 54.

[18]   Cf. E.F. Ranshofen-Wertheimer, *The International Secretariat, A Great Experiment in International Administration*, Washington, Carnegie Endowment for International Peace, 1945, pp. 49 ss.

La proximité entre Rist et son ancien disciple est longtemps demeurée très grande comme le rappelait en 1935 encore Quesnay à celui qui avait été son professeur, évoquant avec lui « cette fort sympathique jeunesse intellectuelle d'il y a vingt ans, que vous aimiez grouper autour de vous et qui, bien que n'étant plus aujourd'hui jeunesse, continue à se regarder comme vos disciples »[19]. Dans la nécrologie qu'il donna à la *Revue d'Économie Politique* après la disparition de Quesnay en 1937, Rist témoigna également de leur relation : « il m'est impossible, écrivait-il, l'ayant connu comme je l'ai fait, de ne pas dire ici quel vide immense laisse dans la vie économique française sa mort tragique »[20]. C'est en 1925-26 que la liaison intellectuelle et amicale entre les deux hommes fut la plus étroite, tant à l'occasion de la rédaction du rapport rédigé au cours de l'été de 1925, à la demande de la SDN, par Rist et Layton, assistés également de Jacobsson, sur la situation économique de l'Autriche[21], que lors des entretiens répétés que Quesnay et Rist eurent à Versailles en juillet et août 1926 avec Benjamin Strong, le gouverneur de la Banque de Réserve fédérale de New York pour discuter des conditions d'un emprunt international propre à faciliter la stabilisation du franc[22]. C'est d'ailleurs Rist qui avait fait nommer Quesnay, à ses côtés, secrétaire du comité des Experts formé par Raoul Péret, ministre des Finances du gouvernement Briand, le 31 mai 1926[23], puis chef de cabinet du gouverneur Émile Moreau en juillet 1926, alors que lui-même venait d'entrer à la Banque de France avec rang de sous-gouverneur[24].

Il ne fait pas de doute que l'action du trio ainsi formé fut déterminante pour l'évolution de la politique monétaire française entre 1926 et 1928 selon une répartition des rôles que Quesnay lui-même aurait ainsi décrite : « J'ai les idées, Rist les filtre et Moreau tape du poing sur la table pour les faire aboutir »[25]. Cette entente, toutefois, semble s'être quelque peu distendue à partir de 1927-28, alors que Quesnay à la tête

---

[19] Lettre de P. Quesnay à C. Rist du 25 octobre 1935, 374 AP/31.

[20] C. Rist, « Pierre Quesnay », in *Revue d'Économie politique*, 51ᵉ année, t. LI, 1937, p. 1453.

[21] Correspondance de P. Quesnay relative à la mission Rist-Layton en Autriche, mai-juin 1925, 374AP/3 ; cf. aussi N. Piétri, *La Société des Nations et la reconstruction financière de l'Autriche, op. cit.*, pp. 145-169.

[22] *Conversations de Rist et Quesnay avec Benjamin Strong à Versailles, les 20, 21, 29 et 31 juillet et les 26, 27, 28 et 31 août 1926*, AN 374 AP/5.

[23] *Travaux du Comité des Experts (1926)*, AN 374 AP/5.

[24] Cf. É. Moreau, *Souvenirs d'un Gouverneur de la Banque de France, Histoire de la stabilisation du Franc (1926-1928)*, Paris, M. Th. Génin, 1954, pp. 4 et 19.

[25] P. Dieterlen, « Le négociateur », in *Charles Rist, l'homme, la pensée, l'action, Revue d'Économie politique*, t. LXV, 1955, p. 948.

du service des Études économiques de la Banque de France s'est efforcé – en vain – de faire évoluer radicalement, sur le modèle de la Banque d'Angleterre et de la Réserve fédérale américaine, la politique de l'Institut d'émission vers une pratique *moderne* de contrôle du marché monétaire fondée sur l'*open market* et non plus sur le seul maniement du taux de l'escompte[26]. L'entrée dans les crises des années 1930 a accentué encore leur divergence d'analyse, l'internationalisme de Quesnay le conduisant à envisager des formes de régulation organisée des paiements internationaux, dont la BRI était dans son esprit appelée naturellement à devenir le pivot[27], tandis que Rist s'attachait de plus en plus à la stricte défense des disciplines de l'étalon-or, dans une logique d'abord d'intérêt national.

III. L'internationalisme de Pierre Quesnay

Cette évolution doctrinale s'explique largement par le caractère fondamentalement international du réseau de Pierre Quesnay, polyglotte, appuyé sur des correspondants de toute nationalité, dans les principaux pays européens, particulièrement en Belgique, en Autriche et en Suisse. Particulièrement significatif est l'exemple des relations suivies que Quesnay a entretenues entre 1931 et 1934[28] avec cet homme de grande influence, lui-même très international que fut Émile Francqui, vice-gouverneur puis gouverneur de la Société générale de Belgique, à l'origine directe, en tant que membre du comité Young, de la création de la BRI et membre actif de son Comité de direction de 1930 à 1933[29]. Quesnay se fit notamment au début de 1934 l'introducteur auprès de Francqui du Comte Coudenhove-Kalergi qu'il avait rencontré à l'époque de son séjour à Vienne dans le cercle rapproché de l'avocat Kunwald, proche conseiller du chancelier Mgr Seipel.

Mon vieil ami autrichien, Kunwald, avec qui nous devions toujours dîner à Bâle [écrivait-il ainsi à Francqui] et le comte Coudenhove m'ont prié de vous faire parvenir, ainsi qu'à Flandin, le texte d'une résolution de l'Union Pan-Européenne. Je suis convaincu personnellement que s'imposera l'usage

---

[26] Cf. O. Feiertag et P. Martín-Aceña, « The Delayed Modernization of the Central Banks of France and Spain in the Twentieth Century », in C.L. Holtfrerich, J. Reis et G. Toniolo (eds.), *The Emergence of Modern Central Banking from 1918 to the Present*, Aldershot, Ashgate, 1999, pp. 41-44.

[27] P. Quesnay, « L'internationalisme monétaire et ses conditions d'application », in *Revue de Science et de Législation financières*, janvier-mars 1932, pp. 5-33.

[28] Correspondance entre Pierre Quesnay et Émile Franqui (1931-1934), AN 374AP/31.

[29] Cf. P. Baffi, *The Origins of Central Bank Cooperation*, op. cit., pp. 11-13 ; R. Boyce, *British Capitalism*, op. cit., p. 193 ; É. Bussière, *La France, la Belgique et l'organisation économique de l'Europe, 1918-1935*, Paris, CHEFF, 1992, *passim* ; L. Raniéri, *Émile Francqui ou l'intelligence créatrice*, Bruxelles, 1985.

d'une monnaie de compte supranationale et j'ai toujours souhaité que la BRI devienne la Banque Centrale de cette unité poids d'or lors des reconstructions monétaires à venir.[30]

La proximité de Quesnay et de Francqui dont témoigne entre les deux hommes nombre d'échanges d'informations financières confidentielles illustre bien l'insertion du réseau personnel de Quesnay dans les réseaux fonctionnels des milieux d'affaires internationaux que la figure de Francqui incarne parfaitement tant par ses liens avec la France, la Grande-Bretagne, l'Allemagne ou encore avec les États-Unis.

Les rapports de Quesnay lui-même avec les États-Unis et les milieux financiers américains ont joué un rôle de premier plan à plusieurs moments importants de sa carrière, en Autriche en 1924-25, à la Banque de France de 1926 à 1930 et encore à la BRI au début des années 1930. Ces rapports ont reposé pour l'essentiel sur la relation nouée dès 1923 entre lui et Jean Monnet alors encore secrétaire général adjoint de la SDN. Mais c'est en fait au titre de ses activités pour Blair & Co, *investment bank* américaine où il était entré au début de 1924[31], que Jean Monnet devait demeurer en étroite liaison avec Quesnay tout au long des années 1920 et d'une partie des années 1930. C'est ainsi que dressant à la fin de 1931 la liste « de quelques Français auxquels il pourrait être fait appel pour des missions BRI », Quesnay notait à propos de Monnet : « Partner of Blair & Co, New York, vice chairman of Transamerica, San Francisco ; occupation actuelle : Kreuger & Toll, Stockholm, spécialement qualifié pour les questions financières et les négociations exigeant des qualités humaines de persuasion et d'action »[32]. Il importe de bien voir que les activités et donc le résultat de Blair, comme pour bien d'autres *investments banks* nord-américaines de standing comparable (Morgan, Kuhn, Loeb & Co, Harris Forbes, Dillon Read, Lee Higginson, etc.), dont le métier principal consistait à placer des émissions du monde entier sur le marché financier de New York, dépendaient uniquement de la valeur, variable selon les moments et les théâtres d'opération, de leur réseau de personnes qui était d'abord et essentiellement un réseau d'information et d'expertise.

L'histoire de Blair demeure mal connue et les pages que consacre Éric Roussel à cette longue période de la biographie de Jean Monnet sont de ce point de vue encore très allusives, reprenant pour l'essentiel ce que les *Mémoires* de Monnet veulent bien dire[33]. On trouve pourtant

---

[30]   Lettre de Pierre Quesnay à Émile Francqui du 29 décembre 1934, AN 374 AP/31.

[31]   Cf. J. Monnet, *Mémoires*, Paris, Fayard, 1976, p. 121.

[32]   *Rappel du nom de quelques Français auxquels il pourrait être fait appel pour des missions BRI*, décembre 1931, AN 374AP31.

[33]   É. Roussel, *Jean Monnet, op. cit.*, pp. 108-113.

des éléments à même d'éclairer quelque peu la nature des activités de Blair dans la chronique qui retrace de façon minutieuse l'histoire de Cravath, l'un des très grands cabinets d'avocats d'affaires américains depuis le début du XXe siècle. Blair a en effet été l'un des clients principaux de Cravath, juste derrière Kuhn, Loeb & Co pour la valeur des titres placés, à partir de 1920 lorsque la banque Salomon et Blair se sont associés pour former Blair & Co, Inc., sous la présidence d'Elisha Walker, s'engageant dès lors à grande échelle dans des opérations d'introduction en bourse[34]. À travers les relations d'affaires qui ont alors existé entre Cravath et Blair transparaît clairement l'importance des liens personnels à l'origine de l'activité de ces banques internationales, dont le capital était d'abord un capital relationnel. L'intégration de Quesnay, financier public international, au réseau de Jean Monnet dans les années 1920 revêt dans ce contexte une signification toute particulière, révélatrice de l'évolution des conditions financières internationales après la Première Guerre mondiale.

De ce point de vue, il est certain que la filiale de Blair établie à Paris, rue François-Ier, à partir d'août 1926, la Blair & Co Foreign Corporation, dont le vice-président était Monnet, entouré de Pierre Denis, venu lui aussi de la section financière de la SDN et de René Pleven qui, jeune étudiant encore, l'avait rencontré dans le cadre de la SDN, a constitué dès lors pour Pierre Quesnay un relais immédiat vers les milieux financiers américains : la Banque de réserve fédérale de New York et ses dirigeants, Strong et Harrisson, mais aussi la Chase Manhattan Bank ou encore la banque Morgan, particulièrement avec Dwight Morrow. C'est ainsi que Pleven depuis Londres écrivait en juin 1927 à Quesnay, directeur du service des études de la Banque de France, en visite à la Banque d'Angleterre :

> Cher Quesnay, j'ai écrit à Monnet et Denis en insistant beaucoup pour que Denis se rende à Vienne en revenant de Varsovie. Je pense que vous êtes l'*official* de la Banque de France dont les journaux anglais ont annoncé l'arrivée à Londres. Je tâcherai d'aller vous voir car Monnet m'a demandé de le tenir très fidèlement au courant du développement de la situation.[35]

Ces rapports étroits ont été particulièrement exploités, comme l'on sait, à l'occasion des conversations que la Banque de France eut avec Strong à l'été de 1926 à propos de la stabilisation du franc français, et plus encore dans le contexte des opérations de stabilisation monétaire en Pologne, en Roumanie et en Yougoslavie entre 1926 et 1929 pour lesquelles la Banque de France, appuyée notamment sur Blair & Co,

---

[34] Cf. R.T. Swaine, *The Cravath Firm and its Predecessors, 1819-1948*, vol. II, *The Cravath Firm since 1906*, New York, Ad Press, 1948, p. 238.

[35] Cf. Lettre de René Pleven à Pierre Quesnay du 2 juin 1927, AN 374AP/2.

tenta, pour reprendre les propres mots de Moreau si souvent cités, de lutter contre « l'impérialisme de la Banque d'Angleterre »[36]. À lire de près les souvenirs de Moreau, il apparaît bien que c'est Quesnay qui a alors été le *go between* entre Monnet, les milieux financiers de New York et le gouverneur de la Banque de France qui, de son propre aveu, ne savait pas l'anglais. Il ne fait donc pas de doute que Quesnay, particulièrement au moment où il joua un rôle important à la Banque de France, a occupé une place stratégique dans le réseau que Monnet, d'une certaine manière en outsider, a tenté de construire à partir de la filiale de Blair à Paris, dans un contexte de vive concurrence avec les réseaux plus anciens des banques d'affaires européennes, notamment, comme l'a montré Éric Bussière, avec la Banque de Paris et des Pays Bas dont l'implication en Europe centrale était traditionnelle[37].

Or les affinités particulières de Quesnay avec Blair devaient se poursuivre après sa nomination à la BRI, alors que Monnet avait pris depuis 1929 une part déterminante dans le groupe de Amadeo Giannini établi à San Francisco, appuyé pour l'essentiel sur la Bank of Italy et la Bank of America[38]. C'est ainsi qu'en octobre 1930, Quesnay exposait à Pierre Denis, toujours représentant de Blair à Paris, les raisons pour lesquelles la BRI à l'avenir ne pourrait plus augmenter ses dépôts en dollars, qui lui étaient confiés par les banques centrales membre de son conseil d'administration, auprès de banques privées, en l'occurrence la Bank of Italy et la Bank of America que lui recommandait expressément Denis :

> Certains de nos administrateurs, et en particulier le Gouverneur Norman, lui écrivait-il, sont en effet extrêmement opposés au principe même du dépôt de fonds de Banques Centrales dans des banques privées [...] C'est toute l'anarchie du *gold exchange standard*, anarchie dans laquelle les Banques Centrales voudraient que la BRI aidât à mettre un peu d'ordre. Et ce sera la grande bataille de notre prochaine réunion.[39]

Ces liens, d'une part, illustrent bien l'implication persistante et depuis longtemps bien connue des banques d'affaires américaines en Europe durant toutes les années 1920, mais ils mettent également en évidence combien le fonctionnement même du système monétaire international au lendemain de la Grande Guerre – grande différence avec le second

---

[36] Cf. É. Moreau, *Souvenirs, op. cit.*, notamment pp. 43, 191-92, 213-214, 255 ; R.H. Meyer, *Banker's Diplomacy, op. cit.*, pp. 75-80, 105 et 133-134.

[37] Cf. É. Bussière, *Horace Finaly, banquier, 1871-1945*, Paris, Fayard, 1996, pp. 328-336 ; É. Bussière, « Jean Monnet et la stabilisation monétaire roumaine de 1929 : un outsider entre l'Europe et l'Amérique », in G. Bossuat et A. Wilkens (dir.), *Jean Monnet, l'Europe et les chemins de la Paix*, Paris, Publications de la Sorbonne, 1999, pp. 63-76.

[38] Cf. É. Roussel, *Jean Monnet, op. cit.*, pp. 125-126.

[39] Lettre de P. Quesnay à Pierre Denis du 8 octobre 1930, AN 374AP31.

après-guerre – a reposé sur une étroite imbrication des acteurs monétaires privés et publics que la BRI avait vocation à mettre en relations de façon proprement institutionnelle.

Dans cette logique, l'internationalisme de Quesnay est particulièrement bien illustré par les liens particuliers que le directeur général de la BRI a entretenu dès avant sa nomination à Bâle avec Albert Thomas, le flamboyant directeur du Bureau international du travail. C'est ainsi qu'au tout début de 1930, Thomas faisait part à Quesnay de ses espérances de voir bientôt confirmée sa nomination comme directeur général de la BRI. « Je n'ai pas besoin de vous dire, ajoutait-il, toute l'importance que j'attache à votre nomination pour la poursuite de nos fins internationales. Je vous rappelle aussi que je suis à votre disposition pour Bâle où je connais pas mal de monde »[40]. À la veille d'être officiellement nommé à la BRI, Quesnay exposait très lucidement à Thomas quelle était sa conception de l'action internationale et ses rapports avec d'une part les appartenances nationales et d'autre part l'idée européenne :

> Alors que Berlin s'attache à voir en moi un Français, les autres m'appuient souvent *quoique* je sois Français ! [...] Vous et moi savons très bien que les questions de nationalité n'ont d'importance, en pareilles circonstances, que vis-à-vis des opinions publiques : ce qu'il faut avant tout c'est trouver de vrais Européens d'Allemagne, de France ou d'ailleurs, ayant les qualités voulues pour les emplois qu'on leur réserve, ayant en plus les qualités humaines et l'esprit international nécessaire pour collaborer avec d'autres et dégager une mentalité collective, ayant enfin la possibilité de défendre chez eux ce point de vue collectif, d'y gagner leurs compatriotes et d'assurer ainsi non seulement la liaison, mais la compréhension par les divers centres de la tâche qu'on veut accomplir en commun.[41]

Cette situation entre le plan national et l'action internationale, inscrite dans une vision universelle et donc européenne caractérise le mieux le réseau de Pierre Quesnay des années 1920 aux années 1930. Elle est très éloignée du phantasme politique du fonctionnaire apatride véhiculé si souvent à propos de Pierre Quesnay, qu'une certaine presse confidentielle présentait ainsi régulièrement, exemple entre bien d'autres, comme « heimatlos de cœur et bien plus encore financièrement »[42]. C'est que la position centrale qui a été alors celle de Quesnay et de quelques autres est très neuve à cette date. Elle est également très minoritaire. Elle caractérise le mieux les experts des institutions internationales apparues

---

[40] Lettre d'A. Thomas à P. Quesnay du 5 février 1930, AN 94AP/392 [Nous remercions Éric Bussière de nous avoir signalé l'existence de cette très intéressante correspondance dans les papiers Thomas].

[41] Lettre de P. Quesnay à A. Thomas du 30 mars 1930, AN 94AP/392.

[42] « Monsieur Quesnay ou le Miraculé », in *Le Carrefour*, 2ᵉ année, n° 1, 16 janvier 1930, ABF, dossier personnel de P. Quesnay, casier n° 9.

au lendemain immédiat de la Première Guerre mondiale. Elle dessine également, comme l'avait très bien perçu Salter[43], les limites – limitations mais aussi bien amplitude – de leur marge de manœuvre, particulièrement vis-à-vis du pouvoir politique, d'essence nécessairement nationale et décideur en dernière instance dans le champ des relations internationales, alors comme aujourd'hui.

IV. Un réseau d'influence à la croisée des pouvoirs

Prendre en compte la composante politique du réseau de Quesnay, type même du technicien, et même « bonne graine de technocrate » selon Jean Bouvier[44], revient en effet à poser une nouvelle fois le problème historique de la technocratie, soit l'hypothèse de l'émergence, à compter de l'entre-deux-guerres, d'un pouvoir nouveau fondé sur la constitution en réseau d'un groupe de techniciens rassemblés autour d'une même volonté de rupture avec les formes de pouvoir politique traditionnel, nourrissant de manière symptomatique le mythe persistant du complot et de l'entente occulte[45]. Le réseau de Pierre Quesnay, d'une certaine manière, confirme cette hypothèse. D'une part, le réseau rapproché de Quesnay intègre de manière pour ainsi dire fonctionnelle certains des experts financiers des organisations internationales avec lesquels il a été amené à travailler de façon quotidienne à compter du début des années 1920, de la commission des Réparations à la BRI. Les Belges Maurice Frère et Marcel van Zeeland, frère de Paul, le Hollandais Jan van Walré de Bordes, le Britannique Harry Siepmann, les Français Joseph Avenol, inspecteur des Finances qui succéda à Monnet au secrétariat de la SDN à partir de 1923, et René Charon, membre du commissariat de la SDN à Budapest, puis conseiller étranger à la Banque Nationale de Hongrie où il succéda à Siepmann avant de pantoufler à la banque Lee Higginson.

Mais le réseau de Quesnay était aussi appuyé sur les jeunes cadres qu'il avait agrégé et formé autour de lui à la direction des Études économiques de la Banque de France : Georges Royot, Paul Ricard, Jean Bolgert, Michel Mitzakis, Georges Lacout… Ces hommes furent à la fin des années 1920 les *missi dominici* de Quesnay en Europe et aux États-Unis, contribuant à enraciner durablement à la Banque de France, par-delà la parenthèse du repli des années 1930, une pratique et une doctrine internationale largement absente encore au lendemain immédiat de

---

[43]   A. Salter, *Memoirs of a Public Servant*, Londres, Faber, 1961, p. 160.

[44]   J. Bouvier, « Quatre décideurs… », *op. cit.*, p. 27.

[45]   Cf. J. Meynaud, *La Technocratie, Mythe ou réalité ?*, Paris, Payot, 1964 ; G. Brun, *Technocrates et technocratie en France, 1918-1945*, Paris, Albatros, 1985 ; O. Dard, *Le rendez-vous manqué des relèves des années 1930*, Paris, PUF, 2002.

la Grande Guerre. La greffe fut durable puisqu'une partie seulement de ces hommes, contraints pour cela à la démission, le suivront à Bâle, dont Royot qui fut chargé du secrétariat du département bancaire de la BRI et Mitzakis qui y fut jusqu'en 1933 « l'agent de liaison » de la Banque de France. À l'inverse, demeuré à la Banque de France, un homme comme Bolgert y exerça une influence considérable jusqu'au milieu des années 1950 comme conseiller personnel du Gouverneur Baumgartner, contribuant à former la deuxième génération des cadres du service étranger de la Banque.

Mais par-delà ce premier cercle d'experts qui furent avant tout ses collaborateurs, le réseau de Quesnay, de façon plus remarquable encore, illustre aussi les liens ayant existé entre experts de milieux technique et politique différents, donnant ainsi corps à la réalité d'un milieu technicien dont la cohésion semble bien être allée croissante des années 1920 aux années 1930. Parmi les correspondants de Quesnay, on relève ainsi aussi bien les noms de René Mayer, maître des requêtes au Conseil d'État, vice-président des Chemins de fer du Nord à partir de 1928, de Wilfrid Baumgartner, inspecteur des Finances dont la carrière rapide se déroula jusqu'en 1936 à la direction du Mouvement général des Fonds au ministère des Finances où Quesnay le rencontra pour la première fois au moment de la stabilisation du franc[46], de Paul Devinat, militant de la rationalisation, proche de Thomas au BIT, que la présence de polytechniciens comme Jacques Rueff que Quesnay connaissait depuis la SDN, Auguste Detœuf qu'il croisait dans le milieu de la Chambre de Commerce internationale ou encore Georges Boris par lequel il était notamment régulièrement informé des contenus des plans économiques de la CGT[47]. Ces relations témoignent d'ailleurs également de la participation de Quesnay aux rencontres du Centre Polytechnicien d'études économiques (X-Crise) à partir de 1933 au moins[48].

Cependant, la correspondance entre ces techniciens, outre l'incontestable cohésion d'un milieu, révèle également la recherche constante par ces spécialistes de relais politiques existants, qui soient au pouvoir – qui soient *le* pouvoir.

> Dites à Laval de faire attention [écrivait ainsi Quesnay à André Mayer en avril 1931 au moment du projet d'union douanière entre l'Allemagne et l'Autriche] je crois qu'on est en train de se préparer à Paris des lendemains difficiles. J'ai suivi de très près, comme vous l'imaginez, les développe-

---

[46] Carte de P. Quesnay à W. Baumgartner du 26 novembre 1936, Archives W. Baumgartner, 1BA19, Dr5.

[47] Correspondance entre P. Quesnay et G. Boris, 1932, AN 374AP/31.

[48] Lettre de Quesnay à Yvonne Serruys, secrétaire du CPEE du 11 novembre 1935, AN 374AP/32&33.

ments de l'affaire austro-allemande qui m'intéressaient doublement en ma qualité d'ancien spécialiste de l'Autriche et de *trustee* des Réparations.[49]

De la même façon, il avait tenté de peser directement sur Briand et Painlevé en 1925 pour accroître l'engagement diplomatique et financier de la France en Autriche, incitant notamment Rist à user également de son influence sur le personnel politique du Cartel des gauches[50]. En juin 1932, à la veille de la conférence de Lausanne, Quesnay écrivait à Siepmann : « J'ai trouvé des gens comprenant enfin qu'il fallait tenter un effort général de réorganisation. Du côté des hommes politiques (Caillaux, Painlevé, Lamoureux : je verrai sans doute Herriot la semaine prochaine), j'ai insisté sur l'absolue nécessité de donner l'impression qu'un travail d'ensemble est amorcé »[51]. En avril 1933, il écrivait toujours à Siepmann : « J'aurai voulu reprendre avec vous certains échanges de vues du mois de mars et vous raconter à titre personnel mes entretiens de Paris, avec Georges Bonnet notamment, sur les questions monétaires de demain »[52].

Mais cette quête de l'influence politique dans le cas de Quesnay – et c'est là aussi l'une des spécificités de son réseau – et n'était pas limitée au cadre français. En 1935, il rencontrait ainsi à Berlin au cours d'un déjeuner à l'invitation de Karl Blessing, qui venait de réintégrer la Reichsbank après trois années passées à Bâle, Hjalmar Schacht, selon les mots de Quesnay « le véritable dictateur du moment », qui cumulait en effet alors la présidence de la banque centrale et la charge de ministre de l'Économie de Hitler. Sa tournée des capitales européennes le conduisit ensuite à Bruxelles où il déjeuna avec Gütt et retrouva pour dîner en privé Francqui et les frères van Zeeland[53]. Le tournant du Front Populaire apparut à Quesnay comme à beaucoup d'autres techniciens comme une nouvelle chance de faire passer dans le domaine des faits les projets de réforme mûris de longue haleine. C'est ainsi qu'au lendemain immédiat du second tour des élections législatives, il adressa à Léon Blum un programme détaillé de réforme des marchés de l'argent propre selon lui à sortir l'économie française de la crise[54]. Quelques jours après, Jean Monnet lui écrivait à son tour depuis les États-Unis : « Pierre

---

49   Lettre de P. Quesnay à André Mayer du 8 avril 1931, AN.

50   Lettre de C. Rist à P. Painlevé du 27 août 1925, AN 374AP/2 ; cf. aussi N. Piétri, *La Société des Nations et la reconstruction financière de l'Autriche*, op. cit., p. 166.

51   Lettre de P. Quesnay à H. Siepmann du 1er juin 1932, AN 374AP/32&33.

52   Lettre de P. Quesnay à H. Siepmann du 22 avril 1933, AN 374AP/32&33 [souligné dans l'original].

53   Lettre de P. Quesnay à J. Lacour-Gayet du 23 juillet 1935, AN 374AP/32&33.

54   *Le Franc, la Banque de France et le contrôle du crédit*, note de Pierre Quesnay à Léon Blum [« original envoyé à Mr. L.B. »] du 8 mai 1936, AN 374AP/22-23.

Denis est passé par New York récemment et m'a donné de vos nouvelles. Il m'a également indiqué que certains événements pourraient amener des changements qui vous seraient agréables. Je le souhaite vivement pour vous et pour nous tous »[55]. Il ne fait donc pas de doute qu'au cours de sa carrière, Quesnay, le technicien de la monnaie, a été amené à côtoyer, parfois avec une proximité certaine, les représentants du pouvoir politique. Mais il faut souligner que ces différentes tentatives sont pour l'essentiel demeurées sans suites véritables. L'existence de tels rapports met bien en évidence les limites du pouvoir que l'on prête communément à la *technocratie* : pouvoir d'influence sans aucun doute, mais fondé sur un principe de rationalité qui demeure le plus souvent dans les faits éloigné de l'exercice véritable du pouvoir, d'essence, en dernière instance, plus politique que technicienne, au moins pour la période de l'entre-deux-guerres.

V. L'internationalisme monétaire, les banques centrales et l'Europe

Dans cette configuration bien particulière, à la croisée de pouvoirs multiples, prend tout son sens l'émergence au lendemain immédiat de la Première Guerre mondiale du réseau des banques centrales dont Quesnay fut assurément l'une des chevilles ouvrières dans la seconde moitié des années 1920 et encore au début des années 1930. La notion même d'*international central banking,* qui a marqué la période sous l'influence déterminante, mais pas unique, de Montagu Norman[56], renvoie en effet bien au projet d'une régulation mixte, à la fois publique et privée, nationale et internationale, mais aussi politique et technique, des règlements financiers entre États souverains, propre à reconstruire durablement les équilibres européens ruinés par la Grande Guerre. C'est le sens de la lettre qu'écrivait Quesnay à Albert Thomas au début de juillet 1931, alors que la BRI, en appui sur les banques d'émission européennes, tentait encore à cette date de circonscrire la crise financière enclenchée en Europe centrale en mai qui risquait d'emporter la fragile reconstruction monétaire de la seconde moitié des années 1920 : « la semaine qui vient sera sans doute décisive à bien des points de vue. Je ne veux pas renoncer à espérer que nous saurons, à ce tournant de l'après-guerre, trouver l'élan et la compréhension réciproque voulue pour construire en commun sur notre sol européen si cruellement raviné »[57].

---

[55] Lettre de Jean Monnet à Pierre Quesnay du 19 mai 1936, AN 374AP/32&33.

[56] Cf. P.L. Cottrell, « Norman, Strakosch and the Development of Central Banking : from Conception to Practice, 1919-1924 », in *id.* (ed.), *Rebuilding the Financial System in Central and Eastern Europe, 1918-1994*, Aldershot, Ashgate, 1997, pp. 29-31.

[57] Lettre de P. Quesnay à A. Thomas du 11 juillet 1931, AN 374AP/31.

L'amitié qui lia alors Quesnay à Harry Siepmann et le contenu de leur correspondance résume assez bien les caractères de cet internationalisme monétaire dont Quesnay se fit au tournant des années 1920 et 1930 l'infatigable propagateur. La trajectoire de Siepmann (1889-1963) recoupe à plus d'une reprise celle de Quesnay : entré comme fonctionnaire au Trésor britannique dès 1912 après une brillante scolarité à Rugby et à Oxford (New College), il fait lui aussi l'expérience de la guerre, mobilisé dans l'artillerie, comme Quesnay, de 1915 à 1919. Réintégré à la Trésorerie, il fait partie de la délégation britannique à la conférence de la paix de Versailles et après avoir séjourné aux Indes en 1923-24 comme expert financier auprès du Vice-Roi, il revient en Europe en juillet 1924, affecté comme conseiller étranger de la Banque nationale de Hongrie qui venait d'être constituée sous l'égide du Comité financier de la SDN, croisant pour la première fois Pierre Quesnay. Mais c'est surtout à partir du moment où il entre en 1926 à la Banque d'Angleterre comme conseiller du gouverneur, au moment même où Quesnay entrait comme conseiller de Moreau à la Banque de France, que Harry Siepmann devient l'*alter ego* de Pierre Quesnay. Cette relation s'est poursuivie très naturellement dans le cadre de la BRI, notamment après que Siepmann eut été nommé en 1932 chef du département de l'outre-mer et de l'étranger à la Banque d'Angleterre où il devait d'ailleurs finir sa carrière avec rang de directeur exécutif en 1954[58].

À la lecture des fréquentes lettres échangées entre les deux hommes et des comptes rendus de leurs nombreuses rencontres à Londres ou à Paris entre 1926 et 1933, apparaissent assez bien les grands principes d'un idéal de coopération monétaire internationale fondée sur la mise en réseau des banques d'émission, à la fois au sens de réseau d'informations, mais aussi de réseau de crédit. Cette double conception est par exemple tout à fait explicite dans la lettre que Quesnay écrivit à Siepmann en avril 1933 à propos de la modification apportée depuis peu dans la présentation du bilan de la BRI à la dénomination des dépôts effectués par les banques centrales dans ses livres, suite à la dévaluation de fait du dollar que venait de décider Roosevelt :

> Mon cher Siep, je réponds à votre demande concernant les comptes remboursables en monnaie locale à taux fixe. Il s'agit tout simplement de la transformation dans nos livres des dépôts en dollars de la Banque de France et de la Banque de Belgique en dépôts francs français et belges. Moret et Franck [les gouverneurs respectifs des deux instituts d'émission] désireraient conserver chez nous des dépôts et ne pas courir de risque de change [...] Je ne crois pas que cette formule soit d'un grand avenir, à moins que pour faciliter l'expansion mondiale du crédit, on n'invite les diverses

---

[58] Cf. J. Forde, *The Bank of England and Public Policy, 1941-1958*, Cambridge, Cambridge University Press, 1992, n° 10, p. 38.

banques à créer de la monnaie nationale contre leurs réserves-or inemployées et à nous la déposer pour que nous la prêtions. [...] Bien amicalement à vous, mon cher Siep, Salut et Fraternité.[59]

Les banques d'émission apparaissaient ici clairement placées par les nécessités même du régime de l'étalon de change-or au point de contact entre les réalités internes et externes, nationales et internationales de la monnaie. Mais leur *mixité* renvoie aussi bien à une situation institutionnelle qui, de fait ou même de droit pour celles constituées précisément à cette période sous l'égide de la SDN, les plaçait alors aussi à l'intersection des logiques des États et des comportements des marchés.

La BRI, conçue dès l'origine comme « un trait d'union toujours plus étroit et précieux dans la collaboration entre banques centrales »[60], était appelée à jouer dans cette optique un rôle essentiel. « La Banque des Règlements Internationaux [précisait ainsi Pierre Quesnay au début de 1931, invité par Louise Weiss à l'École de la Paix] n'est ni une Banque Européenne, ni un organisme mondial universel comme la Société des Nations. Elle est une association des banques centrales dont la monnaie repose sur l'or »[61]. En d'autres termes, il lui revenait d'institutionnaliser le réseau des banques d'émission, contribuant à fixer des pratiques et des normes de collaboration monétaire internationales dont la postérité en Europe jusqu'à nos jours, par-delà la crise des années 1930, est évidente, comme l'a montré le fonctionnement de l'UEP dans les années 1950.

L'étude du réseau de Pierre Quesnay des années 1920 aux années 1930 confirme la réalité de la formation d'un milieu original au lendemain immédiat de la Première Guerre mondiale, à la confluence des logiques nationales et internationales, publiques et privées, techniques et politiques. L'émergence d'un tel milieu, de la commission des Réparations à la BRI, a répondu à un besoin nouveau de régulation dans le domaine des rapports financiers internationaux sur lequel s'est trouvée largement reportée la question de la liquidation de la Grande Guerre.

Mais à analyser les différentes composantes du réseau de Quesnay sont clairement apparues des pratiques et des normes communes propres à jeter les bases d'un internationalisme monétaire, particulièrement à travers la notion cardinale pour le XXe siècle de coopération monétaire internationale. La mise en réseau des principales banques centrales euro-

---

[59]   Lettre de P. Quesnay à H. Siepmann du 22 avril 1933, AN 374AP/32&33.

[60]   [Pierre Quesnay], « La Banque des Règlements Internationaux et l'internationalisme monétaire », in *Revue d'Économie Politique*, t. XLIII, 1929, p. 1052.

[61]   ABF, 7e J 243, conférence de P. Quesnay à l'École de la Paix, le 18 février 1931, p. 9.

péennes sous l'égide de la BRI, première institution de marché dotée d'une personnalité juridique internationale, au tournant des années 1920 et 1930 a sans nul doute constitué de ce point de vue la tentative la plus moderne dans le processus de longue durée qu'aura été au XXe siècle la construction européenne entre nationalisation et neutralisation de la monnaie.

Le rôle de quelques réseaux dans la stratégie européenne des multinationales

Thierry GROSBOIS

Université catholique de Louvain
Université d'Artois

Notre communication aborde la problématique des réseaux sur la base d'une étude diachronique de l'attitude, envers l'intégration européenne, de quelques multinationales américaines et européennes implantées de longue date en Europe et actives dans des secteurs industriels très diversifiés. Ces multinationales, au travers de multiples réseaux dans lesquels elles s'impliquent, cherchent à défendre leurs intérêts et à promouvoir leurs stratégies européennes, que ce soit dans les domaines commerciaux, industriels, voire politiques. En effet, les multinationales sont, par leur dimension transnationale, impliquées dans de multiples réseaux nationaux, européens et mondiaux. De plus, depuis la globalisation de l'économie vers 1985, les multinationales se transforment elles-mêmes en firmes-réseaux transcendant les frontières géopolitiques comme le démontre, par exemple, le cas de Ford.

Plusieurs angles d'approches, non limitatifs cependant, peuvent être envisagés pour concevoir l'emploi des relais organisationnels, tels que les réseaux, par les multinationales américaines et européennes actives en Europe : les cartels, les relations interpersonnelles, les contrats militaires, les réseaux nationaux dépendant des maisons-mères, l'américanisation des multinationales européennes, le lobbying, l'influence au travers des médias, le système organisationnel des firmes, les réseaux institutionnels privés[1].

---

[1]   Notre contribution s'inscrit dans le cadre d'une recherche plus large, relative à la stratégie des multinationales américaines et européennes à l'égard de l'intégration européenne, entre 1945 et 1993, rendue possible grâce à un Marie Curie Fellowship octroyé par l'Union européenne, nous permettant d'être accueilli pour une période de deux ans, en 1998-2000, à l'Université d'Artois à Arras.

I. Les hommes et leurs relations interpersonnelles : l'exemple de P. Rijkens, J.W. Beyen et J. Retinger

Déplorons que les économistes traitant des multinationales (économie internationale, économie industrielle) tendent à déshumaniser les phénomènes de l'internationalisation et de globalisation des entreprises, en n'accordant pas suffisamment d'attention au rôle des hommes d'affaires dans le processus d'internationalisation des entreprises. Comme le note H. Rieben, « l'histoire de l'EIA a montré combien l'action personnelle des hommes placés aux responsabilités peut être supérieure aux moyens usuels de la voie administrative »[2].

En tant qu'historien des multinationales, nous devons, contrairement aux économistes, souligner le rôle capital des hommes et de leurs réseaux interpersonnels dans la détermination des stratégies des multinationales en Europe. Nous sommes confrontés à des hommes d'affaires ayant une forte personnalité ou témoignant d'une attitude visionnaire. Plusieurs PDG des multinationales étudiées se sont impliqués efficacement, mais souvent avec grande discrétion, dans le combat en faveur du libre-échange en Europe et pour la diffusion de l'idée européenne. Par exemple E. Mayrisch et G. Barbanson (Arbed), J.W. Beyen (Unilever), E. Davignon (Société générale de Belgique), W. Dekkers (Philips), P. Dreyfus (Renault), L. Renault (Renault), H. Ford (Ford), P. Rijkens (Unilever), D.U. Stikker (Heineken), etc.

En 1939, J.W. Beyen, président de la BRI, approche Paul Rijkens, président néerlandais de la multinationale anglo-néerlandaise Unilever, pour lui proposer ses services. Beyen avait eu, en tant que directeur de la Rotterdamsche Bank, des relations d'affaires avec Unilever, un important client de la banque. Rijkens propose à Beyen de devenir membre du conseil d'administration d'Unilever à partir de janvier 1940[3].

Début 1940, Beyen travaille à Rotterdam, au sein de la direction d'Unilever. Les relations avec les autorités nazies et les usines allemandes, filiales du groupe, sont particulièrement tendues. Beyen est envoyé en Suisse, début mai 1940, afin de visiter les fabriques helvétiques de la multinationale. Refoulé par l'avance rapide de l'armée allemande, il est contacté, à l'instigation de Paul Rijkens, par le gouvernement néerlandais pour venir le rejoindre à Londres. Le 23 mai, il s'envole par avion militaire pour Londres[4]. Proposant gratuitement ses

---

[2] H. Rieben, *Des ententes de maîtres de forges au Plan Schuman*, Lausanne, 1954, p. 522.

[3] J.W. Beyen, *Het spel en de knikkers. Een kroniek van vijftig jaren*, Rotterdam, 1968, pp. 124-128.

[4] *Ibid.*, pp. 130-133.

services au gouvernement en exil, tout en restant employé par Unilever, il est nommé conseiller financier du gouvernement, un titre spécialement créé pour lui et qu'il conservera jusqu'en 1952, année où il deviendra ministre. En tant que membre de la direction d'Unilever, Beyen devient le président du comité financier de l'entreprise[5].

À Londres, Paul Rijkens, l'homme d'affaires néerlandais le plus influent et le plus actif auprès du gouvernement en exil, prend l'initiative de canaliser au sein d'un groupe de travail privé, l'étude des problèmes de l'après-guerre en créant le *Studie-Groep voor Reconstructie Problemen*. Rijkens pense que les Néerlandais en exil à Londres doivent, tout comme les Néerlandais restés en pays occupé, réfléchir sur la manière par laquelle la société néerlandaise devra être améliorée après la guerre[6]. Cette réflexion constitue un moyen d'empêcher une distanciation entre l'évolution de l'opinion aux Pays-Bas occupés et à Londres. Le *Studie-Groep* est divisé en 25 commissions, composées de juristes, de hauts fonctionnaires, de diplomates, de ministres et d'hommes d'affaires néerlandais intéressés à la préparation de l'après-guerre. Au total, 220 personnalités, présentes à Londres, contribuent activement au *Studie-Groep* et 29 rapports définitifs, adressés au gouvernement néerlandais, sont rédigés entre juillet 1941 et juillet 1945. En communiquant le résultat des réflexions au gouvernement, P. Rijkens espère ainsi l'aider dans les prises de décisions concernant l'après-guerre et fournir l'argumentation nécessaire à la préparation des négociations avec les grandes puissances[7]. Le gouvernement néerlandais reçoit le premier rapport intérimaire le 28 avril 1942. Il sera suivi par de nombreux autres rapports intérimaires ou définitifs. L'ensemble des rapports définitifs est publié à Londres, sous forme de brochures, par P. Rijkens dans le courant de l'année 1945, afin que l'opinion publique et la presse néerlandaises puissent prendre connaissance de la teneur des discussions, et contribuer ainsi à la reconstruction du pays libéré[8]. L'espace de réflexion proposé par le *Studie-Groep* Rijkens ne doit pas être négligé, en raison de la qualité des personnalités membres. Onze ministres acceptent de devenir, à titre personnel, membre du *Studie-Groep*. La plupart des fonctionnaires impliqués dans les négociations néerlando-belges visant à la conclusion d'une réunion douanière Benelux sont également présents : F. Beelaerts van Blokland, J.W. Beyen, D. Crena de Jongh, A. Th. Lamping et

---

[5] C. Wilson, *Unilever in de tweede industriële revolutie 1945-1965*, La Haye, 1968, pp. 302-306.

[6] P. Rijkens, *Handel en wandel*, Rotterdam, 1965, pp. 111-112.

[7] G.M.V. Mans, « Ideas of Netherlands Exiles on the Postwar International Order », in W. Lipgens (ed.), *Documents on the History of European Integration*, vol. 2, Berlin-New York, 1986, pp. 454-455.

[8] *Studie-Groep voor Reconstructie Problemen. Rapporten*, Londres, [1945].

J.A.J. de Vries. Parmi les nombreux hommes d'affaires néerlandais participants, signalons la présence concomitante dans plusieurs commissions des membres néerlandais du conseil d'administration de la multinationale Unilever : P. Rijkens, J. Polak, J.W. Beyen et R.G. Jurgens. D'autres employés d'Unilever participent aux travaux du *Studie-Groep*. Cette présence massive de représentants de la firme dans les commissions s'explique également par le fait que P. Rijkens avait créé en 1941, avant la constitution officielle du *Studie-Groep*, un petit groupe de spécialistes d'Unilever, parmi lesquels J.W. Beyen, afin de commencer les études sur les problèmes économiques de l'après-guerre[9]. La commission intitulée *Economische Groepvorming*, présidée par Beyen, envisage la création de groupements économiques régionaux, notamment en Europe, mais sans que ceux-ci puissent devenir un obstacle à des projets à l'échelon mondial[10]. Le rapport de cette Commission se prononce pour la création de groupements économiques régionaux d'États. La Commission propose la formation en Europe d'un « groupe atlantique » comprenant les pays suivants : Grande-Bretagne, Pays-Bas, Belgique, Scandinavie, France. Les groupements d'États devront cependant rester compatibles avec les obligations des puissances coloniales et maritimes. Le rapport accorde un intérêt particulier aux questions monétaires et propose la création d'une banque centrale, dont la mission principale serait de gérer les échanges monétaires et financiers multilatéraux entre pays membres du groupement économique régional, occidental, mais non continental[11]. Le rapport de la Commission bénéficie largement de l'expérience acquise par Beyen à la BRI. Il est devenu un conseiller très écouté du gouvernement. À la fin de l'année 1941, l'on pense à lui comme ministre des Finances, en remplacement de Steenberghe, mais le ministre-président Gerbrandy ne veut pas entendre parler de Beyen, car, en tant que directeur d'Unilever, il le considère trop proche du grand capital. Le gouvernement néerlandais en exil était en effet accusé d'être trop influencé par des trusts représentés à Londres (Unilever, Shell et Philips)[12]. Tout en restant lié à Unilever, Beyen participe aux négociations qui conduisent à la formation du Benelux, dès 1943. Il joue un rôle actif à la conférence de Bretton Woods en 1944.

À la suite des élections néerlandaises du 25 juin 1952, Beyen se voit proposer le poste de ministre des Affaires étrangères au sein du troisième cabinet Drees, fonction qu'il doit cependant partager avec le catholique Joseph Luns. Ministre sans portefeuille, Luns est chargé du

---

[9]   T. Grosbois, *L'idée européenne en temps de guerre dans le Benelux (1940-1944)*, Louvain-la-Neuve, pp. 35-42.

[10] J.W. Beyen, *Het spel en de knikkers, op. cit.*, pp. 145-146.

[11] T. Grosbois, *L'idée européenne en temps de guerre, op. cit.*, pp. 155-174.

[12] J.W. Beyen, *Het spel en de knikkers, op. cit.*, pp. 147-149.

Benelux et des relations bilatérales. Beyen, par contre, s'occupe des relations multilatérales (OTAN, OECE, Union de l'Europe occidentale, Conseil de l'Europe). Le 10 septembre 1952, soit une semaine après son entrée en fonction, Beyen participe à Luxembourg au Conseil des ministres de la CECA qui décide de demander à l'Assemblée *ad hoc* de rédiger les statuts d'une union politique européenne, la CPE. Sur proposition de Beyen, les ministres introduisent dans le préambule de la résolution que la création d'une CPE est liée à l'établissement de bases communes de développement économique et à la fusion des intérêts essentiels des États membres. Cette initiative est le début de l'action persévérante du ministre néerlandais qui va déboucher sur la création de la CEE. Le 11 décembre 1952, Beyen présente, au nom du gouvernement néerlandais, aux États membres de la CECA, un mémorandum proposant le remplacement de l'intégration sectorielle par une intégration économique européenne « horizontale ». Ce mémorandum est connu sous le nom de « Plan Beyen », première esquisse du Marché commun.

Le soutien discret mais efficace de P. Rijkens, président d'Unilever, fut également précieux au Polonais Jozef Retinger, l'un des principaux promoteurs du mouvement européen pendant et après la Seconde Guerre mondiale[13]. Rijkens et Retinger se sont liés d'amitié au cours de l'exil à Londres pendant la guerre. Dès cette époque, le cosmopolitisme de Retinger fit forte impression sur le président d'Unilever[14]. Après avoir joué un rôle majeur dans la création de la Ligue européenne de coopération économique (LECE) en 1946, et contribué à la formation du Mouvement européen, Retinger estime son objectif atteint lorsque l'intégration européenne est lancée. Il désire dès lors veiller à ce que l'union européenne ne se réalise pas au détriment de l'alliance atlantique. Pour réduire les divergences et les incompréhensions entre décideurs européens et américains, Retinger soumet, au début de 1952, l'idée d'organiser des réunions informelles de personnalités particulièrement influentes en Europe et aux États-Unis, car il préférait travailler discrètement avec un groupe restreint de personnalités soigneusement choisies plutôt que de réaliser une publicité sur une vaste échelle. Ce même principe avait d'ailleurs inspiré la fondation de la LECE. Il obtient le soutien de ses amis, P. van Zeeland, ancien Premier ministre belge, et P. Rijkens, président néerlandais d'Unilever, tous deux exilés à Londres pendant la guerre. Par l'intermédiaire de Rijkens, Retinger intéresse au projet le prince Bernhard des Pays-Bas, personnalité bien connue et appréciée aux États-Unis, qui accepte de présider les réunions. Rijkens accepte les

---

[13] T. Grosbois, « L'action de Jozef Retinger en faveur de l'idée européenne 1940-46 », in *European Review of History. Revue européenne d'Histoire*, vol. 6, 1999, n° 1, pp. 59-82.

[14] P. Rijkens, *Handel en wandel, op. cit.*, p. 134.

fonctions de trésorier du groupe. À un second stade, Retinger parvient à intéresser à l'idée une série de personnalités : Max Brauer, Hugh Gaitskell, Alcide de Gasperi, le général-major Sir Colin Gubbins, Ole Bjorn Kraft, Guy Mollet, Rudolf Mueller, Antoine Pinay, Panayotis Pipinelis et Pietro Quaroni. La première rencontre euro-atlantique se tient à Paris le 25 septembre 1952, où les personnalités présentes (Prince Bernhard, Gaitskell, Gubbins, Kraft, Mollet, Mueller, Pinay, Pipinelis, Retinger, Rijkens, van Zeeland) se montrent favorables à l'amélioration des relations avec les autorités américaines et à la lutte contre l'anti-américanisme en Europe, animé par les communistes. La première conférence euro-américaine se tient à Arnhem à l'hôtel Bilderberg en mai 1954, dont la logistique fut assurée par des membres du *service department* d'Unilever[15]. La Ford Motor Cy étant elle aussi très soucieuse du maintien de liens transatlantiques cordiaux en raison de l'importance de ses investissements industriels en Europe, la Ford Foundation, proche à l'époque de la CIA, accepte d'intervenir après 1954 dans le soutien financier au groupe Bilderberg. En quelques années, le groupe de Bilderberg acquiert une réputation éminente auprès des décideurs occidentaux, grâce à la qualité des personnalités invitées, issues du monde politique, syndical, universitaire et des affaires, et à l'importance des problèmes internationaux discutés une fois par an à huis clos. Toutes les personnes-clés des deux côtés de l'Atlantique ont participé à au moins une réunion, formant ainsi un réseau informel puissant. La discrétion de ces réunions périodiques provoque la curiosité et la suspicion. En tant que secrétaire général du groupe Bilderberg, Retinger continue à assister le Prince Bernhard dans cette organisation jusqu'en 1959, année où il se retire pour des raisons de santé[16]. Quelques mois avant son décès, Retinger suggère à Rijkens de lui désigner un successeur en proposant l'ancien ministre néerlandais des Affaires étrangères E.N. Van Kleffens, de préférence à E.H. van der Beugel, qui « est peu organisé et s'intéresse peu à l'activité du groupe »[17]. À la même époque, Retinger cherche à intéresser J. Monnet lui-même, président du Comité

---

[15] R.S. Aldrich, « OSS, CIA and European Unity : the American Committee on United Europe (1948-1960) », in *Diplomacy and Statecraft*, t. 8, 1997, n° 1, p. 216 ; V. Dujardin et M. Dumoulin, *Paul van Zeeland (1893-1973)*, Bruxelles, 1997, pp. 224-227.

[16] Sur les origines de Bilderberg, lire les témoignages des fondateurs : J. Retinger, *Memoirs of an Eminence Grise*, Londres, 1972, pp. 250-260 ; P. Rijkens, *Handel en wandel, op. cit.*, pp. 134-146. Polish Libray (Londres), J. Retinger papers, dossiers « Bilderberg Conferences », J.H. Retinger, The Bilderberg Group, février 1959.

[17] Polish Library (Londres), J. Retinger papers, dossiers « European Movement », lettre de J. Retinger à P. Rijkens, 5 janvier 1960.

d'action pour les États-Unis d'Europe, aux activités et aux résultats engrangés par Bilderberg, mais sans succès[18].

Nous retrouvons des personnalités issues des mêmes milieux à l'occasion de l'institution de la Fondation européenne de la Culture. Selon P. Rijkens, qui quitte la direction d'Unilever en 1955, cette dernière trouve son origine dans un « Club européen » informel rassemblant, outre lui-même, le Prince Bernhard, Robert Schuman, Denis de Rougemont et Jozef Retinger. Ce club restreint décide d'instaurer une œuvre destinée à promouvoir la culture commune européenne à travers le continent. En 1955, ce club, présidé successivement par Robert Schuman et le Prince Bernhard, reçoit le soutien d'Hermann J. Abs, Gustav Stein, Hermann Reusch, Georges Villiers, G.L. Bassani, F. Marinotti, Lord Rendell, H. Brugmans, T.M. Terkelsen et M. Wallenberg. De façon à ne pas concurrencer le Centre européen de la Culture dirigé par D. De Rougemont à Genève, la Fondation européenne de la Culture choisit d'élire son siège à Amsterdam. En 1955, Marcel van Zeeland, frère de P. van Zeeland et directeur à la BRI à Bâle, est choisi pour exercer les fonctions de trésorier de la Fondation. En 1957, le premier conseil des gouverneurs de la Fondation compte parmi ses membres le banquier allemand H.J. Abs, le syndicaliste belge Omer Bécu (ami de Retinger, président de la Fédération internationale des ouvriers du Transport), le néerlandais H. Brugmans (recteur du collège d'Europe à Bruges), le banquier belge Louis Camu (président de la Banque de Bruxelles), J. Retinger, l'écrivain suisse D. De Rougemont, P. Rijkens, R. Schuman, G. Villiers (président du CNPF français), le Baron Marcel van Zeeland[19]. En 1960, le haut fonctionnaire belge J.-C. Snoy et d'Oppuers, négociateur des traités de Rome au côté de Spaak, sera coopté au sein du conseil de la Fondation. Elle débute ses activités par un congrès culturel et musical organisé à Amsterdam les 22, 23 et 24 novembre 1957, et marqué par des discours inauguraux prononcés par K. Adenauer et P.-H. Spaak. Au début de l'existence de la Fondation, le lieutenant-général britannique Sir Terence Airey, qui s'était distingué après la guerre dans la délicate mission de gouverneur du territoire de Trieste, assure le secrétariat général, dont les membres du staff sont gracieusement prêtés par les multinationales Philips et Unilever[20].

Le président d'Unilever soutiendra Retinger jusqu'à son dernier souffle. Au début de l'année 1960, P. Rijkens, avec l'appui du Prince

---

[18] Polish Library (Londres), J. Retinger papers, dossiers « European Movement », lettre de J. Monnet à J. Retinger, 4 mars 1960.

[19] Polish Library (Londres), J. Retinger papers, dossiers « European Movement », Fondation européenne de la Culture. Membres du conseil d'administration 1957 ; lettre de J. Retinger à P. Bonvoisin, 30 décembre 1955.

[20] P. Rijkens, *Handel en wandel, op. cit.*, pp. 147-155.

Bernhard des Pays-Bas, de David Astor et Denis De Rougemont, se mobilise pour récolter des fonds destinés à constituer une pension annuelle de £425 en faveur de J. Retinger, malade et hospitalisé. Le Prince Bernhard ainsi que P. Rijkens contribuent personnellement à l'alimentation du fond. Début juin 1960, Rijkens est en mesure d'envoyer un premier chèque de £1000 à l'intention de John Pomian, secrétaire de Retinger, pour subvenir aux frais d'hospitalisation de ce dernier. Retinger n'en profitera guère, puisqu'il décède au *Westminster Hospital* le 12 juin 1960, en laissant des mémoires inachevés, qui seront édités par Pomian[21].

II. Les contrats militaires, électroniques et nucléaires

Très suggestif, cet angle d'approche est difficile à maîtriser, en raison de l'immense discrétion manifestée à ce propos par les multinationales concernées. Plusieurs d'entre elles entretiennent une connivence intime avec les milieux de la défense, permettant d'expliciter les relations étroites existant entre les appareils d'État, voire les alliances militaires, et certaines firmes développant des technologies indispensables à la défense. En effet, les contrats militaires, de même que les commandes dans les secteurs nucléaires et de l'électronique de pointe exigent, en raison de leur confidentialité, un lien de confiance entre les firmes impliquées et les États. Par exemple, Philips, très active depuis 1947 dans le secteur des télécommunications et de l'informatique industrielle, coopère étroitement avec l'OTAN depuis 1950, et avec l'Euratom depuis 1958, deux organisations internationales sensibles qui lui confient des commandes[22]. Des réseaux informels rassemblant militaires, milieux politiques et représentant du monde des affaires se constituent à la faveur de la négociation des contrats dans les secteurs sensible de la défense, de l'électronique et du nucléaire.

Au temps de la guerre froide, des impératifs de défense nationale, liés à l'éventualité de mobiliser les capacités des chaînes de montage automobile pour assurer la production de matériel de transport militaire et de blindés, expliquent la volonté des grands États européens de maintenir une industrie automobile nationale à l'intérieur de leurs frontières, quitte à prendre des mesures protectionnistes[23]. Par exemple Peugeot,

---

[21] Polish Library (Londres), J. Retinger papers, dossiers « European Movement », lettres de P. Rijkens à J. Retinger, 24 et 28 mars 1960 ; lettre de P. Rijkens à J. Pomian, 2 juin 1960 ; lettre de J. Pomian à P. Rijkens, 7 juin 1960.

[22] A. Teulings, *Philips, geschiedenis en praktijk van een wereldconcern*, Amsterdam, 2e éd., 1977, pp. 142-147.

[23] E. De Banville, J.J. Chanaron, B. Dankbaar et G. Volpeto, *Vers un système automobile européen*, Paris, 1991, p. 190.

par l'intermédiaire de sa filiale Panhard & Levassor, est au premier rang des constructeurs mondiaux d'engins blindés légers à roues. La difficulté de constituer une armée européenne, comme l'illustre notamment l'échec de la CED en 1954, ainsi que la lenteur de la mise en place d'une défense européenne en marge de l'OTAN malgré la prise de conscience causée en 1993 par la crise yougoslave et la guerre du Golfe s'explique non seulement par des résistances politiques au supranationalisme, mais par le soutien accordé par plusieurs États-nations à leurs industries nationales actives dans des secteurs sensibles tels que l'électronique, les télécommunications et l'armement : Siemens en Allemagne, Thomson en France, Philips aux Pays-Bas en sont des exemples bien connus.

III. Les réseaux nationaux des maisons-mères : Renault et l'Europe gaulliste

Les maisons-mères des multinationales qui réussissent à s'internationaliser peuvent souvent compter sur l'appui indéfectible de leur gouvernement national, au point de maintenir des relations étroites avec les plus hautes sphères du pouvoir politique national. Sans exagérer cependant cette influence, une maison-mère peut par ce biais influer sur certains aspects de la politique européenne de son État-nation d'origine. Les exemples pullulent : l'influence discrète d'Unilever sur les sphères du pouvoir à La Haye et Londres, les connexions entre la Société générale de Belgique et l'État belge, le rôle de l'Arbed lors des négociations du Plan Schuman par le Luxembourg[24], l'instrumentalisation de Renault par le pouvoir gaulliste, etc.

Au cours des années 1960, le statut d'entreprise publique de Renault permet l'ouverture de négociations, certes interminables, avec l'URSS et d'autres pays de l'Est en vue d'assurer la production et la commercialisation de véhicules sur place. Les rares opérations de commercialisation de véhicules Renault dans le Comecon se sont conclues dans le cadre de la compensation : depuis l'après-guerre le troc régit les relations commerciales Est-Ouest. Pierre Dreyfus se rend à plusieurs reprises en URSS et dans les pays satellites pour convaincre leurs dirigeants de la nécessité d'une implantation industrielle. En 1957, Renault se montre prête à s'installer en Pologne, mais la décision reste en suspens tant que la France n'accepte pas d'importer des quantités supplémentaires de charbon polonais. En 1960, avec le consentement de Moscou, des négociations sont entamées avec la Tchécoslovaquie, où

---

24 E. Krier, « L'industrie lourde luxembourgeoise et le Plan Schuman », in K. Schwabe (ed.), *Die Anfänge des Schuman-Plans (1950-1951). Beiträge des Kolloquiums in Aachen 28-30 mai 1986*, Baden-Baden, 1988, pp. 357-366.

une coopération avec Skoda est envisagée. Finalement, le choix se porte sur Fiat, pour la construction d'une usine en URSS, opérationnelle en 1970, afin de produire sur place la Fiat 124. En 1966, les Soviétiques offrent à la Régie la reconstruction et le réoutillage des usines Moskovitch. Grâce à la modernisation et l'extension des usines de voitures Moskovitch de Moscou et d'Ipvesk (Oural), à laquelle participe Renault entre 1967 et 1971, l'industrie automobile soviétique connaît un décollage commercial à partir de 1969[25]. Cette même année, Renault signe un accord avec la Roumanie, écartant une offre concurrente de Ford, pour la construction sur place de voitures dans une usine livrée clé en main. Les R12 produites à partir de 1968 sous la dénomination de Dacia, seront revendues dans les pays du Comecon, ainsi qu'en Grèce et en Finlande. Cette expérience roumaine recentre un peu plus Renault sur l'Europe continentale. En 1966, Renault parvient à pénétrer le marché bulgare grâce à une opération de troc de voitures contre du tabac[26].

La stratégie est-européenne menée par Renault ne peut se comprendre sans souligner qu'elle correspond à la politique gaulliste d'équilibre entre l'Est et l'Ouest, voulue par le général de Gaulle au cours des années 1960. Renault reste, en définitive, un instrument de la politique industrielle et commerciale de l'État français. L'entreprise se voit chargée d'appliquer, dans ses projets d'investissement à l'étranger, la vision de grande Europe promue à l'époque par le général de Gaulle et son entourage.

IV. L'américanisation des multinationales européennes : le cas d'Heineken

Les réseaux transatlantiques ont joué un rôle dans la diffusion du modèle américain en Europe, et ce dès l'entre-deux-guerres, voire même la Belle Époque. Les États-Unis deviennent une référence incontournable au sein des milieux d'affaires européens dès la fin de la Première Guerre mondiale. Les Européens prennent conscience de la faiblesse économique et financière des pays européens face aux États-Unis, dont on se défie ou que l'on admire. Le thème de l'impérialisme américain apparaît dès les années 1920, à la suite de l'accroissement des investissements réalisés par des firmes multinationales américaines en Europe. Les États-Unis constituent également une source d'inspiration pour les Européens : les méthodes de gestion, le taylorisme, le fordisme, le sloa-

---

[25] L. De Mautort, « L'internationalisation de la production automobile entre la stratégie des firmes et celle des États », in *L'internationalisation de l'industrie automobile*, Paris, 1984, p. 7 (Actes du GERPISA, n° 1).

[26] J.-L. Loubet, *Citroën, Peugeot, Renault et les autres. Histoire de stratégies d'entreprises*, Paris, 2ᵉ éd., 1999, p. 354.

nisme, le marketing, la publicité, l'amélioration de la productivité se diffusent progressivement au sein du patronat et de l'ingéniorat européens, le tournant principal pouvant être situé, à notre avis, à l'occasion du Plan Marshall. Après la Seconde Guerre, la spécificité de l'identité économique européenne s'affirme face aux États-Unis, à la faveur de la construction européenne[27]. Les cas d'Heineken illustre ce phénomène.

Ainsi, l'influence du moule américain sur la stratégie d'Heineken d'après-guerre constitue une clef de compréhension majeure de l'évolution du groupe brassicole néerlandais, notamment en matière de management et de marketing. Aussitôt après la Seconde Guerre mondiale, Henry-Pierre Heineken envoie son fils Alfred à New York, où ce dernier s'initie aux techniques de marketing et de distribution de Van Munching, son distributeur local. Le jeune A. Heineken suit également quelques cours du soir de commerce et de publicité, tout en passant ses journées dans les rues de New York avec les représentants commerciaux de Van Munching. Le retour d'Alfred Heineken en Hollande, en 1948, est marqué par le début d'une ère nouvelle en matière de stratégie marketing chez Heineken, s'inspirant directement du modèle américain. Lors de son séjour aux États-Unis, Alfred Heineken fut impressionné par les modifications du style de vie américain, consécutives à l'introduction des réfrigérateurs électriques et des magasins self-service modernes. Il prévoyait l'impact éventuel de ce nouveau mode de vie aux Pays-Bas. C'est pourquoi A. Heineken devient un partisan enthousiaste, à son retour des USA, de l'introduction de la vente directe de bouteilles de bière chez les détaillants, accompagnée de publicités radiodiffusées, ce qui constituait une innovation hardie à l'époque. Il conservera d'ailleurs toute sa vie un intérêt majeur à l'égard des techniques publicitaires modernes[28].

V. Le lobbying : Heineken, le CBK et le Benelux

Les multinationales utilisent toutes les méthodes de lobbying, de façon systématique, grâce à leur participation active et simultanée à une série de réseaux nationaux, européens et mondiaux. En fonction des objectifs poursuivis, elles tentent de choisir la meilleure voie possible pour influer sur le processus de prise de décision politico-administratif. Elles alternent donc des relais tels que les fédérations sectorielles patronales nationales, les fédérations intersectorielles patronales nationales, les fédérations sectorielles européennes et l'UNICE. Elles peuvent éga-

---

[27] É. Bussière et M. Dumoulin, « L'émergence de l'idée d'identité économique européenne d'un après-guerre à l'autre », *op. cit.*, pp. 72-77.

[28] « Heineken N.V. », in T. Derdak (ed.), *International Directory of Company*, vol. 1, Chicago-Londres, 1988, p. 257 ; B. Smit et A. Lieshout, *Heineken : een leven in de brouwerij*, 4ᵉ éd., Nimègue, 1997, pp. 120-122.

lement agir directement par l'intermédiaire de leur bureau de représentation à Bruxelles auprès de la CEE. Un bel exemple de pression exercée fut l'intervention d'Heineken, et du secteur brassicole néerlandais représenté au sein du CBK, lors des discussions au sein du Benelux relatives à l'harmonisation des accises sur les alcools.

Les premières tentatives d'internationalisation de la brasserie Heineken au moyen de participations financières en Europe remontent à l'entre-deux-guerres. Tout naturellement, la Belgique, pays voisin, fut envisagée par la direction d'Heineken comme terre d'expansion possible. L'esprit cosmopolite animant Henry-Pierre Heineken et ses liens avec l'aristocratie européenne avaient facilité ses contacts personnels dans le monde international de la brasserie et de la banque, au cours des années 1920 et 1930. L'idée d'une expansion des activités brassicoles du groupe Heineken au-delà des frontières néerlandaises remonte aux discussions à ce propos au sein du bureau exécutif, à la fin des années 1920. La première acquisition fut l'achat de la Brasserie Léopold à Bruxelles, en 1927, immédiatement après le refus opposé par Stella Artois à l'égard de l'offre de rachat proposée par Henry-Pierre. La famille belge Damiens, vendeuse de ses parts de la Brasserie Léopold, avait cependant demandé au bureau exécutif d'Heineken de préserver l'image purement belge de la compagnie. La famille Damiens continue à gérer la brasserie, en préservant la confidentialité de l'investissement et de la prise de contrôle par Heineken. Cette première acquisition en dehors des Pays-Bas n'est cependant pas exemplative de la politique d'internationalisation pratiquée par Heineken après la Seconde Guerre. En effet, le marché brassicole belge s'est révélé particulièrement difficile à pénétrer, en raison des accords de cartel existant entre brasseries belges. Au point qu'au cours des années 1950, lorsque Heineken commence à exercer directement l'autorité managériale sur la Brasserie Léopold, le marché belge est déjà largement cadenassé, notamment aux moyens d'accords exclusifs de distribution liant les brasseurs et les cafetiers, similaires à ceux existant aux Pays-Bas. Découragée en raison de problèmes financiers, Heineken vend la Brasserie Léopold à Stella Artois en 1964[29].

L'exemple de l'attitude du secteur brassicole à l'égard des perspectives d'intégration économique au sein du Benelux immédiatement après la guerre révèle la complexité de la situation, et les vives résistances à l'encontre d'une réelle ouverture des marchés européens. Immédiatement après la guerre, l'industrie brassicole traverse une période difficile, en raison de la pénurie d'orge et de houblon. Le projet d'union économique Benelux met également en évidence les différences

---

[29]   J. Van der Werf, M.G.P.A. Jacobs et W.H.G. Maas, *Heineken History (1949-1988)*, Amsterdam, 1991, pp. 181 et 284.

structurelles entre les brasseries installées dans les trois pays membres. Aux Pays-Bas, le secteur est composé majoritairement de grandes entreprises industrielles, telles qu'Heineken, grâce au processus de concentration déjà entamé dès l'entre-deux-guerres. Au contraire, en Belgique et au Luxembourg, le secteur se divise en un grand nombre de petites et moyennes brasseries, souvent à caractère familial. De plus, la brasserie constitue le troisième secteur industriel belge en importance et dispose, de ce fait, de moyens de pression non négligeables sur l'administration et le parlement. Les craintes des brasseurs à l'égard du Benelux se cristallisent dès 1946, dans le contexte de la préparation du tarif douanier commun, entrant en vigueur le 1er janvier 1948. En décembre 1946, une réunion est organisée par la Commission de l'Agriculture, du Ravitaillement et de la Pêche du Benelux entre les organisations représentatives des brasseurs du Benelux. La position néerlandaise se voit, significativement, défendue par P.R. Feith, administrateur d'Heineken, au nom de la CBK. Heineken se pose ainsi en porte-parole de l'industrie brassicole néerlandaise, nouvelle preuve de son poids au sein de la CBK. Feith insiste pour procéder par étape à la mise en vigueur de l'Union douanière qu'il subordonne à trois conditions : liberté des achats de matières premières, uniformisation des droits d'accises et de la taxe de transmission, rétablissement de la situation normale de l'industrie brassicole des trois pays. Or, ces conditions supposent un terme assez long pour pouvoir être rencontrées. Il se prononce pour l'adoption du niveau belge des accises sur la bière, moins élevé qu'aux Pays-Bas. Il estime que les brasseurs belges doivent se conformer à la réglementation néerlandaise sur la densité minimum de la bière s'ils désirent vendre leurs produits aux Pays-Bas. L'attitude des brasseurs néerlandais défendue par Feith se montre donc très restrictive et franchement protectionniste. Cette réunion Benelux de décembre 1946 démontre l'importance acquise par les cartels dans l'organisation des marchés nationaux. Ces accords intra-branches sont cependant incompatibles avec la volonté d'ouverture progressive des frontières manifestée lors de la mise en vigueur de l'union douanière Benelux. Les brasseurs des pays du Benelux se réfugient tous derrière des règlements techniques nationaux pour justifier leur refus de libre circulation de la bière sur tout le territoire du Benelux, dès la mise en vigueur de l'union douanière. Ils adoptent des comportements à caractère protectionniste, afin de conserver les positions dominantes, oligopolistiques, qu'ils détiennent sur leur marché intérieur. Les brasseurs souhaitaient que les cartels, mis en place avant la guerre et ayant perduré pendant la Seconde Guerre, puissent se maintenir de façon à ce que chacun reste maître chez soi. Adoptée lors de la Conférence ministérielle Benelux de Luxembourg de janvier 1948, la procédure de consultation préalable permet au secteur brassicole d'être inscrit sur la liste des industries à propos desquelles les trois gouvernements s'engagent à se concerter en cas de création ou d'extension importante d'un secteur industriel en difficulté dans l'un des trois pays.

En 1947, la situation devient plus complexe, en raison des projets d'unification des accises du Conseil administratif des Douanes du Benelux, une mesure jugée nécessaire pour réussir l'union économique. Le CAD propose d'augmenter les accises sur la bière au sein de l'UEBL, afin de rejoindre le niveau pratiqué aux Pays-Bas, qui acceptent de réduire les siennes. Les organisations brassicoles belges et luxembourgeoises s'élèvent immédiatement à l'encontre de ce projet et lancent une campagne de presse contre l'augmentation des accises sur la bière. Les brasseurs belges et luxembourgeois réclament également la suppression de la législation restrictive néerlandaise concernant les débits de boisson et la teneur en alcool de la bière distribuée, qui empêchent dans les faits les exportations de bières belges vers les Pays-Bas. Or, dans le courant de l'année 1948, le CBK fait pression sur l'administration néerlandaise afin de maintenir le *statu quo*. À l'époque, les administrations néerlandaises compétentes consultent d'ailleurs le CBK avant tout octroi de licence d'importation de bières étrangères. Ainsi, le tarif douanier commun Benelux, mis en vigueur le 1er janvier 1948, ne s'accompagne pas d'une libéralisation des échanges des boissons alcoolisées entre les trois pays membres, en raison de l'absence d'harmonisation des accises. En mars 1948, le CAD décide de rédiger un nouveau projet de convention d'unification des accises. La Belgique augmente ses accises sur la bière, afin de les rapprocher du niveau néerlandais, mais le Grand-Duché, dont le gouvernement est soumis aux vives pressions des brasseurs et viticulteurs nationaux, refuse d'augmenter les siens. Moyennant des concessions du gouvernement belge, permettant à la bière d'être dotée d'un statut spécial, un projet de convention Benelux portant unification des accises, est signé le 18 février 1950 par les plénipotentiaires des trois pays, D.U. Stikker, ancien directeur d'Heineken, devenu entre-temps ministre des Affaires étrangères, signant au nom des Pays-Bas. Mais cette convention ne sera jamais appliquée, en raison d'une déclaration de dernière minute du Luxembourg, qui souhaite restituer une partie du supplément d'accises résultant de l'application de la convention à l'industrie brassicole luxembourgeoise, ce qui est évidemment inacceptable du point de vue belge et néerlandais. Même le traité d'union économique Benelux, signé le 3 février 1958, considère les droits d'accises, perçus de manière autonome par les trois États membres, comme une exception à la liberté des échanges intra-Benelux[30].

---

[30] T. Grosbois, « L'influence des groupes patronaux sur la prise de décision au sein du

VI. Les médias : l'uniformisation des goûts des consommateurs européens par Unilever

Les relations entretenues entre les multinationales et le monde des médias sont fascinantes et complexes, mais s'expliquent par la nécessité de produire des messages externes destinés à positionner l'entreprise par rapport à un débat public tel que l'intégration européenne. Ford, Philips, Unilever et Heineken utilisent cette forme d'influence, en utilisant des relais médiatiques. Bien entendu, la publicité constitue la voie royale en vue de la promotion de l'image d'une firme. Or, comme le démontre l'exemple d'Heineken, les campagnes de marketing sont, surtout depuis l'établissement du marché unique en 1993, de plus en plus lancées et coordonnées au niveau du continent européen, même si des adaptations du message sont prévues en fonction des sensibilités nationales (humour, moralité). Les budgets publicitaires colossaux de certaines firmes multinationales constituent, cela va sans dire, un moyen de pression considérable sur l'ensemble des médias au point de mettre en danger leur indépendance (TV, presse écrite, radio).

La compagnie néerlando-britannique Unilever, militante de longue date en faveur de l'idée européenne comme le démontre l'attitude pionnière adoptée par son président jusqu'en 1955, P. Rijkens, est devenue un annonceur de premier plan en Europe, en raison des budgets considérables qu'elle consacre à la publicité de ses marques au travers des médias. Incontestablement, les décisions stratégiques prises par Unilever dans le domaine publicitaire influent sur l'orientation des médias européens, particulièrement en ce qui concerne la télévision.

En 1990, à la veille de l'instauration du marché unique européen, Unilever consacre 60 % des 1,2 milliards de livres sterling de son budget publicitaire mondiaux à l'Europe, où elle réalise d'ailleurs traditionnellement deux tiers de son chiffre d'affaires. Cependant, au cours des années 1980, un mouvement de concentration atteint également le secteur des médias, où le nombre de propriétaires de réseaux de télévision à l'échelle de l'Europe se limite désormais à quelques groupes puissants (RTL, Berlusconi, Murdoch, Maxwell, Pearson, Hachette, etc.). La planification et la budgétisation des campagnes publicitaires sont rendues plus ardues chez Unilever, en raison de la constitution de ces groupes de communication, qui concentrent en leurs mains l'espace médiatique privé et accroissent le coût d'accès à l'antenne.

De plus, la dérégulation s'est accompagnée en Europe d'une proliféra-tion des chaînes de télévision, mouvement accentué par le développe-

---

Benelux (1946-1950) », in M. Dumoulin (dir.), *L'Europe du Patronat de la guerre froide au début des Golden Sixties*, Bern, 1993, pp. 132-146.

ment de la diffusion par satellite. En Europe, le nombre de chaînes de télévision est passé de 29 en 1980 à 120 une décennie plus tard. De plus, les espaces publicitaires ont augmenté par le fait de la privatisation du secteur. À l'époque où les télévisions étaient nationales et soumises à un strict contrôle gouvernemental, les espaces publicitaires étaient limités et peu coûteux. La publicité passait dès lors principalement par l'intermédiaire de la presse écrite. L'avènement du satellite a érodé la capacité de contrôle des gouvernements nationaux sur la télévision, ouvrant la voie à la dérégulation.

La dérégulation, la concentration et l'internationalisation des groupes contrôlant les médias constituent une réelle préoccupation pour Unilever, dans la mesure où ce mouvement s'accompagne de l'accroissement des coûts publicitaires exigés par les quelques firmes médiatiques et agences publicitaires contrôlant le marché télévisuel européen. Les coûts d'achat d'espaces publicitaires sur les ondes télévisuelles se sont accrus, depuis les années 1980, approximativement deux fois plus vite que le taux normal d'inflation sur la base européenne. De plus, la multiplication des chaînes et des temps de diffusion disperse l'audience potentielle pouvant être atteinte par la publicité. Cet accroissement de la fragmentation de l'audience incite Unilever à se montrer plus sélectif dans l'achat des espaces publicitaires, à la fois en vue de maîtriser les coûts et assurer une meilleure efficacité dans la diffusion du message destiné aux consommateurs finaux.

Unilever, en raison de sa volonté d'acquérir des espaces publicitaires télévisuels à des heures de grande écoute, s'est de plus en plus impliquée dans le financement direct de programmes télévisés susceptibles de séduire les consommateurs intéressés par les produits vendus par la firme. Unilever achète des droits, participe au financement de coproductions voire s'investit dans la production d'un programme. En échange de quoi, la multinationale cherche à négocier avec les télévisions intéressées par la diffusion du programme dont elle assure le financement ou la production, des heures privilégiées pour la diffusion des publicités relatives à ses produits. Le programme produit, de même que les publicités, forment un « package » unique offert par Unilever aux télévisions commerciales.

En 1986, Unilever décide d'acheter les droits de deux jeux télévisuels américains, en vue de les vendre à des chaînes dans différents pays européens. Les émissions de jeux sont peu coûteuses à produire et faciles à vendre auprès des chaînes, d'autant plus qu'elles sont susceptibles d'attirer une large audience. Les deux jeux en question, *Wheel of Fortune* (la roue de la fortune) et *Jeopardy*, permettent à Unilever de devenir l'un des principaux fournisseurs de programme télévisuel de divertissement en Europe.

En 1991, Unilever se lance dans un projet nettement plus coûteux, la production d'une série télévisée, intitulée « Riviera », feuilleton à thématique paneuropéenne, susceptible, en raison de la nature des produits de grande consommation diffusés par la firme, d'attirer la cible principale de ses campagnes publicitaires, la ménagère. Le scénario de la série, mélange de romantisme, de prestige et d'évasion, est conçu pour attirer un large public constituant la cible privilégiée des publicités en faveur des produits d'Unilever. Le concept de la série « Riviera » est, contrairement aux jeux achetés aux États-Unis, d'esprit strictement européen : le scénario se déroule dans des sites situés en Europe, les acteurs sont tous Européens, et le public visé est européen. Unilever étant le principal producteur de la série, en échange de quoi elle pourra négocier des conditions meilleures en terme d'espaces publicitaires auprès des télévisions européennes désireuses de diffuser le programme. Les contraintes nouvelles du marché publicitaire et des médias obligent Unilever à intervenir dans un secteur où elle ne s'était guère impliquée auparavant[31].

Conclusions

L'implication de longue date, bien que discrète, de la multinationale néerlando-britannique Unilever dans la promotion de l'idée d'unification économique et monétaire européenne s'explique peut-être par l'influence en son sein d'européistes convaincus, tels que J.W. Beyen, ancien président de la BRI et directeur de la multinationale au cours du second conflit mondial, et P. Rijkens, président néerlandais du conseil d'administration. Sur l'initiative de Rijkens se constitue en exil à Londres le *Studie-Groep voor Reconstructie Problemen*, organisme de réflexion privé sur l'après-guerre. Le fait qu'une série de ministres, d'employés d'Unilever, ainsi que la plupart des fonctionnaires néerlandais impliqués dans les négociations en cours pour l'union Benelux, participe au *Studie-Groep* Rijkens confirme combien le monde des affaires et le monde politico-administratif néerlandais sont interpénétrés. La présidence de Beyen à la tête de la commission *Economische Groepvorming* du *Studie-Groep*, se prononçant en faveur de régions économiques en Europe, soutenant l'émergence d'une alliance atlantique, doit être soulignée, dans la mesure où il joue un rôle non négligeable en 1943 et 1944 dans les négociations ouvrant la voie à l'union Benelux et que la paternité du Marché commun de 1957 lui revient incontestablement, comme le démontre le Plan Beyen de 1952.

Les relations entre J.W. Beyen et P. Rijkens, dirigeants d'Unilever, et de personnalités européistes telles que J. Retinger et P. van Zeeland,

---

[31] « Advertising enters a new age », in *Unilever Magazine*, n° 79, 1991, pp. 4-7.

démontrent combien l'exil londonien fut à la source après la guerre de réseaux élitistes transatlantiques et transeuropéens, actifs lors de la naissance notamment de la LECE, du Mouvement européen, du groupe Bilderberg et de la Fondation européenne de la Culture. Les convictions européistes de Rijkens expliquent le soutien inconditionnel accordé par Unilever, en ce compris sur le plan financier et logistique, aux initiatives prises par des personnalités européistes tels de P. van Zeeland, J. Retinger et J.W. Beyen.

L'exemple d'Heineken en matière d'américanisation des méthodes industrielles et de commercialisation suggère une réceptivité variée du modèle américain en Europe, fonction de la mentalité des chefs d'entreprise et des spécificités des secteurs étudiés. La firme Heineken s'engage, peu après le retour des États-Unis d'Alfred Heineken en 1948, dans des innovations en terme de marketing et de publicité, imitant le modèle américain.

Les pressions du secteur brassicole néerlando-belge, dans le cadre des négociations Benelux pour l'harmonisation des accises sur les alcools, entre 1946 et 1950, constituent un exemple de lobbying réussi. Ces résistances envers une véritable intégration économique au sein du Benelux permettent de comprendre pourquoi Heineken n'a pas été en mesure de mener une stratégie d'expansion à l'échelle du Benelux, étant confrontée à des marchés belge et luxembourgeois cadenassés par des accords nationaux de cartel. Elles expliquent les raisons ayant incité Heineken à accorder, au sortir de la guerre, la priorité à son expansion internationale aux États-Unis, en Afrique et en Asie.

L'européanisation du marketing et des marques commerciales au niveau continental constitue un phénomène récent, qui s'est généralisé au milieu des années 1980, à la faveur de l'annonce du Marché unique européen de 1993. La multiplication des chaînes de télévision, l'apparition de la diffusion par satellite et par câble obligent les annonceurs, c'est-à-dire la plupart du temps des multinationales telle qu'Unilever, à instaurer une coordination européenne des campagnes publicitaires. L'Europe de la pub et des médias se concrétise par le soutien accordé à des événements sportifs internationaux, à l'européanisation de marques comme dans le cas d'Opel contrôlée par General Motors, et même à l'investissement direct dans des jeux et des feuilletons télévisés chez Unilever, de façon à attirer au mieux l'attention du public visé. En raison notamment du processus de concentration des groupes de communication à l'échelle de l'Europe, les multinationales interviennent donc de plus en plus directement dans l'univers médiatique des Européens, participant ainsi à l'uniformisation des goûts et des comportements. Le poids des annonceurs sur la définition des programmes télévisés permet de mieux comprendre l'évolution récente du paysage médiatique européen[32].

Contrairement à l'analyse économique du phénomène de multinationalisation, qui n'accorde guère de place aux rôles des hommes, les historiens, ainsi que les sociologues, soulignent l'importance des hommes et de leurs réseaux dans le processus d'internationalisation des entreprises. D'un point de vue sociologique, l'analyse stratégique apparaît la mieux adaptée à la conceptualisation de la notion de réseaux. L'approche stratégique, théorisée par Crozier et Friedberg, postule la liberté relative des acteurs au sein d'une organisation donnée (qu'il s'agisse d'un groupe de pression, d'un cartel, ou d'une entreprise multinationale). Ces acteurs sont dotés d'une rationalité limitée : dans le cadre des multiples contraintes imposées par l'environnement, et des stratégies développées par les autres, ils n'ont ni le temps ni les moyens d'effectuer le choix théoriquement le plus rationnel pour atteindre les objectifs poursuivis. Toute organisation est composée d'acteurs, structurant leurs relations dans un système d'action concret afin de résoudre les problèmes posés par le fonctionnement de l'organisation, et ce en fonction des objectifs, issus d'un compromis entre les buts des acteurs et ceux de l'organisation. Le système d'action concret des acteurs présuppose l'existence d'un système de régulation des relations, pour résoudre les difficultés concrètes se posant quotidiennement à l'organisation, et des alliances entre les acteurs permettant à ces derniers de compter sur des appuis. Cependant, toute organisation, telle qu'une entreprise multinationale, doit tenir compte de son environnement, qui est par définition changeant, comme le démontre par exemple le processus de construction européenne. Afin de réduire les sources d'incertitude majeures de cet environnement, l'organisation doit chercher à s'informer, à communiquer et à contrôler les zones d'incertitudes extérieures. Dès lors, les acteurs membres de l'organisation doivent s'impliquer dans des réseaux, c'est-à-dire des relais organisationnels, en mesure à la fois de les informer sur l'environnement de façon à mieux le maîtriser, et de représenter les intérêts de l'organisation en vue de les défendre plus efficacement. Les acteurs qui s'investissent dans ces relais se retrouvent en position de force au sein de l'organisation auquel ils appartiennent, parce qu'ils contribuent à la réduction des incertitudes liées à l'environnement[33]. La stratégie européenne des multinationales constitue un bel exemple de la nécessité pour des acteurs (hommes d'affaires par exemple) de s'attacher à des relais organisationnels (ou réseaux tels que cartels, lobbys,

---

[32] F. Bernheim, « La publicité. Y a-t-il une européenne de la pub ? », in A. Compagnon et J. Seebacher (dir.), *L'Esprit de l'Europe*, t. 3, Paris, 1993, pp. 269-279.

[33] M. Crozier et E. Friedberg, *L'acteur et le système. Les contraintes de l'action collective*, Paris, 1977, pp. 163-169.

mouvements, ou fondations) en vue de maîtriser un processus environnemental changeant tel que la construction européenne.

The European Productivity Agency and European Cooperation in the 1950s

Bent BOEL

Aalborg Universitet

The European Productivity Agency was created in 1953 as a semi-autonomous organization within the framework of the OEEC. It was an American brainchild, initially designed as a means to increase productivity and to "Americanize" Western Europe through the transfer of American techniques, know-how and ideas. But the goal which the Americans set for the EPA was also to further European integration. The EPA, a technical body, acting in a "low policy" sphere, hardly looked like an obvious or effective promoter of European cooperation, let alone integration. However, one may argue that the agency did further European cooperation through the different functions which it performed.

This article will present the different roles played by the EPA and discuss the ways in which they effected European cooperation in the 1950s.[1] First, however, it will introduce the EPA, an organization that today has been largely forgotten.

I. Historical Introduction of the EPA

The EPA grew out of the American postwar technical assistance program in Western Europe. The first technical assistance projects started with the Marshall Plan in 1948, but it was only in 1949 that productivity became a key word in the rhetoric of the US aid policy towards Western Europe. Increasing productivity came to be seen as an economic necessity if Western Europe's structural economic problems were to be tackled, their economies made competitive and the dollar gap closed. The so-called "politics of productivity" were more generally thought of as a means to recast Western European societies in an American mold: "feudal" management practices and "socialist" labor attitudes were to be

---

[1] This article is based on: B. Boel, *The European Productivity Agency and Transatlantic Relations, 1953-1961*, Copenhagen, Museum Tusculanum Press, 2003.

abandoned, distributional questions should be depoliticized and treated as technical questions concerning the best ways to improve output[2].

The European reactions to this productivity drive were ambivalent. Many European governments welcomed a drive for modernization – some of them had already taken steps of their own to modernize their economy immediately after the war. Others were less enthusiastic. Some governments feared the socially and politically destabilizing effects, which the campaign might have. Business interests and in some cases trade unions mistrusted governmental interference in the life of private enterprises. In Northern European countries (including the United Kingdom) there was skepticism towards moves furthering European integration as well as a widespread feeling that in matters of productivity nothing much could be learned from the Southern Europeans[3].

During these first years, the American technical assistance was essentially bilateral in nature. It aimed at promoting national productivity programs implemented by organizations specifically set up for that purpose, i.e. national productivity centers (NPC). However, the US was far from satisfied with the quality of the work done by many of the productivity centers. This situation was – together with a general desire to further European integration – a strong incentive for the Americans to encourage multilateral endeavors in the productivity field, which had been undertaken within the framework of the OEEC since 1949. The decisive impulse came from the American Congress in the form of two amendments. The Benton Amendment in 1951 and, most decisively, the Moody Amendment, which earmarked 100 million dollars to promote free private enterprise, discourage restrictive business practices, encourage competition and productivity and strengthen the so-called "free" trade unions as the collective bargaining agencies of labor within aid

---

[2]   C.S. Maier, "The Politics of Productivity: Foundations of American International Economic Policy after World War II", in *id., In Search of Stability. Explorations in Historical Political Economy*, Cambridge, Cambridge University Press, 1987, pp. 121-152 ; M. Hogan, *The Marshall Plan. America, Britain and the Reconstruction of Western Europe, 1947-1952*, Cambridge, Cambridge University Press, 1989 ; A. Carew, *Labour under the Marshall Plan. The Politics of Productivity and the Marketing of Management Science*, Manchester, Manchester University Press, 1987 ; B. Boel, *the European Productivity Agency and Transatlantic Relations, op. cit.*, pp. 21-26.

[3]   B. Boel, "The European Productivity Agency and the Development of Management Education in Western Europe in the 1950s", in T. Gourvish and N. Tiratsoo (eds.), *Missionaries and Managers : United States Technical Assistance and European Management Education, 1945-1960*, Manchester, Manchester University Press ; Washington National Records Center (WNRC), Record Group (RG) 469, Office of European Operations, Regional Organizations Staff, Subject Files (SF) 1948-53, box 4, folder (f.) "Economics : Productivity Program", memo, PAB/D-126, Brown to Public Advisory Board, April 14, 1952, "The European Case Against Productivity".

---

recipient countries. Part of the American aid was to be used by the OEEC. It was thus thanks to the Moody Amendment that the EPA was created. Not all OEEC countries were happy about creating a European organization to deal with productivity matters. On the other hand, US assistance was obviously welcome. So in March 1953 the OEEC countries decided to establish the European Productivity Agency[4].

The EPA turned out to be a rather short-lived experiment since it was wound up in 1961. The agency's eight years of existence is a story of quite a few accomplishments but also of numerous conflicts about both the organizational set-up and its policies, which to some extent reflected fundamental disagreements about the legitimacy of a common European endeavor to increase productivity. Ironically, the US, which had prompted the creation of the EPA in the first place, played a major role in its demise in 1960, when it joined the OEEC countries to create the OECD and at the same time made it clear that it did not wish the EPA to be continued[5].

II. The EPA's Functions

Much of the EPA's existence was plagued by discussions about what it actually was or ought to be. Some defined it as an operational branch of the OEEC, others chiefly saw it as an American aid agency, still others envisioned it as a European federation of national productivity centers (NPCs), and some, finally, hoped that it could evolve into a tripartite organization for labor, management and governments. While in no way exclusive of each other, these four definitions partially reflect different political ambitions and priorities. They all – each in their own way – mattered for the fostering of European cooperation.

A. An Operational Agency

The fundamental reason why the EPA had been created was to be an operational branch of the OEEC with the purpose of enhancing productivity. It was to change attitudes and practices in the member countries through concrete activities such as conferences, seminars, courses, missions, exhibitions, pilot projects, use of consultants, etc. These activities concerned almost any sector of social and economic life: business management, trade union activities, building, agriculture, distribution, areas in the process of economic development, etc. The EPA thus became an

---

[4] WNRC, RG 469, Special Representative in Europe, Productivity and Technical Assistance Division (PTAD), SF Relating to Benton-Moody Program, box 1, f. "History: 115K", report, "History of Negotiations under Section 115K of the ECA Act".

[5] B. Boel, *The European Productivity Agency and Transatlantic Relations*, op. cit., pp. 61-92.

important part of the OEEC's activities. Its budget represented on average more than forty percent of all expenses in a cumulated OEEC-EPA budget. From the beginning, however, the member countries had very different views about how it should perform this operational role. Some countries – especially the United Kingdom and Switzerland – wanted to limit the role of the agency as much as possible, whereas others, especially Southern European countries, had greater ambitions for the agency. Despite these divergences, the EPA did perform a wide range of functions. Its main operational one was to act as a provider of services, offering the aid of consultants, facilities, financial aid to missions, bursaries, organizing seminars and conferences, etc. This role was supplemented by the creation of institutions, which would afterwards be able to survive on their own and continue whatever activities the EPA had wished to promote. In the sector of business management alone, about thirty different national and international associations created in the 1950s directly or indirectly owed their existence to the EPA. Among institutions created at least partially on EPA's prompting were: the European Organization for Quality Control, the European Work Study Association, the International Association of Ergonomics (established in 1959 in Zürich), the Mediterranean Center for Post-graduate Education in Agriculture and Food, a European Center for the Translation and Diffusion of Russian Technical Literature (set up in 1960). Lastly, the EPA acted as a study center in different fields. It financed surveys and fostered cooperation among research institutes in the member countries[6].

B. An American Aid Agency

Another way to see the EPA was as an American aid agency. It was created as a result of American ideas, actions and money. Once created, it remained – during its initial period – chiefly a body through which European countries could receive US technical assistance. During the whole period 1953-61, (direct or indirect) American funding represented two thirds of the about thirty million dollars contributed to the EPA.

The productivity campaign was seen by some American officials as "an important weapon of psychological warfare [...] in competing for the political and economic leadership of the free world"[7]. In any case, the US certainly took a strong interest in shaping the program of the agency.

---

[6] UMA (Archives of the Danish Ministry of Foreign Affairs), j.nr. 106.O.21, box 1, EPA(57)11, September 3, 1957, "EPA Results Obtained and Future Prospects"; European Community Historical Archives, OECE, August 1965, *Répertoire des Activités de l'Agence Européenne de Productivité*.

[7] WNRC, RG 59, United States Operating Missions, Mission to Austria, PTAD, SF 1952-58, box 4, f. "Briefing Materials", memo, Hall to Russell, September 9, 1954, "The FOA Productivity Program".

Part of the aid was tied to specific programs, such as those designed to assist "free" trade unionism or to assist areas in the process of economic development. More generally, the activities of the agency aimed at transferring American techniques and know-how to the member countries. As one US official put it: the Europeans were being forced-fed with American projects[8].

Obviously many of these American-inspired projects were welcomed by the Europeans. But the overpowering American presence was resented by quite a few, who insisted that in many cases Europeans actually had the resources to help each other and that they had no need to travel across the Ocean to learn, for example, about banking methods or cost accounting. In many cases Europeans would complain about the Americans being too interventionist or naive or that American solutions were not always adapted to European needs. The larger European countries further wanted to protect their own economic interests. National sensitivities, economic interests and a wish to achieve a greater and more adequate impact combined to prompt an Europeanization of the agency's activities. The Europeanization argument was considerably strengthened after 1956, when the European contributions to the EPA were increased and the American payments reduced[9].

C. A Federation of National Productivity Centers

Thirdly, the EPA was often defined as a "Federation of National Productivity Centers"[10]. Not everyone was keen on using the term "federation", because of its ambitious connotations. Those who did use it, interpreted the label in different ways. For some, it expressed an ambition, namely the idea that the EPA should play a federating and perhaps even a leading role in relation to the NPC which would sometimes even be called the agency's satellites in the member countries. The ambivalence of the expression "Federation of NPCs" reflected the tensions characterizing the relations between the agency and the productivity centers.

---

[8] WNRC, RG 469, United States Mission to the North Atlantic Treaty Organization and European Regional Organizations, Office of the Executive Secretariat, SF 1952-55, box 19, f. "5th Session of Annual Conference", Report by MacPhail, November 11, 1954, "Annual Conference of US Operations Mission Directors".

[9] B. Boel, "The European Productivity Agency: A Faithful Prophet of the American Model?", in M. Kipping and O. Bjarnar (eds.), *The Americanization of European Business. The Marshall Plan and the Transfer of US Management Models*, London and New York, Routledge, 1998, pp. 37-54.

[10] UMA, j.nr. 106.P.11, box 3, PRA (56)48/4, October 19, 1956, "Memo by the Swiss Delagation on the Objectives and Activities of the EPA"; UMA, j.nr. 106.O.21, box 1, EPA(57)11, September 3, 1957, "EPA Results Obtained and Future Prospects."

The EPA was heavily dependent on the member countries' goodwill, and since their benevolence could never be taken for granted, the agency was forced to spend a considerable amount of energy on staying alive. At the same time, however, the agency enjoyed a large degree of freedom. And the NPCs did not always appreciate the use the agency made of its freedom. The misgivings were mutual. In many cases the agency's secretariat found that the NPCs acted as "bamboo curtain"[11] between the agency and those very people the agency wanted to get in touch with. On the other hand, quite a few NPCs were dissatisfied when the agency – which was supposed to act through the NPCs – time and again circumvented them and took direct contact with firms, professional associations, trade unions, universities and other institutions in the member countries without informing the local NPC about these initiatives.

That being said, the relationship between the EPA and the NPC was obviously also one of cooperation. The EPA did function as a place where the member countries – and more specifically the NPCs – could meet, discuss matters of mutual interest and agree on common productivity-enhancing activities. This was certainly considered useful by those participating in these discussions. Indeed, when the EPA was wounded up, several member countries insisted upon creating a substitute organization where the NPCs could meet and exchange views. A downsized version of the "Federation of NPCs" thus outlived the EPA[12].

D. A Tripartite Organization

A fourth way to understand the EPA was to see it as a tripartite organization for labor, management and governments in Western Europe. This was in any case an American vision for the EPA in the very beginning, since a major American goal was to use the productivity drive to strengthen the "free" trade unions especially in Southern European countries. Some member countries endorsed this idea and indeed defined the EPA as a "joint 'management-labour-government' organisation"[13]. But in its boldest version it was defeated from the outset, as the American proposal for a strong management board composed of labor, management and government representatives was vetoed by several European member countries. While it was decided to create a committee composed of representatives from management, labor and agriculture, it was also decided that it should have a purely advisory function. The

---

[11] UMA, j.nr. 106.P.11, box 3, EPA/AB/M(56)2, December 31, 1956, "Minutes of the 7th Session Held in Paris on 31.5. and 1.6. 1956."

[12] French National Archives, 5 A 156, f. "IV", Association française pour l'accroissement de la productivité, "Rapport d'activités 1961-1962", November 1962.

[13] UMA, j.nr. 106.O.21, box 1, memo, September 26, 1958, "Productivity Promoting Activities within the OEEC after 30.6.1960."

influence of this Advisory board, which became the formal link between the European professional organizations and the agency, always remained limited. However, in many cases labor and management within the Advisory Board achieved a high degree of agreement in defending their common interests *vis-à-vis* the agency. This was particularly the case from 1957, when the EPA and several big European countries decided to increasingly switch the emphasis of EPAs program from productivity enhancement in its most narrow sense to science, technology and aid to underdeveloped areas. The Council of European Industrial Federations (CEIF) and the Joint Trade Union Advisory Council to the OEEC (JTUAC) then found a common interest in countering this threat against the "traditional" activities of the agency in the fields of industry, distribution and commerce. However, the agency also offered an area where trade unions and employers' associations learned to fight and to negotiate with each other at a European level. In this battlefield, labor was more successful than the employers. The trade unions got a far greater say in the EPA than could have been expected considering their relatively weak stand and lack of governmental political support in Western Europe in the 1950s[14]. The EPA in the area of labor-management relations did not create a model of cooperation. It rather established a spoils system where business got one part of the cake while labor got another one. But the system had an oddity: only labor was really interested in having its share. Indeed the trade union program of the agency was largely run by trade unionists. Business, to a large extent, allowed the agency to run the management activities on its own. Its main preoccupation often seemed to be to limit the damage, which the agency could do, i.e. to fight the influence of the trade unions[15].

So, while the US did not manage to turn the EPA into a joint management-labor-government organization, it did to a certain extent manage to obtain trade union support for the productivity program. Considering the strong suspicions nourished by many trade unions towards the productivity campaign in 1953/54, this must be considered

---

[14]   Trade Union Advisory Council (TUAC), box "TUAC History", Schevenels lecture, September 1960, "The Trade Unions and European Economic Cooperation"; TUAC, f. "ORE. Lettres, circulaires 1956 à...", Schevenels to the national centres affiliated to the European Regional Organisation (ERO), February 28, 1957, "Employers' Campaign Against the EPA's Projects"; German National Archives, B 102/37397 (1), Turowski to Bundesministerium für Wirtschaft, September 4, 1956, "Zukunft der EPA".

[15]   Archivi Storici della Confindustria (ASCONF), box 70/18, 2, f. "AEP. Consiglio Consultativo", Valletta to De Micheli, January 24, 1959; ASCONF, box 58/4.2, f. "CIFE. Gruppo di lavoro per l'attività AEP. Anno 1960-1961", "10ᵉ session du groupe de travail institué pour suivre les travaux de l'AEP (1.2.-2.2. 1960). Compte rendu des décisions".

no small achievement. Through the EPA the European trade union movement got its own program as a segregated area where it could operate largely autonomously. Trade unionists met, trans-European and transatlantic contacts were created, much was learned – none of which would have happened at least in that form without the EPA[16].

Conclusion: The EPA and European Cooperation

The EPA contributed to fostering European cooperation and inter-European contacts in several ways. As an operational agency it demonstrated (numerous witnesses attest to this) that common European activities could actually be useful *and* it did so through numerous projects that involved meetings between Europeans, and in many cases also the creation of new institutions. As an American aid agency it contributed to create a sense of "Europeaness" and interest in specific "European" (or national) solutions. As a European federator it was much less successful, since in several member countries there were strong misgivings about what was perceived to be exaggerated ambitions on part of the agency's leadership. Nevertheless, the EPA did provide a much-appreciated forum where NPCs could meet and exchange information. Finally, as a tripartite organization it was clearly a failure. However, it played a positive role for many trade unions, which received very concrete assistance from the EPA. Also, they were able to develop their cooperation within the framework of the JTUAC, which foremost focused on the EPA. At a very modest level it thus contributed to create trade union solidarity at a European level.

The general picture of the EPA's role in fostering European cooperation is thus extremely mixed – in some fields it had a positive impact, in others this is more doubtful. As mentioned earlier, the EPA was not really a home-grown European product. It was created upon American insistence and despite relatively strong European misgivings. The Americans knew that they had to "sell" the EPA to the Europeans and, interestingly, they did to some degree manage to do just that, since many circles in Europe actually found that it did useful work. In 1960, when the OEEC was transformed into the OECD, it was mainly – although not exclusively – the Americans who wanted to "kill" the EPA. In the meantime, thousands of Europeans had met and numerous institutions had been created. The EPA's role in fostering transnational cooperation – and European networks – thus deserves further attention on the part of those interested in the history of European integration.

---

[16] B. Boel, "The European Productivity Agency: A Faithful Prophet of the American Model?", *op. cit.*

SESSION VI

ROBERT TRIFFIN ET LES MILIEUX MONÉTAIRES

ROBERT TRIFFIN AND MONETARY MILIEUX

Networks and Institutions in the Origins and Operations of the European Payments Union[1]

Jacob J. KAPLAN

Former USA Representative to the Managing Board,
European Payments Union

I. Triffin's Contributions to European Financial Integration

Bernard Snoy has provided an excellent exposition of the course of Robert Triffin's intellectual progress. I would add a few personal impressions of his contributions. As is clear from M. Snoy's presentation, Triffin was a rare combination of a visionary and an excellent financial technician. Like most visionaries, he suffered from the frustrations of authorities turning a deaf ear to his proposals. Yet in time, some have been introduced.

He was one of the early postwar intellectuals, European and American, who envisioned European integration and a United States of Europe. Triffin used his position on the IMF staff to propose that it permit drawings from the Fund of imbalances in the bilateral payments agreements, implying dollar drawings by creditor countries. In 1948, with his assistance, Camille Gutt, then Managing Director of the Fund, pled vigorously for the Fund to take an active role in any European multilateral clearing arrangement. That Gutt and Triffin both had Belgian roots and that Belgium was then the major European creditor may have played a role in the ensuing acrimonious discussion. However, rejection

---

[1]   The factual material in this essay is taken from J.J. Kaplan and G. Schleiminger, *The European Payments Union: Financial Diplomacy in the 1950s*, Oxford, Clarendon Press, 1989. The views of Marjolin and Monnet derive largely from R. Marjolin, *Le travail d'une vie*, Paris, Éditions Robert Laffont, 1986. The author is indebted for their constructive suggestions to Günther Schleiminger, Theodore Geiger and David Richardson.

was based primarily on an earlier decision to limit European access to Fund resources for the duration of the Marshall Plan

Once the USA formally proposed what became the European Payments Union, Triffin left the Fund to join the USA delegation to the OEEC. He played an active and constructive role in the ensuing technical deliberations. At the time, Hugh Gaitskell was the responsible UK Minister. British officials feared that the EPU would damage the position of sterling. However, as a trained economist himself, Gaitskell was persuaded by Triffin's contention that the EPU would, in fact, benefit the United Kingdom. He and Triffin proved to be correct in that judgment.

As a Yale professor, Triffin argued in the mid-1950s that Europe was then able to return to convertibility, a view not shared by the EPU Managing Board. When the Common Market proposal was being negotiated in 1957, Triffin saw it as also requiring a full merger of member currencies. His *ecu* proposal turned into the *euro* decades later.

In the 1960s, Triffin envisaged a new foreign reserve currency, internationally managed, as superior to gold, dollar, or sterling. That idea is still for the future. The IMF introduced special drawing rights in those years, and some members hoped they would provide an alternative reserve currency. That, too, has not materialized.

II. Marshall's Speech and the OEEC

Let me turn now to the European Payments Union, the subject of this paper. It was constructed and operated by widespread networks of institutions and government officials. The foundation was laid in Secretary Marshall's speech offering USA help in rebuilding the European economy. His speech contained no plan, but rather a creative idea – a single condition for USA help : European governments would have to devise and agree among themselves on a program.

Bidault and Bevin, the French and British foreign ministers, promptly responded by assembling the CEEC – the Committee for European Economic Cooperation. Western European ministers and officials reviewed and critiqued each other's programs, presented an agreed program for USA review, and responded to the availability of less aid by agreeing on how much each country's dollar import program would be reduced.

There has been much debate about why Molotov walked out of the conference, muttering threats. But can one imagine Stalin's agreeing to let Norway, Italy, or even the United Kingdom question his economic programs and policies, much less have a voice in determining the Soviet Union's share of USA assistance ?

The significance of the CEEC's process was historic and unprecedented. An acceptance of diminished economic sovereignty was implicit, as was interference by other governments in each country's reconstruction program and the economic policies necessary to implement such programs. Review of each other's economic programs and policies occurred again in the division of each of the first two years of aid appropriated by the USA Congress. Ever since, such interference has become common practice in the operations of international economic institutions. I have been told that, in the 1930s, France had even refused to supply some economic statistics to the League of Nations because that would imply acceptance of interference in its economic affairs.

During the war years, European officials and intellectuals had pondered at length the economic failures of the inter-war period. They had concluded that much of the damage resulted from each country's insistence on adopting economic policies without consideration of their effect on trading partners. They probably welcomed USA insistence on cooperation as the price of substantial further aid. Marshall's idea thus became the catalyst for a giant step into the realm of intrusion into each other's economic affairs.

At USA insistence, the CEEC was converted into a formal international institution – the Organization for European Economic Cooperation, or OEEC. It had an international secretariat headed by Robert Marjolin, a leader with great diplomatic and economic skills, who was dedicated to the idea of a unified European economy. Permanent national delegations met constantly in Paris and were overseen by frequent Ministerial meetings.

Committees were established for every economic sector – from oil, steel, and agriculture to payments, trade, and services. These meetings drew key officials from every member country, creating for the first time European networks of responsible experts on all economic sectors. Much of the reconstruction, integration, and economic growth over the succeeding decades was facilitated by these experts, who learned to know and trust each other and to recognize the domestic limitations within which intra-European agreements had to be reached. Many of these officials continued to represent their countries in the negotiations and operation of the institutions that preceded and followed the introduction of the European Common Market.

All decisions in the OEEC had to be reached by unanimity. Remarkably, national veto power was never exercised, although De Gaulle's threat in 1958 to veto the creation of an industrial free trade area led to the abandonment of the project. Realizing that cooperation and harmony were essential to the reconstruction of Europe, the OEEC was determined to meet the major concerns of all members and to find constructive compromises that would produce unanimous agreement.

III. The OEEC and Jean Monnet

Jean Monnet, the father of the European Community, attached little importance to the OEEC as an institution though he welcomed much of its work. Its legally powerless secretariat and rule of unanimity left him cold. He sought institutions with a strong executive with decision-making powers. Only such institutions would change the thinking of their participants from pursuing national rather than European interests.

Monnet was the quintessential networker. He seemed to know everyone with influence on both sides of the Atlantic. He built and used his network assiduously and effectively, always with an unwavering view of his final objective – a united Europe.

While Monnet sought Britain's participation, he was dismayed by its insistence on weak powers for the OEEC. Convinced through his networks that the British government's view could not be shaken, he soon worked with Robert Schuman to propose a six-nation European Coal and Steel Community, to be organized in accordance with his institutional concepts. Monnet was correct about the British government, though he may not have been aware of a 1949 Cabinet decision not to get involved in the affairs of Europe beyond the point from which Britain could withdraw, if it wished. Two decades would pass before that view was altered, when Prime Minister Macmillan sought to join the Common Market. Once the UK had joined the Common Market, Monnet was able to use his British networks effectively to influence UK participation.

IV. The EPU Agreement

By mid-1949, European production had reached and exceeded 1939 levels, and some countries had succeeded in bringing inflation under control. However, intra-European trade remained severely hobbled by quantitative trade and payments restrictions. A series of bilateral agreements limited rather than facilitated such trade. Without more foreign trade, the prospect for doing without further aid by the end of the Marshall Plan seemed dim. The primary focus of USA aid administrators then shifted from filling the pipelines of dollar imports to promoting European integration and removing the restrictive barriers.

On October 31, 1949, Paul Hoffman (the head of the USA aid administration, the ECA) made an historic address to an OEEC Ministerial meeting. He called for the "integration of the Western European economy... a single large market within which quantitative restrictions on the movement of goods, monetary barriers to the flow of payments, and eventually all tariff barriers are permanently swept away." To virtually all members of his audience, the single market then seemed hopelessly romantic and impractical. They responded with a decision that only recognized the *need* for a single market.

A small group in ECA Washington, consisting of Theodore Geiger, Van Cleveland, and John Hulley, prepared a concrete proposal, with important contributions from Albert Hirschman of the Federal Reserve. Six weeks later, Richard Bissell, the ECA Assistant Administrator, submitted such a proposal formally to a meeting of the heads of OEEC delegations. Nine months of intensive deliberations and negotiations ensued before the final documents that brought the European Payments Union into being could be signed.

The OEEC Secretariat had prepared a somewhat different proposal than ECA's. It was primarily the work of Frank Figgures, a British official seconded to the OEEC, who had Marjolin's full support. That proposal proved unacceptable because it offered too much credit, as did a subsequent UK government scheme. A Committee of Financial Experts, under the skillful and energetic chairmanship of Hubert Ansiaux of the National Bank of Belgium, was assembled to devise an alternative. Its membership included Guillaume Guindey (France), F.A.G. Keesing and Suardus Posthuma (Netherlands), Hugh Ellis-Rees and Roy Bridge (UK) Sigmund Hartogsohn (Denmark), and Giovanni Malagodi and Alberto Ferrari (Italy). After three weeks of day and night meetings, a proposal that offered much less credit was produced, but that also was unacceptable. Ansiaux would offer more proposals, none of which satisfied.

The Bank for International Settlements (the BIS) offered technical advice on how the various proposed systems could operate. It also kept its member central bank governors informed and able to participate indirectly in the negotiations. Gutt and the USA Treasury registered major objections to the ECA proposal.

Ultimately what proved acceptable to all member countries were the principles and the major details of the Bissell proposal. Thus a broad network of governments, institutions, and individuals could contribute ideas that would satisfy the basic interests of every one of the eighteen participating governments. The USA agreed to provide the EPU with a capital fund of $ 350 million (about $ 3 billion at current prices) out of Marshall Plan appropriations and also to finance some or all of the deficits of a few countries with very weak international finances.

The OEEC had provided an indispensable forum for the negotiations. Two years of organizing networks under its auspices and the experience of responsible officials working intensively together finally made an agreement possible.

V. Operating the EPU

The EPU Agreement produced the true, though seldom acknowledged, grandfather of the euro. Though the exchange rates were theoretically adjustable, in practice they remained fixed throughout the eight-and-a-half-year life of the Union, with only two exceptions. Through the monthly clearing of bilateral payments balances in the EPU, all member currencies became equally valuable, freely transferable, and thus convertible into one another. As a result, there was no longer any financial reason to discriminate in managing intra-European trade. Moreover, to function effectively, the Coal and Steel Community, Euratom, and the Common Market needed such convertibility of their member currencies.

The existing bilateral agreements became meaningless, relegated to a museum of antiquities, to quote Marjolin, and fell into disuse. Moreover, the EPU Agreement was closely associated with a trade agreement that required countries to eliminate import quotas on at least 60 percent of each of the three commodity groups. That percentage was raised progressively, beginning at 75 percent. Over time, countries continued to eliminate import quotas. The average for the area reached 89 percent by 1959. The few quotas that remained reflected a political necessity to protect a few sensitive commodities.

A Steering Board for Trade, chaired by Jean Charles Snoy (Belgium), and later an Invisibles Committee, chaired by André de Lattre (France), were responsible for overseeing the liberalization of commodities and services respectively. The EPU was thus a complete monetary system within Western Europe, with automatic credits and monthly settlements of all imbalances administered by the BIS. Its incentives for removing barriers to the free flow of goods, services, and capital opened the road to the goal of a single European market.

Pressure in that direction soon developed. Marjolin had moved from being Monnet's deputy at the French Plan to become Secretary-General of the OEEC. He disagreed with Monnet's disparagement of the OEEC as an institution. With sixteen bosses, he realized that he had none. Nor did he see the rule of unanimity as an obstacle to decision-making. Indeed, it had the advantage of enlisting the support of all members for decisions that were taken. The spirit of cooperation that animated the OEEC made vetoes unlikely, compromise and agreement likely.

Despite his ostensibly limited authority, Marjolin had easy access to Cabinet ministers and used it to promote ideas, as he had earlier lobbied for an EPU. Later he would call the EPU such an important contribution to European integration that it justified the very existence of the OEEC.

Once the EPU was established, Marjolin began to promote a logical next step – an OEEC-wide customs union to reduce tariffs. He made repeated trips to London to enlist UK support, contending that the continent of Europe would prove to be the UK's most promising market, as in fact it became. However, his persistence failed, and he decided to leave the OEEC and promote his idea independently. Later, he would join the European Commission. His memoirs, first published in French with a modest title that translates as *The Work of a Lifetime* was published posthumously in English with a more substantive title, *Architect of European Unity*.

VI. The Managing Board

To oversee the operation of the EPU system, a Managing Board of seven independent experts was appointed. They were not country delegates and were not to be instructed by their governments. However, most occupied key international finance positions in their governments or central banks and thus could facilitate national acquiescence in the Board's decisions. The Chairman of the OEEC Payments Committee, a USA government representative, a BIS official, and later a senior IMF staff member also participated in the Board's deliberations. A tight new network was thus created.

At British insistence, the powers of the Board were ostensibly circumscribed. Its decisions and recommendations had to pass through a network of committees before coming to the OEEC Council for unanimous approval. However, the Board acted as though it had full authority to manage the system and neither the committees nor the Council proved to be a serious obstacle.

The Experts appointed to the Board fortunately were men of broad caliber who added to their technical expertise both political sensitivity and a dedication to cooperation on behalf of an integrated Europe. Their subsequent careers attested to their stature. The Chairman for the first two years, Guido Carli, later was governor of the Bank of Italy and still later the Italian Minister of Finance. For the rest of its life, the Board was chaired by Hans von Mangoldt, a German banker who had retired to the countryside after the Nazis took power. The OEEC was the first body to accept a German Ambassador after the war, and Adenauer selected von Mangoldt for that sensitive position. He later resigned to join the Managing Board. A skillful chairman, of unquestioned integrity, he indefatigably sought and found consensus among the members of the Board.

The original Vice-Chairman, Hugh Ellis-Rees, resigned to become chairman of the OEEC Council for the rest of its existence. The other, Pierre Calvet, became vice-governor of the Bank of France. Hubert Ansiaux and Knut GetzWold were subsequently governors of the Bank of Belgium and of Norway respectively. Cecil de Strycker succeeded

Ansiaux on the Board and later also as governor of the Bank of Belgium. Paul Rossy became vice-governor of the Swiss National Bank, as did his successor, Alexander Hay, later chairman of the International Red Cross.

The Board confronted its first crisis at its very first meeting in October 1950. Germany was about to exhaust its quota for settling EPU deficits with credit and dollars and had very little money to settle further deficits. The Board promptly decided to seek the advice of two outside experts, Per Jacobsson and Alec Cairncross. They prescribed restrictive monetary and fiscal policies. The Board agreed, as did Germany and the OEEC Council. With these conditions, the Board proposed a $ 120 million special credit (more than $ 1 billion current dollars). This was the initial precedent for the use of conditionality by an international financial institution. By the following March, Germany ran a surplus, which continued for the life of the Union. The Board's success in dealing with its initial crisis so enhanced its prestige and authority that its ability to manage the Union's affairs remained unquestioned for the rest of its days.

Implicit in the Agreement was the obligation of all members to keep their payments with the rest of the Union in balance over time. The Board used this commitment to examine each country's intra-European payments situation, including the fiscal and monetary policies that affected their positions in the Union. It examined intensively all countries with extreme cumulative creditor or debtor positions, and it offered recommendations for policy changes that should correct such imbalances. These recommendations had to be approved by the OEEC Council. However, that body never rejected the advice of these European-minded experts. Moreover, the recommendations were implemented by the governments to which they were addressed and were invariably effective. Continued success raised the prestige of the Board to a level unprecedented in the European experience.

The EPU Agreement initially was for a two-year period and was renewed every year thereafter. The Board negotiated the terms of each renewal internally, again with the endorsement of the OEEC Council. In the course of various renewals, it arranged for the repayment of persistent credits and debits, increased the dollar component of each monthly settlement, and debated and concluded arrangements for the eventual extension of convertibility beyond Europe to the dollar area. In 1957 and 1958, it arranged packages of financial assistance to France and Turkey, in conjunction with the USA government and the IMF. That assistance was conditioned on the governments' agreeing to reform their monetary and fiscal policies.

Success created a strong sense of collegiality among the members of the Board, and there was surprisingly little turnover among its membership. All the participants had domestic networks with which they communicated and whose views they reflected. However, the Board itself became their primary network and commanded their loyalty. Personal friendships were established that persisted long after the Union was liquidated.

As European countries stabilized their economies and built up their foreign exchange reserves, they gradually felt able to accept greater use of dollars in settling imbalances with the Union and in easing restrictions on imports from the dollar area. Finally, at the end of 1958, all the major countries were ready to return to full convertibility on a global basis for the first time in nearly three decades. With such convertibility, the rationale for a European payments system seemed to disappear, and the EPU was liquidated.

VII. The Legacy

The EPU and the OEEC created a wide variety of networks of economic officials in Western Europe. Individuals learned to trust one another and to earn that trust through honest and forthright communications. Students of diplomacy in the days of Metternich and Talleyrand soon learned that the modern environment would not reward deviousness and insincerity. Too much information was readily and quickly available. The networks continued and were reinforced over the years, as successor generations absorbed the mentality of their predecessors. These continuing networks managed the negotiations and operations of the European institutions that were organized subsequently.

Of course, the work of these officials required the strong support of political leaders. Fortunately, the postwar period produced an abundance of such leaders on both sides of the Atlantic. They sought European integration and wanted their officials to be cooperative with those of other countries and to find ways to reach agreement. To name a few – Schuman, Pineau, Giscard d'Estaing, and Delors (France); Adenauer, Brandt, Schmidt, and Kohl (Germany); Stikker and Beyen (Netherlands); Spaak and van Zeeland (Belgium); de Gasperi, Einaudi, and Sforza (Italy); all USA presidents from Truman to Kennedy, as well as Marshall, Hoffman, and Harriman (USA).

The OEEC and the EPU recognized the close linkage of trade and payments. A stable international monetary system was considered an essential pre-condition for freeing restrictions on the movement of goods, services, and capital. That linkage has continued to be recognized by the institutions of the European community. It has yet to be established between the global monetary and trade institutions.

The demise of the EPU at the end of 1958 left a gap in the European monetary structure that eluded repeated efforts to fill it until the 1990s. Exchange rate instability under conditions of convertibility was difficult to manage. Moreover, Monnet's blind spot – a failure to recognize the importance of stable monetary arrangements – resulted in different initiatives that neglected monetary affairs.

Marjolin carried his OEEC experience over into the European Commission where he promoted monetary proposals such as Triffin's initial *ecu* scheme. By 1970, a commission headed by Pierre Werner (Luxemburg) proposed a European Monetary Union with a single currency supported by a common monetary policy. The disintegration of the Bretton Woods system distracted European authorities from giving it serious consideration. That proposal was succeeded by the European Joint Float and later by the European Monetary System and its *ecu*. None of these arrangements satisfied for very long. Finally the Single European Act of 1986 led to the realization that monetary union could not be long delayed. The Maastricht Agreement of 1991 finally established a European Monetary Union and the euro as an essential ingredient of a successful single market. More than three decades had passed since the EPU was liquidated, but its basic concepts and networks persisted.

When the euro came into full use at the beginning of this year, the American and European press reported USA doubts about its value and practicality. The USA government was strangely silent. It should have greeted the event warmly, as confirmation of the vision of the postwar generation of USA statesmen and the creativity of its postwar officials. It was USA diplomacy and generosity that led to the creation of the institutions and networks that made the EPU possible and that made its operations successful. These same networks provided a foundation for organizing the Common Market and the Single Act, which in turn demonstrated the need for a common currency.

Le groupe de Bellagio :
origines et premiers pas (1960-1964)

Jérôme WILSON

Université catholique de Louvain

Bellagio est le nom d'un petit village italien situé sur le lac de Côme. Son nom est indissociablement lié à la Villa Serbellonni. Celle-ci, possession de la fondation Rockefeller, a accueilli (de façon structurelle à partir de 1965) nombre de chercheurs et d'artistes, dans toutes les disciplines. Pierre Goubert, qui a assisté à ces réunions au sein d'un petit groupe d'historiens, décrit très bien l'ambiance envoûtante de la place :

> L'ensemble – château, parc vignobles, demeures annexes – avait été acheté par Rockefeller à la dernière princesse de Tours-et-Taxis, Eileen Walker, fille de Johny [*sic*]. Les grands maîtres et les Américains logeaient au château et le commun dans l'ancienne et fort belle maison de l'intendant. Par une petite porte proche de la salle de réunion, on accédait à une *trattoria* familiale flottant en partie sur le lac, sorte de merveille d'accueil et de cuisine comme les Italiens savent encore le faire. Nous avions été choisis et réunis pour discuter économie et démographie, points de vue alors (1966 ?) presque neufs.[1]

Les économistes, qui essuyèrent les plâtres de ce qui devint un axe important de l'activité de la fondation Rockefeller, n'ont pas manqué non plus de rendre compte du charme transalpin. Ainsi Émile van Lennep s'attache dans ses souvenirs à décrire l'enchantement des lieux :

> Deze prachtige, historische villa, met adembenemend uitzicht op het Comomeer en de Alpen, werd bewaard in dezelfde staat en met hetzelfde personeel zoals ten tijde van de laatste bewoonster, de gravin von Thurn und Taxis.[2]

Le point de chute italien sera utilisé pour lancer une série de rencontres ayant pour objet l'examen du système monétaire international. Ces académiques se réuniront également par la suite à Princeton, avant

---

[1] P. Goubert, *Un parcours d'historien, souvenirs 1915-1995*, Fayard, 1996, p. 273.

[2] E. van Lennep et E. Schoorl, *Emile van Lennep in de wereldeconomie : herinneringen van een internationale Nederlander*, Leiden, 1991, p. 128.

d'être rejoints en décembre 1964 – ayant alors retrouvé la Villa Serbellonni – par des représentants officiels du G10 (les membres du groupe Ossola essentiellement) afin d'établir un dialogue jusque-là refusé par les représentants politiques[3]. À plus long terme, ces rencontres préfigurent la création du G30.

Les résultats concrets de ce *think tank* sont difficiles à évaluer[4]. Ces réunions étaient officieuses, et aucun suivi systématique n'a été mis en place. L'acteur principal, Fritz Machlup, avait l'intention d'exposer en détails cette expérience du groupe de Bellagio[5]. La vie ne lui en a pas laissé le temps. Cependant, en confrontant les témoignages laissés par les participants à la chronologie des débats qui ont alors cours, et en relisant attentivement la production scientifique de ces mêmes auteurs, on peut trouver certaines fertilisations croisées, comme l'indique André de Lattre (représentant français au sein du groupe Ossola) dans ses souvenirs :

> Nous passâmes là trois jours passionnants, consacrés principalement à débattre de la réévaluation du prix de l'or et à son alternative, la création de l'Unité de Réserve Collective. Nous nous retrouvâmes, quelques mois plus tard dans la même formation au Trianon-Palace à Versailles, puis, le groupe « de Bellagio » ayant pris tournure, d'autres réunions se tinrent à Princeton. Je n'y assistai malheureusement pas, étant alors passé à la Banque de France du côté des responsabilités « domestiques ».[6]

Les premières années (1963-1964) apparaissent fondamentales pour expliquer pourquoi et comment en décembre 1964 (entrée en scène du groupe Ossola) seront symboliquement réconciliés académiques et représentants du monde politique[7]. Elles illustrent par ailleurs parfaitement le concept de réseau dans le domaine des relations monétaires internationales. À ce titre, les rencontres qui ont lieu à cette époque méritent d'être étudiées tant sur le plan de la forme et de leur organisation que sur le fond et des résultats qui y ont été acquis.

---

[3] C'est également ce moment que choisiront plusieurs grands noms de l'économie pour s'associer à ce forum plus ou moins fréquemment (Gottfried Haberler, James Meade, James Tobin, Milton Friedman).

[4] Cet article s'appuie principalement sur des archives inédites (celles laissées par Robert Triffin à l'Université catholique de Louvain) et sur des témoignages directs (André de Lattre, Robert Mundell, Alexandre Lamfalussy).

[5] F. Machlup, « My Work on International Monetary Problems, 1940-1964 », in *Banca Nazionale del Lavoro Quarterly Review*, n° 140, 1982, p. 3.

[6] A. de Lattre, *Servir aux finances*, Paris, CHEFF, 1999, pp. 179-180.

[7] Il faut souligner que Fritz Machlup lui-même a divisé ses souvenirs d'économiste entre un avant et un après 1964. Voir F. Machlup, « My Work on International Monetary Problems, 1940-1964 », in *Banca Nazionale del Lavoro Quarterly Review*, n° 140, 1982, p. 3.

I. Les prémices du Groupe de Bellagio[8]

En octobre 1963, les ministres des Finances et les gouverneurs des banques centrales des pays du G10 se retrouvent à l'occasion de la réunion annuelle du FMI à Washington pour mettre officiellement en selle un comité dont la création a été officieusement décidée à Paris en juin. Les premiers résultats des négociations confidentielles apparaissent. Les Européens, qui insistent pour que l'on se penche sur le problème des liquidités internationales, ont gain de cause. Mais en même temps la diplomatie exige que l'on ne stigmatise pas trop les pays à monnaie de réserve. On rappelle donc que le système, même s'il convient d'envisager sa réforme, est fondamentalement stable. En définitive, si l'on n'est pas encore d'accord sur ce que l'on veut, on arrive cependant à dégager un consensus pour déterminer ce que l'on ne veut pas. Le communiqué déclare que les parties se sont « accordées à reconnaître que l'expérience a prouvé la valeur de la structure sur laquelle repose le système monétaire actuel – basé sur des taux de change fixes et sur un prix stable de l'or – comme fondement des arrangements présents et futurs dans le domaine monétaire » et reconnaît qu'« il leur est apparu utile d'entreprendre un examen approfondi des perspectives concernant le fonctionnement du système monétaire international et ses besoins probables de liquidités pour l'avenir »[9].

La présidence du groupe chargé de ce travail est assurée par Robert Roosa, alors secrétaire adjoint à la Trésorerie américaine. Les rencontres se déroulent fréquemment à Paris, et le groupe devient connu sous le nom de « Club de Paris ». Cependant, si l'on se penche sur leurs idées, on n'invite pas pour autant les académiques (pas plus que les représentants des pays non industrialisés) à assister aux débats.

Après la réunion annuelle du FMI à Washington d'octobre 1963, un journaliste du *New York Times* demande à Douglas Dillon s'il compte réunir les deux mondes (représentants officiels et académiques). La réponse est sèche et négative, « non » :

> After resisting the professors' advice for several years, the Governments of the ten major industrial countries – the US, Canada, Great Britain, the European Community, Sweden and Japan – finally last October at the International Monetary Fund meeting, [agreed] to study – at the highest official level – the functioning of the system, and the reforms needed for its future functioning and survival. When Mr. Dillon announced this decision to the

---

[8] « Les étapes de la négociation monétaire internationale », in *Banque*, n° 286, mars 1968.

[9] G. Cornu, *L'or monétaire au vingtième siècle*, t. III, *Un succédané de l'or ? Les droits de tirage spéciaux*, épreuve non publiée transmise à Robert Triffin, mars 1988, in ART [Archives Robert Triffin] (Bibliothèque), p. 149.

press, Edwin Dale, of the *N.Y. Times* asked him whether the experts who had written on the problem would be invited to participate in these discussions. The answer was an emphatic « NO ». The discussions would be held among Ministries of Finance and Central Banks, but the professors would be kept out.[10]

Fritz Machlup décide de réagir. À l'automne 1963, il contacte vingt-quatre économistes et leur propose de former un « contre-pouvoir » des académiques susceptible de faire pression sur des représentants politiques qui péremptoirement refusent leurs concours. Il fait appel plus particulièrement à deux professeurs de Yale : William J. Fellner et Robert Triffin.

II. Composition du groupe

En plus de Machlup, Triffin et Fellner, quinze autres économistes acceptent de se rendre à Bellagio pour discuter des problèmes qui sont à l'ordre du jour du G10. Ils doivent faire converger leurs diagnostics et leurs remèdes pour aboutir à une proposition commune de réforme du système monétaire international. Les premières réunions voient défiler, à l'image des organisateurs principaux, des économistes qui ont souvent voyagé des deux côtés de l'Atlantique. Parmi les universitaires du Vieux Continent, on retrouve : Jacques Rueff (Conseil économique et social, France), Jürg Niehans (Université de Berne), Friedrich. A. Lutz (Université de Zürich), Michael A. Heilperin (Institut universitaire des hautes études internationales – Genève), Egon Sohmen (Université de la Sarre), Hans Möller (Université de Munich), Pierre Dieterlen (Université de Paris). À ceux-ci s'ajoutent Alberto Ferrari (Consortio di Credito per le Opere Publiche) et L. Albert Hahn (banquier allemand), alors uniques représentants du monde des affaires, sollicités en vertu de leur expérience académique dans le domaine (Ferrari a été secrétaire général de la Banque des règlements internationaux et Hahn a beaucoup publié dans le domaine monétaire). Venant des universités américaines, on constate la présence de : Peter Kenen (Columbia University), Harry G. Johnson (University of Chicago), Georg N. Halm (Fletcher School of Law and Diplomacy), Burton G. Malkiel (Princeton University) qui assure le secrétariat, Robert A. Mundell (McGill University), Walter S. Salant (The Brookings Institution). Sir Roy Harrod est absent lors des deux premières réunions, mais deviendra un fidèle du groupe par la suite. Un Japonais, Horie[11], est également pressenti, tout comme d'autres célébrités qui ne fréquenteront le groupe que plus tard (à partir de

---

[10] Brouillon de lettre de Triffin à Michel Golfhand (1964), in ART, Dossier 3.4.

[11] Il s'agit vraisemblablement de Shigeo Horie, président du conseil de direction de la Banque de Tokyo.

décembre 1964 lorsque les représentants du G10 – à savoir les membres du groupe Ossola – seront également invités) ou pas du tout : Gottfried Haberler et James Tobin (qui participeront à la publication de la synthèse des contributions en 1966[12]), Jan Tinbergen, Pierre Uri, Milton Friedman, Erik F. Lundberg[13].

Après deux réunions à Bellagio, le groupe organise une troisième rencontre à Princeton les 21 et 22 mars 1964. Il n'y a alors plus que seize participants[14], et sa composition a subi des changements notables. Certains grands noms n'apparaissent plus : Rueff, Heilperin. D'autres entrent : Arthur L. Bloomfield (University of Pennsylvania), Lester V. Chandler (Princeton University), Charles P. Kindleberger (Massachusetts Institute of Technology), Tibor Scitovsky (University of California) du côté américain ; Sir Roy Harrod (Christ Church, Oxford University), Frits J. de Jong (Université de Groningen), Alexandre Lamfalussy (Banque de Bruxelles) du côté européen[15].

III. D'où viennent-ils ?

A. Les « anciens »

Les trois organisateurs sont tous les trois des Européens de naissance, « exilés » avant la guerre aux États-Unis. Machlup est né en 1902 à Wiener Neudstadt, près de Vienne. En 1933, il bénéficie d'une bourse de la fondation Rockefeller, ce qui lui permet de visiter plusieurs universités américaines (Columbia, Harvard, Chicago, Stanford). Par la suite, il donnera cours successivement entre autres à Cornell, Berkeley, Stanford et Harvard, où il remplace John Williams, alors momentanément employé par la Federal Reserve à New York. Il quitte Cambridge quelques semaines après l'arrivée de Robert Triffin alors étudiant (octobre 1935). Ce dernier, né à Flobecq (Belgique) en 1911, a bénéficié d'un soutien financier lui permettant de se rendre à Harvard où il rédigera sa thèse de doctorat, après avoir suivi les cours de Léon-H. Dupriez à l'Université de Louvain. Quant à William J. Fellner, il est né en 1905 à Budapest. Il a obtenu un diplôme d'ingénieur en 1927 à l'Université de

---

[12] F. Machlup, W. Fellner et R. Triffin (eds.), *Maintaining and Restoring Balance in International Payments*, Princeton, Princeton University Press, 1966.

[13] R. Triffin, *The Bellagio Conference (January 17-23, 1964)*, in ART 3.1, p. 7.

[14] La liste des participants inclut : Bloomfield, Chandler, de Jong, Fellner, Halm, Harrod, Johnson, Kenen, Kindleberger, Lamfalussy, Machlup, Malkiel, Mundell, Salant, Scitovsky et Triffin. Voir : Robert Triffin, *Third Conference on International Monetary Reform*, mars 1964, in ART, Dossier 3.1, p. 1.

[15] R. Triffin, *Third Conference on International Monetary Reform*, mars 1964, in ART, Dossier 3.1, p. 1.

Zürich, puis un doctorat à l'Université de Berlin en 1929, avant d'aboutir aux États-Unis avant la guerre.

Ces trois « mandarins » attirent à eux d'autres grands noms en général plutôt « atypiques », qui ont en commun une très bonne connaissance de l'Europe continentale, un intérêt marqué pour l'histoire, et l'ambition de mobiliser différentes disciplines pour décrire le monde dans son ensemble : Jacques Rueff, Roy Harrod, Charles P. Kindleberger, Tibor Scitovsky.

Né en 1896, Rueff appartient à l'élite française traditionnelle (il est passé par l'école Polytechnique et l'école libre des Sciences politiques). Son passage à la section financière de la Société des Nations (1927-1930) l'a orienté vers une carrière économique, mais il ne se limitera pas à cette voie. De 1958 à 1962 il sera juge à la Cour de Justice des Communautés européennes. De la même manière, Roy Harrod (1900-1978) a d'abord suivi des cours d'histoire à Oxford (New College), avant, suite à une rencontre avec Keynes en 1922, de se réorienter vers l'économie, et de commencer une brillante carrière dans ce domaine. De 1962 à 1964, il est président de la Royal Economic Society.

Charles Poor Kindleberger et Tibor Scitovsky sont quant à eux nés la même année, en 1910. Kindleberger, après un passage par l'Université de Pennsylvanie, a obtenu son doctorat à l'Université de Columbia (1937). Il quitte le Federal Reserve Board à Washington au moment où Triffin y entre (1942). Il connaît bien l'Europe (surtout centrale) puisqu'il a assuré au sein du State Department, après la guerre, la direction de la division des affaires allemandes et autrichiennes. Il adopte une approche pragmatique des problèmes. Son expérience des discussions entourant les négociations autour du plan Marshall l'a convaincu que la théorie ne sert pas à grand chose : il ne s'agit pas d'estimer, à partir de l'état de leurs balances de paiements, les besoins des Européens. Au contraire, on ne peut construire un programme qu'en fonction de l'aide disponible. Professeur au Massachusetts Institute of Technology à partir de 1948, Kindleberger poursuivra sur cette lancée, et développera un attrait particulier pour les problèmes monétaires internationaux envisagés davantage sous un angle politique et historique[16].

Quant à Tibor Scitovsky, hongrois d'origine, il est passé par l'Université de Budapest, puis par Paris, Cambridge et Londres (attiré par Lionel Robbins). Il rallie l'Université de Stanford en 1939, où il s'oriente de plus en plus vers l'approfondissement de problèmes d'intégration régionale. Il entre enfin à Berkeley en 1958. Suite aux événements politiques qui touchent l'Europe de l'Est, il tentera à partir de

---

[16]   Voir l'interview de Charles P. Kindleberger par Richard D. McKinzie, 16 juillet 1973 : http://www.trumanlibrary.org/oralhist/kindbrgr.htm (site consulté le 27 décembre 2002).

1956 d'aider ses anciens compatriotes qui échappent au système communiste en leur donnant accès à des bourses d'études dans le monde occidental.

B. Les « *nouveaux* »

Le groupe de Bellagio voulu par Machlup doit réellement représenter un forum de discussions. Ayant en vue de créer un cercle dynamique, les « professeurs » inviteront leurs meilleures recrues à se joindre à eux. Ainsi, le groupe de Bellagio réunira les jeunes chercheurs les plus prometteurs : Egon Sohmen, Peter B. Kenen, Harry G. Johnson, Robert A. Mundell, Alexandre Lamfalussy.

Harry G. Johnson (1923-1977), canadien, est diplômé des universités de Toronto, Cambridge et Harvard. Il devient professeur de l'Université de Chicago (1959), mais est souvent invité à la London School of Economics à partir de 1954. Il a tenté de rapprocher les idées keynésiennes et les théories monétaristes de Friedman, revendiqué le libre-échange et à ce titre l'adoption de taux de change flexibles.

Peter B. Kenen a fréquenté les universités de Columbia (1954), Harvard (1956-1958) et la London School of Economics (1956-57) en tant qu'étudiant-chercheur, ce qui l'a amené à étudier les problèmes de politique monétaire (surtout britannique) et de balances de paiement.

Quant à Robert A. Mundell (1932), il est passé par le MIT (il a achevé sa thèse en 1956) puis la LSE. Chargé de différentes charges d'enseignement à Chicago et Stanford notamment, il travaille entre autres pour le FMI à partir de 1961.

Egon Sohmen (1930-1977) est né à Linz en Autriche. Après un passage par l'Université de Vienne, il achève une thèse au MIT sous la direction de Kindleberger (1958) avant de rejoindre Yale (1958-1961) puis l'Université de la Sarre (jusqu'en 1969). Il admire Milton Friedman et sa théorie sur les taux de change flexibles, qu'il juge plus propres à produire un équilibre stable que les taux de change fixes, trop vulnérables à la spéculation.

Alexandre Lamfalussy (1929) enfin, né en Hongrie, s'est réfugié en Belgique où il a suivi les cours de l'Institut de Recherches économiques et sociales à l'Université de Louvain (diplômé en 1952). Il a par la suite obtenu une thèse à Oxford, avant d'être recruté par la Banque de Bruxelles en 1955 comme conseiller économique, et d'être accueilli à Yale en 1961-1962 par Triffin.

IV. Les milieux représentés

A. *Les écoles britanniques*

1. La LSE

Scitovsky d'un côté, Kenen, Johnson et Mundell de l'autre, ont tous participé au séminaire de Lionel Robbins à la London School of Economics. Ce dernier, ayant rejoint très jeune les rangs professoraux à la LSE, a pu y établir un centre intellectuel original, basé sur les travaux de l'école autrichienne (tels que suivis par Machlup par exemple, et qui donne la priorité à la théorisation pure sur les faits, dont l'interprétation suppose toujours l'application d'une théorie), en opposition avec l'orthodoxie « marshallienne » alors surtout mise en pratique à Cambridge (qui se divise à cette époque à propos des nouvelles théories développées par Keynes). À la LSE en 1955-1956, Mundell est également en mesure d'assister à des conférences données par Harry G. Johnson et à des séances encadrées par James Meade. Ce dernier présente la particularité d'avoir été influencé par les deux principaux émules de Marshall (Keynes et Robertson), et d'être passé allègrement de Cambridge à Oxford (où il a rencontré Harrod) et de Londres à Genève (dans le cadre de la section économique de la Ligue des Nations). Cette ambivalence originale entre keynésianisme et classicisme, entre deux « compères »[17], Meade et Robbins, sera fort bien intégrée par leurs meilleurs élèves et fera toute la réputation de l'école londonienne.

2. Cambridge

Les milieux représentés à Bellagio ne sont pas le fruit du hasard. Ils représentent bien souvent des endroits par lesquels le « maître », Machlup, est passé. Si Machlup profite de son séjour en Grande-Bretagne pour visiter la LSE, et conduire de « stimulantes discussions » avec notamment Lionel Robbins[18], il est cependant essentiellement actif à Cambridge où il réside d'octobre 1935 à janvier 1936.

Cambridge héberge alors un personnage hors du commun : Dennis H. Robertson (1890-1963). Celui-ci est comparable à une figure comme Jacques Rueff. Éduqué selon les principes britanniques les plus élevés et les plus classiques (Eton, Trinity College), il n'en sera pas pour autant

---

[17] Robert Mundell signale que Robbins a refusé d'adresser la parole pendant plusieurs mois à Johnson car celui-ci avait critiqué un peu trop vertement Meade. Voir R. Mundell, « Notes on the Development of the International Macroeconomic Model », Paper presented at the conference on *The Open Economy Macromodel : Past, Present and Future*, Israel, 18-21 June 2001, p. 2.

[18] F. Machlup, « My Early Work on International Monetary Problems », in *Banca Nazionale del Lavoro Quarterly Review*, n° 133, 1980, p. 113.

monotone dans sa production intellectuelle. Apparemment « marshall-ien », il s'inspire néanmoins de la théorie des cycles de l'école autri-chienne, et ne semble pas défendre de principes dogmatiques. Lorsqu'il dirige les travaux de James Meade, il le laissera sans autre état d'âme faire des allers-retours entre Oxford, Londres et Cambridge. Meade aura ainsi toujours « one foot in Marshall, the other in Keynes »[19].

Les archives personnelles de Robertson, malheureusement incomplètes, manifestent bien cette ouverture d'esprit. Pas moins de douze membres du groupe de Bellagio, toutes tendances confondues, apparaissent entretenir une correspondance avec lui, de l'« oxonian » Roy Harrod à l'« autri-chien » Fritz Machlup en passant par le « scandinave » Erik Lundberg. Ces papiers révèlent par ailleurs des contacts entre Robertson et Georg Halm, William Fellner, F.A. Lutz, Peter B. Kenen, Robert Triffin, Pierre Dieterlen, Jacques Rueff, Walter Salant[20]. D'autres sources, comme la production scientifique de Frits de Jong, montrent que cette liste n'est pas exhaustive. Le fantôme de DHR, disparu avant que ne commencent les travaux du groupe de Bellagio, souffle sur l'Italie.

B. Les instituts de recherche continentaux et américains

L'école autrichienne (Vienne notamment) et l'Université de Harvard constituent apparemment le cœur du système. Nombre de participants au groupe de Bellagio ont eu l'occasion d'être mis en contact avec des idées originalement façonnées au sein de petits groupes. Le *Privat-seminar* organisé par Ludwig von Mises dans les bureaux de la Chambre de Commerce de Vienne a accueilli un enfant du pays, Fritz Machlup. Mais von Mises a vu plus loin. Il a également attiré des ressortissants étrangers comme Jacques Rueff, et organisé dans les années 30 la « riposte » au keynésianisme qui séduit alors bon nombre d'écono-mistes. D'Allemagne, on voit converger Hahn et Halm. L. Albert Hahn, banquier de Francfort, et ami de von Mises, après une période « proto-keynésienne » critique le maître britannique dans les années 1930. Georg Halm, de son côté, met en avant l'impossibilité fondamentale de procéder aux calculs nécessaires à une planification économique[21].

Déjà active dès 1917 avec le Harvard Committee for Economic Research puis la Harvard Economic Society (1927), l'université améri-

---

[19]   R. Mundell, « Notes on the Development of the International Macroeconomic Model », Paper presented at the conference on *The Open Economy Macromodel : Past, Present and Future*, Israel, 18-21 June 2001, p. 7.

[20]   Archives Dennis H. Robertson, C18 Letters from Economists. Voir inventaire : http://rabbit. trin.cam.ac.uk/~jon/Robweb/Rob4a.html (site consulté le 26 décembre 2002).

[21]   M.N. Rothbard, *Ludwig von Mises : Scholar, Creator, Hero*, 1988 (publié sur le site http://www.mises.org – site consulté le 27 décembre 2002).

caine prendra le relais de Vienne lorsque bon nombre de ses économistes les plus brillants seront forcés à l'exil au cours des années 1930. Plusieurs jeunes pousses s'affirmeront alors en Belgique, en France, en Suisse. Ces instituts de recherches en économie, fidèles à l'héritage autrichien et américain, insisteront sur les phénomènes de « cycles » et de « conjonctures ». Mis sur pied dans les années 1920, ces centres ont souvent, comme à Genève ou à Louvain, profité de l'aide de la Fondation Rockefeller. Au début des années 1960 la première génération des étudiants entièrement formés par ces instituts atteint l'apogée de son activité professionnelle.

L'Institut universitaire des hautes études internationales a été créé à Genève en 1927. Il a bénéficié de la proximité de la Section économique de la Ligue des Nations pour se développer, et a fourni un havre de paix rendant possible l'accueil de personnalités comme Röpke pendant la guerre. Il est représenté à Bellagio par Michael A. Heilperin, qui y est professeur à temps plein depuis 1953, et par la présence de « Béllagiens ». Triffin, Mundell, Kindleberger et Bloomfield seront invités à y diriger des séminaires au cours des années 1960[22]. L'IRES de Louvain, qui s'est développé sous la houlette de Léon-H. Dupriez, et s'est fait connaître par ses travaux ayant influencé la dévaluation du franc belge en 1935, bénéficie de la présence de Robert Triffin et d'Alexandre Lamfalussy. La Nederlandsche Economische Hoogeschool de Rotterdam, qui compte dans ses rangs l'emblématique Jan Tinbergen, n'est pas absente si l'on considère la participation de Frits J. de Jong qui y a obtenu son doctorat en 1947. F.A. Lutz (Université de Zürich), qui a traité en 1932 de « Das Konjunkturproblem in der Nationalökonomie » peut être assimilé à cette liste. Enfin, des entités plus récentes sont également invitées. Ainsi en est-il du département d'économie tout juste créé (en 1963) à l'Université de Berne, et duquel relève Jürg Niehans.

Le département d'économie de Yale constitue le dernier grand centre en date à avoir été créé. Il a été complètement rénové par Lloyd G. Reynolds, qui en assure la présidence, au début des années 1950. Il attire successivement à Yale James Tobin (1950), Robert Triffin (juillet 1951) et William Fellner (1952). Ceux-ci contribuent rapidement à faire de New Haven un passage incontournable pour tous ceux qui s'intéressent aux débats économiques. À partir de 1955, la Fondation Cowles (qui a quitté Chicago) y est hébergée avec son équipe, Tjalling Koopmans et Jacob Marschak entre autres. À la fin des années 1950, le président Kennedy y recrute bon nombre de ses conseillers. Ces deux événements

---

[22]   Institut universitaire de hautes études internationales, *Soixante-quinze ans au service de la paix par l'enseignement et la recherche en relations internationales*, Genève, 2002, p. 93.

accroissent encore le prestige de Yale, ce dont profite Triffin pour créer un programme d'enseignement destiné à de brillants jeunes professionnels désireux de parfaire leur formation. Se retrouvent ainsi momentanément à Yale Alexandre Lamfalussy et Egon Sohmen.

C. Les milieux officiels

Malgré le rejet de telles affiliations (le groupe est censé représenter un contre-pouvoir face aux G10), certaines institutions ne sont pas complètement absentes. Mundell a été recruté en 1961 par le FMI. Les milieux de la Commission européenne sont également présents, puisque un conseiller économique de la Commission, Hans Möller, assiste aux réunions (en plus de Triffin qui est conseiller à temps partiel des institutions européennes). Mundell et Fellner figurent également sur la liste de ceux qui seront plus tard consultés par la Commission.

Du côté américain, plusieurs économistes ont eu l'occasion de travailler pour différentes institutions officielles (Kindleberger, Salant). Arthur L. Bloomfield (1914-1998) a la réputation d'être particulièrement actif dans le domaine des échanges internationaux. Né à Montréal, titulaire d'un diplôme de l'Université Mc Gill, complété par un doctorat effectué à Chicago (1942), il fut rapidement impliqué dans les milieux officiels (Federal Reserve Bank of New York). Il fut invité à participer aux travaux de la commission Randall en 1953-1954. Cette commission conclut à une pénurie de dollars, ce à quoi s'opposa vigoureusement à l'époque Robert Triffin. Par la suite, impliqué dans le State Department, il fut chargé de mener des missions de conseil dans plusieurs pays en voie de développement (Vietnam, Cambodge, Laos, Zaïre, Malaisie, Philippines, Caraïbes).

V. Ce dont on discute à Bellagio

Le « groupe de Bellagio » devient le pendant du « Club de Paris ». Il s'astreint comme objectif de « coller » au calendrier défini par le G10, ce qui débouchera sur la publication concomitante de deux rapports (celui du groupe Ossola et celui du groupe de Bellagio) en août 1964. Dans cette optique, le terrain a été débroussaillé par Fritz Machlup qui achève en janvier 1964 un volume comportant un important chapitre sur la réforme du système monétaire international. Il prend soin d'énoncer toutes les directions déjà envisagées, en évitant soigneusement de se prononcer sur la désirabilité de tel ou tel plan. Il indique ce dont on doit discuter à Bellagio :

> One can not possibly expect that there will be one particular plan among all plans for the international monetary system that may be singled out and proclaimed as « the best » under any set of conditions. [...] We should never expect a solution that is really definitive, but perhaps we may hope for one

that can dispel for a longer time the apprehensions, nervousness, and fears of collapse.[23]

Cet objectif sera répété dans les conclusions des travaux du groupe en 1966 :

Their aim was not to come to an agreement on courses of action but to study the sources of disagreement about the « best » solutions to the problems.[24]

Le retour à la convertibilité en 1958, rendant plus visibles les défauts du système monétaire international, a suscité de nombreuses propositions, ce qui amènera certains observateurs à qualifier la période 1958-1967 « d'ère des plans »[25]. Au niveau officiel, on a privilégié les « emplâtres » destinées soit à améliorer le fonctionnement du FMI soit à augmenter les moyens d'action mis à sa disposition.

À Bellagio, on étudie les solutions mises en avant par Xénophon Zolotas (gouverneur de la Banque de Grèce), Suardus Posthuma (directeur à la Nederlandsche Bank), Edward M. Bernstein (ancien directeur du département des études au FMI), Reginald Maudling (nommé Chancellor of the Exchequer en 1963). Lors de la première réunion, on met en commun les résultats obtenus à partir d'un questionnaire adressé auparavant (en novembre 1963) aux participants. Triffin réfute cette méthode. Il considère ce questionnaire comme un « exercice de psychanalyse » qui n'a finalement servi qu'à formuler *ex poste* une argumentation rationnelle justifiant les inclinations naturelles de chacun pour l'un ou l'autre système[26]. Ce questionnaire permet néanmoins de dégager trois propositions majeures, qui ont d'ailleurs toutes trois été rejetées d'office par le G10 : un retour à un Gold Standard pur (Rueff, Heilperin) ; la mise en place de taux de change flexibles (Sohmen, Lutz, Halm, Johnson) ; une mise en commun des réserves, détenues ou non en plusieurs devises (Triffin)[27].

La diversité des pensées indique rapidement que la tâche du groupe sera longue et difficile. Mais c'est bien cette diversité qui a attiré Triffin, inspiré des idées de Teilhard de Chardin pour lequel « attelés à une même tâche, dix spécialistes risquent moins qu'un seul de se décourager et de se tromper dans leur effort »[28]. Il faut en effet se mettre d'accord

---

[23] F. Machlup, *International Monetary Economics*, Londres, Allen & Unwin, 1966, p. 366.

[24] F. Machlup, W. Fellner et R. Triffin (eds.), *Maintaining and Restoring Balance in International Payments*, *op. cit.*, p. vii.

[25] Voir G. Cornu, *L'or monétaire au vingtième siècle*, t. III, *op. cit.*, p. 71.

[26] R. Triffin, *Triffin's Comments on Questionnaire Answers*, s.d., ART, Dossier 3.1, p. 1.

[27] R. Triffin, *The Bellagio Conference (January 17-23, 1964)*, in ART Dossier 3.1, p. 1.

[28] P. Teilhard de Chardin, *Le groupe zoologique humain*, Paris, Albin Michel, 1956, p. 161.

sur des méthodes permettant de mesurer les présupposés des différents programmes à l'aune de la réalité. Il est donc décidé de passer le cinquième jour à trouver des points d'accord permettant de dégager des premiers résultats de ces rencontres. Triffin propose de se focaliser en premier lieu sur la définition du problème, et justifie ce principe de façon très médicale : « After all, before we can decide whether aspirin is better than cod-liver oil, or cod-liver oil better than aspirin, we have to know whether we suffer head-ache or from anemia effort ». Ensuite, il est proposé à chacun de définir quels seraient non seulement sa meilleure solution mais également son deuxième choix, en se concentrant sur la résolution des problèmes urgents et non sur la définition d'un programme idéal. Enfin, il est demandé de se limiter à l'examen de décisions qui, pragmatiques, pourraient faire partie d'un nouveau traité international plutôt que sur une description de l'action précise qui devrait être entreprise au jour le jour (par les autorités monétaires, au niveau national et international).

Un consensus est rapidement atteint sur des recommandations qui paraissent essentielles pour éviter le retour d'une crise mondiale comparable à celle de 1931. Ce consensus prend en compte le point de vue américain en stipulant que le but le plus immédiat de toute politique monétaire doit consister à défendre le dollar, la livre et le système monétaire international contre tout danger d'effondrement. À plus long terme, il apparaît indispensable de lier la croissance des réserves monétaires au taux de croissance du commerce international et de la production, et d'éviter ainsi les éléments du hasard que représentent la production d'or en Afrique du Sud, la spéculation sur l'or par des individus, les ventes d'or par l'URSS, les déficits de la balance de paiements et les aléas sur la confiance/défiance qu'ils provoquent chez les banquiers centraux par rapport au dollar[29].

VI. Les premières conclusions du groupe de Bellagio

Dès la deuxième réunion qui rassemble à nouveau tout le monde à Bellagio du 17 au 23 janvier 1964, un accord est trouvé sur une formulation de recommandation commune aux responsables politiques. Celle-ci concerne des mesures conservatoires à adopter d'urgence. Elles ont été obtenues grâce à l'accord de chacun d'accepter une solution qui ne représenterait que son « second-best choice »[30]. On reconnaît comme essentiel le recours à des corrections dans les déficits de balances de paiements ; la mise en parallèle de l'évolution des réserves monétaires au taux de croissance non inflationniste de l'économie mondiale ; la

---

[29] Brouillon de lettre de Triffin à Michel Golfhand (1964), in ART, Dossier 3.4.
[30] Brouillon de lettre de Triffin à Michel Golfhand (1964), in ART, Dossier 3.4.

consolidation du système en réduisant les liquidités détenues de façon trop déséquilibrée par les banques centrales en dollars et/ou en livres sterling. Ces trois problèmes doivent être résolus de façon concomitante si l'on veut réduire la fragilité du système monétaire international, qui en outre ne sera définitivement hors de danger que lorsque des procédures de surveillance adéquates et constantes auront été adoptées. Les outils de réajustements, qui doivent apparaître plus fréquemment pour éviter les grands chocs plus destructeurs, pourraient inclure la mise en place, entre certains groupes de pays, de taux de change flexibles mais gérés (nécessitant un accord sur les modalités d'intervention des différentes banques centrales concernées). Mais de telles réformes ne peuvent passer que par une refonte des institutions bien plus large que ce qui est alors envisagé par le G10[31].

Suite à ce consensus sur la méthode de travail, et sur le diagnostic, les travaux seront poursuivis à Princeton les 21 et 22 mars 1964. Entendant serrer de près les travaux ordonnés par le G10, le groupe de Bellagio étudie avec attention l'organisation des réserves internationales. Il recommande principalement de se libérer de la dépendance structurelle qu'impose l'or par rapport aux pays producteurs (Afrique du Sud et URSS en tête). De même, le comportement des balances de paiements des pays dont la monnaie sert de monnaie de réserve ne devront pas constituer une source d'incertitude (il ne faut pas que le déficit de celles-ci s'accroisse de façon exponentielle). De tels objectifs seront atteints si l'on parvient à coordonner des décisions en matière de volume, de composition des réserves, et de maintien d'une discipline à l'égard des balances de paiements.

Le « rapport Machlup », publié à l'été 1964, attire l'attention des officiels. L'objectif premier de réintégrer les académiques dans les débats est atteint. Peu après, une conférence à Princeton réunit des participants des deux assemblées, et il y est suggéré que des échanges soient organisés de façon informelle :

> Soon afterwards, at a conference in Princeton in which members of both groups participated, it was suggested that official experts and academic economists might join in an unofficial workshop or seminar to exchange views in an informal manner. Both groups could benefit from such discussions : the academics would get a better understanding of the political aspects of the problems; and the officials, meeting in unofficial capacity with the academics, would gain insights into theoretical issues of significance for their own studies and, more important, might understand the positions of their counterparts from other countries more easily if they all spoke as « members of a seminar » rather than as representatives of their govern-

---

[31] R. Triffin, *The Bellagio Conference (January 17-23, 1964)*, in ART, Dossier 3.1, pp. 3-4.

ments. A conference in just this spirit was held in Bellagio, in December 1964, in the beautiful villa of the Rockefeller Foundation. Of the sixteen participants, eight were officials and another eight were academics. Their expectations were fulfilled; they were unanimous in the judgment that the discussions had been relevant and fruitful.[32]

Une telle collaboration est reprise fin 1965 sur l'initiative d'Otmar Emminger (Bundesbank) qui suggère que l'on se rassemble à nouveau. C'est chose faite en 1966 : vingt-sept experts (quatorze académiques et treize officiels) se retrouvent à Zürich et à Princeton. C'est le moment que choisissent Fellner, Scitovsky, Haberler et Machlup pour lancer une « consultation populaire » sur l'opportunité de défendre des taux de change flexibles[33]. Robert Mundell explique comment, suite aux discussions du groupe de Bellagio, une rupture très nette se produira dans le milieu des économistes :

A follow-up of those discussions [du Groupe de Bellagio] was the circulation of a petition in 1966 urging the generalized adoption of flexible exchange rates. When I did not respond, Willy Fellner called to ask whether my failure to respond indicated an objection to it. I told him, yes, that I had arrived at the conclusion that a movement to generalized flexible exchange rates would be a step backward for the international monetary system. I had crossed the Rubicon. It was with great regret that I felt compelled to distance myself on this basic policy issue from teachers and good friends like James Meade, Milton Friedman, Harry Johnson, Gottfried Haberler, Fritz Machlup, Lloyd Metzler and Arnold Harberger and others who supported flexible exchange rates. I found myself among such diverse company as Lord Robbins, Sir Roy Harrod, Jacques Rueff, Edward Bernstein, Robert Triffin, Otmar Emminger, Rinaldo Ossola, Charles Kindleberger, Guido Carli and Robert Roosa – and some of them would later become defectors. Of course I was happy to be in the company of all the great economists of the past who, with the possible exceptions of Fisher and Keynes, were vigorously opposed to flexible exchange rates between countries with inconvertible currencies.[34]

[32] F. Machlup, W. Fellner et R. Triffin (eds.), *Maintaining and Restoring Balance in International Payments, op. cit.*, pp. vii-viii.

[33] Vingt-sept économistes de huit pays signent cette pétition. On constate la présence de certains de ceux qui ont fréquenté le groupe de Bellagio : William Fellner, Milton Friedman, Gottfried Haberler, L. Albert Hahn, Georg N. Halm, Harry G. Johnson, Friedrich A. Lutz, Fritz Machlup, Tibor Scitovsky, Egon Sohmen. Voir W. Fellner, « On Limited Exchange-rate Flexibility", in F. Machlup, W. Fellner et R. Triffin (eds.), *Maintaining and Restoring Balance in International Payments, op. cit.*, p. 111.

[34] R.A. Mundell, *Optimum Currency Areas, Extended Version of a Luncheon Speech Presented at the Conference on Optimum Currency Areas*, Tel-Aviv University, December 5, 1997, document diffusé sur le site de Robert A. Mundell, hébergé par

VII. Conclusion : l'impact du groupe de Bellagio

La ventilation géographique de l'origine académique des participants au groupe de Bellagio avant décembre 1964 montre bien une double concentration autour de la côte Est américaine et du centre dynamique de l'Europe (que les géographes nomment la « banane bleue »).

Origine académique des participants aux
réunions du Groupe de Bellagio (1963-1964)

Ces économistes provenant de onze pays (si l'on considère leur nationalité d'origine) constitueront un panel tout à fait représentatif de la profession (mais issu de la sélection personnelle des organisateurs autour des centres intellectuels qu'ils avaient eux-mêmes fréquentés ou auxquels ils étaient alors affiliés)[35]. Malgré des débuts prometteurs et une bonne volonté affichée par des gens de « bonne compagnie » et habitués à discuter ensemble, le groupe de Bellagio ne parviendra jamais à dégager une position commune forte. Lorsqu'il fait la synthèse de ses travaux dans son livre publié en 1966, Triffin souligne cet échec :

These problems, and others, have been amply debated by the economic profession without ever producing agreed answers that might carry conviction with the policy-makers. These divergent views between men of unquestioned competence and good faith may be explained in a variety of ways. Logicians stress the different assumptions and value judgments that underlie the reasoning of different economists. The choice of assumptions, however,

---

l'Université de Columbia : http://www.columbia.edu/~ram15/eOCATAviv4.html (consulté le 15 décembre 2002).

[35] Ils font écho aux onze pays représentés au G10 (dix membres plus la Suisse).

often seems to be dictated by their fitness to predetermined conclusions, rather than vice versa. Psychoanalysts have long told us, indeed, that man's logic is primarily devoted to providing *ex post* rationalizations for his instinctive choices and behaviour, rather than used *ex ante* to derive « objective » conclusions and guides to action.[36]

Si idéologiquement il n'a pas permis de mieux cerner le problème, l'apport au niveau technique du groupe de Bellagio apparaît néanmoins indéniable. Certains officiels ne voudront d'ailleurs pas jeter le bébé avec l'eau du bain. Ainsi, à partir de décembre 1964, l'arrivée à Bellagio des membres du groupe Ossola permettra la mise en place d'influences mutuelles, et constituera l'ossature du groupe des trente-deux économistes tel que décrit par Machlup[37].

Les lacunes du groupe de Bellagio aideront par ailleurs le groupe Ossola à prendre conscience lui-même de la prépondérance des problèmes politiques sur les problèmes techniques. Alors qu'il était censé aborder des questions relatives à la création des instruments de réserve, il reconnaît que les principales divergences constatées concernent : la place de l'or ; les règles de gestion et de participation des différents pays à cette gestion ; le rôle du FMI ; la pondération des votes décidant de la création de ces instruments de réserve. On peut également penser que le maintien de l'étude des solutions d'unités de compte telles qu'envisagées dans le rapport Ossola, alors qu'elles avaient été politiquement enterrées à Tokyo en septembre 1964, n'auraient pas enfanté aussi facilement les droits de tirage spéciaux en 1966 sans ces échanges entre sherpas et académiques.

Même s'ils ne le reconnaissent pas immédiatement, les bienfaits de Bellagio se feront en outre sentir dans les travaux des économistes les plus sceptiques. Robert Triffin lui-même gagnera énormément à prendre en compte de façon beaucoup plus sérieuse les considérations politiques. Dans un premier temps, il se détournera du problème, estimant que, contrairement à son jugement premier, de tels enjeux politiques ne pourraient être résolus rapidement par une solution négociée[38]. Mais ses études postérieures montreront un intérêt accru pour la résolution de problèmes précis. Par une stratégie de petits pas, il prônera la construc-

---

[36]   R. Triffin, *The World Money Maze. National Currencies in International Payments*, New Haven, Yale University Press, 1966, p. 3.

[37]   F. Machlup, W. Fellner et R. Triffin (eds.), *Maintaining and Restoring Balance in International Payments, op. cit.*

[38]   Voir G. Cornu, *L'or monétaire au vingtième siècle*, t. III, *op. cit.*, p. 77.

tion de plans favorisant un retour à un climat favorable à une reconstruction du système[39].

Ces premières années du groupe de Bellagio annoncent une meilleure perception des enjeux régionaux, débouchant sur la remise sur la table d'un projet de Fonds de réserve européen lors du sommet de La Haye en 1969, qui, même s'il sera fortement dissous dans le Fonds européen de coopération monétaire (FECOM) des années 1970, contribuera à alimenter la flamme de l'intégration monétaire européenne. Certains verront même dans l'écu la réalisation de la proposition défendue par Triffin de mettre en commun les réserves détenues en dollars par les banques centrales européennes[40].

Enfin certains observateurs avertis comme Richard N. Cooper évoquent le groupe de Bellagio comme berceau potentiel du changement d'attitude par rapport à la question des taux de change flexibles :

> This group [le groupe de Bellagio] exposed key central bankers to the evolution in academic thinking, and may have played some role in persuading central bankers that flexible exchange rates were workable, or at least would not be more troublesome than the fixed exchange rate system with which they were then having to cope.[41]

Mais l'essentiel de l'héritage se situe peut-être ailleurs.

Robert Mundell a récemment fait l'objet de questions concernant son cheminement intellectuel. Y aurait-il deux « Mundell », celui des années 1960, et celui du nouveau millénaire ? Le prix Nobel prendra la peine de s'expliquer longuement sur cette question, et insistera quelques mois plus tard sur l'interprétation qu'il faut en faire :

> I have read interpretations of my work that have made stylistic facts about the « early » and the « late » Mundell, the first being a Keynesian, the second, a Classicist. Such periods may be relevant to painters, but are they really applicable to economists ? I am not myself aware of any basic shift of direction. I did write on different subjects and use different models at different points in time, but why not ? I worked on what came to be called the

---

[39] La chronologie des publications de Robert Triffin est assez explicite. En septembre-octobre 1965, il propose un plan spécifique pour résoudre le problème des balances sterling, et ce n'est qu'en 1968 qu'il reviendra à une proposition plus générale dans *Système monétaire international*, où il traitera d'ailleurs beaucoup plus en profondeur les questions de gestion des droits de vote (voir p. 190 et p. 227). *The World Money Maze*, paru en 1966, ne constitue qu'une synthèse et une reprise de travaux antérieurs.

[40] B.J. Cohen, *The Geography of Money*, Cornell, Cornell University Press, 2000 (1e édition 1998), p. 99.

[41] R.N. Cooper, *Toward a Common Currency ?*, juin 2000, consulté (27 décembre 2002) sur le site www.worldbank.org.research/interest/confs/upcoming/papersjuly11/cooper.pdf.

Mundell-Fleming model mainly over the years 1960-64, but both before, after, and during this period, I was also publishing my work on the pure theory of trade, monetary theory, optimum currency areas, the public debt, the monetary approach to the balance of payments, customs unions and the theory of inflation. The agenda, models and information changed, but the periodization doesn't ring true.[42]

En réalité, peu importe leurs prises de position scientifiques, et l'évolution du schéma de pensée. L'identité des « Bellagiens » ne se fait pas autour d'une école, d'une pensée. Elle est beaucoup plus fondamentale et enracinée dans le passé et la continuité.

L'entreprise de Machlup ressemble fort à celle dessinée vingt-cinq ans auparavant, toujours à l'initiative de la Fondation Rockefeller. Une conférence organisée en juillet 1936 à Annecy (France) avait alors été organisée en vue d'étudier la désirabilité et la faisabilité d'encourager la coordination de la recherche fondamentale en relation avec les changements fondamentaux de l'économie. Cette conférence avait rassemblé Ludwig von Mises, Wilhelm Röpke, Oskar Morgenstern, Gottfried Haberler (école autrichienne), Bertil Ohlin (école scandinave), Lionel Robbins (LSE), Dennis Robertson (Cambridge), Alvin Hansen (Harvard), et ceux que l'on peut qualifier de représentants des instituts de recherche : Charles Rist, William Rappard, Jan Tinbergen. De même, deux ans auparavant, en 1934, le manuscrit de Haberler *Prosperity and Depression* avait circulé entre Oskar Morgenstern, Bertil Ohlin, Lionel Robbins, Dennis Robertson, Costantino Bresciani-Turroni (économiste italien qui fut par la suite président de la Banca di Roma), Alvin Hansen, John Maurice Clark (Université de Columbia), Oskar Anderson[43], Léon-H. Dupriez, Charles Rist, Jan Tinbergen[44]. Les noms sont récurrents, associés à des pedigrees académiques (Harvard, Cambridge, Londres, Columbia, Vienne, Louvain,…) quasiment immuables. Les affiliations intellectuelles sont identiques, les discussions portent sur des thèmes invariables (taux de change fixes contre taux de change flottants, rôle de l'or). Même les canaux de financement n'ont pas changé (la Fondation Rockefeller).

Ainsi se renouvelle un réseau qui n'a pas d'identité géographique, temporelle, doctrinale ou strictement personnelle mais qui existe et se

---

[42]   R. Mundell, « Notes on the Development of the International Macroeconomic Model », Paper presented at the conference on *The Open Economy Macromodel : Past, Present and Future*, Israel, 18-21 June 2001, p. 1.

[43]   Après avoir quitté la Russie en 1920, celui-ci a atterri en Autriche puis en Hongrie avant d'arriver en Allemagne, à Kiel puis finalement à Munich.

[44]   H. James et M.D. Bordo, *Haberler* versus *Nurkse : The Case for Floating Exchange Rates as an Alternative to Bretton Woods ?*, Discussion paper n° 2001-08, St. Gallen, juin 2001, p. 15.

perpétue essentiellement via des rencontres intellectuelles sur des terrains d'intérêts communs. Davantage qu'un nouveau réseau en lui-même, le groupe de Bellagio représente une porte d'entrée sur le monde des économistes qui « comptent ».

Le groupe de Bilderberg et l'intégration européenne jusqu'au milieu des années 1960

Une influence complexe

Valérie AUBOURG

Université de Paris IV-Sorbonne – Université de Cergy-Pontoise

Le groupe de Bilderberg suscite en général des réactions tranchées, de l'ignorance absolue à l'hostilité affirmée. De multiples textes plus ou moins sérieux s'étendent longuement sur ses origines secrètes, sa nature mystérieuse, son influence considérable et néfaste, qui en feraient une réincarnation du complot technocratique[1]. L'un des thèmes les plus fréquents concerne l'intégration européenne : on lui attribue la responsabilité et l'initiative, secrètes, des grands traités des années 1950. Chez un auteur qui affiche son désir de faire un travail scientifique, on peut lire que « quasiment toutes les institutions européennes que nous tenons pour acquises aujourd'hui, ou traitons comme si elles avaient 'émergé' naturellement, depuis la CECA, la CEE et l'Euratom jusqu'à l'actuelle Union européenne, ont été conçues, mises au point et créées par l'entremise de gens impliqués dans Bilderberg »[2]. En particulier, il met au défi les universitaires d'examiner le passage de la CECA au Marché commun, qui montrerait sûrement, suggère-t-il, le rôle essentiel des cinq premières conférences de Bilderberg. En outre, deux témoins ont pu considérer que Bilderberg a posé les « prémices » des traités de Rome et les a fait

---

[1] Sur Bilderberg comme réincarnation du complot technocratique, voir O. Dard, *La Synarchie. Le mythe du complot permanent*, Paris, 1998.

[2] M. Peters, « The Bilderberg Group and the Project of European Unification », in *Lobster* [consultée dans son édition sur CD-ROM, ISBN 0-9539862-0-9], n° 32, décembre 1996, édité par Robin Ramsay, 214 Westbourne Avenue, Hull HU5 3JB, UK. Cette revue britannique publie des enquêtes ou articles critiques souvent intéressants, bien que parfois discutables. Le texte de M. Peters, fréquemment cité en référence, figure sur de nombreux sites Internet.

« mûrir »[3]. Rejoignant les questionnements actuels sur le rôle des réseaux dans le processus d'intégration européenne, ces affirmations méritent un examen historique.

Nous souhaitons ici, au-delà des fantasmes, examiner de plus près l'influence éventuelle du groupe de Bilderberg sur l'intégration européenne dans la période des années 1950 et du début des années 1960, en nous appuyant sur l'ensemble des comptes rendus, presque tous les rapports et une partie de la correspondance pour cette période, collectés dans des fonds d'archives privés et publics, ainsi que quelques entretiens[4]. Sous cet angle européen spécifique, nous tenterons de définir quel type de réseau constitue le groupe de Bilderberg, dans quel contexte il s'inscrit, sur quels hommes, entreprises ou institutions il s'appuie, et dans quel sens il exerce de l'influence. La question peut s'entendre de deux façons complémentaires : Bilderberg a-t-il modelé le processus d'intégration, et ce réseau est-il entrecroisé avec les divers groupes de pression pro-européens des années 1950-1960 ? Examinés dans la période de genèse du groupe de Bilderberg (1952-1954), puis au cours des conférences tenues entre 1954 et 1965, ces points nous permettront d'esquisser une définition du groupe et de son influence.

I. Bilderberg et l'intégration européenne. Les années de genèse (1952-1954)

Trois hommes sont à l'origine du groupe de Bilderberg au début des années 1950. L'initiative en revient à Joseph Retinger, un Polonais installé à Londres, ancien conseiller du général Sikorski, le chef du gouvernement polonais en exil pendant la Seconde Guerre mondiale, puis secrétaire général du Mouvement européen à partir de 1948. Son intention, au printemps 1952, est de lutter contre l'antiaméricanisme et

---

[3]   Il s'agit du Français Jacques Piette dans les années 1980 (in *Témoignages et débats sur Guy Mollet*, Paris, 1986, p. 9) et de l'Américain George McGhee dans les années 1960 (in A. Hatch, *H.R.H. Prince Bernhard of the Netherlands*, Londres-Toronto, 1962, p. 223). Voir aussi plus bas dans notre conclusion.

[4]   Cette collection d'archives sur le groupe de Bilderberg a été rassemblée au cours de plusieurs années à partir des fonds suivants : les papiers C.D. Jackson, Eisenhower Library, Abilene, Kansas ; les papiers Mollet, Office universitaire de Recherche socialiste (OURS), Paris ; les papiers McGhee, McGhee Papers, Lauinger Library, Georgetown University ; les papiers Nitze, Library of Congress, Washington, D.C. ; les papiers Piette, OURS ; les papiers Retinger, Polish Library, Londres ; les papiers van Zeeland, Université catholique de Louvain, Louvain-la-Neuve ; le petit fonds versé par un participant néerlandais anonyme, « Bilderberg Conferences Collection », IISH, Amsterdam ; les archives de la Fondation Ford, New York ; les archives publiques du Public Record Office, Kew. Aucun ne contient de collection complète et il faut procéder à des recoupements pour obtenir une série satisfaisante en français et en anglais.

de favoriser la compréhension entre les élites européennes et américaines. Cette forte personnalité, à la vie rocambolesque, excelle dans le rôle d'éminence grise qu'il a été amené à jouer à plusieurs reprises, et contacte deux personnalités dont il est devenu proche, Paul van Zeeland et Paul Rykens. Van Zeeland, ancien Premier ministre, ministre des Affaires étrangères en 1952 et éminente figure du monde politique belge, l'aide à construire le groupe dès le début. Le Néerlandais Rykens, président du conseil d'administration de la multinationale anglo-néerlandaise Unilever, fournit de son côté son aide financière et surtout un accès, essentiel, au prince Bernhard des Pays-Bas, qui devient président du groupe. Tous trois s'efforcent, en 1952, de rassembler des Européens influents dans le monde de la politique et des affaires, puis d'y intéresser les Américains.

À cette fin, ils s'appuient sur d'autres réseaux ou milieux spécifiques. Le premier milieu crucial est celui des gouvernements en exil pendant la Seconde Guerre mondiale à Londres. Retinger, installé dans la capitale britannique depuis longtemps, en est l'un des acteurs en tant que conseiller du gouvernement Sikorski entre 1940 et 1943, mais aussi en tant que promoteur des discussions sur l'organisation de l'Europe l'après-guerre qui se tiennent entre les dirigeants belges, français, grecs, luxembourgeois, néerlandais, norvégiens, polonais, tchécoslovaques et yougoslaves en 1942-44[5]. C'est dans cette période qu'il rencontre par exemple Rykens, van Zeeland, ou Panayotis Pipinellis, membre du gouvernement grec en exil, futur ministre des Affaires étrangères, contacté en 1952 pour participer à ce qui n'est pas encore le groupe de Bilderberg.

La Ligue européenne de coopération économique (LECE) constitue un deuxième terreau essentiel. L'un des premiers groupes pro-européens à émerger après la guerre, elle constitue la première entreprise commune de Retinger et van Zeeland à la fin de 1946. De tendance libérale, elle recrute plutôt ses adhérents dans les milieux d'affaires et fournit, six ans après, un réseau de choix qui est réactivé par les deux hommes pour lancer le groupe de Bilderberg. Le Britannique Edward Beddington-Behrens, vice-président de la LECE, les Belges Étienne de la Vallée Poussin et Louis Camu, respectivement sénateur social-chrétien et président de la Banque de Bruxelles, et tous deux vice-présidents de la section belge de la Ligue, Roger Motz, président du parti libéral et de la section belge de la Ligue, sont ainsi tous invités lors des premières conférences de Bilderberg. Autre exemple, Guillaume Konsbruck, directeur général du principal groupe sidérurgique luxembourgeois, l'Arbed,

---

[5]   J. Pomian (ed.), *Joseph Retinger. Memoirs of an Eminence Grise*, Londres, 1972 ; T. Grosbois, « L'action de Jozef Retinger en faveur de l'idée européenne 1940-46 », in *Revue européenne d'Histoire*, vol. 6, n° 1, 1999, pp. 59-82.

un membre important et soutien financier de la LECE, est contacté par van Zeeland pour la première conférence de Bilderberg en 1954[6]. Certaines sources de financement de la Ligue se retrouvent donc naturellement, pour cette période, dans le groupe de Bilderberg : la Banque de Bruxelles et la Brufina, par exemple, sont sollicitées dans les deux cas par van Zeeland[7].

Le réseau du Mouvement européen est aussi mis à contribution par les fondateurs de Bilderberg – une démarche très naturelle puisque Retinger, secrétaire général jusqu'au début de 1952, y avait des contacts étendus. L'une des chevilles ouvrières du congrès de La Haye de 1948, il a aussi suivi de près les différentes initiatives du Mouvement dans ces années d'effervescence, en particulier celles qui mènent à la formation du Conseil de l'Europe en 1949. C'est dans ce cadre qu'il a rencontré entre autres le social-démocrate Max Brauer, maire de Hambourg et présent à La Haye en 1948, le fédéraliste Denis de Rougemont, le Belge Jean Drapier, proche de Spaak, ou le socialiste Guy Mollet, très actif à l'Assemblée consultative du Conseil de l'Europe depuis 1949.

En outre, le groupe de Bilderberg s'est appuyé sur le milieu des anciens membres des services de renseignement. Cette notion est souvent maniée avec peu de rigueur, et Retinger est fréquemment présenté comme un agent de la CIA, ou le groupe de Bilderberg, comme une création de cette agence. Au vu des sources que nous avons consultées, l'assertion nous paraît fausse – sauf si des archives ou témoignages précis le démontraient à l'avenir[8]. Ce qui importe en revanche est l'ensemble des contacts et valeurs partagées qu'ont généré les relations entre services de renseignement et milieux de la résistance pendant la Seconde Guerre mondiale, au sens où l'emploie Richard Aldrich dans ses travaux[9]. Retinger, sans en être membre, était proche des milieux du SIS (Secret Intelligence Service) et du SOE (Special Operations Executive) pendant la guerre, en particulier du Colonel Gubbins qu'il recontacte pour faire partie de la LECE puis du groupe de Bilderberg en 1952, dont il est l'un des tout premiers membres britanniques.

---

[6] Van Zeeland à Konsbruck, 17 avril 1954, Papiers van Zeeland, Université catholique de Louvain, (ci-dessous PvZ-UCL), 927. Il ne peut finalement assister à la conférence.

[7] Par ex. L. Camu à van Zeeland, 14 mars 1955, PvZ-UCL, 936.

[8] Ce point ne peut être développé ici mais sera évoqué dans la thèse en cours de l'auteur, « Atlantistes et groupes privés atlantistes, 1949-1963 », Université de Paris IV-Sorbonne.

[9] Cf. R. Aldrich, « OSS, CIA and European Unity : the American Committee on United Europe, 1948-1960 », in *Diplomacy & Statecraft*, vol. 8, n° 1, March 1997, pp. 184-227 et *The Hidden Hand. Britain, America and Cold War Secret Intelligence*, Londres, 2001, pp. 342-370.

Le Prince Bernhard, en outre, était très attiré par ces milieux, avec lesquels il avait été aussi lié pendant la guerre en tant que responsable des services de renseignement néerlandais, puis commandant en chef des forces néerlandaises en septembre 1944. C'est de cette période que date sa rencontre avec le général Eisenhower, son chef d'état-major Walter Bedell Smith, et le chef adjoint de la section Guerre psychologique des forces alliées, C.D. Jackson[10]. Or au début de 1953, Eisenhower est devenu président des États-Unis, Bedell Smith, directeur de la CIA entre 1950 et fin 1952, est sous-secrétaire d'État, et C.D. Jackson, assistant spécial du président pour la guerre froide. C'est donc le Prince Bernhard qui fournit au groupe de Bilderberg le canal essentiel vers les élites américaines : il sollicite Eisenhower, qui le renvoie vers Bedell Smith, qui confie le dossier à son ami C.D. Jackson, lequel s'engage à trouver des personnalités américaines susceptibles de s'engager dans le projet.

Il ne faudrait cependant pas surévaluer son rôle, ni à travers lui, ces liens forgés dans le renseignement et la résistance, dans la genèse de Bilderberg. Les résumés qu'il envoie à Ann Whitman, la secrétaire personnelle du président Eisenhower, sont très francs sur ce point : on y voit un C.D. Jackson tâcher de trouver dans l'urgence des interlocuteurs américains valables pour éviter de froisser le prince Bernhard, lassé d'attendre une réponse, et non pas l'organisation planifiée du groupe de Bilderberg par l'assistant du président des États-Unis[11].

Bedell Smith et C.D. Jackson servent donc surtout de « passeurs » vers le monde politique et économique américain et si Jackson devient un membre régulier des conférences[12], il n'est que l'un des maillons dans l'organisation de la partie américaine du futur groupe de Bilderberg, en réponse aux sollicitations européennes. En d'autres termes, si les milieux du renseignement américains se sont nettement engagés dans une action « privée » en faveur de l'intégration européenne, notamment en créant l'American Committee on United Europe et en répondant rapidement aux demandes de financement du Mouvement européen[13], ils manifestent leur sympathie pour l'initiative des Européens qui lancent le groupe de Bilderberg, mais ne fournissent pas de soutien organisé comparable en 1952-54.

---

[10] A. Hatch, *H.R.H. Prince Bernhard, op. cit.* et H. van Wijnen, *De Prins-gemaal*, Amsterdam, 1994 (consulté dans une traduction anglaise partielle).

[11] Cf. par ex. C.D. Jackson à A. Whitman, 19 novembre 1954, CDJ Papers, 35 Bernhard (2).

[12] C.D. Jackson devient un participant régulier des conférences (en 1954, février 1957, 1958 et de 1960 à 1964). Bedell Smith en revanche n'assiste à aucune d'entre elles.

[13] Sur leurs initiatives actives en faveur de l'intégration européenne dans les années 1950, voir A. Aldrich, « OSS, CIA and European Unity... », *op. cit.*

En revanche, la connexion avec le comité Coleman, ou Committee for a National Trade Policy (CNTP), nous semble cruciale dans la genèse de Bilderberg, et fort intéressante. Il s'agit d'un groupe de pression créé à la demande de l'administration Eisenhower pour faire campagne, dans les milieux d'affaires et auprès des membres du Congrès, en faveur de sa politique de libéralisation commerciale. Il comprend des figures clefs du monde économique aux États-Unis : John Coleman, son président, dirige la Burroughs Corporation, une grande société d'électronique qui concurrence alors IBM, et parmi ses membres fondateurs figure John McCloy, le *chairman* par excellence de l'Amérique d'après-guerre – ancien président de la Banque mondiale, ancien Haut-Commissaire américain en Allemagne, président de la Chase National Bank, figure éminente et très écoutée de la vie politique américaine. Or c'est ce groupe qui rédige une réponse au prince Bernhard.

En outre, la plupart des membres du CNTP ont une expérience directe de l'Europe, acquise par le biais du plan Marshall – beaucoup ont travaillé pour l'ECA – ou du très influent Committee for Economic Development, un groupe de réflexion fondé en 1942 par Paul Hoffman, le brillant président de la Studebacker Corporation et plus tard administrateur de l'ECA, et qui soutient l'intégration européenne à la fin des années 1940 et dans les années 1950. Comme dans le cas de la LECE en Europe, le projet de Bilderberg trouve donc un écho dans des milieux économiques favorables à la libéralisation du commerce international et à la construction de l'Europe. Aux États-Unis, ce sont eux qui en 1953 rédigent un rapport en réponse aux Européens, fournissent le noyau américain de la première conférence en 1954, et financent ces réunions à leur début, à titre personnel ou par le biais de leur société – les compagnies Heinz, Burroughs, McGhee Production, ou David Rockefeller par exemple, à partir de 1954.

Bilderberg émerge donc, entre 1952 et 1954, en s'appuyant sur des personnalités et des milieux sensibles à l'idée européenne, aussi bien en Europe continentale qu'en Amérique. Mais il serait très excessif de leur attribuer une conception uniforme et précise de l'Europe – quoi de commun entre l'engagement européen libéral et mesuré d'un van Zeeland et le *credo* intégrationniste d'un George Ball, par exemple ? Ce serait oublier que ce qui les rassemble, au sein de cette nouvelle structure privée, est l'état de la relation transatlantique, et non le projet d'une union européenne.

II. Les « moments européens » du groupe de Bilderberg (1954-1966)

Si l'on examine à présent le programme des conférences jusqu'au milieu des années 1960, le thème de l'Europe n'apparaît pas dominant. Trois périodes se distinguent, au cours desquelles l'intégration européenne est discutée spécifiquement : un moment que nous pouvons qualifier de « fort » en 1954-55, un moment « faible » en 1958, et un autre moment « fort » entre 1960 et 1963.

La première réunion, tenue à Oosterbek en mai 1954, aborde l'Europe parmi d'autres thèmes controversés – les questions coloniales, le mccarthysme, les problèmes économiques – à travers la question de la Communauté européenne de défense. Deux rapports de qualité, écrits par George Ball et Guy Mollet, fondent une discussion favorable dans l'ensemble à l'idée d'intégration européenne et à la CED, mais dominée, sans surprise, par les vives pressions des participants américains pour la ratification du traité par la France, et les conseils de prudence répétés de leurs interlocuteurs européens. C'est surtout la troisième conférence du groupe de Bilderberg en septembre 1955, en Bavière, qui suscite une intense réflexion sur les enjeux européens. Tout y contribue alors. La conférence de Messine, trois mois plus tôt, a attiré l'attention sur la nécessité, après l'échec de la CED, d'une « relance européenne » à laquelle travaille le comité Spaak, et l'unité européenne figure explicitement au programme des discussions de Garmisch. Elle est également sous-jacente dans d'autres questions au programme, la réunification de l'Allemagne et les aspects industriels de l'énergie atomique.

De plus, les participants comptent un noyau de personnes favorables à l'union de l'Europe : des personnalités du Mouvement européen comme de la Vallée Poussin, de Rougemont, Mollet, Drapier, Fernand Dehousse (empêché au dernier moment), Max Brauer et Carlo Schmid ; un bon connaisseur américain de ces questions, Paul Hoffman ; des proches de Jean Monnet, enfin, qu'il s'agisse de « disciples libres », comme Marjolin et Ball, ou de personnalités d'un « troisième cercle »[14] qu'il consulte souvent, Giovanni Malagodi et Walter Hallstein. On peut également noter que Mollet vient d'accepter de faire partie du Comité d'action pour les États-Unis d'Europe (CAEUE), créé en octobre. Deux autres participants à la conférence de Garmisch, Kurt Georg Kiesinger et Amintore Fanfani, s'engagent au même moment dans le Comité d'action, signalant leur volonté d'agir avec Monnet pour donner de la substance à la relance de Messine, et trois autres Fritz Erler, Roger Motz et Malagodi, y adhèrent un peu plus tard[15].

L'importance de la conférence tient sans doute aussi à ce qu'elle se déroule pour la première fois en Allemagne fédérale, un pays crucial

---

[14] Ces expressions sont d'É. Roussel, *Jean Monnet*, Paris, 1996, p. 703.

[15] Cf. P. Fontaine, *Le Comité d'action pour les États-Unis d'Europe de Jean Monnet*, Lausanne, 1974, pp. 35-37 pour la liste des membres fondateurs qui signent le communiqué de presse du 13 octobre 1955 annonçant la formation du CAEUE et pp. 216-220 pour la liste complète des membres de 1955 à 1973.

pour l'intégration européenne, et que de nombreuses personnalités allemandes de poids ont pu se déplacer : le ministre des Affaires étrangères Hallstein, qui a représenté son pays à Messine le 1er juin 1955, les président et vice-président de la commission des Affaires étrangères du Bundestag, Kiesinger et Carlo Schmid, ainsi que Fritz Erler, expert du SPD pour les questions extérieures et de défense, et Max Brauer, bourgmestre de Hambourg et grande figure du SPD ; dans les milieux d'affaires, l'industriel Otto Wolff von Amerongen, Fritz Berg, président de la Fédération des industries allemandes, Alexander Menne, président de Hoechst et directeur de l'Association des industries chimiques allemandes, ainsi que Hans Günther Sohl, directeur général de Thyssen – des grandes personnalités de l'industrie par ailleurs sollicitées pour contribuer financièrement à l'organisation de la conférence, à la charge du pays hôte. Enfin, les textes fournis aux participants sont d'un excellent niveau : Mollet fait une démonstration lumineuse en faveur de la relance de l'intégration européenne, et une note de Lucien Radoux résume par le menu les conclusions de la conférence de Messine et le processus qu'elle a engagé[16].

Tout ceci contribue à donner un éclat particulier à cette conférence, qui traite le thème européen – entre autres – de façon dense et stimulante. Les papiers et discussions offrent une information de première main sur les projets retenus par les gouvernements. Les échanges traduisent « un soutien général pour l'idée d'intégration et d'unification européenne parmi les participants des six pays de la CECA », aussi bien « la nécessité urgente de faire entrer le peuple allemand [...] dans un marché commun » que celle « de faire avancer l'intégration fonctionnelle dans le domaine économique, en particulier pour ce qui touche à l'utilisation industrielle de l'énergie atomique »[17]. Le sentiment que des négociations majeures sont en cours est perceptible et renforce l'intérêt des participants pour le thème européen. Le ton reste cependant très généraliste, et on ne trouve nulle tentative d'orienter le contenu des traités dans un sens ou un autre. Si donc, comme on le lit parfois, le groupe de Bilderberg a contribué à modeler les traités de Rome, ce n'est pas perceptible dans les documents produits avant et pendant la conférence de Garmisch.

En outre, cette effervescence européenne retombe après 1955. En mai 1956, l'Europe n'est même pas au programme de la conférence de

---

[16] G. Mollet, « L'unification de l'Europe », juillet 1955, PvZ–UCL, 937A ; L. Radoux, « Note technique d'information sur les travaux du "comité intergouvernemental créé par la conférence de Messine" », Papiers Piette, OURS (ci-dessous Papiers Piette), AP05.

[17] « Garmisch-Partenkirchen Conference », strictly confidential, 23-25 septembre 1955, CDJ Papers, D.D. Eisenhower Library, (ci-dessous CDJ Papers), 37, p. 11.

Fredensborg (Danemark), consacrée entièrement à l'Asie ; et elle est à peine évoquée en février 1957 à St Simons Island (États-Unis), surtout marquée par l'actualité brûlante de l'automne 1956 – en particulier la crise de Suez, sur laquelle un papier incisif de Raymond Aron suscite des échanges animés. Aussi intéressantes soient-elles, ces réunions comptent peu de personnalités impliquées dans les négociations en cours, ou membres du Comité d'action de Monnet[18]. Il nous semble donc devoir nuancer l'influence du groupe de Bilderberg dans la genèse des traités signés en mars 1957.

À Fiuggi (Italie) en octobre, l'Europe n'est abordée qu'en marge d'autres questions, et les préoccupations stratégiques dominent, en partie pour des raisons circonstancielles – la conférence s'ouvre le 4 octobre, jour du lancement du Spoutnik. Le « deuxième moment européen » au sein des conférences de Bilderberg, ne se produit donc qu'en septembre 1958 à Buxton (Grande-Bretagne). L'Europe est de nouveau évoquée de façon substantielle, mais dans le cadre plus large d'une séance consacrée à la coopération économique occidentale, qui traite aussi de la politique monétaire et du développement des pays pauvres. Trois responsables des institutions européennes sont invités : Jacques Rueff, juriste à la Cour européenne de justice, E. van Kleffens, chef de la représentation permanente de la CECA en Grande-Bretagne, et Hallstein, alors président de la Commission européenne. Sur les soixante-quinze invités, on compte quatre membres du Comité d'action, le social-démocrate Erler, le libéral belge Motz, son collègue italien Malagodi, et le Néerlandais Blaisse, membre du parti catholique et député européen. Mais les participants européens viennent en nombre quasiment égal des pays membres de la CEE et des non-membres[19]. Les thèmes abordés reflètent cette diversité. Les participants issus de la CEE assurent que le Marché commun est « dynamique et ouvert »[20]. On s'accorde sur l'importance d'un accord entre les Six et leurs voisins européens, mais pas sur sa définition : sont évoqués une extension du Marché commun en Europe par une zone de libre-échange ou par des accords d'association, l'inclusion des pays d'outre-mer membres du Commonwealth dans ladite zone de libre-échange, voire la participation des États-Unis... Différentes visions de l'Europe s'expriment donc à Buxton, et il n'y a pas de « tropisme intégrationniste ».

---

[18] Aucun en 1956, trois sur les soixante-sept présents à St Simons Island.

[19] Vingt-trois des Six, vingt-deux participants des pays européens non membres, vingt-deux des États-Unis, un de Turquie, trois des communautés européennes, un de l'OTAN et un de l'ONU, sans compter le secrétaire général, le président et le vice-président, et les assistants techniques.

[20] « Conférence de Buxton », confidentiel, 13-15 septembre 1958, Papiers Piette, AP04, p. 21.

Enfin, simplement mentionnée au passage en 1959 à Yesilkoy, l'Europe est à nouveau traitée de 1960 à 1963, tandis que les rencontres de 1964 et 1965 se concentrent sur l'Alliance atlantique, les problèmes monétaires en Occident et les relations Est-Ouest. En mai 1960, la conférence de Bürgenstock (Suisse), évoque les « nouveaux développements économiques dans le monde occidental : AELE et CEE, OCDE » ; celle de St Castin (Canada), en avril 1961, les « implications pour l'unité occidentale des changements du poids économique respectif des États-Unis et de l'Europe » ; puis en mai 1962 à Saltjöbaden (Suède), toujours à côté d'autres points, les « implications pour la Communauté atlantique des développements en cours », dont le Marché commun. Enfin, en mars 1963 à Cannes, le programme prévoit des échanges sur « les relations commerciales États-Unis – Europe dans le contexte de la candidature britannique », qui se transforment en débat sur la crise atlantique.

Deux grandes tendances sont perceptibles dans ce « moment européen » des années 1960-1963. Les débats se polarisent d'abord autour des rapports entre les Six et les Sept et des vertus respectives de l'intégration et de la coopération. À Bürgenstock par exemple, des points de vue tranchés s'expriment. Trois rapports défendent respectivement les positions des Six (le député P.A. Blaisse, conseiller économique du gouvernement néerlandais), de la toute nouvelle Association européenne de libre-échange (Hans Schaffner, directeur de la division du Commerce du gouvernement fédéral suisse) ou des pays non européens, notamment des États-Unis (Raymond Vernon, ancien spécialiste des questions économiques et financières du département d'État)[21]. Parmi les invités, on trouve d'ardents défenseurs de l'approche communautaire des Six – Marjolin, le vice-président de la CEE, van Kleffens, le chef de la délégation de la Haute Autorité de la CECA à Londres, Ball, dont on sait combien il est proche de Monnet dans cette période, ou Spaak – mais aussi des partisans de la position britannique, à commencer par le *Parliamentary Private Secretary* du président du *Board of Trade*, Frederic Bennett, le banquier suédois Marcus Wallenberg ou le travailliste Denis Healey. Même si les positions des Six sont brillamment défendues, le secrétaire général ne peut que constater l'impossibilité de résoudre les différences d'approches, entre les critiques des « rigidités »

---

[21] P.A. Blaisse, « Les nouveaux développements politiques et économiques intervenus à l'Occident [*sic*] », 12 mai 1960, Papiers Piette, APO5 ; H. Schaffner, « L'Association européenne de libre-échange : ses origines et ses objectifs », *ibid.*, s. d. ; R. Vernon, « Les répercussions des nouveaux développements économiques sur la situation du monde occidental », *ibid.*, s. d.

de la CEE et celles de l'attachement de Londres au système préférentiel du Commonwealth[22].

Une autre opposition se dessine ensuite entre les partisans du *partnership* atlantique et les défenseurs de la politique gaulliste, culminant lors de la réunion de Cannes en 1963. Tenue en mars, juste après la fameuse conférence de presse du 14 janvier du général de Gaulle et le traité franco-allemand du 22 janvier, elle traduit le choc cumulé de ces deux actes diplomatiques en Europe et aux États-Unis[23]. Les discussions fourmillent de critiques contre l'idée d'un directoire à trois au sein de l'OTAN, le traité de l'Élysée et le ton de la conférence de presse du président français. On évoque des garanties à apporter pour maintenir le traité franco-allemand « dans le cadre de la solidarité européenne et atlantique », tout en dénonçant la « menace envers les petits États » qu'il introduit au sein des Six[24]. Les Britanniques refusent la responsabilité de l'échec des négociations, et redoutent la « minorité protectionniste, représentée par le gouvernement français, [qui] exerçait un droit de veto contre une majorité plus libérale ». Les Américains ne sont pas en reste, critiquant les « ambitions nationalistes d'un seul État »[25]. Dans l'ensemble, on craint que tout le schéma du partnership atlantique ne soit remis en question, et que le Kennedy Round, reposant sur l'entrée de la Grande-Bretagne dans la CEE, ne soit vidé de sa substance. Aussi la conférence de Cannes a-t-elle en partie consisté, comme le résume C.D. Jackson, à « faire vivre un enfer au représentant de De Gaulle »[26], en l'occurrence Jacques Baumel, sénateur de l'UNR, isolé face à une assemblée comptant Sicco Mansholt, alors vice-président de la CEE, Spaak, de retour aux Affaires étrangères en Belgique, Ball et Nitze, des habitués de Bilderberg devenus des membres clefs de l'administration Kennedy, Kohnstamm, le vice-président du Comité d'action, ou le très atlantiste ministre des Affaires étrangères néerlandais Joseph Luns[27].

---

[22] « Bürgerstock Conference », strictly confidential, 28-29 mai 1960, CDJ Papers, 36, Bilderberg-1960 (1), annex n°II, « Summary of the discussions on Sunday 29th May by Mr. E.H. van der Beugel », p. 31.

[23] Cf. par ex. J. Monnet, *Mémoires*, Paris, 1976, pp. 551-552 ; G. Ball, *The Past Has Another Pattern*, New York-Londres, 1982, p. 271.

[24] « Cannes conference », 29-31 mars 1963, CDJ Papers, 36, Bilderberg 1963 (2), pp. 24-25.

[25] *Ibid.*, p. 32 et 30.

[26] C.D. Jackson à Van der Beugel, 14 mai 1964, CDJ Papers, 109, Van der Beugel.

[27] Luns ne figure pas dans les listes officielles mais la correspondance entre membres du comité directeur fait état de ses répliques à J. Baumel.

III. Bilderberg et le « réseau Monnet »

La grande influence prêtée au groupe de Bilderberg sur l'intégration européenne est en général attribuée à son imbrication avec le réseau de Monnet pendant cette période[28]. Or l'examen des conférences nous amène à formuler trois observations.

Premièrement, cette imbrication est à nuancer. Monnet a certes des soutiens de qualité à Bilderberg. Dans son cercle rapproché, son ami George Ball, depuis le début, est l'un des participants les plus assidus et fait partie du comité directeur, tout comme Max Kohnstamm plus tard, à partir de 1961. Pietro Quaroni, l'un des membres fondateurs de Bilderberg, et participant régulier du comité directeur, avait de la sympathie pour Monnet et sa démarche. On peut y ajouter l'intérêt bienveillant de Shepard Stone, de la Fondation Ford, avec qui l'équipe de Monnet est alors en contact fréquent et qui finance une partie des dépenses de Bilderberg. Invité aux conférences de septembre 1957 et d'avril 1961, Stone suit les activités du groupe grâce aux rapports envoyés à la Fondation, et à sa présence dans certains comités directeurs[29]. Mais les amis de Monnet ne sont pas majoritaires, ni omniprésents. Parmi ses collaborateurs européens réguliers, Marjolin est invité trois fois (en 1955, 1956 et 1960), Pierre Uri une fois en 1963, et Paul Delouvrier, cité à tort, n'assiste à aucune conférence. Eric Roll vient pour la première fois en 1964, et n'y assiste régulièrement qu'à partir de 1966 ; François Duchêne et Georges Berthoin ne sont présents que beaucoup plus tard. Il faut y ajouter des Américains familiers de Monnet, invités une fois, mais qui ne sont pas spécialement actifs dans Bilderberg : Robert Bowie en 1957, McCloy en 1958 et David Bruce en 1965.

S'il y a des recoupements avec le CAEUE, ils varient dans le temps : il y a en général deux ou trois participants aux rencontres de Bilderberg qui appartiennent par ailleurs au CAEUE, avec un pic à six en septembre 1955 et sept en 1963, mais aucun en 1956 et 1959[30]. Au comité directeur de Bilderberg, les plus importants sont Pinay dans les années 1950 – qui n'est pas toujours présent, Erler à partir de 1958, et,

---

[28] M. Peters parle des « larges recouvrements » du CAEUE avec Bilderberg, « The Bilderberg Group... », *op. cit.*

[29] V. par ex. les *grant files* n° PA 5500079 et PA 5600341, Ford Foundation Archives, New York.

[30] Le nombre total des participants varie de cinquante à quatre-vingt-dix selon les années. Au total, entre 1954 et 1965, seize des cent vingt-deux membres du CAEUE sont invités à des conférences de Bilderberg : les Allemands Birrenbach, Erler, Kiesinger, les Belges Roger Motz et Auguste Cool, les Français Pierre Commin, Maurice Faure, Mollet, Pleven et Pinay, les Italiens Fanfani, Malagodi et Pastoru et les Néerlandais Blaisse, Kohnstamm et Oosterhuis.

on l'a vu, Kohnstamm, dans les années 1960. Mollet en fait aussi partie, mais ne peut presque jamais se libérer. On ne peut donc dire que l'entourage de Monnet constitue l'influence dominante sur le groupe de Bilderberg.

En outre, ses « pères fondateurs » jouent un rôle prépondérant dans toute cette période. Or, s'ils sont favorables à l'union de l'Europe – Retinger et le prince Bernhard sont connus pour leurs convictions européennes, Rykens et sa firme Unilever s'y intéressent depuis la guerre[31]–, ils ne sont pas spécialement proches des conceptions supranationales de Monnet, ni impliqués directement dans les initiatives diplomatiques des années 1950[32]. Son successeur au secrétariat général, Ernst van der Beugel, soutenait l'intégration européenne depuis des années, mais était sans doute encore plus attaché au lien atlantique[33]. Quant à van Zeeland, l'autre fondateur crucial du groupe, lui aussi favorable à une union de l'Europe, on ne peut sans contresens le considérer comme un proche de Monnet. Ce dernier ne lui pardonnait pas ses positions réservées envers la supranationalité au moment de la CED et de la CPE en 1952-53, et fut fort soulagé de voir le comité intergouvernemental mis sur pied à Messine lui échapper au profit de Spaak[34]. On ne peut non plus faire de Reginald Maudling, qui entre au comité directeur en 1956, un adepte de l'intégration : brillant promoteur de la grande et de la petite zone de libre-échange européennes, il s'oppose à la candidature britannique au Marché commun et ne s'y rallie que lentement[35]. On trouve ainsi beaucoup de personnalités prudentes sur le plan européen dans le comité directeur de Bilderberg, par exemple Denis Healey, Wilfrid Baumgartner, qui remplace Pinay et Mollet dans les années 1960, ou des hommes d'affaires comme Otto Wolff von Amerongen en RFA. Les partisans de l'Europe intégrée ne sont donc pas les seuls à s'exprimer à Bilderberg.

---

[31] T. Grosbois, « L'action de Jozef Retinger... », *op. cit.*

[32] Cf. leur implication dans la Fondation européenne de la Culture par ex. : P. Rijkens, *Handel en wandel. Nagelaten gedenkschriften 1888-1965*, Rotterdam, 1965, pp. 147-159.

[33] E. Van der Beugel, *From Marshall Aid to Atlantic Partnership*, Amsterdam-Londres-New York, 1966, pp. 393-414.

[34] Les collaborateurs de Monnet sont durs envers van Zeeland sur ce point : cf. P. Uri, entretien avec M. Dumoulin, 27 mars 1987, cité in M. Dumoulin (dir.), *La Belgique et les débuts de la construction européenne*, Louvain-la-Neuve, 1987, p. 30, n. 77 ; sur le soulagement lors de la formation du Comité Spaak, cf. entretien de l'auteur avec M. Kohnstamm, 14 août 2001 ; sur la prudence de van Zeeland, voir V. Dujardin et M. Dumoulin, *Van Zeeland*, Bruxelles, 1997, pp. 193-205 et R. Coolsaet, *La politique extérieure de la Belgique. Au cœur de l'Europe, le poids d'une petite puissance*, Bruxelles, 2002, pp. 125-7.

[35] É. Roussel, *Jean Monnet, op. cit.*, pp. 750 et 847. Il entre au Comité d'action, au terme de cette évolution, en 1968.

Deuxièmement, l'activité européenne de Bilderberg apparaît inversement proportionnelle à celle du Comité d'action dans les années 1950. Le faible « moment européen » de Bilderberg en 1956-59 correspond précisément à une période de grande activité officielle et officieuse pour les acteurs qui façonnent les traités de Rome. Le Comité, trois mois seulement après sa création, s'implique pleinement dans ce processus, soumettant même sa première déclaration du 18 janvier 1956 à l'approbation parlementaire dans les pays de la CECA, et continuant à travailler ensuite à la ratification puis à l'application des traités[36]. Au début des années 1960, l'intérêt marqué de Bilderberg pour l'Europe coïncide cette fois avec l'activité soutenue de Monnet et de son Comité en faveur de l'entrée de la Grande-Bretagne dans la CEE et d'un partenariat sur pied d'égalité entre États-Unis et Europe. Même si l'on interprétait cette période – ce que nous ne faisons pas – comme celle où « [...] les fonctionnalistes ont utilisé le slogan du "partnership atlantique" comme le cadre pour l'intégration, ou la synchronisation, des intérêts" américains et européens »[37], il nous semble difficile de faire de Bilderberg l'enceinte où l'idée de *partnership* aurait été décidée, ne serait-ce que parce qu'aucun consensus net n'est atteint lors des conférences, et que l'activité du Comité d'action est sur ce terrain bien plus importante.

Troisièmement, il apparaît entre ces deux groupes une différence de nature qui permet d'expliquer l'absence de Monnet aux conférences de Bilderberg. Peters souligne que ce dernier « ne mentionne ni Retinger ni Bilderberg dans ses mémoires, [mais qu'il] n'a pu ne pas être au courant des activités de ces éléments cruciaux de son programme »[38], et suggère enfin que l'entrée de son collaborateur Kohnstamm, vice-président du CAEUE, dans le comité directeur de Bilderberg, concrétisait cette liaison. Or Kohnstamm, qui a vécu de l'intérieur leur activité dans les années 1960, en a une expérience radicalement différente. Monnet, bien sûr au courant de l'existence de ces conférences, y a été invité à plusieurs reprises, se souvient-il, et a toujours refusé – non pas pour se dissimuler dans les coulisses de Bilderberg, mais parce que ces grandes réunions s'apparentaient pour lui à du « bavardage », c'est-à-dire des discussions sans conclusions, sans résolutions et sans engagement des

---

[36] Cf. P. Fontaine, *Le Comité d'action pour les États-Unis d'Europe*, *op. cit.*, pp. 65-90 ; F. Duchêne, *Jean Monnet. The First Statesman of Interdependence*, New York-Londres, 1994, pp. 284-308 ; ou É. Roussel, *Jean Monnet*, *op. cit.*, pp. 749-754 à propos de la candidature britannique. Voir aussi la liste des déclarations et résolutions in *Vingt ans d'action du Comité Jean Monnet (1955-1975)*, Paris, Groupement d'études et de recherche Notre Europe, Paris, mai 2001 (Problématiques européennes, n° 8), introd. de P. Winand.

[37] M. Peters, « The Bilderberg Group... », *op. cit.*

[38] *Ibid.*

participants, n'exerçant pas de lobbying sur la prise de décision. Il était au courant de ce qui s'y disait d'important par Ball et Kohnstamm, mais ne cherchait pas particulièrement à y faire passer ses idées et ne discutait jamais de ce que son collaborateur allait y dire[39]. Si Max Kohnstamm est entré dans Bilderberg, c'est parce que, Néerlandais actif depuis des années dans les affaires européennes et très bon connaisseur des États-Unis, il connaissait déjà la plupart des membres réguliers du groupe – à commencer par le prince Bernhard et le secrétaire général pour l'Europe, son ami Ernst van der Beugel – et que le comité directeur a vraisemblablement jugé fort utile d'inclure quelqu'un de l'entourage de Monnet[40]. Mais cela ne résulte pas d'une quelconque demande de l'« Inspirateur ».

Cette indifférence relative de Monnet se comprend aisément : en réalité, ces deux réseaux fonctionnent sur des bases radicalement différentes. Les nombreuses études récentes sur Monnet font ressortir combien la pensée de Monnet était institutionnelle, y compris lorsqu'il a imaginé son groupe de pression privé original. Les représentants des partis et syndicats (non communistes) qu'il contacte en 1955 n'y entrent pas à titre personnel, mais au nom de leur organisation, prennent parti publiquement par le biais de déclarations, et « s'engagent à traduire dans leur sphère de pouvoir les résolutions sur lesquelles ils se déterminent »[41]. L'efficacité du Comité tient aussi à sa concentration sur un objet précis, l'Europe, à sa taille limitée et à sa grande cohésion. La parole y est utilisée pour convaincre et agir, chaque mot des résolutions est pesé, et ses prises de position deviennent un fait politique. Il touchait ainsi à la fois les élites et un public large.

Au contraire, Bilderberg est par définition un groupe informel, sans résolutions, sans engagement des participants, qui permet de faire circuler une information de première main entre des invités influents, mais non pas de les mobiliser ensemble dans un but précis. Il permet un flot de discussions, préparées mais libres, sans publication ni attribution, en groupe ou en petit comité, qui ne débouchent sur aucun texte précis, ni

---

[39] Georges Berthoin a la même réaction, qu'il résume par une formule heureuse : le CAEUE était « d'abord un comité d'action, pas un comité de conversation ». Entretien avec l'auteur, 18 décembre 2002.

[40] Entretien avec M. Kohnstamm, *op. cit.*

[41] P. Fontaine, *Jean Monnet l'inspirateur*, Paris, 1988, pp. 86-7 ; voir aussi, par ex., du même auteur, *Le Comité d'action…, op. cit.* ; P. Winand, « Les groupes de promotion pour l'Europe et les comités d'action », in M. Telo (dir.), *Démocratie et construction européenne*, Bruxelles, 1995, pp. 293-311 ; M.G. Melchionni, « Le Comité d'action pour les États-Unis d'Europe : un réseau au service de l'Union européenne », in G. Bossuat et A. Wilkens (dir.), *Jean Monnet, l'Europe et les chemins de la paix*, Paris, Publications de la Sorbonne, 1999, pp. 221-251 ; É. Roussel, *Jean Monnet*, *op. cit.*, pp. 684-717 ; D. Brinkley & C. Hackett (eds.), *Jean Monnet. The Path to European Unity*, New York, 1991.

déclaration publique, ni négociation. Il rassemble aussi des personnalités plus nombreuses, liées de façon très informelle et souvent renouvelées : on n'est pas « membre de Bilderberg » comme on est « membre du Comité d'action ». La composition est aussi plus variée : là où le CAEUE comprend uniquement des politiques et des syndicalistes, Bilderberg rassemble des responsables politiques et des hommes d'affaires, surtout, ainsi que quelques hommes de presse, des experts, des responsables syndicaux et des hauts fonctionnaires. Cela le rend capable de capter l'état d'esprit d'une bonne section des élites occidentales à un moment donné. Pour reprendre une expression de Max Kohnstamm, Bilderberg constitue « une forme parfaite d'*adult education* » de très haut niveau, c'est-à-dire qu'il est de l'ordre de l'information et de la formation. Comme tout témoignage, celui-ci est à replacer dans son contexte : venant d'une des personnalités les mieux informées de l'époque sur l'Europe, il sous-estime peut-être l'intérêt et l'impact de Bilderberg. Il confirme néanmoins que Monnet n'en avait pas besoin, lui qui disposait pour s'informer de canaux bien plus directs au cœur du pouvoir en Europe occidentale et aux États-Unis, et, pour exercer de l'influence, de son propre réseau d'amitiés et du Comité d'action[42]. Il trouvait probablement de l'intérêt à connaître les réactions du public choisi, influent, et relativement nombreux des conférences de Bilderberg, à certaines de ses idées – l'Euratom, l'OCDE, la candidature britannique, le partenariat entre égaux – quand elles sont évoquées. Mais l'idée que Bilderberg travaillerait à avancer l'intégration dans la version de Monnet nous semble excessive, ne serait-ce que parce que le CAEUE a pesé bien plus directement sur l'intégration européenne[43].

L'influence de Bilderberg est donc à rechercher ailleurs. Tout d'abord, le groupe a joué un rôle de caisse de résonance, en relayant l'opinion des élites politiques et économiques favorables à la relance européenne en 1955, et à l'adhésion britannique en 1961-62. Deux exemples de 1955 en témoignent. Attaché de longue date au Conseil de l'Europe et à la participation britannique[44], Guy Mollet se rallie peu à

---

[42] Cf. par ex. C. Hackett (ed.), *Monnet and the Americans. The Father of a United Europe and his U.S. Supporters*, Washington, 1995.

[43] Sur cette disproportion d'influence entre le CAEUE et Bilderberg en matière européenne, Max Kohnstamm et Georges Berthoin sont du même avis. L'influence du Comité sur l'intégration européenne est abondamment documentée par de nombreux auteurs et témoins, notamment P. Fontaine – qui le définit comme « un extraordinaire outil d'influence et d'action, un pouvoir officieux et déterminant dans la poursuite du processus d'intégration européenne », *Jean Monnet...*, *op. cit.*, p. 85. Nous ne pouvons rien dire de comparable sur le groupe de Bilderberg.

[44] G. Bossuat, « L'impossible Europe des socialistes au Conseil de l'Europe, 1949-1954 », in *Bulletin du Centre Guy Mollet*, n° 27, juin 1996, pp. 1-42.

peu à la méthode Monnet et aux propositions de Messine en 1955[45]. La synthèse qu'il rédige pour le groupe de Bilderberg est contemporaine de son adhésion au Comité d'action, et les discussions stimulantes de Garmisch renforcent visiblement son évolution. Il tient suffisamment à son texte pour le publier en novembre, sans référence, dans la revue *Monde Nouveau*[46]. En outre, il peut rencontrer des acteurs directement impliqués dans la relance, comme les ministres des Affaires étrangères allemand et néerlandais Hallstein et Beyen, ou un homme apprécié de Monnet, Robert Marjolin. Indéniablement, la conférence contribue à cristalliser sa pensée européenne, ce qui est important pour sa façon d'aborder le dossier quand les élections le portent au pouvoir en janvier 1956. Cette influence indirecte est évidente dans un autre cas. Paul Hoffman, à son retour de Garmisch, s'arrête à Paris pour voir le représentant en Europe de l'ACUE, qui travaille étroitement avec le Mouvement européen en faveur de l'intégration, et dont il est un membre actif. Les impressions glanées à Garmisch, dit-il, l'ont convaincu qu'il y a « une renaissance de l'idée européenne », et c'est le message qu'il va faire passer à Washington, en demandant un soutien de l'ACUE aux développements nouveaux[47]. Compte-tenu de la stature de Hoffman dans les cercles dirigeants américains, l'effet démultiplicateur n'a sans doute pas été négligeable.

Sur ces deux plans, Garmisch représente un apogée de cette influence indirecte en matière européenne, qui connut un autre pic en 1961-62 et a joué dans le même sens que le Comité d'action en diffusant dans les élites les projets de relance. C'est dans ce contexte qu'il faut relire, avec toute l'attention nécessaire face aux témoignages oraux, les phrases de Piette et McGhee. « C'est dans le cadre du groupe de Bilderberg qu'en réalité les prémices de l'Europe ont été posées », estimait le premier en 1986. « Je pense que vous pourriez dire », répond le second au biographe du prince Bernhard dans une expression souvent citée, « que le traité de Rome, qui a créé le Marché Commun, a été mûri pendant ces réunions et aidé par le flot de nos discussions là-bas »[48]. Or ces deux personnalités, très compétentes dans leur domaine, ne sont pas spécialistes des dossiers européens. Piette, économiste, expert du parti socialiste-SFIO (Section française de l'Internationale ouvrière) et proche de Mollet, est pro-européen mais ne fait pas partie du Comité d'action et ne travaille pas avec Monnet. McGhee, ancien sous-secrétaire d'État

[45] V. Aubourg, « Guy Mollet et le groupe de Bilderberg : le parcours original d'un 'Européen', 1952-1963 », in *Histoire(s) Socialiste(s)*, n° 1, novembre 1999, pp. 14-33.

[46] Reproduit in *Textes choisis sur l'Europe (1948-1955)*, Fondation Guy Mollet, novembre 1988, pp. 70-76.

[47] Fuggit à Retinger, 7 octobre 1955, Retinger Papers, Polish Library, London, VII-4.

[48] Cf. note 3.

chargé notamment du Proche-Orient et producteur de pétrole indépendant, a une expertise reconnue sur cette partie du monde, mais ne suit pas de l'intérieur les questions européennes. Pour eux, la conférence de Garmisch a offert un condensé des réflexions en cours sur l'intégration de l'Europe et un contact avec certains acteurs, c'est-à-dire une extraordinaire occasion de formation et de sensibilisation à la construction européenne. Tout naturellement, ceci les pousse à notre avis à surévaluer son influence. Leurs souvenirs ne sont pas contradictoires avec les propos de Max Kohnstamm. Sa position privilégiée aux côtés de Monnet le place en 1955 au cœur de l'action. Il n'observe pas alors d'influence particulière de Bilderberg, et quand il assiste aux conférences à partir de 1961, elles l'intéressent mais ne lui apportent « pas tellement de nouveautés »[49]. L'impact réel de Bilderberg est sans doute à rechercher entre ces deux positions.

Comment donc définir Bilderberg ? Il n'est pas une organisation de lobbying on l'a vu, ni un groupe d'experts comme le groupe de Bellagio. Le spécialiste éminent en matière financière et monétaire qu'est Robert Triffin, notamment, n'y participe pas. Quant à l'ancien ministre des Finances du général de Gaulle, Wilfrid Baumgartner, un habitué des cercles financiers internationaux, il estime que « si le groupe de Bilderberg s'orientait trop vers les sujets techniques, il risquerait de perdre de son prestige et de son intérêt »[50]. Bilderberg reste donc un cadre généraliste, dont le but est de rendre accessibles des problèmes complexes, non de proposer des plans précis. Il reflète les diverses analyses effectuées dans les cercles dirigeants et se trouve donc naturellement sensible à la construction européenne quand elle occupe le devant de la scène, au milieu des années 1950 et au début des années 1960. À ces moments charnières, il croise le Comité d'action et, en les discutant, diffuse ses idées. Le reste du temps, ses préoccupations étaient plus générales : les relations Est-Ouest, la question allemande, le maintien du lien transatlantique, l'équilibre de l'économie occidentale. L'anticommunisme, certes éclairé, allait de soi, de même que le refus de l'antiaméricanisme, et il entretenait une atmosphère favorable à une Europe atlantiste et au libre-échange. Dans l'ensemble Bilderberg était certainement d'abord atlantiste, et ensuite européen, visant à assurer par son réseau transatlantique une certaine intimité entre Européens et Américains, par-delà les changements de générations. C'est précisément la raison pour laquelle la Fondation Ford l'a financé[51]. Monnet, l'homme atlantique par excellence pour qui cette intimité allait de soi, voulait

---

[49] Entretien avec M. Kohnstamm, *op. cit.*

[50] Baumgartner à Van der Beugel, 11 avril 1964, CDJ Papers, 36, 1964 (2).

[51] Cf. V.R. Berghahn, *America and the Intellectual Cold Wars in Europe*, Princeton, Oxford, Princeton University Press, 2001.

fonder les relations avec l'Amérique sur des institutions qui ne pouvaient être bâties, dans son esprit, sans une Europe unie et solide. En ce sens, il était d'abord européen, concentré sur la formation concrète d'une Communauté européenne. Fort logiquement, il ne s'est pas impliqué dans un réseau atlantiste, fusse-t-il aussi stimulant et apprécié que le groupe de Bilderberg, qui ne pouvait pas influencer de façon directe et continue la construction de l'Europe dans cette période. Une piste de recherche intéressante consisterait, bien sûr, à analyser l'évolution de Bilderberg dans les décennies suivantes à propos de la construction de l'Europe.

En revanche, les deux groupes se rejoignent sur le plan, plus impalpable, des valeurs, permettant à des personnalités influentes, dans un cadre européen ou transatlantique, de se connaître personnellement et de réfléchir ensemble. Kohnstamm pouvait ainsi évoquer à propos de Bilderberg « un groupe d'amis que l'on pouvait approcher à tout moment »[52], même s'ils n'étaient pas d'accord sur tout. Le général de Gaulle, à propos de Spaak et des institutions européennes, évoqua un jour ces gens qui font partie du même « club », dont Spaak « connaît les mots de passe »[53]. Il aurait certainement pu employer la même formule au sujet du Comité d'action et de Bilderberg, où les élites gaullistes ont le plus grand mal à s'intégrer au début des années 1960.

---

[52] Entretien avec M. Kohnstamm, *op. cit.*

[53] A. Peyrefitte, *C'était de Gaulle*, Paris, 2002, p. 810.

Triffin, the European Commission and the Project of a European Reserve Fund[1]

Ivo MAES

National Bank of Belgium, University of Leuven and ICHEC

and

Erik BUYST

University of Leuven

Introduction

The debates on European monetary integration are widely known as the controversy between the "monetarists" and the "economists". The "monetarists", with France as a dominant player, were in favour of institutional arrangements providing greater exchange rate stability and exchange rate support mechanisms (e.g. mutual credit lines). Such a framework would induce common policies and convergence of economic developments, paving the way for the introduction of a common currency. The "economists", under the leadership of Germany, emphasised the co-ordination of economic policies and the convergence of economic performances, especially inflation, as a precondition for EMU. According to their view, the so-called coronation theory, monetary union could only be the last and crowning phase in the process of economic integration. Moreover, the "economists" insist that a political union is necessary for the functioning of an economic and monetary union.

Within this discussion, Robert Triffin belonged clearly to the monetarist camp. In his book *Europe and the Money Muddle*, published in the spring of 1957, before the ratification of the Rome Treaties, Triffin already urged the (future) EEC-members to forge ahead and set up a

---

[1] We thank Prof. M. Dumoulin for giving us access to the Triffin archives at the UCL, Louvain-la-Neuve. We also appreciated the practical help and discussions with J. Wilson. The usual restrictions apply.

plan aiming at the realisation of a monetary union. Furthermore he argued that:

> Monetary unification would not require, in any manner, a full unification of national levels of prices, costs, wages, productivity, or living standards. [...] Neither does monetary unification require an uniformization of the budgetary, economic, or social policies of the member countries. [...] The problem of monetary unification is therefore a political rather than an economic problem.[2]

Triffin can even be considered as an "arch-monetarist". Typically herefore is his proposal for setting up a "European Reserve Fund", whereby a part of the international reserves of the central banks would be pooled. This implies a far-reaching transfer of monetary sovereignty, as the central banks would have to transfer part of their gold and foreign currency reserves to this Fund. As such, this proposal went much further than the exchange rate and intervention mechanisms rules and credit mechanisms of the Snake or the European Monetary System.

In this paper the focus will be on Triffin's project of a Reserve Fund, one of his main topics of research as an advisor at the European Commission. The paper starts with Triffin's initial elaboration of the concept of a European Reserve Fund in his *Europe and the Money Muddle*. It then moves to the Rome Treaties and the organisation of the Commission, whereby special attention is given to Triffin's network there. It goes further to analyse different unsuccessful attempts to get the European Reserve Fund on Europe's monetary agenda. It is only with the The Hague Summit of December 1969 that the idea of a European Reserve Fund appears on the official monetary scene. The paper then traces further the fate of the project and how it contributed to the process of European monetary integration.

I. The Origins of the Idea of a European Reserve Fund

In *Europe and the Money Muddle* Triffin developed the basic ingredients of a European Reserve Fund, although he did not use that name yet. His original ideas were formulated as a critique to the limited scope of the European Monetary Agreement (EMA) signed in 1955. In the framework of EMA a European Fund was created that provided EMA-members access to non-automatic credit facilities in case of temporary balance of payments difficulties. In addition, a Mutual System of Settlements was set up that encouraged the settlement of international payments through the foreign exchange markets, rather than through central

---

[2]   R. Triffin, *Europe and the Money Muddle: from Bilateralism to Near-Convertibility, 1947-1956*, New Haven, Yale University Press, 1957, pp. 288-289.

banks as had often been the case until then[3]. In Triffin's view these EMA-arrangements, which would become operational after the dissolution of the European Payments Union (EPU), were not ambitious enough. He advocated the transformation of EPU into a European Clearing House that would also pool about 20 % of the total gold and foreign exchange reserves held by European central banks. The European Clearing House would use these reserves to intervene in international exchange markets, approximating the open market operations performed by national central banks in their domestic markets. Therefore, Triffin considered the European Clearing House as a powerful collective European instrument to fight against speculative currency movements. Ultimately, Triffin saw the European Clearing House as a kind of predecessor of a European Monetary Authority, or, in present-day terminology, a European Central Bank[4].

However, Triffin's ideas for a European Clearing House were not followed. It is very remarkable that, in 1955-1957, the six "Schuman" countries made two very different choices: a regional one for the integration of goods markets, with the Rome Treaty, and a world-wide one for monetary integration, with complete external convertibility in the framework of the Bretton-Woods system[5].

II. The Rome Treaty

The Treaty creating the EEC, signed on 25 March 1957, was rather sketchy on macro-economic and monetary issues. It left macro-economic policy-making mainly at the level of the Member States. The responsibilities of the Commission were limited; they concerned mainly the orientation and co-ordination of the national macro-economic policies.

The relevant articles can be found in two chapters: "Policy relating to economic trends" and "Balance of Payments". Article 103.1 states that "Member States shall consider their policy relating to economic trends as a matter of common interest. They shall consult with each other and with the Commission on measures to be taken in response to current circumstances." Furthermore, it is stated: "Member States shall co-ordinate their economic policies" (Article 105.1) and "Each Member State shall treat its policy with regard to exchange rates as a matter of

---

[3] For more details see J.J. Kaplan and G. Schleiminger, *The European Payments Union: Financial Diplomacy in the 1950s*, Oxford, Clarendon Press Oxford, 1989.

[4] R. Triffin, *Europe and the Money Muddle, op. cit.*, pp. 284-294.

[5] See J.P. Abraham and C. Lemineur-Toumson, *Les Choix monétaires européens 1950-1980*, Namur, Cahiers de la Faculté des Sciences économiques et sociales, séries *Documents et Points de Vue*, n°4, avril 1981.

common interest". (Article 107.1). The Treaty also foresaw in the establishment of the Monetary Committee, which would become very influential in the co-ordination of economic policy, and in procedures for mutual assistance in case of serious balance of payments difficulties of a Member State.

The relative lack of attention for monetary issues in the Rome Treaty can been explained from several perspectives[6]. First, money and monetary policy were considered as important elements of national sovereignty. Therefore, the negotiators were reluctant to tackle these issues so short after the failure of the initiative for a "European Defence Community". Second, there was reluctance against a too pronounced integration with Germany, given "la trop grande proximité de certains souvenirs". Third, in the mid-1950s, there were important divergences in economic and monetary policies between the countries of the EEC. All in all, the Rome Treaty seemed already very ambitious.

III. Senior Macro-Economic Policy-Makers at the Commission[7]

After the creation of the European Economic Community on 1 January 1958, Robert Triffin quickly became an official advisor at the Commission. He had very close and old links with Robert Marjolin, a Vice-President of the Commission and responsible for Economic and Financial Affairs (DG II). They knew one another from the time of World War II, when they were both in Washington. They had also been together in Paris in the early 1950s, when Marjolin was the first Secretary-General of the OEEC and Triffin the head of the European office of the IMF. Also, they had several elements in common. They were both eminent academic economists. They came from a modest background but were able to study thanks to a fellowship. They had also

---

[6]   See C. Pierre-Brossolette, "La Construction européenne après l'élection de G. Pompidou", in *Le Rôle des ministères des Finances et de l'Économie dans la Construction européenne*, t. II, CHEFF, Paris, 2002, pp. 100-101.

[7]   This section draws to a large extent on interviews of Ivo Maes with persons who were at the European Communities. Among them (with the date of the interview): Jean-Paul Abraham (6.6.2002), Michel Albert (9.11.2002), Raymond Barre (6.12.2001), Georges Berthoin (30.10.2002), Daniel Cardon (15.5.2001), Roland de Kergorlay (27.11.2001), Jean Flory (5.12.2001), Leonhard Gleske (18.12.2001), André Louw (22.8.1997, 24.7.2001), Bernhard Molitor (8.3.2001), Jean-Claude Morel (17.8.2000, 5.11.2000), François-Xavier Ortoli (4.12.2001), Jean-Claude Paye (23.3.2001), Giovanni Ravasio (10.4.2002), Ludwig Schubert (25.8.2000, 25.4.2001), Umberto Stefani (31.10.2001), Robert Toulemon (23.1.2002), Paul van den Bempt (5.6.1997), Hans von der Groeben (23.7.2001), Manfred Wegner (2.9.1997). The authors would like to thank all of them for their precious collaboration.

both been students in the United States, Marjolin at Yale where Triffin later became a professor[8]. According to Jean Flory, a close collaborator of Robert Marjolin during the ten years that he was a Vice-President of the Commission, Triffin was one of his most influential advisors. When Triffin came to Brussels, they usually spent the evening and a part of the night together, discussing Europe's and the world's monetary problems.

Robert Triffin's relations with Raymond Barre, who succeeded Marjolin at the Commission in 1968, were much less close. Barre had a much more "pragmatic" and "realist" approach, which clashed with Triffin's more "utopian" vision on European monetary integration.

Inside DG II, the Directorate-General for Economic and Financial Affairs, Robert Triffin was very close to Fred Boyer de la Giroday, an ebullient Frenchman, born in Mauritius. They had been colleagues together at the IMF in the late 1940s and shared an activism to go ahead with European monetary integration. Boyer worked at the Monetary Directorate of DG II: he quickly became a head of unit and, a few years later, the director. The Triffin Archives show the intense collaboration between Triffin and Boyer. A quote is indispensable to illustrate the flavour of their co-operation and their feelings. In a letter to Triffin, Boyer indicates how he, without shame or remorse, uses "the Triffin Treasury of smart ideas". And he continues: "Sois tranquille cependant: tous les responsables et les irresponsables de la Commission savent que tu es la source de ces idées astucieuses [...] et généreuses. Hélas trop astucieuses et surtout trop généreuses pour que les gouvernements les acceptent. Comme Triffin et avec lui la Commission proposera peut-être (on n'en est pas très sûr encore) et les gouvernements [...] refuseront"[9].

Another close contact of Triffin, as is also apparent from the Triffin archives, was Roland de Kergorlay. De Kergorlay was, from 1962 to 1969, the Secretary of the influential Monetary Committee, the meeting place of top officials of finance ministries and central banks. He was a Frenchman, who had studied in the United States and who had been an official at the OEEC.

---

[8] Both were also married to an American woman.

[9] Letter from Boyer de la Giroday to Triffin, 2 August 1967, R. Triffin, Archives, IRES, Louvain-la-Neuve, Dossier 8557.

Table 1: Senior macro-economic policy-makers
at the European Commission

	Hallstein Commission[1]	Rey Commission[2]
Member responsible for DG II (Economic and Financial Affairs)	R. Marjolin (F)	R. Barre (F)
Chef de cabinet	J. Flory[3] (F)	J.-C. Paye (F)
Director-General of DG II	F. Bobba (I)	U. Mosca (I)
Directors:		
– National economies and business cycle	G. Millet (F)	B. Molitor (D)
– Monetary matters	L. Gleske (D)	F. Boyer de la Giroday (F)
– Structure and development	L. Duquesne de la Vinelle (B)	M. Albert (F)
– Budgetary matters[4]		G. Wissels (N)
Secretary of the Monetary Committee	A. Prate (F)	R. de Kergorlay (F)

[1]   Situation as of end 1959.
[2]   Situation as of September 1968.
[3]   Deputy-head of cabinet from 1958 to 1962, Chef de cabinet from 1963 to 1967.
[4]   Created at the end of the 1960s.

Another part of the Triffin network would become his former students at Yale. When discussing the Triffin network at the Commission, one should in this respect mention Claudio Segré. He made a quick career but quit the Commission early. He was the head of a group of experts who produced a report *Le développement d'un marché européen des capitaux*[10].

So, in Triffin's network at the Commission, there were many Frenchmen, but not the traditional one's from the "sérail"[11]. They had typically studied in the United States and been an official in an international organisation, like the OEEC or the IMF.

---

[10]   Commission de la CEE, Brussels, November 1966.
[11]   Overviewing the history of the Commission, the French have traditionally had a strong presence in monetary matters, see I. Maes, "The Development of Economic Thought at the European Community Institutions", in A.W. Coats (ed.), *The Post-1945 Internationalization of Economics*, Duke University Press, Durham and London, 1996, p. 263.

IV. The Discreet Project of a "European Reserve Fund"

Monnet and his Action Committee for the United States of Europe lobbied during the late 1950s and in the 1960s to get the project of a European Reserve Fund on the official European agenda. However, notwithstanding several attempts, they were not successful until the The Hague Summit of December 1969.

Monnet became interested in European monetary integration in the second half of the 1950s. This was a consequence of the French financial crisis at that time, which threatened France's participation in the common market project. Typically, he put the French problem in a European framework and turned to his network for technical advice. That advice came from Uri, Delouvier, Marjolin, and, "above all", from "Marjolin's Belgian friend"[12].

The project of a European Reserve Fund became one of Robert Triffin's most important topics of analysis during his time as an advisor at the European Commission. In the autumn of 1957, Triffin reformulated his earlier ideas for a European Reserve Fund in an EEC framework. It was discussed at DG II and Marjolin, in November 1958, presented a Memorandum to the Commission[13].

Marjolin started from the observation that the Rome Treaty provided for the co-ordination of economic policies, but that the elaboration of this co-ordination was not very much worked out. He proposed to undertake regular surveys of the economies of the Member States, in which the Community institutions could also formulate policy recommendations[14]. The weight of these recommendations would be stronger if the Community would also dispose of financial resources to facilitate the organisation of financial solidarity. A European Reserve Fund could fulfil this role. The Fund could be constituted by pooling 10 % of the international reserves of the central banks. However, the proposal did not take off.

Another early attempt to introduce a European Reserve Fund on the official European agenda appears in the discussions for the preparation of the "Wigny Plan". In October 1959, Belgium proposed, with the "Wigny Plan" (named after the Belgian Foreign Minister), to accelerate the rhythm of European economic integration, especially by shortening

---

[12] F. Duchêne, *Jean Monnet: The First Statesman of Interdependence*, New York, W.W. Norton & Company, 1994.

[13] See the Annexes 4 to 8 in C. Ferrant et J. Sloover (dir.), avec la collaboration de M. Dumoulin et O. Lefebvre, *Robert Triffin. Conseiller des Princes, Témoignage et Documents*, Louvain-la-Neuve, Éditions Ciaco, 1990, pp. 99-125.

[14] Surveillance and policy recommendations had also been part of the EPU framework.

the transition periods towards the customs union. Moreover, the Wigny Plan proposed to extend monetary co-operation in the Community[15]. An earlier draft of the Wigny Plan included also a proposal for the creation of a "European Reserve Fund"[16]. However, this idea did not appear in the final draft, probably, in part, under the influence of the National Bank of Belgium, which at that time took still a strongly "economist" position, as is apparent in the Bank's 1962 Annual Report:

> Cependant, on ne pourrait sans risque essayer de résoudre le problème de l'intégration économique en précipitant plus particulièrement les étapes de l'association monétaire. [...] Aussi longtemps que demeurera l'autonomie des politiques fiscale, budgétaire et même sociale de chaque pays, les autorités monétaires resteront assujetties à leurs responsabilités nationales. Il serait illusoire, la gestion de la monnaie étant un attribut de la souveraineté, de chercher à unifier les systèmes monétaires avant que ne soit mise en place une autorité politique communautaire.[17]

In October 1962 the Commission submitted a Memorandum, which contained its Action Programme for the second stage of the European Economic Community (1962-1965)[18]. In this Memorandum the Commission pushed for a (more than) maximal interpretation of the Rome Treaty, as implying full economic and monetary union and political union. It was the first time that monetary union figured prominently on the official agenda of the Commission. An important factor was the German revaluation of March 1961 which had an important influence on policy-makers at the Commission, as it showed the vulnerability of the international monetary system[19].

The Memorandum argued that economic union implied the progressive merger of national economic policies in a common short-term and long-term economic policy. Furthermore, monetary union should become the objective of the third stage of the common market (1966-1969). In this respect, the Memorandum argued that monetary policy has a "vital importance" for the Common Market, as exchange rate upheavals could disrupt trade flows. The Memorandum paid in this

---

[15] It was a moment that also Monnet was very interested in the issue of European financial integration, cf. G. Bossuat, "Jean Monnet et l'Identité monétaire européenne", in G. Bossuat and A. Wilkens (dir.), *L'Europe et les Chemins de la Paix*, 1999, Paris, Publications de la Sorbonne, p. 371.

[16] Ministry of Foreign Affairs, Archives, Map 15.132, Europe Politique 1959-1960, Brussels.

[17] Banque Nationale de Belgique, *Rapport Annuel 1962*, Bruxelles, p. 21.

[18] Commission of the EEC, *Mémorandum de la Commission sur le Programme d'Action de la Communauté pendant la 2ᵉ Etape*, COM 3000, 1962.

[19] L. Gleske, "Europa auf dem Wege zur Währungsunion", in *Festschrift für Hans-Heinrich Otte*, Düsseldorf, IDW-Verlag, 2001, pp. 145-164.

respect particular attention to agriculture. Monetary union was then not only seen as a way forward for the Community. It was considered as necessary to protect the Common Agricultural Policy, a "single market" (with common prices!) from exchange rate upheavals.

For the second stage (1962-1965), the Memorandum proposed "prior consultation" for all important monetary policy decisions, like changes in the discount rate, the minimum reserve ratios, central bank credits to the State, changes in exchange rates, etc.

It is however surprising that such an ambitious program did not contain the project of a European Reserve Fund. However, one can remark that the "logic" of the Memorandum and the proposal for a European Reserve Fund are rather different. The Memorandum started from the common market and the common agricultural policy (with common prices) and explored the implications of those. It concluded that fixed exchange rates, and thus a monetary union, was an inevitable consequence of the common market and common agricultural prices. This rather contrasts with the project of a European Reserve Fund, which is much more "voluntarist".

Compared with the Action Programme of 1962, the Barre Memorandum of February 1969 was much more modest and pragmatic.[20] It focused on three main lines of action: the co-ordination of short-term economic policies, convergence of medium-term economic policy orientations and a Community mechanism for monetary co-operation. The proposed Community mechanism for monetary co-operation had to be composed of two parts: one for short-term monetary support and one for medium-term financial assistance. The idea of a European Reserve Fund was not mentioned.

V. The European Reserve Fund on the European Monetary Scene

With Willy Brandt becoming Chancellor in 1969, Germany became more pro-EMU. Brandt was a member of Jean Monnet's Action Committee for the United States of Europe, which he consulted in order to prepare for the The Hague Summit. Monnet appealed to Robert Triffin, who drew up a new proposal for a European Reserve Fund[21]. The summit at The Hague, in December 1969, ended with an agreement that "[...] a plan by stages should be drawn up by the Council during

---

[20] Commission of the EEC, *Mémorandum de la Commission au Conseil sur la Coordination des Politiques économiques au sein de la Communauté*, Bulletin de la CEE, April 1969.

[21] J. Monnet, *Mémoires*, t. 2, Paris, Fayard, 1976, p. 610.

1970 with a view to the creation of an economic and monetary union." The communiqué noted that "The heads of state have agreed that the possibility should be examined of setting up a European reserve fund to which a common economic and monetary policy would lead."

However, the idea of a European Reserve Fund was not received very enthusiastically. Even Belgium, which then had become a "monetarist" country, did not take it up. The so-called "Snoy Plan" (named after the Belgian Finance Minister), launched in early 1970, proposed for the first and second stage only a limiting of exchange rate fluctuations and the establishment of mutual support mechanisms[22]. A pooling of reserves was only foreseen for the third and final stage.

In March 1970 a committee was established under the chairmanship of Pierre Werner to map out a concrete plan for EMU. In the Werner Committee, the concept of a European Reserve Fund rather underwent a transformation. Within the Werner Committee, there were heated discussions about the priorities on the path to EMU. It would lead to the classic description of the debate between the "monetarists" and the "economists". The "economists", led by Germany, emphasised policy coordination, while the "monetarists", with France, argued for priority for the narrowing of exchange rate fluctuation margins and monetary support mechanisms[23]. Hubert Ansiaux, the Governor of the National Bank of Belgium, battled to get an "Exchange Rate Stabilisation Fund" included in the Report. In the end, the Report stated that a "European Fund for Monetary Co-operation", with more limited functions and under the control of the governors of the central banks, should be set up. This might become operational during the first stage if the exchange markets functioned normally, and if sufficient harmonisation of economic policies was achieved. If established successfully, the Fund would gradually become an organ for managing reserves and be integrated into a central banking system that would then be created[24]. So, it became even less a concrete proposal but a more hypothetical eventuality.

Triffin, still an official advisor at the Commission, was further active in the elaboration of ideas for the European Fund for Monetary Co-operation. However, his influence was limited and in reality, the Fund

---

[22] Ministères des Finances, "Un Plan de Solidarité monétaire européenne en Trois Étapes", reprinted in *Europe Documents*, 1970, March 11.

[23] The German representatives in the Werner Committee were much less in favour of a European Reserve Fund as the Chancellor.

[24] Council-Commission of the European Communities, *Report to the Council and the Commission on the Realisation by Stages of Economic and Monetary Union in the Community*, Werner Report, Luxembourg, October, 1970, p. 25.

became a bookkeeping agency, virtually run as a subsection of the Bank for International Settlements in Basel[25].

Immediately after its publication, the Werner Report was heavily criticised by the orthodox Gaullists in France. Their criticism centered on the supranational elements of the Report. It induced a change in the policy of the French government. In the end, the whole project went down in the economic and monetary turbulence and policy divergences of the 1970s[26].

The whole episode also shows the limits and weaknesses of more informal networks, especially when they go against issues which are perceived as vital in big countries and when they go against established institutions. So remarked Brandt later: "Selbst mußte ich erfahren, wie auch ein Bundeskanzler an die Leine mächtiger Fachressorts gelegt werden kann."[27]

VI. The Re-Launching of European Monetary Integration

The re-launching of European monetary integration with the EMS was, in first instance, a more pragmatic initiative[28]. As stated in the Conclusions of the Bremen summit of July 1978, the EMS was a "scheme for the creation of closer monetary cooperation leading to a zone of monetary stability in Europe." There were further intensive discussions on the role which a "European Monetary Fund" could play. The annex of the Conclusions contained however only a very open-ended phrase: "Not later than two years after the start of the scheme, the existing arrangements and institutions will be consolidated in a European Monetary Fund".

The first years of the European Monetary System were very difficult, characterised by several realignments, a lack of convergence of economic performance and a weak co-ordination of economic policy. Besides these unfavourable circumstances, the scheme for a European Monetary Fund ran into legal and political difficulties in both Germany and France. A transfer of foreign exchange reserves to the European Monetary Fund would necessitate an amendment of the Bundesbank Act and encroach on the independence of the Bank. This would create political

---

[25]   A. Szász, *The Road to European Monetary Union*, London, MacMillan Press, 1999, p. 49.

[26]   See I. Maes, *Economic Thought and the Making of European Monetary Union*, Cheltenham, Edward Elgar, 2002.

[27]   W. Brandt, *Erinnerungen*, Berlin, Siedler Verlag, 1989, p. 456.

[28]   According to P. Ludlow, *The Making of the European Monetary System*, London, Butterworth, 1982, p. 49, Triffin played a (minor) part in the preparations for Jenkins' Florence speech.

difficulties in Germany. Also, with the 1981 presidential election loom-ing in France, the Gaullists were sensitive to a change of the Treaties and a transfer of national sovereignty to the European Monetary Fund. Consequently, the Fund scheme was shelved in the early 1980s.

In the mid-1980s attitudes of French policy-makers towards Euro-pean integration gradually shifted. After the *débâcle* of his initial socia-list policies, Mitterrand turned to European integration as the key theme of his presidency. Moreover, French policy-makers became more and more convinced that, given the German dominance in the EMS, EMU was the only way for France to have a say on monetary policy. With the success of the single market program and the Balladur and Genscher Memoranda EMU came back on the European agenda. At the Hanover Summit of June 1988 the Delors Committee was created.

The Delors Committee, with the powerful central bankers on board, took a "fundamentalist approach". It conceived monetary union as a "national" monetary system, with an independent central bank as the guardian of price stability. With this choice, the logic of international agreements gave way to that of monetary constitutions. It implied the acceptance of the principle of the indivisibility of monetary policy, implying that monetary and exchange market policy is a whole, and one cannot transfer part of the area to other decision-makers.

As argued by Bini-Smaghi, Padoa-Schioppa and Papadia, a series of elements led, rather naturally, to a fundamentalist approach[29]. Firstly, the demise of the Bretton-Woods parity system, the implicit premise on which the Werner proposal had been built at the beginning of the 1970s, made it clear that monetary union needed to be based on a common central bank rather than on rules concerning exchange rates. Secondly, the approach is also consistent, in a historical and institutional pers-pective, with the way the Community has been built over the years, following a "domestic" rather than an "international" model. Finally, the role played by Germany was crucial. From an economic point of view, the success of the Bundesbank model provided the natural precedent on which to build. From a political point of view, the fundamentalist approach was the only one Germany would be willing to consider: any new step in the monetary area should have a clear legal and institutional basis, thereby bringing political union closer.

However, also in the Delors Committee did the proposal, then by de Larosière, to create a European Reserve Fund stir up controversies. The idea was that a European Reserve Fund could be a possible initial

---

[29]   L. Bini-Smaghi, T. Padoa-Schioppa and F. Papadia, *The Policy History of the Maastricht Treaty: The Transition to the Final Stage of EMU*, The Monetary Future of Europe, CEPR, March 1993, pp. 6-7.

step on the path to EMU[30]. He proposed that "on a permanent basis and not in the form of renewable swaps" an initial endowment could be made of 10 % of the gold and foreign currency holdings of the central banks of the Exchange Rate Mechanism. It would function as a training ground process and as a monetary "think tank". One of its functions would be interventions in the foreign exchange markets[31]. It was an issue on which no consensus could be reached in the Delors Committee[32]. According to Hoffmeyer, it was probably backed by a majority, but it ran counter to the German indivisibility philosophy[33].

Conclusion

In the second half of the 1950s, with the European Payments Union coming to its end and negotiations going on for the creation of the European Economic Communities, Robert Triffin started developing projects for a European Reserve Fund. Such a Fund could be constituted by pooling 10 % of the international reserves of the national central banks of the Community. This would make it easier to organise monetary support mechanisms at the European level. Moreover, it could also be used as an instrument to strengthen the co-ordination of economic policies in the Community. The project of a European Reserve Fund became an important theme of Monnet's Action Committee for the United States of Europe in the 1960s. However it did not come on the official agenda of the Community.

With Willy Brandt becoming Chancellor in 1969, Germany turned more pro-EMU. Brandt was a member of Jean Monnet's Action Committee for the United States of Europe, which he consulted in order to prepare for the The Hague Summit of December 1969. Monnet appealed to Robert Triffin, who drew up a proposal for a European Reserve Fund. With the summit at The Hague, the project of a European Reserve Fund came on the official European agenda.

---

[30] J. de Larosière, "First Stages Toward The Creation of a European Reserve Bank", in *Collection Papers. Committee for the Study of Economic and Monetary Union*, Luxembourg, 1988, pp. 177-187.

[31] While breaking new ground, the proposal of de Larosière built on classic French ideas of strengthening support mechanisms for weak currency countries. It also reflected a more general French emphasis on the building of institutions. However, for de Larosière domestic elements, especially his tactical position with regard to the French Treasury, played also a role.

[32] Committee for the Study of Economic and Monetary Union, *Report on Economic and Monetary Union in the European Community*, Delors Report, 1989, Luxembourg, p. 36.

[33] E. Hoffmeyer, *Decisionmaking for European Economic and Monetary Union*, Washington, Group of Thirty, 2000, p. 72.

However, a European Reserve Fund implied important transfers of sovereignty. Looking at the six original countries of the Community, resistance against these transfers of sovereignty came from different angles. So was there a French reluctance to create supranational European institutions, as evident in Pompidou's attitude with respect to the Werner Report. Moreover, there was the Bundesbank's philosophy of monetary indivisibility, implying that monetary and exchange market policy is a whole, and one cannot transfer part of the area to other decision-makers. Any commitment that went further than the snake arrangement was considered as an inroad into the Bundesbank's independence.

The episode after the The Hague Summit also shows the limits and weaknesses of more informal networks, especially when they go against issues which are perceived as vital by big countries and when they go against established institutions.

In the mid-1980s, attitudes of French policy-makers towards European integration gradually shifted. After the *débâcle* of the initial socialist policies, Mitterrand turned to European integration as the key theme of his presidency. Moreover, French policy-makers became more and more convinced that, given the German dominance in the EMS, EMU was the only way for France to have a say on monetary policy. At the Hanover Summit of June 1988 the Delors Committee was created.

The Delors Committee, under the inspiration of Karl-Otto Pöhl, took a "fundamentalist approach". It conceived monetary union as a "national" monetary system, with an independent central bank as the guardian of price stability. With this choice, the logic of international agreements gave way to that of monetary constitutions. It implied the acceptance of the principle of the indivisibility of monetary policy, whereby monetary policy decisions cannot be split between different authorities.

So which lessons can one draw with regard to determinants of influence on the European monetary scene? An evident lesson is that proposals which go against interests which are considered as vital by big countries have not much chance of success. However, small countries and action committee can have a significant influence if they can weigh on the intellectual agenda.

The proposal of a European Reserve Fund, as an intermediate step on the road to a European Central Bank and EMU, has not been realised. However, it has been very influential in Europe's monetary debates, driving forward the project of European monetary integration, contributing so to the realisation of EMU.

Central Bank Networking at the Bank for International Settlements, 1930s-1960s

Piet CLEMENT

*Library, Archives and Research Support
at the Bank for International Settlements*

Introduction

The role of networks in the process of European construction has undeniably been of paramount importance. In this context, I consider a network to be any form of structural co-operation – be it formal or informal – between officials, professionals and experts in the field of finance and economics across the borders of the nation states involved in the European integration process. Such networks have existed since time immemorial, but in the financial and economic area they have grown at an increasing pace as a result of the globalisation of the world economy, and in the wake of the formalisation of international relations through the foundation of international bodies such as the World Postal Union in the nineteenth century, the League of Nations and the Bank for International Settlements (BIS) in the inter-war period, the United Nations, the International Monetary Fund and the World Bank after World War II and the European Community in the late 1950s.

When thinking about the role of networks, the underlying assumption is that their existence facilitates international co-operation, and indeed can be a decisive factor for the ultimate success of such co-operation. The reason for this is that the participants in international negotiations already possess, through their membership of a *network*, a better understanding of the position and arguments of their counterparts. Moreover, a successful network is characterised by the establishment of close personal links between its participants, leading to not only an understanding but even appreciation of each other's viewpoints, by an increased ability to look beyond narrow national agendas, and above all by a strong determination among the participants to reach an agreement that is optimal for all parties involved.

Many networks exist, both formal and informal, and not all of them are necessarily successful. Obviously, for any networking to be effective, the broader political and economic framework has to be conducive to international co-operation. When this precondition is met, the success of a network largely depends on two factors:

First of all, of course, the interaction between the members of the network themselves. Do they succeed in establishing good personal relations? Are the crucial members on the same wavelength, and is there a solid basis of mutual trust?

Secondly, the relations of each member of the network with his or her "home-base" are equally important. Do these network members have the necessary room for manœuvre to commit the organisation or country they represent *vis-à-vis* their network colleagues? And, the other way around, do they carry sufficient weight at home to "sell" or push through the network consensus?

Networks are at their best only when these crucial success criteria have been met. If that is the case, a network can contribute decisively to the success of co-operation by taking negotiations to a higher level and producing an end-result in which the sum is greater than the parts.

The personal element in all this is obviously very important. After all, to paraphrase Karl Marx, it is still people who make history, albeit not in circumstances of their own choosing. Indeed, the personal element is the main variable for two particular types of network success. In the first type – which we may call the *nucleus type* – a small nucleus of the network, often no more than two people, develop such a level of mutual understanding and – yes – liking for one another, and at the same time carry a preponderant weight both inside the network and *vis-à-vis* their home-base, that they can almost "dual-handedly" lead the negotiation process to success. The operation of the Kohl-Mitterrand tandem in the European Council comes to mind. In the second variant – which we might term the *facilitator type* – success is achieved more indirectly. Often one of the network members has over time built up a very strong reputation for his expertise and objectivity in dealing with the often diverse interests represented in the network. Such a *neutral expert* can then be called upon to facilitate the negotiation process within the network, but also to make the network consensus more easily acceptable to the decision-makers at home. As we will see, Per Jacobsson of the BIS more than once played this role of neutral expert.

I. The Bank for International Settlements' Network in the 1930s

The Bank for International Settlements, in Basel, Switzerland, was founded in 1930. As such, it is the world's oldest international financial institution. While the immediate pretext for establishing the BIS was the desire, expressed in the 1929 Young Plan, to deal once and for all with the issue of reparation payments imposed on Germany by the Versailles Treaty, the Bank's underlying and more lasting aim was to provide an institutional framework for the central banks of the industrialised world to co-operate in. Central bankers, such as Montagu Norman of the Bank of England or Hjalmar Schacht of the German Reichsbank, had very high hopes that the BIS might develop into a tight network of monetary policy-makers that would underpin the gold standard system, reconstructed so painstakingly during the 1920s. To achieve this, the central bank Governors of the ten countries represented on the BIS Board met in Basel ten times a year for the so-called Basel meetings, foreshadowing very closely, in purpose and composition, the G10 group that was formally established in the early 1960s[1]. The Basel Board meeting weekends provided the opportunity for this select group of central bankers to get to know one another and to discuss issues of common interest in a highly informal and confidential atmosphere. Once a year, the BIS Annual General Meeting brought together a larger group of Governors and officials from mostly European central banks (26 by 1932). Very soon, the BIS in Basel was, somewhat endearingly, referred to as the *Club* of central banks. The mere fact that people like Norman and Schacht came to Basel practically every month, taking often difficult travel conditions in their stride, is testimony to the fact that they set great store by these regular meetings among colleagues[2].

To all appearances, this was a network that had everything going for it: a committed group of like-minded professionals, holding prestigious and influential positions in their own countries, getting together regularly in an informal setting to discuss and decide on monetary policy

---

[1] The BIS founder members were Belgium, France, Germany, Italy, Japan, the United Kingdom and the United States, plus invited members the Netherlands, Sweden and Switzerland. The USA, however, was not represented at an official level, as the Federal Reserve Board had not been allowed by the US government to take up its reserved seat on the BIS Board.

[2] Montagu Norman would typically travel from London to Basel by train, crossing the Channel by boat. His *Basel weekend* would often last from Thursday evening (leaving London) until Tuesday morning (back in London). Official travel by plane was still a rarity in the 1930s. The BIS Board meeting always took place on the second Monday of the month. The more important informal bilateral and multilateral meetings (including the Governors' dinner) took place on Saturday and Sunday.

issues both nationally and internationally. Nonetheless, in the 1930s it failed to deliver. A few examples suffice to illustrate this failure.

The BIS had scarcely celebrated its first anniversary when the Austrian and then the German financial collapse in the spring and summer of 1931 shook the international financial system, and the central banking community with it, to its foundations. Whatever had been built up in terms of a central bankers' network since 1930 proved to be too weak to help prevent a spread of the crisis, let alone to point the way to its resolution. This was not for want of trying. On 22 June 1931, the Bank of England, the Federal Reserve Bank of New York, the Bank of France and the BIS were quick in responding to the Reichsbank's cry for help and within two days a $ 100 million emergency support credit had been arranged[3]. However, this proved to be too little too late, especially as the financial crisis was compounded by a political rift, particularly between France and Germany, over the implementation of the Hoover moratorium and the future treatment of reparation payments. The fact that other central banks also soon began to feel the pinch – most spectacularly so the Bank of England – did not help either. By the autumn of 1931, with the *Reichsmark* retreating behind exchange controls and sterling and numerous other currencies off gold, many central banks, as well as the BIS, had lost their appetite for large-scale joint support operations. From then onward any useful networking that did take place aimed at little more than damage limitation.

Networking also spectacularly failed at the 1933 World Monetary and Economic Conference in London[4]. The central bank community represented at the BIS was closely involved in the preparations for the London Conference, which was organised by the League of Nations. BIS President Leon Fraser and Leonardus Trip, Governor of the Netherlands Bank and member of the BIS Board of Directors, participated actively in the preparatory meetings in Geneva in the winter of 1932/33. In the spring of 1933, the Governors sitting on the BIS Board reached a consensus on the *General Principles of the Working of the Gold Standard*, a policy statement, originally drafted by Trip, prescribing the rules

---

[3]   A detailed account and assessment of this $100 million emergency credit to the Reichsbank is given in: P. Clement, "Between Banks and Governments: the Records of the BIS", in T. De Graaf *et al.*, *European Banking Overseas, 19th-20th Century*, Amsterdam, ABN AMRO, 2002, pp. 139-162.

[4]   See in particular BIS Archive, Basel, 6.42a – *Gold Standard*; and 6.43a – *World Economic and Financial Conference*; as well as League of Nations Archive, Geneva, Carton R 4628, Section 10D – *Monetary and Economic Conference 1933, Preparatory Committee of Experts*, n°382, 674 and 675; and Carton R 4641, Section 10D – *Monetary and Economic Conference 1933, Sub-commission II: International monetary standard*, n°5300 and 5383.

for a universal restoration of the gold standard. It was submitted to the London Conference by Fraser, who chaired the Conference's sub-committee on monetary problems. Notwithstanding the central bankers' consensus underpinning this resolution, and the support it enjoyed among the majority of delegations represented in London, this last-ditch attempt to re-establish a truly universal gold standard utterly failed. President Roosevelt's *bombshell declaration*, ruling out a short-term dollar stabilisation, sealed the fate of the London Conference in general and of the gold standard resolution in particular. No degree of behind-the-scenes networking was capable of overcoming this policy deadlock.

Even on a more practical level, central bank networking became an increasingly problematic proposition in the 1930s. After Germany's reparation payments had been suspended (Lausanne Conference, 1932) and most of Germany's short-term credits had been frozen through the so-called Standstill Agreements (from August 1931), the new Nazi government from 1933 sought to tackle Germany's external medium- and long-term debts as well. Consecutive restrictions were imposed on the payment of interest and principal on these debts, all on the grounds of Germany's disastrous foreign exchange position (by mid-1933, the ratio of the Reichsbank's reserves to circulation had fallen below 10 %). Schacht, to the delight of the Nazi government, skilfully divided the front of creditor countries and manoeuvred them into accepting bilateral arrangements, largely on Germany's terms. In this context, Governor Norman of the Bank of England secretly travelled to Berlin in January 1934. There he quite extraordinarily proposed to Schacht that the Bank of England advance the Reichsbank a sum in sterling sufficient to settle all maturing coupons on German commercial bonds held in the London market for the next one to two years. Such an initiative, Norman hoped, would take the pressure off the Reichsbank's meagre foreign exchange reserves, and thereby allow the German government to continue at least the regular servicing of the politically sensitive Dawes and Young Loan bonds. Given Germany's track record of reneging on almost all its external financial obligations, this was a remarkably generous offer that must have largely sprung from the mutual sympathy between the two protagonists Norman and Schacht. However, in this particular case, Governor Norman's position was not covered at home. The Chancellor of the Exchequer, as soon as he got wind of Norman's ill-advised initiative, would have none of it and immediately killed the idea[5].

---

[5] On this episode see Letter Hülse to Berger, 26 January 1934 in BIS Archive, Basel, 7.18(4) – *Personal Papers Hülse*, box HUL1, I.7; and confidential cable Leon Fraser to Parker Gilbert, 12 June 1934, in BIS Archive, Basel, 4.28 – *German External 7 % Loan 1924 and German International 5.5 % Loan 1930, Suspension of payments after 30 June 1934*, vol. 1.

The precarious state of central bank networking was brought home most poignantly by the conclusion of the Tripartite Monetary Agreement between France, the UK and the USA on 25 September 1936. The Agreement allowed a controlled devaluation of the French franc, with a pledge by the signatories to work towards the relaxation of import quotas and exchange controls and to refrain from competitive de-valuations. The Agreement also provided for continuous consultation between the three governments and their *authorised agencies*, aimed at avoiding any disturbance of international exchanges. In an additional statement, released on 13 October, the Treasuries of the three countries in question announced their preparedness to sell gold at a fixed rate, subject to twenty-four hours' notice, to any country that offered to do the same. This Agreement was negotiated and concluded by the Treasuries. The central banks in general, and the BIS in particular, were very much sidelined, although the issues at stake went straight to the heart of their daily pre-occupations. Not surprisingly, the Tripartite Agreement was received rather coolly in Basel. Nevertheless, even in this case, some informal networking, centring on the BIS, did take place and played a minor role in framing the Agreement. Merle Cochran, financial *attaché* at the US Embassy in Paris, regularly visited the BIS in Basel, sounding out his privileged contacts there on the potential reactions to a major currency realignment and reporting back these continental views to Washington[6].

The history of central bank co-operation at the BIS in the 1930s clearly shows that no amount of formal or informal networking (not even of the Norman-Schacht nucleus type) can carry the day if there is no common basis of understanding of the issues at hand and the best way of facing them, and, particularly, if the broader geopolitical climate is conducive to rivalry and the pursuit of autarky rather than to co-operation and integration. Add to this the ascendancy of the Treasuries over the central banks in the 1930s, and it is easy to see why central bank networking at the BIS did not produce the hoped-for results.

---

[6]   Merle Cochran's long cables to the US Treasury and State Department are preserved in the US National Archives at College Park, *RG 84 – Foreign Service Post Records for the US Embassy in Paris, France.* Cochran's interlocutors included Trip, Governor of the Netherlands Bank and President of the BIS; Bachmann, President of the Swiss National Bank; Pierre Quesnay, BIS General Manager; and Per Jacobsson, BIS Economic Adviser.

II. The German Credit Crisis of 1950/1951 and the Experts' Network

During World War II the BIS's activities were severely curtailed, but the central banks helped keep the Bank intact as their future networking hub. In 1947, the BIS became involved in the intra-European Agreement on Multilateral Monetary Compensation, aimed at restoring multilateral payments between European economies and thereby preparing the way for the return to full currency convertibility as envisaged by the Bretton Woods agreements. The BIS was designated as the agent to which the participating countries had to report their bilateral payment balances each month with the aim of offsetting deficits against surpluses. However, it was only with the establishment of the European Payments Union (EPU) in September 1950, under the aegis of the OEEC, that a truly multilateral system was inaugurated, in which countries settled their cumulative payment surpluses and deficits with the Union as a whole rather than with each individual country bilaterally[7]. Thanks to a system of country quotas and credits, the EPU members were able to save on their scarce foreign exchange and gold reserves. The BIS was called upon to act as the agent for the EPU, assembling all bilateral trade balances and calculating the net position of each EPU member on a monthly basis. In its capacity as agent, the BIS reported to the EPU Managing Board, based at the OEEC in Paris. Soon, a close network was woven between Paris and Basel, with BIS experts attending the EPU meetings in Paris and the central bank Governors, on the occasion of their regular meetings in Basel, informally discussing the operations of the EPU[8].

Barely established, the EPU was immediately faced with its first crisis[9]. By 1949/50, the West German economy, spurred on by the successful currency reform of June 1948, had finally launched headlong

---

[7] The authoritative history of the EPU is: J.J. Kaplan and G. Schleiminger, *The European Payments Union, Financial Diplomacy in the 1950s*, Oxford, Clarendon Press, 1989. See also Jacob Kaplan's contribution in this volume.

[8] Hubert Ansiaux of the National Bank of Belgium, who attended the meetings of the EPU Managing Board as Chairman of the OEEC Intra-European Payments Committee, was at the same time alternate member of the BIS Board of Directors. Two of the nine initial voting members of the EPU Board – Carli for Italy and Calvet for France – would later also become members of the BIS Board of Directors.

[9] For this episode see in particular: J.J. Kaplan and G. Schleiminger, *The European Payments Union, op. cit.*, pp. 97-117; E.E. Jacobsson, *A Life for Sound Money, Per Jacobsson, His Biography*, Oxford, Clarendon Press, 1979, pp. 236-245; C.-L. Holtfrerich, "Monetary Policy under Fixed Exchange Rates (1948-1970)", in *Fifty Years of the Deutsche Mark, Central Bank and the Currency in Germany since 1948*, Oxford, University Press, 1999, pp. 333-341.

into a frenzied post-war reconstruction boom. By the autumn of 1950, however, the inexorable rise in imports at a time of rising commodity prices caused by the Korean war, combined with Germany's still weak reserve position, had produced a severe payments imbalance. Under the EPU rules, West Germany was able to offset its trade deficits with some EPU countries through surpluses with others, while the residual deficit had to be settled only partly in gold and dollars with the largest part being automatically transformed into an EPU credit. Such credit, however, was only granted up to the maximum of a given country's quota with the EPU. Once the quota was exceeded, the entire deficit had to be settled in gold or dollars. From the start of the EPU in July 1950 until the end of October, West Germany's net cumulative deficit reached $ 289 million. If the rate of deficits continued, the country's $ 320 million quota with the EPU would be exhausted by mid-November.

The very first meeting of the EPU Managing Board, held in Paris on 20-22 October, tried to tackle the crisis, but was not able to reach a consensus on the appropriate method. Some felt that Germany should bear the consequences of its predicament as it had failed to take timely corrective action. Others argued that trade liberalisation in Germany ought to be reversed in order to restrict imports, while still others believed that there was a case for making additional foreign exchange available to Germany through a special EPU loan. In the knowledge that this was the first major test case for the EPU's authority and resolve in addressing serious payments imbalances, the EPU Board desperately sought to break the deadlock and therefore called on the opinion of two independent experts: Alec Cairncross, who was economic adviser to the OEEC, and Per Jacobsson, who held the same position in the BIS. Both were acknowledged authorities in their field and had over the years built up an extensive network of contacts in governmental and central bank circles.

Time was of the essence. The choice of Per Jacobsson as an expert proved particularly fortuitous as he had already, through the BIS network, established a close relationship with one of the main inter-locutors of the EPU experts, Dr. Wilhelm Vocke, the President of West Germany's new central bank (Bank deutscher Länder). Indeed, Vocke himself took the initiative to call Jacobsson in Basel the day after the EPU Board had invited the two experts to report on the German situa-tion. The very next day, Jacobsson travelled to Frankfurt for a series of meetings with Vocke and other officials from the German central bank as well as members of the Allied Banking Commission[10]. Quickly assessing

---

[10]   Among them Otmar Emminger, later President of the Bundesbank, then economic adviser to the Bank deutscher Länder, for whom these talks were the start of a "close and trusted friendship" with Jacobsson and the basis for their future co-operation at

that the situation was less dramatic than feared, Jacobsson joined a small chorus of voices urging the Germans, and the central bank in particular, to resist calls for a suspension of trade liberalisation and instead tackle the situation through monetary and fiscal means. In his talks with Vocke, Jacobsson was emphatic that the central bank should decide on an "impressive increase in the discount rate" and should do this immediately otherwise it would make "a lamentable impression". Fortified by Jacobsson's firm opinions, Vocke, the next day, assisted in a marathon session of the central bank council in which, unprecedentedly, Chancellor Adenauer and several cabinet ministers also took part. Finally, the council, overruling Adenauer's strong objections, increased the discount rate from 4 to 6 per cent.

All of this had taken place even before Alec Cairncross reached Frankfurt to embark with Jacobsson on the EPU experts' official consultations on the German situation. Jacobsson's lightning interventions had of course only been possible thanks to his prominent membership of the Basel network, granting him privileged access to and a receptive ear from the people in charge in Frankfurt. Cairncross may have been somewhat irked by Jacobsson's swift action, but this did not prevent the two men from developing an excellent working relationship. They presented their oral report to the EPU Managing Board scarcely one week later, arguing that, given the right policy mix, Germany's payments position was bound to improve dramatically over the months to come[11]. The diagnosis of the experts was the basis for the Managing Board's decision of 6 November 1950 to grant a first ever EPU special credit of $ 120 million to West Germany.

The EPU Board had been swayed to grant the special credit with some difficulty, and when during the first two months of 1951 Germany's position seemed to deteriorate further, the experts' opinion was increasingly questioned. Jacobsson even felt ostracised at the February Board meeting of the BIS. Soon, however, the experts were fully vindicated. In March, West Germany, for the first time, showed a surplus in its EPU accounts. By the end of May, it was able to repay the EPU special credit in full, ahead of schedule. This successful outcome, facilitated in part by the networking of the *neutral experts*, had the welcome side effect of putting the EPU firmly on the map and strengthening the authority and independence of the German central bank vis-à-vis its government.

---

the IMF. E. Otmar, *D-Mark, Dollar, Währungskrisen, Erinnerungen eines ehemaligen Bundesbankpräsidenten*, Stuttgart, Deutsche Verlags-Anstalt, 1986, p. 52.

[11] The written report of the experts was submitted two weeks later: Organisation for European Economic Co-ordination, MBC(50)13, *European Payments Union: Consideration of Germany's Position*, 20 November 1950.

III. Setting up the Gold Pool in 1961:
The Activation of an Existing Network

All in all, the European Payments Union was remarkably successful. By 1958, its members agreed that, given the strength of their economies and reserves position, the time had come for a collective move towards full convertibility and liberalised, multilateral trade as envisaged by the Bretton Woods agreement of nearly fifteen years earlier. The EPU was duly wound up on New Year's Eve 1958 and the Bretton Woods era finally started.

However, it soon became clear that there were grave imbalances underlying the Bretton Woods system, which over time threatened to undermine the entire edifice. Robert Triffin, then at Yale University, was one of the first to point out these dangers in two influential articles published in 1959[12]. As Triffin argued, the Bretton Woods gold exchange standard based on free trade and full convertibility at fixed exchange rates had in fact developed into a gold dollar standard hinging on the dollar parity, fixed by President Roosevelt in 1934 at \$ 35 per ounce of fine gold. This had worked well enough in the immediate aftermath of the war, as the American economy was strong, posting consecutive balance of payments surpluses, thereby bolstering US gold reserves and confidence in a strong, gold-convertible dollar. During the first decade after the war, the main concern for the United States' trade partners was a dollar shortage and the EPU proved a successful way of dealing with this.

From the late 1950s, however, important shifts in the world economic power balance began to make themselves felt. The rapid expansion of Japan and Europe (in particular Germany), and the outflow of investment capital from the USA, translated into a series of US balance of payments deficits from 1958. This did not necessarily have to create insurmountable problems. Indeed, the large US deficits provided the international monetary system with the liquidity necessary to increase other countries' dollar reserves and support their expansionary policies. However, it was believed that sustained US deficits would in the end cause what has become known as the Triffin dilemma. Either the USA would continue to run balance of payments deficits with the result that US dollar liabilities would continue to grow at a much faster pace than world gold stocks, thereby causing the gold cover ratio of the dollar to decline and thus undermining confidence in the continued gold convertibility of the dollar. This process would prompt foreign central banks,

---

[12] These articles, published in the *Banca Nazionale del Lavoro Quarterly Review*, were reproduced in R. Triffin, *Gold and the Dollar Crisis*, New Haven-London, Yale University Press, 1960.

anticipating the crisis, to convert their dollar holdings into gold, thus in fact sterilising liquidity and speeding up the drain on the US gold reserves. Inevitably, the gold dollar standard would collapse. Alternatively, the USA could adopt restrictive economic policies to slash its deficits, but by doing this it would deprive the world of the expansion of international reserves required for a continued growth in trade and output, as the slow growth in gold stocks alone could not possibly fulfil this role. In Triffin's analysis, in either scenario the world monetary system faced a severe shortage of international reserves and risked a deflationary crisis analogous to the disastrous 1931 financial meltdown.

In the end, Triffin's analysis proved to be incomplete as other factors were at work, which actually forestalled the predicted deflationary crisis. Indeed, a main characteristic of the 1960s was the gradual build-up of inflationary pressures. Contrary to Triffin's prediction, from the mid-1960s other major industrialised countries apart from the USA also saw their official gold reserves declining at an increasingly rapid pace. As Paul De Grauwe pointed out, this was due to the working of Gresham's law ("bad money drives out good")[13]. At a fixed parity of $ 35 per ounce in an expansionary and inflationary environment characterised by growing doubts regarding the continued strength of the dollar, the gold price in the private market came under upward pressure. This forced the central banks to intervene on the market, selling gold in order to keep the price down and neutralise the threat to the gold-dollar parity, the cornerstone of the Bretton Woods system. As a result of the central banks' rigid commitment to a fixed gold price in an inflationary environment, gold increasingly became an undervalued and scarce monetary instrument and was driven out of the international monetary circuit to be used for non-monetary purposes (such as industry, jewellery, speculation and hoarding). The growing demand for gold in the private market reflected a growing loss of confidence in the monetary authorities' ability to uphold their commitment to the fixed parity of $ 35 per ounce. Under these circumstances, the lack of flexibility in the Bretton Woods system to adjust fixed exchange rates in the end proved fatal and led to its collapse in the summer of 1971.

Regardless of the shortcomings of Triffin's analysis, it was a very powerful one, especially as during the early 1960s it was borne out by the facts. As such, it set the stage for US policy-making under the Kennedy and Johnson administrations. Policy-makers increasingly became aware that the Bretton Woods system required extensive management to make it work properly. In a message on the US balance

---

[13] P. De Grauwe, *International Money, Post-war Trends and Theories*, Oxford, Clarendon Press, 1989, pp. 21-53.

of payments crisis, issued shortly after taking office in February 1961, President Kennedy reaffirmed his administration's commitment to the $ 35 per ounce gold price. At the same time he instructed his Secretary of the Treasury to look for "ways in which international monetary institutions can be strengthened and more effectively utilised, both in furnishing needed increases in reserves, and in providing the flexibility required to support a healthy and growing world economy"[14]. Triffin's recommendation to relieve pressure on the dollar and forestall a liquidity shortage through the creation of a new international monetary asset to be issued by a world central bank, *in casu* the IMF, would eventually lead to the activation of Special Drawing Rights (SDRs) in 1969. However, apart from their continuous concern with world liquidity, the monetary authorities of the industrialised world wanted there to be no doubt whatsoever about their commitment to the fixed exchange rate regime based on the dollar-gold parity of $ 35 per ounce. As this became increasingly difficult, for the reasons given above, new ploys and *ad hoc* arrangements had to be devised to convince the markets of the lasting credibility of this commitment. One of the first initiatives of this kind, developed by the US Treasury following President Kennedy's exhortation, led, in late 1961, to a highly informal arrangement in which the BIS became intimately involved, the so-called Gold Pool.

The idea was simple enough. In order to counteract pressure on the official gold price in the London market, the world's most important free gold market, the central banks of the main industrialised countries were to act jointly on that market. In October 1960 the gold price in London had temporarily shot up to $ 40 per ounce, only to be brought down again by sustained gold sales by the Bank of England. On this occasion, the Bank of England had only been able to act after it had obtained a formal commitment from the US Treasury to replenish its gold stock at the end of the operation. The Americans argued that a Gold Pool acting pre-emptively on the London market would avoid a recurrence of the 1960 crisis.

US Secretary of the Treasury Dillon first raised the idea of joint central bank operations on the London market with the British Chancellor on 21 September 1961, on the occasion of the IMF autumn meeting in Vienna[15]. The US government was particularly concerned that the international tensions provoked by the building of the Berlin

---

[14] President Kennedy's statement, dated 11 February 1961, in BIS Archive, Basel, 7.1(3) – *BIS Board of Directors*, Box 14.

[15] D.H.F. Rickett, "Note for the record: meeting of the Chancellor with Mr Dillon and Mr Roosa at the British Embassy in Vienna on 21 September 1961", in Public Record Office (PRO), Richmond, UK, T 312/312 – *London Gold Market, Schemes for co-ordinated purchases and sales of gold by central banks*, 1961-62.

Wall in August of that year would add to the upward pressure on the gold price. Washington and London agreed that the other industrialised countries as well ought to share in the burden of keeping the Bretton Woods system intact, as the ensuing stability was obviously also to their benefit. The Europeans were certainly not averse to this. As a matter of fact, on 22 September 1961, Bundesbank President Blessing had already proposed to make gold available to the Bank of England for interventions in the London market. As the Bundesbank held a large proportion of dollars in its reserves, it was clearly in West Germany's best interest to prevent the dollar price of gold from changing.

Discussions on the Gold Pool scheme were first conducted at the official level. Dillon left it to his Under-secretary for Monetary Affairs, Robert Roosa, to first negotiate with the British and then reach an agreement with the other Europeans. The UK first had to be convinced that the special position of sterling as a reserve currency would be taken into account. In particular it was felt that British participation in the Gold Pool should not preclude the Bank of England from earmarking gold with the US Treasury in order to protect sterling's exchange position. Also, there was some concern that the US proposal might be a first step in a broader strategy to limit and eventually close down the free gold market in London. Finally, it was argued that if at any point in future the Gold Pool scheme would have to be abandoned or the UK would be forced to leave the scheme, the psychological effects would be detrimental and no doubt lead to a run on gold. At the same time, though, the UK authorities recognised that something had to be done and decided to agree to the American proposal, if only because they were convinced that the Europeans would do the same and they could ill afford to be left outside such a scheme[16]. Then the Europeans had to be brought on board. Rather than going through the official channels and engaging in laborious bilateral negotiations, the Americans were easily convinced by the British to turn to Basel to present the scheme to the Governors gathered there for the monthly BIS Board meeting.

On the Board meeting weekend of 11-12 November 1961, the United States was represented by Alfred Hayes and Charles Coombs of the Federal Reserve Bank of New York. First, Hayes discussed the Gold

---

[16] "The broad position is that none of us can be sure about what the full implications may be later on if we agree to participate in the gold pool scheme. In short, we cannot be certain that we shall know what we may be letting ourselves in for. But despite this and despite the special position of sterling as a reserve currency based on gold, I am clear (and so is the Governor) that we cannot take the line that we must stand aside from the scheme if it commands general acceptance elsewhere." Sir Lee to Mr Hubback for the Chancellor, "US/European Gold Pool", 7 November 1961, In PRO, T 312/312 – *London Gold Market*.

Pool proposal with the Governors individually. Some, but not all, were already aware of the broad outlines of the scheme as a result of earlier soundings from the US Treasury[17]. Then there was a meeting of all Governors, which agreed to give the scheme a trial run of one month. The contributions of the individual central banks were fixed at $ 35 million for West Germany, $ 25 million each for France, Italy and the UK, $ 10 million for Belgium and the Netherlands and $ 5 million for Switzerland. The USA would match the combined contributions of the others, so that a total of $ 270 million would be available for interventions on the London gold market. The actual operations would be carried out on behalf of the Gold Pool by the Bank of England. They would be monitored on the occasion of the BIS Board meetings and the participants would reimburse the Bank of England at the end of each month. No publicity would be given to the scheme.

At Hayes' insistence, the Gold Pool was activated immediately. This allowed the Americans to counter growing criticism in Congress by discreetly informing members of the Finance Committee that the Federal Reserve with support from the European central banks was in fact already acting on the London gold market to keep a lid on the gold price. Perhaps the most amazing aspect of the scheme was that it was agreed there and then, without a formal, written agreement. No lengthy political negotiations were required. The communality of purpose and mutual trust engendered by the BIS network, and the authority of each Governor to commit his country's reserves, did the job.

After one month, the operations of the Gold Pool were evaluated by the participating Governors on the occasion of the BIS Board meeting of 9 December[18]. As pressure on the London gold price had been limited, sales by the Gold Pool had not exceeded $ 17 million. The Governors decided to discontinue interventions for now, but at the same time, at the request of the Americans, to abstain from buying gold in the market directly on an individual basis. However, many European central banks were keen to replenish their gold stocks at the earliest opportunity. The Americans sought to accommodate this wish by proposing, at a meeting held in BIS President Holtrop's office on 7 January 1962, to have the Gold Pool act not only as a selling but also as a purchasing syndicate[19]. This was accepted.

---

[17] The Governor of the National Bank of Belgium remarked that this was the first he had heard about the scheme. Note J. Anson, "Gold", 15 November 1961, In PRO, T 312/312 – *London Gold Market*.

[18] Note Rickett to Allen, "Gold", 15 December 1961, In PRO, T 312/312 – *London Gold Market*.

[19] Note JMS, "Gold: talks in Basle 6/7 January 1962", In PRO, T 312/312 – *London Gold Market*.

From 1962 the central banks' Gold Pool, operated from the BIS in Basel, played a crucial role in stabilising the free gold price in the London market[20]. However, as from 1966 the Gold Pool was forced to step up its sales progressively as the supply of new gold from traditional sources such as Russia and South Africa declined and private demand rose, reflecting mounting doubts about the medium-term stability of sterling and the dollar. The unavoidable crisis came to a head in November 1967 and ended with the demise of the Gold Pool in March 1968. With hindsight this was the beginning of the end of the Bretton Woods era[21].

IV. The Committee of Central Bank Governors of the EEC Countries (1964): A Formal Network with Limited Initial Impact

Not every network fostered at the BIS led to immediate, tangible results. One such *slumbering* network was the Committee of Central Bank Governors of the EEC countries established in 1964. It was not until the 1970s that this network came into full blossom, playing a crucial role in the process of European monetary unification that gained momentum after the publication of the 1970 Werner report.

The establishment of the Committee of Governors was the result of an initiative taken by the EEC Commission. The 1957 Treaty of Rome mentioned the co-ordination of national monetary policies in rather vague terms and the Monetary Committee (*Comité monétaire*) established by it in 1958 did not achieve many practical results. It was not until October 1962 that the EEC Commission, taking its cue from the Monetary Committee, in its report on the second stage of the Common Market for the first time officially stated and clarified the goal of a common monetary policy. In the course of 1963 the Commission formulated a number of measures to strengthen financial and monetary co-operation among the Six, which were approved by the Council. As a result of one of these recommendations, the Committee of Central Bank Governors of the EEC was formally established on 8 May 1964. While the EEC Commission had been keen to base the Committee in Brussels, the Governors successfully lobbied to have it convene at their home base in Basel. The Committee held its first official meeting at the BIS on 6 July 1964. Apart from the central bank Governors of Belgium, France, Germany, Italy and the Netherlands and their replacements, the meeting was

---

[20]   C.A. Coombs, *The Arena of International Finance*, New York, 1976, pp. 42-68 and 152-173.

[21]   P. De Grauwe, *International Money, op. cit.*, p. 29.

also attended by Antonio d'Aroma, Secretary General of the BIS, who was elected secretary to the Committee, and Robert Marjolin, vice-president of the EEC Commission. Marjolin's participation was laid down in the Committee's statutes. It was meant to link the Committee's work to the broader aim of economic and monetary policy co-ordination in the context of the EEC.

That the Committee of Governors preferred Basel – outside EEC territory – as its home-base was not at all surprising. The establishment of the Committee was the result of an initiative taken by the EEC Commission and was in fact not much more than the institutionalisation of a small nucleus within the already existent informal BIS network of central bank Governors. The same people sitting on the Committee of Governors already knew one another well and had ample opportunity for bilateral and multilateral, informal and formal networking through their participation in the Basel Board meeting weekends and in the IMF G10 group. The Committee of EEC Governors just added one more formal layer to this already extensive networking patchwork, albeit in this case for an exclusive group within the central bank community (the Six).

As was to be expected, the Committee of Governors at first did not achieve much more than a general information exchange on the economic and monetary conditions in the participating countries and providing some incentives to streamline financial reporting and statistics[22]. Important as this may have been, it was far from spectacular and hardly led to accelerated policy co-ordination and harmonisation (at least not beyond what was already being achieved through the BIS Board, OECD Working Party n°3 and the G10). President Holtrop of the Netherlands Bank recognised, in his opening remarks as President of the newly established Committee, its somewhat vaguely defined goals and the potential for overlap:

[...] Les Gouverneurs des banques centrales coopèrent déjà étroitement à Bâle, mais dans un cadre plus vaste, atlantique comprenant les États-Unis. Ils agissent ainsi parce qu'ils sont convaincus de la nécessité d'une coopération monétaire sur une base étendue, étant donné que les phénomènes

---

[22] As one of the participants in the Committee of Governors' meetings, Baron Ansiaux (Governor of the National Bank of Belgium) wrote: "La principale contribution du Comité monétaire et des nouveaux comités [including the Committee of EEC Governors] à l'intégration monétaire de l'Europe a sans doute été d'avoir suscité des échanges de vues, nombreux et approfondis, sur les situations nationales respectives, d'avoir favorisé les rencontres – consultatives – entre les principaux dirigeants économiques nationaux, d'avoir enfin grandement amélioré la comptabilité des statistiques et accéléré la publication des indicateurs conjoncturels pour l'ensemble de la CEE". Baron Ansiaux and M. Dessart, *Dossier pour l'histoire de l'Europe monétaire, 1958-1973*, Louvain, 1975, p. 56.

monétaires dans un régime de changes fixes ont des répercussions d'ordre mondial. M. Holtrop considère toutefois souhaitable une coopération encore plus étroite au sein de la Communauté, tout en reconnaissant la difficulté de dire en quoi cette coopération spéciale devrait consister.[23]

Nevertheless, the formal establishment of this network did lay the basis for the quite spectacular results that were achieved much later on. Through the Committee, the central bank Governors of the Six became used to sharing confidential information with one another and learned to align their positions before entering the fray of the broader BIS and G10 networks. To a certain extent it even became a focal point of attention for non-participants, who wondered what exactly was being discussed during these exclusive meetings[24]. As a result, the Committee developed a dynamic of its own, creating the basis for more far-reaching activities once the economic and political circumstances were more favourable. This particular process was kick-started by the 1970 Werner report on European monetary union, but that is a different story[25].

[23] "Procès-verbal de la première séance du Comité des Gouverneurs des Banques Centrales des pays membres de la Communauté Économique Européenne tenue à Bâle le 6 juillet 1964, à 14.30 heures", in ECB Archive, Frankfurt-am-Main, *Committee des Gouverneurs*, 122/1-2.

[24] As early as December 1962, the Governor of the Bank of England, the Earl of Cromer, expressed an interest in the plans to formalise consultation between the central bank Governors of the Six: "It comes to my ears that the Central Bank Governors of the EEC may decide to have regular meetings on EEC matters during the course of the weekend prior to the monthly Monday meetings of the BIS. [...] I confidently hope that the UK will become a member of the EEC before long and that I shall, therefore, be joining in these meetings...". Cromer to Holtrop, 21 December 1962, In Bank of England Archive, G1/940.3 – *Governors' files, Bank for International Settlements*, 1950-64.

[25] G.D. Baer, "The Committee of Governors as a Forum for European Central Bank Cooperation", in A. Bakker et al. (eds.), *Monetary Stability through International Cooperation, Essays in Honour of André Szász*, Amsterdam, 1994, pp. 147-157.

Concluding Remarks

The kind of networking fostered at the BIS has its strengths and its limitations.

Its main strength lies in the fact that its participants, all central bankers from the industrialised world, share roughly the same ideology of monetary orthodoxy and the same understanding of their respective roles in upholding it. At the same time they all hold influential and relatively autonomous positions at home, which allows them to make credible commitments to their network colleagues, often short-cutting lengthy political negotiation processes. It would seem, then, that the two preconditions for successful networking, identified in the introduction to this paper, have largely been met in the case of the BIS central bankers network. And indeed, many examples can be cited to support this thesis. The German credit crisis of 1950/51 and the establishment of the Gold Pool in 1961 have been singled out above. Other episodes, such as the support operations mounted for the Italian lira in 1964 and for sterling in September 1966, might be added. European monetary unification, culminating in the introduction of the euro, is no doubt the most momentous achievement to which central bank networking at the BIS has contributed decisively.

However, networking at the BIS also has clear limitations. First of all because the autonomy of the central bankers is far from absolute. The issues they deal with – domestic and international monetary stability – are also, and quite rightly, of prominent interest to the politicians. As a result, international co-operation at the central banks' level is to a large extent dependent on international political relations. Just as Schacht's room for manoeuvre was sharply delineated by the policy preferences of the Nazi government, so too were the hands of Jacques Brunet, Governor of the Bank of France, tied by de Gaulle's decision to suspend France's co-operation in the EEC context from July 1965 until January 1966. Of course, inversely, central bankers, on occasion, might also be tempted to engage in domestic power politics, thereby rendering their international networking less effective. Secondly, there have been times in international monetary history when crisis and upheaval have prevailed and when the existing networking has been overtaken by events or simply swept away. The 1930s provide a highly instructive model of such a "networking breakdown", but the later years of the Bretton Woods era too were very crisis-prone and put excessive strains on the existing central bank networks. Once the crisis spins out of control and effectively becomes unmanageable, even informal networks can no longer work miracles. The limits to their action and effectiveness are more often than not determined by external circumstances over which the participants in the network have no direct control. Still, looking at it from a different angle, even in such extreme circumstances of adversity, networks may prove valuable in that, when all official co-operation has broken down or become futile, they, and they alone, stand between the crisis and the abyss, preventing a total breakdown of communications.

Finally, the BIS can truly be seen as the embodiment and institutionalisation of central bank networking. Having no strong mandate or agenda of its own, the BIS can act as a perfectly discreet host, providing essential secretariat and research functions, forging personal relationships and fostering mutual confidence among central bankers. As such, the formal and informal networks engendered at the BIS have made an important contribution to international monetary co-operation in general and to the European monetary unification process in particular.

L'adhésion de la Grande-Bretagne à la CEE et la question de la livre sterling

Une instrumentalisation politique d'une question économique ?

Katrin RÜCKER

Institut d'études politiques de Paris –
Philipps-Universität Marburg

Après dix ans de tergiversations, de malentendus, de négociations ayant échoué, et deux « vetos » du Président Charles de Gaulle, le Royaume-Uni signe le traité d'adhésion à la CEE le 2 janvier 1972 à Bruxelles. Les questions monétaires ont représenté une question cruciale tout au long de ces nombreuses tractations[1]. En 1967, de Gaulle empêche l'ouverture des négociations en se référant à la situation économique, financière et monétaire de la Grande-Bretagne qui, en effet, avait dévalué sa monnaie une semaine avant, c'est-à-dire le 18 novembre 1967. La dévaluation du sterling était un vrai choc à l'époque parce que la livre était considérée encore par beaucoup comme « deuxième monnaie de réserve » – environ 25 % du commerce international se faisait en livre sterling. Il n'est pas exagéré d'y voir le début de la fin du système de Bretton Woods.

Lors des négociations entre la Communauté européenne et la Grande-Bretagne, la question de la livre sterling prend une certaine place, essentiellement entre l'été 1970 et l'été 1971. À Bruxelles, on veut discuter du rôle international de la livre britannique, mais pas en négocier. Ce sont surtout les Français qui en font un sujet-clé entre mars et juin 1971, suscitant ainsi, comme on va le voir, beaucoup de critiques.

Aujourd'hui, au temps de l'euro, il n'y a rien d'étonnant à ce que l'Union européenne discute et négocie avec les pays candidats sur la

---

[1] C. Schenk, « Sterling, International Monetary Reform and Britain's Application to Join the European Economic Community in the 1960 », in *Contemporary European History*, n° 3, 2002, pp. 345-369. Je remercie en particulier Neil Rollings pour m'avoir indiqué cet article.

participation de leur monnaie à l'UEM (l'Union économique et monétaire). Mais au début des années 1970, la question est un enjeu paradoxal, dans la mesure où l'on reste théoriquement dans le système de Bretton Woods. D'autre part, quoique les pays européens aient intégré les éléments monétaires dans leurs relations, on ne trouve pas trace d'une politique monétaire européenne volontariste. Certes, le traité de Rome n'ignore point les questions monétaires : l'article 104 invite les États membres à assurer l'équilibre de leurs balances des paiements ; l'article 105 prévoit la création du Comité monétaire et l'article 108 souligne la nécessité du « concours mutuel » entre États membres en cas de crise monétaire. Mais ces instances ne remplissent qu'une fonction consultative. En outre, le plan Werner n'a pas abouti et l'arrangement du serpent européen en mars 1972 ne concerne plus les négociations d'adhésion du Royaume-Uni, terminées depuis le mois de janvier de la même année.

On se trouve en quelque sorte dans une période charnière, faite de la coexistence d'un système monétaire théoriquement stable, de parités fixes et de l'apparition, dans le même temps, d'une instabilité monétaire préoccupante. En 1967, on assiste à la dévaluation de la livre sterling ; en 1969, à celle du franc français et à la réévaluation du mark allemand.

Des économistes éminents comme les universitaires Robert Triffin et Elke Thiel, Guido Carli, gouverneur de la Banque centrale italienne ainsi qu'Otmar Emminger, membre du directoire de la Bundesbank, sont d'accord sur le fait que les dettes monétaires britanniques et les balances sterling[2] ne constituent pas des problèmes insurmontables pour l'entrée de la Grande-Bretagne dans la CEE[3]. Dans son rapport pour le Comité Jean Monnet de l'été 1969, Triffin considère l'entrée du Royaume-Uni souhaitable pour la création du Fonds européen de réserve, voire bénéfique pour la CEE qui pourrait profiter de la place financière de

---

[2] La balance des paiements faisant l'objet de définitions multiples, il en résulte certains problèmes d'interprétation. Cependant, afin de rendre des rapports scientifiques accessibles à un public plus large, il est souvent question, dans les documents de l'époque, des « balances sterling » tout court. Voir Archives de la Banque de France (BdF), n° 1397-199802/22, Commission européenne, *Note pour le Comité monétaire sur les balances de paiements des pays à monnaie de réserve et fonctionnement du système monétaire international,* 17 décembre 1970. Pour leur aide précieuse et rapide, je tiens à remercier Olivier Feiertag ainsi que Fabrice Reuzé et Frédérik Grelard des Archives de la Banque de France.

[3] G. Carli et R. Triffin, *Rapports sur les problèmes monétaires posés par l'entrée de la Grande-Bretagne dans le Marché commun pour la quinzième session du Comité d'Action pour les États-Unis d'Europe,* Bruxelles, 15 et 16 juillet 1969 ; E. Thiel, « Europäische Währungskooperation und der britische Beitritt zur EWG », in *Europa-Archiv,* n° 3, 1970, pp. 91-98 ; O. Emminger, participation à la discussion de table ronde, in H. Giersch (ed.), *Integration durch Währungsunion ? Symposium Juni 1970,* Tübingen, JCB Mohr, 1971, pp. 36-43.

Londres. Si la question de l'évolution de la livre n'est pas à négliger au niveau des politiques internes, il n'est pas sûr qu'elle ait constitué un obstacle vital pour l'adhésion britannique. Pourtant l'enjeu de la livre apparaît comme un problème essentiel dans les négociations menées entre les pays européens et le Royaume-Uni – au point d'occuper la même place que le financement de la PAC[4].

L'hypothèse retenue ici met en avant les phénomènes d'instrumentalisation politique d'une question économique objectivement secondaire. Ce qui compte ici, ce n'est pas la description des réseaux en tant que tels, mais l'évaluation de l'influence des réseaux politiques sur des réseaux économiques et *vice versa*. La question de la livre « sterling » peut constituer un reflet, pour la période concernée, de l'influence des sphères politiques sur l'économie et de l'influence des sphères économiques sur la chose politique.

Ce sont ici les mêmes réseaux communautaires que l'on retrouve à l'œuvre dans les débats sur l'Union économique et monétaire. Ce sont les réseaux du ministère de l'Économie et des Finances et des banques centrales qui s'occupent de la question de la livre en coordination avec les ministères des Affaires extérieures.

En Allemagne, l'*Auswärtiges Amt*, l'équivalent du Quai d'Orsay, et le ministère de l'Économie gèrent à tour de rôle, depuis 1958, les affaires européennes, le second recueillant la compétence pour les affaires économiques de la Communauté. Aussi, le ministère de l'Économie allemand joue-t-il un rôle prépondérant au sein du comité interministériel pour les questions économiques et monétaires qui découlent de l'élargissement de la CEE. Ce comité interministériel *ad hoc*, l'IMAG[5], a été créé dans les années 1960 pour coordonner les questions d'élargissement de la CEE et dissout en 1972 une fois les traités d'adhésion signés. Il n'existe pas de structure de coordination institutionnalisée comme le SGCI français. La France n'a nul besoin de créer un comité interministériel pour les questions de l'élargissement, puisqu'elle dispose déjà de l'institution du SGCI, le Secrétariat général du Comité interministériel pour les questions de coopération économique européenne sous l'autorité du Premier ministre, qui traite les dossiers relatifs au Marché commun depuis sa

---

[4] J.R. Bernard, « Georges Pompidou et l'élargissement de la Communauté », in *Commentaire*, n° 66, été 1994, pp. 325-332 ; *id.*, « L'élargissement de la Communauté, vu de Paris », in Association Georges Pompidou (dir.), *Georges Pompidou et l'Europe*, Bruxelles, Éditions Complexes, 1993, p. 237-252.

[5] L'IMAG signifie *Interministerielle Arbeitsgruppe*.

création. Dans les années 1970, la plupart des membres du SGCI sont des fonctionnaires des Finances[6].

Dans ces réseaux communautaires, on retrouve des noms comme ceux des ministres Karl Schiller, Valéry Giscard d'Estaing, de hauts fonctionnaires tels que Johann B. Schöllhorn, Hans Tietmeyer, Otmar Emminger, René Larre, Claude Pierre-Brossolette, Bernard Clappier, Raymond Barre et d'autres personnalités importantes. Le cas de Jean-René Bernard est une bonne illustration de ces milieux économiques et financiers qui sont inséparables des cercles politiques : il est à la fois conseiller financier de l'Élysée et secrétaire général du SGCI. Le président Georges Pompidou n'a-t-il pas lui-même fait ses preuves dans le monde de la Finance au sein de la banque Rothschild ?

Sans s'attarder sur la description de ces réseaux, il convient avant tout de montrer les influences économiques, monétaires et politiques que les milieux communautaires subissent.

Comment se traite une question aussi délicate ? Les Français sont-ils vraiment les seuls à vouloir discuter sur ce sujet « mystérieux »[7], pour reprendre l'expression de Sir Con O'Neill, négociateur britannique de l'époque ?

On se fondera ici sur le rapport de ce dernier, source importante – de première main, une réaction à chaud aux évènements, écrite en 1972 – mais que l'on complètera à la lumière des archives allemandes et françaises.

Étudions alors pourquoi et comment le sujet du rôle international de la livre sterling a pu hanter les esprits européens durant la période des négociations entre 1970-71. On commencera par aborder un évènement précis qui illustre la question : la « dépêche d'Ems » de Jean-Marc Boegner. Dans un second temps, on verra que le problème se révèle à bien des égards plus politique qu'économique : il ne prend sa véritable valeur que dans un contexte de négociation.

---

[6] A. De Castelnau, « Le rôle du SGCI dans les relations de la France avec le Marché commun, 1956-1961 » et son intervention lors du troisième débat, in CHEFF (dir.), *Le rôle des ministères des Finances et de l'Économie dans la construction européenne (1957-1978)*, t. I, Paris, ministère de l'Économie et des Finances, 2002, pp. 207-227, 271.

[7] Sir Con O'Neill, fonctionnaire au Foreign Office à l'époque, était le leader de la délégation anglaise pour les négociations d'adhésion à la CEE. Sir D. Hannay (ed.), *Britain's Entry into the European Community. Report by Sir Con O'Neill on the Negotiations of 1970-1972*, London, Whitehall History Publishing, 2000, p. 124.

I. Les discussions sur la livre sterling...

Dans la littérature de l'époque, le problème de la livre sterling commence souvent avec la réunion du Comité des représentants permanents des Six à Bruxelles du 18 mars 1971 où Jean-Marc Boegner demande au nom de la France que les ministres abordent, au cours de leur session du 30 mars, l'examen des problèmes que pose le rôle international de la livre sterling dans la perspective de l'adhésion de la Grande-Bretagne. Il communique à ses collègues un document où se trouvait esquissée l'opinion du gouvernement français sur ce sujet.

Bien que la réunion du 18 mars ait été tenue dans un cadre restreint et dans la confidentialité, l'initiative du représentant permanent français ne tarda pas à être connue : dans les milieux communautaires et de la Grande-Bretagne, on se demanda si elle ne préparait pas un nouveau veto de la France contre la candidature britannique ou du moins si elle ne tendait pas à retarder une conclusion des négociations.

A. La « dépêche d'Ems » du représentant permanent français auprès de la CEE

Pour illustrer les jugements de l'époque, on peut relever quelques exemples. Selon le porte-parole du Labour en matière de politique extérieure, Denis Healey, la France veut essayer d'empêcher le succès des négociations[8]. Le ministre britannique pour les Affaires européennes, Geoffrey Rippon, se voit interroger sur cette initiative française sur la livre sterling le 22 mars 1971 à la Chambres des Communes par des députés qui craignent un nouveau veto. M. Schumann, ministre des Affaires étrangères, s'en défendit, dans une audition par la Commission des Affaires étrangères de l'Assemblée nationale : il n'est pas question d'un veto ; mais il y a une contradiction entre l'appartenance à la Communauté, qui a ses réserves monétaires propres, et la possession d'une monnaie de réserve internationale. Et *last but not least*, la réaction la plus virulente provient de l'administration communautaire elle-même : le directeur général Wellenstein, responsable de la Commission pour les négociations d'élargissement, parle d'une « brutalité » et d'une « maladresse » de la part de Boegner, les commissaires français eux-mêmes semblent étonnés du comportement du représentant permanent français[9]. Le confrère allemand de Boegner, Georg Sachs, considère le comporte-

---

[8]   Bundesarchiv (BA), Fonds du ministère de l'Économie, B 102, « Spezielle britische Beitrittsprobleme : Kapitalverkehr, Zahlungsbilanz, allgemeine Währungsprobleme, Januar-März 1971 », n° 180089, *VWD-Europa-Nachrichten*, 23 mars 1971.

[9]   BA, B 102, n° 180089 : Sachs, Bruxelles (CEE), à l'Auswärtiges Amt, 19 mars 1971, n° 871, objet : *Beitrittsverhandlungen mit Großbritannien, hier : Britische Wirtschafts- und Währungslage*.

ment français comme dangereux pour la suite des négociations[10]. Le Néerlandais Sassen, représentant permanent de son pays auprès de la CEE, dans une réaction à chaud, considère le discours de Boegner même comme une « dépêche d'Ems »[11], en faisant référence aux évènements de 1870. Ces réactions à la « dépêche d'Ems » sont-elles justifiées ?

Le discours de la délégation française le 18 mars 1971 au COREPER[12] est éloquent. Selon Boegner, le « but dans cette affaire importante est de faire en sorte que le conseil des ministres des Six adopte le plus rapidement possible une attitude commune qui puisse servir de base à une discussion avec la Grande-Bretagne. ». Dans ce document, la France se réfère à la décision du Conseil de la CEE du 11 juin 1970 sur la préparation de la discussion avec le Royaume-Uni. La position française comprend trois axes généraux : le rôle de la livre sterling comme monnaie de réserve, les « balances sterling » et les mouvements de capitaux.

En premier lieu, la France constate qu'il y a contradiction entre l'appartenance à la communauté, qui s'achemine vers une UEM, et la gestion d'une monnaie de réserve internationale. Il s'agit là d'un principe général qui – selon les Français – paraît valable pour tous les pays de la Communauté, qu'elle soit ou non élargie, et n'est inspiré ni par le seul souci des intérêts nationaux français ni par le seul fait que des négociations d'adhésion à la Communauté soient en cours. La Grande-Bretagne n'est pas obligée de mettre fin au rôle international de la livre au moment de son adhésion, mais il faudrait qu'au cours de la période de transition, elle fasse en sorte que le volume des réserves détenues en livres sterling diminue progressivement.

Ensuite, la délégation française estime que les dispositions des articles 108 et 109 du traité de Rome ne peuvent être mises en œuvre en faveur d'un pays membre que si les difficultés qu'il rencontre tiennent à l'évolution de son économie proprement dite. Il en résulte notamment que, si la Grande-Bretagne, une fois membre de la Communauté, connaissait un problème de change du fait des conversions de balances sterling par leurs détenteurs, l'assistance qui pourrait lui être accordée devrait provenir non pas des mécanismes communautaires, mais des procédures internationales appropriées.

Enfin, Boegner se prononce sur les discriminations, de la part du Royaume-Uni, en matière de mouvements de capitaux qui favorisent les pays du « Commonwealth blanc »[13] par rapport aux États membres de la

---

[10] *Ibid.*

[11] *Ibid*

[12] *Ibid.*

[13] Il est question des pays développés et « occidentalisés » du Commonwealth tels que l'Australie et la Nouvelle-Zélande.

Communauté. L'entrée de la Grande-Bretagne dans le Marché commun – dit-il – doit s'accompagner de la suppression immédiate par ce pays de ces discriminations. En facilitant les exportations de capitaux du Royaume-Uni vers les autres pays de la zone sterling, ce régime contribue à accroître, toutes choses égales par ailleurs, le volume des balances sterling et la vulnérabilité monétaire extérieure britannique.

La position de Boegner respecte parfaitement la ligne officielle de son pays. Le représentant permanent français fait exactement la communication qui lui a été prescrite par Jean-Pierre Brunet, directeur des Affaires économiques et financières au ministère des Affaires étrangères, le 18 mars 1971 au matin[14]. Il n'a cependant pas mentionné le deuxième paragraphe de ce télégramme qui soulignait la satisfaction française du travail accompli par la Commission. Comme un document de la Commission n'a été en effet envoyé aux représentations permanentes que la veille, Boegner a jugé préférable de ne pas faire état de ce point pour ne pas révéler par-là même que les Français avaient eu connaissance de ce document avant les autres représentants. C'est ainsi que Boegner omet volontairement la partie la plus positive de son intervention – l'éloge du travail communautaire – et ne fait mention que de l'attitude critique – et négative – de la France. La Commission européenne partageait alors les préoccupations françaises.

B. Signes précurseurs d'une fausse surprise

La Commission européenne n'avait pas négligé la question de la livre comme on le voit dans ses rapports de 1967 et de 1969[15]. Une décision communautaire secrète[16] de juin 1970 envisage en effet une discussion avec le Royaume-Uni sur les problèmes liés à l'évolution de la livre et soumet le choix d'une position commune à la connaissance de

---

[14]   Centre d'Archives contemporaines (CAC), Fonds SCGI, n° 900648, art. 43, « Questions économiques, financières et monétaires – adhésion de la Grande-Bretagne, 1970-72 » : Brunet, MAE, à la délégation française à Bruxelles, 18 mars 1971, n° 238-247, *a/s : Communauté et zone sterling* ; Boegner, Bruxelles, à MAE, 18 mars 1971, n° 573-580, secret, objet : *Négociations avec la Grande-Bretagne – Problèmes économiques, financiers et monétaires.*

[15]   Commission européenne, *Avis sur les demandes d'adhésion du Royaume-Uni, de l'Irlande, du Danemark et de la Norvège*, Bruxelles, 29 septembre 1967. Dans le nouvel avis, transmis au Conseil le 1er octobre 1969, la Commission conclut : « si la dévaluation de la livre a ouvert le voie à la solution de certains problèmes posés dans l'Avis du 29 septembre 1967 et peut contribuer à l'adaptation que rendrait nécessaire pour le Royaume-Uni une adhésion à la Communauté, il est en revanche plus difficile d'entrevoir les perspectives qui peuvent se dessiner dans le domaine de l'endettement en devises du Royaume-Uni et dans celui des balances sterling. Aussi leur examen avec le gouvernement du Royaume-Uni serait-il opportun. »

[16]   Commission européenne, document 56/70, juin 1970.

l'attitude britannique. La position française se réfère à cette décision. Les questions monétaires sont reprises lors de l'ouverture officielle des négociations avec les pays candidats, le 30 juin 1970, et confirmées au Conseil d'octobre à Luxembourg. Un questionnaire confidentiel est envoyé à Londres fin décembre, dans lequel la CEE demande des précisions sur la situation (macro-économique) du Royaume-Uni. Ce questionnaire est renvoyé en février 1971 à la Commission. C'est précisément le 18 mars 1971 que celle-ci fait part au COREPER de son avis sur la réponse britannique. La position de Boegner s'inscrit donc tout à fait dans le cadre communautaire. Finalement tout le monde s'accorde sur une certaine initiative communautaire en ce qui concerne la livre.

Il convient de rappeler que tout ce travail au sein de la Communauté autour du sterling a été classé secret ou confidentiel – justement pour tenir compte du fait qu'il n'y avait pas encore de véritable politique monétaire commune et pour éviter des spéculations autour de la livre à une époque de troubles monétaires. Mais le secret semble être mal respecté à Bruxelles. Dès l'automne 1970, les journaux sont d'avis que la question du sterling sera abordée lors des négociations[17]. La presse européenne connaît l'existence du questionnaire confidentiel de la CEE adressé à la Grande-Bretagne bien avant le mois de mars 1971[18]. Au début de l'année 1971, plusieurs parlementaires européens adressent des questions écrites au Conseil et à la Commission afin de savoir davantage comment la Communauté européenne envisage de discuter du rôle international de la livre[19]. Déjà le 18 mars 1971 au soir – quelques heures après l'intervention de Boegner au COREPER – la presse est au courant de l'affaire. Certains journaux, comme le *Frankfurter Allgemeine Zeitung*, le *Neue Züricher Zeitung* ou le *Financial Times*[20], considèrent déjà la manœuvre comme une tactique politique.

---

[17] Le *Financial Times* du 3 novembre 1970 publie un article sur le sujet : « Entry Talks. Sterling under scrutiny » dans lequel il affirme que la question de la livre sterling serait « scarcely surprising ».

[18] Cf. articles de presse dans les dossiers BA, B 102, n° 180088-180089.

[19] Les questions écrites de la part des parlementaires européens suivants : M. Glinne au Conseil des Communautés européennes, 6 janvier 1971, n° 416/70 ; M. Couste à la Commission, 24 février 1971, n° 544/70 ; M. Vredeling à la Commission, 5 mars 1971, n° 556/70.

[20] Le *FAZ* du 22 mars 1971, « Paris fragt nach dem Pfund in der EWG » ; le *NZZ* du 22 mars 1971, « Spekulationen über Frankreichs Haltung in den EWG-Erweiterungs-verhand-lungen » ; Archives Nationales (AN), Fonds Georges Pompidou, 5 AG 2, n° 1014. Sur la traduction du *FT* du 22 mars 1971, intitulé « La France élève les enjeux », qui donne implicitement raison à l'attitude de la France par rapport à la livre, on trouve une annotation du Président Georges Pompidou qui : « [...] justifie la présence de M. Giscard d'Estaing à Bruxelles le 30 mars ».

Même du côté allemand, ce que l'on trouve dans les archives du ministère de l'Économie confirme à plusieurs égards que l'intervention de Boegner n'avait rien de choquant ou de neuf côté contenu, mais que le moment de l'initiative française était surprenant. On ne s'attendait tout simplement pas à une initiative au mois de mars[21].

Par ailleurs, le côté britannique était très bien informé sur le sujet : depuis le début de l'année les ministres britanniques du Trésor, Anthony Barber, et des Affaires européennes, Geoffrey Rippon, n'arrêtent pas de rassurer et de déclarer aux Communes et devant la presse que le Royaume-Uni est prêt à aborder le problème de la livre sterling mais pas à négocier avec la CEE. Barber affirme dans une réponse orale aux Communes le 9 mars 1971 : « The discussions are bound to be confidential if they are to be of any use. »[22] – ce qui est une bonne preuve du contraire : les discussions ne sont plus confidentielles à partir du moment où on en parle aux Communes, dans la presse et dans plusieurs pays. Ceci explique également le caractère de rumeur et de spéculation que prend l'affaire du sterling. La position française qui consiste à mettre en avant les questions monétaires dans les négociations d'adhésion a peut-être tout simplement été une réaction à l'instrumentalisation de cette question par la presse.

C. Dégagement rapide de la question de la livre

La confrontation avec la chronologie permet d'émettre l'hypothèse de la tentative par les Français d'instrumentaliser la question du sterling : il y a « beaucoup de bruit pour rien ». Mais on a quand même l'impression que ce « bruit » sert à améliorer l'ambiance communautaire : le sujet s'estompe en effet rapidement parce qu'il y a des résultats concrets dans les « vraies » questions communautaires comme la PAC et le financement des politiques communautaires. De plus, la question monétaire devient trop difficile après la crise du dollar le 5 mai 1971 et le flottement du Deutsche Mark le 8 mai 1971.

Comment le sujet est-il traité par la suite ? Le 30 mars au Conseil des ministres, Valéry Giscard d'Estaing prononce un discours très semblable à celui de Boegner, mais – semble-t-il – sur un ton plus conciliant. Il y est décidé de créer un groupe *ad hoc* sur les questions de la livre sterling. Le 6 mai 1971, le COREPER discute du rapport de ce groupe *ad hoc*. On n'aboutit guère à un jugement communautaire d'ensemble. Sur les sujets monétaires, la Communauté ne semble aucunement avoir

---

[21] BA, B 102, n° 180089, Dr. Tietmeyer, vice-directeur du département Europe (E), au ministre Karl Schiller, 19 mars 1971.

[22] Oral answer by Mr. Barber, Hansard cols. 226-7, 9 mars 1971.

une vision commune[23]. C'est pourquoi le 8 mai, au Conseil des ministres des Six, aucune décision sur le sujet « sterling » n'est prise. Les 11 à 13 mai 1971, lors de la sixième Conférence de ministres entre le Royaume-Uni et les Six, on trouve un accord sur le sucre du Commonwealth et les mesures transitoires dans l'agriculture.

La rencontre Pompidou-Heath des 21 et 22 mai 1971 sert avant tout à un profond échange de vues, dans une bonne ambiance, sur les problèmes les plus actuels de l'époque – à savoir les turbulences monétaires, sterling inclus, et les questions d'élargissement de la CEE. Les deux hommes d'État parlent des concessions éventuelles qu'ils seront probablement prêts à accorder au niveau européen. Mais comme il se doit, on n'arrête pas de décisions définitives[24]. Les décisions communautaires les plus importantes se prendront, évidemment, à Bruxelles, dans le cadre prévu à cet effet. Finalement, les 7 et 8 juin 1971, lors de la septième conférence de ministres entre le Royaume-Uni et les Six, le ministre britannique, Rippon, se prononce sur la livre, une initiative communautaire en est probablement à l'origine. On aboutit à un « accord sur le sterling » dans la mesure où la Communauté approuve le discours de Rippon sur la livre. Ensuite, le 9 juin 71, Rippon s'explique devant les Communes sur l'avenir du sterling. Le lendemain, le Premier ministre Heath s'explique devant les Communes sur le même sujet. La huitième conférence de ministres entre le Royaume-Uni et de la CEE des 21-23 juin 1971 marque la fin des négociations à proprement parler, car toutes les questions importantes seront réglées. On s'accorde sur les dernières questions épineuses : les produits laitiers néo-zélandais et les finances communautaires.

On constate qu'il y a eu des discours au plus haut niveau politique. Côté contenu, il n'y a rien de neuf. Cependant, il faut souligner un aspect de « forme » important : le débat sur la livre devient public, donc il constitue un enjeu politique. Il était certainement non négligeable que le discours du Premier ministre Heath aux Communes se déroule avant le règlement financier avec le Royaume-Uni. C'était bien pour améliorer l'ambiance générale et c'était un pas, parmi d'autres, vers la réussite des

---

[23] Document interne de la CEE, *Examen des problèmes économiques, financiers et monétaires susceptibles de se poser du fait de l'élargissement*, n° 340, 1971. Il y a non seulement une différence entre les attitudes française et allemande, mais aussi entre la France, d'une part, et d'autre part, l'Italie et les Pays-Bas, pays qui s'opposent peut-être le plus à l'attitude des Français en matière de la livre sterling. Sauf l'accord général des Six sur l'interprétation de l'article 108 du traité de Rome, les Français n'ont pas pu faire admettre l'idée que les difficultés économiques britanniques sont dues en partie à l'existence de la zone sterling et du rôle de monnaie de réserve de la livre.

[24] AN, 5 AG 2, Carton 108, entretiens franco-britanniques, 1969-73.

négociations. Même si elle n'engage à rien et exprime surtout la bonne volonté[25], la déclaration de Rippon du 7 juin 1971 prend toute son importance en étant annexée au traité.

II. ... un sujet « réel » de négociations ?

Il faudrait placer les discussions sur le problème de la livre dans le contexte global des négociations d'adhésion – ce que les Français avaient d'ailleurs toujours revendiqué par la propagation d'une « approche globale » des différentes matières dans les négociations.

A. Nécessité d'accélérer les négociations

Les négociations ont été trop lentes, mais la Communauté veut pourtant les terminer fin 1971 comme prévu. À partir de 1970, on assiste à une certaine amélioration des dettes britanniques[26] et avant que le problème ne resurgisse, il s'agit d'arranger le financement de la PAC. Ce qui agace la délégation française, c'est la proximité des Allemands, des Néerlandais et des Britanniques sur les questions de la période de transition à accorder au Royaume-Uni pour les produits laitiers et le sucre provenant du Commonwealth, en particulier la Nouvelle-Zélande[27]. Aussi les congrès des partis britanniques auront-ils lieu à la fin de 1971. Au plus tard en mars 1971, ces deux enjeux – la difficulté des Six à formuler une attitude commune et la pression exercée par la délégation britannique – se conjuguent pour dévoiler une crise de plus en plus visible.

C'est dans ce contexte que les Français contribuent à lancer, en public, la question de la livre sterling mi-mars 1971. En effet, depuis février 1971, des préoccupations sérieuses hantent l'administration française au sujet des négociations et de la participation de la Grande-Bretagne au financement communautaire. Dans un télégramme alarmant du 12 février 1971, Boegner se demande comment va s'opérer la manœuvre anglaise à laquelle les partenaires européens de la France vont plus ou moins complaisamment prêter la main. Il souhaite être autorisé à tenir un langage ferme pour bien marquer aux Cinq et, à travers eux, aux Anglais, que les Français ne sont pas dupes. Le représentant permanent de la France à Bruxelles conclut alors qu'« il en résultera une période de

---

[25] « Wise decision about a non-event » selon *The Economist* du 12 juillet 1971.

[26] BdF, n° 1397.199802/ 23, *Douzième rapport d'Activité du Comité monétaire*, Bruxelles, 30 juin 1970, p. 12 : « L'évolution de ses comptes extérieures a permis au Royaume-Uni de rembourser – parfois par anticipation – une partie importante de sa dette extérieure. »

[27] BA, B 102, 65090, A.A. Poensgen, à la délégation allemande à Bruxelles, 16 février 1971, n° 870.

tension avec les Britanniques et au sein des Six. C'est une perspective inévitable et je ne pense pas que le moment puisse en être retardé »[28].

Un autre témoignage inquiétant provient de Jean Wahl[29], chef des services d'expansion économique à l'ambassade de France à Londres qui explique dans un long courrier ses impressions sur les conditions actuelles de la négociation d'adhésion de son pays hôte au Marché commun. Pour lui, le temps presse. La CEE et le Royaume-Uni s'affrontent sur la principale difficulté de la négociation, à savoir le règlement financier. Si le gouvernement français souhaite le succès de la négociation, Wahl propose donc que la France

> accepte sans tarder de mener près de leur aboutissement les discussions concernant les problèmes autres que celui du règlement financier et que, pour celui-ci, un accord intervienne avant les vacances d'été. [...] Si au contraire le gouvernement français ne souhaite pas le succès de la négociation, il doit ralentir la discussion sur les problèmes autres que ceux du règlement financier.

En accélérant la discussion au sein du Marché commun sur les choses autres que le financement, à savoir la livre sterling, les Français n'ont-ils pas montré leur bonne volonté pour faire aboutir l'élargissement ? Il semble ainsi que la livre ait servi de moyen et d'instrument de pression afin de sortir les négociations d'élargissement de l'impasse.

On peut mentionner une autre preuve de l'instrumentalisation de la question de la livre sterling du côté français : selon une dépêche du représentant permanent allemand, Georg Sachs, la délégation française s'est expliquée sur les motifs de l'attitude hexagonale[30]. La France avait revendiqué que le Conseil du 30 mars 1971 s'occupe des questions de la livre sterling pour que la CEE ait une meilleure position vis-à-vis de la Grande-Bretagne lors des négociations en général. Il faut laisser de l'espace pour d'éventuels compromis. On ne pourrait pas imaginer de présenter à l'Angleterre une offre finale où il n'y a plus d'espace pour une marge de négociations. En décembre 1970, le Royaume-Uni avait proposé de participer à la hauteur de 3 % au budget pendant la période de transition la première année. Il n'est pas possible d'avoir une position commune en dessous de 10 % pour pouvoir négocier. 21,5 % du côté

---

[28] CAC, SGCI, 900648, art. 44 : Boegner, Bruxelles, à MAE, 12 février 1971, n° 238-243, objet : *Participation de la Grande-Bretagne au financement communautaire.*

[29] Jean Wahl dirigea le PEE à Londres entre 1965 et 1977. L'importance de son rôle pour l'entrée de la Grande-Bretagne dans la CEE a récemment été soulignée par : L. Badel, « Le rôle tenu par le poste d'expansion économique de Londres dans le processus d'adhésion du Royaume-Uni au Marché commun (1966-1971) », in CHEFF (dir.), *Le rôle des ministères des Finances, op. cit.*

[30] BA, B 102, 180088, Sachs, Bruxelles, à *l'Auswärtiges Amt*, Bonn, 19 mars 1971, n° 889.

français apparaît comme une base de négociations pragmatique. En effet, le gouvernement britannique avait proposé, pendant la période transitoire, de payer un certain pourcentage des dépenses du Marché commun, et il avait avancé pour la première année le chiffre de 3 %, qui n'avait paru acceptable à aucun des Six.

Il apparaît donc que les Français ne sont pas contents du déroulement des négociations en général – les milieux communautaires non plus (certains cercles communautaires sont contents que les Français posent cette question de confiance pour faire progresser les négociations en général). Certaines voix craignent que les négociations des années 1970 se terminent comme celles du début des années 1960, que l'on s'enlise dans des débats sur les « clous de girofle » et les « crosses de hockey »[31]. Les négociations en général n'ont pas beaucoup avancé sous la présidence allemande de juillet 1970 à décembre 1970 – des questions importantes comme le financement de la PAC, les produits laitiers et le sucre en provenance des pays développés du Commonwealth n'ont quasiment pas trouvé de consensus au sein de la CEE où notamment les Allemands et les Français s'opposent.

B. Les interférences et ambiguïtés franco-allemandes

On peut avoir l'impression que les Allemands semblent penser beaucoup plus aux Anglais qu'à leurs partenaires au sein du Marché commun. Depuis que la Commission européenne s'est prononcée sur une période transitoire en matière financière de cinq ans, l'Allemagne s'y oppose, car elle veut proposer une période plus longue pour que la Grande-Bretagne puisse mieux s'adapter au règlement financier de la CEE. Dans un document du ministère de l'Économie allemand qui prépare le Conseil des ministres en décembre 1970, il est question qu'« il ne faut pas éviter un éclat au sein de la Communauté pour que le compromis communautaire final puisse être accepté par les Britanniques »[32]. Dans leurs courriers évoqués plus haut, Boegner et Wahl mettent le ministère des Affaires étrangères tout particulièrement en garde contre le comportement allemand jugé trop accommodant vis-à-vis des Anglais.

Les Allemands cherchent apparemment les meilleures possibilités de faire entrer le Royaume-Uni : au début, la délégation de la RFA essaie de ne pas se prononcer sur le sujet du rôle international de la livre. En

---

[31] BA, B 102, 180089, *VWD-Europa-Nachrichten*, 25 mars 1971, « Erweiterungs-verhandlungen am harten Kern angelangt » par R. Hellmann : « Die Verhandlungen von 1961 bis 1963 waren gerade dadurch gekennzeichnet, daß viel über Gewürz-nelken und Hockeyschläger, jedoch kein Wort über die Wirtschafts- und Währungs-politik gesprochen wurde ».

[32] BA, B 102, 180089, ministère de l'Économie, note sur la 135ᵉ réunion du Conseil de la CEE, 10 décembre 1970, p. 1.

décembre 1970, autour du débat sur le questionnaire de la CEE sur la situation monétaire adressé à la Grande-Bretagne, elle fait une déclaration secrète sur la livre soulignant que ce sujet n'entre pas dans les négociations[33]. Ce qui constitue un désaveu de l'initiative communautaire.

Mais la délégation allemande qui, au début, ne voulait pas trop se montrer accommodante avec les Français sur la question monétaire, semble changer d'attitude après l'initiative de Boegner le 18 mars 1971 au COREPER. Peut-être parce qu'elle avait vu jusqu'où les Français étaient prêts à aller pour négocier un élargissement acceptable pour leur pays. Dans un document interne pour le ministre de l'Économie et des Finances (Karl Schiller), Tietmeyer constate le 19 mars 1971 que l'on n'était pas du tout content des revendications françaises, mais que, côté contenu, les positions française et allemande ne sont finalement pas si éloignées que cela[34]. La France se prononce pour une réduction des « balances sterling » tout court ; les Allemands pour une limitation de la hausse des « balances sterling ». La France souhaite une abolition immédiate de la position privilégiée de l'Australie et de la Nouvelle-Zélande. Les Allemands souhaitent la même chose mais pas immédiatement, seulement une abolition de ces privilèges du « Commonwealth blanc » au fur à mesure. La France veut limiter la portée de l'article 108 du traité de Rome au détriment de la Grande-Bretagne. L'Allemagne refuse ceci, mais elle-même n'est pas prête à financer tout ce qui sort du court terme. Les positions de la France et de la RFA disposent donc d'un contenu souvent semblable, mais d'une forme différente. En outre, les Allemands n'apprécient guère les effets politiques et psychologiques néfastes qu'entraîne l'initiative des Français.

Comme cette différence ne semble être que psychologique et que tout le monde veut quand même avancer dans les négociations d'élargissement, on décide, grâce à une tentative de médiation belge, de créer un nouveau groupe *ad hoc* sur les questions du sterling et de faire appel au Comité monétaire et des gouverneurs des banques centrales de la CEE qui existent déjà depuis les années 1960. De fait, la question de la livre sterling devient ainsi un sujet des négociations avec la différence que ces questions monétaires perdent leur caractère politique et sont de nouveau traitées par les experts au sein des réseaux monétaires du Marché commun où la confidentialité est respectée. Le sujet de la livre est donc transféré à des comités d'experts et un comité *ad hoc*, ce qui revient à un retour à la situation antérieure.

---

[33] BA, B 102, 180088, secrétariat général du Conseil de la CEE, Bruxelles, 29 décembre 1970, secret, n° 8, déclaration de la délégation allemande en annexe.

[34] BA, B 102, n° 180089, Dr. Tietmeyer, vice-directeur du département Europe (E), au ministre Karl Schiller, 19 mars 1971.

Selon la décision du Conseil des ministres du 30 mars 1971, le Comité monétaire et le Comité des gouverneurs des banques centrales sont saisis de certains aspects de ces problèmes en vertu des décisions du 8 mai 1964 concernant d'une part la collaboration entre les banques centrales des États membres de la CEE et d'autre part la collaboration entre les États membres en matière de relations monétaires internationales, à savoir le renouvellement des accords de Bâle de 1968 sur la conso-lidation des « balances sterling », qui expire en septembre 1975, à une époque où la Grande-Bretagne sera déjà depuis plusieurs années membre du Marché commun, si la négociation en cours réussit. En 1968, ces accords avaient été conclus entre dix banques centrales, dont celles des pays de la CEE, à l'exception de la France, pour assurer une garantie dollar au sterling d'un montant de 3,08 millions de livres ster-ling. Les 18 et 19 avril 1971, les gouverneurs des banques centrales des États membres décident alors de prolonger tout simplement les accords de Bâle sans que la France s'y oppose. Cependant, le lendemain, au Comité monétaire, le Français René Larre, directeur du Trésor, déplore « la précipitation avec laquelle le renouvellement a été décidé par les Banques Centrales »[35].

C. La question de la livre comme miroir des inquiétudes monétaires européennes et internationales

Le statut international de la livre sterling, soulevé par la France en mars 1971, et bien qu'il ne rentre pas dans le traité de Rome, est devenu, dans les faits, un des sujets majeurs de débat au sein des instances euro-péennes. Si avec le recul, on est en mesure de défendre l'hypothèse de l'instrumentalisation politique de la livre lors des négociations d'élargis-sement, il semble néanmoins nécessaire de la placer dans son contexte monétaire. Cette hypothèse est d'autant plus facile à défendre qu'elle correspond à la logique du système de Bretton Woods. Dans un système international des parités fixes, la monnaie joue un rôle beaucoup plus « politique » que dans l'actuel « non-système » où les ajustements monétaires se font davantage sur les marchés financiers. Il semble en conséquence utile de relier les négociations sur l'élargissement de la CEE aux discussions difficiles sur la réforme du système de Bretton Woods.

Rappelons que les cultures monétaires sont différentes chez les deux principaux partenaires de la construction européennes, Français et Allemands. Dès les premières réunions du groupe Werner début 1970,

---

[35] BdF, 1397-199802/22, directeur du Trésor au ministre de l'Économie et des Finances, Compte rendu de la 148ᵉ session du Comité monétaire, 20 avril 1971.

l'opposition paraît franco-allemande[36]. Le représentant allemand, J.-B. Schölhorn, président du Comité de politique économique à moyen terme, et Hans Tietmeyer, son assistant au sein du groupe, défendent la thèse dite économiste. Selon cette thèse défendue également par les Pays-Bas et, partiellement, par l'Italie, l'aboutissement de l'union économique constitue un préalable à la création de l'union monétaire. D'abord, il faut rendre compatibles les politiques économiques, ensuite viendra la coopération monétaire. C'est à l'opposé que se trouvent le Français Bernard Clappier, également sous-gouverneur de la Banque de France et président du Comité monétaire de la CEE, ainsi que le président belge du Comité des gouverneurs des Banques centrales, le baron Ansiaux. Ils soutiennent la thèse monétariste : l'union monétaire est considérée comme levier pour obliger les gouvernements à prendre leurs responsabilités économiques.

D'ailleurs, au début des années 1970, les Français profitent d'une position de force au sein des institutions européennes et internationales, qu'il s'agisse de Pierre-Paul Schweitzer à la direction générale du FMI, de René Larre à celle de la BRI (à partir de 1971), de Bernard Clappier à la présidence du Comité monétaire du Marché commun, Claude Pierre-Brossolette à celle du Comité *ad hoc* de la CEE sur la livre sterling ou de Raymond Barre, vice-président de la Commission des Communautés, chargé des affaires monétaires.

Les Français attachent beaucoup plus d'importance au rôle de la monnaie que les Allemands, qui soulignent davantage l'indispensable discipline économique interne et une certaine flexibilité des changes. C'est pourquoi ce sont surtout les Français qui s'opposent aux Allemands dans les comités de la CEE, notamment lors de la décision de la RFA de laisser flotter sa monnaie en mai 1971. Le 6 mai 1971, le Comité monétaire, sous la présidence du Français Bernard Clappier, s'inquiète en particulier « d'une des solutions présentées par les autorités fédérales et qui consiste dans un élargissement des marges de fluctuation du DM vis-à-vis du dollar » qui suscite de « graves préoccupations »[37]. Le 26 mai 1971, Claude Pierre-Brossolette, membre titulaire du Comité monétaire et successeur de Larre au poste de directeur du

---

[36] R. Frank, « Français et Allemands face aux enjeux institutionnels de l'union monétaire : du plan Werner à l'euro 1970-2000 », in M.-T. Bitsch (dir.), *Le couple France-Allemagne et les institutions européennes. Une postérité pour le plan Schuman ?*, Bruxelles, Bruylant, 2001, p. 544. Sur le couple monétaire franco-allemand voir aussi : A. Wilkens, « Westpolitik, Ostpolitik and the Project of the Economic and Monetary Union. Germany's European Policy in the Brandt Era 1969-1974 », in *Journal of European Integration History*, vol. 5, n° 1, 1999, pp. 73-102.

[37] BdF, 1397-199802/22, Secrétariat du Comité monétaire, Bruxelles, 13 mai 1971, projet de compte rendu de la 149ᵉ session du Comité monétaire du 6 mai 1971.

Trésor dans le ministère de l'Économie et des Finances, fait ressortir que la complaisance avec laquelle l'Allemagne a abandonné temporairement la parité fixe contraste avec le prix que la France attache au maintien du système mis en place à Bretton Woods[38]. Au plus tard à partir de mai 1971, on a l'impression que la question de la livre sterling s'efface devant la crise du DM qui se prolonge en profonde crise internationale du dollar en août 1971.

Conclusion

La question de la livre se résout au fur et à mesure que les négociations avancent sur les questions très « politiques » de la PAC. On s'est servi de la question de la livre sterling, on l'a « politisée », pour détourner l'attention sur elle et faciliter les négociations sur les questions importantes.

Comme instrument de négociation, comme sujet politique, la livre sterling a bien servi dans le sens où la Communauté peut être satisfaite des négociations sur le financement de la PAC. C'est l'opinion de Klaus Otto Nass[39], fonctionnaire communautaire à l'époque, qui fait en quelque sorte l'éloge des Français dont la tactique avait permis d'obtenir le bon résultat final des négociations. Tout le monde voulait l'élargissement, mais pas à n'importe quel prix.

Sinon, comme sujet en tant que tel, sujet économique et monétaire à proprement parler, la discussion sur la livre sterling fut un échec. La question de la livre sterling s'est estompée comme s'est estompé le plan Werner. Ce sont d'ailleurs les mêmes milieux communautaires qui en débattent. « L'arrière-plan monétaire » est significatif : on s'approche de la fin définitive du système de Bretton Woods, ce qui perturbe les esprits. Tous les Européens sont touchés, mais différentes solutions (plans Barre et Werner, Fonds européen de réserve à la Triffin, projets de Schiller, débats amorcés sur des cours de changes flottants) circulent. Ils renvoient à des mentalités divergentes : les Allemands semblent déjà penser au « non-système », impliquant des parités flottantes. Les Français développent des conceptions opposées – ce dont témoignent en particulier les réunions du Comité monétaire et des Gouverneurs des Banques centrales de la CEE où Bernard Clappier et Ottmar Emminger jouent un rôle crucial.

---

[38] BdF, 1397-199802/ 23, directeur du Trésor au ministre de l'Économie et des Finances, Compte rendu de la 150e session du Comité monétaire de la CEE, 26 mai 1971.

[39] K.O. Nass, *Englands Aufbruch nach Europa. Ein erster Überblick über die Beitrittsverhandlungen*, Bonn, Europa Union Verlag, 1971.

Raymond Aron prévoyait déjà en juillet 1969 dans *Le Figaro* une discussion difficile sur le problème de la livre sterling :

> Les rectifications éventuelles des parités de change, par exemple la réévaluation du Mark, ne devraient pas dissimuler l'essentiel : aussi longtemps que les Six n'auront pu s'entendre ni en théorie ni en pratique sur l'intégration monétaire dans le cadre du Marché commun ou sur les réformes éventuelles du système monétaire international, on voit mal comment une négociation avec la Grande-Bretagne sur la livre pourrait réussir.[40]

On peut aller dans le même sens que lui, et conclure que les négociations auraient abouti à un échec si l'on avait pris le rôle de la monnaie britannique trop au sérieux. Finalement, l'un des facteurs de réussite des négociations, c'est le fait que cette discussion sur la livre sterling se soit estompée comme les projets d'UEM.

---

[40] R. Aron, « Les Six et l'intégration monétaire », in *Le Figaro*, 19-20 juillet 1969.

Réflexions finales

Alfonso Iozzo

Administrateur délégué du Groupe San Paolo IMI

Je ferai trois réflexions liées aux idées et aux projets de Robert Triffin[1]. D'abord, c'était très intéressant ce qu'a dit Ivo Maes à propos du fait que Triffin voulait créer un fond européen de réserve, et il a gagné l'euro. Mais Triffin aimait dire qu'il pouvait faire nonante-neuf fois une erreur et une fois gagner. Si on gagne une fois, on efface toutes les erreurs. Je pense qu'il a eu raison. Mais, sur ce point, je regrette que le 1er janvier 2002, lorsque dans les poches de nous tous, les Européens, il y avait pour la première fois des euros, beaucoup de gens aient dit que le père c'était Robert Mundell. Ce jour là, j'étais heureux à cause de l'arrivée de l'euro mais, en même temps, j'étais un peu déçu parce que je suis convaincu que, sans toucher à l'apport de Mundell, c'était Triffin qui avait fait le grand effort. Surtout, c'était le seul du milieu académique qui avait eu le courage de dire qu'on pouvait faire certaines choses. Tous les autres économistes disaient que c'était une excellente idée mais qu'il y avait telle ou telle difficulté... Si je peux faire une référence historique, je dirais que pour Triffin, il s'est passé ce qui s'était passé pour Christophe Colomb. Celui-ci voulait découvrir l'Inde par l'ouest, il a découvert l'Amérique ; Triffin voulait un fonds européen de réserve, il a obtenu l'euro.

Mais, c'est ma deuxième remarque, il y avait un autre objectif qui à un moment donné avait stimulé Triffin, lorsqu'il a travaillé aussi sur la question de l'écu, de la monnaie parallèle. Je pense que c'est un point très intéressant car il nous montre comment il cherchait toujours toutes les voies. Le cœur du problème, c'était bien arriver au but et pas la voie pour y arriver. Il était prêt à admettre, avec une grande honnêteté intellectuelle, que ce n'était pas son idée qu'on devait nécessairement retenir ; le but était d'y arriver. C'est bien Triffin qui a fait l'usage la première fois du terme 'euro' comme nom possible de la monnaie. Sauf

---

[1]   Ce texte est la transcription revue de la communication de M. Iozzo.

que, dans ses papiers, il disait plutôt « europa », mais finalement c'est lui qui avait avancé cette idée.

Je vais faire deux références au sujet des réseaux abordé aujourd'hui. La première, c'est à la Banque des règlements internationaux. Lorsque les gouverneurs des banques centrales se sont aperçus qu'il y avait un marché de l'écu qui se développait, ils pensaient qu'il était bien de le mettre sous garde. Alors, et c'est à cette occasion que je suis allé à Bâle pour la première fois, ils ont dit aux banques commerciales : « oui, le système de clearing vous pouvez le faire, mais il faut qu'il soit géré par la BRI ». Nous en étions très contents, parce qu'il est vrai que de cette façon ils ont pris l'écu sous tutelle, mais, en même temps, ils ont en quelque pris sous tutelle le problème de la monnaie européenne. De plus, l'écu a eu un développement remarquable, par le marché, après 1982 et jusqu'en 1987. En 1987, il y a eu une crise sur le marché de l'écu, qui jusqu'a ce moment-là était un marché en croissance. Mais c'était le développement du marché de l'écu qui avait convaincu deux leaders politiques tels que Valéry Giscard d'Estaing et Helmut Schmidt de faire le « Comité pour l'Union monétaire de l'Europe ». C'était le succès de l'écu qui les avait convaincus qu'il y avait une chance de réussir. Ils sont partis au début du Comité avec l'idée de soutenir la monnaie parallèle. Je pense que s'ils avaient retardé d'un an et demi la création du Comité, ceci ne serait pas né parce que la crise du marché de l'écu aurait affaibli toute volonté politique. Alors qu'ils avaient commencé à penser qu'il faudrait une monnaie parallèle, très tôt, ils se sont aperçus, et c'est le rapport de Renaud de La Genière au Comité qui l'a démontré, qu'il y avait une seule voie pour avancer, et cette voie, c'était celle de la monnaie unique avec un nouveau traité. C'était l'idée du nouveau traité qui était le point-clé et qui était le gage dans les mains de la Bundesbank, c'est-à-dire l'assurance que, si on faisait la monnaie européenne, on la ferait sérieusement.

Si on réfléchit au rôle des grandes personnalités dans les réseaux politiques et économiques, alors vous pouvez penser à M. Giscard d'Estaing dont les trois passages les plus importants – on pourrait dire quatre – dans la construction européenne ont été la création du Conseil européen en 1974, les élections européennes et le Système monétaire européen qui, pas par hasard à mon avis, ont démarré tous les deux en 1979, et le fait qu'aujourd'hui M. Giscard d'Estaing préside la Convention. Et la Convention a le même type de mandat que le Comité Delors : on ne leur a pas dit « vous devez faire une Constitution européenne » (ou « la monnaie européenne », dans le cas du Comité Delors) ; on a leur demandé : « Comment la ferez-vous ? ». En ce sens, je pense que M. Giscard d'Estaing a une tâche importante, celle de remettre ensemble, pour une fois, les monétaristes et les économistes. Personnellement, j'étais pour la monnaie européenne, mais je pense que les économistes avaient raison : on peut faire la monnaie européenne mais on ne peut pas la soutenir pour longtemps dans le vide. Donc, la tâche de M. Giscard d'Estaing, aujourd'hui, est essentielle pour l'achèvement de l'œuvre. Et j'espère qu'il aura la même attitude qu'il avait eue lorsqu'il a commencé par la question de la monnaie, lorsqu'il pensait qu'il faudrait une monnaie parallèle ; en termes plus clairs, qu'on pouvait faire la monnaie sans toucher à la souveraineté des États. Aujourd'hui, il est confronté aux mêmes problèmes : il croit qu'on peut donner à l'Europe un gouvernement sans toucher à la souveraineté des États. À mon avis, ce n'est pas possible, mais j'espère qu'il aura du succès pour la troisième fois. Et je vais vous dire pourquoi je l'espère et c'est mon dernier point.

Le fait que dès le 1ᵉʳ janvier on ait l'euro, qui est le grand succès que Triffin espérait et demandait, marque un tournant historique. Nous sommes maintenant dans la même situation des années 1930, dans laquelle une monnaie et une économie, en bref un État, n'étaient plus en mesure de soutenir l'équilibre international. Dans les années 1930, c'était la Grande-Bretagne. Le grand ouvrage de Keynes, c'était notamment la tentative de répondre à cette question. Et là, Keynes jouait le nationaliste à l'époque. Mais il y avait, même en Grande-Bretagne, d'autres économistes qui pensaient qu'il fallait une solution internationale, qu'il n'y avait pas de solution britannique à la crise. Malheureusement, on n'a pas réussi et donc le dollar a commencé à s'imposer. Il a fallu presque une vingtaine d'années et finalement on est arrivé à Bretton Woods. Et à Bretton Woods, Keynes était devenu internationaliste : il ne défendait plus la monnaie d'un État, il plaidait pour la monnaie mondiale. Mais c'était trop tard et on est passé au dollar standard, si on peut ainsi dire. Entre-temps, on avait eu la guerre. Donc, on avait « payé le prix » : le prix, c'était la guerre. Aujourd'hui, je pense que nous sommes dans la même situation : il y a une monnaie qui joue un rôle international et il y a un État qui n'est pas en mesure de soutenir le développement mondial. Il s'agit d'une idée qui probablement n'est pas partagée, c'est une idée d'une petite minorité, mais je pense, comme Triffin disait, qu'il faut la dire parce que c'est la vérité ! L'économie américaine représente aujourd'hui 15 ou 20 % de l'économie mondiale, lors qu'à Bretton Woods elle pesait 40 % de l'économie mondiale. Mais en plus, il y a une différence essentielle : à l'époque de Bretton Woods, les États-Unis étaient des créanciers ; aujourd'hui, ce sont des débiteurs. Et le débiteur, comme Triffin nous le rappelait, tôt ou tard, doit payer la dette ou la faire payer à quelqu'un. Donc, nous avons devant nous des phases difficiles mais, en même temps, je suis convaincu qu'on peut remettre les monétaristes et les économistes ensemble. On ne peut pas penser résoudre les problèmes du développement de l'économie qui sont devant nous, sortir de la crise dans laquelle nous sommes entrés, sans des décisions très importantes.

Par conséquent, dans la dernière partie de mon intervention je toucherai à trois points qui sont liés à ce qui, dans l'analyse de Triffin, pourrait être considéré comme « la question sociale ». C'est vrai que l'économie peut prospérer avec une distribution inégale de la richesse. Mais ça doit être temporaire, autrement à moyen terme l'économie ne fonctionne pas. On peut accepter que pour une certaine phase quelques couches sociales prennent une partie prépondérante du revenu, mais à condition qu'à terme cela s'équilibre et que ce soit un but clair. Aujourd'hui, nous sommes confrontés à la crise du modèle selon lequel une petite partie du monde consomme beaucoup et les autres peu ou pas du tout. Autrement dit, à mon avis, ceux qui pensent que le seul problème est de soutenir la consommation en Europe et aux États-Unis se trompent. C'est un modèle qui désormais ne peut pas fonctionner parce que, et c'est mon deuxième point, tout le système doit s'élargir pour favoriser l'entrée de nouveaux pays dans le développement. Dans les années 1990, beaucoup de pays ont fait des pas énormes : je pense notamment à l'Asie, à l'Amérique latine. Jusqu'il y a quelques années, l'Afrique seule restait en dehors de ce mouvement. Mais maintenant, on a commencé à retourner en arrière : la crise en Amérique latine va s'aggraver ; on est en train de détruire l'équilibre en Méditerranée et dans le Moyen-Orient. Donc, on doit donner une réponse sur ce point. Finalement, il y a le troisième point : on ne peut pas penser seulement à la génération actuelle, il faut aussi penser aux générations futures. Tout développement doit sauvegarder les droits des générations qui viennent. Alors, si on n'est pas en mesure de donner des réponses sur ces trois points, on ne construit pas un système qui soit solide.

S'il n'y avait pas l'euro aujourd'hui, le monde serait confronté à la crise car, sur les trois points que je viens de citer, il y a des opinions différentes, pas entre les Américains et les Européens, mais plutôt entre le leadership américain et le leadership européen. L'Europe n'a pas d'armements, pas de force militaire, mais l'existence de l'euro donne aux Européens le pouvoir de discuter sur ces trois points-là. Sans euro, on sait très bien ce qui se serait passé après le 11 septembre 2001 : la lire italienne se serait dévaluée de 15 %, la peseta espagnole de 10 %, le franc français aurait rompu la stabilité de son taux de change de plus d'une vingtaine d'années par rapport au Deutsche Mark, les taux d'intérêt seraient montés rapidement et la crise économique se serait aggravée.

Donc, l'euro nous a sauvé une fois. Et c'est encore autour de l'euro qu'on a aujourd'hui la possibilité de sauver le système. J'espère que, en rappelant ce que disait Triffin, nous pourrons passer d'un SMI à l'autre, c'est-à-dire du 'Scandale monétaire international' actuel à un 'Système monétaire international'. Nous sommes aujourd'hui en présence d'un scandale parce que la dette finance un déficit des paiements courants des États-Unis qui est plus ou moins égal, chaque année, au produit national de l'Espagne. On ne peut pas continuer comme ça. Il pourrait certes y avoir quelques solutions partielles, mais il s'agirait de solutions de court terme, qui vont tôt ou tard reproduire le problème. Il est évident que tout le monde va payer, parce qu'au cours des années on a rempli l'économie internationale de dollars, et dans les derniers mois on a dévalué le dollar de 20 % par rapport à l'euro, donc on a réduit la dette aux États-Unis de 20 % ; on a même fait un grand cadeau aux entreprises en achetant leurs actions qui ont maintenant baissé dans les cas les meilleurs de 50 % ! Donc, ce sont tous des ajustements qui font retrouver un équilibre dans le court terme, mais l'équilibre durable n'est pas là. Je pense que là, il y aura un grand travail à faire par les réseaux pour reconstruire un système qui soit capable de renouer entre les États-Unis et l'Europe et de partager la responsabilité. J'espère qu'au terme de cette phase il n'y aura pas, bien évidemment, l'euro qui prendra la place du dollar, mais plutôt que nous aurons un système euro – dollar bien intégré, comme le voulait Triffin, d'une certaine manière, en évitant ainsi le risque terrible de la guerre.

CONCLUSIONS

Conclusions

Michel DUMOULIN

Université catholique de Louvain

Il a été dit, dès le début de ce colloque, que la création des réseaux est spontanée. Pourtant, et c'est là un premier élément à retenir des contributions présentées, il est indubitable que, à côté de réseaux spontanés, ont existé et existent des réseaux que l'on pourrait qualifier de réseaux *de facto*. Les exemples de l'OECE, de la BRI ou encore celui du réseau des gouverneurs des banques centrales que le baron Jean Godeaux a évoqué dans son témoignage, illustrent cette affirmation.

Ceci étant, il a également été observé que la situation, aujourd'hui, est sans doute plus complexe qu'hier. En effet, on assisterait, aujourd'hui, à ce qui est qualifié de « construction forcée de réseaux » à travers une politique volontariste soutenue financièrement. C'est ce qu'ont notamment mis en exergue les contributions de Felice Dassetto et du Commissaire européen Philippe Busquin. Mais, pour reprendre l'expression du professeur Kaplan à propos de l'Union européenne des paiements, tout a fonctionné, dans ce cas, comme si l'on avait créé un réseau par obligation technique.

Cette remarque permet de préciser le propos formulé au sujet de l'OECE, de la BRI et des gouverneurs de banques centrales.

Par ailleurs, il a lieu de relever, aussi, que le volontarisme accompagné d'un soutien financier, parfois fort important, n'est pas le seul fait d'une instance publique. En effet, le professeur Gemelli a mis en lumière, en le situant dans la durée, le rôle des fondations dans la mise en place de réseaux.

En règle générale, les réseaux ont évidemment des objectifs. L'exposé introductif du professeur Dassetto a posé que ceux-ci constituent un cocktail où se trouvent mêlées la notion de communication, celle de transaction et celle de contrôle. Au moment de conclure, il paraît opportun, même si cette notion paraît tomber sous le sens, d'en ajouter une quatrième, à savoir celle d'action.

La force d'un réseau est indubitablement de nature sociale, voire de nature culturelle. Le professeur René Leboutte, notamment, a illustré cette assertion sur la base de l'exemple de la sidérurgie en insistant, à bon escient, sur la force de l'image de ce secteur industriel en termes de représentation collective.

Dans le paysage des années 1950, le réseau des sidérurgistes dispose bel et bien, à défaut d'en bénéficier, d'une force symbolique importante.

Les réseaux, au-delà de leurs objectifs, au-delà du capital symbolique qu'ils représentent dans différents secteurs, répondent aussi à deux paradigmes. Le premier est structural, le second relationnel. Ceci sans omettre, quand bien même cela tombe sous le sens, que l'insertion dans une pluralité de réseaux peut exister.

La dimension structurale n'a pas, en définitive, beaucoup retenu l'attention. L'application des schémas qui nous ont été proposés en guise de mise en perspective n'a guère été vérifiée.

En revanche, nous avons abondamment fait référence au paradigme relationnel, c'est-à-dire à la question : pourquoi et comment crée-t-on un réseau ?

La réponse conduit à rappeler tout d'abord que « ce sont les individus qui créent les réseaux et non pas le contraire » pour reprendre la formule du vicomte Davignon.

Vient ensuite une autre observation non moins essentielle. Certains réseaux connaissent une durée de vie fort longue tandis que d'autres sont éphémères. Il existerait donc une sorte de différentiel temporel entre réseaux. Mais cette observation exige d'être nuancée en ce qui concerne les réseaux qui peuvent revendiquer une longue existence. Tel est le cas du groupe de Bilderberg, présenté par Valérie Aubourg. Ce réseau a connu plusieurs époques. Autrement dit, le groupe des années 1950 et des années 1960 n'a plus rien en commun avec celui de notre temps.

D'autres réseaux appellent une remarque analogue. Bien qu'il n'en ait été question que de manière indirecte à travers le personnage de Joseph Retinger, la Ligue européenne de Coopération économique fournit un autre bon exemple d'une évolution significative dans la durée. En effet, l'identité et le rôle de la Ligue en tant que réseau, en 1947 et aujourd'hui, ne sont pas les mêmes.

La notion de durée et l'éventuelle périodisation introduites dans le parcours chronologique renvoient, nous l'avons également constaté, au phénomène de génération. Autrement dit, une nouvelle génération peut être amenée à construire sur les bases d'un réseau ancien. Mais le problème qui se pose est celui de savoir s'il existe une pérennité à travers les générations ou si, au contraire, soit le réseau ancien s'éteint, soit modifie profondément ses orientations au terme d'une durée d'existence équivalente à une génération.

La question du pourquoi et du comment est loin d'être épuisée. Le Vicomte Davignon, Daniela Preda et Jérôme Wilson ont montré que des réseaux sont créés contre un état de fait.

Ainsi, à propos du Groupe de Bellagio, Wilson a bien mis en lumière que c'est une sorte de résistance qui s'organise dans le monde académique contre des institutionnels qui ne veulent guère entendre un discours prônant des réformes monétaires.

La notion de résistance est évidemment fondamentale. Daniela Preda, en pointant du doigt la Seconde Guerre mondiale, a renvoyé à ce qui, en termes de vocabulaire, est en quelque sorte générique du réseau.

La nature forcément clandestine des réseaux de résistance et de renseignements des deux guerres mondiales ainsi que la réputation d'un groupe tel que celui de Bilderberg renvoient à une notion qui a traversé ce colloque sans toutefois être jamais nettement exprimée, à savoir que le mot réseau présente une connotation, qui sans être nécessairement péjorative, peut évoquer le mystère, la clandestinité, les coulisses, les murmures et chuchotements.

Ceci étant, les réseaux ne sont pas créés uniquement contre quelque chose, voire quelqu'un. Ils peuvent aussi être créés en temps de crise. Ceci a été abondamment rappelé dans la session consacrée à Robert Triffin.

Enfin, les réseaux peuvent être créés dans une démarche que l'on qualifiera de positive.

Mais le début de typologie à laquelle ce colloque a donné lieu a également mis en exergue combien les années de formation des individus peuvent être importantes dans la constitution des réseaux. Olivier Dard à propos d'un groupe spécifique, Olivier Feiertag sur la base de l'examen de la correspondance de Pierre Quesnay, ont démontré comment s'élabore ce qui constitue, en définitive, un véritable maillage des espaces sociaux, culturels, voire politiques.

Les contributions présentées autour de Robert Triffin ont abondamment mis en relief le rôle déterminant que peut jouer un homme ou que peuvent jouer quelques hommes dans la mise en branle du processus de création d'un réseau. Felice Dassetto a appelé « clique » ce rôle déterminant d'un homme ou de quelques hommes constituant des noyaux forts qui sont autant de lieux d'intersections entre des influences croisées et réciproques.

Si l'évocation des figures de Robert Triffin, Pierre Quesnay, André Renard, parmi d'autres, permet de relever que le réseau d'influence grandit avec ce paramètre fondamental qu'est le temps, elle conduit aussi à souligner que le charisme d'une ou plusieurs personnalités peut être un élément déterminant.

Certains parmi les réseaux qui ont été abordés ont aussi permis d'évoquer la notion de « club » qui implique, pour reprendre une expression utilisée à propos de l'OECE, qu'il faille acquitter un « droit d'entrée ».

Ce « droit d'entrée », qui soulève des questions indiquant combien nos travaux sont loin d'être terminés, pose dans tous les cas celle de savoir s'il s'agit d'une culture commune, d'affinités, de paramètres de nature sociale ou de toute autre forme de paradigme qui permettrait de comprendre le subtil fonctionnement social et culturel du réseau et du comportement des individus à l'intérieur de celui-ci.

Mais chercher à comprendre pose le problème des sources.

Nous pouvons avoir recours à des sources traditionnelles interrogées différemment. Olivier Feiertag a bien montré comment l'examen de la correspondance d'une personnalité peut permettre de mieux saisir la consistance, en ce compris intellectuelle, de son réseau de correspondants et de l'époque dans laquelle ils évoluent.

Les carnets d'adresses, les agendas, les memoranda de conversations téléphoniques – faut-il aller jusqu'à espérer que les services de la Sûreté, les ministères de l'Intérieur dans nos différentes démocraties conservent soigneusement les fiches d'écoutes voire les enregistrements de conversations ? – sont eux aussi autant de sources précieuses.

Au-delà, il faut insister avec le baron Godeaux sur l'urgence de recueillir les témoignages oraux. Cette source qui s'avère essentielle exige d'agir en temps utiles car le jour où le témoin n'est malheureusement plus là, c'est en quelque sorte l'équivalent d'une bibliothèque qui disparaît dans un incendie.

Un point, enfin, qui a été mis particulièrement en exergue mais demanderait à être revisité de façon systématique, est la relation entre l'Europe et les États-Unis.

À cet égard, l'ensemble, ou peu s'en faut, des éléments qui viennent d'être brièvement évoqués dans le cadre de ce qui représente davantage un ensemble de remarques provisoires que des conclusions, est d'application. Reste à explorer le terrain, car si le professeur Gemelli a, depuis longtemps, ouvert la voie en ce qui concerne les fondations, les chantiers restent à ouvrir à propos d'autres groupes ou réseaux. Ceci sans oublier de prendre en compte la durée.

Personalia

Valérie Aubourg est agrégée d'histoire. Ancienne élève de l'École normale supérieure, elle est actuellement ATER à l'Université Michel de Montaigne-Bordeaux III et doctorante à l'Université de Paris IV. Elle travaille sur une série de groupes atlantistes après la Seconde Guerre mondiale, notamment sous l'angle de leur relation avec la construction européenne.

Charles Barthel est directeur du Centre d'études et de recherches européennes Robert Schuman (CERE) à Luxembourg. Titulaire d'une maîtrise en histoire de l'Université de Strasbourg II, il prépare un doctorat à l'Université d'Aix-en-Provence, intitulé *Les maîtres de forges belges et luxembourgeois et les difficiles débuts de l'UEBL (1918-1929)*.

Françoise Berger est agrégée d'histoire et docteur en histoire contemporaine de l'Université de Paris I. Actuellement en poste au Lycée Voltaire (Paris 11ᵉ), elle poursuit ses recherches sur les relations internationales dans le domaine industriel au XXᵉ siècle, particulièrement dans le cadre des constructions européennes, à partir de l'axe franco-allemand.

Bent Boel holds a PhD degree in Contemporary History from the European University Institute of Firenze and is currently Associated Professor at the University of Aalborg. His principal research areas are French foreign policy and the relations between Europe and the United States. He has recently published The European Productivity Agency and Transatlantic Relations, 1953-1961, Copenhagen, Museum Tusculanum Press, 2003.

Philippe Busquin est licencié en sciences physiques, candidat en philosophie et post-gradué en environnement de l'Université libre de Bruxelles. Il a été professeur à l'École normale de Nivelles et président du conseil d'administration de l'Institut des radioéléments, puis s'est lancé en politique. Il a occupé plusieurs postes ministériels avant de devenir président du parti socialiste. Il est commissaire européen chargé de la Recherche depuis 1999.

Erik Buyst is Professor of Economics and Economic History at the Catholic University of Louvain (Leuven) and at the Vlerick Leuven Gent Management School. His research focuses on macroeconomic history and on business history. Currently, he is co-editor of The Oxford Encyclopedia of Economic History.

Piet Clement, after obtaining a PhD in History at the Catholic University of Louvain (Leuven), joined the Bank for International Settlements (BIS) in Basel. He is actually Head of the "Library, Archives and Research Support" section of the BIS. He has published several studies in the field of economic and monetary history.

Olivier Dard est maître de conférences en histoire contemporaine à l'Université de Paris X et à l'Institut d'études politiques de Paris. Il a notamment publié *La synarchie, le mythe du complot permanent*, Perrin, 1998, et *Le rendez-vous manqué des relèves des années 1930*, PUF, 2002.

Felice Dassetto est docteur en sociologie et professeur à l'Université catholique de Louvain (Louvain-la-Neuve). Ses principaux domaines de recherche et d'enseignement sont l'histoire de la sociologie, la socio-anthropologie de l'islam et la sociologie de la connaissance, des sciences et des techniques.

Pascal Deloge est docteur en histoire de l'Université catholique de Louvain (Louvain-la-Neuve), membre du GEHEC et collaborateur de l'Institut d'études européennes de Louvain-la-Neuve et du CEGES. Il s'intéresse à la sécurité européenne au XXe siècle. Sa thèse portait sur les relations belgo–britanniques de sécurité à l'aube de la guerre froide.

Michel Dumoulin est professeur d'histoire à l'Université catholique de Louvain (Louvain-la-Neuve), dont il préside l'Institut d'études européennes – Pôle européen Jean Monnet. Il est l'auteur de très nombreux travaux consacrés à l'histoire de la construction européenne, des relations internationales, des entreprises et de la Belgique contemporaine.

Jean-François Eck est agrégé d'histoire et docteur en histoire contemporaine. Professeur à l'Université de Lille, il est spécialisé dans l'histoire économique et les relations franco-allemandes. Il a notamment publié *Histoire de l'économie française depuis 1945*, Armand Colin, plusieurs éditions.

Olivier Feiertag est agrégé d'histoire et maître de conférences à l'Université de Paris X. Il est spécialiste de l'histoire monétaire de l'intégration européenne.

Giuliana Gemelli is Professor of Contemporary History at the University of Bologna, where she directs the Master's program in International Studies in Philanthropy. She has written widely on the history of foundations and is member of the management committee of the Adriano Olivetti Fondation.

Thierry Grosbois est licencié en histoire et bachelier en théologie de Université catholique de Louvain (Louvain-la-Neuve). Membre du GEHEC et chercheur associé à l'Université d'Artois (Arras), il prépare actuellement une thèse de doctorat sur la politique européenne de la Belgique et du Luxembourg entre 1940 et 1950. Il est l'auteur de nombreux ouvrages et articles sur l'histoire de la construction européenne.

Alfonso Iozzo est diplômé en économie de l'Université de Turin. Il est actuellement administrateur délégué du groupe San Paolo IMI S.p.A.-Turin. Il participe depuis 1963 au Mouvement des fédéralistes européens, dont il préside aujourd'hui la section italienne. Il est membre du conseil d'administration de diverses institutions bancaires et vice-président de la Fondation internationale Robert Triffin (Louvain-la-Neuve).

Jacob J. Kaplan obtained a PhD in Economy at Harvard University. His career has been devoted to international economic policy issues. It was divided equally between public service and private consulting. He has also held faculty appointments at four major universities: Yale University, University of Pittsburg, Iowa State College, and the George Washington University.

Matthias Kipping hold a PhD degree in History of the University of München. He is actually Professor at the University Pompeu Fabra in Barcelona, after teaching several years at the University of Reading. His main research interests are the relations between business and government as well as the consultancy business.

René Leboutte est docteur en histoire de l'Université de Liège et diplômé de l'habilitation de l'Université de Lille III. Il est titulaire de la Chaire Jean Monnet en histoire de la construction européenne à l'Université d'Aberdeen, après avoir été professeur à l'Institut universitaire européen de Florence. Spécialisé en histoire économique et sociale, il a d'abord mené des recherches sur l'histoire de la société industrielle dans la région liégeoise.

Ivo Maes is Deputy Head of the Research Department at the National Bank of Belgium and Professor at Catholic University of Louvain (Leuven) and at the ICHEC. His research focuses on monetary policy, European integration and history of economic thought. He is the author of Economic Thought and the Making of European Monetary Union, Edward Elgar, 2002.

Marine Moguen-Toursel est docteur en histoire de l'Université de Paris X. Elle a mené des recherches à l'Université catholique de Louvain (Louvain-la-Neuve) en tant que Marie Curie Fellow. Elle s'intéresse particulièrement aux milieux industriels dans le cadre de la construction européenne.

Daniela Preda est chargée de cours invitée en histoire et politique de l'intégration européenne à la Faculté des Sciences politiques de l'Université de Gênes. Elle est l'auteur de nombreuses publications sur la construction européenne.

Girolamo Ramunni est docteur en philosophie de l'Université de Paris I. Il est directeur de recherches au CNRS et professeur d'histoire des sciences et des techniques à l'Université de Lyon II. Il s'intéresse à l'histoire de la politique scientifique en Europe dans l'après-guerre, ainsi qu'à l'écologie industrielle et à l'ingénierie environnementale. Il est rédacteur en chef de la *Revue pour l'histoire du CNRS*.

Neil Rollings is Senior Lecturer in the Department of Economic and Social History at the University of Glasgow. He has written on various aspects of British economic policy since 1945 and on government-business relations. He is currently preparing a monograph on British industry and European integration 1945-73.

Katrin Rücker a étudié l'histoire, les sciences politiques et les lettres à Osnabrück puis à Paris. Doctorante en co-tutelle à l'Institut d'études politiques (IEP) de Paris et à l'Université de Marburg, elle travaille actuellement sur le premier élargissement des Communautés européennes en 1973. Elle bénéficie de la Bourse Europe de l'IEP et d'une bourse de la Fondation Robert Bosch.

Sylvain Schirmann est agrégé d'histoire et docteur en histoire. Il est actuellement professeur d'histoire contemporaine à l'Université de Metz. Spécialiste des relations franco-allemandes à la veille de la Seconde Guerre mondiale, il s'intéresse particulièrement aux aspects économiques et financiers.

Paolo Tedeschi est docteur en histoire économique et sociale de l'Université Bocconi de Milan. Actuellement attaché à la Faculté d'économie de l'Université de Milan-Bicocca, il collabore avec l'Historisches Seminar de la Wilhelms-Universität de Westphalie (Münster) dans le cadre de la préparation d'un livre consacré au marché immobilier et au crédit en Europe du XVIIIe au XIXe siècle.

Pierre Tilly est licencié en histoire et en communication sociale et postgradué en gestion d'entreprise sociale. Assistant à l'Institut d'études européennes de l'Université catholique de Louvain (Louvain-la-Neuve), il mène des recherches sur la politique de l'emploi au niveau européen, en particulier sur le rôle des partenaires sociaux. Il prépare aussi une thèse de doctorat sur le syndicaliste belge André Renard.

Gilbert Trausch is an emeritus Professor of History at the University of Liège and teaches at the College of Europe in Bruges. Author of numerous publications on the history of European integration, he directs the Centre d'études et de recherches européennes Robert Schuman in Luxembourg. He is member of the Scientific Board of the European Academy of Yuste.

Antonio Ventura Díaz Díaz is Lecturer of Psychology at the universities of Extremadura and Salamanca and senior official at the

Regional Government of Extremadura. Author of numerous scientific publications, he is also engaged in several associations for disabled people. He is the Director of the European Academy of Yuste Foundation.

Jérôme Wilson est licencié en histoire de l'Université catholique de Louvain (Louvain-la-Neuve) et titulaire d'un DES en gestion des risques financiers des Facultés universitaires Saint-Louis (Bruxelles). Ses recherches se concentrent sur l'intégration européenne, et plus particulièrement sur la politique énergétique et les relations monétaires transatlantiques.

EUROCLIO est un projet scientifique et éditorial, un réseau d'institutions de recherche et de chercheurs, un forum d'idées. EUROCLIO, en tant que projet éditorial, comprend deux versants : le premier versant concerne les études et documents, le second versant les instruments de travail. L'un et l'autre visent à rendre accessibles les résultats de la recherche, mais également à ouvrir des pistes en matière d'histoire de la construction/intégration/unification européenne.

La collection EUROCLIO répond à un double objectif : offrir des instruments de travail, de référence, à la recherche ; offrir une tribune à celle-ci en termes de publication des résultats. La collection comprend donc deux séries répondant à ces exigences : la série ÉTUDES ET DOCUMENTS et la série RÉFÉRENCES. Ces deux séries s'adressent aux bibliothèques générales et/ou des départements d'histoire des universités, aux enseignants et chercheurs, et dans certains cas, à des milieux professionnels bien spécifiques.

La série ÉTUDES ET DOCUMENTS comprend des monographies, des recueils d'articles, des actes de colloque et des recueils de textes commentés à destination de l'enseignement.

La série RÉFÉRENCES comprend des bibliographies, guides et autres instruments de travail, participant ainsi à la création d'une base de données constituant un « Répertoire permanent des sources et de la bibliographie relatives à la construction européenne ».

EUROCLIO is a scientific and editorial project, a network of research institutions and researchers, and an ideas forum. EUROCLIO as an editorial project consists of two aspects: the first concerns studies and documents, the second concerns tools. Both are aimed at making the results of research more accessible, and also at opening up paths through the history of European construction/integration/unification.

The EUROCLIO series meets a dual objective:
- to provide reference tools for research,
- to provide a platform for this research in terms of the publication of results.

The series thus consists of two sub-series that satisfy these requirements: the STUDIES AND DOCUMENTS series and the REFERENCES series. These two series are aimed at general libraries and/or university history departments, teachers and researchers, and in certain cases, specific professional circles.

The STUDIES AND DOCUMENTS series consists of monographs, collections of articles, conference proceedings, and collections of texts with notes for teaching purposes.

The REFERENCES series consists of bibliographies, guides and other tools. It thus contributes to the creation of a database making up a "Permanent catalogue of sources and bibliographies on European construction".

Sous la direction de / Edited by
Éric Bussière, Université de Paris-Sorbonne (France),
Michel Dumoulin, Louvain-la-Neuve (Belgique-Belgium),
& Antonio Varsori, Universitá degli Studi di Firenze (Italia)

*   *L'Europe du Patronat. De la guerre froide aux années soixante.* Textes réunis par Michel DUMOULIN, René GIRAULT, Gilbert TRAUSCH (Études et documents. 1993)

*   *La Ligue Européenne de Coopération Economique (1946-1981). Un groupe d'étude et de pression dans la construction européenne.* Michel DUMOULIN, Anne-Myriam DUTRIEUE (Études et documents. 1993)

*   *Naissance et développement de l'information européenne.* Textes réunis par Felice DASSETTO, Michel DUMOULIN (Études et documents. 1993)

*   *L'énergie nucléaire en Europe. Des origines à Euratom.* Textes réunis par Michel DUMOULIN, Pierre GUILLEN, Maurice VAÏSSE (Études et documents. 1994)

*   *Histoire des constructions européennes au XXe siècle. Bibliographie thématique commentée des travaux français.* Gérard BOSSUAT (Références. 1994)

*   *Péripéties franco-allemandes. Du milieu du XIXe siècle aux années 1950. Recueil d'articles.* Raymond POIDEVIN (Études et documents. 1995)

*   L'Europe en quête de ses symboles. *Carole Lager* (Études et documents. 1995)

*   *France, Allemagne et « Europe verte ».* Gilbert NOËL (Études et documents. 1995)

*   *La France et l'intégration européenne. Essai d'historiographie.* Pierre GERBET (Références. 1995)

*   *Dynamiques et transitions en Europe. Approche pluridisciplinaire.* Sous la direction de Claude TAPIA (Études et documents. 1997)

*   *Le rôle des guerres dans la mémoire des Européens. Leur effet sur leur conscience d'être européen.* Textes réunis par Antoine FLEURY et Robert FRANK (Études et documents. 1997)

*   *Jalons pour une histoire du Conseil de l'Europe. Actes du Colloque de Strasbourg (8-10 juin 1995).* Textes réunis par Marie-Thérèse BITSCH (Études et documents. 1997)

*   *L'agricoltura italiana e l'integrazione europea.* Giuliana LASCHI (Études et documents. 1999)

* *Le Conseil de l'Europe et l'agriculture. Idéalisme politique européen et réalisme économique national (1949-1957).* Gilbert NOËL (Études et documents. 1999)

* *La Communauté Européenne de Défense, leçons pour demain ? The European Defence Community, Lessons for the Future?* Michel DUMOULIN (ed.) (Études et documents. 2000)

* *Naissance des mouvements européens en Belgique (1946-1950).* Nathalie TORDEURS (Études et documents. 2000)

* *Le Collège d'Europe à l'ère des pionniers (1950-1960).* Caroline VERMEULEN (Études et documents. 2000)

* *The "Unacceptables". American Foundations and Refugee Scholars between the Two Wars and after.* Giuliana GEMELLI (ed.) (Études et documents. 2000)

* *1848. Memory and Oblivion in Europe.* Charlotte TACKE (ed.) (Études et Documents. 2000)

* *États-Unis, Europe et Union européenne. Histoire et avenir d'un partenariat difficile (1945-1999) – The United States, Europe and the European Union. Uneasy Partnership (1945-1999).* Gérard BOSSUAT & Nicolas VAICBOURDT (eds.) (Études et Documents. 2001)

* *Visions et projets belges pour l'Europe. De la Belle Epoque aux Traités de Rome (1900-1957)*, Geneviève DUCHENNE (Études et documents. 2001)

* *L'ouverture des frontières européennes dans les années 50. Fruit d'une concertation avec les industriels?*, Marine MOGUEN-TOURSEL (Études et documents. 2002)

* *American Debates on Central European Union, 1942-1944. Documents of the American State Department*, Józef ŁAPTOS & Mariusz MISZTAL (Études et documents. 2002)

* *Inventer L'Europe. Histoire nouvelle des groupes d'influence et des acteurs de l'unité européenne*, Gérard BOSSUAT (dir.) avec la collaboration de Georges SAUNIER (Études et Documents. 2003)

* *American Foundations in Europe. Grant-Giving Policies, Cultural Diplomacy and Trans-Atlantic Relations, 1920-1980*, Giuliana GEMELLI and Roy MACLEOD (eds.) (Studies and Documents. 2003)

* *Réseaux économiques et construction européenne – Economic Networks and European Integration*, Michel DUMOULIN (ed.) (Études et documents. 2004)

Les neufs volumes de la collection HISTOIRE DE LA CONSTRUCTION EUROPÉENNE, à l'origine de la création de la présente collection EUROCLIO, sont disponibles auprès des Éditions Artel (Namur) ou de leurs diffuseurs.

The nine volumes of the HISTORY OF EUROPEAN CONSTRUCTION, the basis for creating this EUROCLIO series, are available from Editions Artel (Namur) or their distributors.

Ouvrages parus – Published Books

* *La construction européenne en Belgique (1945-1957). Aperçu des sources.* Michel DUMOULIN (1988)

* *Robert Triffin, le C.A.E.U.E. de Jean Monnet et les questions monétaires européennes (1969-1974). Inventaire des Papiers Triffin.* Michel DUMOULIN (1988)

* *Benelux 1946-1986. Inventaire des archives du Secrétariat Général de Benelux.* Thierry GROSBOIS (1988)

* *Jean Monnet et les débuts de la fonction publique européenne. La haute autorité de la CECA (1952-1953).* Yves CONRAD (1989)

* *D'Alger à Rome (1943-1957). Choix de documents.* Gérard BOSSUAT (1989)

* *La Guerre d'Algérie (1954-1962). Biblio- et filmographie.* Denix LUXEN (1989)

* *Le patronat belge face au plan Schuman (9 mai 1950 - 5 février 1952).* Elisabeth DEVOS (1989)

* *Mouvements et politiques migratoires en Europe depuis 1945.* Michel DUMOULIN (1989)

* *Benelux, «laboratoire» de l'Europe. Témoignage de Jean-Charles Snoy et D'Oppuers.* Thierry GROSBOIS (1990)

Euroclio European Network

A permanent catalogue of sources and bibliographies
on the history of European construction

Réseau européen Euroclio

Répertoire permanentdes sources et de la bibliographie
relatives à l'histoire de la construction européenne

Coordination: Collège Erasme, 1, place Blaise-Pascal,
B-1348 Louvain-la-Neuve

Germany:
Prof. Dr. Wilfried Loth
Dr. August Hermann Leugers-
Scherzberg

Belgium:
Jocelyne Collonval
Yves Conrad
Pascal Deloge
Etienne Deschamps
Geneviève Duchenne
Prof. Michel Dumoulin
Anne-Myriam Dutrieue
Thierry Grosbois
Béatrice Roeh
Prof. Nathalie Tousignant
Arthe van Laer
Jérôme Wilson

France:
Prof. Marie-Thérèse Bitsch
Prof. Éric Bussière
Marine Moguen
Prof. Gérard Bossuat
Prof. Philippe Mioche
Prof. Sylvain Schirmann

Italy:
Dr. ssa Elena Calandri
Dr. ssa Marinella Neri Gualdesi
Prof. Antonio Varsori

Luxemburg:
Charles Barthel
Jean-Marie Majerus
Martine Nies-Berchem
Prof. Gilbert Trausch
Edmée Schirz

The Netherlands:
Dr. Anjo Harryvan
Dr. Bert Zeemann
Dr. Jan W. Brouwer

Switzerland:
Prof. Antoine Fleury
Lubor Jilek